THE GUIDELINES ON LEGAL ISSUES OF
SHAREHOLDER DISPUTES

股东纠纷法律问题全书
合伙人

（第二版）

上海宋海佳律师事务所　编著

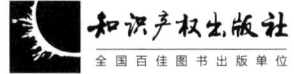

图书在版编目（CIP）数据

合伙人：股东纠纷法律问题全书／上海宋海佳律师事务所编著．—2版．—北京：知识产权出版社，2017.4

ISBN 978-7-5130-4780-7

Ⅰ．①合… Ⅱ．①上… Ⅲ．①股份有限公司—股东—公司法—基本知识—中国 Ⅳ．①D922.291.91

中国版本图书馆CIP数据核字（2017）第038044号

责任编辑：齐梓伊
封面设计：张　悦　　　　　　　责任出版：刘译文

合伙人（四）

股东纠纷法律问题全书（第二版）

上海宋海佳律师事务所　编著

出版发行：知识产权出版社有限责任公司	网　　址：http://www.ipph.cn
社　　址：北京市海淀区西外太平庄55号	邮　　编：100081
责编电话：010-82000860转8176	责编邮箱：qiziyi2004@qq.com
发行电话：010-82000860转8101/8102	发行传真：010-82000893/82005070/82000270
印　　刷：北京嘉恒彩色印刷有限责任公司	经　　销：各大网上书店、新华书店及相关专业书店
开　　本：720mm×1000mm　1/16	印　　张：166
版　　次：2017年4月第1版	印　　次：2017年4月第1次印刷
字　　数：3000千字	定　　价：398.00元（全四册）
ISBN 978-7-5130-4780-7	

出版权专有　侵权必究

如有印装质量问题，本社负责调换。

关于作者

 一家专注解决股东纠纷的律师事务所

因为专注,
所以更了解股东纠纷的根源和全面解决方案

因为专业,
所以突破律师的局限性,以税务思维,筹划股权交易方案

再版说明

《合伙人》第一版出版两年多,蒙读者厚爱,在当当网、京东网、亚马逊网的读者好评率分别为100%、97%和五星。

本次再版,除了订正疏漏之外,撷取和提炼最新的具有代表性的典型案例,尤其是来自最高人民法院的公报案例、指导案例,修正原书中与现行法律法规、司法判例中或冲突或遗漏的内容,将最前沿的、最具实务价值的司法观点(如《最高人民法院关于适用〈中华人民共和国公司法〉若干问题的规定(四)》征求意见稿)、实践经验呈现给读者。

需要说明的是,本书中部分案例判决作出时间较早,诉讼主体、判决依据和结果可能与现行法律、法规有所冲突。我们也注意到了这些问题并加以标注。之所以仍然保留,是因其中案件的背景、证据和法院观点对现今的司法实践仍有意义和借鉴作用。

最后,借《合伙人》再版之际,向对第一版提出修订建议的读者和朋友,向给予我们关心、鼓励和帮助的同行和专家学者们,表示衷心的感谢!

主编宋海佳参与本书全部章节的撰写,并负责选题、体例设计和审定工作。

任梅梅、顾立平参与本书全部章节的撰写工作。

韦业显(香港韦业显律师行创办人)参与本书"离岸公司不公平损害的股东权益保护"部分的撰写工作。

于东耀、章亚萍、郭睿、吴星、张莉、虞修秀、张㛃、姜元哲参与资料收集和部分案例的编写及校对工作。

再版修改部分,由徐清律师负责统筹,由宋海佳、顾立平、徐清、赵玉刚、陈纯、龙华江(全面负责税法部分修改)、华轶琳、陈怀榕、王永平律师参与撰写,王芬律师负责校对。

简 目

一

第一章　公司设立纠纷 …………………………………………（ 1 ）
第二章　发起人责任纠纷 ………………………………………（ 97 ）
第三章　股东出资纠纷 …………………………………………（ 129 ）
第四章　股东资格确认纠纷 ……………………………………（ 415 ）

二

第五章　股东名册记载纠纷 ……………………………………（ 611 ）
第六章　请求变更公司登记纠纷 ………………………………（ 632 ）
第七章　股权转让纠纷 …………………………………………（ 709 ）
第八章　增资纠纷 ………………………………………………（ 958 ）
第九章　新增资本认购纠纷 ……………………………………（1056）
第十章　减资纠纷 ………………………………………………（1079）
第十一章　公司合并纠纷 ………………………………………（1120）
第十二章　公司分立纠纷 ………………………………………（1191）

三

第十三章　损害公司利益责任纠纷 ……………………………（1235）
第十四章　损害股东利益责任纠纷 ……………………………（1486）
第十五章　请求公司收购股份纠纷 ……………………………（1536）

第十六章　公司解散纠纷 …………………………………（1610）
第十七章　申请公司清算 …………………………………（1748）
第十八章　清算责任纠纷 …………………………………（1831）

四

第十九章　股东知情权纠纷 ………………………………（1871）
第二十章　公司决议纠纷 …………………………………（1975）
第二十一章　上市公司收购纠纷 …………………………（2172）
第二十二章　公司盈余分配纠纷 …………………………（2243）
第二十三章　公司证照返还纠纷 …………………………（2331）
第二十四章　公司关联交易损害责任纠纷 ………………（2367）
第二十五章　股东损害公司债权人利益责任纠纷 ………（2438）

目 录

四

第十九章 股东知情权纠纷

第一节 立 案 ………………………………………………（1872）

1333. 如何确定股东知情权纠纷的诉讼当事人？………………（1872）
1334. 股东在知情权诉讼过程中丧失了股东资格,该股东是否
   具备行使知情权的主体资格？……………………………（1872）
【案例452】诉中丧失股东资格 仍享有任期知情权 …………（1873）
1335. 公司监事能否以其知情权受到侵害为由提起知情权诉讼？……（1877）
【案例453】监事无权提起知情权之诉 ………………………（1877）
【案例454】法院释明监事弃权 知情权止于原始凭证 ………（1881）
1336. 公司依法注销后,原公司股东是否可以原公司其他股东、
   法定代表人或高级管理人员为被告主张知情权？………（1884）
1337. 公司停止经营无人管理已进入清算程序或被吊销时,股东
   可否诉讼主张行使知情权？………………………………（1884）
【案例455】公司停业被吊销 主张知情权被驳回 ……………（1884）
1338. 公司股东的投资人能否向公司提起知情权诉讼？………（1886）
【案例456】股东的投资人主张知情权被驳回 ………………（1886）
1339. 股东对公司提起知情权纠纷诉讼,可否申请将会计师事务所
   列为第三人参加诉讼？……………………………………（1889）
1340. 股东知情权纠纷诉讼由何地法院管辖？…………………（1890）
1341. 股东知情权诉讼按照什么标准交纳案件受理费？………（1890）
1342. 股东知情权诉讼是否适用诉讼时效？……………………（1890）

第二节 股东知情权纠纷的裁判标准 (1890)

一、知情权行使的主体 (1890)

1343. 股东请求对公司账簿行使查阅权是否应受一定持股比例的限制? (1890)

1344. 隐名股东是否享有知情权? (1890)

【案例457】被告认可实际出资人 隐名股东可享知情权 (1891)

1345. 名义股东是否享有知情权? (1892)

【案例458】股东资格未被否认 名义股东享有知情权 (1892)

1346. 瑕疵出资股东是否享有知情权? (1895)

【案例459】出资虽瑕疵 知情权仍完整 (1895)

1347. 股权被冻结,股东知情权的行使是否受影响? (1899)

1348. 股权转让后,原股东能否行使其担任股东期间的知情权? (1899)

【案例460】章程约定辞职要退股 主张知情被驳回 (1899)

【案例461】诉中股权被执行 行使诉前知情权得支持 (1901)

1349. 新股东是否可对其加入公司前的经营情况享有知情权? (1908)

二、知情权的查阅范围 (1909)

1350. 股东能够查阅公司哪些信息与文件? (1909)

1351. 对于财务会计报告的查阅,公司负有哪些法定义务? (1909)

1352. 股东能否查阅会计凭证、经营合同等《公司法》未列明的文件? (1909)

【案例462】查阅合同非法定范围 请求查阅被驳回 (1911)

【案例463】原始凭证是知晓公司财务信息的前提 查阅请求获法院支持 (1912)

【案例464】知情权目的已实现 查阅原始凭证请求遭驳回 (1914)

【案例465】合理怀疑报表真实性 适当查阅原始凭证获支持 (1919)

1353. 股东可否查阅新《公司法》实施前的公司会计账簿? (1924)

1354. 公司股东可否对公司的子公司行使知情权? (1925)

三、行使知情权的限制 (1925)

1355. 股东行使知情权的具体方式有哪些?股东可以复制所有可供查阅的文件吗? (1925)

1356. 股东可否对公司财务进行审计或资产评估?如股东行使知情权对公司财务进行审计或资产评估,审计与评估费用由谁承担? (1925)

1357. 股东查阅公司会计账簿需要满足哪些条件? (1925)

1358. 股东请求查阅会计账簿的书面文件有何要求? (1927)

1359. 账簿查阅权的"合理目的"与"不正当目的"举证责任应如何分配? ⋯ (1927)

【案例466】股东"同业"经营要查账 "不当目的"抗辩不成立 ⋯⋯⋯⋯ (1928)

【案例467】无目的无范围无理由 律师函查阅要求遭拒 ⋯⋯⋯⋯⋯⋯⋯ (1932)

【案例468】未证损害公司利益 同业竞争股东有权知情 ⋯⋯⋯⋯⋯⋯⋯ (1935)

1360. 在同业经营股东行使知情权时,如何保护公司商业秘密? ⋯⋯⋯⋯ (1937)

【案例469】涉嫌获取商业秘密 同业经营股东知情权被拒 ⋯⋯⋯⋯⋯⋯ (1937)

1361. 股东查阅会计报告等其他资料已经能够实现行使知情权之
目的,仍然要求查阅会计账簿,其请求能否得到法院支持? ⋯⋯ (1942)

1362. 股东之前存在损害公司的行为能否证明股东行使知情权有
不正当目的? ⋯⋯⋯⋯⋯⋯⋯⋯⋯⋯⋯⋯⋯⋯⋯⋯⋯⋯⋯⋯⋯⋯⋯⋯ (1942)

【案例470】"旧伤"已去 以曾损害公司利益对抗知情权被驳回 ⋯⋯⋯⋯ (1942)

1363. 若股东查账之目的有主次之分,且主要目的和次要目的
各不相同,一为正当,一为不正当,应如何处理? ⋯⋯⋯⋯⋯⋯⋯ (1944)

1364. 公司章程能否对股东知情权的行使作出不同于《公司法》
的扩大性或限制性的规定? ⋯⋯⋯⋯⋯⋯⋯⋯⋯⋯⋯⋯⋯⋯⋯⋯⋯⋯ (1944)

【案例471】董事会认可 股东可以查阅原始凭证 ⋯⋯⋯⋯⋯⋯⋯⋯⋯⋯⋯ (1945)

【案例472】限制股东知情权 调阅办法被判无效 ⋯⋯⋯⋯⋯⋯⋯⋯⋯⋯⋯ (1950)

四、股东质询权行使问题 ⋯⋯⋯⋯⋯⋯⋯⋯⋯⋯⋯⋯⋯⋯⋯⋯⋯⋯⋯⋯⋯⋯⋯ (1960)

1365. 股东如何行使质询权? ⋯⋯⋯⋯⋯⋯⋯⋯⋯⋯⋯⋯⋯⋯⋯⋯⋯⋯⋯⋯⋯ (1960)

1366. 侵害股东质询权是否会影响股东大会决议效力? ⋯⋯⋯⋯⋯⋯⋯⋯ (1960)

1367. 对于股东的质询,董事、高管及监事在哪些情况下可以拒绝回答? ⋯ (1960)

1368. 质询权受到侵犯如何进行法律救济? ⋯⋯⋯⋯⋯⋯⋯⋯⋯⋯⋯⋯⋯⋯ (1961)

【案例473】质询遭拒诉讼无门 股东质询权如何维护 ⋯⋯⋯⋯⋯⋯⋯⋯⋯ (1961)

1369. 公司章程可否对质询权做详细约定? ⋯⋯⋯⋯⋯⋯⋯⋯⋯⋯⋯⋯⋯⋯ (1962)

五、夫妻共有股权知情权问题 ⋯⋯⋯⋯⋯⋯⋯⋯⋯⋯⋯⋯⋯⋯⋯⋯⋯⋯⋯⋯ (1963)

1370. 夫妻一方在公司担任股东,另外一方是否可以共有人身份
主张股东知情权吗? ⋯⋯⋯⋯⋯⋯⋯⋯⋯⋯⋯⋯⋯⋯⋯⋯⋯⋯⋯⋯⋯⋯ (1963)

1371. 夫妻共同担任一家公司的股东,不在公司任职的一方是应该
通过股东知情权还是夫妻知情权了解公司的经营情况与财务
情况呢? ⋯⋯⋯⋯⋯⋯⋯⋯⋯⋯⋯⋯⋯⋯⋯⋯⋯⋯⋯⋯⋯⋯⋯⋯⋯⋯⋯ (1963)

【案例474】前妻管账未移交 再诉查阅难支持 ⋯⋯⋯⋯⋯⋯⋯⋯⋯⋯⋯⋯⋯ (1963)

六、股东知情权的强制执行问题 ………………………………… (1965)

1372. 股东知情权诉讼中,股东可否请求对公司的会计账簿等资料进行查封、扣押? ……………………………………… (1965)

1373. 股东知情权诉讼中,股东可否请求对公司采取财产保全措施? …… (1965)

1374. 行使知情权所支出的相关费用应由谁承担?不承担后果如何? … (1966)

1375. 股东知情权诉讼胜诉后,被告还是拒不履行提供会计账簿等资料供原告查阅,原告应如何救济? …………………………… (1966)

1376. 股东知情权诉讼胜诉后,能否委托会计师事务所、律师代为行使知情权? ………………………………………………………… (1966)

1377. 公司档案材料不健全,股东如何行使知情权? ………………… (1967)

【案例475】股东无法独立分析财务信息 可委托专业会计师查阅 …… (1967)

1378. 何为违规隐匿、故意销毁会计凭证、会计账簿、财务会计报告罪?其立案追诉标准以及量刑标准分别是怎样的? ………………… (1969)

1379. 工会代持员工认购的出资,实际出资人是否享有知情权? …… (1969)

【案例476】工会代持股权,实际出资人要求行使知情权被驳 ……… (1969)

第三节 衍生问题——夫妻知情权与隐私权 ………………… (1972)

1380. 哪些信息是夫妻知情权享有的范围? …………………………… (1972)

1381. 何为隐私权和隐私权纠纷?侵害隐私权的形式有哪些? ……… (1972)

1382. 隐私权纠纷由何地法院管辖?是否适用诉讼时效?按照什么标准交纳案件受理费用? …………………………………………… (1972)

1383. 如何调查夫妻一方持有的股权及证券情况? …………………… (1973)

第二十章 公司决议纠纷

第一节 立 案 ……………………………………………………… (1976)

1384. 如何确定公司决议纠纷的诉讼当事人? ………………………… (1976)

1385. 如何防止公司决议纠纷诉讼损害公司其他股东或相对利害关系人的利益? ……………………………………………………… (1976)

1386. 无表决权股东是否可以提起公司决议撤销纠纷之诉? ………… (1976)

1387. 董事、监事可以提起决议撤销之诉吗? ………………………… (1977)

1388. 法定代表人作为原告提起确认股东会、董事会决议效力的诉讼时,公司作为被告应由谁作为代表人参加诉讼? ……………… (1977)

1389. 未出席会议的股东能否提起公司决议撤销纠纷诉讼? ………… (1977)

1390. 原股东转让股权后,是否还具备公司决议纠纷之诉的原告主体资格?因受让或继承取得股权的新股东是否可以对其持股之前的公司决议请求确认无效或撤销? ……………………………… (1977)

1391. 对决议投赞成票的股东是否可以提起公司决议纠纷之诉? …… (1978)

【案例477】召集程序有瑕疵　无人异议即有效 ………………… (1978)

1392. 确认股东会决议效力纠纷诉讼中,被告以原告未实际投资不具备股东资格,或只是名义股东作为抗辩的,此时,如何处理股东资格审查与股东会决议效力认定的关系? ……………………… (1983)

【案例478】剥夺名义股东表决权　冒名代签决议无效 …………… (1983)

1393. 公司决议纠纷由何地法院管辖? …………………………………… (1985)

1394. 公司决议纠纷诉讼按照什么标准交纳案件受理费用? …………… (1985)

1395. 公司决议撤销纠纷诉讼是否适用诉讼时效?如何确定60日的起算点? ……………………………………………………………… (1985)

【案例479】超出60日除斥期间提请求　丧失撤销权决议有效 …… (1986)

【案例480】60日不可中止　刑满释放主张撤销被驳回 …………… (1993)

【案例481】瑕疵决议已履行　无须诉讼请求被驳回 ……………… (1994)

【案例482】决议作出日起算60日　逾期请求撤销被驳回 ………… (2002)

【案例483】离婚协议未生效　法院判决决议不成立 ……………… (2006)

1396. 全民所有制、股份合作制等非公司制企业的股东提起公司决议撤销之诉是否适用60日之期限? ………………………………… (2012)

【案例484】股份制企业请求确认决议无效　适用2年诉讼时效 …… (2013)

1397. 原告提起决议效力确认纠纷诉讼是否也必须在60日内提出?是否适用2年的诉讼时效? ……………………………………… (2015)

1398. 公司决议纠纷诉讼适用调解程序吗? ………………………………… (2016)

第二节　公司决议纠纷的裁判标准 ……………………………… (2016)

一、公司决议撤销纠纷之诉的裁判标准 ……………………………… (2016)

1399. 在什么情况下,原告可以请求法院撤销公司决议? ……………… (2016)

1400. 股东(大)会由谁召集与通知?对通知时间与通知方式有何要求?股东会召开违反提前15日通知的时限,是否影响股东(大)会决议的效力?通知中应当包括哪些内容? ………………………… (2017)

【案例485】监事越权召集股东会　股东会决议被撤销 …………… (2020)

【案例486】监事越权召开股东会　执行董事有权拒绝履行该决议 …… (2027)

【案例487】董事监事拒绝召集股东会　股东有权召开 ………………(2033)
【案例488】会议通知时间不足　决议违反程序被撤销 ………………(2037)
【案例489】电话通知虽是惯例　未送达仍为通知瑕疵 ………………(2040)
【案例490】电话通知难举证　罢免执行董事决议被撤销 ……………(2042)
1401. 公司因股权转让致使股份份额发生重大变化,变化后的首次
　　　 股东会由谁召集和主持? ……………………………………(2044)
【案例491】股份发生重大变化　出资最多股东召集股东会 …………(2044)
1402. 公司决议召集程序有瑕疵,能否撤销该决议部分内容? …………(2048)
1403. 股东会会议通知期间的起止时间如何确定?通知何时生效? ……(2048)
【案例492】同住成年家属代签　视为通知送达 ………………………(2049)
1404. 会议通知通过快递方式寄给股东,如果该通知由股东所任职
　　　 公司的前台代签,是否视为送达?邮寄公证的股东会会议通知
　　　 是否即视为送达? …………………………………………(2053)
【案例493】全程公证仍有一失　六次公证难证"送达" ………………(2053)
1405. 如果股东拒绝签收会议通知,公司应当如何救济?股东下落
　　　 不明时,公司应如何送达? ……………………………………(2063)
1406. 股东(大)会会议召开过程中是否可以临时增加议题? ……………(2063)
1407. 股东(大)会应当遵循什么样的表决程序?会议的表决方式
　　　 有何特殊要求? ………………………………………………(2064)
【案例494】股份合作制企业决议　上海规定按股表决计票 …………(2065)
1408. 股东(大)会对会议议题进行表决,对表决权有何要求?股东
　　　 能否委托他人参加会议并在决议文件上签章? ………………(2071)
1409. 公司向其他企业投资或者为他人提供担保,由谁决定?公司
　　　 为公司股东或者实际控制人提供担保的,该股东可以参与
　　　 该项表决吗? …………………………………………………(2072)
1410. 有限责任公司与股份有限公司决议事项对表决权比例要求
　　　 有何不同? ……………………………………………………(2072)
1411. 累积投票制与直接投票制有什么区别? ………………………(2072)
1412. 累积投票制主要用于哪些决议事项?什么情况下应当实行
　　　 累积投票制? …………………………………………………(2073)
1413. 实行累积投票制如何计算票数? ………………………………(2073)

1414. 实施累积投票制进行决议时,对于通知、候选人选择等程序是否有特殊规定? ……(2073)

1415. 实行累积投票制表决应当遵循哪些规则? ……(2074)

1416. 若上市公司股东大会采用网络投票的形式,则使用累积投票制选举董事、监事事项如何进行操作? ……(2074)

1417. 公司章程能否降低股东(大)会决议生效的法定条件? ……(2076)

【案例495】特别决议事项表决约定低于法定要求 章程被判无效 ……(2077)

1418. 公司章程能否提高股东(大)会决议生效的法定条件? ……(2078)

【案例496】决议违反章程表决权约定 丈夫转移夫妻共有财产失败 ……(2079)

【案例497】剥夺继承人表决权 章程修正案无效 ……(2082)

1419. 法院对争议的公司决议主要审查哪些内容?是否应对决议的合理性进行审查? ……(2087)

【案例498】董事会罢免公司高管 法院不审合理性 ……(2087)

1420. 在公司决议撤销诉讼中,公司重新作出股东会决议,撤销原股东会决议,已经进行的诉讼应如何处理? ……(2091)

1421. 董事会会议由谁召集、通知和主持?对于会议通知的方式与内容有何要求? ……(2091)

1422. 提议召开临时董事会,应当遵循哪些程序? ……(2092)

【案例499】董事会罢免总经理 未证通知部分决议被撤 ……(2093)

1423. 召开董事会会议可以采用哪些方式? ……(2098)

1424. 对董事会会议进行表决应遵循哪些程序?是否应适用关联交易回避制度?表决方式以及会议记录的保存应注意哪些事项? ……(2098)

1425. 董事会召开过程中是否可以临时增加议题? ……(2099)

【案例500】扩大议题免总裁 罢免决议被撤销 ……(2099)

1426. 董事可以投弃权票吗?投弃权票的董事应当承担哪些民事责任? ……(2102)

二、公司决议效力确认纠纷之诉的裁判标准 ……(2102)

1427. 在哪些情形下,公司决议可被确认无效? ……(2102)

【案例501】税后利润激励员工 侵犯盈余分配权无效 ……(2103)

【案例502】离职员工股份被没收 未付对价决议始无效 ……(2107)

【案例503】伪造股东签名 股东会决议无效 ……(2109)

【案例504】冒签协议转股权 请求无效获支持 ……(2113)

【案例505】债转股平等主体产纠纷 共享国拨资金决议无效 ………… (2115)
【案例506】伪造签名罢免高管 终止合资决议无效 ………………… (2120)
【案例507】违反累积投票制选举董事 上市公司股东大会决议
　　　　　被判无效 ……………………………………………… (2123)
【案例508】股东会决议开除股东资格 内容违法应无效 …………… (2126)
1428. 公司章程将原属于股东会的职权授权给董事会行使,是否有效? … (2128)
【案例509】授权董事会选举董事 新增董事决议无效 ……………… (2129)
【案例510】限缩股东会投资决策权 股东起诉确认无效被驳回 …… (2130)
1429. 如果一份公司决议中包括几项决议,其中某一项决议被确认
　　　无效,是否会导致整个会议决议被确认无效? ………………… (2131)
【案例511】免除股东债务损害公司利益 部分决议内容被判无效 … (2131)
1430. 公司决议存在撤销情形,当事人请求确认无效的,应当
　　　如何处理? ……………………………………………………… (2137)
【案例512】各自为政"双头"召开股东会 两份"对立"协议均无效 … (2137)
1431. 公司决议被撤销或确认无效后,因该决议设立的法律关系的
　　　效力如何? ……………………………………………………… (2146)
【案例513】股东会决议被撤销 工商登记应变更 …………………… (2147)

三、其他特殊类型的公司决议纠纷 …………………………………… (2150)

1432. 股东可否因股东(大)会决议不合法直接要求工商局
　　　变更其登记? …………………………………………………… (2150)
1433. 法院是否可以直接判决变更公司决议的内容? ………………… (2150)
1434. 当事人可以请求法院确认公司决议有效吗? …………………… (2150)
【案例514】请求确认股东会决议有效,具有诉的利益,符合人民法院
　　　　　受案范围 ……………………………………………… (2151)
【案例515】无争议决议无诉讼利益 不符合起诉条件被驳回 ……… (2155)
1435. 当事人能否请求法院判令公司召开定期股东会或临时股东会? … (2157)
【案例516】法院不干预公司自治 请求召开董事会被驳回 ………… (2158)

第二十一章　上市公司收购纠纷

第一节　上市公司收购的方式 ……………………………………… (2174)

一、收购上市公司的基本问题 …………………………………… (2174)

1436. 一致行动人持有的上市公司股份应当如何计算? ……………… (2174)
1437. 投资者符合哪些条件可视作拥有上市公司控制权? …………… (2175)

【案例517】国美电器与三联集团的收购与反收购战争 ……………… (2175)

【案例518】历时一月半　广发证券成功抵抗中信证券收购 …………… (2177)

1438. 哪些人不得收购上市公司? ………………………………………… (2178)

1439. 如何处理被收购公司的控股股东、实际控制人及其关联方在公司被收购前损害公司及其他股东合法权益的行为? ……………… (2178)

二、财务顾问的职责、许可及监管 ………………………………… (2179)

1440. 收购上市公司的投资者是否必须聘请财务顾问? 财务顾问应履行哪些职责? ………………………………………………… (2179)

1441. 何为财务顾问的持续监管义务? …………………………………… (2179)

【案例519】财务顾问持续督导意见——关联方以项目公司股权出资收购刚泰控股实现被收购方主营业务重大调整 ………… (2180)

【案例520】财务顾问持续督导意见——收购方以自有资产收购广钢股份实现被收购方主营业务重大调整 …………………… (2182)

【案例521】财务顾问持续督导意见——收购方以换股收购赛马实业实现被收购方吸收合并 ………………………………… (2183)

【案例522】财务顾问持续督导意见——中国电子以子公司股权间接收购南京熊猫变更其实际控制人 …………………………… (2185)

1442. 证券公司从事上市公司收购的财务顾问业务应当具备哪些条件? …… (2186)

1443. 证券投资咨询机构从事上市公司收购财务顾问业务,应当具备哪些条件? ……………………………………………………… (2187)

1444. 其他财务顾问机构从事上市公司收购财务顾问业务,应具备哪些条件? ……………………………………………………… (2187)

1445. 哪些机构不得担任财务顾问? ……………………………………… (2188)

1446. 财务顾问主办人应当具备哪些条件? ……………………………… (2188)

1447. 申请从事财务顾问业务资格,应当提交哪些文件? ……………… (2188)

1448. 财务顾问申请人应当提交财务顾问主办人的哪些文件? ………… (2189)

1449. 如果财务顾问申请人提交的文件内容发生重大变化时应如何处理? ………………………………………………………… (2189)

1450. 哪些机构不得担任独立财务顾问? ………………………………… (2190)

1451. 财务顾问从事上市公司收购业务时,应指定几名主办人,几名协办人? ……………………………………………………… (2190)

· 9 ·

1452. 财务顾问担任收购人的财务顾问,应当着重关注哪些问题? …… (2190)
1453. 什么情况下,可以免于聘请财务顾问? …………………………… (2190)
1454. 上市公司的独立财务顾问可否兼任收购人的财务顾问? ……… (2190)
1455. 财务顾问就收购出具的财务顾问报告,应包含哪些内容? …… (2191)
1456. 财务顾问受托向中国证监会报送申报文件,应当在财务顾问
       报告中作出哪些承诺? ………………………………………… (2192)
1457. 投资者及其一致行动人未按规定聘请财务顾问而取得上市
       公司控制权,将如何承担责任? ……………………………… (2192)
【案例523】审批机关否决转让不属不可抗力　财务顾问违约赔偿
       100万元 ………………………………………………………… (2192)
1458. 上市公司被收购时,应当在独立财务顾问报告中对哪些问题
       发表意见? ……………………………………………………… (2195)
1459. 财务顾问将申报文件报中国证监会审核期间,委托人和财务
       顾问终止委托协议应如何处理? ……………………………… (2196)
1460. 财务顾问及其财务顾问主办人出现哪些情形时,证监会可以
       对其采取监管措施? …………………………………………… (2196)
1461. 在持续督导期间,如果财务顾问与收购人解除合同,是否
       收购人即可回避财务顾问对其的督导? ……………………… (2197)
1462. 上市公司收购完成后,收购人持有的被收购公司股份是否
       可以立即再次转让? …………………………………………… (2197)

三、权益披露制度 ………………………………………………………… (2197)

1463. 何为权益披露制度? ……………………………………………… (2197)
1464. 投资者在上市公司中的权益包括哪些? ………………………… (2197)
1465. 在何种情况下,投资者及其一致行动人应当编制权益变动
       报告书? ………………………………………………………… (2197)
1466. 权益变动报告书的形式及内容是否因权益变动的股份权益
       比例不同而有所不同? ………………………………………… (2198)
1467. 何种情形下,投资者及其一致行动人应当编制简式权益变动
       报告书?其内容包括哪些? …………………………………… (2198)
【案例524】康强电子原高管减持套现作出权益变动报告 ……………… (2198)
【案例525】和方投资认购新股作出权益变动报告 ……………………… (2199)
【案例526】神奇控股减持套现作出权益变动报告 ……………………… (2200)

1468. 何种情形下,投资者及其一致行动人应当编制详式权益变动
报告书? 其内容应当包括哪些? ……………………………………（2201）

1469. 已披露权益变动报告书的投资者及其一致行动人因拥有权益
的股份变动需要再次报告、公告权益变动报告书的,是否可以
仅就不同部分作出报告、公告? ……………………………………（2204）

1470. 在何种情况下,投资者及其一致行动人可免于履行报告和公告
义务? …………………………………………………………………（2205）

1471. 上市公司的收购及相关股份权益变动活动中的信息披露义务人
采取一致行动的,可否以书面形式约定由其中一人作为指定代表
负责统一编制信息披露文件? ………………………………………（2205）

1472. 信息披露文件中涉及与多个信息披露义务人相关的信息,各义
务人是否仅对涉及自身披露义务的信息承担责任? ………………（2205）

1473. 投资者与其一致行动人拥有的权益在涉及可转债时应当
如何计算? ……………………………………………………………（2205）

四、律师尽职调查 ……………………………………………………（2205）

1474. 律师事务所和律师以何种形式为上市公司收购提供法律服务? ……（2205）

1475. 收购方律师在收购完成前的法律服务流程有哪些? ………………（2206）

1476. 收购过程中,尽职调查的总体程序有哪些? 包括哪些工作? ……（2207）

1477. 法律尽职调查的内容有哪些? ………………………………………（2207）

五、要约收购 …………………………………………………………（2209）

1478. 以要约收购一个上市公司股份的,预定收购的股份比例不得
低于多少? ……………………………………………………………（2209）

1479. 收购要约中的收购条件可否区别对待不同的股东? ………………（2209）

1480. 要约收购上市公司股份应当如何履行公告程序? …………………（2209）

1481. 要约收购报告书应当载明哪些事项? ………………………………（2210）

【案例527】境外酒业巨头DHHBV要约收购水井坊 …………………（2213）

【案例528】鲁商集团要约收购银座股份巩固国有控股地位 …………（2214）

【案例529】嘉士伯战略投资要约收购重庆啤酒 ………………………（2215）

1482. 如果收购人依照协议收购的方式收购上市公司股份超过30%,
对超过30%的部分采取要约收购时,应当如何履行相应程序? ……（2216）

【案例530】被收购股份超20%股东可以一购一 反收购策略获
法院支持 ……………………………………………………（2216）

【案例531】收购方未获控制权转让全部股票　次债持有人主张
　　　　　　违约被驳回 ……………………………………………………（2218）

1483. 如果收购人在向证监会报送要约收购书后又取消收购计划的,
　　　应当如何处理? ………………………………………………………（2220）
1484. 收购人对上市公司提出收购要约后,上市公司董事会应当
　　　履行哪些义务? ………………………………………………………（2220）
1485. 收购人作出提示性公告后至要约收购完成前,被收购上市
　　　公司可否处置其资产? ………………………………………………（2220）
1486. 收购人要约收购上市公司的要约价格有何限制? ………………（2220）
1487. 收购人用以支付收购上市公司的价款有何限制? ………………（2220）
1488. 收购人在什么情况下应当以现金支付收购价款? ………………（2221）
1489. 收购要约约定的收购期限有何限制? ……………………………（2221）
1490. 收购要约何时视为送达? …………………………………………（2221）
1491. 公开收购的要约期限可否延长? …………………………………（2221）
1492. 收购人可否撤销其收购要约? ……………………………………（2221）
1493. 采取要约收购方式的,收购人作出公告后至收购期限届
　　　满前可否卖出被收购公司的股票? …………………………………（2221）
1494. 变更收购要约应履行哪些程序? …………………………………（2221）
1495. 如果要约收购报告书所披露的基本事实发生重大变化,
　　　应如何处理? …………………………………………………………（2222）
1496. 同意接受收购要约的股东如何办理相关手续? …………………（2222）
1497. 预受股东可否撤回其承诺? ………………………………………（2222）
1498. 如果收购期限届满,预受要约股份的数量超过预定收购
　　　数量应如何处理? ……………………………………………………（2222）
1499. 收购期限届满时,应当履行何种程序办理股份转让、
　　　过户手续? ……………………………………………………………（2223）
1500. 如果收购期届满,被收购公司股权分布已经不符合上市
　　　条件,应如何处理? …………………………………………………（2223）
1501. 除要约方式外,投资者是否可以在证券交易所外公开求购
　　　上市公司的股份? ……………………………………………………（2223）
1502. 发出收购要约的收购人在收购要约期限届满,不按照约定支付
　　　收购价款或者购买预受股份的,将承担何种责任? ………………（2223）

六、协议收购 ……(2223)

1503. 协议收购相对于要约收购有哪些特性? ……(2223)

1504. 协议收购的股份达到一定比例时是否应当采用要约收购? ……(2224)

1505. 协议收购上市公司股份的,应当向中国证监会提交哪些材料? ……(2224)

1506. 境外法人或者境外其他组织进行上市公司收购的,应当提交哪些材料? ……(2224)

1507. 上市公司控股股东向收购人协议转让其所持有的上市公司股份时,应当履行什么义务? ……(2225)

1508. 收购协议达成后,如何报告和公告? ……(2225)

【案例532】联赢投资协议收购福星晓程调整集团业务架构 ……(2225)

【案例533】山西省国资委以行政划转协议收购煤气化 ……(2227)

【案例534】横店控股及其一致行动人以所持股权及资产协议收购普洛股份 整合旗下业务减少关联交易 ……(2228)

1509. 协议收购的双方当事人应当如何履行股份转让、过户手续? ……(2230)

1510. 自签订收购协议起至相关股份完成过户的期间收购人可否通过控股股东提议改选董事会,或对公司的资产进行处置? ……(2230)

七、间接收购 ……(2230)

1511. 何为间接收购? ……(2230)

【案例535】西子电梯以增资实际控制企业间接收购百大集团 ……(2231)

【案例536】Rich Monitor Limited 间接收购国中水务 触发全面要约收购义务 ……(2231)

【案例537】中海炼化以行政划转零对价间接收购山东海化 ……(2233)

1512. 如果收购人间接持有上市公司权益超过该公司已发行股份的30%,应如何处理? ……(2234)

1513. 上市公司实际控制人及受其支配的股东未履行报告、公告义务时,上市公司如何救济? ……(2234)

1514. 上市公司就实际控制人发生变化的情况予以公告后,实际控制人仍未披露的,公司应当采取何种措施? ……(2235)

第二节 上市公司收购中的豁免申请及当事人责任 ……(2235)

一、豁免申请的条件及程序 ……(2235)

1515. 满足何种情形,收购人可以向证监会提出免于以要约方式增持股份? ……(2235)

1516. 收购人报送豁免申请文件后,证监会应在多少天内作出决定? …… (2235)
1517. 如果收购人报送豁免要约增持的申请文件后未得到证监会的批准,应当如何处理? …… (2236)
1518. 满足何种情形,当事人可以向证监会申请以简易程序免除发出要约? …… (2236)

二、上市公司收购当事人的法律责任 …… (2237)

1519. 上市公司的收购及相关股份权益变动活动中的信息披露义务人,未按照规定履行报告、公告以及其他相关义务的应当如何处理? …… (2237)

【案例538】吉林敖东收购延边公路股权未披露 公司及董事长遭罚款110万元 …… (2237)

【案例539】京博控股收购国通管业股权未披露 公司及董事长遭罚款100万元 …… (2239)

【案例540】银河集团及其一致行动人违法收购长征电器股权未公告 公司及董事长遭罚款273万元 …… (2240)

1520. 上市公司控股股东和实际控制人在转让其对公司的控制权时,未清偿其对公司的负债,未解除公司为其提供的担保,或者未对其损害公司利益的其他情形作出纠正的,应如何处理? …… (2241)

1521. 上市公司董事未履行忠实义务和勤勉义务,利用收购谋取不当利益的应如何处理? …… (2241)

第二十二章 公司盈余分配纠纷

第一节 立 案 …… (2246)

1522. 如何确定盈余分配纠纷的诉讼当事人? …… (2246)
1523. 盈余分配纠纷诉讼是否适用诉讼时效? …… (2246)
1524. 盈余分配纠纷由何地法院管辖? …… (2246)
1525. 盈余分配纠纷诉讼按照什么标准交纳案件受理费? …… (2246)

第二节 公司盈余分配纠纷的裁判标准 …… (2246)

一、行使盈余分配权的主体 …… (2246)

1526. 隐名股东是否享有盈余分配权?隐名股东如何实现盈余分配权? …… (2246)

1527. 瑕疵出资的股东是否享有盈余分配权? ·· (2247)

【案例541】未履行出资义务　无权分取盈余 ·· (2247)

1528. 自然人股东死亡或者法人股东终止后,其盈余分配请求权
由谁行使? ·· (2248)

1529. 股东(大)会决议通过盈余分配方案后,未实际分配前,股东转让
股权,公司应向新股东还是原股东分配盈余? ···································· (2249)

1530. 股份有限公司股东转让股份后,盈余分配基准日前未办理股东
名册变更,公司应向新股东还是原股东分配盈余? ···························· (2249)

1531. 股权转让前公司未分配利润应当分配给原股东还是新股东? ········ (2249)

【案例542】股权转让丧失表决权　转让对价显失公平可撤销 ················ (2249)

【案例543】章程约定离职股东无盈余分配权　股东请求分红被驳回 ······ (2256)

二、盈余分配方案 ·· (2257)

1532. 盈余分配方案由谁制定? 由谁决定? 方案中应包括哪些内容?
公司盈余分配的方式有哪些? 如何确定盈余分配的比例? ················ (2257)

【案例544】新老股东盈余分配有差别　新股东拒绝同股不同利 ············ (2258)

1533. 经有限责任公司全体股东一致同意的盈余分配比例可否对抗
章程约定的比例? ··· (2261)

1534. 有限责任公司全体股东约定不按实缴出资比例分配盈余,
该约定对新加入的股东是否有约束力? ·· (2261)

1535. 公司增资时,通过认购新股取得股东资格的股东,对增资前的
盈余进行分配时是否也应当采用同股同权的比例进行分配? ············ (2261)

1536. 公司以何种方式向股东派发盈余? ·· (2261)

1537. 股份有限公司指定认股人应当缴纳股款期日的情况下,在该期
日前后不同时间缴纳股款的股东应当以何时作为盈余分配的
基准日? ··· (2262)

1538. 外商投资企业盈余分配方案由谁决定? 税后利润如何分配? ·········· (2262)

1539. 合作企业的外国合作者先行回收投资,应当符合哪些条件?
应当报送哪些审批材料? ·· (2263)

1540. 外商投资企业向股东派发盈余后,股东将红利汇出境外,应当
遵循哪些程序规定? ·· (2263)

1541. 上市公司盈余分配应遵循哪些决策程序? ·· (2264)

· 15 ·

【案例545】中石化分红派息实施方案 ………………………………… (2265)
1542. 创业板拟上市公司对分红有何特殊要求? ……………………… (2266)

三、盈余分配请求权的裁判标准 ………………………………………… (2268)

1543. 股东主张公司进行盈余分配,应当满足哪些条件? ……………… (2268)
1544. 股东提起盈余分配纠纷之诉,应证明哪些基本事实? 提交
哪些证据材料? ………………………………………………… (2268)
【案例546】股息、红利完税证明,可作为股东主张分红的依据 ……… (2268)
【案例547】以表决权换取保底收益 违反法律强制性规定无效 …… (2271)
【案例548】以犯罪所得出资不具股东资格 请求分红被驳回 ……… (2277)
1545. 没有股东会决议或股东会决议不分配盈余,但公司章程约定
每年分配盈余,股东依据该章程约定请求法院判令公司分配
盈余,能否得到支持? ………………………………………… (2282)
【案例549】半数股东确认利润分配方案 无股东会决议也有效 …… (2282)
1546. 没有股东会决议,股东间达成协议并实际分配了盈余,该行为
是否合法? ……………………………………………………… (2284)
1547. 有限责任公司同时存在有关盈余分配的股东会决议与股东
协议,应以哪一份文件为准? …………………………………… (2284)
【案例550】股东协议对公司无约束 盈余分配以决议为准 ………… (2284)
【案例551】应收账款未收回 分配条件未成就主张分红被驳回 …… (2287)
1548. 对股东会决议通过的盈余分配方案持反对意见的股东,
应如何救济? …………………………………………………… (2289)
1549. 董事会未作出盈余分配方案,股东会直接制作并决议盈余
分配方案,该方案是否无效? …………………………………… (2289)
1550. 公司长期有盈余不分,股东如何救济? ………………………… (2290)
1551. 股东据何判断公司是否有盈余? ………………………………… (2290)
1552. 公司有可供分配的盈余时,是否必须进行分配? ……………… (2291)
1553. 公司无盈余或违反法律规定,在弥补亏损及提取公积金前
分配盈余,公司和股东分别应当承担哪些责任? ……………… (2291)
1554. 股东以股东(大)会确认的利润分配比例错误为由提起诉讼,
要求按照其他比例分配利润的,其主张是否能得到支持? …… (2291)

1555. 盈余分配方案中确认的未分配利润与实际不符的,股东可否
诉请以实际利润进行分配? ………………………………………… (2291)

1556. 股东(大)会决议通过盈余分配方案后,实际分配盈余前,
公司发生亏损,公司可否以弥补亏损为由拒绝分配盈余? ……… (2291)

【案例552】主张盈余分配未超时效 "亏损"不得对抗分配方案 ……… (2291)

【案例553】利润分配后公司发生亏损 未支付利润仍应支付 ………… (2293)

1557. 股东放弃盈余分配权后,公司应如何分配其放弃的盈余份额? …… (2295)

1558. 公司股东(大)会未作出盈余分配决议,或决议不分配盈余,
股东向法院起诉请求判令公司分配盈余,能否得到支持? ……… (2296)

【案例554】无利润分配决议 法院不直接干涉分红 ……………………… (2296)

1559. 当事人可否申请冻结或执行股息或红利、股份、股权或投资
权益? 若可以,如何执行? ……………………………………… (2298)

1560. 人民法院冻结或强制执行股权、股份或投资权益,登记机关
应履行哪些协助义务? …………………………………………… (2299)

1561. 如何确定所冻结的上市公司的股权价值? 股权被冻结后,
股东的哪些权利将受到限制? …………………………………… (2299)

1562. 对于未参加盈余分配纠纷诉讼的股东,可否依据生效判决
申请法院强制执行? ……………………………………………… (2299)

四、夫妻共有股权盈余分配权问题 ……………………………………… (2300)

1563. 夫妻一方以婚前个人财产在婚后投资公司所取得的股权
归谁所有? 该股权在婚后产生的盈余归谁所有? ……………… (2300)

【案例555】诉讼确认丈夫隐名股权 妻子获得股权预期收益 ………… (2300)

1564. 夫妻一方以婚后财产向公司投资,其所获股权以及盈余,
归谁所有? ………………………………………………………… (2302)

1565. 夫妻一方以婚前个人财产投资公司所取得的股权,该股份
在婚后产生溢价或股权转让所得归谁所有? 婚前公司决议
分配,婚后实际取得盈余,该盈余归谁所有? …………………… (2302)

1566. 夫妻一方以婚后分配利润投资设立公司,则该新获的股权
系个人财产还是共同财产? ……………………………………… (2302)

1567. 夫妻一方以个人名义投资设立公司,另一方可否直接请求公司
向其分配属于夫妻共同财产的盈余? …………………………… (2302)

1568. 夫妻一方以另一方持有股权的公司盈利为由,主张分割
       该部分盈利,能否得到法院支持？ …………………………………… (2303)
   【案例556】未证婚前股权实际收益余额 酌情分割婚姻期间经营收益…… (2303)

第三节 盈余分配的税务问题 …………………………………………… (2306)

一、自然人股东取得股息、红利的税务问题 ……………………………… (2306)

1569. 中国公民从居民企业(不包括上市公司)取得的股息、红利等权益
       性收益,如何确定应纳税所得额、税率、扣缴义务人、纳税义务发生
       时间？员工从企业取得的劳动分红如何计征个人所得税？………… (2306)
1570. 外国公民从居民企业取得的股息、红利所得,如何计征
       个人所得税？ ………………………………………………………… (2307)
1571. 境外居民个人取得H股股息红利产生的个人所得税享受税收
       协定优惠,应履行哪些程序？ ………………………………………… (2307)
1572. 对自然人投资者从上市公司取得的股息、红利所得,如何确定
       应纳税所得额？ ……………………………………………………… (2307)
   【案例557】南钢股份派发现金红利 新旧政策个税有差异 ………… (2308)
1573. 公司以盈余公积或未分配利润(以下简称留存收益)转增股本
       的形式派送红股,自然人股东是否需要缴纳所得税？ ……………… (2310)
   【案例558】华远地产派送红股 视同现金分红要缴税 ……………… (2310)
1574. 企业以房地产或自制资产用于分配红利,企业是否负有纳税
       义务？企业与法人股东如何分别进行会计处理？ ………………… (2313)
1575. 中国公民从国外投资获得的股息、红利收益应如何计征个人
       所得税？ ……………………………………………………………… (2313)
1576. 职工个人以股份形式取得的企业量化资产参与企业分配而
       获得的股息、红利,是否需要计征个人所得税？ …………………… (2314)
1577. 纳税年度内个人投资者从其投资企业借款,在该纳税年度
       终了后既不归还,又未用于企业生产经营的,是否需要计征
       个人所得税？ ………………………………………………………… (2314)
1578. 企业购买车辆但将车辆所有权办到股东个人名下,如何计征
       个人所得税？ ………………………………………………………… (2314)
1579. 个人股东取得公司债权债务形式的分红如何计征个人
       所得税？ ……………………………………………………………… (2314)

二、法人股东取得的股息、红利的所得税问题 (2315)

1580. 居民企业从直接投资的其他居民企业取得的股息、红利等权益性投资收益,如何进行所得税处理?如何确定纳税义务产生时间? (2315)

1581. 非居民企业从直接投资的其他居民企业取得的股息、红利等权益性投资收益,如何进行所得税处理?如何确定纳税义务产生时间? (2315)

【案例559】平安银行派发现金红利 连续持股12个月法人股东免所得税 (2318)

【案例560】万科派发现金红利所得税处理案 (2319)

1582. 如何认定申请人是否具有"受益所有人"身份? (2321)

1583. 申请人通过代理人或指定收款人等代为收取所得的,对申请人受益所有人身份的认定有影响吗? (2322)

1584. 何种情况下,税务机关可直接认定申请人的受益所有人身份? (2322)

1585. 纳税人提出非居民享受税收协定待遇审批申请时,应提交哪些资料? (2323)

1586. 哪种情形下,纳税人可以免予提出享受税收协定待遇审批申请? (2323)

1587. 哪些情形下,有权审批的税务机关可不予受理非居民享受税收协定待遇审批申请? (2323)

1588. 纳税人或者扣缴义务人已报告的信息发生变化的,如何处理? (2324)

1589. 已享受税收协定待遇的非居民存在哪些情形的,税务机关应作出不予非居民享受税收协定待遇的处理决定?非居民企业有何救济措施?纳税人与扣缴义务人将承担哪些法律责任? (2324)

1590. 居民企业从其直接或者间接控制的外国企业分得的来源于中国境外的股息、红利等权益性投资收益,应如何缴纳企业所得税? (2325)

1591. 公司以留存收益转增股本的形式派送红股,法人股东如何进行所得税处理? (2325)

1592. 境外注册中资控股企业适用居民企业税收政策还是非居民企业税收政策?该境外注册中资控股企业从境内居民企业取得的股息、红利等权益性投资应如何进行企业所得税处理?境外注册中资控股企业投资者从境外注册中资控股企业取得的股息、红利等权益性投资应如何计征企业所得税? (2325)

1593. 分配到英属维尔京群岛(BVI)等避税港的境外注册公司的
投资者的利润如何进行所得税处理? ……………………………(2326)

第二十三章 公司证照返还纠纷

第一节 立 案 ……………………………………………………(2331)

- 1594. 如何确定公司证照返还纠纷的诉讼当事人? ………………(2331)
- 1595. 公司证照返还纠纷由何地法院管辖? ………………………(2332)
- 1596. 公司证照返还纠纷按照什么标准交纳案件受理费? ………(2332)
- 1597. 公司证照返还纠纷诉讼是否适用诉讼时效? ………………(2332)
- 1598. 公章被夺走,导致公司无法在起诉状上盖章,是否影响诉讼效力?
  此时应当如何处理? ……………………………………(2332)
- 【案例561】诉状无"章" 法院仍立案受理 ……………………(2332)

第二节 公司证照返还纠纷的裁判标准及责任承担 ……………(2337)

一、公司证照的范围及保管机构 ……………………………(2337)

- 1599. 公司证照应当由谁保管? ………………………………(2337)
- 【案例562】执行董事私藏证照 被判返还 ………………………(2337)
- 1600. 实践中,公司证照遗失或被取走时,股东或公司应当如何救济? ……(2338)
- 【案例563】股东卷走公司资产被免职 公司要求返还公章财务
  资料获支持 ……………………………………………(2339)

二、公司证照遗失的处理流程 …………………………………(2342)

- 1601. 公司营业执照遗失后应当如何处理?补办时应提交哪些材料? ……(2342)
- 1602. 公司税务登记证遗失后应当如何处理? ………………………(2343)
- 1603. 公司组织机构代码证遗失后应当如何处理? …………………(2343)
- 1604. 公司银行开户许可证遗失后应当如何处理? …………………(2343)
- 1605. 公司公章遗失后应当如何处理? ………………………………(2343)

三、公司证照返还纠纷的举证义务 ……………………………(2344)

- 1606. 公司证照返还纠纷诉讼需证明哪些事实方能得到法院的支持? ……(2344)
- 【案例564】非公司股东或高管持有证照 应向公司返还 ………(2344)
- 【案例565】股权已转让 证照应当依法返还 ……………………(2346)
- 1607. 公司应当如何证明被告持有公司证照? ………………………(2353)
- 【案例566】辅助证据配合运营惯例 可证明被告持有证照 ……(2354)

【案例567】臆断董事持有证照　法院不予采纳 ·············· (2357)

四、公司证照返还纠纷的特殊情形 ·············· (2358)

1608. 公司股东可否以公司未分配利润、侵犯知情权等为由扣押公司证照？ ·············· (2358)

【案例568】以不分红、侵犯知情权为由取走公司证照无依据 ·············· (2359)

1609. 当公司股东之间发生纠纷时,股东夺走印章,公司应当如何救济？ ·············· (2360)

1610. 公司股东或他人可否以需要公司证照作为证据在其他诉讼中使用为由,拒绝向公司返还？ ·············· (2360)

【案例569】证照作为另案证据使用　不足以抗辩返还请求 ·············· (2360)

第三节　公司证照税务问题 ·············· (2363)

一、营业账簿印花税 ·············· (2363)

1611. 如何缴纳营业账簿的印花税？ ·············· (2363)

1612. 跨地区经营的分支机构,其营业账簿应如何贴花？ ·············· (2363)

1613. 设置在其他部门、车间的明细分类账,如何贴花？ ·············· (2364)

1614. 对会计核算采用以表代账的,应如何贴花？ ·············· (2364)

1615. 对记载资金的账簿、启用新账未增加资金的,是否按定额贴花？ ·············· (2364)

1616. 对有经营收入的事业单位使用的账簿,应如何贴花？ ·············· (2364)

1617. 记载资金的账簿按固定资产原值和自有流动资金总额贴花后,以后年度资金总额比已贴花资金总额增加的,印花税应如何处理？ ·············· (2364)

二、相关的权利、许可证照缴纳印花税 ·············· (2364)

1618. 如何缴纳相关的权利、许可证照印花税？ ·············· (2364)

1619. 相关的权利、许可证照的纳税义务人是谁？ ·············· (2364)

1620. 已缴纳印花税的凭证的副本或者抄本是否需要缴纳印花税？ ·············· (2364)

1621. 对纳税人以电子形式签订的各类应税凭证是否缴纳印花税？ ·············· (2365)

1622. 符合哪些情况,税务机关可以核定纳税人的印花税计税依据？如何核定？ ·············· (2365)

第二十四章　公司关联交易损害责任纠纷

第一节　立　　案 ·············· (2370)

1623. 如何确定关联交易损害责任纠纷的诉讼当事人？ ·············· (2370)

1624. 公司的债权人向公司的债务人提起代位权诉讼,公司应当
以何诉讼主体身份参与审理? ………………………………… (2371)

1625. 公司债权人提起撤销权诉讼时,财产受益人或受让人应当
以何种诉讼主体出庭? …………………………………………… (2371)

1626. 关联交易损害责任纠纷由何地法院管辖? ………………………… (2371)

1627. 债权人代位权诉讼由何地法院管辖? ……………………………… (2371)

1628. 公司债权人提起的撤销权诉讼由何地法院管辖? ………………… (2371)

1629. 如何确定关联交易损害股东利益的案件受理费的标准? ………… (2371)

1630. 关联交易损害股东利益的案件是否适用诉讼时效? ……………… (2371)

1631. 公司债权人提起代位权、撤销权诉讼时,如律师费、差旅费、
保全费、评估费等必要费用由谁承担? ………………………… (2371)

1632. 代位权诉讼中,公司债权人提出对公司债务人财产进行保全,
是否必须提供担保? ……………………………………………… (2371)

1633. 如果公司债权人起诉公司主张债权后,又向公司的债务人
提起代位权诉讼的,法院是否受理? …………………………… (2372)

1634. 两个或两个以上公司债权人以公司的同一债务人为被告
提起代位权诉讼时,法院应当如何处理? ……………………… (2372)

1635. 公司的两个或者两个以上债权人皆以公司为被告,就同一放弃
债权或转让财产的行为提起撤销权诉讼时,法院应如何处理? …… (2372)

第二节 公司关联交易损害责任纠纷的裁判标准 ……………………… (2372)

一、关联交易的决策程序 …………………………………………………… (2372)

1636. 未履行哪些程序的关联交易存在效力瑕疵? ……………………… (2372)

1637. 《公司法》限制或禁止哪几种关联交易? ………………………… (2372)

1638. 公司向关联方提供担保需要经过何种法定程序? ……………… (2372)

1639. 如果公司的所有股东均要求公司为各自的债务提供担保,
则这些股东在决策时还是否需要回避? ………………………… (2373)

1640. 如果公司关联交易违反有关法定程序的,该交易行为是否
有效?实施该行为的关联方需要对公司承担何种责任? …… (2373)

【案例570】内部违规对外担保 不得对抗善意债权人 ……………… (2374)

1641. 如果担保协议被确认无效或撤销,则此时公司是否仍需对
债权人承担连带责任? …………………………………………… (2380)

1642. 公司作出何种决议事项时,关联董事或者股东必须回避? ……… (2380)

1643. 国有独资公司、国有独资企业对于关联交易行为有何特殊限制? …… (2381)
1644. 国有资本控股公司、参股公司与关联方的交易,应当履行
何种程序? …… (2381)

二、上市公司关联交易的决策程序及披露义务 …… (2381)

1645. 何为证券回购合同纠纷? …… (2381)
1646. 证券回购合同纠纷的管辖法院如何确定?是否适用诉讼
时效?案件受理费如何确定? …… (2381)
1647. 何为证券欺诈责任纠纷? …… (2382)
1648. 证券欺诈责任纠纷的管辖法院如何确定?是否适用诉讼
时效?案件受理费如何确定? …… (2382)
1649. 上市公司的哪些关联交易应当进行披露? …… (2383)
【案例571】ST猴王:都是关联交易惹的祸 …… (2383)
1650. 上市公司与关联人拟发生的关联交易达到什么标准时,
除应当及时披露外还应当提交董事会和股东大会审议? …… (2385)
1651. 上市公司与关联人进行哪些交易可以免予按照关联交易
的方式进行审议和披露? …… (2386)
1652. 上市公司与关联人进行哪些交易可以向证券交易所申请
豁免按照关联交易的方式进行审议和披露? …… (2386)
1653. 上市公司可否对购买或者拟购买公司股份的人提供资助? …… (2387)
1654. 上市公司股东大会审议关联交易事项时,哪些股东应当
回避表决? …… (2387)

三、关联交易损害责任纠纷的实体要件 …… (2387)

1655. 在何种情况下关联交易一方或各方应当承担损害赔偿责任? …… (2387)
1656. 如何证明交易双方系关联方? …… (2387)
1657. 当关联方的行为不具有交易外观时,应当如何定性其行为? …… (2387)
1658. 判断关联交易的交易过程是否合法包括哪些因素? …… (2388)
1659. 如何确定关联交易的对价是否合理? …… (2388)
【案例572】未证明关联交易价格畸低 主张股东会决议无效被驳回 …… (2388)
【案例573】向关联公司收费却未提供服务 关联交易被判无效 …… (2393)
【案例574】以低价房产高价向公司偿债 股东承担损害赔偿责任 …… (2395)
1660. 如何判断关联交易的必要性? …… (2397)
1661. 如何认定关联交易造成的经济损失? …… (2397)

1662. 关联交易损害责任纠纷诉讼中,原被告应各自承担哪些举证责任? ……（2397）

1663. 可否主张关联交易损害责任人承担归入责任? ……（2397）

四、债权人代位权与撤销权诉讼的裁判标准 ……（2397）

1664. 当公司关联交易损害债权人利益时,债权人如何救济? ……（2397）

1665. 公司债权人提起代位权诉讼应具备哪些条件? ……（2398）

【案例575】关联交易逃避债务　债权人代位行使债权获支持 ……（2398）

1666. 如何认定公司怠于行使其到期债权? ……（2402）

1667. 公司债权人提起代位权诉讼时,其行使代位权的请求数额可否超过公司所负债务的数额,或者超过公司的债务人对公司所负的债务数额? ……（2402）

1668. 公司对其债务人享有的债权,超出公司债权人对其享有债权数额的,超出部分能否在代位权诉讼中一并主张? ……（2402）

1669. 公司的债权人请求法院撤销公司放弃债权或转让财产的行为,应当以公司放弃或转让的全部财产为限,还是以债权人主张的部分为限? ……（2403）

第三节　关联交易的税务问题 ……（2403）

一、关联交易特别纳税调整的一般性规定 ……（2403）

1670. 关联企业之间的业务往来应如何进行税务处理? ……（2403）

1671. 企业存在关联方交易,在进行财务处理时应注意哪些事项? ……（2404）

1672. 企业进行关联方业务往来税务处理时,应向税务机关提交哪些材料? 如不提供,税务机关将如何处理? ……（2405）

1673. 企业应当在税务机关规定的期限内按纳税年度准备、保存,并按税务机关要求提供其关联交易的同期资料,这些同期资料包括哪些? ……（2406）

1674. 什么情况下可免于准备同期资料? ……（2407）

1675. 企业提供同期资料的时间、形式以及保存要求有哪些? ……（2407）

1676. 纳税人与其关联企业之间的业务往来存在哪些情形,税务机关可以调整其应纳税额? ……（2408）

1677. 纳税人与其关联企业未按照独立企业之间的业务往来支付价款、费用的,税务机关在多长时间内可以进行调整? ……（2408）

1678. 税务机关在进行关联业务调查时,企业及其关联方,以及与关联
业务调查有关的其他企业,应当提交哪些资料? ……………… (2408)

1679. 实行查账征收的居民企业和在中国境内设立机构、场所并据实
申报缴纳企业所得税的非居民企业向税务机关报送年度企业
所得税纳税申报表时,应同时提交哪些报表? ………………… (2409)

1680. 对于关联交易的各方应如何消除双重征税? ………………… (2409)

1681. 企业作出特别纳税调整的,税务机关对 2008 年 1 月 1 日以后
发生交易补征的企业所得税税款如何处理? …………………… (2409)

1682. 企业在税务机关作出特别纳税调整决定前后,对应缴纳的税款
及利息应如何处理? ……………………………………………… (2409)

二、转让定价管理 …………………………………………………… (2410)

1683. 进行可比性分析选用合理的转让定价方法时应考虑哪些因素? …… (2410)

【案例 576】税务局转让定价企业补税 243 万元 ………………… (2410)

1684. 以可比性受控价格法确定关联交易的公平成交价格应考察
哪些事项? ………………………………………………………… (2415)

1685. 如何以再销售价格法计算关联交易的公平成交价格?该方法
适合哪些交易行为?可比性分析应考察哪些事项? …………… (2415)

1686. 如何以成本加成法计算公平成交价格?该方法适合哪些交易
行为?可比性分析应考察哪些事项? …………………………… (2416)

1687. 如何以交易净利润法确定关联交易的公平成交价格?该方法
适合哪些交易行为?可比性分析应考察哪些事项? …………… (2416)

1688. 利润分割法有哪些类型?该方法适合哪些交易行为?可比性
分析应考察哪些事项? …………………………………………… (2417)

1689. 税务机关会重点对哪些企业进行转让定价调查? ……………… (2417)

1690. 税务机关对已确定的调查对象实施现场调查,应注意哪些事项? … (2418)

1691. 税务机关在实施转让定价调查,要求企业提交相关材料时,
企业应注意哪些事项? …………………………………………… (2418)

1692. 税务机关核实企业申报信息时,应注意哪些事项? …………… (2418)

1693. 税务机关在进行关联交易可比性分析时,应注意哪些事项? … (2419)

1694. 企业关联交易不符合独立交易原则,税务机关应如何实施转让
定价纳税调整? …………………………………………………… (2419)

【案例 577】低价转让股权 被重调股权价值 ……………………… (2420)

1695. 税务机关对企业实施转让定价纳税调整后,应实施哪些后续
监管措施? ……………………………………………………… (2422)
1696. 企业或其关联方应自何时起进行转让定价调整? ………… (2422)
1697. 税务机关对企业实施转让定价调整,涉及企业向境外关联方支付
利息、租金、特许权使用费等已扣缴的税款的,应如何处理? …… (2422)
1698. 涉及税收协定国家(地区)关联方的转让定价相应调整,企业应
如何处理? ……………………………………………………… (2422)

三、预约定价安排管理 ……………………………………………… (2422)
1699. 预约定价安排的程序如何? ………………………………… (2422)
1700. 预约定价安排申请应向何税务机关提交? ………………… (2424)
1701. 预约定价安排适用于哪些企业? …………………………… (2424)
1702. 预约定价安排适用于哪些时期的关联交易? ……………… (2424)
1703. 企业申请预约定价安排的,应当提交哪些材料? ………… (2424)
1704. 企业接到税务机关关于预约定价安排的正式会谈通知的,
应履行哪些义务? ……………………………………………… (2425)
1705. 税务机关对企业提交的预约定价安排申请应如何进行审核
和评估? ………………………………………………………… (2426)
1706. 预约定价安排草案应当包括哪些内容? …………………… (2426)
1707. 如何监管预约定价安排的执行情况? ……………………… (2427)
1708. 预约定价安排期满后的效力如何? ………………………… (2428)
1709. 预约定价安排的谈签或执行涉及2个以上的省份或同时涉及
国家和地方税务机关的,应如何进行? ……………………… (2428)
1710. 在预约定价安排执行期间,如果税务机关与企业发生分歧的,
应如何处理? …………………………………………………… (2428)

四、成本分摊协议管理 ……………………………………………… (2428)
1711. 企业与其关联方之间应遵循哪些原则分摊共同发生的成本? …… (2428)
1712. 企业进行成本分摊有哪些具体方式? ……………………… (2429)
1713. 成本分摊协议的参与方如何承担相应的活动成本? ……… (2429)
1714. 企业达成成本分摊协议的,须履行哪些行政手续? ……… (2429)
1715. 已经执行并形成一定资产的成本分摊协议,参与方发生变更
或协议终止执行,应如何处理? ……………………………… (2429)

1716. 成本分摊协议执行期间,参与方实际分享的收益与分摊
的成本不相配比的,应如何处理? ……………………………… (2430)

1717. 对于符合独立交易原则的成本分摊协议,应如何进行税务
处理? ……………………………………………………………… (2430)

1718. 企业执行成本分摊协议期间,除需提交关联交易的一般同期
资料外,还需提交哪些材料? 何时提交? ……………………… (2430)

1719. 在哪些情形下,企业与其关联方签署成本分摊协议中,
其自行分摊的成本不得税前扣除? ……………………………… (2430)

五、受控外国企业管理 …………………………………………………… (2431)

1720. 满足哪些条件,中国居民企业可免于将外国企业不作分配或
减少分配的利润视同股息分配额,计入中国居民企业股东的
当期所得? ………………………………………………………… (2431)

【案例578】英国Cadbury受控外国公司案 …………………………… (2431)

1721. 如何计算计入中国居民企业股东当期的视同受控外国企业
股息分配的所得? ………………………………………………… (2433)

1722. 对于居民企业股东申报的对外投资信息,税务机关应如何
处理? ……………………………………………………………… (2433)

1723. 受控外国企业与中国居民企业股东纳税年度存在差异的,
应如何确认股息分配所得的纳税年度? ………………………… (2433)

1724. 计入中国居民企业股东当期所得已在境外缴纳的企业所得
税税款,应如何处理? …………………………………………… (2433)

六、资本弱化管理 ………………………………………………………… (2433)

1725. 企业从其关联方接受的债权性投资与权益性投资的比例
超过规定标准而发生的利息支出,应如何进行所得税处理?
该笔支出的金额如何确定? ……………………………………… (2433)

1726. 企业关联方利息支出应按何标准进行税前扣除? …………… (2434)

1727. 企业关联债资比例超过标准比例的利息支出,如要在计算应
纳税所得额时扣除,除遵照关联交易一般同期资料管理的规定
外,还应提供哪些同期资料? 企业如未提供这些材料,税务应
如何处理? ………………………………………………………… (2435)

七、一般反避税管理 ……………………………………………………… (2435)

1728. 企业存在哪些情形,税务机关可启动一般反避税调查? ……… (2435)

1729. 税务机关在审核企业是否存在避税安排时应考虑哪些因素？……(2435)
1730. 税务机关在对企业的避税安排进行审核后,有哪些处罚措施？……(2436)
1731. 税务机关启动一般反避税调查,应遵循哪些程序？……(2436)
1732. 一般反避税调查及调整的批准机关如何确定？……(2436)

第二十五章 股东损害公司债权人利益责任纠纷

第一节 立　　案……(2439)

1733. 如何确定股东损害公司债权人利益责任纠纷的诉讼当事人？公司或者股东可否作为原告？……(2439)
1734. 股东损害公司债权人利益责任纠纷由何地法院管辖？……(2439)
1735. 股东损害公司债权人利益责任纠纷按照什么标准缴纳案件受理费？……(2439)
1736. 股东损害公司债权人利益责任纠纷是否适用诉讼时效？……(2440)
【案例579】利用关联公司转移资产逃避债务　法院判决转让协议无效……(2440)

第二节　股东损害公司债权人利益责任纠纷的裁判标准……(2447)

一、股东损害公司债权人利益责任纠纷的一般裁判标准……(2447)

1737. 如何界定股东是否"滥用"公司法人独立地位？……(2447)
1738. 股东滥用公司法人独立地位应承担什么责任？……(2448)
1739. 股东滥用公司法人独立地位或有限责任,给债权人造成损失达到何种程度时须对公司债务承担无限连带责任？……(2448)
1740. 债权人可否以公司注册资本与公司经营规模、经营性质相比明显偏低、显著不符否认公司法人人格？……(2448)
1741. 公司间法人人格混同的表现形式有哪些？……(2448)
1742. 如何界定各公司之间存在财务混同？……(2449)
【案例580】人员、业务、账目混同　丧失独立法人人格三公司共同偿债……(2449)
1743. 如何认定自然人股东财产与公司财产混同？如何分配公司与股东财产混同或公司间财产混同的举证责任？……(2452)
【案例581】擅自挪借公司财产致财产混同　股东对公司债务承担连带责任……(2453)
【案例582】未举证证明财务混同　难以认定人格混同……(2454)

【案例583】实际控制人利用多家公司混同财务 与公司共同承担
连带责任 ……………………………………………………… (2456)

1744. 自然人股东作为公司法定代表人,以个人账户收取公司货款
的行为,是否能够作为认定股东财产与公司财产混同的情形? …… (2458)

【案例584】法定代表人履行职务收取货款 并非与公司财产混同 …… (2459)

1745. 如何证明公司存在业务混同、决策机构混同、经营地址混同? …… (2460)

【案例585】同一控制人随意转让收益和债务 关联企业人格混同
连带担责 ………………………………………………………… (2461)

1746. 债权人主张债权后,如何判断公司转让资产的行为属于股东
滥用法人独立地位逃避债务的行为? ………………………… (2463)

【案例586】股东私自转让公司资产 公司法人人格被否认 …… (2464)

1747. 如果公司法人人格被否认,是否所有股东均须承担无限
连带责任? ……………………………………………………… (2466)

1748. 公司的保证人能否对其所负有保证义务的公司主张公司
法人人格否认? ………………………………………………… (2466)

1749. 公司法人人格否认的判决生效后,公司的法人人格是否
被彻底否认?其他债权人可否以此判决为由要求股东
对公司其他债务承担连带清偿责任? ………………………… (2466)

1750. 名义出资人依照实际出资人的示意,利用公司法人独立
地位,给债权人造成损失的,名义出资人和实际出资人应当
如何承担责任? ………………………………………………… (2467)

1751. 税务主管机关在查处公司偷逃税款行为时,如发现公司
股东滥用公司法人人格,逃避税款,能否直接适用公司
人格否认,要求有滥用行为的股东承担偷逃税款的责任? ……… (2467)

1752. 能否在执行程序中适用公司法人人格的否认? ……………… (2467)

【案例587】股东抽逃出资损害债权人利益 执行程序追加股东连带
赔偿获支持 ……………………………………………………… (2468)

【案例588】逃债新设公司需担连带责任 执行期间不可否定
法人人格 ………………………………………………………… (2469)

二、一人有限责任公司法人人格否认的裁判标准 ……………… (2473)

1753. 一人有限责任公司适用公司法人人格否认有何特殊条件
或要求? ………………………………………………………… (2473)

1754. 在一人有限责任公司的股东损害公司债权人利益责任纠纷中，
      如何分配举证责任？如何证明公司财产独立于个人财产？ …… (2473)
1755. 一人有限公司自然人股东死亡后，诉讼主体如何确定？ ………… (2474)
【案例589】一人公司应自证独立人格　未予证明股东应对公司债务
      连带清偿 ……………………………………………………… (2474)
1756. 在一人有限责任公司的人格否认诉讼中，如果公司并未资
      不抵债，债权人能否主张公司股东承担连带责任？ …………… (2477)
【案例590】一人公司虽未资不抵债　股东仍须承担连带责任 ……… (2477)
1757. 如果一人有限责任公司的股东在对外履行债务过程中将股权
      转让给他人，且公司存在公司财产与股东个人财产混同的情形，
      则债权人应当向新股东还是老股东主张连带责任？ …………… (2480)
【案例591】一人公司股东为逃避债务转让股权　财产混同新老股东
      对债务连带担责 …………………………………………… (2481)
1758. 什么是实质上的一人有限责任公司？实质上的一人有限责任
      公司能否按照一人有限责任公司的相关规定适用法人人格
      否认制度？ ……………………………………………………… (2483)

三、特殊情形下法人人格否认的裁判标准 ……………………… (2484)

1759. 夫妻共同出资设立的公司，如何适用法人人格否认制度？ …… (2484)
【案例592】以共同财产设立的夫妻公司出资主体单一　未证财产
      不混同夫妻连带清偿公司债务 …………………………… (2484)
1760. 在集团公司中，可否直接认定由集团公司对集团下属公司
      的债务承担连带清偿责任？ …………………………………… (2486)
1761. 什么是反向适用公司法人人格否认？ ………………………… (2486)
1762. 什么条件下可以反向适用公司法人人格否认？ ……………… (2486)
【案例593】对外投资股权转让未减少公司资产　非借改制逃避债务
      不适用反向人格否认 ……………………………………… (2487)
1763. 如果公司或非公司法人对外投资设立子公司，债权人可否就开办
      企业的债务主张由其所设立的子公司承担连带清偿责任？ …… (2491)

第十九章 股东知情权纠纷

【宋律师释义】

> 股东知情权纠纷,是指当股东无法直接了解公司的信息,通过向人民法院提起诉讼的方式,借助公权力的力量了解公司的经营状况、财务状况以及其他与股东利益存在密切关系的公司情况。
>
> 实践中,股东知情权纠纷主要有以下四种情形:
>
> (1)与知情权行使主体有关的争议,例如,股东知情权诉讼的原告和被告的确认,隐名股东或名义股东是否享有知情权,瑕疵出资的股东是否享有知情权,公司的监事是否有权提起股东知情权纠纷诉讼,已转让股权的股东可否查阅转让之前公司的信息,新股东可否查阅其受让前公司的信息,被注销公司的前股东可否行使知情权等。
>
> (2)与知情权查阅范围有关的争议,例如,股东能够查阅《公司法》明文列举之外的文件,如董事会会议记录、会计原始凭证、审计报告、业务往来发票、银行对账单、合同、相关税务完税报告等。最突出的问题便是股东可否查阅会计原始凭证。
>
> (3)与知情权行使方式有关的争议,例如,股东可否复制查阅文件,股东可否聘请会计事务所对公司的财务进行审计。
>
> (4)与限制知情权行使相关的问题,包括查阅程序的限制与查阅目的限制。
>
> 对于上述问题的认识,各地司法实践,甚至是同一地区的司法实践认识都存在分歧,造成裁判标准的不统一。

【关键词】知情权　质询权　会计凭证　正当目的

❖ **知情权**:股东知情权是指公司股东了解公司信息的权利,包括对经营状况、财务状况以及其他与股东利益存在密切关系的公司情况的了解，主要包括查阅权、复制权与质询权。

❖ **质询权**：股东质询权仅存在于股份有限公司。股东质询权是指股东为了了解公司经营的相关信息而向董事会、高级管理人员及监事会提出质询的权利。

❖ **会计凭证**：会计凭证包括原始凭证和记账凭证。

原始凭证是在经济业务发生或完成时取得或填制的，用以记录或证明经济业务的发生或完成情况的原始凭据，最常见的原始凭证如发票、收据等。

记账凭证是经过审核的原始凭证及有关资料编制的，确定会计分录、作为登记账簿依据的一种凭证。

❖ **正当目的**：正当目的是公司股东行使知情权的前提条件，指与维护基于股东地位而享有的利益具有直接联系的目的。例如，调查公司的财务状况，调查股利分配政策的妥当性，调查股份的真实价值，调查公司管理层经营活动中的不法、不妥行为，调查董事的失职行为，调查股价下跌的原因，调查公司合并、分立或开展其他重组活动的必要性与可行性，调查股东提起代表诉讼的证据，消除在阅读公司财务会计报告中产生的疑点等。

第一节 立 案

1333. 如何确定股东知情权纠纷的诉讼当事人？

股东知情权诉讼以股东为原告，以公司为被告。

在公司运营中，虽然操纵公司的股东、法定代表人等在阻碍股东行使知情权，但他们的意志已经通过股东会上升为公司意志，因此，不能以公司股东、董事或高管为被告。

1334. 股东在知情权诉讼过程中丧失了股东资格，该股东是否具备行使知情权的主体资格？

对此问题，目前各地司法实践不一。有法院认为，股东知情权具有社员权的性质，其行使的前提是其股东的身份，既然股东已经不具备股东资格，应当裁定驳回起诉。也有法院认为此类股东主张的是至起诉日止的知情权，即便在诉讼过程中丧失了股东资格，其依然可以行使担任股东期间的知情权，依然具备股东知情权主体资格。

【案例452】诉中丧失股东资格　仍享有任期知情权[①]

原告: 联合公司

被告: 瑞昊公司

诉讼请求:

1. 判令被告提供其自2003年6月2日成立以来的股东会决议记录、董事会会议决议、监事会会议决议和财务会计报告、统计报表、注册会计师对公司财务报告（资产负债表、损益表、财务状况变动表、财务状况说明表、利润分配表及附属明细表）的审计报告供原告查阅。

2. 判令被告提供其自2003年6月2日成立以来的公司原始财务会计账簿及记账凭证供原告查阅、复制（具体查阅地点由法院指定）。

3. 确认原告有权聘请审计师对被告进行审计。

4. 确认原告有权选任检查人调查被告的业务情况和财产状况。

争议焦点:

1. 诉讼期间，原告丧失股东资格，是否可以行使其担任股东期间的知情权；

2. 诉讼期间，被告获得批准正在办理将原告变更为第三方的股东变更手续，是否应中止本案的审理；

3. 原告是否有权聘请审计师对被告进行审计。

基本案情:

2003年6月2日，被告成立，其中方股东为案外人恒丰公司，香港股东为原告。合营公司的注册资本为200万美元。其中原告认缴现汇出资额60万美元，占注册资本30%。出资期限为在领取营业执照之日起3个月内认缴现汇出资的15%，其余在2年内缴清。被告的营业执照签发日期为2003年6月2日，故合营各方第一期出资最迟应为2003年9月1日，最后一期出资应在2005年6月1日前完成。

被告章程规定，合营公司财务部门应在每一个会计年度前3个月编制上一个会计年度的资产负债表和损益计算书，经审计师审核签字，提交董事会议通过；合营各方有权自费聘请审计师查阅合营公司账簿，查阅时，合营公司应提供方便等。

2007年6月，恒丰公司向仲裁委员会提出仲裁申请，请求确认本案原告未按合营合同出资的行为违约并裁决其支付违约金6万美元。该申请被仲裁委员会

[①] 参见江苏省高级人民法院(2009)苏民三终字第0104号民事判决书。

受理后,原告于2007年7月提出仲裁反请求,称恒丰公司剥夺了其股东权利、单方控制被告,未定期召开董事会、也未向其报送合资公司会计报表。恒丰公司委派的两名董事非法召开董事会假冒签名,伪造董事会决议,非法修改章程,改变合资公司经营范围,且变相抽逃出资、关联交易。故请求确认恒丰公司不履行合资公司合同、章程规定的义务的行为构成根本违约,应赔偿经济损失30万元;终止合资公司合同,解散合资公司并依法清算等。该反请求亦被仲裁委员会受理。

2008年5月,仲裁委员会作出(2008)中国贸仲京裁字第0240号裁决书。裁决书载明:申请人(恒丰公司)在《仲裁申请书》中称:

(1)合营公司曾多次催促原告缴付出资。对此,原告在整个案件过程中,从未予以否认或辩驳。

(2)2006年10月18日合资公司向公司董事发出召开董事会的通知,规定的董事会议题之一为"督促原告尽快出资,对于由于该公司未足额出资带给公司的重大损失进行评估"。同日,合资公司还通知原告的代理律师海华永泰律师事务所郑晓琳律师,合资公司准备召开董事会,"届时还将讨论原告剩余50万美元出资事宜,并对由于该公司未足额出资带给公司的重大损失进行评估"。

(3)2006年10月31日原告的代理律师郑晓琳针对合资公司10月18日的上述通知,发出《回复函》,明确答复拒绝参加拟于2006年11月20日举行的董事会会议。该《回复函》表明合资公司催缴出资额并有意追究违约责任的意思表示已有效送达原告。《回复函》还载明,原告要求被告尽早安排并配合原告聘请的会计师对被告的审计工作,待审计工作完成后,再召开董事会讨论贵司提出的分析公司面临的困难、规划今后的发展及原告的出资到位问题。

仲裁委裁决认定原告仅依合资合同缴清了第一期出资10万美元,剩余的50万美元未依约缴付,确认原告未按合资合同规定的期限出资构成违约并应支付违约金6万美元,同时驳回原告的全部反请求等。

2008年6月27日,江苏省人民政府核发的被告批准证书载明,被告的注册资本为200万美元,其中恒丰公司出资140万美元,瑞鼎公司出资60万美元。

2009年2月11日,被告获得了无锡市江阴工商行政管理局核发的外商投资公司准予变更登记通知书及企业法人营业执照,股东为恒丰公司与瑞鼎公司。

原告诉称:

2006年9月21日、10月8日、10月31日、11月30日,原告数次向被告发出律师函,称被告自2003年成立以来一直处于持续亏损状态,且其从未收到过关于公司经营管理及召开股东会的通知或函件,故要求依《公司法》以及合营合同和章程的规定行使股东知情权,查阅、复制被告相关资料,并要求派遣会计师事务所查阅会计账簿、凭证和审计。但数次均遭被告拒绝。

诉讼中,原告申请撤回了第4项诉讼请求。

被告辩称:

其为外商投资企业,因原告未按合资合同约定履行出资义务,构成根本违约,依法自动退出合营企业。审批机关已经批准中方股东恒丰公司另找合营者。恒丰公司已经找到合营者即瑞鼎公司作为合营方,正在履行报批手续(换取批准证书及办理有关变更手续)。因此,本案的审理必须以有关机关的具体行政行为为依据中止审理;如不中止审理,因原告未履行出资义务并自动退出合营企业,其已失去股东资格,当然不享有知情权,故应驳回其起诉或诉讼请求。

被告为证明其观点,提交证据如下:

1. 2008年6月27日台港澳侨投资企业批准证书。该批准证书载明被告的股东为恒丰公司与瑞鼎公司;

2. 2009年2月11日无锡市江阴工商行政管理局重新核发的被告企业法人营业执照;

3. 2009年2月11日无锡市江阴工商行政管理局核发的准予被告变更登记通知书。该准予变更登记通知书载明被告的股东为瑞鼎公司和恒丰公司;

4.《出资规定》。该规定明确了原告应当履行的出资额。

律师观点:

1. 关于股东身份问题的审查止于原告在本案诉讼前以及提起诉讼时是否具有股东身份,诉讼期间被告办理更换外方股东手续的事实不影响原告基于原股东身份行使知情权,本案不应中止审理。

被告认为,依照《出资规定》第7条的规定,原告未能按照被告合营合同及章程的规定如期缴纳注册资本,在被告催缴后也未能出资到位,故原告是自动退出合营公司,不再具有股东身份,不能再行使股东知情权。

对此,我们认为,根据《出资规定》第7条,"合营一方未按照合营合同的规定如期缴付或者缴清其出资的,即构成违约。守约方应当催告违约方在一个月内缴付或者缴清出资,逾期仍未缴付或者缴清的,视同违约方放弃在合营合同中的一切权利,自动退出合营企业。守约方应当在逾期后一个月内,向原审批机关申请批准解散合营企业或者申请批准另找合营者承担违约方在合营合同中的权利和义务。守约方可以依法要求违约方赔偿因未缴付或者缴清出资造成的经济损失"。第2款,"前款违约方已经按照合营合同规定缴付部分出资的,由合营企业对该出资进行清理"。故《出资规定》第 7 条解决的是股东出资不到位应进行清理的问题。本案主要针对的是原告能否行使股东知情权的问题,应适用《公司法》的相关规定。

本案中,虽然原告未能按照被告合营合同及章程的规定如期缴纳注册资本,法院查明的事实表明原告在被告催缴后也未能出资到位,被告也向原审批机关申请批准将股东被告变更为瑞鼎公司,但上述事实均不能否定原告在 2003 年 6 月 2 日至 2008 年 6 月 27 日是被告的股东。另外,对原告已缴纳的部分注册资本,被告应同时依照《出资规定》和《公司法》的相关规定处理。对原告出资的清理首先要向股东披露在公司持股期间公司的经营状况,即保障股东的知情权是公司清理的前提条件。在被告对原告的出资未进行清理前不能影响原告行使其担任股东期间的知情权。

2. 原告可行使的知情权应限于担任被告股东期间。

《公司法》(2005 年修订)第 34 条规定,"股东有权查阅、复制公司章程、股东会会议记录、董事会会议决议、监事会会议决议和财务会计报告。股东可以要求查阅公司会计账簿"。被告 2003 年 6 月 2 日成立后,原告作为被告的股东曾于 2006 年 9 月 21 日、10 月 8 日、10 月 31 日及 11 月 30 日数次发函,要求行使股东知情权,查阅、复制被告相关资料。

原告作为被告的股东,有权查阅、复制公司章程、股东会会议记录、董事会会议决议、监事会会议决议和财务会计报告(包括资产负债表、损益表、现金流量表、财务情况说明书、会计报表及附注等),并可以要求查阅公司会计账簿。

根据被告外商投资企业批准证书的记载,原告自 2003 年 6 月 2 日至 2008 年 6 月 27 日为被告的股东。因此,原告有权查阅被告股东会会议记录、董事会会议决议、财务会计报告、会计账簿等的时间范围仅限于被告外商投资企业批准证书所确认的原告担任被告股东期间,即 2003 年 6 月 2 日至 2008 年 6 月 27 日。

3. 被告章程中规定合营各方有权自费聘请审计师查阅合营公司账簿、合营公司对此应提供方便,该章程规定经审批机关批准,合法有效,对被告具有拘束力。

被告章程第 48 条明确规定,"合营各方有权自费聘请审计师查阅合营公司账簿。查阅时,合营公司应提供方便。"该章程规定经审批机关批准,合法有效,对被告具有拘束力,被告应当依照约定提供会计账簿供原告审计。

法院判决:

1. 被告应于判决发生法律效力之日起 10 日内提供其自 2003 年 6 月 2 日至

2008年6月27日期间的股东会会议记录、董事会会议决议、监事会会议决议和财务会计报告供原告查阅;

2. 被告应于判决发生法律效力之日起10日内提供其自2003年6月2日至2008年6月27日期间的公司会计账簿给原告查阅;

3. 原告有权聘请审计师对被告进行审计;

4. 驳回原告的其他诉讼请求。

1335. 公司监事能否以其知情权受到侵害为由提起知情权诉讼?

有限责任公司的监事会或不设监事会的公司监事,是依照法律规定和章程规定代表公司股东和职工对公司董事会、执行董事和经理依法履行职务情况进行监督的机关或个人。依照《公司法》第53条的规定,监事会或监事有权检查公司财务等情况,并在发现公司经营异常时依据《公司法》第54条的规定进行调查,必要时聘请会计师事务所等协助其工作。但监事会或监事履行相关职权属于公司内部治理的范畴,该权利的行使与否并不涉及其民事权益,且《公司法》并未对监事会或监事行使权利受阻规定相应的司法救济程序。因此,监事会或监事以其知情权受到侵害为由提起的诉讼,不具有可诉性,人民法院应不予受理;已经受理的,应当裁定驳回起诉。如果不设监事会的公司监事同时具备公司股东身份的,法院应当向其释明,若其同意以股东身份提起股东知情权纠纷诉讼的,法院可准许其变更诉讼主体身份。

【案例453】监事无权提起知情权之诉①

原告:黄健

被告:力衡公司

第三人:生物研究所

诉讼请求:

1. 判令被告提供自2005年1月起至2007年12月止的财务资料进行审计,明确经营成果,第三人积极予以配合;

2. 被告承担为审计而发生的全部费用。

争议焦点:

1. 如何判断监事行使调查权符合"公司经营情况异常"的法定条件,原告是

---

① 参见广东省广州市中级人民法院(2008)穗中法民二终字第2415号民事判决书。

否有权行使调查权并进行审计；

2. 作为被告的监事而非股东，原告是否有权向法院提起知情权之诉。

基本案情：

截至诉讼，被告的股东为池建伟、黄献军、李汉西、李健雄、林化、林雄、丘银清、魏振承、徐志宏、张惠娜、张名位、朱新贤及第三人、广东省农业科学院农业生物技术研究所工会委员会。

后原告与罗国庆变更为公司监事。在被告生产经营过程中，原告于2007年9月28日致函被告法定代表人肖更生及董事会，要求被告和公司董事会对公司财务进行全面审计。2007年9月30日，被告法定代表人肖更生及监事罗国庆复函原告，拒绝了原告提出的对公司财务进行全面审计的要求。

原告诉称：

作为被告监事，原告有权要求被告和董事会对公司进行审计。然而，在原告多次发函后，被告始终拒绝原告的请求。被告该行为侵害的被告的权益。

被告辩称：

1. 被告的经营情况不存在异常表现，原告行使监事的调查权没有法律依据；

2. 被告已经提交了2005年至2007年期间的相关税务查账报告、审计报告等材料，原告重复要求进行审计没有法律依据。

第三人述称：

同意被告的答辩意见。

一审认为：

原告作为监事行使调查权不符合"公司经营情况异常"的法定条件，同时超过调查权的行使范围。

《公司法》(2005年修订)第55条第2款规定，"监事会、不设监事会的公司的监事发现公司经营情况异常，可以进行调查；必要时，可以聘请会计师事务所等协助其工作，费用由公司承担"。根据该条款的规定，当监事会、不设监事会的公司的监事发现公司经营情况异常时，享有相应的调查权；而当调查涉及专业问题需要聘请会计师事务所等机构或人员时，还享有聘请专业机构协助的权利。同时，该条款也对监事会或不设监事会的公司的监事所享有的上述两项权利的前提条件和范围进行了明确的界定。即当发现公司经营情况异常时才享有调查权及聘请专业机构协助的权利，且调查的范围应针对异常的经营情况。本案中，原告要求行使调查权，其前提应为公司经营情况异常；原告诉请被告提供2005年至2007年间的财务资料进行审计、明确经营成果，第三人积极予以配合，应当针对其所发现的异常经营情况。根据查明的事实,被告的经营情况不存在异常表现,故原告以被告经营情况异常作为依据于法不合。且原告现要求被告提供2005年至2007年间的财务资料进行审计、明确经营成果,与原告所发现的"经营异常情况"而进行的调查之间并无直接的关联。同时,原告所享有的聘请专业机构协助的权利并不必然是进行审计。被告在本案诉讼当中提交了2005年至2007年间的相关税务查账报告、审计报告等材料,原告重复要求进行审计缺乏事实及法律依据,依法不予支持。

一审判决:

驳回原告的诉讼请求。

原告不服一审判决,向上级人民法院提起上诉。

原告上诉称:

1. 原审法院认定被告没有出现经营情况异常是错误的。

(1) 股东黄献军、李汉西的知情权通过诉讼在2008年1月30日才得以部分实现,虽然目前两股东的知情权未被限制,但被告在两股东提出诉讼前剥夺股东法定知情权的行为属于其经营情况异常的表现;

(2) 被告未经公司股东会决定就剥夺了总经理李汉西、副总经理黄献军在经营中对外合同签约及管理权,也是被告经营情况异常的证明;

(3) 虽然公司解散及重组的方案因为股东会未达成一致意见而没有执行,但被告因非正当目的提出解散及重组公司这一行为也属于被告经营情况异常的表现;

(4) 被告与有利害关系方进行升价属于恶意升价,其依据是被告只提升了加工价,对外销售却不提价,严重损害了公司股东的利益;

(5) 股东、监事提出升价不当,被告仍然拒绝采取补救和纠正措施与上述第(4)点共同构成证明被告经营情况异常的依据;

(6) 被告在一审中将加工方宝桑园2007年7月24日单方提出的升价通知的批复,伪造成"董事会决议"文件。虽然鉴于技术条件的限制,无法对批复的签名字迹形成的时间进行司法鉴定,但是2007年10月17日由天河法院作出的1978号《民事判决书》中第7页确定"鉴于庭审期间,被告已将公司成立以来的股东会会议记录、董事会决议交付原告,当庭履行完毕……"而被告并未将7月24日提价函的批复作为"董事会决议"提交法庭给股东黄献军查阅,法院卷宗也无此文件。由此可证明该董事会会议是伪造的,不真实的,伪造董事会决议文件属于被告经营情况异常的表现。

2. 关于调查范围的认定错误。

《公司法》规定监事的调查权是以公司异常经营情况为限,而并非以监事所发现的公司异常经营情况为限。通常公司出现经营情况异常,表现出来被监事发现的只是一部分,只有对公司财务状况和经营情况进行全面的调查,才能确定公司经营异常情况的范围。故原告要求被告提供 2005 年至 2007 年间的财务资料进行审计、明确经营成果,与对被告的经营异常情况进行的调查之间有直接的关联,应当予以支持。

3. 关于调查权行使方式的认定错误。

(1) 原告享有聘请专业机构协助的权利虽然并不必然是进行审计,但包括审计;

(2) 被告于 2008 年 5 月 14 日庭审中提交的 2005～2007 年度查账报告不完整,其中 2006 年度查账报告只覆盖了 2006 年 1 月到 4 月企业内部的部分账目,2007 年度的《审计报告》与本案诉求的目的要求不一致,审计报告不能取代原告的诉求。

被告二审答辩称服从原审判决。

第三人二审无述称。

律师观点:

1. 公司监事或监事会行使检查公司财务的职权,属于公司内部的经营管理范畴。

根据《公司法》第 53 条的相关规定,"监事会或者不设监事会的公司的监事有行使检查公司财务的职权";同时,《公司法》第 54 条又规定,"监事可以列席董事会会议,并对董事会决议事项提出质询或者建议。监事会、不设监事会的公司的监事发现公司经营情况异常,可以进行调查;必要时,可以聘请会计师事务所等协助其工作,费用由公司承担。"据此规定表明,公司监事或监事会行使检查公司财务的职权,属于公司内部的经营管理范畴,当公司不配合监事或者监事会行使职权时,监事或者监事会应当通过提议召开股东会等方式进行解决。

2. 原告不是被告的股东,无权提起知情权诉讼。

结合本案实际,原告不是被告的股东,是单纯的公司监事身份,却以被告妨碍其知情权为由提起诉讼,行使其调查权。基于我国《公司法》未赋予公司监事通过司法途径获取知情权的权利,对原告提起的知情权诉讼依法不应受理。

二审判决:

1. 撤销一审判决;

2. 驳回原告的起诉。

【案例454】法院释明监事弃权　知情权止于原始凭证[1]

原告：臧某

被告：某服饰公司

诉讼请求：

1. 被告向原告提供2003年10月至今全部股东会议记录和全部董事会议记录；

2. 被告向原告提供2003年10月至今全部财务会计报表；

3. 被告向原告提供2003年10月至今全部会计账簿和财务原始凭证；

4. 原告作为被告监事，对上述财务资料进行审计时，被告承担所有审计费用。

争议焦点：

1. 原告申请查看会计账簿是否已经向被告提出了书面申请并说明目的；

2. 原告配偶经营与本公司同类的业务是否能认定原告构成恶意竞业，被告可否以此为由拒绝原告查阅会计账簿；

3. 财务原始凭证是否属于会计账簿，原告可否主张查阅；

4. 监事职权受限时，可否通过向法院提起知情权纠纷进行救济。

基本案情：

2003年10月24日被告成立，股东为原告等4人，其中原告系被告监事，并持有20%股权。

被告章程规定股东有权查阅股东会议记录和公司财务会计报告。

此外，原告配偶作为另一公司的法定代表人经营与被告同类的业务。

原告诉称：

被告自2003年设立以来，从未向原告提供生产经营资料和财务报表，多年来连公司董事会都不召开，致使原告作为被告的股东，对被告的现状一无所知。原告曾多次向被告提出过请求，并在2007年5月14日和2008年4月29日两次书面致函被告，要求被告提供公司财务报表，以便了解公司的经营状况。被告至今未能答复。

---

[1] 参见上海市松江区人民法院网 http://shsjfy.chinacourt.org/public/detail.php?id=35，2014年1月14日访问。

被告辩称：

1. 原告事先没有按《公司法》的规定向被告提出过任何书面请求。原告要求被告提供会计账簿不符合法定程序。

2. 原告请求具有不正当目的。2003年10月至今，实际由原告受托筹建公司经营，被告所有公司印章、钱款、账户、账簿等财物均由原告经手。2006年10月，被告要求原告移交所有证照、印章、票据、钱款等，原告只移交了公章、营业执照、部分财务单据。其他如法定代表人章、会计报表、股东章、财务章、合同章、房产证等均在原告处。原告利用职务之便侵占被告大量资金，至今有100多万元款项没有交给公司，24万元现金以白条抵账；后原告私刻公章、伪造文件将被告厂房、土地转移至原告控制公司名下。除此之外，原告设立同业竞争企业，盗用被告企业字号，侵害被告商标权，侵害被告及其他股东权益，构成股东恶意竞业，原告为了与被告恶意竞争才提起诉讼。原告屡次侵犯公司权益，没有交还公司财物，公司不能让其行使知情权。

3.《公司法》没有规定原告有权要求查阅被告的财务原始凭证，对于查阅财务原始凭证的要求没有法律依据。

4. 原告行使监事职权的诉请超出本案案由，原告作为监事，提出审计应当另行起诉。

律师观点：

1. 被告已履行了查阅会计账簿的必经程序，有权请求法院要求被告提供会计账簿供其查阅。

《公司法》第33条明确规定，股东可以要求查阅公司会计账簿。股东要求查阅公司会计账簿的，应当向公司提出书面请求，说明目的。本案中，原告曾多次向被告提出过请求，并在2007年5月14日和2008年4月29日两次书面致函被告，要求被告提供公司财务报表，以便了解公司的经营状况，但被告至今未能答复。可见被告已经履行了查阅会计账簿的必经程序，有权请求人民法院要求被告提供会计账簿供其查阅。

2. 原告配偶经营与本公司同类的业务，难以认定原告构成恶意竞业。

本案中，被告主张原告设立同业竞争企业，构成股东恶意竞业，侵害被告及其他股东权益，认为原告查阅会计账簿有不正当目的。但原告并非该公司的法定代表人或股东，其法定代表人虽与原告系夫妻关系，但没有相关法律规定禁止公司股东的配偶经营与本公司同类的业务，难以认定原告构成恶意竞业。在被告未提供其他有力证据的情形下，难以认定原告查阅会计账簿有不正当目的，可能损害公司合法利益。因此,对原告查阅公司会计账簿的请求应予以支持。

3. 会计账簿不包括财务原始凭证。

我国《会计法》第15条第1款规定,"会计账簿登记,必须以经过审核的会计凭证为依据,并符合有关法律、行政法规和国家统一的会计制度的规定。会计账簿包括总账、明细账、日记账和其他辅助性账簿"。依据此规定会计账簿不包括原始凭证。本案原告要求被告提供财务原始凭证,但我国现行《公司法》并未就此作出规定,同时公司的章程也未授予股东享有查阅财务原始凭证的权利,因此,被告无法定或约定义务向原告提供财务原始凭证。

财务原始凭证对公司经营状况的反映是最直接的,也是最真实的,其中包括大量公司的经营秘密和经营信息,如客户名单、产品配方、工艺流程等。如果随意允许公司股东查阅此类信息,容易造成公司经营秘密的泄露,对公司以及相关客户的利益造成潜在不良影响。同时,财务原始凭证种类繁多,数量庞大,信息覆盖量广,涉及的法律关系纷繁复杂,如果股东要求查阅和复制,容易打乱公司的正常经营计划,增加公司的运营成本,不利于公司的长远发展,也有悖于《公司法》所体现的精神。

另外,从原告的查阅目的看,财务会计报告和会计账簿已经能够综合反映公司的财务状况、经营状况和财产使用情况等,原告的目的已基本能够达到,被告亦无必要向原告提供财务原始凭证。因此原告要求查阅会计凭证的诉请,法院不应予以支持。

4. 监事的知情权无法通过司法途径得到救济。

原告同时是公司的股东及监事。监事会或不设监事会的公司监事,是依照法律规定和章程的规定,代表公司股东和职工对公司董事会、执行董事和经理依法履行职务情况进行监督的机关。监事会或监事依照《公司法》第53条的规定,有权检查公司财务,并在发现公司经营异常时,可依据《公司法》第54条的规定进行调查,并在必要时可以聘请会计师事务所等协助其工作。但监事会或监事履行相关职权属于公司内部治理的范畴,该权利的行使与否并不涉及其民事利益,并且《公司法》未对监事会或监事行使此等权利受阻时规定相应的司法救济程序。因此,监事会或监事以其知情权受到侵害为由提起知情权诉讼,法院不应受理。

本案中,鉴于监事的知情权不能通过司法程序进行救济,经法院释明,原告在诉讼中变更诉讼请求,撤销了关于"原告作为被告监事,对上述财务资料进行审计时,被告承担所有审计费用"的诉讼请求,法院对此项诉讼请求也就不再作出审理。

法院判决：

1. 被告为原告提供2003年10月至今全部股东会议记录和全部董事会议记录；

2. 被告为原告提供2003年10月至今全部财务会计报表；

3. 被告为原告提供2003年10月至今全部会计账簿。

1336. 公司依法注销后，原公司股东是否可以原公司其他股东、法定代表人或高级管理人员为被告主张知情权？

公司被依法注销后，公司的法人资格随即消亡，股东对公司享有的股东权也因公司的消亡而消灭，故其要求对已被注销的公司行使知情权没有法律依据。且股东知情权的义务主体是公司，公司其他股东或法定代表人、高级管理人员不能成为知情权的义务主体。因此，对于原公司股东针对原公司其他股东、法定代表人或高级管理人员为被告提起的知情权诉讼，人民法院应当不予受理；已经受理的，应当裁定驳回起诉。

1337. 公司停止经营无人管理已进入清算程序或被吊销时，股东可否诉讼主张行使知情权？

不能。公司无人经营管理时处于停滞状态，且由于众股东之间已经达成决议进入解散清算程序，此时股东应通过清算程序了解公司经营状况，而通过知情权纠纷诉讼主张权利已无依据。

同理，公司被吊销营业执照，股东应当组成清算组对公司进行清算。此时股东可通过公司清算程序掌握公司经营情况，行使股东知情权亦无依据。

【案例455】公司停业被吊销　主张知情权被驳回①

原告： 顾关耀

被告： 永耀公司

诉讼请求：

1. 判令被告提供其所有的银行账本和现金账本以及相应的原始凭证供原告查阅；

---

① 参见上海市第二中级人民法院(2006)沪二中民三(商)终字第23号民事判决书。法院判决后，原告又向人民法院提起损害公司利益责任纠纷诉讼，详见本书第十三章损害公司利益责任纠纷。

2. 判令被告提供截至 2005 年 8 月的应收账款、应付账款、库存产品等资产清单。

争议焦点：在被告停业、无人管理、被吊销的状态下，股东可否主张知情权。

基本案情：

1998 年 12 月 10 日被告经工商注册登记成立，注册资本为人民币 50 万元，注册登记的股东为原告及被告法定代表人王琳玲两人，双方各出资人民币 25 万元。但实际出资人为案外人王琳玲、吴荣铭、康培、原告及原告妻子石桂珍五人，上述五人实际出资金额合计为人民币 14 万元。

2001 年 10 月起，各出资人间出于各自的利益及相互间缺乏诚信而发生纠纷。之后，案外人王琳玲、吴荣铭、康培相继离开被告，被告则由原告及其妻子继续经营。

2001 年 11 月 6 日，被告经税务部门批准后被注销税务登记。

2001 年 12 月 22 日，上述各出资人达成"关于催收应收账款的决议"（以下简称"决议"）一份。该决议载明，"一、所收到的被告应收款一律进被告的唯一账户；二、每月以对账单为准，支票进来要在本子上记录有人为证，每月对账单每（一位）股东可以询问；三、将公司的应收账款转入他人账户负一切法律责任；四、先分 2000 年红利，每股以人民币 7000 元为准，后分本金，最后在公司所有财产清算后，还清 2001 年红利及归还债务"。

此后，被告的经营场所退还给房屋出租人，被告无经营场所及办事机构。后原告以王琳玲侵吞被告资产为由向公安部门报案，公安部门委托公信中南会计师事务所对被告的财务情况进行专项审计。

2002 年 1 月 8 日，公信中南会计师事务所向被告的各出资人出具了专项审计报告。事后，被告的各出资人出于自身的利益，未能按决议内容履行，将属被告的应收款及资产留于各自保管，为此各出资人间又多次发生诉讼。经法院审理后认为，基于被告已无经营场所及办事机构，而各出资人收取的应收款及有关财产又由各自保管，上述纠纷应在公司清算中一并予以解决。

2003 年 9 月 10 日，被告被上海市工商行政管理局作出吊销"企业法人营业执照"的处罚决定。

原告诉称：

被告法人资格已被吊销，并注销税务登记。目前被告的债务已基本结清，剩余的都是债权。法定代表人王琳玲为了侵吞原告的利益一直拒绝对被告进行清算，并企图侵占原告在被告处的所有权利。为了取得原告在被告处应得的分配权利,原告提出查阅请求。

被告未作答辩。

律师观点:

被告系由自然人出资设立的有限责任公司,在设立过程中存在出资不实的瑕疵。被告在经营过程中,各股东间又由于缺乏相互间的信任,无法对公司的经营管理及分配达成一致意见而不断发生纠纷,以致被告被股东注销税务登记,无法继续经营。被告公司的各出资人达成的决议,系各方当事人的真实意思表示,从整体内容来看,系各方当事人要对被告进行清算。同时,关于被告的经营情况,业经审计部门进行了审计,并已告知各股东,故原告对被告在经营期间的应收款、应付款、资产等情况是明知的。至于被告在被停止经营后,被告实际上已无经营场所及办事机构,公司处于僵局,无人管理,各股东间在决议达成后又由于考虑自身的权益,彼此缺乏必要的信任,各自为政,未能按决议内容履行,均存在一定的过错。各股东间应真诚相待,在公司无法经营的情况下,按决议的内容共同做好公司的清算工作为妥。现原告在被告处于无人管理,各股东各自为政的情况下向被告主张公司知情权,缺乏事实和法律依据,难以得到法院的支持。依据相关法律在被告停止经营、注销税务登记以及被吊销企业法人营业执照的情况下,公司股东负有对公司依法应进行清算的义务。因而,原告可通过公司清算程序掌握被告停止经营期间有关银行账户的资金进出情况。

法院判决:

驳回原告的诉讼请求。

1338. 公司股东的投资人能否向公司提起知情权诉讼?

不能。知情权是因股东资格而享有的一项固有权利,股东的投资人并非公司股东,不能提起知情权诉讼。

【案例456】股东的投资人主张知情权被驳回①

原告: 陈建锋

被告: 东营益丰饭庄

第三人: 工益公司破产管理人

---

① 参见山东省东营市中级人民法院(2006)东民二初字第34号民事判决书。

第十九章

股东知情权纠纷

诉讼请求：

1. 确认原告享有股东权利；

2. 查阅被告1993年1月至12月底公司经营账目及凭证；

3. 查阅被告1998年11月至2001年2月28日的公司经营账目及凭证；

4. 查阅被告的财务报告，包括东营会计师事务所出具的《东会外验字(1993)第67号验资报告》、东营中胜资产评估所出具的《中胜评字(1999)第013号资产评估报告》、山东汇德会计事务所东营分所出具的《鲁汇会东审字(2001)第029号审计报告》；

5. 第三人协助履行。

争议焦点： 原告作为被告股东的投资人，并担任被告副董事长、总经理，是否有权主张查阅被告的会计账簿。

基本案情：

被告系1992年12月9日批准成立的中外合资经营企业，注册资本12.74万元。合营双方是工益公司和澳门丰昌行，出资额分别占注册资本的60%和40%。原告系澳门丰昌行投资人。

1993年1月5日被告领取营业执照，董事长李国平，原告任副董事长、总经理。

1998年胜利石油管理局修建胜利广场，被告属拆迁范围被拆除。

2001年12月27日山东省工商局以鲁工商外企处字〔2001〕189号文件吊销被告营业执照。

工益公司因资不抵债，已被法院宣告进入破产清算程序。故此次诉讼由作为破产管理人的第三人代为诉讼。

原告诉称：

根据《公司章程》第49条的约定，"合营各方有权自费聘请审计师查阅合营公司账簿。查阅时合营公司应提供方便"。原告为明确被告的经营状况，多次向被告提出对其经营期间的账目进行查阅，但均遭拒绝。被告的经营会计账簿均由工益公司持有。

原告为证明其观点，提交证据如下：

1. (2003)东民初字第1564号民事判决书(原件在东营区法院)，拟证明：

(1)原告主体适格。该生效判决认定原告是澳门丰昌行的唯一产权人，有权利依法行使在合营合同中的所有权利，依法享有《公司法》和被告公司章程所赋有的股东权利；

(2) 证明工益公司是被告的中方股东,控制着被告的全部财产及经营账目;

(3) 判决结果证明工益公司在答辩时所称原告应退回所领走的56万元补偿款不能成立,与该判决结果相违背。

2. 自山东省工商局调取的被告的公司章程及工商登记档案资料,拟证明被告的股东及出资情况。

被告辩称:

1. 对判决书的真实性没有异议,但原告的证明目的不能成立。该案违反涉外审判管辖的规定,程序违法,应予纠正。且该判决结果是在某些特定因素的促成下产生的,违背了工益公司的真实意思,因此不应作为有效证据采信。在该案审理过程中,被告也明确提出被告的外方出资人并不是原告,而且被告成立的工商登记资料及相关资料也证明了股东不是原告个人,所以原告个人并非被告的股东,而只是被告股东澳门丰昌行的出资人。

2. 被告的章程等资料汇编丰昌行也有一套,并不仅在被告处保存。原告称由被告的中方股东控制着被告的全部财产和经营账目,没有事实依据,原告也未提供证据证实。被告是独立法人,有自己的经营组织,与工益实业集团是两个法人单位。

被告为证明其观点,提交证据如下:

1. 山东省工商局〔2001〕189号文件(复印件)。拟证明2001年12月27日被告被吊销营业执照,以后不存在实际经营行为,也不存在账簿。

2. 1993年67号验资报告。

3. 汇德会计事务所〔2002〕第29号审计报告。拟证明被告在停业的时候已处于亏损状态。

4. 1994年1月18日董事会决议(复印件)。原告的申请以及当时李国平同意付款的一个书面材料。拟证明原告从中方股东领取96万元人民币,是违法承包费,应退回该笔款项。

针对被告的上述证据,原告认为:

对证据1没有异议。对证据2的真实性无异议。其他证据与本案没有关联性,但是领取款项的证据能够证明在双方实际经营过程中是由本案原告行使相应的股东权利。

第三人述称:

1. 原告作为股东查阅权纠纷案件的主体不当。被告是中澳合资企业,外方是澳门丰昌行,根据法律规定,应由合资企业的股东行使查阅权,原告并不享有该权利。

2. 原告的起诉超出法律规定的范围。根据《公司法》(2005年修订)的规定，股东行使知情权只能查阅公司的章程、股东会会议记录、董事会会议决议、监事会会议决议和财务会计报告，同时要求其具备正当的目的，并应向公司说明。原告没有向公司说明查阅目的。

3. 工益公司已进入破产清算阶段。根据法律规定，管理人只能行使破产程序中与清算相关的权利，履行相应义务。本案的被告已于2001年12月27日之前已停止经营，并被吊销了营业执照，之后不存在经营账簿的问题。同时因企业店停人散，当时的会计人员不知去向，许多资料已无从查找，工益公司只能提供自己目前还保留的材料，此前已向原告提供。

4. 被告是中外合资企业，合资双方应出资比例承担营利和亏损。根据我们掌握的会计报告，该企业被吊销时处于亏损状态，应由原告和丰昌行承担亏损额。原告不仅是被告的总经理，而且1994年至1996年期间原告承包经营该饭庄获得了承包费90万元应当退回。

5. 该企业租赁中方的房屋，但是没有向中方支付租金。在房屋拆迁时对房屋的补偿应当是补偿给房屋所有权人，但是原告领走了房屋补偿款56万元，该款也应退回。目前工益公司处于破产阶段，但是原告和丰昌行均拒绝配合清算，所以作为破产管理人要求在解决本案的同时，督促原告及丰昌行配合工益公司做好破产清算工作。

律师观点：

我国《公司法》规定股东基于正当目的，可以要求查阅公司会计账簿。

根据查明事实，原告系被告股东澳门丰昌行的股东，并非被告的股东，原告要求行使查阅该公司账簿的权利没有法律依据。

法院判决：

驳回原告的起诉。

1339. 股东对公司提起知情权纠纷诉讼，可否申请将会计师事务所列为第三人参加诉讼？

公司财务会计报告经会计师事务所审计，系公司与相关会计师事务所之间依据委托审计合同关系而产生，与股东对公司行使知情权属不同的法律关系。法院在股东与公司之间的知情权纠纷诉讼中只需判决公司向股东提供公司财务会计报告即可。至于该财务会计报告是否经依法审计，由哪家会计师事务所进行审计,审计结果是否合法、客观,不属于股东知情权诉讼范畴。股东对该财务会计报告有异议的,可依照《公司法》和有关章程的规定主张权利。因此,会计事务所不属应追加的第三人。

1340. 股东知情权纠纷诉讼由何地法院管辖?

股东以公司为被告提起股东知情权纠纷诉讼,由公司住所地基层人民法院管辖。公司的住所地是指法人的主要营业地或者主要办事机构所在地。公司主要营业地或办事机构所在地不明确的,由其注册地人民法院管辖。

1341. 股东知情权诉讼按照什么标准交纳案件受理费?

股东知情权诉讼属于非财产类其他案件,法院按照统一标准收取诉讼费50～80元。

1342. 股东知情权诉讼是否适用诉讼时效?

适用。如果公司章程明确规定,公司在一定时间内应主动提供或披露财务报告、章程等材料供股东查阅,股东知情权的诉讼时效期间应当从公司怠于披露或提供法定信息之日起计算。其他情形下,股东知情权的诉讼时效应当从公司拒绝股东的查阅请求之日起算2年。

第二节 股东知情权纠纷的裁判标准

一、知情权行使的主体

1343. 股东请求对公司账簿行使查阅权是否应受一定持股比例的限制?

《公司法》第33条规定股东有权要求查阅公司会计账簿,而没有规定股东持股比例的限制。鉴于对公司会计账簿的查阅权是股东的一项重要权利,而有限责任公司属于封闭型公司,股东人数较少,从有利于保障小股东的权益出发,不宜对行使会计账簿查阅权的股东作持股比例限制。

1344. 隐名股东是否享有知情权?

在隐名股东未通过诉讼或者其他股东认可的方式确认其股东身份之前,隐名股东的知情权无法得到法院支持。如北京市法院司法实践便认为,"公司的实际出资人在其股东身份未显名化之前,不具有股东知情权诉讼的原告主体资格,其已诉至法院的,应裁定驳回起诉"。故隐名股东提起股东知情权之诉前,可先向法院提起股东确权之诉。经法院确认股东身份后,再以法院判决为确认股东身份的证据,提起股东知情权之诉。

为了保障隐名股东的合法权益,在签订代持股协议时可明确约定由隐名股东实际行使股东权利,如盈余分配权、知情权、股权转让权利等,同时请公司其他股东予以确认。

【案例457】被告认可实际出资人　隐名股东可享知情权[①]

原告:冯嘉宝

被告:顶上大酒店

诉讼请求:判令被告向原告公开经营管理和财务状况,提供2003～2006年经营期间完整的财务报告及会计凭证、2007～2008年所有的原始凭证给原告查阅。

争议焦点:

1. 原告作为被告的隐名股东是否对被告享有知情权;
2. 原告主张查阅会计凭证是否属于《公司法》赋予的知情权行使范围。

基本案情:

2002年11月18日,4名案外人黄铭得、黄希贤、林坤发、薛惠仁发起设立被告,注册资本250万美元,实收资本2,333,656.95美元。后股东变更为原告及四案外人林坤发、黄铭得、黄希贤、陈豪,但未办理工商变更登记。

2008年,被告营业地点被拆迁。

原告诉称:

被告自2002年成立以来从未向其公开经营管理和财务状况,严重侵犯了原告的知情权。

被告辩称:

原告是公司的隐名股东,被告对其股东身份予以确认,原告要求查阅财务资料、行使股东知情权的诉请符合法律规定。但原告所称对公司经营状况毫不知情不符合事实。被告尽力收集了相关财务资料给原告查阅,但不完整,主要是缺失原始凭证,原因有三:

1. 公司在拆迁期间被盗3次,均已向公安机关报案;
2. 公司经营期间部分场所租赁给他人经营,拆迁前后现场较乱,致账簿有所遗失;
3. 拆迁后搬家匆忙,可能发生丢失的情况。

2009年1月7日,被告已将能够提供的财务资料全部给原告查阅,除了遗漏

[①] 参见江苏省高级人民法院(2008)宁民五初字第70号民事判决书。

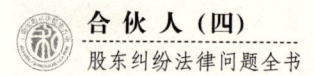

了一本 2007 年 1~12 月的总分类账、资产负债表、损益表、损益类明细账,如果原告要查阅,被告仍然愿意提供,其他的资料由于客观原因无法提供。

诉讼期间,在法院协调下,被告将公司部分财务资料提供给原告进行了查阅。

律师观点:

1. 在被告认可原告股东身份的情况下,原告依法享有知情权。

原告作为被告的隐名股东,虽未登记在册,但公司及其他股东均对其股东身份予以认可。依法律规定,其应享有股东知情权。虽然被告在诉讼期间已将公司部分财务资料提供给原告查阅,但未能提供原告要求查阅的全部财务资料,使得原告的股东知情权没有充分实现。

2. 关于被告部分财务资料是否确实遗失。

被告主张部分财务资料因客观原因遗失,缺乏相应证据支撑,法院不应予采信。

3. 原告要求查阅会计凭证是否属于知情权的行使范畴。

《会计法》第 15 条第 1 款规定,"会计账簿登记,必须以经过审核的会计凭证为依据"。也就是说,股东查看会计账簿本身并不能看出公司财务状态的真实情况。由于《公司法》规定股东可以查阅公司会计账簿是为了保障股东充分地行使知情权,为了使股东能够正确了解公司的财务状况,会计凭证也应属于知情权的范畴。

法院判决:

被告于判决生效之日起 10 日内将 2003~2006 年经营期间完整的财务报告及会计凭证、2007~2008 年所有的原始凭证提供给原告查阅。

1345. 名义股东是否享有知情权?

名义股东作为在工商登记机关登记的股东,自然享有股东知情权。即便公司有证据证明该股东是名义股东的情况下,但截至起诉时,名义股东的股东资格并未被否认,该股东依然具备股东知情权主体资格。

【案例 458】股东资格未被否认　名义股东享有知情权[①]

原告: 彼林公司

被告: 太丰惠中公司

---

① 参见北京市高级人民法院(2008)高民终字第 1042 号民事判决书。

诉讼请求：判令被告向原告提供被告的公司章程、董事会会议决议、财务会计报告、会计账簿等公司文件。

争议焦点：

1. 案外人提起否认原告股东资格确认之诉是否应中止本案的审理；

2. 股东资格确认之诉是否确认了案外人股东资格？是否认定原告为名义股东。

基本案情：

被告系中外合资企业，成立于1994年12月12日，注册资本1193万美元。其中，中方股东北京市惠中饭店出资536.85万美元，占注册资金的45%，原告出资656.15万美元，占注册资金的55%。

原告诉称：

2006年4月18日，原告向被告发出《关于查阅公司有关档案的书面要求》，全文如下："根据《公司法》及被告章程的有关规定，原告作为合营公司的外方股东，为维护股东的合法权益及及时了解公司的真实经营状况，要求合营公司在收到本书面要求5日内提供下列公司文件，并要求于2006年4月28日与会计师到合营公司查阅公司会计账簿及其他会计凭证，请予以配合。同时将查阅公司章程、董事会会议决议以及财务会计报告。"

2006年4月20日，原告向被告发出《关于查阅公司有关档案的书面要求》，全文如下："今天合营公司董事孙逢品在电话中拒绝我司于2006年4月18日发出之要求。由于我司提出之要求乃完全按《公司法》及被告章程的有关合法规定，我司将于4月28日到合营公司查阅公司会计账簿。届时请予以配合。"

2006年4月28日，原告委派其工作人员萧如兰到被告查阅被告会计账簿，但被告有关人员未予接待。

2006年8月17日，原告向被告发出《关于查阅公司有关档案的书面要求》，全文如下："根据《公司法》及被告章程的有关规定，原告作为合营公司的外方股东，为维护股东的合法权益及及时了解公司的真实经营状况，再次要求合营公司在收到本书面要求后提供下列公司文件，并配合原告与会计师到合营公司查阅董事会会议决议、财务会计报告、会计账簿以及其他会计凭证。请在2006年8月21日内予以书面回复。"

被告辩称：

原告并非公司实际股东，公司的实际股东为案外人台湾太平洋公司。原告是香港太丰行(地产发展)有限公司在英属维尔京群岛设立的全资子公司，是一家

BVI 公司,注册资金仅为一美元。书面材料显示,香港太丰行(集团)有限公司及其子公司香港太丰行(地产发展)有限公司向被告汇入 28 笔款项,用于外方认缴的注册资金。香港太丰行(地产发展)有限公司是台湾太平洋公司在香港全资设立的香港太丰行(集团)有限公司下属的全资子公司。台湾太平洋公司已作为原告向北京市第一中级人民法院提起确认之诉,请求确认其为被告的实际出资人,并办理相应工商登记变更。原告在该案中申请作为第三人参加诉讼。目前该案尚在审理中。由于行使股东知情权的基础在于股东身份,而关于原告股东身份的争议尚在审理中,因此本案宜中止审理。

律师观点:

1. 法院审查股东是否具备知情权行使的主体资格仅限于股东起诉时是否具备股东资格。

虽然被告以有关确认原告股东资格的案件正在进行为由,请求法院中止本案审理。但是,在法院没有判定原告不具备股东资格,也没有其他证据否定原告股东资格的情况下,原告仍然享有股东权利。本案的审理不存在以被告所述有关案件为前提的问题。

2. 生效判决对台湾太平洋公司的被告股东身份未予确认。

根据法院查明,2005 年 3 月 14 日,台湾太平洋公司起诉被告,请求 1. 判令被告确认台湾太平洋公司为被告股东;2. 判令被告办理相关工商登记的备案和变更手续,并承担诉讼费。2008 年 12 月 15 日,北京市第一中级人民法院作出一审判决,其判决要旨为,原告的实际出资来自香港太丰行(集团)有限公司,即香港太丰行(集团)有限公司是被告的实际出资人之一。该案中台湾太平洋公司与原告的《股权变更协议》,既未经被告董事会一致通过,亦未报审批机构批准。根据上述公司章程及法律规定,应确认双方所签《股权变更协议》未生效。台湾太平洋公司关于确认其为被告的股东或实际出资人,并办理工商登记的备案和变更手续的诉讼请求,因证据不足,该院不予支持,据此驳回了台湾太平洋公司的诉讼请求。

3. 原告为被告工商登记注册股东,有权主张知情权。

《中外合资经营企业法》第 3 条规定,"合营各方签订的合营协议、合同、章程,应报国家对外经济贸易主管部门审查批准"。[①] 该批准程序是一项实质性的审批程序,不经批准的合营协议、合同、章程没有法律效力。经批准成立的被告显

---

① 3 年内在中国(上海)自由贸易试验区内暂停实施,改为备案管理。

示其为中外合资企业,原告出资656.15万美元,占注册资金的55%。在本案现有证据不能否认原告股东资格的情况下,被告拒绝股东行使知情权于法无据。

法院判决:

被告于判决生效后10日内向原告提供被告董事会决议(以法院查明中确认的董事会决议为准)、财务会计报告、会计账簿,以供原告查阅。

1346. 瑕疵出资股东是否享有知情权?

享有。知情权是股东的固有权利。股东虽然存在出资瑕疵,但在未丧失公司股东身份之前,其仍可按照《公司法》或章程的规定,行使相应的股东权。除非章程或股东与公司之间另有约定,否则被告公司以原告股东出资瑕疵为由抗辩的,人民法院不予支持。

但也有部分地方司法实践认为即便章程没有特殊约定,未出资股东也不享有知情权。如江苏省高级人民法院《关于审理适用〈公司法〉案件若干问题的意见(试行)》第70条规定,"未出资的股东行使知情权的,不予支持"。

笔者建议对于完全未出资或抽逃全部出资的股东,有限责任公司可以采用"除名"措施。即当公司股东完全未履行出资义务或者抽逃全部出资,经公司催告缴纳或者返还,其在合理期间内仍未缴纳或者返还出资,公司以股东会决议解除该股东的股东资格,限制其知情权的行使;①同时,为避免产生分歧,可在公司章程中约定未履行出资义务股东知情权行使的条件。

【案例459】出资虽瑕疵　知情权仍完整②

原告: 服务中心

被告: 名流公司

诉讼请求: 判令被告提供1996年至2007年各年度的董事会会议决议、财务会计报告、会计账簿以供查阅。

争议焦点:

1. 原告未实际出资是否享有股东知情权;

2. 原告是否已向被告提出查阅会计账簿的书面请求,是否履行了查阅的前置程序;"落实实收资本情况"的查阅目的是否合理。

---

① 关于股东除名制度详见本书第四章股东资格确认纠纷。
② 参见北京市第一中级人民法院(2008)一中民终字第06918号民事判决书。

基本案情：

被告于1996年5月14日由名流置业公司、温尔馨物业公司、华翰公司、原告四方共同设立。根据被告章程规定，公司注册资本为5000万元。其中名流置业公司以货币方式出资700万元，占注册资本的14%；温尔馨物业公司以货币方式出资1750万元，占注册资本的35%；华翰公司以货币方式出资1250万元，占注册资本的25%；原告以货币方式出资1300万元，占注册资本的26%。根据北京中闻会计师事务所于1996年4月23日出具验资报告，记载被告的四股东分别于1996年4月18日、19日将货币出资存入被告在中国建设银行北京分行房地产信贷部前门支行分部开立的26303936×××账户内。

2006年7月，被告以原告未实际缴纳认缴的出资为由诉至法院，请求判令原告立即足额缴纳认缴的1300万元出资，无权对被告享有所有者的资产受益权，原告在不能按期缴纳其所认缴的出资情况下，被告的其他股东有权交纳原告未缴纳的认缴出资，并根据所缴纳的出资享受股东权利和承担股东义务。

2007年12月14日北京市高级人民法院(2007)高民终字第607号判决书认定，①原告仅以一份银行进账单复印件证明其已经将1300万元货币出资存入被告账户的主张，证据不足，法院不予采信；被告的四个股东未实际履行出资义务，被告构成虚报注册资本，其法人人格存有瑕疵；在公司股东均没有实际出资且股东没有特别约定的情况下，公司股东应当按照认缴的出资额比例享有公司权益，履行对公司的义务；被告设立时存在的瑕疵，应由被告通过公司内部治理机制予以完善，被告的股东对此享有相同的权利，同时负有相同的义务。

原告诉称：

原告为落实被告实收资本情况，多次要求查阅、复制自被告成立至今各年度的董事会决议和财务会计报告，并要求查阅会计账簿，均遭无理拒绝。原告的知情权遭受严重侵害。

在被告提起出资纠纷诉讼过程中，原告于同年9月30日通过京城邮政特快专递，向被告住所地北京市门头沟石龙工业开发区商务中心送达了"查阅财务资料等文件的通知及召开2006年临时股东会议的提议"的书面请求。同年10月2

---

① 该判决书已被北京市高级人民法院(2009)高民再终字第5289号判决书改判。第5289号判决书认定：(1)原告未向被告履行出资义务，这与第607号判决书的认定是一致的；(2)温尔馨物业公司以及名流置业公司已经履行了出资义务；(3)原告未举证证明其实际参与了名流公司的经营与管理，故原告不应享有其实缴出资前在被告的所有权的资产受益权。第607号判决书被撤销并不影响本案件的处理结果。

日,该邮件被妥投。

被告辩称:

1. 原告没有按照法定程序向被告提出查阅请求,故不具备法定起诉条件。理由如下:

(1)《公司法》(2005年修订)第34条第1款"股东有权查阅、复制公司章程、股东会议记录、董事会会议决议、监事会会议决议和财务会计报告"的规定中,并未规定股东可以直接诉讼的权利,原告无权向法院提起诉讼。

(2)原告没有按照《公司法》的规定向被告提出要求查阅会计账簿的书面请求,也不存在被告拒绝查阅的情况。因此,原告不具有法定起诉条件。

(3)原告起诉违反民诉法立案条件。原告未向被告提出查阅、复制财务会计报告、董事会会议决议以及查阅会计账簿的请求,被告也没有拒绝查阅、复制的答复,原告与被告之间没有发生民事争议,也没有发生民事纠纷。

综上,原告没有向被告提出书面请求,也没有被告书面拒绝的答复,不具有法定的起诉条件。

2. 原告未实际出资,并不是被告的股东,不享有股东知情权。

原告仅在名义上为被告的"股东",其从未向被告实际出资并参与被告的实际经营。在被告设立登记过程中,名流置业公司曾向被告投入注册资本90万元,温尔馨物业公司向被告投入注册资本10万元,原告及华翰公司未向被告投入任何注册资本。在被告注册成立后,被告一直由名流置业公司、温尔馨物业公司实际管理和经营,并被投入价值8000余万元的资金、资产。原告从来没有向被告投入所谓的1300万元出资,实际上并不享有被告26%的股权,更没有也不可能参加被告的经营管理活动。对此,原告的原法定代表人认可原告并不存在对外投资,在2001年原告改制过程中,原告也再次对其没有对外投资的事实予以确认。

由于原告从未向被告实际出资,并非被告的股东,因此不应当享有股东对公司情况的知情权以及其他股东权益。由于被告借用原告的名义注册成立的行为是发生在2005年《公司法》修订之前,因此应当适用《公司法》(2004年修正)的相关规定来处理本案纠纷。《公司法》(2004年修正)第4条第1款规定,"公司股东作为出资者按投入公司的资本额享有所有者的资产受益、重大决策和选择管理者等权利"。由此可见,在被告成立时,实行的是实缴资本制,即股东以其在公司的实际出资为基础在公司享有股东权益。而在本案中,原告从未向被告投入任何资金。根据此规定,原告应当不享有包括公司知情权在内的相关股东权益。

3. 原告以落实被告实收资本情况,而要求查阅被告1996年至2007年的董事会决议、财务会计报告、会计账簿,显然具有不正当目的。

原告明知自己并未向被告出资,也从未参与过被告的经营管理,仍然以此为由向法院提出起诉要求行使股东的知情权,其目的在于通过法院支持其诉讼请求,来间接地确认其股东身份,进而向被告主张包括收益权在内的其他股东权益。

律师观点:

1. 原告未实际出资不影响原告知情权的行使。

被告的公司章程、工商登记资料等文件中均明确记载原告为被告的股东,因此,原告在形式上已具有被告的股东资格。本案系公司知情权纠纷,而非关于股东身份的确认之诉,故在没有生效法律文书或相反证据否认的情况下,原告依据现有证据仍应为被告的股东,具有该公司的股东资格。

股东依法享有知情权,知情权属于股东身份权之一,知情权与股东身份有着直接的关联。而股东身份的取得并不必然受股东出资的影响,故知情权与股东的出资义务并无直接的关联性。只要具有股东身份,即应享有知情权。另外,现有法律、法规以及公司章程亦未限制或剥夺违反出资义务的股东享有知情权。因此,即使原告确实违反了出资义务而虚假出资或瑕疵出资,但在原告现仍系被告股东的情况下,其对被告依法享有知情权。

2. 原告已按《公司法》规定履行了行使知情权的前置程序。

依照《公司法》第33条规定,股东要求查阅公司会计账簿,公司应当自股东提出书面请求之日起15日内书面答复股东并说明理由;公司拒绝提供查阅的,股东可以请求人民法院要求公司提供查阅。

根据查明的事实,在被告起诉要求原告足额缴纳认缴的出资后,原告即向被告提出了要求"查阅财务资料等文件"的书面请求,并在随后提起本案诉讼的起诉状中明确表示了查阅范围以及查阅的目的,即"为落实被告实收资本情况"。被告不能证明原告的查阅请求有不正当目的,可能损害公司合法利益,又不给予原告书面答复的行为,构成拒绝提供查阅。因此,原告有权请求法院要求被告提供查阅。

3. 被告抗辩原告请求查阅会计账簿具有不正当目的于法无据。

针对被告关于原告以落实被告实收资本情况,而要求查阅被告1996年至2007年的董事会决议、财务会计报告、会计账簿,显然具有不正当目的。我们认为,原告已经明确说明了查阅会计账簿的目的是"为落实被告实收资本情况",该目的并不构成对被告经营信息或商业秘密等事项的侵害,未损害被告的合法利益,应属正当。被告以原告行使知情权的目的在于向被告主张包括收益权在内的其他股东权益为由,拒绝向原告提供查阅,于法无据。

法院判决:

被告提供1996年至2007年各年度的董事会会议决议、财务会计报告、会计账簿以供原告查阅。

1347. 股权被冻结,股东知情权的行使是否受影响?

不受影响。人民法院依法对股权采取冻结保全措施,仅限制股权转让、抵押权的行使,股东的表决权、知情权等共益权以及新股认购权、优先购买权等不受影响。

1348. 股权转让后,原股东能否行使其担任股东期间的知情权?

股权转让后,原股东不再享有股东身份,也即失去了行使知情权主体资格。如北京法院司法实践观点认为,"已退出公司的股东对其任股东期间的公司经营、财务情况提起知情权诉讼的,因其已不具备股东身份,人民法院应裁定不予受理"。笔者认为,如果原股东认为公司隐瞒真实经营状况,导致其股权出让价格明显不公的,可依法通过行使撤销权或对公司提起侵权之诉途径解决。

【案例460】章程约定辞职要退股　主张知情被驳回[①]

原告: 周自强

被告: 谱佗税务师事务所

诉讼请求: 判令被告限期让原告查阅2000年1月至2003年12月共六大类的会计报表、凭证、账册等。

争议焦点:

1. 章程中关于股东辞职后强制退股的约定是否合法有效;

2. 关于原告股东资格除名的股东会决议是否存在通知程序瑕疵,如果存在瑕疵是否影响其效力。

基本案情:

2002年4月,原告通过受让股权成为被告股东。

2003年7月25日在原告的参与下,被告修改了公司章程。修改后的章程第8条规定,在本事务所执业,执龄必须满3年,并且不在其他单位从事获取工资等劳动报酬工作为股东应当具备的条件之一;第22条规定,丧失股东资格者,由股

---

① 参见上海市第二中级人民法院(2005)沪二中民三(商)终字第40号民事判决书。

东会决议并处分其股东权益,退还出资额归原股东所有;第24条规定,股东因辞职,经董事会审议通过,退还其出资额和当年红利。

2003年9月,原告从被告处辞职。

2003年12月12日,被告股东会议表决通过退还原告的出资额及红利。

2004年2月,原告收到被告的《2003年股东分红方案》。被告2003年度账面可供分配的利润为16万元,原告可分红816元。

2004年5月,被告最后一次通知原告到被告处领取退还的出资额及应得红利,但原告一直未领取。

原告诉称:

1. 被告2003年7月25日的公司章程修正案违反《公司法》的基本原则。该公司《章程》第24条规定,股东因辞职,经董事会审议通过,退还其出资额和当年红利,违反了《公司法》(2004年修正)第34条关于股东在公司登记后,不得抽回出资的规定,该条款应为无效条款。另外,被告2003年7月25日的公司章程修正案,并未经工商管理部门登记备案,现在工商管理部门备案的仍为公司原章程。

2. 依据公司《章程》的规定,公司召开股东会议,应提前15天通知全体股东,而被告在2003年12月12日召开股东会议的通知并未送达原告,故该次股东会的决议对原告不发生法律效力。再者,原告持有的被告公司的股权作为原告的合法财产,应由原告自行处分,而被告在原告并无意转让持有的被告公司股权的情况下,擅自处分原告的股权为违法侵权行为。

3. 被告有关股东的工商登记现并未变更,原告仍应为被告的合法股东,应依法享有对公司经营状况的知情权。

被告辩称:

1. 被告2003年7月25日的公司章程修正案已经公司3/4以上股东的表决通过,该公司《章程》应依法对全体出资股东具有法律效力,且又经原告本人表决同意。该《章程》未有违反任何法律的禁止性规定。

2. 被告公司2003年12月12日的股东会议,被告已在会前电话通知原告。即使原告坚持称没有收到开会通知,而该次股东会作出的包含原告等四人原持有的公司股权应予转让公司其他股东的决议,已经公司3/4以上股东的表决同意,依据公司章程应具有法律效力。

3. 关于原告作为被告股东的工商登记未曾变更的问题。被告认为,对原告是否还是被告股东的认定问题,应以公司股东会的决议为准,工商登记只不过是一种公示效力,原告依此主张还是被告的股东于法无据。另外,工商登记未曾变更的原因在于原告不与公司合作。

律师观点：

1. 被告章程关于股东资格除名的约定合法有效。

被告2003年7月25日的公司章程修正案，是经包括原告在内的3/4以上股东表决通过，对公司全体股东应具有法律效力。该修改后的公司《章程》第24条规定"股东辞职经董事会审议通过后，应退还其出资额和当年红利"，第22条规定"丧失股东资格者，由股东会决议并处分其股东权益，退还的出资额归原股东所有"，均系公司全体股东自主作出的规定，并未违反《公司法》的相应规定，也不涉及抽逃股东注册资金的问题。被告依据该公司章程修正案，于2003年12月12日通过公司股东大会表决作出的退还原告原出资额和2003年红利以及将原告的股权予以转让公司其他股东的决议，应为合法有据。

2. 被告关于原告股东资格除名的股东会决议已发生效力。

虽然被告现不能举证曾电话通知原告公司将在2003年12月12日召开股东大会，但该公司2003年12月12日的股东会决议已经公司3/4以上股东表决通过，而且原告亦未在60日主张撤销该股东会决议，决议依据公司《章程》已具有法律效力。

3. 股东变更是否登记不影响股权转让效力。

变更股东工商登记只是股权转让协议履行的问题，其功能是使股权的变动产生公示效力，而不是股权转让效力的构成条件。

综上，按照被告2003年12月12日的股东会决议，原告已不具有被告股东资格。原告以被告股东为由，要求查阅被告2000年1月至2003年12月共六大类的会计报表、凭证、账册等的请求不能成立。

法院判决：

驳回原告的诉讼请求。

【案例461】诉中股权被执行　行使诉前知情权得支持[①]

原告：梁溪公司

被告：太平洋公司、长江公司

诉讼请求：

1. 提供自1997年2月26日至今（2003年10月31日）的全部股东会议记录、

[①] 参见江苏省无锡市中级人民法院(2006)锡民再终字第0028号民事判决书。

资产负债表、损益表、财务状况变动表、财务情况说明书、公司所有各方面的审验报告、评估报告；

2. 提供自1997年2月26日至2003年10月31日的全部董事会决议、公司账簿及相关原始凭证；

3. 提供其向长信资产评估公司提供的关于被告整体资产的全部资料；

4. 接受原告安排独立的会计师对被告进行全面审计，查实被告整体资产情况；

5. 接受原告安排评估师对企业整体资产进行评估。

争议焦点：

1. 诉讼中股权被强制执行，是否还享有知情权；
2. 原被告之间存在的股东出资纠纷是否构成不正当目的；
3. 股东是否有权要求对公司资产进行全面审计和评估。

基本案情：

1995年11月，原告与海山公司分别订立成立中外合资企业被告太平洋公司、被告长江公司的合同并签署了章程。章程载明，被告太平洋公司的投资总额为2980万美元，注册资本为2500万美元，其中原告出资500万美元，占注册资本的20%；海山公司出资2000万美元，占注册资本的80%。被告长江公司的投资总额为2800万美元，注册资本为2300万美元，其中原告出资460万美元，占注册资本的20%；海山公司出资1840万美元，占注册资本的80%。

同年12月，被告太平洋公司和被告长江公司经工商部门核准成立并领取了企业法人营业执照副本，各股东投资实际未到位。

为解决合资公司注册资本问题，1997年2月，原告和联合铁钢公司又签署了合营合同和章程。双方在合同中约定，被告太平洋公司的投资总额为2980万美元，注册资本为2500万美元，原告承担25%的注册资本，计625万美元，联合铁钢承担75%的注册资本，计1875万美元；被告长江公司的投资总额为2800万美元，注册资本为2300万美元，原告承担25%的注册资本，计575万美元，联合铁钢承担75%的注册资本，计1725万美元，原告通过固定资产转让以实物出资，如果大于应承担的出资额，合营企业以现金返还，联合铁钢以现汇出资等，并签订了备忘录。

1998年9月，原告与联合铁钢公司在修订的合营合同中约定，合营企业的所有账簿及有关报表均应用中文和英文书写，以便一方在合理的时间进行验查或审计；一方有权在任何时候安排独立的会计师对企业的账簿进行审计，费用自付。

因原告未履行辽宁省本溪市中级人民法院(1997)本经初字第211号民事调解书(该调解书确认原告欠本溪钢铁货款1035万元),申请人本溪钢铁向本溪中院申请强制执行,该院在执行过程中委托长信公司对原告在被告太平洋公司、被告长江公司的25%的股权进行评估。

本溪中院于2003年12月9日作出民事裁定书,裁定将原告在被告太平洋公司和被告长江公司持有的25%的股份分别作价46,564,866.28元、11,280,172.80元,由联合铁钢出资购买,用于偿还申请人欠款,原告在上述公司再无股份。原告对裁定确认的股份价值存有异议,认为股份变更未获对外经济贸易主管机关的批准,未办理变更登记手续。

2005年1月11日,本溪中院作出(2004)本民再初字第8号民事判决,撤销本法(1997)本经初字第211号民事调解书,确认原告欠本溪钢铁货款8975万元。

2005年9月22日,本溪中院同时致函无锡工商局和无锡市对外贸易经济合作局(以下简称外经局),称其在执行本溪钢铁与原告欠款纠纷一案中,对原告在被告长江公司、被告太平洋公司所占的股份进行了评估转让,已作出(2000)执字第194号民事裁定予以确认,并于2003年12月18日通知无锡市工商局和外经局协助为联合铁钢收购上述两公司股份后办理变更企业性质的相关手续。因原告对本案调解书中给付数额提出异议,该案决定再审并中止原调解书的执行。2005年1月11日,该案已作出再审判决。原告上诉后,辽宁省高级人民法院已于同年9月作出终审判决,改判原告给付本溪货款61,871,614.25元及利息。现该案再次进入执行程序,应继续执行,要求为联合铁钢办理收购股权后的变更手续,同时解除对原告在被告太平洋公司、被告长江公司分别占有的25%股份的查封。

2005年10月12日,本溪中院通知无锡市工商局,暂缓为联合铁钢办理收购原告股权后的变更手续,待该案复查后再予办理。同日,江苏省人民政府颁发给被告长江公司、被告太平洋公司的《外商投资企业批准证书》载明。投资者为联合铁钢。

原告诉称:

原告作为公司的股东,享有对公司经营管理等重要情况或信息真实了解和掌握的权利,因此不仅有权查看全部股东会议记录、资产负债表、损益表、财务状况变动表、财务情况说明书、公司所有各方面的审验报告、评估报告等,也有权要求被告太平洋公司、被告长江公司接受原告安排独立的会计师对其进行全面审计,查实被告太平洋公司、被告长江公司整体资产情况以及要求被告太平洋公司、被告长江公司接受原告安排评估师对企业整体资产进行评估。

自1998年起，因原告和被告太平洋公司、被告长江公司的股东出资纠纷，被告太平洋公司和被告长江公司停止向原告提供财务报告。此后，原告多次要求查阅合营企业的财务报表等，以确定公司的财务状况和股权的价值，均未果。

被告辩称：

1. 原告在被告太平洋公司和被告长江公司的股权已被强制执行转让，原告已不享有知情权；

2. 原告请求对有关评估资料、评估报告、公司账簿及相关原始凭证的查阅和请求对被告太平洋公司、被告长江公司整体资产进行评估审计已超出知情权的范围；

3. 原被告之间存在巨额欠款纠纷的诉讼，其请求行使知情权有损害公司利益的不正当目的；

4. 原告请求查阅被告太平洋公司和被告长江公司向长信资产评估公司提供的关于公司整体资产的全部资料系基于对本溪中院的执行委托评估报告不满，但应向本溪中院提出异议，不能滥用诉权。

一审认为：

1. 原告股东资格的变更未经对外贸易主管机关的批准而未办理变更登记手续，故原告仍应为被告太平洋公司与被告长江公司的股东，应享有知情权。

股东对公司的经营状况享有知情权，系法律赋予股东的固有权利，不得加以剥夺和限制。原告在被告太平洋公司和被告长江公司占有25%的股权，虽被法院裁定强制作价转让，但原告存有异议，股权变更至今亦未获对外经济贸易主管机关的批准而未办理变更登记手续，故原告仍应为被告太平洋公司和被告长江公司的合法股东，应享有知情权。

2. 原告与被告之间存在出资纠纷并不当然意味着原告有不正当目的。

被告因与原告有巨额经济纠纷而拒绝向原告提供股东应查阅的相关资料，违反了法律的规定。原告请求行使知情权，系为确定被告的财务状况和股份的价值，与维护其基于股东地位而享有的利益有直接联系。被告辩称双方因有经济纠纷，原告有损害公司利益的不正当目的，证据不足，不予采信。

3. 原告可以查阅公司会议决议、记录、所有财务材料，但原告要求对被告整体资产进行审计、评估的请求于法无据。

根据法律规定，股东有权查阅股东大会会议记录、资产负债表、损益表、财务状况变动表、财务状况说明书、利润分配表、注册会计师对财务报告出具的审验报告及监事会的检查报告，还可以查阅董事会决议、公司账簿及相关原始凭证。原告依据公司章程而要求对被告太平洋公司、被告长江公司的整体资产进行审计、评估，不在知情权范围之列，不予支持。

一审判决：

1. 被告太平洋公司和被告长江公司于本判决生效后立即向原告提供自1997年2月26日起本判决生效之日止的公司股东大会会议记录、资产负债表、损益表、财务状况变动表、财务状况说明书、利润分配表、注册会计师对财务报告出具的审验报告及监事会的检查报告、董事会决议、公司账簿及相关原始凭证供查阅；

2. 驳回原告的其他诉讼请求。

原告与被告均不服一审判决，向上级人民法院提起上诉。

原告上诉称：

1. 一审判决违反《公司法》和双方合营合同的约定。股东对所持有股权的真实价值构成、形成等信息应当享有当然的知情权。被告长江公司、被告太平洋公司的整体资产评估是确定上诉人所持有股权价值形成、构成的信息，应向原告提供。

2. 合营合同约定原告有权安排独立的会计师对被告长江公司、被告太平洋公司进行审计，该权利不应被剥夺。

被告上诉称：

1. 本溪中院已经裁定将原告在被告长江公司、被告太平洋公司的股权强制转让给联合铁钢。该股权买卖交易行为已经完成。原告已不是被告长江公司、被告太平洋公司的股东，自然不应享有知情权。若梁溪公司对股权强制转让有异议，应向本溪中院提出。梁溪公司诉请查阅公司董事会决议、公司账簿及相关原始凭证系出于损害公司利益的不正当目的，不应支持。

2. 依照《公司法》的相关规定，注册会计师对财务报告出具的审验报告及监事会的检查报告不属于股东知情范围，原告无权查阅。

请求改判原告不享有知情权。

二审认为：

双方的争议焦点是原告是否仍为被告长江公司、被告太平洋公司的股东。原告是否有股东权、享有多少股东权利，均有赖于该焦点问题的解决。

2003年12月9日，本溪中院裁定将原告在被告长江公司和被告太平洋公司持有的股份分别作价由联合铁钢出资购买，用于偿还申请执行人欠款，原告在上述两公司再无股份。根据该生效裁定，原告已不是被告长江公司、被告太平洋公司的股东，不再享有股东权利。原告主张被告长江公司、被告太平洋公司应接受其审计、评估并提供公司整体资产全部资料,与本溪中院民事裁定书的内容相悖,不予支持。原审判决认定原告仍是被告长江公司、被告太平洋公司的股东,并由此判令原告享有知情权不当,应予纠正。

二审判决:

1. 撤销一审判决;

2. 驳回原告的诉讼请求。

原告不服二审判决,向人民法院提起申诉。

原告申诉称:

1. 根据《中外合资经营企业法》《中外合资经营企业法实施条例》的规定,中外合资企业股权转让必须经外经贸主管机关的审批。这种审批是实质性要件,法院无权在民事诉讼程序中对中外合资企业的股权进行变更。二审判决认为本溪中院的民事裁定对股权转让已经完成没有事实依据。

2. 二审判决违背不告不理的原则,判非所诉。原告起诉要求救济的是 1997 年 2 月 26 日至 2003 年 10 月 31 日基于股东身份享有的知情权。在 2003 年 10 月 31 日以前,原告是被告长江公司、被告太平洋公司的股东,有权行使相应的股东权利。二审判决审理的是 2003 年 12 月 9 日后的股东权问题,未对 2003 年 10 月 31 日前梁溪公司的股东知情权进行审理,也未对 2003 年 10 月 31 日梁溪公司提出的审计权、评估权是否可以行使进行审理。

被告辩称:

2005 年 10 月 12 日,江苏省人民政府已经颁发给被告长江公司、被告太平洋公司的《外商投资企业批准证书》载明,投资者为联合铁钢,原告已经不再是被告长江公司、被告太平洋公司的股东,不应享有任何知情权。

律师观点:

1. 丧失股东资格的人对其丧失股东资格前公司的经营状况与经营信息仍然享有知情权。

股东知情权是股东享有对公司经营管理等重要情况或信息真实了解和掌握的权利。在公司运营的实践中,由于股东与公司之间信息的不对称,股东在其具备股东资格期间可能并不掌握相关信息,或者并没有认识到其权利受有损害,而在其丧失股东资格以后发现其原有的权利受到了损害,即有行使知情权的必要,否则其权利即无法得到保障。本案中原告行使知情权的目的就是认为其原所持有的股权价值在执行中被低估,所以要求查阅公司财务会计报告及账簿。如果否定其权利,则其请求保护其他权利的主张也无法得到实现,对原告是不公平的。

而且原告在2003年10月31日起诉时系被告长江公司、被告太平洋公司的股东。在一审审理期间,本溪中院于2003年12月9日作出(2005)执字第194号民事裁定书,强制执行了原告在被告长江公司、被告太平洋公司的全部股权。但由于原告起诉主张的是至起诉日止的知情权,故对原告的诉请主张应予支持。

2. 原告行使知情权时原被告之间存在的股东出资纠纷并不能当然认定原告存在不正当目的。

所谓正当目的,《公司法》未明确的界定。结合其他国家的立法及判例,出于调查公司的财务状况、股利分配政策的妥当性、股份的真实价值、公司管理层经营活动中的不法不妥行为、董事的失职行为、股价下跌的原因、公司合并分立或开展其他重组活动的必要性与可行性、股东提起代表诉讼的证据、消除在阅读公司财务会计报告中产生的疑点等目的,均属于正当目的。本案中,原告行使知情权的目的即在于调查其原来所持有的股权的价值,因此属于正当目的范畴。

原告与被告长江公司、被告太平洋公司虽就股东出资发生争议,并向法院提起诉讼,但并不能因此说明原告欲行使知情权具有恶意的或有不当的目的。因此对在法律规定和当事人起诉范围内的知情权应予保护。

3. 原告有权查阅被告的股东会会议记录、财务会计报告、会计账簿、会计事务所出具的审验报告,对于原告请求查阅被告向本溪中院提供的审计财务资料不予支持。

根据《公司法》第33条规定,股东有权查阅、复制公司章程、股东会会议记录、董事会会议决议、监事会会议决议和财务会计报告。股东可以要求查阅公司会计账簿。

根据《会计法》规定,公司的财务会计报告主要应当包括,财务会计报表即资产负债表、利润表、现金流量表等;财务会计附属明细表即财务情况说明书、利润分配表;财务会计报表附注等。由于《公司法》第164条还规定财务会计报告应依法经会计师事务所审计,借鉴其他国家的立法例,注册会计师对财务会计报告出具的审验报告也应作为股东行使知情权时查阅的对象之一。

但是对于被告公司向本溪中院提供的供审计用的财务资料,原告应当在相应的诉讼或者执行程序中向有关法院或者审计机构提出查阅,而不应向被告提出查阅要求,因为此项要求属于相应诉讼程序中的调查取证及质证范畴。

4. 原告要求对公司资产进行全面审计和评估没有法律与章程依据。

股东行使知情权的方式,一般均限于查阅、复制,而不包括由公司承担审计的义务,也不包括公司对股东安排的审计提供服务的义务。原因是对公司经营财务状况的审计,一般均需要较长的时间。如果要求公司承担此项义务将会严重影响公司的日常经营活动,但公司章程有特别规定的除外,否则对于原告的此项请求不应支持。

本案中,原告起诉要求两被告接受其安排独立会计师对两被告全面审计和安排评估师对企业整体资产进行评估的诉请,法律对此未有规定。两被告的股东在修订的合营合同中仅约定,"一方有权在任何时候安排独立的会计师对企业的账簿进行审计"。在章程中也仅规定,"合营企业每一方有权在任何时候自己负担费用聘用单独的会计师对合营企业的账簿和记录进行审查"。股东并未约定对两被告可全面审计和对整体资产进行评估。由于对公司资产进行全面审计的范围远大于对企业账簿进行审计,并且股东并未约定对两被告可全面审计和对整体资产进行评估,因此原告的该项诉请既无法律上的规定,又超出了当事人的约定,不应得到支持。

再审判决:

1. 被告长江公司、被告太平洋公司于本判决生效后立即向原告提供自1997年2月26日至2003年10月31日止的公司股东大会会议记录、董事会决议、资产负债表、损益表、财务状况说明书、财务状况变动表、注册会计师对财务报告出具的审验报告及公司账簿及相关的原始凭证供查阅。

2. 驳回原告的其他诉讼请求。

1349. 新股东是否可对其加入公司前的经营情况享有知情权?

新任股东在取得相应的股权并在股东名册上进行了变更登记,即成为正式的股东,当然对其成为股东后相关的账簿具有查阅权。但对于新任股东对其加入之前的公司信息是否也有权查阅的问题,司法实践有着不同的认识。多数法院持肯定态度,但也有法院持否定态度,上海法院即持否定态度。

笔者认为应当允许股东查阅溯及以往的信息。原因有三点:

(1)《公司法》并未设置此种限制。

(2)公司运营是一个持续的过程,公司早期的信息同样关涉股东利益,股东应当有权知悉。特别是在我国目前公司信息失真问题严重的市场条件下,股东察觉公司的不当行为很可能是在公司行为发生数年之后。

(3)股权转让后,原股东的所有权利均由新股东享有,包括原股东对股权转让前的公司信息的知情权,新股东应当有权查阅其受让前公司的有关信息。

当然,如果股东请求查阅的公司文件已经超出了法定最长保管年限并且已经灭失,公司不承担法律责任。

二、知情权的查阅范围

1350. 股东能够查阅公司哪些信息与文件?

我国《公司法》对股东知情权可查阅的范围采取了单纯列举式规定,行使的范围包括两个层面:

(1)公司日常经营中一些基本信息。其中,有限责任公司能够查阅的范围包括公司章程、股东会会议记录、董事会会议决议、监事会会议决议和财务会计报告;股份有限公司能够查阅的范围为公司章程、股东名册、公司债券存根、股东大会会议记录、董事会会议决议、监事会会议决议、财务会计报告,对公司的经营提出建议或者质询。

(2)公司会计账簿。对于会计账簿的查阅,《公司法》则要求股东应当具备正当目的。《公司法》对其还规定了一项前置程序,即股东要行使会计账簿查阅权必须向公司提交书面申请,在公司拒绝查阅后方可向法院提起知情权诉讼。

最高人民法院《关于适用公司法若干问题的规定(四)》(征求意见稿)规定,"有限责任公司的股东起诉请求查阅公司会计账簿及与会计账簿记载内容有关的记账凭证或者原始凭证等材料的,应当依法受理"。

笔者认为,股东要求查阅原始凭证是审核公司经营期间,经营活动真实、合法有效的必要途径之一。如果股东有合理理由怀疑公司违反《会计准则》或其他相关规定,财务会计报告或会计账簿存在不真实记录,应当给予股东相应的救济措施,在不损害公司利益的前提下,应允许股东查阅原始凭证,保障股东知情权的实现。

1351. 对于财务会计报告的查阅,公司负有哪些法定义务?

有限责任公司应当依照公司章程规定的期限将财务会计报告送交各股东。实践中,绝大多数公司都没有在章程中明确约定财务会计报告递交的时间与方式。建议可在章程中明确这一点。

股份有限公司的财务会计报告应当在召开股东大会年会的20日前置备于公司,供股东查阅。公开发行股票的股份有限公司必须公告其财务会计报告。

1352. 股东能否查阅会计凭证、经营合同等《公司法》未列明的文件?

实践中,除了《公司法》列举的文件外,股东还会要求查阅诸如公司运营期间的合同、银行对账单、银行存款余额调节表、报税申报表、税务机关出具的各项审计、稽查报告(或通知)、公司各种资质证明、公司管理机构明细、公司人员情况明细、公司各项管理制度等文件。对于此类文件的查阅请求是否应支持,司法实践认识并不统一。持否定态度的主要理由是这些文件超出了《公司法》界定的股东可以查阅的文件范围,不应予支持;持肯定态度的观点认为,虽然法律未明确规定股东可以查阅前述文件,但只要股东查阅目的正当,应当予以查阅。

笔者认为,诸如公司各种资质证明、公司管理机构明细、公司人员情况明细、公司各项管理制度等都是公司运营过程中的相关文件,与公司经营状况密切相关,并不涉及公司商业秘密。只要查阅目的正当,应当允许股东查阅。

但对于诸如合同、银行对账单、银行存款余额调节表、报税申报表、税务机关出具的各项审计、稽查报告(或通知)等文件,一方面与公司的商业秘密息息相关,另一方面允许所有股东查阅会影响公司的正常经营,应对股东查阅作出合理限制。

同时,为了避免发生争议,建议在公司章程中明确《公司法》中未列明的文件是否可查阅、查阅的范围、方式以及条件等。

对于能否查阅原始凭证的问题。由于《公司法》未作规定,对于原始凭证的认定究竟是参照会计账簿的规定允许查阅还是不允许查阅,各法院亦做法不一,目前也无相关的统一执法意见。

持肯定态度的有北京市、江苏省、山东省等法院及最高人民法院。北京市的司法实践认为,有限责任公司股东有权查阅的公司会计账簿包括记账凭证和原始凭证。江苏省与山东省的审判实践也认为有限责任公司的股东有权查阅公司账簿及相关原始凭证。最高人民法院的倾向性观点认为,查阅原始会计凭证是股东行使知情权的主要途径,在符合法律规定的查阅公司会计账簿的条件下,应当允许股东查阅、复制和摘抄需要的内容。

持否定态度的以上海的司法实践为代表。上海市中级人民法院认为会计账簿是以经审核的会计凭证为依据登记的,在通常情况下,会计账簿应当是会计凭证内容的真实反映,查阅会计账簿已经能够实现查阅会计凭证的目的。如果允许股东查阅原始凭证,特别是会计凭证比较多的公司,会影响公司的实际经营。因此,在查阅会计报告或会计账簿能够实现知情权之目的时,不应当随意允许股东查阅会计原始凭证。

笔者认为,如果股东有合理理由怀疑公司违反《会计法》的规定,财务会计报告和会计账簿存在不真实记录,应当给予股东相应的救济措施,允许股东查阅公司会计凭证。

第十九章
股东知情权纠纷

【案例462】查阅合同非法定范围　请求查阅被驳回[①]

原告：龚耀金

被告：千思公司

诉讼请求：

1. 被告提供2004年1月1日至今的包括资产负债表、损益表、利润表、税务表(年报、月报)在内的公司财务会计报告供原告查阅、复制；

2. 被告提供2004年1月1日至今的全部装潢合同、会计账簿及原始凭证供原告查阅；

3. 被告提供2005年3月至今有关向建行张江支行贷款2700万元的资金流向凭证。

争议焦点：

1. 原告主张查阅被告2004年1月1日至今的所有装潢合同是否属于《公司法》赋予股东的知情权行使范围；

2. 被告伪造原告签名作出股东会决议以及原告作为被告担保人的案件事实，是否为查阅原始凭证的合理理由；

3. 原告要求查阅被告向建行张江支行贷款2700万元的资金流向凭证是否与原告的第2项诉讼请求重复。

基本案情：

原告为被告的股东，持有被告20%的股权。

2004年，被告在未通知原告的前提下，以伪造原告签名的方式作出两份股东会决议，该两份股东会决议于2006年5月19日被上海市黄浦区人民法院判决无效。

2005年1月，被告向中国建设银行股份有限公司上海市张江支行贷款2700万元，借款期限自2005年2月1日至2006年1月31日。原告及被告法定代表人蒋佳学以其所有的房屋所有权为被告提供抵押担保。后因被告未按约履行还款义务被建行张江支行诉讼，致原告的房屋有被行使抵押权之虞。

原告诉称：

2007年4月，原告致函被告要求查阅公司财务会计报告、会计账簿及原始凭

[①] 参见上海市黄浦区人民法院审理的龚耀金诉上海千思装潢建材超市有限公司股东知情权案。

证,但被告未作答复。这一行为极不负责。此外,被告早在 2004 年即存在损害原告股东利益的行为。如今原告作为被告的担保人承担着数额巨大的担保责任。

原告作为被告股东,知情权系其法定权利,被告忽视原告利益始终不予以基本保障,严重损害了原告的股东权益。

被告未作答辩。

律师观点:

原告系经工商行政管理部门核准登记的被告股东,依法享有查阅、复制公司相关资料的权利。

1. 关于原告要求被告提供 2004 年 1 月 1 日至今的包财务会计报告供其查阅、复制。

原告诉请涉及的各类会计报表属公司财务会计报告的组成部分。依据《公司法》的规定,原告有权查阅、复制。

2. 关于原告诉请要求查阅公司对外签订的全部装潢合同。

该诉讼请求超越了《公司法》界定的有限责任公司股东可以查阅的公司文件的范围,故不应予支持。

3. 关于原告诉请查阅公司会计账簿及原始凭证。

虽然《公司法》未明确原始凭证属股东可查阅的内容,但由于原始凭证既是会计账簿形成的基础,亦是验证会计账簿对公司财务状况的记录是否完整准确的依据,而原告怀疑会计账簿存有造假记录确属事出有因,且现没有证据表明原告查阅会计账簿及原始凭证有不正当的目的,会影响被告的正常经营。因此,被告应当提供会计账簿及原始凭证供原告查阅。

但在表述上,原告的第 3 项诉请实已包含于第 2 项诉请有关会计账簿的原始凭证之内,再作一单独的诉请提出并无必要。

法院判决:

1. 被告将自 2004 年 1 月 1 日至今的公司财务会计报告、公司会计账簿及原始凭证提供给原告查阅及复制;

2. 驳回原告的其余诉讼请求。

【案例463】原始凭证是知晓公司财务信息的前提　查阅请求获法院支持[1]

原告:李奇栋

---

[1] 参见广东省广州市中级人民法院(2009)穗中法民二终字第 2290 号民事判决书。

被告: 阳河公司

诉讼请求: 判令被告提供公司成立以来的会计账簿(具体包括总账、分类账、明细账、日记账和其他辅助性账簿及有关的原始凭证)。

争议焦点: 会计账簿查阅权是否包括查阅会计凭证。

基本案情:

被告于2003年注册成立,注册资本100万元,原告是被告的31名股东之一,占被告公司3.4%的股份。公司章程规定,"股东有权查阅股东会议记录和公司财务会计报告,财务会计报告于第二年4月1日前置于本公司供股东查阅"。原告每年均参加被告定期召开的股东大会,并获得2006年和2007年度分红。

原告诉称:

为了解公司运营情况,原告于2009年1月21日、2月19日、3月6日、6月19日以书面形式向被告提出申请查阅公司成立以来的账目(收支情况)。被告在2009年2月20日和3月10日书面回复,认为原告查账动机可疑、申请查阅账簿的目的不明确、可能会损害公司的合法权益,拒绝原告的查账申请。

被告辩称:

1.《公司法》未明确授予股东查阅会计凭证的权利,原告请求查阅会计凭证于法无据。

2. 股东知情权应当在一个合理、合法的范围内,且行使该权利不影响公司的日常正常运作,更不应损害公司合法利益。股东查阅会计账簿的知情权一般来讲是了解公司经营状况。因此,《公司法》规定的查阅会计账簿已能满足该权利的实现。知情权并非审计权,更非刑事侦查权。如果允许股东查阅记账凭证与原始凭证,将使股东滥用权利合法化,严重影响公司的正常运作,损害了公司的合法权益。

律师观点:

1. 原告有权查阅会计账簿。

依照《公司法》第33条"股东有权查阅、复制公司章程、股东会会议记录、董事会会议决议、监事会会议决议和财务会计报告。股东可以要求查阅公司会计账簿……"的规定,股东有权了解公司的日常经营状况、财务状况。由于原告已经多次书面要求查阅公司成立以来的账目,但被告至今没有合理的拒绝理由,也没有证据证明原告的查账动机可疑、可能会损害公司的合法权益,原告请求查阅被告的会计账簿应当予以支持。

2. 为了保证原告能够正确了解公司的财务状况,应当允许原告查阅会计

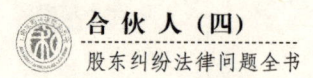

凭证。

依照《会计法》第14条第1款"会计凭证包括原始凭证和记账凭证"、第15条第1款"会计帐簿登记,必须以经过审核的会计凭证为依据,并符合有关法律、行政法规和国家统一的会计制度的规定。会计帐簿包括总帐、明细帐、日记帐和其他辅助性帐簿"的规定,被告提供给原告查阅的会计账簿应当包括总账、明细账、日记账和其他辅助性账簿以及产生会计账簿的会计凭证。

从立法目的看,《公司法》保障股东的知情权是为了保障股东对公司的决策、分红等权利。如果不能查阅会计凭证则无法正确了解公司的财务状况,无法保障股东的经营决策、获得股息红利等权利。因此,不应当将会计凭证排除在股东可以查阅的范围之外。

法院判决:

1. 被告在判决发生法律效力之日起30日内,将公司成立以来的会计账簿(包括总账、明细账、日记账和其他辅助性账簿)备置于公司供原告查阅;

2. 被告在判决发生法律效力之日起30日内,将公司成立以来的会计凭证(包括原始凭证和记账凭证)备置于公司供原告查阅。

【案例464】知情权目的已实现 查阅原始凭证请求遭驳回[①]

原告: 林某

被告: 华晨公司

诉讼请求:

1. 判令被告提供自2003年10月起至判决生效之日止的财务会计报告、会计凭证、银行对账单、会计账簿供原告查阅;

2. 被告立即执行2007年10月24日关于由监事聘请会计事务所对公司进行全面审计的股东会决议。

争议焦点:

1. 原告关于被告执行股东会决议的诉请是否应当在本案中合并审理;

2. 查阅会计账簿是否能够满足原告的查阅目的,原告是否有权查阅公司会

[①] 参见上海市松江区人民法院(2008)松民二(商)初字第763号民事判决书。在法院判决驳回原告查阅会计凭证的诉请后,被告及赵某主动提供公司所有的会计资料供原告查阅以及审计。原告在审计时,得知被告曾向所有股东,包括三名股东,发放过奖酬金的事实。后原告凭借其获悉的信息向再次向人民法院提起诉讼——损害公司利益责任纠纷,详见本书第十三章损害公司利益责任纠纷【案例328】"未分配利润奖励员工 损害公司利益判决返还"。

计原始凭证、银行对账单。

基本案情：

被告系 2002 年 9 月 19 日成立的有限责任公司，注册资本 100 万元。

至起诉前，被告公司的股东为案外人赵某和原告二人，其中原告出资 60 万元，持有 60% 股权；赵某出资 40 万元，持有 40% 股权，赵某担任法定代表人及执行董事，原告担任监事。

原告诉称：

在赵某担任公司执行董事后，被告的全部经营管理及所有财务工作均由赵某掌管和控制。至今五年时间，公司从未向股东提供经营状况及财务报告，也从未向公司股东分配任何分红或其他经济利益。被告及赵某的行为严重违反了《公司法》及章程的规定，侵犯了原告的股东权利。为此，原告曾多次向被告及案外人赵某提出查阅公司会计账簿和分取红利的要求，均被拒绝。

2006 年 8 月，原告委托律师向被告发出律师函严正提出上述要求，又被拒绝。2007 年 1 月 18 日，原告向被告发出了《关于召开股东会会议的通知》，但该特快专递邮件因拒收而被退回。

同年 9 月 25 日、10 月 9 日，原告再次以特快专递邮件形式通知赵某参加定于 2007 年 10 月 17 日的临时股东会议，但是赵某未到会。临时股东会议如期召开，由原告主持，会议形成了股东会决议，决议内容为由监事聘请会计事务所对公司进行全面审计。

原告于 2007 年 10 月 24 日将该决议以特快专递形式寄给被告。

原告认为其作为被告的股东，依法享有对公司的知情权，有权了解被告真实的财务状况，被告的行为严重侵害了原告的合法权利。

原告为证明其观点，提交证据如下：

1. 被告 2005 年企业法人年检报告 1 份，证明被告 2004 年、2005 年均为盈利，并有未分配利润；

2. 2007 年 9 月 25 日特快专递邮件 1 份，证明 2007 年 9 月 25 日，原告通过两份特快专递向被告股东赵某发出《关于召开临时股东会议的通知》；

3. 《关于召开临时股东会议的通知》1 份，证明 2007 年 9 月 25 日，临时股东会会议召集人原告发往被告及赵某的通知中列明了被告临时股东会会议召开的时间、地点及会议决议的内容；

4. 2007 年 10 月 9 日特快专递邮件清单 1 份，证明 2007 年 10 月 9 日，原告通过两份快递分别向被告及赵某确认临时股东会议召开的时间；

5. 被告临时股东会会议记录1份,证明2007年10月17日,被告临时股东会议依法召开,并对会议形成该会议记录;

6. 北京市某公证处1份,证明2007年10月17日,被告临时股东会议依法召开,公证处进行现场公证。

7. 2007年10月24日国内特快专递邮件清单1份,证明2007年10月24日,原告通过特快专递将2007年10月17日的股东会决议寄给被告及赵某,要求被告提供被告的会计凭证、会计账簿、财务会计报告等全部财务资料,供原告查阅。

诉讼中,在被告律师提出第1、2项诉讼请求不符合法定合并审理条件的情况下,原告撤回了第2项诉讼请求。

被告辩称:

1. 被告的股东并非如原告而言,仅有原告与赵某,还有三名隐名股东。

2. 原告要求"被告立即执行被告股东会决议"的诉请于法无据,理由如下:

(1)股东会决议效力纠纷与股东知情权纠纷分别属于不同的案由,不符合《民事诉讼法》第126条"可以合并审理的情形"。

(2)原告要求执行的股东会决议违法了法定程序,属可撤销决议,理由如下:《公司法》(2005年修订)第40条规定,"……代表十分之一以上表决权的股东,三分之一以上的董事,监事会或者不设监事会的公司的监事提议召开临时会议的,应当召开临时会议";第41条规定,"有限责任公司不设董事会的,股东会会议由执行董事召集和主持。董事会或者执行董事不能履行或者不履行召集股东会会议职责的,由监事会或者不设监事会的公司的监事召集和主持"。由此可见,原告作为监事召集和主持股东会议的权利必须是在执行董事赵某未履行召集和主持职责的情况下才能行使。2007年10月9日,被告执行董事赵某已经向原告发出了"关于召开2007年股东会会议的通知",履行了召集股东会会议的职责。

(3)现有证据并不能证明被告已经收到召开股东会议的通知,而且现有股东会会议仅有原告参与而没有其他股东参加。

3. 原告要求被告提供会计凭证供原告查阅于法无据。

我国《公司法》只是赋予了股东查阅、复制公司财务会计报告,并在符合一定条件下查阅公司会计账簿的权利。但是,对于其他财务资料如会计原始凭证的查阅,我国《公司法》并未作出规定。根据我国《会计法》第14条、15条以及第20条的规定,财务会计报告、会计账簿以及会计凭证是不同的概念。会计账簿包括总账、明细账、日记账和其他辅助性账簿。会计凭证包括原始凭证和记账凭证。原始凭证是在经济业务发生或完成时取得或填制的,用以记录或证明经济业务的发生或完成情况的原始凭据。最常见的原始凭证如发票、收据等。记账凭证是经过审核的原始凭证及有关资料编制的,确定会计分录、作为登记账簿依据的一种凭证。财务会计报告是指企业对外提供的反映企业某一特定日期的财务状况和某一会计期间的经营成果、现金流量等会计信息的文件,包括会计报表、会计报表附注、财务情况说明书。由此可见,上述三类财务资料具有不同的内容,股东有权查阅财务会计报告并不当然包括会计账簿和会计凭证。同时,根据"举轻以明重"的法律适用原则,对会计凭证的查阅条件显然应当较会计账簿更为严格。因为会计凭证尤其是原始凭证是记录经济业务已经发生、执行或完成,用以明确经济责任,作为记账依据的最初书面文件,而且原始凭证种类繁多、数量庞大。其所包括的公司经营秘密和经营信息,决定了对股东查阅时应设更为严格。由此可见,在《公司法》和被告章程都没有规定的情况下,原告要求查阅被告会计凭证是没有依据的。

4. 原告请求查阅会计账簿和会计凭证与其行使知情权的目的不相符。

原告是基于了解公司的经营状况和分配红利的目的提出诉讼请求的,显然,财务会计报告已经能够综合反映公司的财务状况、经营状况和财产使用情况等,原告无权查阅会计账簿和会计凭证。

需要特别说明的是,由于本案的审理结果将涉及被告三名隐名股东的利益,因此,建议不应在本案中将被告的股东仅确认为原告与赵某。否则,将会对案外人的合法权益造成损害。

另外,鉴于原告在庭审时已经撤回第 2 项诉讼请求,庭审始终是围绕原告的第 2 项诉讼请求即股东知情权纠纷来进行,因此建议不应对与第 2 项诉讼请求相关的事实与证据进行认定。

被告为证明其观点,提交证据如下:

1. 被告公司固定资产购置协议书 1 份,证明被告股东除了原告与赵某外,还有三名股东,实际参与了公司的经营管理;

2. (2007)松民二(商)初字第 544 号民事判决书 1 份,证明被告股东除了原告及赵某外,还有三名隐名股东;

3. 被告章程 1 份,证明公司章程未规定股东有查阅公司全部财务资料的权利;章程第 16 条以及第 17 条证明,监事召集和主持股东会议的权利必须是在执行董事赵某未履行召集和主持职责的情况下才能行使;

4. 关于召开 2007 年股东会会议的通知 1 份,证明 2007 年 10 月 9 日,被告执行董事赵某向全体股东发出了"关于召开 2007 年股东会会议的通知",写明了股东会会议召开的时间、地点及会议决议的内容；

5. 国内特快专递邮件详情单 1 份，证明被告执行董事赵某已经向原告发出了"关于召开 2007 年股东会会议的通知"，履行了召集股东会会议的职责。

律师观点：

1. 原告有权查阅财务会计报告。

《公司法》第 33 条规定，"股东有权查阅、复制公司章程、股东会会议记录、董事会会议决议、监事会会议决议和财务会计报告。原告作为被告的股东，其应有权查阅、复制公司财务会计报告"。因此，原告请求查阅被告自 2003 年 10 月起至判决生效之日止的财务会计报告应予以支持。

2. 原告已向被告提出书面请求，被告未能举证证明原告具有不正当目的，对原告会计账簿查阅权应予以支持。

作为被告的股东，原告可以要求查阅公司的会计账簿，但是应当向公司提出书面请求，说明目的。公司有合理根据认为股东查阅会计账簿有不正当目的，可能损害公司合法利益的，可以拒绝提供查阅，并应当自股东提出书面请求之日起 15 日内书面答复股东并说明理由。原告已经通过发函的形式向被告提出了查阅会计账簿的请求，并以全面了解公司的经营状况以及财务情况为目的。被告并未在法定期间内作出答复，在审理中被告也表示不认可原告查阅会计账簿的请求，故原告有权就该项请求行使司法救济权。现被告辩称对原告查阅会计账簿的目的有异议，但并未举证证明其拒绝原告查阅的合理依据，即证明原告查阅会计账簿存在不正当目的。故应当支持原告查阅公司的会计账簿。

3. 原告的查阅目的已实现，查阅公司会计原始凭证的请求不应被支持。

对于原始凭证的查阅，我国现行《公司法》并未作出规定，根据上海司法实践，对于会计原始凭证的诉讼请求通常不予支持。由于会计凭证对公司经营状况的反映是最直接的，也是最真实的，其中包含了公司经营秘密和经营信息，且原始的会计凭证种类繁多，数量庞大，决定了对股东要求查阅时应设定更严格的要求。现从原告的查阅目的来看，财务会计报告和会计账簿已经能够综合反映公司的财务状况、经营状况和财产使用情况等，原告要求查阅会计凭证的诉请，不应得到支持。

法院判决：

1. 被告于本判决生效之日起 10 日内向原告提供被告自 2003 年 10 月起至判决生效之日止的财务会计报告、会计账簿供原告查阅；

2. 驳回原告的其他诉讼请求。

第十九章 股东知情权纠纷

【案例465】合理怀疑报表真实性 适当查阅原始凭证获支持[①]

原告：新吴淞公司

被告：联华新新超市

诉讼请求：

1. 被告提供2000年1月1日起至2009年9月8日止的财务会计报告以供查阅、复制；

2. 被告提供2000年1月1日起至2009年9月8日止的会计账簿及原始凭证以供查阅。

争议焦点：

1. 被告以已经向原告提供过审计报告、资产评估报告为由拒绝向原告提供财务会计报告、会计账簿是否合理；

2. 原告向被告申请查阅会计账簿的程序是否符合《公司法》要求；

3. 原告可否以被告提供的财务报告中对净资产记载存在显著差异为由，进一步要求查阅被告原始凭证；

4. 原告查阅被告财务会计报告、会计账簿以及原始凭证的时间范围如何确定。

基本案情：

1997年4月22日被告设立，至原告起诉之日，股东为联华超市和原告。

被告章程约定：

1. 被告应当在每一年度终了时制作财务会计报告，经依法审验后，10天内送交各股东及各政府有关部门，并接受其监督；

2. 被告财务会计报告应当包括资产负债表、损益表、财务状况变动表、财务情况说明书及利润分配表；

3. 股东各方有权自行聘请审计师、会计师查阅公司账簿，查阅时，被告应当提供方便。

2008年9月2日，原告向被告发函，要求被告于收函后10个工作日内向其提供被告的经营和资产情况报告以及会计事务所的年度审计报告。被告收到该函，但认为原告要求过于广泛，故拒绝了原告的要求。

2009年7月28日，原告再次向被告发函，告知为了解被告的资产状况，拟于

[①] 参见上海市第二中级人民法院(2010)沪二中民四(商)终字第321号民事判决书。

8月10日开始对被告财务账册、资产状况进行审计和核查,要求被告予以配合。被告回函表示,因原告拟出让股权给案外人,已由具有资质的中介机构完成了对被告的财务报表审计和整体资产评估,相关审计报告和资产评估报告已提供给原告,原告也没有提出异议,因此被告再次决绝了原告的请求。

2009年8月12日,原告又一次向被告发函,告知因为8月10日去被告查阅财务账册、资产状况被拒,故再次要求提供相关财务资料以供查阅。8月18日,被告回函给原告,重申因拟转让股权所做的财务报表审计、整体资产评估报告等已提供给原告,上述报告也报送了宝山区国资委登记备案,所以不用再次向原告提供财务资料。

在案件审理中,原告确认确实收到并查阅过上述审计报告和评估报告。

在被告提供给原告的上述截至2007年3月31日的资产负债表中,记载的期末股东权益为12,243,880.16元,经会计师事务所审计调整后的期末股东权益为8,835,166元。

此外,2005年3月23日原告曾向案外人联华超市出具承诺函一份,承诺放弃在被告中对案外人宝山世纪联华的一切经营管理权,同时无条件不可撤销地放弃在被告中对案外人宝山世纪联华包括利润分配权、表决权在内的一切股东权利。该承诺在被告存续期内持续有效。同月25日,被告召开董事会会议并决定根据上述承诺函,对自2002年至2004年的三年间,被告从案外人宝山世纪联华分得的投资收益合计3,489,181.98元在2005年度全部分配给案外人联华超市。

原告诉称:

原告作为被告的股东,多次向被告提出查阅公司财务账册均遭拒绝。《公司法》及被告章程赋予原告的知情权被严重侵害。

之所以要求查阅原始凭证,是因为被告提供的出具的2007年3月31日的资产负债表对于期末的股东权益竟调整了300余万元,导致作为股东的原告怀疑被告会计账簿的真实性。

被告辩称:

原、被告以2007年3月31日为基准日对被告进行了财务审计和资产评估,双方股东确认了审计、评估结论。因此,原告对于被告在基准日之前的经营状况是明知的,被告只同意提供基准日之后的会计账簿供原告查阅。但是因为原告诉前提出的查阅要求没有明确一定的范围,故被告为保护自身权利未予同意。现基于原告仍没有相应依据,故被告仍不同意原告的诉求。

一审认为:

《公司法》规定,股东有权查阅、复制公司章程、股东会会议记录、董事会会议决议、监事会会议决议和财务会计报告,亦有权依法查阅公司会计账簿。

1. 关于原告要求查阅、复制被告的财务会计报告。

被告章程约定,被告负有主动向股东提供财务会计报告的义务。被告辩称已于 2007 年 3 月进行过财务审计和资产评估,相关的审计报告和资产评估报告已提供给原告,所以无义务再提供之前的财务会计报告给原告,没有事实和法律依据,不予采纳。

2. 关于原告要求查阅、复制总账、明细账及其他辅助性账簿为内容的会计账簿。

《公司法》规定,股东应当事先向公司提出书面申请,说明理由。

从申请的程序来看,原告确有以书面方式通过邮寄向被告提出查阅的意思表示,但由于被告的原因致使上述申请未被被告接受,此后原告又以诉讼方式向被告提出,因此原告的申请是明确且未违反规定的。

从申请的内容来看,原告不仅在申请书中对查阅目的进行说明,在案件审理中,原告再次明确查阅目的是为了解被告的财务状况,如公司的经营状况、盈利情况、成本构成等。从原告对查阅目的说明来讲,并无损害公司利益或其他不当目的的可能。被告也没有提供任何证据证明原告具有不正当的查阅目的,仅以提供过审计报告和评估报告为由拒绝提供 2007 年 3 月之前的会计账簿给原告查阅,显然缺乏依据,不予采纳。

3. 关于原告要求查阅与复制被告原始凭证。

被告章程对此并无特别约定,但是原始凭证是登记会计账簿的原始依据,最能真实反映公司的资金活动和经营状况。原告认为被告出具的 2007 年 3 月 31 日的财务报表反映被告的净资产调整数额多达 300 余万元,导致作为股东的原告因无法知悉具体情况而对被告会计账簿的真实性存有合理怀疑,故在本案中给予原告查阅原始凭证的权利更为合理。

综上,原告的股东身份明确,行使知情权理由正当,程序合法,故对其合理诉请应予支持。

一审判决:

1. 被告于判决生效之日起 20 日内提供 2000 年 1 月 1 日起至 2009 年 9 月 8 日止每个会计月度、年度公司的财务会计报告,供原告查阅、复制;

2. 被告于判决生效之日起 20 日内提供 2000 年 1 月 1 日起至 2009 年 9 月 8

日止会计账簿及原始凭证,供原告查阅。

被告不服一审判决,向上级人民法院提起上诉。

被告二审上诉称:

1. 一审认定被告出具的2007年3月31日的资产负债表反映被告的资产数额严重错误,且该份报表是由原告提供的,并非"被告出具"。

2. 原告直接参与了被告的经营活动,明知公司财务状况。

2007年3月,原告董事会决定转让其拥有的被告股权。因此双方股东决定对公司进行审计、评估,相关报告已得到双方的认可,原审判决对此事实未能客观体现。

3. 原告提出,2008年其高层领导发生变动,故要求查阅被告的财务状况。原告以此理由要求查阅复制长达近10年的所有财务资料,不符合法律规定,也明显缺乏关联性。

4. 会计账簿多、专、细,对账簿查阅权的行使必须考虑对其他股东和公司利益的保护。原告在明知公司经营、财务状况的前提下再提出行使知情权的要求,于法不符。原审法院明知其无具体查询目的而判令同意进行全面查阅,不符合公司法的立法精神。

综上所述,原审判决认定事实有误,适用法律不当。被告请求二审撤销原判,并驳回原告的诉讼请求。

被告为证明其观点,提供证据如下:

1. 上海汇洪会计师事务所有限公司2007年6月20日出具的审计报告,旨在证明原告收到该审计报告,且未提出异议。

2. 上海上审会计师事务所出具的验资报告、验资事项说明、原告公司2005年3月23日出具的承诺函、被告2005年3月25日董事会决议,旨在证明被告投资于案外人宝山世纪联华的2002年至2004年投资收益3,489,181.98元。在2007年3月31日审计时予以调整,这是因为案外人联华超市经与原告协商,决定由案外人世纪联华退出部分股权,借被告名义再投资于案外人宝山世纪联华。原告承诺该项投资收益与其无关,公司董事会根据承诺函,将该投资收益全部分配给案外人联华超市。

3. 被告2007年3月31日资产负债表(合并)、资产负债表(单体)、资产负债表(审计调整表)、调整分录,旨在证明提供给原告报表中的股东权益12,243,880.16元,是被告与案外人太仓联华新新的合并报表数据。在2007年提交审计的报表是单体报表,未考虑投资于太仓联华新新的盈亏情况。

4. 太仓联华新新 2007 年 3 月 31 日资产负债表（审计调整表）、资产负债表（审计后）、损益表，旨在证明被告实际全资投资的太仓联华新新 2006 年累计亏损 283,440.96 元，2007 年 1 月至 3 月累计亏损 80,467.82 元。因审计单位疏忽，实际上被告 2007 年 3 月 31 日的期末所有者权益应当为 8,754,698.18 元。

原告二审辩称：

1. 原告作为合法股东享有的知情权，不因为曾经看过财务资料、收到审计报告就丧失再次查阅的权利。

2. 被告自己制作的 2007 年 3 月 31 日资产负债表与审计报告中同一基准日的资产负债表的净资产额相差 300 多万元。原告有合理理由怀疑资产被严重低估，可能造成国有资产的流失。为此才要求对被告查账。

律师观点：

1. 原告作为被告的股东，有权查阅、复制公司财务会计报告。

《公司法》赋予股东的该项权利，无须审查股东的查阅目的。因此，原审判决第 1 项符合法律规定，应当予以维持。

2. 关于原告是否可以查阅公司会计账簿以及会计凭证，以及查阅的范围如何确定。

被告认为不应该给予查阅的主要理由是，原告参与公司经营管理、明知财务状况，并曾经认可经审计的 2007 年 3 月 31 日财务报表，无再次查阅的必要性。该理由不符合《公司法》的规定，也与被告公司章程规定不符。

（1）按照《公司法》第 33 条第 2 款的规定，公司可以在有合理根据认为股东查阅会计账簿有不正当目的，可能损害公司合法利益的情形下，拒绝提供查阅。关于无正当目的、可能损害公司合法利益的举证责任应由公司承担。在公司不能举证证明股东有不正当目的，且股东对系争财务资料存在合理怀疑的情况下，股东有权行使查阅的权利。被告以原告曾经认可有关审计结论为由拒绝提供查阅，显然于法不符。

（2）根据被告章程的规定，公司在股东查阅公司账簿时有提供方便的义务。

（3）从审计调整前后的报表数据来看，同一基准日的股东权益（净资产额）相差 340 余万元。被告在二审中说明了产生差额的详细原因，且将原告当时承诺放弃有关投资利润的证据材料予以提交。其所述原因可能确有其事，但是将被告对外投资的利润直接调整出表外的做法，不完全符合企业会计制度的规定。

因此，原告作为股东从监督公司管理的角度出发，要求查阅相关财务资料，不仅符合公司章程规定，而且具有一定的必要性。原审判决支持原告查阅联华新新超市部分会计账簿及凭证,在总体上是正确的。

3. 原告查阅会计账簿以及原始凭证的时间范围应限制在 2007 年 3 月 31 日前。

(1)原告对报表数据真实性的合理怀疑集中在截至 2007 年 3 月 31 日的股东权益上。而审计调整这一数据的原因,至少从原告当时出具的承诺函和被告董事会决议上看已基本清楚,即所调整的是投资于案外人宝山世纪联华的利润。故原告有权查阅的会计账簿及原始凭证的时间范围应是 2002 年至 2004 年。另外,由于案外人太仓联华新新 2006 年累计利润也有所调整,被告自称对 2007 年 1 月至 3 月的利润应调整而未调整,故 2005 年、2006 年全年以及 2007 年 1 月至 3 月的会计账簿及原始凭证也应提供查阅。

(2)关于 2007 年 3 月以后的会计账簿及原始凭证能否查阅的问题,根据公司章程的规定,原告有权查阅的是账簿。至于能否查阅凭证,因尚无证据证明该阶段的财务记录存在问题,而公司股东权的行使与日常经营管理权的行使显然有别,故原告仅以股东身份泛泛而谈查阅目的,缺乏针对性和适当性,其要求查阅该阶段凭证的主张不应予以支持。

(3)为平衡行使股东知情权与维护公司经营管理秩序之间的利益关系,有必要对本案当事人行使权利、履行义务的时间与方式作出具有可行性的安排。即一方面要给予被告适当准备的时间,另一方面要约束原告的查阅时间。关于查阅地点,根据两便原则,可由当事人自行协商确定,但应以尽量不移动会计账簿、凭证为妥,以保证公司会计资料的完整与安全。

二审判决:

1. 维持一审判决第 1 项;

2. 撤销一审判决第 2 项;

3. 被告应于判决生效之日起 20 日内向原告提供 2002 年 1 月至 2007 年 3 月的会计账簿及原始凭证,原告应在对方提供查阅之日起的 20 日内完成查阅;

4. 被告应于判决生效之日起 10 日内向原告提供 2007 年 4 月至 2009 年 9 月的会计账簿,原告应在对方提供查阅之日起的 10 日内完成查阅。

1353. 股东可否查阅新《公司法》实施前的公司会计账簿?

可以,理由有两点:

(1)《公司法》规定股东有查阅会计账簿的权利,但并未限制行权的时间范围。

(2)公司运营是一个持续性的过程,如公司合同的履行、股东大会决议的执行等,所以查阅会计账簿的范围也应当包括公司自成立起的所有会计账簿。

1354. 公司股东可否对公司的子公司行使知情权?

不可以。母公司与子公司各有法人资格,各是独立的纳税主体,在财务核算上是独立的。根据财务规则,母公司的年度财务报告中应包括子公司的部分。故不管是全资子公司还是非全资子公司,股东都能通过母公司的财务报告等资料间接地获取关于子公司的信息。在上述情况下,股东仍然是向其所在公司行使知情权,而不是直接向子公司行使知情权。

三、行使知情权的限制

1355. 股东行使知情权的具体方式有哪些?股东可以复制所有可供查阅的文件吗?

具体方式包括查阅和复制。

对于公司章程、股东会会议记录、董事会会议决议、监事会会议决议和财务会计报告,《公司法》规定,股东有权查阅和复制。

对于会计账簿,《公司法》规定的是查阅权利,因此实践中对于股东能否复制会计账簿存在不同的认识。多数法院认为会计账簿只能查阅,不能复制。

为了避免产生纠纷,股东可在章程中明确查阅会计账簿的同时可否复制。

1356. 股东可否对公司财务进行审计或资产评估?如股东行使知情权对公司财务进行审计或资产评估,审计与评估费用由谁承担?

股东出于专业知识的限制,往往希望能够委托代理人、会计师或其他专业人员代其行使查阅权,但一般情况下,股东不能对公司财务进行审计或对公司资产进行评估。股东行使知情权的方式,一般仅限于查阅、复制,不包括公司对股东安排的审计或资产评估提供服务的义务。原因是对公司经营财务状况的审计或资产评估,一般均需要较长的时间,如果要求公司承担此项义务将会严重影响公司的日常经营活动,但如果公司章程有特别规定的除外。由此产生的费用由行使知情权的股东承担。

笔者建议,为了保障股东知情权的充分实现,可在公司章程中规定对公司进行财务审计或资产评估的权限、范围及条件等。

1357. 股东查阅公司会计账簿需要满足哪些条件?

为预防个别股东滥用股东知情权,干扰公司的经营秩序,危害公司和众股东的利益,故各国立法无不对股东的此项权利加以限制,我国《公司法》亦不例外。

《公司法》对股东行使会计账簿查阅权的限制包括两方面:(1)程序上的限制。(2)查阅目的的限制。

(1)程序上的限制

股东要求查阅公司会计账簿的,应当向公司提出书面请求。对于这一点,认识的难点在于《公司法》所规定的会计账簿查阅权的行使,是否必须以股东向公司提出书面请求,并在公司拒绝的情况下才可提起诉讼。即对于会计账簿,《公司法》第33条第2款的规定是否是股东提起知情权诉讼的必经程序,即此款规定是否具有前置程序条件的性质。如果股东不事先向公司提出查阅的申请并遭到了公司的拒绝或漠视,原告股东便不具有起诉的主体资格。对此,实务操作中亦无统一认识。而上述问题直接影响原告股东的诉讼主体资格,故对其准确把握显然具有相当的必要性。

实践中,基本上都认为向公司提出书面申请说明正当理由并遭公司拒绝是向法院提起诉讼的前置程序条件。不过特殊情况下,司法实践对前置程序的要求也有着豁免的可能。如因公司的原因,导致股东不能按照法律程序履行,而且这一障碍非股东私力可以排除,则说明股东不能通过内部救济途径维护其合法权益。

不过除少数法院外,绝大多数法院对于股东是否履行前置程序的审查并不严格。股东会决议效力纠纷中,公司必须对其曾经向股东送达过会议召开通知作出充分的论证[1],否则将承担举证不能的法律后果,视为未通知,股东会决议将被撤销。但在股东知情权纠纷中,股东只需一般性地举证证明其曾经向公司提出申请,而公司未给予答复即可。因为,股东一旦提起诉讼,其书面请求必然通过诉状形式向公司提出。如果公司在接到诉状后未在15日内同意股东查阅,又未证明股东存在不正当目的,股东与公司实际上以自己的诉讼行为表明了申请查阅与拒绝查阅的意思表示。

据此,笔者认为,会计账簿查阅的前置程序虽说是为了防止股东滥用知情权,但实际意义不大。首先,公司拒绝股东查阅请求后,除了可能需要应诉外,不会承担其他法律后果,而且在股东起诉后,公司依然可以同意股东查阅。也就是说,无论股东是否提出书面申请,对公司而言,事先同意与否对其基本没有影响。因此,股东也难以滥用股东知情权。其次,如前所述,股东提起查阅会计账簿的诉讼时,法院对前置程序也不会进行充分的论证。总之,前置程序的设置对于防止股东滥诉以及滥用股东权利意义不大。

---

[1] 详见本书第二十章公司决议纠纷。

(2)查阅目的的限制

股东查阅会计账簿,在向公司提出书面请求时应当说明目的。公司有合理根据认为股东查阅会计账簿有不正当目的,可能损害公司合法利益的,可以拒绝提供查阅,并应当自股东提出书面请求之日起15日内书面答复股东并说明理由。

一旦公司拒绝股东查阅公司会计账簿未说明不正目的,或是说明了正当目的,股东不认可,均可向人民法院提起知情权诉讼。

1358. 股东请求查阅会计账簿的书面文件有何要求?

股东向法院请求查阅公司会计账簿,应当举证证明下列事实:

(1)股东向公司提出书面查询要求,公司拒绝提供查询或在收到书面请求之日起15日内未作答复。

(2)有明确具体的查询事项,具体如下:

①明确具体的查阅范围。如查阅截至某年某月的会计账簿;请求查阅的会计账簿具体包括哪些,如总账、明细账、日记账、其他辅助性账簿以及会计凭证等。

②说明查阅目的。如调查公司的财务状况,调查股利分配政策的妥当性,调查股份的真实价值,调查公司管理层经营活动中的不法、不妥行为,调查董事的失职行为,调查股价下跌的原因,调查公司合并、分立或开展其他重组活动的必要性与可行性,调查股东提起代表诉讼的证据,消除在阅读公司财务会计报告中产生的疑点等。

实践中,要注意保全向公司发出和送达书面请求的证据。①

1359. 账簿查阅权的"合理目的"与"不正当目的"举证责任应如何分配?

司法实践中,对于账簿查阅权的举证责任分配问题,一般由股东承担证明查阅目的正当性的责任,公司承担证明股东查阅目的不正当的责任,即公司应该承担其有合理的理由拒绝股东的查阅的举证责任,如公司举证不能则视为股东目的正当。同时,公司对股东请求目的正当性的质疑,必须是确切的,而非仅仅是公司的臆测和简单怀疑,其必须提出充分的证据和合理的根据。

不正当目的是指股东查阅的目的并不是单纯基于了解公司有关经营信息的目的,而是希望通过查阅公司的会计账簿获取公司的商业秘密,或这些信息虽不是商业秘密,但股东获取这些信息的目的是为了从事损害公司利益的行为。

实践中,公司一般可从以下两个方面证明股东查阅会计账簿存在不正当目的:

---

① 关于通知的证据保全详见本书第二十章公司决议纠纷。

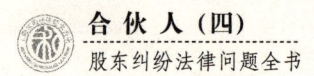

(1) 股东要求查阅公司账簿是为了获取公司的商业秘密。

股东只有在查阅了公司的会计账簿才能充分地知晓公司的经营管理所发生的具体情况。但不排除有的股东会滥用股东知情权。请求查阅公司的会计账簿名义上是为了知晓公司的经营财务信息,实际上是为了获取公司的商业秘密。

(2) 公司股东自营或为他人经营与所任职公司同类的业务。

我国《公司法》中的竞业禁止仅限于公司董事、经理等高级管理人员,并不及于普通股东。原则上,公司以原告股东担任其他与公司具有竞争性业务的公司的股东是不足以构成拒绝股东查阅公司会计账簿的请求的。但在司法实践中,相当多一部分法官对股东竞业禁止是持赞同态度的,其认为股东开展与公司同类业务,要求查阅公司相关材料,会侵害公司的商业秘密。也有部分法官认为竞业禁止应该做扩大解释,但对扩大到适用公司股东并不具有普遍性,而是有条件的。从现实的情况看,就是要使一些从形式上不是公司董事或经理但却实际行使着董事或经理职权的股东列入竞业禁止的范围。

总之,股东行使会计账簿查阅权时的不正当目的是具有特定内涵的,该目的必须借助于查阅公司会计账簿而加以实现,即查阅公司会计账簿的行为与不正当目的的实现存在因果关系。譬如,股东有售卖公司商业秘密信息给公司竞争对手而牟利的不正当目的,而该不正当目的是通过查阅公司会计账簿以获取相关公司秘密信息为实现途径的,因此我们可以认定查阅公司会计账簿的行为与股东上述不正当目的存在因果关系,该不正当目的的存在也是公司可拒绝提供查阅的合理理由。

【案例466】股东"同业"经营要查账 "不当目的"抗辩不成立[1]

原告:杨韶军

被告:恒裕公司

诉讼请求:判令被告提供公司自1998年起至2008年的公司财务会计报告、会计账簿及财务凭证供原告查阅。

争议焦点:

1. 股东查阅了财务会计报告后,是否可以查阅会计账簿;
2. 股东是否可以查阅公司会计凭证;
3. 原告以起诉方式请求公司查阅会计账簿,是否可以视为已履行账簿查阅

---

[1] 参见昆明市中级人民法院(2009)昆民五终字第50号民事判决书。

权的前置程序;

4. 原告投资设立的公司与被告经营范围相同,是否当然构成不正当目的。

基本案情:

被告现股东为原告和案外人孙海建。其中,原告出资占公司注册资本的45%。公司现法定代表人为案外人孙海建。公司经营范围包括五金交电。

原告诉称:

为了知悉公司的经营状况和利润分红情况,原告特起诉法院请求查阅财务会计报告、会计账簿与财务凭证。

被告辩称:

1. 财务会计报告是经过核定的,原告通过查阅已经能够了解公司的经营情况。

2. 会计账簿中的有些资料涉及商业秘密,原告试图以行使股东权为名侵犯公司的商业秘密。原告担任股东的承泰公司登记经营范围与我方均有五金交电,原告每年都查阅财务会计报告,享有股东权利,其要求查看相关材料是为了了解公司产品的销售成本、客户资料等内容为自己生产做准备。

3. 从程序上原告查阅会计账簿应当先向公司提出查阅申请,如果公司不同意才能进行诉讼,事实上原告并未提出任何申请。

一审认为:

1. 原告查阅公司财务会计报告是完全的,不受限制的。

被告系有限责任公司,其设立和组织运作受《公司法》调整。原告系被告公司的股东,也就是被告公司的投资者和出资者,是公司财产的最终所有人。股东投资开办公司的主要目的在于获取回报,基于此,股东对公司的生产经营、公司盈余状况等公司事务有了解、知情的权利即股东享有知情权。根据我国《公司法》(2005年修订)第34条第1款的规定,股东有权查阅、复制公司章程、股东会会议记录、董事会会议决议、监事会议决议和财务会计报告。该法条规定就是对股东所享有的知情权的具体规定。根据该款规定,股东查阅、复制公司章程、股东会会议记录、董事会会议决议、监事会议决议和财务会计报告的权利是完全的,不受限制的。因此,原告起诉要求被告提供公司自1998年起至2008年的公司财务会计报告的要求是符合法律规定的。

2. 原告要求查阅公司财务凭证没有法律依据。

根据会计法规定,会计账簿包括总账、明细账、日记账和其他辅助账簿。而财务凭证(包括销售、采购合同和库存单)不属于会计账簿的范围,法律没有赋予股东查阅财务凭证的权利,故原告要求查阅财务凭证的请求没有法律依据。

3. 原、被告通过自己的诉讼行为已表明了申请查阅和拒绝查阅的意思表示,可以视为原告已经履行了账簿查阅权的前置程序。

根据《公司法》(2005 年修订)第 34 条第 2 款的规定,股东要求查阅公司会计账簿的程序是向公司提出书面请求并说明目的,公司拒绝的,应当自股东提出书面请求之日起 15 日内书面答复并说明理由。本案原告虽然没有充分证据证明在起诉前向被告提出过书面查阅申请,但其向本院提起诉讼的诉讼请求就包含了该项请求,并且在审理中原告也明确了查阅的目的,被告对原告的查阅请求在答辩中也明确了予以拒绝并说明了理由。原、被告通过自己的诉讼行为已表明了申请查阅和拒绝查阅的意思表示。

4. 原告通过查阅被告编制的财务会计报告已经可以达到了解被告公司经营状况和利润分红情况的目的,现要求查阅公司会计账簿的主张已超出规定的股东行使知情权的范围。

根据《公司法》(2005 年修订)第 34 条第 2 款的规定,"股东可以要求查阅公司会计账簿。股东要求查阅公司会计账簿的,应当向公司提出书面请求,说明目的。公司有合理根据认为股东查阅会计账簿有不正当目的,可能损害公司合法利益的,可以拒绝提供查阅,并应当自股东提出书面请求之日起十五日内书面答复股东并说明理由。公司拒绝提供查阅的,股东可以请求人民法院要求公司提供查阅"。该款在赋予股东查阅公司会计账簿权利的同时,对股东行使会计账簿查阅权做了正当目的性的限制。因为法律在保护股东利益的同时,也要兼顾公司的正常经营活动和正当利益,防止股东利用行使知情权的合法手段,通过损害公司利益为代价,达到为其自身带来更大利益的目的。基于此,法律对股东查阅会计账簿设置了比查阅财务会计报告更为严格的条件限制。

审理中,原告明确表示查阅被告公司财务会计报告、会计账簿、财务凭证等相关财务资料的目的是想知悉公司的经营状况和利润分红情况。对此,可以认为,虽然公司财务会计报告、会计账簿、会计凭证是三个不同的概念,但公司财务会计报告是综合反映公司财务状况和经营情况的书面文件。按照《会计法》及有关法律的规定,有限责任公司应当于每一会计年度终止时依法编制财务会计报告,财务会计报告由会计报表及财务情况说明书及会计报告表附注等有关文件组成。会计账簿和财务凭证是公司日常经济活动的直接记载,是编制公司财务会计报告的基础资料。原告通过查阅被告编制的财务会计报告已经可以达到了解被告公司经营状况和利润分红情况的目的。原告现要求查阅公司会计账簿的主张已超出规定的股东行使知情权的范围,也超出了原告提交的被告公司章程第13条第3项规定的"股东有权查询公司章程、股东会会议记录、财务会计报表"的范围。

一审判决:

1. 被告于判决生效后10日内提供自1998年起至2008年的公司财务会计报告供原告查阅;

2. 驳回原告的其他诉讼请求。

原告不服一审判决,向上级人民法院提起上诉。

原告上诉称:

《公司法》明确赋予股东查阅公司财务会计报告和会计账簿的权利。一审法院主观认为仅通过查阅财务会计报告就能达到了解公司经营状况目的是错误的。我方要求查阅公司会计账簿没有不正当目的。我方作为公司的两位登记股东之一,本就是公司的生产资料和技术的所有人,根本无须采用窃取的方式。我方担任股东的承泰公司股东虽然工商登记的经营范围与被告公司的经营范围均有五金交电,但实际经营内容完全属于不同种类和性质的产品,对此被告也是认同的。被告没有任何理由拒绝我方查阅会计账簿。

为证明其观点,原告二审期间提交证据如下:

1. 公司成立时的合作协议,证明公司技术商业资料本为投资各方共有,原告根本没必要"窃取";

2. 承泰公司营业执照、产品推广书及被告产品介绍,欲证明双方产品不属于同类产品。

二审期间,原告放弃了查阅财务凭证的诉讼请求,仅主张财务会计报告、会计账簿的查阅权。

被告辩称:

如一审意见。

律师观点:

1. 会计账簿查阅权是法定权利,只有在特定情况下才对权利的行使进行限制。

股东作为公司的投资人享有资产收益、参与重大决策和选择管理者等权利,其利益与公司是息息相关的,其对公司的经营情况有权了解。正因为如此《公司法》第33条赋予了股东对于公司章程、股东会会议决议、董事会会议决议、监事会会议决议和财务会计报告的查阅复制权,对会计账簿的查阅权,此为法律赋予股东的合法权利。

为平衡公司与股东权利、保障公司经营及合法利益，《公司法》对于股东查阅会计账簿的权利进行了一定程度的限制，即在股东查阅目的不正当可能损害公司合法利益的情况下限制股东该项权利的行使。也就是说，股东行使法定权利为常态，只有在特定情况下才对权利的行使进行限制。对于股东查阅目的不正当，可能损害公司合法权利的证明责任应当由公司承担。

2. 现有证据不足以证明原告查阅目的存在不正当性，原告有权主张其知情权。

诉讼中原告提交了一份公司成立之初的合作协议，对该协议的真实性被告是认可的。协议中明确"光控电焊保护面罩"的全套技术和商业资料归各方共有，显然原告作为公司股东对此享有合法权利。在没有明确证据支持的情况下，原告盗取自己享有合法权利的技术资料有悖常理。原告作为股东的承泰公司虽然从工商登记的经营范围来看也包含五金交电，但诉讼中双方均明确表示实际各自经营的产品不属于同类产品，并不存在直接的同业竞争情况。以本案现有证据，不足以证明原告查阅目的存在不正当性，可能损害公司利益。

二审判决：

1. 撤销一审判决；

2. 判决由被告于本判决生效后 10 日内提供自 1998 年起至 2008 年的公司财务会计报告和会计账簿给被告原告查阅；

3. 驳回原告其他诉讼请求。

【案例 467】无目的无范围无理由　律师函查阅要求遭拒①

原告： 王全福

被告： 立骨公司

诉讼请求：

1. 判令确认原告具有股东资格；

2. 判令被告向原告提交财务会计报告，并要求查阅被告的会计账簿；

3. 判令被告按原告的出资比例支付红利款 1 万元；

4. 判令被告向原告赔偿经济损失 1 万元。

争议焦点：

1. 要求查阅被告会计账簿的律师函是否充分说明了查阅目的及范围，并表

---

① 参见天津市河东区人民法院(2008)东经初字第 416 号民事判决书。

明该律师函系受原告委托而向被告出具；

2. 关于分配利润的诉讼请求可否与行使知情权的诉讼请求合并审理；

3. 原告是否举证证明被告给其造成损失的原因及数额。

基本案情：

被告原为国有企业，经上级主管部门批准，于2002年9月2日改制为有限责任公司，公司注册资本为3,495,096.64元。其中，案外人医疗器械工业公司出资2,610,096.64元，占注册资本74.68%，包括原告在内的48名职工共同出资885,000元，占注册资本的25.32%，原告实际投资额为1万元。

2006年7月1日，被告召开股东会并形成决议，通过部分公司股东之间进行股权转让，其中原告的投资额增加至2万元，占注册资本的0.57%。被告对原告的股东资格不持异议，并在公司成立后自2002年至2006年间多次对原告进行分红，原告共计分得红利8,584.08元。

2008年9月26日，原告委托律师向被告发出律师函，向被告提出查阅被告公司会计账簿的申请，被告未予回复。

原告诉称：

原告履行出资义务后，即成为公司股东，但原告从未参加过公司召开的股东会，被告的行为严重侵犯了原告作为股东的合法权益。

被告辩称：

1. 关于原告要求确认其股东资格的问题。

被告自公司成立后从未否定过原告的股东资格，对于无争议的事实，原告的诉讼则不具有法律意义。

2. 关于原告要求查阅会计账簿的问题。

由于原告未按正常申请程序提出查账申请，所邮寄的律师函既未附原告的授权委托书，内容中也没有查阅账簿的目的和范围，因此不符合《公司法》的规定，应予以驳回。

3. 关于原告要求被告支付红利及赔偿损失的诉讼请求。

被告认为，原告作为公司股东已充分享有了股东权利，并多次取得了红利，因此，原告该部分诉讼请求无事实及法律依据，请求驳回原告的起诉。

律师观点：

1. 被告从未否认原告具有股东资格。

被告通过企业改制，原告以现金方式投资于被告，签订了公司章程，并进行了工商备案登记，即具有了被告公司的股东身份。原、被告双方对此均不持异议，且被告在公司成立后从未否认过原告的股东资格,2002年至2006年间被告还曾多次按照原告的投资比例为原告进行分红。因此,原告在本案中要求确认其股东资格的诉讼请求属于无争议事实,其主张人民法院确认无法律意义。

2. 原告要求查阅会计账簿但未说明理由,且律师函未附有委托材料及原告签字,被告有权拒绝。

《公司法》第33条第2款规定,公司股东可以要求查阅公司会计账簿。股东要求查阅公司会计账簿的,应当向公司提出书面请求,说明目的。公司有合理根据认为股东查阅会计账簿有不正当目的,可能损害公司合法权益的,可以拒绝提供查阅,并应当自股东提出书面请求之日起十五日内书面答复股东并说明理由。公司拒绝提供查阅的,股东可以请求人民法院要求公司提供查阅。

本案中,原告虽然曾于2008年3月26日委托律师用律师函的方式向被告提出查阅公司账簿的申请,但被告收到的律师函中,原告并未随信附有授权委托书,也没有原告的签字。被告无法判断该律师函的真实性及合法性,且该律师函内容中也未说明提出查阅账簿的原因、目的和范围,也使被告不能确定原告查阅公司账簿的行为是否会损害公司的合法利益。

因此,被告对原告律师函中提出的查阅请求未予答复,并不违反《公司法》的规定。

3. 原告诉请被告分红不应在本诉中提出,且在实体上不具备法律依据。

从实体上判断,红利是由董事会根据公司章程的规定,结合公司的可分配利润、实际运营和资金状况等拟订分配方案,经决议以现金方式向全体股东按出资比例发放的股利,股东无权要求单独分配。有可分配利润是公司分配红利的前提条件之一,具体分配的时间、方式和数额要受限于公司的经营战略、资金状况,并由董事会决议通过。即使董事会决议本年度不分配红利,也不影响股东按照出资比例在可分配利润中享有的相应权利。原告混淆了可供投资者分配的利润(投资者收益)与红利的概念,忽视了应由董事会行使的收益分配权。原告在公司成立时投资1万元,后于2006年追加投资至2万元。2002年至2006年原告已累计获得红利总计8,584.08元,已取得了高额投资回报。因此没有证据表明被告侵害了原告的收益分配权。

从程序上判断,原告主张红利分配权与知情权是两个不同性质的独立诉权。虽然两者都由公司法进行调整,但红利分配权是以知情权为基础的,原告只有通过主张知情权,了解了公司经营状况,是否存在可供投资者分配利润,才能提请红利分配。两个诉权不能在一案中合并主张。

4. 原告未举证证明被告给其造成损失。

关于原告提出要求被告赔偿1万元经济损失的诉讼请求。因原告既未说明损失发生的原因和具体内容,也未提供经济损失的计算标准和相关证据,法院不应予以支持。

法院判决:

驳回原告的诉讼请求。

【案例468】未证损害公司利益 同业竞争股东有权知情①

原告: 谭建国

被告: 海盟公司

诉讼请求:

1. 判令被告提供公司自成立以来所有的会计报告供原告查阅、复制;
2. 判令被告提供公司成立以来的所有会计账簿供原告查阅。

争议焦点: 股东经营同类业务是否当然构成不正当目的,公司是否可以据此拒绝股东查阅会计账簿。

基本案情:

被告系2006年9月22日设立的有限责任公司,原告为其股东之一。被告的经营范围为,为投保人拟订投保方案、选择保险人、办理投保手续,协助被保险人或受益人进行索赔,再保险经纪业务,为委托人提供防灾、防损或风险评估、风险管理咨询服务,中国保监会批准的其他业务。

原告诉称:

原告为被告的股东,但对被告的经营情况、财务情况等一无所知。

2007年12月19日,原告向被告及法定代表人刘某发出律师函,要求查阅、复制公司的财务会计报告,查阅公司会计账簿。

2008年1月4日,被告对2007年12月19日的律师函进行回函,要求原告将亲笔签字的书面申请书递交给被告。

2008年2月26日,原告通过快递公司向被告及法定代表人刘某递交申请书,要求查阅、复制公司的财务会计报告并查阅公司会计账簿。被告至今未给予答复。

---

① 参见北京市第二中级人民法院(2008)二中民终字第12636号民事判决书。

被告辩称：

原告所控股的顺益公司的保险业务与被告具有同样性质。为了防止原告滥用股东知情权，损害公司及其他股东的合法权利，被告拒绝提供财务会计报告和会计账簿。

律师观点：

1. 原告有权查阅、复制财务会计报告。

《公司法》第33条第1款规定，"股东有权查阅、复制公司章程、股东会会议记录、董事会会议决议、监事会会议决议和财务会计报告"。股东查阅财务会计报告是完全的，不受限制的。

由此可知，原告作为被告的股东，有权按照法律规定查阅并复制公司财务会计报告，被告应当提供财务会计报告供原告查阅。

2. 原告已经依照法律规定向被告提出查阅会计账簿的书面请求。

《公司法》第33条第2款规定，"股东可以要求查阅公司会计账簿。股东要求查阅公司会计账簿的，应当向公司提出书面请求，说明目的。公司有合理根据认为股东查阅会计账簿有不正当目的，可能损害公司合法利益的，可以拒绝提供查阅，并应当自股东提出书面请求之日起十五日内书面答复股东并说明理由。公司拒绝提供查阅的，股东可以请求人民法院要求公司提供查阅"。

由此可见，法律规定股东查阅会计账簿时应当向公司提出书面请求，说明目的。现原告已举证证明于2007年12月19日、2008年2月26日两次向被告致函，要求查阅并复制公司财务会计报告、查阅会计账簿。因此，原告已经按照法律规定向公司提出查阅会计账簿的书面申请。如果被告不能证明原告查阅会计账簿存在不正当目的，应当提供会计账簿供原告查阅。

3. 原告投资设立竞业公司并不当然构成不正当目的，被告未提供有效证据证明原告存在不正当目的。

法律对于股东的投资，并没有作出在一个行业只能投资一家公司的限制性规定。原告投资设立与被告相同经营范围的公司并不当然构成不正当目的。股东知情权是基于股东身份而享有的一项法定权利。如果被告并没有确切的证据证明原告查阅会计账簿有不正当目的，可能损害公司合法利益，则不能以原告为另一家竞业企业控股股东为由阻碍原告行使知情权。

法院判决：

被告于判决生效后10日内提供自成立以来全部的公司财务会计报告供原告查阅及复制、提供全部的会计账簿供原告查阅。

1360. 在同业经营股东行使知情权时，如何保护公司商业秘密？

实践中，案情往往复杂多变。被告可能抗辩称，由于原告参与经营与被告公司相同的业务，因此原告要求查阅账簿的真实目的是为知悉被告公司的商业秘密。对此，一般认为，应对股东知情权用诚实信用、善意原则加以限制。对这种限制法律并没有具体的规定，由法官在个案中依据相应原则加以解决。如果原告在离职前本就担任公司相关管理职务，比如总经理对外要签订业务合同，对内也要行使相应的职权，这样被告所谓公司的商业秘密是不能成立的，可以构成对抗辩的一个阻却事由。但对原告离职后的公司的秘密应予以相应的保护，毕竟原告系经营同类业务的公司的股东。在这种情况下，可以分为两段时间，即原告离职之前的有关文件可以让原告查阅，至于原告离职之后的有关文件则不允许原告查阅。这样，既能够保护股东的知情权，又可以保护公司的商业秘密。

当然，如果股东通过行使知情权侵犯了公司的商业秘密，公司可以股东为被告提起损害公司利益责任纠纷诉讼，请求股东对公司承担赔偿责任。在掌握相关证据的情况下且必要时，可向公安机关举报，请求公安机关立案侦查，追究其侵犯商业秘密罪的刑事责任。

【案例469】涉嫌获取商业秘密　同业经营股东知情权被拒[①]

原告：熊猫公司

被告：恒盛公司

诉讼请求：

判令被告向原告提供会计账簿（从 2002 年 4 月起到现在的全部总账、明细账、记账及其他辅助性账簿），供原告查阅。

争议焦点：

1. 被告拒收原告要求查阅会计账簿的申请，是否视为原告已履行查阅会计账簿的前置程序；

2. 2003 年 5 月 26 日承诺函是盖章后打印的，是否证明该承诺函系伪造；该承诺函约定原、被告相互查账须经一致同意是否限制了原告的知情权；

3. 如原告查阅被告会计账簿，是否可能获取被告商业秘密从而损害被告利益。

[①] 参见北京市第一中级人民法院(2008)一中民终字第 5114 号民事判决书。

基本案情：

被告注册资本 50 万元，股东为案外人李纪玺与原告，原告占 50% 股权，经营范围是销售机械电器设备、五金交电等。

2007 年 7 月 9 日，原告向被告办公地址发送特快专递邮件。邮件内函载明，本公司系股东，为了解公司近年经营及财务情况，依据《公司法》（2005 年修订）第 34 条，要求查阅会计账簿（从 2002 年 4 月起到现在的全部总账、明细账、记账及其他辅助性账簿），以保障股东知情权。该函因拒收被退回。

2007 年 7 月 24 日，原告又将上述函件邮寄给被告，北京市公证处对函件及投递过程予以公证，后该邮件又被退回。

此外，2007 年 8 月 7 日原告在北京设立分公司，经营范围是销售机械设备、五金交电。

原告诉称：

为了解公司近年的经营及财务情况，原告两次特快专递向被告提出要求查阅公司会计账簿，被告拒不提供。被告的行为已经严重损害了原告的利益。

被告辩称：

1. 原告未向被告提出相关请求；

2. 原告没有明确查阅公司账簿的具体事项及查阅目的，不符合查阅公司会计账簿的法定条件，原告只要查阅公司的财务报告就可以达到目的，没有必要查阅全部的资料；

3. 被告有合理的依据，认为原告有不正当目的，所以有权拒绝。

原告在北京成立了分公司，与被告形成同业竞争。之前，被告一直销售原告的产品，双方存在大量的关联交易及款项往来，且存在价格和结算争议。原告为更高的销售利益，违背双方的承诺成立北京分公司，该分公司在报纸上进行广告，并通过售后服务方式与被告竞争，挖取营业人员，给被告造成损失。被告账簿中，有大量的商业秘密，原告一旦获得，势必造成被告的损失。

被告为证明其观点，提交证据如下：

1. 加盖原告公章的 2003 年 5 月 26 日承诺函，该函第 6 条载明，"如双方在结算中出现问题，需要双方相互查账，必须经双方一致同意方可进行"。

2. 经过公证的 2007 年 9 月 7 日、同年 9 月 11 日电话录音、原告北京分公司在报纸上发布的广告以及其致北京广大用户的一封信，以证实原告与被告之间形成同业竞争关系，允许原告查阅被告财务账簿侵犯了其商业秘密。

针对被告提供的上述证据，原告认为：

原告认可该函上公章的真实性，但提出被告进行招标时曾经多次向其借用公章，该函系被告在借用公章过程中未经原告同意先盖章后打印形成。

为此原告提出申请，要求对 2003 年 5 月 26 日承诺函上其公章与字迹的先后顺序予以鉴定。经原、被告共同确定，一审法院委托专业机构对 2003 年 5 月 26 日承诺函上其公章与字迹的先后顺序予以鉴定。鉴定结论是 2003 年 5 月 26 日承诺函为先盖章后打印。

针对上述鉴定结论被告认为：

鉴定结论不能否定承诺函的效力。

原告进一步举证如下：

1. 被告 2003 年 5 月承诺函，该函主要内容载明，应被告申请，集团向其出具了盖有集团公章的 200 份空白纸，被告现已收到。

2. 2006 年 4 月 23 日、同年 5 月 9 日、同年 6 月 1 日被告向其发出的传真，以证明被告曾向其借用公章的事实。

针对原告提供的上述证据，被告认为：

被告对该函予以否认，但其明确表示不对函件上被告公章的真实性申请鉴定。

一审认为：

《公司法》(2005 年修订) 第 34 条赋予股东查阅公司账簿的权利。股东知情权作为股权权能的重要组成部分，是股东的法定权利。

1. 被告拒收原告申请视为原告已经履行查阅会计账簿的前置程序。

原告分别于 2007 年 7 月 9 日、同年 7 月 24 日向被告发出要求查阅财务账簿申请并说明查阅目的，查阅申请因拒收被退回并不是由于原告自身原因造成的。因此，应视为原告已经就查阅账簿事宜履行了法定的前置程序，被告关于未履行前置程序及说明查阅目的的辩称理由，无事实依据。

2. 关于被告提交的加盖原告公章的 2003 年 5 月 26 日承诺函。

(1) 从上下行文及其表述中可以看出该函系供货方原告与销售方被告在营销过程中权利、义务的表述，并非是因股东就其放弃股东权利而对公司所做的承诺。二者之间权利、义务所指向的客体、形成的法律关系不同，不应混淆。

(2) 股东权利源自其对公司的投资。就股东知情权而言，股东与公司之间的权利、义务关系并非处于对等状态。换言之，被告不是其股东原告放弃知情权的权利义务主体。因此被告以承诺函为由拒绝原告查阅财务账簿的辩称理由不予支持。

原告以上述承诺函虚假为由要求鉴定系其在程序上享有的权利,但鉴定结论在实体处理中与本案并无必然联系,因此鉴定费应由原告承担。

3. 关于被告提出原告在北京成立分公司与其形成同业竞止关系,原告存在不正当目的。

《公司法》并无股东与公司之间同业竞止的禁止性规定。根据《最高人民法院关于民事诉讼证据的若干规定》第2条,当事人对自己提出的主张负有举证责任。被告未能举证证明原告具有不正当目的且侵犯其商业秘密的事实,故其上述辩称理由法院不予采信。

一审判决:

被告于判决生效后10日内提供其2002年6月25日起至2008年1月30日期间的财务会计账簿供原告查阅。

被告不服一审判决,向上一级人民法院提起上诉。

被告上诉称:

1. 原判决遗漏事实。

原告生产的产品在北京地区由被告独家销售,不得另行设立营销网点。原告未经被告同意设立北京分公司销售其产品,违背承诺。原告及其北京分公司在北京市场对被告进行排挤和打压,急于让北京分公司在北京市场取代被告。

此外,原、被告之间存在货物买卖结算争议。被告于2007年10月12日召开了股东会议,向原告通报了公司财务和经营情况。上述遗漏的事实构成原告查阅被告会计账簿目的不正当,有可能损害被告合法利益。

2. 原判决对被告以承诺函为由拒绝原告查阅财务账簿的辩称理由不予采信,没有法律依据。

该承诺函的内容证明原告承诺其生产的产品在北京地区由被告独家销售,原告不再另行设立销售网点,如双方出现结算问题,需要相互查账,必须经双方一致同意。根据《公司法》股东要求查阅公司会计账簿不是一项绝对的权利,股东在行使这项权利时不能有损于公司的合法利益,双方的这一约定符合公司法的规定。

3. 原告发出的《关于要求查阅公司会计账簿的函》,被告确实没有收到,原告的请求缺乏法定前置程序。

综上,请求撤销一审判决,驳回原告的诉讼请求。

原告二审辩称：

1. 原判决认定事实正确，没有遗漏主要事实。

没有证据证明原告的产品在北京由被告独家销售。原告在北京设立分公司的主要原因是被告拖欠货款且协商不成，原告不再供货给被告，被告便不承担北京市场超过两个亿销售额的售后、维护责任，原告不得已才设立分公司。不存在排挤和打压，及同业竞争。被告一直未将公司会计资料交给原告。2007年10月12日股东会，被告仅向原告通报了公司财务和经营情况，至今未提交资产负债表等会计资料。

2. 被告提供的2003年5月26日原告的承诺函是其伪造的。

被告曾控制原告的公章，一审时鉴定证明该承诺函上原告的公章是先盖，文字是后打印的。该承诺函不能作为定案依据。

3. 原判决适用法律恰当，判决正确。

公司有合理根据认为股东查阅会计账簿有不正当目的，可以拒绝。被告认为原告查阅公司会计账簿有不正当目的，应承担举证责任。

4. 法院以往判例的主流观点均是支持股东依法享有知情权的。

原告与案外人李纪玺各持股50%，而原告不参与经营，若原告没有知情权，这显然与公司法的规定与原则相违背。

5. 关于前置程序，一审已经查清，原告已经将《关于要求查阅公司会计账簿的函》邮寄给被告，并经过公证。被告称未收到该函，这责任只能由其自己承担。

律师观点：

1. 原告履行了申请查阅会计账簿的前置程序当无异议。

原告分别于2007年7月9日、7月24日向恒盛公司发出要求查阅财务账簿的申请，其中关于查阅目的的表述为"了解公司近年经营及财务情况"。上述两份申请因拒收被退回。因被告没有收到上述申请的原因是其拒收，所以被告关于原告未向其提出相关请求的抗辩意见不能成立。

2. 原告请求查阅被告会计账簿存在损害被告公司利益的可能。

虽然查阅权和信息获取权是股东固有的权利，但上述权利的行使并非是绝对的，而是相对的，依法应当受到限制，即不得侵犯公司及其他股东的合法权益。

原告一直向被告提供产品，由被告在北京进行销售，现其在北京设立了分公司，该分公司也在销售原告生产的同类产品。即使如原告所称因其与被告之间存在争议，已不再向被告供货，但在被告的账簿包括原始凭证中，必然会涉及原告以往产品的销售渠道、客户群、销售价格等商业秘密。现原告在北京设立的分公司从事同种类产品的销售工作,通过查阅账簿了解上述情况后,势必会掌握被告的该项商业秘密,从而存在占领被告开发的市场、损害被告利益的可能。据此,被告拒绝原告查阅公司会计账簿的请求,理由正当。

二审判决:

1. 撤销一审判决;
2. 驳回原告的诉讼请求。

1361. 股东查阅会计报告等其他资料已经能够实现行使知情权之目的,仍然要求查阅会计账簿,其请求能否得到法院支持?

此问题存在争议,实践中存在两种观点。

一种观点认为,除非股东提出证据证明已查阅的公司其他材料存在不真实性,否则股东通过查阅公司其他资料已经能够实现其行使知情权的目的,仍然要求查阅公司账簿,公司可以此为由,合理怀疑股东有不正当目的。

另一种观点认为,股东对会计账簿的查阅权是《公司法》明确赋予股东的权利,股东已经书面提出请求并说明理由,只要公司无法提供证据证明股东存在不正当利益,股东即有权查阅会计账簿。

笔者赞同第二种观点。

1362. 股东之前存在损害公司的行为能否证明股东行使知情权有不正当目的?

股东行使股东知情权要求查阅公司会计账簿之前虽然曾经有损害公司利益的事实,但不能推定其本次行使知情权有不正当目的。如果股东曾经为满足不正当目的而查阅会计账簿,可以认定股东在一定期限内再次行使公司账簿查阅权具有不正当目的。但是,如果股东在该次查阅之前曾经实施损害公司利益的行为是独立于股东查阅权之外的方式,譬如私刻公章、职务侵占等行为加以实施的,并非通过行使查阅权的方式,公司不能以之为由拒绝股东查阅公司会计账簿。

【案例470】"旧伤"已去 以曾损害公司利益对抗知情权被驳回①

原告:潘明

被告:智友工贸

诉讼请求:判令被告提供股东会决议、公司会计账簿及东江大道284号1~8层房产抵押评估价值报告供原告查阅、复制,并要求对公司会计账簿及房产抵押

---

① 参见广州市中级人民法院审理(2006)穗中法民二终字第1860号民事判决书。

评估价值报告进行审计。

争议焦点：

1. 原告曾涉嫌职务侵占犯罪行为是否足以证明原告行使知情权存在不正当目的；

2. 原告要求复制、查阅、审计房产抵押报告是否超出了知情权范围。

基本案情：

被告注册资本 500 万元人民币，其中，案外人陈广桐出资 450 万元，占 90% 股权，原告出资额 50 万元，占 10% 股权。

2006 年 1 月 9 日，原告以被告股东的身份通过邮局挂号信向被告提出申请，要求查阅、复制公司财务账册、股东会决议及公司章程。截至 2006 年 2 月 13 日被告对其申请仍未作答复。

2004 年 8 月 13 日，广州市萝岗区人民检察院收到移送审查起诉原告涉嫌伪造公司印章、职务侵占一案案件材料。2006 年 5 月 9 日，广州市萝岗区人民检察院以广州市公安局萝岗分局认定的案件事实不清、证据不足，不符合起诉条件为由，对原告作出了不起诉决定。

原告诉称：

原告作为被告公司的股东，《公司法》及被告章程均赋予了其知情权，原告要求查阅、复制股东会决议、公司会计账簿及东江大道 284 号 1~8 层房产抵押评估价值报告，并要求对公司会计账簿及房产抵押评估价值报告进行审计得不到被告的任何回应，显然损害了原告的利益。

被告辩称：

原告此前已涉嫌构成伪造公司印章、职务侵占的刑事犯罪。如果允许其对被告行使知情权，可能进一步帮助其实施违法犯罪行为，损害公司利益，故请求法院驳回其诉讼请求。

律师观点：

1. 原告已经履行了查阅会计账簿的前置程序，有权查阅公司会计账册。

股东有权查阅、复制公司章程、股东会会议记录。原告作为被告的股东，要求查阅、复制被告成立之日至原告起诉日止的股东会决议于法有据，应当支持。原告已经向被告提供过查阅会计账册的书面请求，程序也符合法律的规定。

2. 被告主张原告查阅会计账册具有不正当目的的观点难以成立。

原告曾涉嫌职务侵占犯罪行为并不足以证明原告行使知情权存在不正当目的；

（1）检察院已经对原告作出不起诉的决定，原告是否存在犯罪行为尚未可知；

（2）即使检察院对原告的行为尚在审查中或者已经作出了起诉决定，也不能当然认定原告的查阅账簿申请具有不正当目的。目的正当与否，是以本次查阅为判断对象，股东以往侵犯公司利益的行为，并不能作为判断本次查阅是否具有不正当目的的依据。

3. 原告要求复制、查阅、审计房产抵押报告超出了《公司法》的规定，不予支持。

《公司法》对股东知情权的范围采取的是列举式规定，公司的房产抵押评估价值报告显然并非在此范围之内，因此，该部分诉讼请求不能支持。

法院判决：

1. 被告自判决生效之日起 15 日内提供自成立之日起至原告起诉日止的会计账簿给原告潘明查阅，并提供自成立之日起至原告起诉日止的会计报告给原告查阅、复制；

2. 驳回原告其他的诉讼请求。

1363. 若股东查账之目的有主次之分，且主要目的和次要目的各不相同，一为正当，一为不正当，应如何处理？

只要股东的查账目的可能损害公司的利益，无论该目的属于主要目的还是次要目的，公司都可拒绝股东查阅公司账簿。

1364. 公司章程能否对股东知情权的行使作出不同于《公司法》的扩大性或限制性的规定？

在《公司法》未明文规定的情况下，公司章程对股东知情权的规定只要符合法律的规定，法院都可以认定该规定有效。但如果公司章程作出的规定缩小了股东知情权的范围，加大了股东行使知情权的条件，或是规定部分股东不得查阅公司文件，均应当认定为无效。

在不限制股东知情权行使的前提下，凡是《公司法》未明确规定的事项，公司章程均可以规定，具体如下：

（1）主体限制问题。主体的限制在实践中存在的主要争议同时又可以通过章程规定的便是瑕疵出资股东知情权行使问题。笔者认为，公司可以在章程中规定完全未履行出资义务或抽逃全部出资的股东不享有知情权。

（2）会计账簿查阅权问题。章程可以规定股东是否可以复制会计账簿、查阅的地点与时间安排等事项。

(3) 明确原始凭证查阅的条件。股东可根据公司规模、治理结构,在章程中规定可否查阅会计凭证以及什么情况下可以查阅会计凭证。例如,章程规定,在股东提出合理怀疑,认为会计账簿失实时,允许查阅会计凭证。一旦有了该约定,那么在《公司法》没有明确规定的情况下,公司章程的规定将起到决定性的作用。

(4) 明确股东可审计的文件、审计的范围与审计费用的承担。

(5) 就会计账簿查阅权之外的文件查阅复制的程序进行规定。鉴于《公司法》对于除会计账簿之外文件查阅的程序并未作明确规定,因此章程可以进行规范,如明确公司股东是否应当以书面形式向公司提出查阅请求,公司应当在多少日内回复,并在什么时间、什么地点提供文件供股东查阅。

【案例471】董事会认可　股东可以查阅原始凭证[①]

原告: 资源服务公司

被告: 浦田公司

诉讼请求:

1. 被告向原告提供 2004 年起至 2009 年 5 月公司的会计报告;

2. 被告向原告提供 2004 年起至 2009 年 5 月公司的财务账册和会计账簿;

3. 被告向原告提供 2004 年起至 2008 年 10 月公司会计账簿相应的原始凭证(包括收入、支出及转账、发票和合同,不包括客户名单)。

争议焦点:

1. 原告反复致函被告要求行使股东知情权是否具有正当目的;

2. 被告章程约定一方行使知情权必须经另一方股东及被告董事会决议通过是否有效;

3.《公司法》未明确股东可否查阅公司原始凭证,但在被告董事会作出决议同意原告查阅会计原始凭证的情况下,原告可否主张查阅;

4. 原告要求行使知情权的次数是否应当受到限制;

5. 原告要求查阅被告"财务账册"包括什么内容,是否属于股东行使知情权的范畴。

基本案情:

被告为中外合资经营企业。中方股东为案外人由由集团,占 40% 股权;外方

[①] 参见上海市第一中级人民法院(2009)沪一中民五(商)终字第 19 号民事判决书。

为原告,占60%股权。

被告章程第44条规定,合资公司任何一方在征得另一方同意后有权聘请有资质的第三方审计机构对合资公司进行审计,所需费用由提出方承担,合资公司应给审计提供方便。

2008年11月3日,原告提出委派林郭关郑会计师事务所于2008年11月10日至14日审核浦田公司之账务及报表,案外人由由集团表示同意。被告董事会一致同意审计范围如下:

1. 总账(截至2008年10月);
2. 凭证,包括收入、支出及转账、发票和合同;
3. 员工发薪名单由2008年1月至10月;
4. 现有银行月结明细表;
5. 员工社会保障;
6. 存货;
7. 固定资产明细表及合同和发票;
8. 应收账及应付账。

2008年11月12日,原告给被告的总经理肖丽萍发函,要求总经理配合审计工作,提交相关材料,并对审计过程中所发现的问题进行说明及解释。

2008年11月14日,被告向原告提交了2008年固定资产明细表、2008年9月底的财务报表(利润表、资产负债表、原材料总账、外币应收应付总账、应付账款、其他应付账款)、2008年6月12日寄送文件清单、10月外币应收应付汇总、10月人民币应付汇总、10月人民币其他应付汇总、皇明太阳能热水工程购销合同复印件和公司成立批文复印件。

2008年11月19日,林郭关郑会计师事务所向原告出具一份关于被告的操作及系统的查阅。该份报告指出,该事务所未能采集所有该事务所认为相关的资料及数据,采集的文件局限于被告董事会2008年11月3日决议提到的文件,其中关于截至2008年10月的文件,被告的总经理定义为自2008年1月1日开始。被告的管理层在该事务所职员实地工作期间极不合作,总经理拒绝提供被告的人事架构图及公司的管理政策文件,又阻止该事务所接触被告的各部门负责人完成内控问卷以作为了解被告的管理和操作情况的依据。该事务所初步结论为被告运行中所有环节的管理与监控均非常薄弱。

2008年12月2日,原告发函给被告的总经理肖丽萍。内容为,根据被告2008年11月3日所作的董事会决议,原告公司委派外部会计师对被告2008年10

月31日前的生产流程及经营活动状况进行查阅,但在上述过程中被告就审计所需查阅的部分资料未予完整提供。为了全面、准确地了解被告的经营状况,原告作为被告的股东要求被告积极配合查阅工作,进一步提供所需查阅的资料,包括但不限于:

1. 所有账目、凭证、买卖合同;
2. 买卖发票、所有出货时船务文件;
3. 原料、辅料出入库的记录;
4. 生产日报表;
5. 存货记录,包括原料、辅料、半制成品、成品;
6. 应收账、应付账;
7. 所有银行账户资料;
8. 人事记录、工资计算表;
9. 盈余公积金的计算方法;
10. 目前未完成的所有订单;
11. 所有供应商、客户的名称;
12. 所有的订料单;
13. 南汇工厂设立时的商业计划书、预算报告,并带领视察南汇工厂;
14. 其他必需的资料。

并希望被告在收到函件起3日内给予答复并向原告提供。否则,原告将通过司法程序解决。被告的总经理未予配合提供。

2008年12月31日原告致函案外人由由集团。内容为,原告发现被告总经理肖丽萍在公司日常经营管理中擅自实施的行为已经严重背离了公司章程所约定的总经理的有关责任及义务,也背离了高级管理人员对企业应负的忠诚义务及谨慎义务,致使被告的财产存在不合理的流失,相关权益存在受损。函中列举了总经理擅自与其他公司签订厂房租赁合同、总经理擅自提取员工奖金、内销而未记账等。原告要求由由集团在两周内向原告答复,否则原告不得不提前终止合资合同,以避免损失进一步扩大。在此情况下,如由由集团继续经营合资企业,原告将同意出售全部股权以退出合资企业。

2009年1月6日,由由集团向原告复函。内容为,对于原告提出的问题,有的系董事会已讨论研究,有的系公司长期运作中形成的惯例,也有的需核实后才能确定。为弄清以上事实,由由集团建议就此召开一次董事会并邀请总经理列席。由由集团不同意提前终止合资合同的想法,也不接受溢价收购股权。由由集团认为与原告委派的林郭关郑会计师事务所出具的相关报告确实超越了董事会确定的查账范围,且报告中的结论性意见存在不妥之处。

原告诉称:

原告作为被告的股东,多次致函被告要求行使知情权,但被告非但不予以有效回应,被告总经理更是多烦阻挠。原告在股东利益严重受损的情况下不得以提起诉讼以期保护自身利益。

被告辩称:

1. 原告要求查阅被告财务账目具有不正当目的。原告反复要求查账的目的就是为了干扰公司正常经营,以达到逼迫公司答应其高价撤回投资的目的。原告提出的公司总经理未按董事会决议配合其审计的理由也与事实相悖。

2. 原告提供的其向被告总经理发出的函件表明,原告要求查阅的材料范围大大超出董事会决议以及《公司法》所规定的范围。

3. 原告要求再次查账的程序不符合公司章程及公司法的规定。原告在未经公司其他股东同意及公司董事会批准的情况下,在审计结束后继续要求被告提供资料,不符合公司章程的规定。公司章程已经特别约定了股东行使知情权的相关程序,原告作为公司股东应严格遵守。

4. 原告行使知情权的次数过多,严重影响了被告的正常运营。

律师观点:

1. 关于原告要求行使股东知情权是否具有正当目的。

原告要求行使股东知情权的理由是,其根据2008年11月3日被告公司的董事会决议对被告财产及经营状况委托审计时,被告不予配合,且拒绝提供相关资料,而已审计部分的资料又表明,原告的合法权益受到了损害,故其依法要求行使股东知情权。

现已查明的事实表明,原告依据公司董事会决议对被告财务及经营状况委托审计过程中,被告拒绝提供2008年1月1日之前的公司财务资料,且被告至今仍明确表示对2008年1月1日之前的财务资料不予提供,该拒绝行为明显与董事会决议相悖。

据此,原告作为股东,有权通过查阅公司的财务会计报告、会计账簿等有关公司经营、管理、决策的相关资料,了解公司的经营状况并监督公司高管人员的经营行为。本案中,被告拒绝向原告提供公司相关财务资料的行为严重妨害了原告股东权利的行使,原告依法行使股东知情权合法有据。

2. 关于原告行使股东知情权是否应受公司章程的约束。

被告认为根据公司章程的规定,原告行使股东知情权必须经过公司另一股东及公司董事会的同意。对此我们认为,股东知情权是法律赋予股东的一项重要的、独立的权利,不依附于其他股东权利而存在。股东知情权是股东参与公司管理的前提和基础,是保障股东及时、准确地获得公司的经营管理信息,维护自身合法权益的法定权利。公司章程对股东行使知情权不得剥夺或予以限制。被告认为原告行使股东知情权必须经过公司另一股东及公司董事会同意的诉讼理由,明显与法相悖。

3. 关于股东知情权的范围是否包括会计原始凭证。

《公司法》第33条规定,股东有权查阅会计账簿。该会计账簿是否应包括记载公司实际经营活动的原始凭证在司法实践中尚有争议,但是股东只有通过查阅原始会计凭证才能充分了解公司的实际经营管理状况,有效维护自身的合法权益。况且,被告2008年11月3日的董事会决议明确同意原告查阅会计原始凭证,故被告主张原告无权查阅会计原始凭证,缺乏事实及法律依据。

4. 关于股东知情权行使的次数是否应受限制。

股东知情权是一种与股东资格相联系的基础性权利。在公司存续期间,只要股东在具有正当目的及合理理由的情况下,其行使知情权应不受期间的限制。本案纠纷的产生系原告合理要求行使股东知情权因被告拒绝而产生的,并不存在原告反复要求查阅公司财务资料的客观情况,故被告提出的原告行使股东知情权应受期间限制的理由与事实相悖。

5. 关于原告要求查阅财务账册的诉讼请求。

因《公司法》第33条中没有规定"财务账册"。会计法中也没有规定"财务账册",原告也没有举证证明被告有除会计账簿之外的"财务账册",故对该项诉讼法院不应予以支持。

法院判决:

1. 被告在判决生效后15日内向原告提供2004年起至2009年5月公司的会计报告以便查阅和复制;

2. 被告在判决生效后15日内向原告提供2004年起至2009年5月公司的会计账簿(包括总账、明细账、日记账和其他辅助性账簿)以便查阅,不得复制;

3. 被告在判决生效后15日内向原告提供2004年起至2008年10月公司会计账簿相应的原始凭证(包括收入、支出及转账、发票和合同,不包括客户名单)以便查阅,不得复制。

【案例472】限制股东知情权　调阅办法被判无效[1]

原告：星裕公司

被告：无锡脱普公司、高博公司、台湾脱普公司

诉讼请求：

1. 被告无锡脱普公司立即向原告提供其自1992年度至2002年度的历届董事会会议记录、董事会决议及财务账册和原始财务凭证,并提交上述文件的副本。

2. 三被告立即给付原告在被告无锡脱普公司中依法享有的自1995年至2002年每年各占总额12%的红利(暂计人民币6,855,923元,具体数额以司法审计结果为准)。

3. 三被告赔偿原告经济损失暂计人民币23,144,077元。

争议焦点：

1. 原告从何时开始获得被告无锡脱普公司合法股东身份、享有股东权益；

2. 原告能否对其从娇联公司受让股权前公司财务信息行使知情权；

3. 原告请求查阅公司财务记录等资料的范围如何确定,是否可以包括财务报告、董事会决议等的副本；

4. 被告无锡脱普公司作出的《调阅办法》是否限制了原告作为股东基本的知情权；

5. 被告无锡脱普公司董事会作出利润分配决定前,原告可否直接要求法院进行分配；

6. 原告可否主张三被告对其承担损失赔偿责任。

基本案情：

（一）有关被告无锡脱普公司设立及股权变动的事实

1992年7月,案外人娇联公司经批准在无锡设立外商独资企业被告无锡脱普公司,注册资本50万美元。至同年7月,又经批准将注册资本增加到200万美元。

1995年2月20日,案外人娇联公司的法定代表人洪振辉向案外人刘明兴出具《确认书》,确认刘明兴向被告无锡脱普公司出资新台币1620万元。其持有股本以被告目前总资本额500万美元的12%计,合计持有股本计60万美元。

1995年4月7日,刘明兴向范雷震出具《切结书》,确认曾受范雷震委托将新

---

[1] 参见江苏省高级人民法院(2002)苏民三初字第004号民事判决书。

台币 1620 万元投资于被告无锡脱普公司,相当于被告无锡脱普公司 12%的股份,由范雷震和刘明兴分别占有 11%和 1%。1995 年 5 月 24 日,刘明兴又在该《切结书》上加签文字,确认其原在被告无锡脱普公司的所有权益均归范雷震所有。

自 1993 年起,被告无锡脱普公司又进行了几次增资和股权变动。至 1998 年 7 月 27 日,经批准其投资总额增加至 1200 万美元,注册资本增加至 880 万美元,出资人变更为案外人娇联公司和被告台湾脱普公司。其中,案外人娇联公司出资 710 万美元,占注册资本的 80.68%,被告台湾脱普公司出资 170 万美元,占注册资本的 19.32%。2000 年 8 月 28 日,案外人娇联公司签署《确认书》确认,"范雷震先生缴美金 45.6 万元整,此金额乃根据被告增资美金 380 万元时的 12%计算得之。此笔款项视同投资被告。为确认其持有之股份权利义务相等,特立此书,以资证明"。

2001 年 6 月 18 日,案外人娇联公司与被告高博公司、原告签订《股份转让协议》。股权转让后,被告脱普公司的股权结构为,被告高博公司(占 68.68%股份)、被告台湾脱普公司(占 19.32%股份)、原告(占 12%股份)。

被告高博公司、原告星裕公司和被告台湾脱普公司在上述《股份转让协议》签订的同时,还对被告无锡脱普公司的章程进行了修订。该章程中与本案争议事项相关的内容包括:

第 15 条规定,公司设董事会,董事会为公司的最高权力机构规定。

第 17 条规定董事会由 3 名董事组成,每届任期 3 年,高博公司委派 2 名,台湾脱普公司委派 1 名。董事长由高博公司委派人员担任。

第 24 条第 2 款第 3 项规定,董事会决定公司的一切重大事宜,年度收益处理和亏损(处理)办法由出席董事会会议的多数董事通过作出决定。

第 42 条规定,公司从缴纳所得税后的利润中提取储备资金和职工奖励及福利基金。提取比例由董事会决定。

第 43 条规定,公司依法缴纳所得税和提取各项基金后的利润为投资者收益,每年分配一次。

第 44 条规定,公司上一年度亏损未弥补时,不得分配利润,上一年度未分配利润,可并入本会计年度利润分配。此后,根据公司章程的规定,被告高博公司委派洪振辉、罗玉芬,被告台湾脱普公司委派洪进正担任无锡脱普公司董事,洪振辉任董事长。

(二)有关原告股东知情权是否受到损害的事实

2002 年 2 月 18 日,被告无锡脱普公司三家股东的法定代表人洪老典、洪振辉和范雷震召开"法人股东会议"并作出决议,对原告提出的有关"再请别家(立信)会计师事务所查创立至今十年的账"、"保障小股东投资利润,确保盈余分配"等议题未予通过。

2002年3月11日,因原告要求查阅被告无锡脱普公司财务资料,被告无锡脱普公司致函原告称:"依据《公司法》有关规定,股东有权查阅公司财务报告,但从来函中不知贵方需查什么财务资料,也不知公司需要提供什么财务资料给贵方查阅,所以目前公司一时无法提供方案。近来,公司请会计师事务所针对2001年财务报表资料进行审计,待审计结束后,公司即把审计报告呈送贵方,以便贵方查阅。"

2002年3月13日,原告复函洪振辉称,欣闻董事长已认可身为股东的我公司有权查阅公司财务报表及账簿。我公司即刻自费聘请上海立信长江会计师事务所到公司查阅历年全部财务报表及账簿,希望能由洪董事长亲自交代有关财务人员,诚意配合查账即可。具体执行细节由双方专业人员自行安排。请于2002年3月15日前来函告之,公司指派的财务人员姓名,以便双方安排工作时间表。

2002年3月21日,洪振辉回函给原告称,公司正聘请有关会计师事务所就2001年度公司财务报表资料进行审计。2002年1月7日又接到无锡市国家税务局涉外税收管理分局《税务审计调查通知书》。因目前事务所审计尚未结束,涉外税收管理分局尚未具体实施检查工作,要求原告待上述工作完成后,再行查阅,并要求其告知查阅范围、查阅需要的时间和查阅人员。

2002年4月3日,被告高博公司和被告台湾脱普公司致函被告无锡脱普公司法定代表人洪振辉及董事会称,鉴于原告欲查阅公司财务记录,没有相关法律对股东查阅公司财务记录的具体操作作出规定,公司章程或者其他有关公司规章制度也没有此类规定,为保障股东权利有效行使,维护公司正常经营秩序,建议于近期召开临时股东会议,讨论制定股东查阅公司财务记录的具体操作办法和明确有关权利义务。

2002年4月15日,被告无锡脱普公司董事洪振辉、罗玉芬及董事洪进正的代理人洪老典召开董事会并作出决议,"决定于2002年5月4日在台北市永康街75巷22-2号召开临时股东会,制定股东查阅公司财务记录的具体操作办法,并报告2001年财务报表"。

同年4月18日,被告无锡脱普公司向原告发送了《关于召开临时股东会议的动议》和《召开临时股东会通知》。

2002年5月4日,被告的三家股东的法定代表人洪老典、洪振辉和范雷震召开"临时股东会议",讨论制定报表账册调阅管理办法,并以88%表决权的股东同意通过了被告无锡脱普公司《调阅办法》。该办法主要内容有:

1. 本办法所指之基本文件、报表及账册范围,包括公司年检、税务申报之各项文件和总账、明细分类账(第3条)。

2. 申请人于预定调阅日期半个月前填写调阅申请单及保密承诺书,向公司提出调阅申请。除因不可抗力因素或已严重影响公司正常营运外,公司应全力提供配合(第5条)。

3. 调阅工作限于本公司法定住所内之指定场所的正常工作时间进行,所有文件不得携出(第6条)。

4. 申请人及调阅执行人可以对调阅文件进行必要之分析、复核、抄录(第7条)。

5. 调阅规则:接到年度会计报告后15天内,认为有需要进行了解并提出申请;调阅配合期不得超过5天,每次聘请会计人员不得超过两名;调阅年度为上一年度;限一年一次;公司正式登记股东行使调阅年度,仅及于登记后之年度(第9条)等。

2002年5月9日,被告无锡脱普公司委托律师致函原告称,被告无锡脱普公司已经于2002年5月4日专门就股东查阅公司财务记录问题召开了临时股东会议,制定并通过了《报表账册调阅管理办法》。该办法已经于通过之日开始实施,被告无锡脱普公司将严格执行股东会决议,维护股东权益,履行相应义务。

2002年1月7日,无锡市国家税务局涉外税收管理分局向被告无锡脱普公司发出《税务审计调查通知书》,决定派员从2002年1月7日起对被告无锡脱普公司自1995年1月1日至2001年12月31日期间执行税法的情况进行审计调查,并要求其提供下列资料:合同、章程、可行性研究报告,验资报告,财务报表、账册,纳税申报表,有关各项审批表,购销合同或协议,与关联企业业务往来情况年度申报表等。

2002年6月24日,被告无锡脱普公司向原告法定代表人范雷震送交了由江苏公证会计师事务所作出的2001年度无锡脱普公司《审计报告》。

(三)有关原告盈余分配权是否受到损害的事实

1. 被告无锡脱普公司1993年度至2002年度获利情况

根据被告无锡脱普公司1993年度至2002年度的《审计报告》。公司各年度的利润情况如下:1993年度175,057.25元、1994年度3,258,370.90元、1995年度2,083,436.47元、1996年度443,019.84元、1997年度2,153,777.97元、1998年

度830,256.21元、1999年度4,588,902.71元(弥补亏损后累计亏损225.83万元)、2000年度12,300,216.94元(弥补亏损后累计赢利1004.19万元)、2001年度10,231,920.31元(累计未分配利润1763.83万元)、2002年度394.96万元(累计未分配利润1081.19万元)。其中,1999年、2000年、2001年和2002年年度审计报告均注明"无法利用满意的审计程序证实被告无锡脱普公司上海分公司本年度末应收账款余额";2000年和2001年度审计报告还均注明"无法利用满意的审计程序证实被告无锡脱普公司上海分公司本年度末外库产成品余额"。

原告对上述审计报告的表面真实性未提出异议,但提出报告中总账和明细账不符,必须通过司法审计核对原始记账凭证的真实性。被告无锡脱普公司认为,原告仅凭合理怀疑要求审计不成立,事实上税务部门已经对应收款进行了检查。

2. 被告无锡脱普公司董事会对公司历年收益和亏损的处理情况

此外,根据被告无锡脱普公司1995年度至2001年度有关收益和亏损处理的董事会决议,1995年度至1998年度因亏损未进行利润分配。2000年4月30日的董事会决议决定,1999年度净利润4,588,902.71元全部转弥补历年亏损。2001年5月18日的董事会决议决定,"保留2000年年底未分配利润来厚植实力,以利因应市场竞争"。2002年7月10日的董事会决议决定,保留2001年年底未分配利润,以备开发新产品、添置新设备、开拓市场之需。

被告无锡脱普公司董事会于2003年4月8日作出决议,决定发放2002年度部分未分配利润,分配股利5%共计440,000美元,发放时间定于5月15日前。

同年4月28日,被告无锡脱普公司向原告发出《发放股利通知函》,根据董事会决议向原告发放股利52,800美元(按每股1美元支付股利5美分),并要求其核对或提供新银行账户资料。

4月30日,原告回函称:"我司对贵司的股东权益现正由法院审理在案,且对贵司股利的计算也应由法院司法审计确定之,若此时发放股利诚属不妥,请贵司予以配合。"此后,被告无锡脱普公司暂时停止了向原告发放股利。

原告诉称:

被告无锡脱普公司成立至今未向原告派发任何股东分红,且拒绝向原告提供财务账簿,致使原告无法确切了解公司的真实经营状况。根据《外资企业法实施细则》第61条的规定,"外国投资者可以聘请中国或者外国会计人员查阅外资企业账簿"。《外资企业法》第4条规定,外国投资者在中国境内的投资、获得的利润和其他合法权益,受中国法律保护。被告的上述行为严重侵犯了原告作为股东的知情权和监督权,也直接妨碍了原告资产受益权的实现。被告高博公司和被告台湾脱普公司作为被告无锡脱普公司出资份额较大的股东,利用其掌控被告无锡脱普公司全部董事席位的便利,拒不履行其作为共同投资者应尽的诚信及公平义务。

被告无锡脱普公司辩称:

1. 原告主体资格不适格,不享有实体权利。外资企业的股东变更,须经审批机关批准,并办理了变更登记后方合法有效。所以,仅因出资不能当然成为被告的股东。在2001年6月18日之前,被告无锡脱普公司中具有适格身份的股东只有娇联公司和被告台湾脱普公司。原告自2001年6月18日起经工商变更登记方获得了被告的股东身份,仅对登记日之后被告无锡脱普公司的投资者权益享有相应份额,其主张1995年5月24日至2001年6月18日期间的股东红利无事实和法律依据。

2. 原告以《股份转让协议》中关于案外人娇联公司在股本转让之前存在公司的全部债权债务及股东权益均由受让方承担和处理的约定为由,认为其既然承担了娇联公司的权利义务,就有权要求分得该期间红利的理解是错误的。原告在成为被告无锡脱普公司股东时所享有的投资者收益,已包含了娇联公司所享有而没有分配的收益份额。因此,原告已实际承受了娇联公司的股东权益,经董事会决议即可分得红利。2003年4月8日,经董事会决议,向股东发放红利,原告拒不接受,却以毫无依据的计算方式主张单独分配1995年至2001年的红利,没有法律依据。

3. 原告混淆了可供投资者分配的利润(投资者收益)与红利的概念,无视由董事会行使的收益分配权。根据财政部制定的《企业会计准则》的规定,可供投资者分配的利润=当年净利润+上年度未分配利润-上年度未弥补亏损-按法律必须提取的储备基金、企业发展基金、职工奖励及福利基金后的余额,而股东则根据出资比例享有相应的权利。可见,可供投资者分配的利润是一个连续的累计数额,并不存在每年度是多少的问题。原告的诉请没有实际依据。

红利是由董事会根据公司章程的规定,结合公司的可分配利润、实际运营和资金状况等拟定分配方案,经决议以现金方式向全体股东按出资比例发放的股利,股东无权要求单独分配。有可分配利润是公司分配红利的前提条件之一。具体分配的时间、方式和数额要受限于公司的经营战略、资金状况,并由董事会决议通过。可分配利润与可分配红利两者性质不同,实际数额也非等同。即使董事会决议本年度不分配红利,也不影响股东根据出资比例在可分配利润中享有的相应权利。原告所计算的1995年度至2001年度的应得红利,实质上系假设在该期间内作为被告股东的前提下,在孤立的各年度可分配利润中按12%的出资比例所应享有的权利,而非实际可得红利。混淆了两者在概念及数量上的非等同关系,无视合法的审计结论和应由董事会行使的收益分配权。

被告2002年12月31日经审计的资产负债表显示,其累计可分配利润(未分配利润)为人民币1081万元,原告享有的投资者收益为129.72万元。原告请求支付股利685.5923万元,超过了累计可分配利润,实为变相减资,违反了被告章程及《外资企业法》和《公司法》的精神。因此,原告要求支付1995年5月24日至2001年6月18日期间的股东红利,没有任何法律依据。

4. 被告无锡脱普公司始终尊重股东权利,从未对股东知情权的合法行使设置任何阻碍。根据《公司法》和《外资企业法实施细则》的规定,股东有权查询公司股东会(董事会)会议记录和财务会计报告,可以聘请会计师查阅企业账簿。

被告无锡脱普公司严格按照该规定制定并执行《报表账册调阅管理办法》,向股东提供完整的公司资料,以有效保障股东知情权的正常行使。原告完全可以根据该办法进行合法查阅,但其要求提供副本于法无据。自原告成为被告无锡脱普公司的股东以来,被告无锡脱普公司一直主动向其提供历年的审计报告、历次董事会会议记录及决议,但原告只签收了审计报告,拒收会议记录和决议,拒不履行董事会决议。

因此,被告无锡脱普公司始终尊重股东的合法权益,有效地保障了股东的合法知情权。原告认为其股东知情权受到阻碍,并要求提供1995年至2001年历届董事会会议记录、董事会决议、原始账簿及其副本,不符合被告的内部制度及法律规定。

被告高博公司和台湾脱普公司辩称:

根据《民事诉讼法》的规定,被告应是与原告的诉请有直接法律关系并负有某种法律义务的主体。原告要求被告无锡脱普公司的其他股东立即给付其在被告无锡脱普公司享有的红利并赔偿损失,无事实和法律依据,恳请法院依法驳回原告的起诉。

律师观点:

1. 关于原告的股东身份问题。

原告自2001年8月20日被告无锡脱普公司股东变更被批准登记之日起方取得被告的股东资格。因为我国对外资企业的设立和重要事项的变更,采用了严格的审批制度。经我国有关主管部门或者国务院授权的机关批准,并向工商行政管理机关办理变更登记手续,是境外投资者在我国境内设立外资企业,或者通过股权转让等方式取得外资企业股东资格的前提条件,未经审批和登记不得在我国境内设立外资企业,或者通过股权转让方式取得外资企业股东资格。本案中,无论是在被告无锡脱普公司设立过程中,还是在其设立后至2001年正式办理股权变更审批和登记之前,原告均未与被告无锡脱普公司其他出资人订立合同,也未办理股权变更审批和登记手续,依法不能取得被告无锡脱普公司的股东资格。

原告所受让的股权的出让方是娇联公司,而向娇联公司提供资金的是范雷震个人而不是原告,故原告是以受让娇联公司股权的方式成为被告无锡脱普公司的股东。因此,娇联公司于1995年2月20日向刘明兴出具的《确认书》、刘明兴于1995年4月7日向范雷震出具的《切结书》和娇联公司于2000年8月28日签署给范雷震的《确认书》,均不具有确认原告作为被告股东身份的效力。原告主张其自被告无锡脱普公司设立时起即取得被告无锡脱普公司股东资格的理由不成立。其只有在2001年8月20日被告股东变更被批准之日起方取得被告的股东资格,依法行使其在被告的股东权益。

2. 关于原告行使股东知情权的问题。

原告自2001年8月20日起以合法受让方式取得被告无锡脱普公司股东身份,依法享有查阅被告无锡脱普公司历届董事会会议记录、董事会决议以及财务账簿和会计凭证的权利。

被告无锡脱普公司《调阅办法》对股东查阅资料的时间范围和资料范围进行了严格的限制,不利于股东客观全面地了解公司财务状况和经营情况,故其要求原告按照《调阅办法》规定查阅财务资料,损害了原告作为被告股东的知情权。因为:

(1) 会计凭证是反映公司财务状况的客观依据,只有通过对会计凭证的全面查阅,才能了解公司财务账簿和审计报告的客观真实性,从而对公司财务状况的客观真实性作出准确判断。而被告无锡脱普公司制定的《调阅办法》所规定的查阅范围仅包括"公司年检、税务申报之各项文件和总账、明细分类账",不包括会计凭证,无法使原告通过查阅财务资料的方式,达到了解被告实际财务状况和经营状况的目的。

(2) 被告无锡脱普公司制定的《调阅办法》第9条第6项关于"公司正式登记股东行使调阅年度,仅及于登记后之年度"的规定,也限制了原告的知情权。因为,股东知情权是基于股东的身份,只要原告是股东,就有权对公司的一切财务资料进行查阅。原告在受让时支付了对价,就应享有原转让方在公司享有的权利,且该权利覆盖或延及公司成立时。企业的财务和经营状况是一个连续的过程,以往年度的财务状况是否客观真实,将对公司当前的财务和经营状况的真实性产生直接的影响。故必须从公司设立时查起才能了解公司当前财务和经营状况的客观真实性。

事实上,被告无锡脱普公司1999年度至2002年度审计报告,均对其上海分公司年度末应收账款余额和外库产成品余额做了无法利用满意的审计程序证实的保留说明。据此,原告有理由怀疑被告无锡脱普公司以往年度的财务状况是否客观真实,而这种状况将对原告成为被告无锡脱普公司股东后的权益产生直接的影响。故被告无锡脱普公司将股东查阅公司财务资料的时间范围限定在取得合法股东身份之后,妨碍了股东知情权的行使。因此,根据《外资企业法实施细则》第64条的规定,原告有权聘请中国或者外国的会计人员查阅被告自1992年设立时起至2002年的会计账簿和会计凭证,以及历年董事会会议记录和决议。

另外,原告要求被告无锡脱普公司提供上述全部资料副本的请求不成立。同时,原告要求查阅被告无锡脱普公司财务账簿和会计凭证等财务资料的要求作为一项独立的诉讼请求,在双方对审计范围发生争议的情况下,应当通过开庭审理并以判决的方式解决。故其要求法院直接以强行审计的方式支持其该项诉讼请求没有法律依据。

3. 关于原告的盈余分配权问题。

原告要求法院判令被告进行盈余分配的请求不成立。因为:

(1) 根据被告无锡脱普公司章程第24条第2款第3项的规定,董事会决定公司的一切重大事宜,年度收益和亏损处理办法由出席董事会会议的多数董事通过作出决定。此外,《外资企业法》第11条规定,"外资企业依照经批准的章程进行经营管理活动,不受干涉"。因此,根据上述规定,被告无锡脱普公司董事会有权根据公司实际经营状况,就公司年度收益和亏损的处理作出决定。只有在公司董事会作出分配决定的情况下,股东才有可能按照其投资比例领取投资收益。原告在被告董事会未作出分配决定,或者仅作出分配部分利润决定的情况下,要求分配全部利润的请求不成立。

(2) 根据《外资企业法实施细则》第58条的规定,外资企业依照中国税法规定缴纳所得税后的利润,应当提取储备基金和职工奖励及福利基金。储备基金的提取比例不得低于税后利润的10%,当累计提取金额达到注册资本的50%时,可以不再提取。职工奖励及福利基金的提取比例由外资企业自行确定;外资企业以往会计年度的亏损未弥补前,不得分配利润。因此,外资企业在本年度有利润的情况下,应当首先用于弥补上一年度的亏损,其次应当依照规定并根据资金状况提取足够的储备基金和职工奖励及福利基金。在此基础上,根据公司的实际经营状况和扩大再生产的资金需求,决定是否分配本年度累计可供分配的利润。此外,根据《外资企业法实施细则》第 58 条第 2 款的规定,公司以往会计年度未分配的利润,可以与本会计年度可供分配的利润一并分配。被告无锡脱普公司章程第 44 条也做了同样的规定。由此可见,有可供分配的利润是公司进行利润分配的前提条件,而有可供分配的利润并非必须在本年度进行分配,公司可以根据本公司经营的实际情况,决定将本年度可供分配的利润转至下一年度一并分配。因此,原告要求被告无锡脱普公司必须每年进行利润分配的请求也没有法律依据。

(3) 首先,从被告无锡脱普公司审计报告反映的赢利情况看,其自成立后直至 1999 年才出现赢利,而该年度的赢利在弥补历年的巨额亏损后,其累计亏损仍有 225.83 万元,仍然无可供分配的利润。故原告要求被告无锡脱普公司按 12% 的投资比例分配 1995 年度至 1999 年度的利润,没有事实依据。其次,公司利润是一个连续积累的过程。根据《外资企业法实施细则》第 58 条和公司章程第 44 条的规定,公司以往会计年度未分配的利润,可以与本会计年度可供分配的利润一并分配。因此,在公司有利润而未分配的情况下,可供投资者分配的利润自然结转至下一年度,股东权益仍然存在,并不存在本年度未分配利润,其权益即必然受到损害的问题,也不存在按以往年度逐年计算可分配利润的问题。

因此,原告要求被告无锡脱普公司按每年各 12% 的比例,给付 1995 年度至 2002 年度共计人民币 685.5923 万元红利的请求没有事实和法律依据,应当予以驳回。

4. 关于原告主张的损失问题。

因原告要求法院判令被告进行盈余分配的请求不成立,故对其就此主张的损失也应当予以驳回。

法院判决:

1. 被告无锡脱普公司于判决生效之日起 15 日内,在其法定住所地向原告提供其 1992 年度至 2002 年度的历次董事会会议记录和决议、会计账簿和会计凭证,供原告聘请的中国或者外国的会计人员进行查阅;

2. 驳回原告要求被告无锡脱普公司提供 1992 年度至 2002 年度的历次董事会会议记录和决议、会计账簿和会计凭证副本的诉讼请求;

3. 驳回原告要求被告无锡脱普公司给付自 1995 年至 2002 年每年各 12% 红利共计人民币 6,855,923 元的诉讼请求;

4. 驳回原告要求被告无锡脱普公司赔偿经济损失人民币 23,144,077 元的诉讼请求。

四、股东质询权行使问题

1365. 股东如何行使质询权？

股东质询权原则上只能在股东会或者股东大会会议上行使，但经被质询人同意或公司章程另有规定的除外。

因此，若股东有事项需要质询，应事前将需要在股东会或股东大会上提问的事项向被质询人提交。这样有利于董事等有时间进行相应的调查，从而保证将在会议上进行正式说明的效率。但事前提问本身并非在行使质询权，提问只能在会议上行使。其后，被质询人根据提问的事项，在股东会或股东大会会议室进行回答，履行其说明义务。

此外，股东会或者股东大会要求董事、监事、高级管理人员列席会议的，董事、监事、高级管理人员应当列席并接受股东的质询。

1366. 侵害股东质询权是否会影响股东大会决议效力？

会。董事、监事与高管违反说明义务，侵害股东质询权，决议方法违法，是股东（大）会决议中的程序性瑕疵。在这种情况下，股东可以决议方法违反法律为由向法院提起决议撤销之诉。同时，公司和股东还有权对违反说明义务的董事、监事与高管追究其对公司和对作为第三人股东的责任。

1367. 对于股东的质询，董事、高管及监事在哪些情况下可以拒绝回答？

董事、监事与高管有以下正当理由之一，即有权拒绝回答股东的质询。

（1）股东质询权事项与会议议题和议案无关。

（2）董事、监事与高管的回答将明显损害公司和全体股东的利益。如董事、监事与高管对公司商业秘密、非专利技术的说明。

（3）董事、监事与高管为作说明需另作调查，择期履行说明义务。比如，董事、监事与高管自己掌握的情况不足以就股东质询提供满意说明与答复，而需要财务会计或者营销等部门的工作人员提供数据，或者需要就复杂的专业问题征求会计师或者律师等专家意见，此时应当允许董事、监事与高管进行调查。倘若说明与答复不影响股东投票，股东大会可继续进行。会后董事、监事与高管应当及时向质询股东与全体股东作出书面答复。倘若质询股东坚持认为董事、监事与高管的回答和说明事关其投票决策，股东大会主席应当宣布休会，等待董事、监事与高管准备完毕后再行续会。倘若股东大会召开前已经书面方式通知质询问题的，董事、监事与高管就不能再以需要另行调查为由而拒绝说明。拒绝说明的,将可能承担提案未被通过的后果。

(4)根据公平正义原则,确有正当理由的其他情形。例如,股东质询的问题已经构成权利的滥用;董事、监事与高管就某事项所做的说明有可能导致公司承担不合理的过高调查费用,或者导致侵害第三人的权利和利益,或者导致董事、监事与高管自己或公司承担刑事责任等。

1368. 质询权受到侵犯如何进行法律救济?

我国法律未对说明义务人侵害股东质询权的法律救济作任何规定。股东若直接以损害质询权为由进行起诉,法院可能不予受理。此时,股东可以选择其他诉讼请求维护自己的权利。

股东若提出质询权遭拒绝,可以向人民法院直接提起给付之诉,要求说明义务人履行正确的说明义务,或以股东大会决议程序上存在瑕疵为由,提起股东大会决议撤销之诉。但因说明义务人拒绝回答而致股东未获相应资讯之事实是否属于股东大会决议程序瑕疵,尚需等待立法者作出立法解释或最高人民法院作出相应的司法解释始能定论。

此外,如果将董事、监事、高级管理人员的答询义务视为他们执行业务的范畴,则违反说明义务即意味着董事、监事、高级管理人员善管义务之违反,对公司和股东承担责任。因董事或监事或高级管理人员违反说明义务而造成公司损害的,股东可代表公司提起派生诉讼;因董事、监事、高级管理人员违反说明义务而致股东利益损害的,股东可提起直接诉讼。问题的关键在于能否将说明义务之违反视为违反《公司法》第149条所规定的董事、监事、高级管理人员违法、违章执行职务的行为。这一点,仍尚需将来的相关立法解释与司法解释的进一步明确规定。

【案例473】质询遭拒诉讼无门　股东质询权如何维护[①]

公司经营管理有风险　股东提出质询遭拒

2005年7月11日,上海通商投资研究所朱长春先生、陈浩先生,以流通股股东身份向上海茉织华股份有限公司发送了一份《股东专函》。二人凭借经济学常识和经验研究发现,茉织华公司的经营、管理上存在瑕疵,治理结构亦有一定缺

[①] 参见新浪网 http://finance.sina.com.cn/stock/stocktalk/20050804/04391861166.shtml,2014年1月4日访问。

陷。管理层极有可能在实施经营、重大决策、关联交易等行为过程中,影响或损害到股东净资产权益和二级市场市值权益,且其中部分决策行为(如委托理财行为、资产出售行为等)已经损害了股东利益。

2005年7月20日,朱、陈二人与茉织华公司董秘许鸣放先生进行了交流,并提出了公司治理的科学性建议及对潜在威胁公众股东利益的行为进行纠正的有效方法,希望能够得到公司重视并尽快得到答复。两日后许先生回复,其以正在接受证监会调查、不便答复为由而拒绝。

提起质询权之诉　无奈法院不予受理

无奈之余,建议和质询均被漠视的朱、陈二人,想到了拿起法律武器维护权益。根据我国《公司法》的规定,股东有权查阅公司章程、股东大会会议记录和财务会计报告,对公司的经营提出建议或者质询。因此,朱、陈二人委托律师于2005年8月5日一纸诉状将茉织华公司及其董事会告上了法庭。

2005年8月15日,上海市静安区人民法院向朱、陈二人发来一份《通知单》,称:"有关民事诉状已收悉。有关朱、陈二位当事人请求茉织华公司履行对于股东建议和质询意见的答复义务;停止对于建议、质询权利的侵害;并要求董事会履行提案听取建议和质询及公开赔礼道歉等。根据有关法律规定,该请求不属于法院的管辖范围,特此告知,并退还诉讼状。"为此,诉讼维权再一次遭到拒绝。

律师观点:法院不予受理方式存在问题

在本案中,先不论质询权是否属于法院的受理范围,首先在形式上,法院的做法是存在问题的。其一,根据我国民事诉讼法的规定,法院应当下达正式的《民事裁定书》,并说明不予受理的理由,而不应是这样一纸"通知书";其二,法院认为不符合起诉条件的案件,应当在7日内裁定不予受理,而法院回复长达10日;其三,对于起诉原告在不符合起诉条件或受理范围的情况下,原告不服则可以提起上诉,而法院未下达《民事裁定书》,使得连同起诉权、上诉权一并被剥夺。

股东直接就质询权受到侵犯提起诉讼法院是否应当受理,由于我国针对质询权的法律救济方面没有规定,有关质询权的规定也比较笼统。就目前实践而言,法院一般对于该类案件不予受理。因此,建议股东通过其他诉讼请求维护自身的权利。

1369. 公司章程可否对质询权做详细约定?

可以。鉴于《公司法》对质询权行使的程序并无细致的规定,导致质询权在行使过程中面临很多问题。比如董事、监事与高管借口需要调查而拒绝回答股东质询时,股东该如何救济等;再如质询权只能在股东大会上提出是否会影响质询权行使的效率等。

为此,笔者认为股东可以在章程中对质询权的行使做更详细的约定。为了保障质询权行使的效率,可以约定书面质询权。具体程序如下:

(1)在股东(大)会召开前,股东可向公司董事、监事、高管提出书面质询,公司董事、监事与高管需在规定时间内给予答复。若给出了合理解释,股东就无须在股东(大)会上质询。

(2)若未给出合理解释,股东可在股东(大)会上进行质询。这个时候董事、监事与高管也就无法借口需要调查而拒绝回答股东的质询。

(3)若股东未提出书面质询,或书面质询的答复期未届满,股东(大)会召开了,这种情况下,应允许董事、监事与高管对的确需进行调查的问题拒绝回答。

五、夫妻共有股权知情权问题

1370. 夫妻一方在公司担任股东,另外一方是否可以共有人身份主张股东知情权吗?

不可以。股东享有知情权的前提是其股东身份,婚姻关系存续期间的股权虽然是夫妻共有财产(另有约定除外),享有这部分股权的收益。但非股东配偶并不能当然取得股东资格。既然其不能确认股东身份,自然不能享有股东知情权。

1371. 夫妻共同担任一家公司的股东,不在公司任职的一方是应该通过股东知情权还是夫妻知情权了解公司的经营情况与财务情况呢?

应当通过股东知情权知晓公司的经营与财务情况。股东知情权是基于股东身份享有的固有权利,而对于夫妻知情权的诉讼救济途径目前尚不明确。

【案例474】前妻管账未移交　再诉查阅难支持[①]

原告:向某某

被告:某某公司

诉讼请求:判决被告立即向原告提供查阅、复制被告的章程、2005~2011年财务会计报告及查阅会计账簿。

争议焦点:原告未能证明其担任法定代表人期间将公司原来的章程、会计账簿、会计报表等移交给被告,原告是否可以主张该段时间相关信息的知情权。

---

① 参见重庆市沙坪坝区人民法院(2011)沙法民初字第10361号民事判决书。

基本案情：

被告于2005年成立，股东为张某和原告，张某为被告法定代表人，二人系夫妻关系，原告监管公司财务。

2008年7月，被告法定代表人变更为原告。2008年12月，张某与原告离婚。

2009年12月30日，被告法定代表人再次变更为张某，现原告仍占该公司32.6%的股权。

原告诉称：

2010年1月起，原告多次要求被告提供查阅、复制该公司章程、2005～2011年度的财务会计报告及会计账簿，均遭其无理拒绝。2011年10月11日，原告向被告邮寄送达《查阅、复制公司章程、财务会计被告，查阅公司会计账簿请求书》，被告法定代表人张某拒绝收取，送达被告的请求书被退回，被告未在法定期限和请求规定期限内书面答复原告提供或拒绝查阅、复制的意见。现被告的答复期限已届满。原告认为，自己作为被告的股东，享有查阅、复制权，请求法院支持其诉讼请求。

被告辩称：

被告是张某于2005年11月22日与另外一个姓蒋的股东成立的，因为当时张某和原告还是夫妻，且原告又是学会计的，于是公司的账目均是由原告进行管理的。在张某当股东期间，原告一直在负责公司的财务工作。在此期间我们进行了两次股东变更。2008年7月9日，张某把法定代表人身份转给原告担任。在张某当法定代表人时，原告就在管账，在她担任法定代表人期间更是她在负责这些账目了，所以在此期间的账均在原告处。2009年12月30日，公司法定代表人变更为张某，在2009年的时候公司经营基本处于停滞状态，但账一直都是原告在管，并未移交给张某。在2010年变更法定代表人为张某后，原告就没有管账了，只有这部分的账在公司处，要求原告提交2005～2009年的账簿交被告。

律师观点：

原告作为被告的股东，有权要求查阅、复制该公司的章程、财务会计报告，查阅会计账簿。但本案争议的主要问题被告能否提供2005年至2009年的公司章程、财务会计报告、会计账簿。原告在公司成立后一直监管公司财务，且在2008年7月至2009年12月期间担任公司法定代表人。审理中，原告没有提供证据证实其在公司变更法定代表人后将公司原来的章程、会计账簿、会计报表等移交给公司的证据。原告要求被告提供2005年至2009年的公司章程、财务会计报告、会计账簿的诉讼请求难以执行，对该部分诉讼请求法院应不予主张。至于原告要求查阅、复制公司章程、财务会计报告,查阅2010年、2011年度会计账簿的这部分要求,符合法律规定,法院应予以准许。

法院判决:

1. 被告于判决生效后立即向原告提供查阅、复制该公司的章程、2010~2011年度财务会计报告并提供查阅该公司2010~2011年度会计账簿。

2. 驳回原告的其他诉讼请求。

六、股东知情权的强制执行问题

1372. 股东知情权诉讼中,股东可否请求对公司的会计账簿等资料进行查封、扣押?

为了保证知情权诉讼胜诉后,股东可以有效行使知情权,股东在提起诉讼时,可以申请人民法院对公司会计账簿等资料进行查封、扣押。实践中,部分法院在进行此类保全时,采用的是证据保全的形式。笔者认为这是不恰当的。理由有两点:

(1)证据保全的目的主要在于为了保证在诉讼中取胜,非判决结果的实现。

(2)如果将会计账簿作为证据保全的话,那么在审理过程中必然要对会计账簿进行质证。导致的结果便是,即便法院对股东的查阅诉请未支持,股东已经通过质证的过程"查阅"了账簿,这对公司来说是相当不公平的。

鉴于《公司法》对股东会计账簿查阅权采取的是谨慎与限制的态度,采用证据保全的措施不符合立法本意。

1373. 股东知情权诉讼中,股东可否请求对公司采取财产保全措施?

不能。

只有在当事人一方的行为或者其他原因,使判决难以执行或者造成当事人其他损害的案件,根据对方当事人的申请,法院可以裁定对其财产进行保全。在股东知情权诉讼中,股东的知情权并非财产权,因此公司阻碍股东行使知情权并不能推断出公司正在损害股东利益,更不可能因为公司财产未查封而影响股东知情权诉讼判决的执行。

当然,公司阻挠股东行使知情权,往往是其他股东或高管转移资产、侵害公司、股东利益的前兆。因此,股东可以在提起知情权诉讼的同时,提起损害公司、股东利益责任纠纷诉讼,并申请财产保全,防止公司财产转移,再以知情权纠纷诉讼未审结为由申请中止审理损害公司、股东利益责任纠纷诉讼,待实现知情权后,将查阅、复制所得的结果直接作为后一案件诉讼的证据提交。

1374. 行使知情权所支出的相关费用应由谁承担？不承担后果如何？

股东应承担查阅或者复制公司相关档案材料发生的合理费用，如审计费、复印费等。股东拒绝承担相关费用的，人民法院将驳回起诉。

1375. 股东知情权诉讼胜诉后，被告还是拒不履行提供会计账簿等资料供原告查阅，原告应如何救济？

股东知情权的诉讼结果，多为法院判决公司在一定时间内向股东提供相关的材料。执行包括两方面的问题：(1)股东知情权实现的地点；(2)股东知情权实现的方式。一般来说，公司应当将相关资料备置于公司供股东查阅，因此股东知情权行使的地点也应当在公司。

笔者认为，在法院判决股东可以查阅公司的文件时，股东在查阅的同时也可以复制。当公司拒不履行判决时，当事人可以申请法院强制执行，但是对于强制执行程序，目前并无明确规定，实践中强制执行也不具备可操作性。因为法院无法强制将公司账册置于某处供股东查阅。股东可申请法院至银行调取银行对账单供股东查阅，也可申请法院至税务局调取相关财务材料，如财务报告、完税凭证等。

对于部分无法通过法院力量获取的材料，如果公司拒不执行，公司主要负责人或直接责任人将可能受到罚款、行政拘留处罚，情节严重，将被追究刑事责任。

1376. 股东知情权诉讼胜诉后，能否委托会计师事务所、律师代为行使知情权？

法律对此并无明确规定。

笔者认为，应当允许股东委托会计师事务所、律师代股东行使知情权。股东知情权主要是为了保障股东了解公司的经营情况、财务情况等，而知情权的行使是股东行使诸如表决权、盈余分配权等权利的基础。而公司财务涉及专业知识，股东会决议内容等涉及法律知识，仅凭股东自己未必能够理解，如果不允许专业机构协助股东查阅，股东知情权只能浮于表面，不能实现其真正价值。司法实践中，已有法院支持股东在起诉阶段请求由会计事务所对公司财务信息进行审计。

为避免发生冲突，公司股东可在章程中明确约定是否可以对公司财务进行审计、审计的范围以及审计费用的承担问题等。

最高人民法院《关于适用公司法若干问题的规定(四)》(征求意见稿)规定，"人民法院经审查认为原告的诉讼请求符合公司法规定的，应当判决在确定的时间、在公司住所地或者原告与公司协商确定的其他地点，由公司提供有关文件材料供股东查阅或者复制。股东可以委托代理人查阅、复制公司文件资料"。该意见稿的规定,意味着今后股东行使知情权时可以委托代理人进行查阅和复制,且在判决中就会明确合理的时间、地点供股东查阅,切实保障股东知情权。

1377. 公司档案材料不健全,股东如何行使知情权?

法律对此尚没有明确规定。

笔者认为,可以由法院裁定公司按照《公司法》或公司章程的规定建立相关材料,供股东查阅。如果公司未按照规定建立相关档案材料,股东可以相关责任人提起侵权责任赔偿诉讼;如因董事高管违反勤勉义务与忠实义务,可以提起损害公司利益赔偿纠纷;如因公司的股东、实际控制人、董事、高级管理人员等相关人员违反法律、行政法规或者公司章程的规定,给股东造成损害的,可以提起损害股东利益纠纷。

同时,如果企业主要负责人或直接责任人隐匿或故意销毁依法应当保存的会计凭证、会计账簿、财务会计报告,情节严重的,构成犯罪,应当依法追究其刑事责任。

【案例475】股东无法独立分析财务信息　可委托专业会计师查阅

原告:彭必发

被告:金若谷公司

诉讼请求:判令被告完整提供被告公司2011年成立至今的财务账簿供原告和原告委托的注册会计师查阅。

争议焦点:

1. 原告查阅权行使的范围是否包含原始凭证?
2. 原告是否可以委托注册会计师协助其行使查阅权?

基本案情:

被告金若谷公司系成立于2011年3月2日的有限责任公司。被告金若谷公司现有公司章程于2013年12月18日经股东会讨论通过。公司章程上载明:公司注册资本为50万元;公司股东余心正、彭必发、彭国芸、唐贤科;原告的出资比例为21%。被告设立有股东会,未设立董事会,只设执行董事一人。

2014年10月10日,原告彭必发委托四川兴华中律师事务所向被告金若谷公司发出《律师函》一份。该份函件上载明:"本律师所接受贵公司股东彭必发(以下简称委托人)的委托,依据《中华人民共和国公司法》第33条第2款的规定出具本律师函:《公司法》规定,股东可以要求查阅公司会计账簿,公司应该在15日内就是否同意查账予以书面答复。根据委托人的要求,希望贵公司能够提供从

2014年1月16日起许望辉承包公司以后的会计账簿供委托人参考,以便委托人了解公司在许望辉承包公司以后的经营状况。由于许望辉承包公司以后,多次以委托人拿走公司公章、未签承包协议(但又实际在承包公司)等理由拒不支付委托人及其他股东的承包经营费,同时又在占用公司资金为自己的承包项目周转。因此,委托人为了解公司的真实经营状况,特向贵公司提出申请,要求贵公司向委托人提供真实的公司会计账簿以维护委托人的合法权益。"被告对收到了原告的律师函,且未在法定期限内予以书面答复的事实予以认可。被告当庭明确表示愿意提供公司财务会计账簿供原告查阅。

原告诉称:

原告系被告公司的股东,被告成立以来从未向原告提供财务会计报告。公司的年度财务预算、决算方案也从未提请通过董事会、股东会审议。原告提出查账的书面申请,被告反复推诿,侵害原告的合法权益。

被告辩称:

自公司成立至今,原告在公司担任经理一职,公司财务由经理直管,原告可随时查阅公司会计账簿。

律师观点:

1. 原告系被告公司股东,享有股东知情权。原告行使知情权的范围应当包括会计账簿和会计凭证。

账簿查阅权是股东知情权的重要内容。股东对公司经营状况的知悉,最重要的内容之一就是通过公司账簿了解公司财务状况。公司的具体经营活动只有通过查阅原始凭证才能知晓,不查阅原始凭证有时中小股东就不能确实了解公司真正的经营状况。据此,原告查阅权行使的范围应当包括会计账簿(含总账、明细账、日记账和其他辅助性账簿)和会计凭证(含记账凭证、相关原始凭证及作为原始凭证附件入账备查的有关资料)。

2. 股东知情权非专属性权利,原告不具备财务专业知识,可委托专业注册会计师协助行使查阅权。

会计账簿具有较强的专业性,现实中,由于知识结构等方面的限制,股东本人可能无法完全理解会计账簿等财务资料,《公司法》没有规定知情权必须由股东本人亲自行使或不能委托他人协助行使,《公司法》赋予股东知情权的目的和价值在于保障股东权利的充分行使,因此,委托有关专业人士代为行使公司会计账簿查阅权,应属于权利的合理行使方式。为解决他人代为查阅可能带来的泄露公司商业秘密的问题,应对股东委托的"第三人"范围予以限定,即其应与公司无利害关系、具备专业知识且有为当事人保密的执业纪律要求。本案中,被告也没有证据证明股东委托他人代为行使知情权有不正当目的。因此,原告主张有具有执业资格的注册会计师帮助其行使查阅权,理应得到支持。

法院判决:

被告攀枝花金若谷建材有限公司应于判决生效后10日内提供自2011年3月2日起至2014年11月27日止的公司会计账簿(含总账、明细账、日记账和其他辅助性账册)和会计凭证(含记账凭证、相关原始凭证及作为原始凭证附件入账备查的有关资料)供原告彭必发及其委托的一名注册会计师(需经法院审查后认可)查阅。

1378. 何为违规隐匿、故意销毁会计凭证、会计账簿、财务会计报告罪?其立案追诉标准以及量刑标准分别是怎样的?

指隐匿或者故意销毁依法应当保存的会计凭证、会计账簿、财务会计报告,情节严重的行为。

(1)追诉标准

违规隐匿、故意销毁会计凭证、会计账簿、财务会计报告,涉嫌下列情形之一的,应予追诉:

①隐匿、故意销毁的会计凭证、会计账簿、财务会计报告涉及金额在50万元以上的;

②依法应当向司法机关、行政机关、有关主管部门等提供而隐匿、故意销毁或者拒不交出会计凭证、会计账簿、财务会计报告的;

③其他情节严重的情形。

(2)量刑标准

犯本罪的,处5年以下有期徒刑或者拘役,并处或者单处2万元以上20万元以下罚金。单位犯本罪的,实行双罚制,即对单位判处罚金,并对其直接负责的主管人员和其他直接责任人员,处5年以下有期徒刑或者拘役。

1379. 工会代持员工认购的出资,实际出资人是否享有知情权?

在工会代持股权制度下,工会才是公司的股东,该出资股东可以通过工会表达自己的意志,但不能直接行使股东权利,无权以股东身份要求行使知情权。

【案例476】工会代持股权,实际出资人要求行使知情权被驳[1]

原告:郭志勇

---

[1] 《中国法院2016年度案例》,中国法制出版社2016年版,第62页。

原告：梁少山

被告：莲花山公司

诉讼请求：

请求被告提供公司章程、财务章程、股东会会议记录及决议等资料供原告查阅。

争议焦点：原告能否向被告行使股东权利？

基本案情：

原番禺市莲花山造纸厂（以下简称莲纸厂）是国有企业。2000年4月28日，番禺市人民政府办公室作出批复载明：同意被告实施产权转让，转制为被告；同意被告转制的实施方案、国有资产处置方案及公司章程；同意由何某等7位自然人出资1719.159万元和莲纸工会出资1651.741万元购买。《关于番禺市莲花山造纸厂转制为番禺市莲花山造纸有限公司的实施方案》则载明：注册资本600万元，凡与被告签订劳动合同的职工，均有资格在自愿的前提下出资认购；莲纸工会认购2580.83万元，实际出资1651.741万元，占注册资本49%；何某等7人认购2686.17万元，实际出资1719.159万元，占注册资本51%；被告员工持股会认购出资金额，由工会统一收齐员工出资后，一次性付清；由出资员工组建被告员工持股会。

2000年5月10日，番禺市糖纸食品工业集团有限公司作为甲方，被告工会委员会、何某等7个自然人为乙方，双方签署《番禺市莲花山造纸厂产权转让合同》，约定将被告于1998年11月25日经广州番禺资产评估公司评估并由番禺市国有资产管理局确认字第99014号确认的范围，但用于该厂转制时职工保障基金、"三废"治理费等费用外的净资产以33,708,928元的价格转让给乙方；双方确认资产、债权、债务已于1998年11月25日交接；《关于番禺市莲花山造纸厂转制为番禺市莲花山造纸有限公司的实施方案》《番禺市莲花山造纸有限公司章程》等作为合同附件。

2000年6月18日，以被告工会及何某等7个自然人为发起人，向工商行政管理部门申请办理被告设立登记，公司章程记载的股东为被告工会及何某等7个自然人，股东会由全体股东组成，并由载明的股东签章。工商登记部门根据申请，办理了被告的设立登记，将莲纸工会及何某等7个自然人登记为股东。

被告登记成立后，向包括本案原告在内的认购出资登记在工会名下的员工（下称出资员工）颁发了股权证。股权证的封面载明为广州市番禺区经济体制改革领导办公室监制，内页的出资证明将出资员工记载为股东，并列明了出资金额及出资日期。

改制后，被告于2007年5月15日召开股东会，莲纸工会代表何松柏、何某等6个自然人股东参加并作出增资决议。股东会后，出资员工收到一份按科室、车间发放的《广州市番禺莲花山造纸有限公司股东确认表》，要求出资员工就是否参加增资作出选择，并注明如有问题，请与何松柏先生联系。梁少山及其他大部分出资员工选择不参加扩股并交回了该表。没有出资员工选择参加购买。

2014年5月30日，包括原告在内的339人联名向被告提交一份《通知》，要求被告提供公司原始章程及历次被修改的章程、股东会会议记录、董事会会议记录及决议、监事会会议决议、财务会计报告、资产负债表、会计账簿以供查阅、复制。莲纸公司未按要求提供。

原告诉称： 原告是被告的股东，有权要求被告提供章程、决议、财务账册等资料供其查阅、复制。

被告辩称：

工会已经依法行使其法定股东权利，原告无权再行使。

一审认为：

从法律形式要件判断，莲纸工会才是莲纸公司的股东；莲纸工会代持员工认购的股权，自也应由莲纸工会代表出资员工行使股权。

律师观点：

不同于股份有限公司的公司架构、议事规则、信息披露等法律有严格规定，有限责任公司具有更强的人合性，管理上比较封闭，公司经营事项和财务账目无须对外公开，股东享有更多、更直接地参与公司事务的权利、途径，因此需对股东人数有所限制。否则，协商解决公司事务的难度加大，影响公司经营决策效率。故公司法规定有限公司股东为50人以下。

莲花纸厂改制过程中，政府安排由员工集体在工会名下购买莲花纸厂产权，取得的改制后企业的股权也登记在工会名下，上述对公司股东人数的限制规定即是原因之一。

出资员工系工会持有股权的实际出资人，而由工会代持，是出资员工认可的，从法律形式要件判断，原告仅有实际出资行为，实质上从未直接履行股东权利，缺乏工商登记、公司章程等证据证明其具有股东身份，故工会才是被告的股东。从原告实际行使出资人权利的方式看，被告也并不认可原告的股东资格。原告认购的出资登记在工会名下，其股权应由工会代表行使，无权以股东身份要求行使知情权。

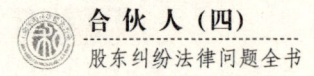

一审判决：

驳回原告的起诉。

第三节 衍生问题——夫妻知情权与隐私权

1380. 哪些信息是夫妻知情权享有的范围？

夫妻知情权具体表现在个人信息中，夫（或妻）的身体状况、生活习惯、收入情况、性癖好等，在一般公民身上属于个人隐私的内容，但在夫妻之间彼此都享有知情权。

夫妻隐私权则指的是配偶一方享有的个人信息不被非法获悉和公开，个人生活不受对方非法干扰，个人私事的决定不受对方的非法干涉的一种人格权利。夫妻知情权与隐私权在实践中界定比较困难，如婚外恋是否属于隐私，配偶一方是否有知情权，在什么情况下有知情权？妻子为了获取丈夫婚外情的证据，往往会雇用私家侦探对丈夫进行跟踪，捉奸取证。这种行为究竟是在行使夫妻知情权，还是侵犯他人的隐私权，理论界与司法实践一直存在争议。

笔者认为，区分夫妻知情权与隐私权的关键在于这种权利是否涉及配偶他方或家庭共同利益的。如果涉及，此类信息在夫妻之间不再属于个人隐私，而属于夫妻知情权的范畴。

1381. 何为隐私权和隐私权纠纷？侵害隐私权的形式有哪些？

隐私权是指自然人享有的对自己的个人秘密和个人私生活进行支配并排除他人干涉的一种人格权。隐私权纠纷是指因侵害他人的隐私权而引起的纠纷。

侵害隐私权的形式包括：

(1) 刺探、调查个人情报、资讯；

(2) 干涉、监视私人活动；

(3) 侵入、窥视私人领域；

(4) 擅自公布他人隐私；

(5) 非法利用他人隐私等。

对未经他人同意，擅自公布他人的隐私材料或以书面、口头形式宣扬他人隐私，致他人名誉受到损害的，按照侵害他人名誉权处理。

1382. 隐私权纠纷由何地法院管辖？是否适用诉讼时效？按照什么标准交纳案件受理费用？

隐私权纠纷是侵权之诉，由侵权行为地或者被告住所地人民法院管辖。侵权行为地包括侵权行为实施地、侵权结果发生地。

该类纠纷适用一般诉讼时效制度,自知道或应当知道权利被侵害之日起2年内提起诉讼。

隐私权的诉讼费用按照每件交纳100元至500元。涉及损害赔偿,赔偿金额不超过5万元的,不另行交纳;超过5万元至10万元的部分,按照1%交纳;超过10万元的部分,按照0.5%交纳。

1383. 如何调查夫妻一方持有的股权及证券情况?

行使夫妻财产知情权的最大的难点在于举证对方财产的具体信息,实践中要了解对方的股权及股票情况。操作方式一般有两种:(1)申请法院依职权调查;(2)由律师申请法院调查令向有关部门调查。目前,法院一般不主动调取证据,由律师调查取证是较为行之有效的方式。

如果对方在公司担任股东,当事人可以聘请律师至工商局调阅对方持有股权的具体信息,包括持股比例及持股时间,明确该股权是否为夫妻共同财产,共同持有的具体时间及金额。同时也可以调阅该公司每年年检报告,虽然年检报告上的数据不一定真实,但是也能在一定程度上反映公司盈亏等情况。

关于如何调查对方持有的证券情况的问题,因为证券交易和资金账户信息都保存在证券公司。实践中,证券公司不会接受自然人或法人的申请调查开户人的开户信息。因此如果知道对方在哪一个证券公司开户,可以请律师持法院开具的调查令至证券公司调查资金对账单。当然如果不知道对方在哪一个证券公司开户,需要由律师或法院直接去中国证券登记结算有限责任公司上海分公司和深圳分公司查询对方的股票交易明细。在查到对方的开户证券公司后,由律师再次持法院开具的调查令或申请法院直接去对方开户的证券信息。

【法律依据】

一、公司法类

(一)法律

❖《公司法》第33条、96条、97条、150条、165条

(二)司法解释

❖《最高人民法院关于适用〈中华人民共和国公司法〉若干问题的规定(二)》第1条第2款

(三)地方司法文件

❖《上海市高级人民法院关于印发〈2005年上海法院民商事审判问答(之

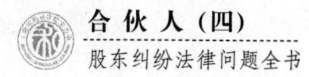

四)〉的通知》

❖《上海市高级人民法院关于审理股东请求对公司行使知情权纠纷案件若干问题的问答》

❖《山东省高级人民法院关于审理公司纠纷案件若干问题的意见(试行)》第40条、62~66条

❖《北京市高级人民法院印发〈关于审理公司纠纷案件若干问题的指导意见〉的通知》

❖《江苏省高级人民法院关于审理适用〈中华人民共和国公司法〉案件若干问题的意见(试行)》第65~70条

二、婚姻家庭法类

(一)法律

❖《婚姻法》第17条、38条、48条

(二)司法解释

❖《最高人民法院关于适用〈中华人民共和国婚姻法〉若干问题的解释(一)》第25条、26条、32条

(三)地方法规

❖《广州市妇女权益保障规定》第23条

❖《济南市妇女权益保障若干规定》第24条

❖《青岛市实施〈妇女权益保障法〉办法》第35条

三、其他

(一)法律

❖《刑法》第161条、245条、252条、253条、284条

❖《证券法》第64~66条、69条

❖《会计法》第11条、14条、第15条第1款、第20条、21条

(二)行政法规

❖《企业财务会计报告条例》第6~15条

(三)部门规章

❖《个人存款账户实名制规定》第8条

第二十章 公司决议纠纷

【宋律师释义】

> 公司决议纠纷,是指公司股东向人民法院提起诉讼,请求撤销公司决议或确认公司决议效力的纠纷。公司决议纠纷包括决议撤销纠纷和决议效力确认纠纷两类。
>
> 公司决议撤销纠纷系因公司决议在通知、主持、表决程序违反法律、行政法规及公司章程规定,或决议内容违反公司章程所致。
>
> 公司决议效力确认纠纷系因决议内容违反法律、行政法规所致。

【关键词】召集　通知　主持　累积投票制

❖ **召集**:是指有资格召集股东(大)会或董事会的人员根据《公司法》及公司章程规定的程序提议、通知、主持召开股东(大)会或董事会的职责。关于召集的问题主要包括召集主体、召集方式、召集程序。召集是否合法是判断判定公司决议能否被撤销的主要依据。

❖ **通知**:关于"通知"的概念,《公司法》并未作明确解释。结合《民法通则》,本章节中的通知系指公司以书面、口头或数据电文等方式将会议召开的时间、地点、议题等内容送达股东,使股东能够或可能知悉会议通知的内容。通知环节往往是股东(大)会会议程序中最容易出现瑕疵的环节,包括通知主体、时间与方式等。

❖ **主持**:是指有主持股东(大)会或董事会召开的整个议程。关于主持的问题也包括主体以及不履行主持职责的法律后果等问题。主持主体一般与召集主体一致,不履行职责法律后果亦与召集一致。

❖ **累积投票制**:股东大会选举董事、监事,可以依照公司章程的规定或者股东大会的决议,实行累积投票制。累积投票制,是指股东大会选举董事或者监事时,每一股份拥有与应选董事或者监事人数相同的表决权,股东既可用所有的投票权集中投票选举一人,也可分散投票选举数人,按得票多少依次决定董事人选的表决权制度。

第一节 立 案

1384. 如何确定公司决议纠纷的诉讼当事人?

对于决议撤销之诉,只有享有撤销权的主体才具有原告主体资格。从《公司法》规定来看,只有股东才享有撤销权。因此,原告应在会议决议形成并至起诉时持续具有公司股东身份。

对于决议确认之诉,享有诉权者不限于股东、董事、监事、公司职员,只要存在诉讼利益,任何人均可以作为原告。在公司的决议存在对外效力时,第三人只要有诉讼利益,也可以作为原告。

在公司决议撤销或确认效力的诉讼中,公司应是适格被告,因为股东会议、董事会议的召开及决议均属于公司法人行为,决议的效力涉及以公司为中心的所有法律关系。

对于决议涉及的相对利害关系人,可以列为共同被告或者第三人。

1385. 如何防止公司决议纠纷诉讼损害公司其他股东或相对利害关系人的利益?

由于在公司决议纠纷中,法院一般不主动追加公司其他股东参与诉讼。实践中,经常发生原告与法定代表人或其他实际控制人,在其他股东不知情的情况下,串通诉讼撤销之前已经作出的公司决议。

对此,其他股东一定要保持高度警惕,一旦出现该种情形,及时向法院申请追加第三人,参与诉讼。如果是在判决生效后才发现,如果能证明未能参加诉讼是因不能归责于本人的事由,且有证据证明发生法律效力的判决、裁定、调解书的部分或者全部内容错误,损害其民事权益的,其他股东可以自知道或者应当知道其民事权益受到损害之日起 6 个月内,向作出该判决、裁定、调解书的人民法院提起诉讼。

1386. 无表决权股东是否可以提起公司决议撤销纠纷之诉?

对此问题,司法实践中认识并不一致。

有观点认为,无表决权的股东并无出席股东会的权利,对于股东会程序上的违法事项,并无撤销该违法决议的权利。

也有观点认为,无表决权股东仅无表决权,而非丧失出席权,其出席股东会参与讨论及询问是其基本权利,故仍有通知其参加股东会的必要,而且通知方式与具有表决权的股东通知方式相同,否则构成股东会召集程序的瑕疵。①

笔者同意后一种观点。

1387. 董事、监事可以提起决议撤销之诉吗?

不可以。公司侵害董事、监事利益的可能情形无非是公司对其任免不当或未完全支付约定的对价,如果公司任免董事、监事违反了法律的强制性规定,应属无效;如果公司任免董事、监事违反了当事人的约定或公司未完全支付约定的对价,董事、监事完全可以依据《劳动法》寻求救济,并不属于《公司法》的调整范围。因此,公司董事、监事无权提起公司决议撤销之诉。

1388. 法定代表人作为原告提起确认股东会、董事会决议效力的诉讼时,公司作为被告应由谁作为代表人参加诉讼?

根据《民事诉讼法》规定,公司的法定代表人是代表公司进行诉讼的唯一合法的代表。如果此时允许法定代表人代表公司参加诉讼,便会形成"自己与自己打官司"的局面。因此如果提起诉讼的原告是公司的法定代表人,则此时作为被告公司诉讼代表人的不宜是原法定代表人,而适宜由公司监事会负责人担任或者由公司推荐认可上述决议效力的其他股东、董事或者监事代表公司参加诉讼。

1389. 未出席会议的股东能否提起公司决议撤销纠纷诉讼?

如果未出席股东知道会议召集、表决程序存在瑕疵,未及时提出异议,不得享有撤销权;但如果未出席股东因不可能预先知道股东会召集、表决程序违反法律、行政法规、公司章程未及时表示异议的,具备撤销人资格。

1390. 原股东转让股权后,是否还具备公司决议纠纷之诉的原告主体资格?因受让或继承取得股权的新股东是否可以对其持股之前的公司决议请求确认无效或撤销?

一般来说,股东转让股份后即失去与公司决议的利害关系,不具备撤销权或确认无效权的主体资格。不过,如果股东丧失资格并非出于自愿,而系基于公司决议的行为,因为该股东的利益与该决议密切相关,笔者认为应当赋予该股东撤销权或无效确认权。

新股东受让或继承公司股份,已经具有了股东资格,因新股东的经济利益与公司决议密切相关,理论上说新股东可以提起公司决议纠纷之诉。但是否可以对

---

① 吴庆宝主编:《最高人民法院专家法官阐释民商裁判疑难问题(增订版)》,中国法制出版社 2011 年版,第 428 页。

每一项决议均提起诉讼,需要视具体情况而定。新股东在持股之前不可能参加公司会议,即使会议召开过程存在瑕疵,并不影响其股东权利。如果公司决议违法或违反了章程约定,属于内容瑕疵,无论新股东是否参加会议的召开,均会影响其权利,则新股东可以主张确认无效或撤销。

1391. 对决议投赞成票的股东是否可以提起公司决议纠纷之诉?

如果公司决议的程序违反法律、法规、规章规定,或决议内容违反公司章程,则股东出席会议并投赞成票的行为本身表明其认可会议程序与内容,其权益并未受到侵害,因此其不得再行提起公司决议瑕疵诉讼。

由于法律规定公司决议无效之诉制度的立法价值除保护公司股东利益外,还有保护社会公共利益的考量,如果公司决议内容违反法律法规,并且该决议的违法性不能因股东的同意而治愈,投赞成票的股东依然可以提起决议效力诉讼。[①]

【案例477】召集程序有瑕疵　无人异议即有效[②]

原告:张影、张洪、邓启华

被告:奥凯航空有限公司

诉讼请求:

1. 判令撤销被告2008年4月25日主持召开的第四届董事会第四次会议决议;

2. 判令被告赔偿每名原告损失5万元,共15万元。

争议焦点:

1. 系争董事会决议人数是否达到法定人数,是否提前10天通知,是否必须在公司的注册地召开;

2. 临时股东会议召集和表决有瑕疵,但事后当事人未提异议,是否能够请求撤销。

基本案情:

被告于2005年3月3日成立,注册资本30,000万元,股东出资情况如下:交能公司认缴出资18,900万元、大地桥公司认缴出资7800万元、原告邓启华认缴出资1500万元、原告张影认缴出资1500万元、原告张洪认缴出资300万元,上述

[①] 王林清、顾东林:《新公司法实施以来热点问题适用研究》,人民法院出版社2009年版,第129页。

[②] 参见北京市第二中级人民法院(2009)二中民终字第00721号民事判决书。

出资均为货币出资,出资时间为2005年5月。被告和交能公司的法定代表人均为王均金。

被告《公司章程》第31条规定:公司设董事会,董事会成员5人,由交能公司委派3名董事,由大地桥公司委派1名董事,其余董事由股东会选举产生。董事会设董事长1人,副董事长2人,由董事会选举产生,设董事会秘书1名。

第32条规定:董事会对股东会负责,行使下列职权:(一)负责召集股东会,并向股东会报告工作;(二)执行股东会的决议;(三)决定公司的经营计划和投资方案……(十)聘任或者解聘公司副经理、财务负责人和公司其他高级管理人员(总飞行师、总工程师、总裁高级助理、高级顾问属于公司高级管理人员),决定其报酬事项;(十一)聘任或者解聘公司董事会秘书。

第33条规定:董事任期3年,任期届满,可以连选连任,董事在任期届满前,股东会不得无故解除其职务。

第34条规定:董事会的议事方式和表决程序:(一)董事会会议由董事长召集并主持,董事长因特殊原因不能履行职务时,由董事长指定副董事长或者其他董事召集和主持。1/3以上的董事可以提议召开董事会会议。召开董事会会议应当于会议召开10日前通知全体董事;(二)董事会对所议事项作出的决定应由1/2以上的董事表决通过方为有效。

2007年1月24日,由王均金、郎赛强、王昭炜、刘伟宁、刘捷音担任公司新一届董事,组成被告新一届(第四届)董事会,其中王均金、王昭炜、刘捷音为交能公司委派,郎赛强为大地桥公司委派,刘伟宁为选举产生,并修改公司章程,增加1名副董事长,即被告设副董事长3名。王均金任董事长。

2007年12月8日,被告在北京东方君悦大酒店会议室(千秋厅)召开由全体股东参加的2007年度第一次临时股东会,会议议题包括以下内容:1.审议公司有关股东借款的处理意见;2.听取公司2007年经营情况汇报;3.有关更换公司董事的议案;4.有关公司引进战略投资者的议案;5.确认公司各股东认缴出资情况;6.商议管理团队直接持有被告股权的问题;7.商议如何解决公司短期资金缺口的议案。

在有关更换董事的议案中,王均金提出,按照被告章程,交能公司提议更换委派董事,新委派的董事为王均金、王昭炜、李建斌。更换董事事出有因,关于股东补足认缴出资问题同意根据最终确认的情况另案进行。郎赛强提出,董事比例应根据各股东对公司的实际出资状况来确定。原告邓启华、原告张洪、原告张影提出,应根据各股东实际对公司出资情况分配公司董事名额。出资不实的股东不应享有对应的表决权和股权。在同等出资的前提下,后进入被告的股东不应比原股东享有更大的权益。王均金提议就上述更换董事议案进行表决,并代表交能公司同意该议案,其余股东不参与该项表决。

2008年4月15日,王均金决定于2008年4月25日上午9时30分,在上海肇嘉浜路789号均瑶国际广场32楼会议室召开被告第四届董事会第四次会议,会期一天,会议议题为:1. 讨论公司资金状况问题;2. 讨论公司高级管理人员任免;3. 讨论公司引进战略资本问题。会议出席对象为被告全体董事、监事、总裁列席会议。给刘捷音、王昭炜、郎赛强、刘伟宁、李建斌的会议通知于当日由上海均瑶集团以特快专递形式发出,收件单位为被告,收件人为上述5人,被告于次日以单位收发章签收。郎赛强、刘伟宁、刘捷音在4月17日收到会议通知后,以被告董事的名义向王均金发出函件,表示同意其提议的召开董事会会议和有关的三个议题,但同时提出考虑到公司注册和经营地址都在北京,且多数董事和监事目前都在北京工作和居住,为便于公司管理需要,提议将会议地点改在北京,被告总部办公楼北京市丰台区方庄芳星园三区18号楼3楼1号会议室。同时提议增加议题:审议公司薪酬福利改革方案。但王均金未予采纳。

2008年4月25日,王均金在上海肇嘉浜路789号均瑶国际广场32楼会议室召开被告第四届第四次董事会会议,会议由王均金主持,王昭炜、李建斌参加,裴学龙列席。会议形成以下决议:免去刘捷音公司经理职务,聘任王昭炜为公司经理,全面负责公司的日常经营,对董事会负责,任期与本届董事会一致。免去刘捷音公司总裁职务,聘任王昭炜为公司总裁,全面负责公司日常经营,对董事会负责,任期与本届董事会一致。免去刘炜(伟)宁公司首席执行官(CEO)职务,公司不再设立公司首席执行官(CEO)一职。免去路超公司董事会秘书职务,聘任蔡欣荣为公司董事会秘书。

2008年4月29日,三原告向北京市第二中级人民法院提起诉讼,要求交能公司补足出资9732万元、大地桥公司补足出资200万元,在补足出资前只能按照实际出资行使股东权利。此案目前正在审理中。

原告均诉称:

被告于2008年4月25日,在上海肇嘉浜路789号均瑶国际广场32楼会议室,召开第四届董事会第四次会议并形成相关董事会决议。由于上述董事会的召集程序、表决方式存在诸多瑕疵(如未按公司章程规定时间提前通知董事,未通知全体董事、监事等相关应到会人员,表决时到会董事人数不符合公司章程规定),属于我国《公司法》(2005年修订)第22条规定的可撤销董事会决议,依法应予撤销,并赔偿给我们造成的经济损失。

被告辩称：

被告第四届董事会第四次会议的召集程序、表决程序符合公司章程和公司法的规定,不存在任何瑕疵。会议所做的董事会决议合法有效。原告张影、原告张洪、原告邓启华三人要求赔偿损失没有任何事实和法律依据,应驳回三人的诉讼请求。

一审认为：

1. 刘捷音仍具有董事职务。

被告章程规定,董事在3年的任期届满前,股东会不得无故解除其职务。刘捷音虽是交能公司委派的董事,但解除其职务仍应遵守章程的规定。2007年12月8日,被告召开的临时股东会上,交能公司提出了解除刘捷音董事职务的议案,但其他股东认为董事的比例应依股东的实际出资比例来确定,没有参与该议案的表决。这说明被告股东之间就出资、股权等存在纠纷,并且其他股东也没有同意交能公司解除刘捷音董事职务。因此,交能公司解除刘捷音董事职务的行为不产生法律效力。

2. 相关董事会人数未达公司章程规定的要求。

在刘捷音董事职务尚未解除的情况下,王均金主持召开的被告第四届董事会第四次会议参与表决的董事人数未达到公司章程规定的1/2以上,因此,所形成的董事会决议因违反公司章程而应予撤销。

3. 董事会召集程序存在瑕疵。

董事会的召开应当在公司的住所进行,王均金作为公司的董事长,在通知召开董事会后,因其他部分董事对会议召开地点提出异议,而其未予采纳。因此,王均金召集的被告第四届董事会第四次会议在召集程序上存在瑕疵。且王均金也未按照公司章程的规定,于会议召开10日前通知全体董事。

一审判决：

1. 被告于2008年4月25日作出的第四届董事会第四次会议决议于判决生效后立即撤销。

2. 驳回三原告其他诉讼请求。

原告邓启华和被告均不服一审判决,向上级人民法院提起上诉。

原告邓启华上诉称：

一审法院驳回邓启华赔偿损失的请求,没有事实及法律依据。被告于2008年4月25日在上海肇嘉浜路789号均瑶国际广场32楼会议室,召开被告第四届董事会第四次会议并形成了相关董事会决议。由于上述董事会的召开程序,董事会决议的表决方式严重违反我国相关法律规定,以及被告的章程约定,依法应予以撤销,对此一审判决已予以确认。基于被告的上述违法行为,邓启华为维护自己的合法权益不得不通过诉讼来撤销被告非法形成的董事会决议,在这过程中邓启华所花费的差旅费、误工费等相关费用,被告理应予以赔偿。邓启华请求二审法院撤销一审判决第二项,并直接改判支持邓启华的一审全部诉讼请求。

被告上诉称:

1. 原告张影、原告张洪、原告邓启华起诉主张撤销的是 2008 年 4 月 25 日的董事会决议,而一审判决对被告 2007 年 12 月 8 日临时股东会决议的效力进行审查,超越了本案的审理范围,违背了"不诉不理"的民事诉讼基本原则。而且,一审判决对 2007 年股东会决议的有关认定也是错误的,没有事实和法律依据。

2. 一审判决以董事会的召开应当在公司住所进行为由认定被告 2008 年董事会决议召集程序存在瑕疵,无任何法律依据和事实依据。

3. 一审判决认定 2008 年董事会未于会议召开 10 日前通知全体董事,因此认为该次会议程序存在瑕疵,没有事实和法律依据。

4. 一审判决遗漏了当事人交能公司,未记载交能公司在庭审中的陈述和意见,一审判绝不是根据全面的庭审情况作出的,严重违反法定程序。

被告上诉请求撤销一审判决第一项,将本案发回重审,或在查明事实后依法改判。

律师观点:

1. 根据生效股东会决议,刘捷音已被解除董事职务,因此系争董事会决议人数是否达到章程规定的要求。

2007 年 12 月 8 日,被告召开的临时股东会上,交能公司提出了解除刘捷音董事职务、更换董事的议案并进行了表决,鉴于各方当事人均未对该临时股东会决议效力提出异议,该股东会决议有效,原审法院关于"交能公司解除刘捷音董事职务的行为不产生法律效力。在刘捷音董事职务尚未解除的情况下,王均金主持召开的被告第四届董事会第四次会议参与表决的董事人数未达到公司章程规定的 1/2 以上,因此,所形成的董事会决议因违反公司章程而应予撤销"的认定有误。被告第四届董事会第四次会议参与表决的董事人数符合公司章程规定。

2. 董事会会议召开地点、时间符合章程的要求。

郎赛强、刘伟宁在收到被告第四届董事会第四次会议会议通知后,亦表示同意召开董事会会议和有关的 3 个议题,对未能提前 10 天通知并无异议。

鉴于被告章程未对董事会会议召开场地作出明确规定,故被告第四届董事会第四次会议在上海召开未违反相关法律及公司章程规定。据此认为,被告第四届董事会第四次会议召集程序、表决方式未违反法律、行政法规、公司章程的规定,该董事会决议内容亦未违反法律及公司章程的规定。

由于被告董事会决议合法有效,并未对原告造成损失,原告主张损害赔偿的请求应驳回。

法院判决:

1. 撤销一审判决;
2. 驳回原告的诉讼请求。

1392. 确认股东会决议效力纠纷诉讼中,被告以原告未实际投资不具备股东资格,或只是名义股东作为抗辩的,此时,如何处理股东资格审查与股东会决议效力认定的关系?

股东资格的认定应以工商登记备案的股东名册为依据,对于名义股东资格的认定除工商登记备案为依据外,还可由股东之间明确约定。股东会议决议内容涉及名义股东的股权转让事宜的也应征得名义股东同意,否则股东会决议内容会因内容违反法律和公司章程而归于无效。

【案例478】剥夺名义股东表决权　冒名代签决议无效[①]

原告: 周海军

被告: 世纪星碟公司

诉讼请求: 确认被告于2003年11月2日作出的《股东会决议》无效。

争议焦点:

1. 作为被告的股东,原告是否实际出资,若原告未出资,其是否仍具有股东资格;
2. 原告是否参加了被告于2003年11月2日召开的股东会,股东会决议上原告的签字是否系冒签,决议是否有效。

基本案情:

被告成立于2001年8月16日,注册资本为50万元。其工商登记材料中包括:

---

① 参见北京市第二中级人民法院(2006)二中民终字第3262号民事判决书。

(1) 公司章程。章程载明：股东王晓京、杨其鹏和原告分别以货币出资 35 万元、10 万元和 5 万元。原告本人并未签名，章程上的"原告"签名系案外人所写。

(2) 交存入资资金报告单、验资报告、股东发起人出资情况表。记载：原告投入货币资金 5 万元，占注册资本的 10%。

2003 年 11 月 2 日，被告形成《股东会决议》，内容为：以电话方式通知全体股东到会参加会议；全体股东一致同意公司变更股东，原股东原告所持股份 5 万元全部转让给孙毅刚，杨其鹏将所持股份 10 万元中的 5 万元转让给王晓京，其余 5 万元转让给王波；全体股东一致同意通过新章程。原告未到会，《股东会决议》中"全体股东签字"栏内的"周海军"（原告）非其本人所写，系案外人所写。

同日还形成一份原告将自己在被告所持 5 万元股权全部转让给孙毅刚的《转股协议》。协议上的原告签名亦非其本人所写。

当日，王晓京给孙毅刚出具收到孙毅刚 5 万元股权转让款的收据。

此后，被告持上述《转股协议》《股东会决议》及由王晓京、王波和孙毅刚签署的公司章程等向工商行政管理机关申请股东变更登记。工商行政管理部门予以核准。王波、孙毅刚取代了杨其鹏和原告，与王晓京一起被载入新的股东名录。

原告诉称：

2001 年 8 月王晓京、杨其鹏与其共同出资设立被告。2004 年年底，原告得知其在该公司享有的股份被转移给了孙毅刚。工商变更登记所依据的文件是《转股协议》、《股东会决议》等。但实际上原告对 2003 年 11 月 2 日召开的股东会议根本不知情，自己没有参加，也未委托他人代为参加，根本不会在《股东会决议》上签字，该《股东会决议》上的签名是伪造的。被告以虚假的证明文件取得公司变更登记的行为违反了公司法的规定，应为无效。

被告辩称：

公司成立之时，股东王晓京在未告知原告的情况下将原告列入股东名单，并让他人在公司章程上签名"周海军"，原告没有实际出资，也不具备股东资格。孙毅刚已给付王晓京股权转让金 5 万元，并在公司新章程上签字，履行了股东的义务。对虚拟股东，被告以变更为真实股东的方式予以纠正，并无不妥，虽变更股东手续签字存在瑕疵，但已经工商行政管理机关核准。孙毅刚善意取得股东资格的利益与被告法律关系的稳定性均应予以维护。

被告为证明其观点，提交证据如下：

1. 华夏投资有限公司 50 万元转账支票款于 2001 年 8 月 11 日入账到被告入资专用账户的进账单，上面注明：王晓京 35 万元、杨其鹏 10 万元、原告 5 万元；

2. 王晓京于2001年2月10日以业务需要之名向华夏投资有限公司借款50万元(借款期限6个月)的借据复印件。

针对被告的上述证据,原告认为:

对复印件不予认可,原告并未以支票形式出资,而是直接将现金交入银行。

律师观点:

1. 原告具有被告股东身份。

尽管被告设立章程上不是原告本人签字,但是并没有关于其放弃实体权利的相关证据。而且从工商登记验资的情况来看,有关于原告出资的记载,仅凭出资的形式并不足以改变原告是被告股东并已履行出资义务的事实。被告虽提出原告是名义股东,但并没有提供相关名义股东的约定。因此原告的股东身份应予以确认。

2. 被告股东会决议上原告签名系冒签,决议应属无效。

2003年11月2日形成的被告《股东会决议》,内容为:以电话方式通知全体股东到会参加会议;全体股东一致同意原告将其所持股份转让给孙毅刚,并一致通过新的公司章程。决议上"全体股东签字"处签有原告的姓名。但原告本人根本没有参加该股东会,也未在《股东会决议》上签字,其否认委托他人参会并代为签字。而被告并未举证证明原告曾授权他人代参加股东会并代为在《股东会决议》上签字或原告曾同意该决议中的内容。因此用作办理工商变更登记手续的《股东会决议》实为冒用原告名义所形成,内容上不真实,有违相关法律规定,应属无效。

法院判决:

2003年11月2日形成的被告《股东会决议》无效。

1393. 公司决议纠纷由何地法院管辖?

应当由公司住所地人民法院管辖。

1394. 公司决议纠纷诉讼按照什么标准交纳案件受理费用?

按照非财产案件收费,每件收取50元至100元。

1395. 公司决议撤销纠纷诉讼是否适用诉讼时效?如何确定60日的起算点?

不适用。笔者认为,诉讼时效适用的是债权请求权,请求撤销公司决议非债权请求权,不应适用诉讼时效。

关于60日起算点的问题在实践中存在争议,有观点认为,《公司法》规定股东提起公司决议撤销纠纷诉讼应当自决议作出之日起60日内提出,那么不论股东、

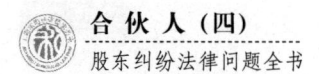

董事是否以及何时知悉公司会议召开,只要该股东会已经召开并作出决议,60日的起算点即为决议作出之日。也有观点认为公司决议撤销之诉的60日应当自知道或应当知道之日起算。

笔者认为,公司决议撤销之诉的当事人应当自决议作出之日起60日内向法院请求撤销,此为除斥期间而非诉讼时效,因此不能中断和中止。但是如果公司并未实际召开股东会,此股东会系虚构,不适用60日期限的限制,应当适用诉讼时效。

【案例479】超出60日除斥期间提请求 丧失撤销权决议有效①

原告:张吉玲

被告:西峡金泰矿业公司

诉讼请求:判令被告2005年11月29日和2008年3月19日作出的股东会决议无效。

争议焦点:

1. 原告的诉讼请求有无超过法律规定的关于请求确认股东决议无效或可撤销的法定期间;

2. 被告在2005年11月29日和2008年3月19日召开的两次股东会上,关于处置公司576万元和股权转让等决议的内容是否违反了法律或行政规范规定,是否无效。

基本案情:

2002年1月,西峡县蒲塘金矿改制成立被告,注册资本为人民币62万元。

2003年10月16日,原告出资25.5万元认购被告股权。

2004年2月,原告又收购陈少华股本0.5万元。

2004年6月,原告股本增值为64万元。

2004年11月,原告将股本4万元转让给中国黄金河南公司。

2005年3月,原告收购曹海栓股本10万元,原告股本增值为70万元。

2005年11月29日,被告在原告未参加亦未委托他人参加的情况下,召开股东会议,其决议内容为:"(一)根据南阳市人民政府宛政(2003)08号文件精神,职工补偿金24万元转为公司股本,公司股本总额变更为430万元,其中自然人认购15.95万元,中国黄金公司认购8.05万元。(二)公司资产经西峡诚信有限责

---

① 参见河南南阳市中级人民法院(2009)南民商终字第129号民事判决书。

任会计师事务所评估,净资产1006万元。同意公司注册资本增加为1006万元。其中,财政局股金21.2万元,中国黄金河南公司股金144.05万元,自然人股金264.75万元,公司股金576万元(隶属现有股东各方并按现出资比例共同拥有)。公司股金委托公司工会委员会管理,不参与利润分配和企业管理,没有表决权。在上述股金中,有表决权股金430万元,财政局21.2万元,占表决权4.9%,中国黄金河南公司股金144.05万元,占表决权33.5%,自然人股金264.75万元,占表决权61.6%。(三)若今后对公司股金576万元进行分割,由现股东(430万元)按出资比例分配股权,即今后新进股权不享受公司股金576万元权益。(四)为确保现各股东权益,金泰公司董事会、监事会应对公司股金(576万元)设置寻找法律、政策依据,从法律主体上确保现各股东方权益。(五)应尽快抓紧完成高庄、篱坪的资产移交和财务处理工作。(六)同意蒋珩壹万元股权转让给向继章。"

2008年3月19日,被告在原告未参加亦未委托他人参加的情况下,再次召开股东大会,作出如下决议:"(一)同意以内部转让方式由股东中国黄金河南公司收购18个自然人股东的部分股权。(二)股权转让价格同意按1∶3.023计算购买转让。(三)同意18个自然人股东以转让方名义同受让人中国黄金河南公司分别签订股权转让协议,股权转让协议生效后,股权转让视为完成。股权转让完成后,18个自然人股东在公司原享有的权利和应承担的义务,以及对公司工会股金576万元拥有权利,随股权转让而由受让人享有与承担。(四)股权转让完成后,公司股金576万元,由受让后的股东按新持有比例共同拥有,出让股权的股东不再拥有。(五)会议同意并确认以2008年3月18日被告财务清单上的债权债务,依据《合同法》由公司享有债权和以其全部财产承担债务,受让股东不承担责任,受让方不承担财务账目外的任何债务。"

其中,1∶3.023转让比例的依据系以2006年审计报告审计资产为基础,考虑到近几年黄金资源枯竭等原因,将净资产1341.5万元下调至1300万元(包括工会持股576万元),按总股本430万元划分,即1300万元÷430万元=1∶3.023。

2008年3月19日,原告与中国黄金河南公司签订股权转让协议,原告将自己的股金70万元转让给中国黄金河南公司,按1∶3.023转让,转让价2,116,100元,转让款已兑现。

后直到2009年,原告向法院提起确认公司效力纠纷诉讼。

原告诉称:

被告作出的两次股东会决议不仅侵犯了原告合法的受益权、重大事务决策权,而且剥夺了其知情权及优先购买权,因此,应确认这两次股东会决议无效。

被告辩称：

1. 被告2005年11月29日作出的股东会决议并未"处置"公司股本576万元。被告只是将公司资产576万元暂交公司工会管理，其决策权、收益权和所有权没有发生本质变化，576万元的公司股金仍完全属于全体股东所有，不发生公司股权向股东以外的第三人转让问题，原告也就不存在优先购买权的问题。

2. 被告2008年3月19日作出的股东会决议主要内容是公司股东之间转让股权，这种情况下，《公司法》既没有规定召开股东会，也没有规定需要征得其他股东同意，更没有规定股东之间有优先购买权。此决议也不存在将公司股本转让给股东以外的第三人的情况，原告根本不存在优先购买权的问题。

3. 原告的诉请超过法律规定的确认无效或要求撤销的法定期间。

4. 从两次股东会议内容的实际实施来看，原告虽然没有参加会议，但是，他对股东会的决议内容是认可的，并且付诸了实际行为。原告在最后一次股东会议结束后，将自己的股权自愿转让给中国黄金河南公司，原告已不具备提出异议的资格，不是本案的当事人。

一审认为：

1. 两次股东会召集程序错误。

依据《公司法》（2005年修订）第103条第1款：召开股东大会会议，应当将会议召开的时间、地点和审议事项于会议召开20日前通知各股东，临时股东大会应当于会议召开15日前通知各股东。虽然法律未对通知股东的形式作出具体规定，但按照《公司章程》第32条召开股东会议应当于会议召开15日前以书面形式通知各股东规定。被告没有向原审法院提供在法律规定的期间内书面通知股东原告参加2005年11月29日和2008年3月19日股东大会的相关证据，因此，被告股东大会会议召集程序错误。

2. 两次股东会的内容违反法律与公司章程的规定。

被告在原告未参加2005年11月29日股东会议的情况下所形成的决议有第2条"将公司注册资本金增加为1006万元，提取公司股金576万元（隶属现有股东各方，并按现出资比例共同拥有）。公司股金暂委托公司工会委员会管理，不参与利润分配和企业管理，没有表决权。有表决权股金为430万元"，以及2008年3月19日股东会议所形成股东会议决议第3条、4条："对被告股金576万元处分"。

上述内容违反《公司法》第4条，即"公司股东依法享有资产收益、参与重大决策和选择管理者等权利。"和公司章程第1章第5条："自主经营、自负盈亏、照章纳税、盈利分红"以及《公司法》（2005年修订）第22条第1款："公司股东会或者股东大会、董事会的决议内容违反法律、行政法规的无效"的规定。

3. 原告主张的案由为确认无效之诉,不受除斥期间限制。

《公司法》(2005年修订)第22条第1款规定:"公司股东会或者股东大会,董事会的决议内容违反法律、行政法规的无效。"第2款规定:"股东会或者股东大会、董事会的会议召集,表决方式违反法律、行政法规或者公司章程,或者决议内容违反公司章程的,可以自决议作出之日起60日内请求人民法院撤销。"原告主张的系确认之诉,应不受该款除斥期间的限制。

4. 原告2008年3月19日转让股权的行为与原告的诉请并不矛盾。

被告公司于2008年3月19日召开临时股东会后,原告将自己70万元股本按1:3.023的比例转让给中国黄金河南公司,其行为是股东之间股权的转让,与原告所诉确认股东会议内容效力无关。原告将自己70万元股金转让后,认为被告公司提取576万元作为公司股金,侵害了自己的权益,要求确认股东会议内容无效并无不当。

一审判决:

1. 确认被告于2005年11月29日作出的"2005年第二届三次(临时)股东会决议"第1条:"公司股份总额变更为430万元"。第2条(除公司资产经西峡诚信有限责任会计师事务所评估,净资产1006万元为壮大企业规模和加快发展的需要,同意公司注册资本金增加1006万元外)和第3条、4条内容均无效,其余条款有效;

2. 被告于2008年3月19日作出的"股东会决议"第3条:"以及对公司股金576万元拥有权利,随股权转让而由受让人享有与承担"和第4条内容均无效,其余条款有效。

被告不服一审判决,向上级人民法院提起上诉。

被告上诉称:

1. 一审判决适用法律错误。

第一,一审原告要求确认公司股东会于2005年11月29日的决议无效。人民法院对此确认之诉的判决应适用原《公司法》(2004年修正)。而《公司法》(2005年修订)是于2005年10月27日由全国人民代表大会常务委员会修正并于2006年1月1日起施行的。对于新法颁布前的行为应适用原来的法律。一审法院在对本案判决时适用《公司法》(2005年修订),显然适用法律错误。

第二,一审判决引用《公司法》(2005年修订)第103条的规定,认为被告在召开股东大会前没有按该条规定在20日前通知原告,故此次股东会议程序错误。

一审判决引用此法条明显错误。《公司法》(2005年修订)第103条是股份有限公司股东会的会议程序,而被告则是有限责任公司。一审判决将股份有限公司的股东会议程序适用于被告显然是错误的。

2. 一审判决认定事实错误,两次股东大会决议内容都不违法。

其一,被告2005年11月29日股东会的决议并未"处置"公司股本576万元。

从原告的诉状来看,其认为被告将公司资产576万元转为股本并由公司工会持有,剥夺了其优先购买权。也就是说,原告认为公司工会持有公司资产是一种转让行为,其本人作为本公司股东享有优先购买权。这里的"处置"应解读为"转让"。2005年11月29日股东会决议内容的第2条是这样记载的:……公司股金576万元(隶属现有股东各方并按出资比例共同拥有)……第3条规定:若今后对公司股金576万元进行分割,由现股东按出资比例分配股权,既今后新进股权不享受公司股金576万元权益。

从上述内容来看,被告认为,该公司将公司资产576万元转为股金是暂由公司工会管理,其决策权、收益权和所有权没有发生本质变化,根本没有发生财产所有权的转让问题,576万元的公司股金仍完全属于全体股东所有,当然也包括原告在内,而且是最大的受益人,根本不发生公司股权向股东以外的第三人转让问题,原告也就不存在优先购买权的问题。

其二,被告2008年3月19日的股东会决议主要内容是公司股东之间转让股权,同时说明576万元的公司股金也按分配比例对价受偿而不再享受权利。公司股东之间转让股权,属于股东个人的自主权利和自由行为。这种情况,《公司法》(2005年修订)既没有规定召开股东会,也没有规定征得其他股东同意,更没有规定股东之间有优先购买权。此决议也不存在将公司股本转让给股东以外的第三人的情况,原告根本不存在优先购买权的问题。

其三,原告对两次股东会的决议内容完全知情并认可。2005年11月29日的股东会决议,原告虽不承认委托他人在决议上签字,但其对576万元公司资产的安排是认可的,表现就是其在2006年元月的股本确认书上签字认可其股本总额为70万元。2008年3月19日,原告也参加了当次股东会议,其本人虽未在该次会议决议上签字,但确实参加了此次会议,且知晓并认可此次会议的内容。表现是:原告在2008年3月19日与中国黄金河南公司签订的股权转让书上签字,同意将其持有的70万元股份以1∶3.023的比例转让于中国黄金河南公司。而后原告也实际接受了中国黄金河南公司按此比例而付给其的股金转让款2,116,100元。如果原告未到会怎知道转让的比例为1∶3.023如果其本人不同意该次股东会决议,为何与中国黄金河南公司当时亲笔订立股权转让协议?该转让协议无可辩驳地证明了这样一个事实:原告对该公司于2008年3月19日的股东会决议内容完全知晓并自愿认可。上述两次股东会决议内容并没有违背法律禁止性规定,也没有侵害原告的合法权益。

3. 一审判决对本案定性错误。

本案原告就两次股东会议的内容向人民法院起诉,从其形式上看是以其本人未参加两次会议内容为手段,其本质内容是强调其优先购买权,从而达到其扰乱公司正常的治理活动,并为其个人谋取不正当利益的目的。一审法院不顾本案的事实证据,片面迎合、袒护原告的主张和利益,高调强调原告的优先购买权。但从本案的事实上看,如前所述,原告根本不存在优先购买权的事实。一审法院对本案定性的错误必然导致本案的错误判决结果。

4. 股权转让完成后,原告已失去诉讼主体资格。

2008年3月19日原告与中国黄金河南公司签订的《被告股权转让协议》第2条第2款"甲方转让其股权后,其在被告原享有的权利和应承担的义务,随权转让而转由乙方享有和承担。"原告按1:3.023转让了股权,并取得收益2,116,100元,这个收益中已经包括了576万元股本的应得收益。此转让协议履行后,原告已经失去了诉讼主体资格。

原告二审辩称:

1. 原审适用法律正确。

《公司法》(2004年修正)第4条规定:公司股东作为出资者按投入公司资本额享有所有者的资产受益,重大决策选择管理者的权利。《公司法》(2005年修订)第4条规定:公司股东依法享有资产收益,参与重大决策和选择管理权利。《公司法》(2005年修订)并未撤销这些权利,适用法律错在何处?

2. 两次会议决议的内容违反法律规定。

第一,2005年11月29日的会议决议提取了公司资产升值部分的576万元作为公司股权,违反了《公司法》(2004年修正)第33条"股东按出资比例分取红利"、第177条第4款"公司弥补亏损和提取公积金、法定公益金后所余利润,有限责任公司按照股东的出资比例分配"的规定,应确认为无效。公司股权的576万元交由工会管理,超越了《公司法》(2004年修正)第16条"公司职工依法组织工会,开展工会活动,维护职工的合法权益"的工会权利,公司工会无权管理公司股东资产,该内容违反了《公司法》(2004年修正)的规定,应当确认为无效。同时该决议侵犯了原告的合法的受益权、重大事务决策权,违反了《公司法》(2004年修正)第4条的规定,应依法确认无效。

第二,2008年3月19日的股东会决议,将全体股东的巨额利益送给了个别股东,超越了《公司法》第38条赋予的股东会议的权限,且未通知原告参加会议,剥夺了其知情权及优先购买权。应当确定该股东决议无效。

第三,被告无证据证明原告对决议的内容知情。原告的转让行为只涉及70万元股权,且双方的转让行为不受股东大会的限制,双方未明确约定576万元股权份额一并转让,不能印证原告对2008年3月19日的股东会议决议内容知情。且原告对决议内容知情与否,不影响原告提起确认之诉,因为股东会决议的内容违法。

3. 一审程序合法。

原告所诉的是确认股东会议无效,而非股东会议表决形式无效,被告无权要求人民法院追加股东作为本案利害关系人参加本案诉讼活动。

4. 原告的诉讼主体资格毋庸置疑。

原告仅就其70万元股权转让与黄金公司签订了协议,并未出售共同拥有的576万元股权,且两次股东会议的内容因违反法律规定而无效,原告提起确认之诉不但主体资格成立,该诉讼也正确维护了全体股东的合法权益。

律师观点:

1. 原告主张股东会决议撤销已过除斥期间。

2005年11月29日和2008年3月19日,被告两次召开股东会议,在没有通知股东原告参加的情况下,将公司注册资金增加到1006万元,同时提取公司股金576万元,委托工会管理,后又处置了576万元隶属股东各方共同拥有的股本,决议内容涉及作为股东之一的原告的股东权和财产收益权。《公司法》(2005年修订)第22条第2款规定:"股东会或者股东大会、董事会的会议召集程序、表决方式违反法律、行政法规或者公司章程,或者决议内容违反公司章程的,股东可以自决议作出之日起60日内,请求人民法院撤销。"本案中,被告两次召开股东大会,没有证据表明通知作为股东之一的原告参加,股东会的召集及决议程序存在瑕疵,原告据此可以对股东会的决议行使撤销权,但由于没有在股东会作出决议之日起60日内提出撤销,从而丧失了此项请求权。

2. 被告的两次股东会决议内容并不违反法律规定,应属合法有效。

被告章程规定:"股东会对股东向股东以外的人转让出资作出决议或增加及减少注册资本,被告修改公司章程作出决议,都必须经代表2/3以上有表决权的股东通过,股东会会议由股东按照出资比例行使表决权,出席股东会议的股东数应达到全体股东的 2/3 以上,否则通过的决议无效"。上述规定符合《公司法》(2005 年修订)第 44 条的相关规定。本案中被告有表决权的股金为 430 万元,原告有表决权的股金为 70 万元,占被告表决权的 16.28%。原告是否到会及参与表决,均不能产生改变公司股东会决议内容的后果,《公司法》(2005 年修订)第 22 条第 1 款规定:"公司股东会或者股东大会、董事会的决议内容违反法律、行政法规的无效"。该款是指违反法律、法规强制性效力规范方可认定无效。经查,两次股东会议决议的内容均不违背法律、法规禁止性规定。故原告请求确认 2005 年 11 月 29 日和 2008 年 3 月 19 日两次股东会议内容无效,于法无据。对股东会议决议有异议或者认为股东会决议损害了自己的合法权益,原告可另行提起侵权之诉。

法院判决:

1. 撤销一审判决;
2. 驳回原告的诉讼请求。

【案例 480】60 日不可中止　刑满释放主张撤销被驳回①

原告: 吴某某

被告: 某物业有限公司

诉讼请求: 判令撤销被告于 2007 年 9 月 7 日作出的关于取消原告投资人资格的股东会决议。

争议焦点: 原告因被监禁 3 年后才得知已被取消投资人资格,起诉时间是否受 60 日的限制。

基本案情:

原告曾是被告公司法定代表人及发起人,持有占被告股权 19% 的股权,其在被告发起时占 14%,2004 年 6 月 21 日受让员工转让股权 5%。

2007 年 8 月,原告因犯偷税罪及职务侵占罪并罚执行 3 年 6 个月刑期。

原告刑满释放后,于 2010 年 10 月 10 日向被告公司董事会提议召开股东会,讨论和审计公司的经营情况,决定公司今后的发展道路。

2010 年 10 月 12 日,被告向原告出示了 2007 年 9 月 7 日的股东会决议,内容为:鉴于原告和陈某某分别犯偷税罪及职务侵占罪被判相应的有期徒刑,根据《某物业有限公司股东投资协议》第 18 条的相关规定取消原告和陈某某的投资人

---

① 参见上海市黄浦区人民法院(2011)黄民二(商)初字第 18 号民事判决书。

资格。

原告诉称：

1. 原告已按投资协议履行了出资义务，不能因犯罪剥夺其股东权利。

2. 被告股东会决议内容违反法律、行政法规的规定，且召开股东会应当于会议召开15日前通知全体股东，因而当时召开的股东会程序违法，没有书面通知原告，原告直到2010年10月12日才知道股东会决议内容。

3. 另据原告了解，被告公司召开股东会时间为2007年6月，内容不涉及取消原告投资人资格。

被告辩称：

本案讼争股东会决议为2007年9月7日形成，原告起诉已超法定60日除斥期间。应予驳回。

律师观点：

根据《公司法》(2005年修订)第22条的规定，股东会会议召集程序、表决方式违反法律、行政法规或者公司章程，或者决议内容违反公司章程的，股东可以自决议作出之日起60日内，请求人民法院撤销。根据本案系争股东会决议内容，股东会决议形成于2007年9月7日，但原告于股东会决议作出已逾3年方提起撤销之诉，其撤销决议的起诉已超过法律规定的期限。

法院判决：

驳回原告的起诉。

【案例481】瑕疵决议已履行　无须诉讼请求被驳回①

原告：洪某

被告：洪氏公司

诉讼请求：判令被告立即执行《出资人会议决议》，办理董事变更登记手续。

争议焦点：

1. 在被告未设立股东会与董事会的前提下，原告作为出资最多的股东是否有权召集全体投资人开会；

2. 未在规定期限对召集瑕疵提出异议的股东会决议是否有效；

3. 原告是否有权委派全部的被告董事会成员；

4. 被告是否履行了办理董事变更备案手续的义务，对于未能完成变更备案

---

① 参见福建省厦门市中级人民法院(2006)厦民初字第387号民事判决书。

手续,被告是否具有过错?原告是否有必要提起本案诉讼。

基本案情:

1994年6月3日,原告作为唯一投资人投资设立外商独资企业(被告)。公司章程第18条规定:原告任董事长,洪三雄、洪进行任董事,任期5年。

1998年12月16日被告修改公司章程后,由洪三雄任副董事长。

截至1999年11月11日,被告的股权结构如下:原告出资840万美元,占70.1%;洪三雄出资200.004万美元,占16.67%;洪进行出资120万美元,占10%;卓森荣出资39.996万美元,占3.33%。

投资人变更后,公司仍未设股东会。

2004年11月17日,被告的董事会一致同意委托原告全权办理银行授信额度的申请及担保事宜,董事洪三雄、洪进行同意向银行申请授信贷款。

2006年6月25日,董事洪三雄、洪进行以被告董事会的名义发函给中国银行厦门市翔安支行,要求该行停止向被告融资并要求提前收回贷款。此后,银行停止为被告对外开立信用证。

2006年8月2日,原告以被告股东及董事长身份签发《关于召开洪氏公司股东会的通知》,分别通知股东洪三雄、洪进行、卓森荣于2006年8月25日在厦门市湖里工业区31号厂房第三会议室召开会议,讨论主要议程:

1. 公司首次成立股东会;

2. 修改公司章程;

3. 更换公司董事会部分成员,更换后的董事会成员为洪某(原告)、钟美娣、洪绍明三人。

2006年8月3日,被告的委托代理人叶韶华到厦门市鹭江公证处办理将上述通知分别邮寄给洪三雄、洪进行、卓森荣的邮件内容和邮寄过程的保全证据公证。经该公证处公证员监督,叶韶华将上述通知及附件交厦门市邮政局速递局工作人员,以邮政快递方式邮寄给洪三雄、洪进行、卓森荣,收件人地址与1998年2月16日《投资申请表》和1998年12月16日章程所载地址相同。厦门市鹭江公证处还公证证明上述关于邮寄通知及附件的邮件均已妥投。

2006年8月9日,被告收到了一份由"董事洪三雄、董事洪进行"以被告董事会名义传真发给"洪某董事、洪进行董事、洪三雄董事"的《洪氏公司临时董事会开会通知》,通知将于2006年8月18日上午11时在台湾台北市复兴北路振兴联合会计师事务所会议室召开董事会,讨论议程:"(1)否决原告董事长未经董事会讨论决议擅自于2006年8月2日发出之召开股东会通知;(2)改选董事长。"

2006年8月11日,原告以被告股东及董事长身份签发《关于对〈洪氏公司临时董事会开会通知〉的复函》,指出董事会应由董事长召集并主持,上述召开临时董事会的通知只能是开会的提议,而非由公司发出的正式会议通知。同时,"鉴于首届董事会成员任期已届满,现根据法律及章程规定结合你等提议,董事长依法行使董事会召集权及主持权,就董事会召开的有关事宜通知如下:

1. 会议时间:2006年8月25日上午8时30分;
2. 会议地点:厦门市湖里工业区31号厂房第三会议室;
3. 临时董事会议程:向新委派的董事移交相关公司事务。

同日,原告以被告股东身份签发《关于召开洪氏公司出资人会议暨股东会的补充通知》,分别通知股东洪三雄、洪进行、卓森荣于2006年8月25日9时在厦门市湖里工业区31号厂房第三会议室召开会议,讨论主要议程:

1. 依法变更公司组织机构,成立公司股东会;
2. 重新委派下列人员担任公司董事:原告(洪某)、钟美娣、洪绍明三人;
3. 修改公司章程。

2006年8月14日,被告的委托代理人叶韶华到厦门市鹭江公证处办理将上述通知和复函分别邮寄给洪三雄、洪进行、卓森荣的邮寄内容和过程的保全证据公证。经该公证处公证员监督,叶韶华将上述通知及复函交厦门市邮政局速递局工作人员,以邮政快递方式按照8月3日所收邮件的地址邮寄给洪三雄、洪进行、卓森荣。厦门市鹭江公证处还公证证明上述关于邮寄通知及复函的邮件均已妥投。

2006年8月18日,洪三雄、洪进行在台湾地区台北市复兴北路二号A座6楼振兴联合会计师事务所会议室召开董事会,作出相关决议。

8月下旬,中国银行厦门市翔安支行收到了洪进行以被告董事长身份所发的通知及所附董事会决议。原、被告均否认收到上述董事会决议和洪进行以被告董事长名义所发通知。

2006年8月25日9时,被告在厦门市鹭江公证处公证员现场监督下召开出资人会议等会议,出席人员为原告(占出资额的70%),其他3位出资人洪三雄、洪进行、洪森荣(占出资额的30%)缺席,也未授权他人出席。

出资人会议决议如下:

1. 变更公司组织机构,成立公司股东会;
2. 重新委派下列人员担任公司董事:原告(洪某)、钟美娣、洪绍明。

会上,原告以投资人身份签署了免除洪三雄副董事长、董事职务,及洪进行董事职务的《免职书》,签署了委派钟美娣、洪绍明为公司董事的《委派书》等事项。

会后,被告根据上述决议向厦门市工商行政管理局申请办理变更董事的备案手续。

2006年9月30日,厦门市工商行政管理局向被告发《关于补正某公司董事变更备案法定材料的告知书》,称"对照某公司章程第4章第17条'公司设董事会,董事会为公司最高权力机构,讨论决定公司的一切重大事项',第18条'公司董事会由投资者委派',第23条'出席董事会会议的法定人数为全体董事的2/3,不够2/3时,所通过决议无效'的规定,洪氏企业董事变更所提交的原董事(监事)的免职文件和新任董事(监事)的任职文件不符合公司章程上述条款的要求,因而违背了《公司法》《外资企业法》及《实施细则》有关条款的规定,以及国家工商总局外商投资企业董事(监事)变更备案登记所需提交的文件、证件法定形式的要求"。"比照国家工商总局《企业登记程序》第10条的规定,现一次性告知你公司按照工商总局外商投资企业董事(监事)变更备案登记所需提交的文件、证件规范要求,对照洪氏企业现行经主管部门批准生效的公司章程的具体规定,重新提交原董事(监事)的免职文件和新任董事(监事)的任职文件。"

截至被告诉讼时,被告未收到投资人对上述会议决议提出异议的通知,也未被起诉撤销会议决议,被告未能完成董事变更备案登记手续。

原告诉称:

被告系由原告作为唯一股东于1994年6月3日成立的外商独资企业,公司未设股东会,由原告直接委派首届董事会成员,董事长为原告,董事为洪三雄、洪进行,任期5年。

公司原董事洪三雄、洪进行长期居住台湾,未能及时履行董事职责,同时董事任期又早已届满,特别是于2006年6月25日私自假借董事会的名义向贷款银行发函要求停止对公司的授信,导致公司无法使用信用证进口原材料。

在此情况下,原告作为出资最多的股东及董事长,依法召集召开了股东会议,决定免除洪三雄副董事长、董事职务,及洪进行董事职务,委派钟美娣、洪绍明为公司董事。会议通知及召开过程经公证处全程公证。

被告辩称:

1. 被告无法及时完成董事变更备案登记手续,无法及时完成公司章程修正案报批及变更备案登记手续,实属无奈,相关行政主管部门一再要求会议决议的有效性得到法院的确认后才能进行变更登记;

2. 被告对原告所提交的所有证据的真实性、合法性、关联性均无异议,但对

相关会议决议的有效性,作为企业实在无从判断是否有效,被告表示尊重人民法院的判决;

3. 对于原董事洪三雄和洪进行未尽其董事职责,反而采取危害公司利益的行为,被告认为原告在其诉状当中所提及的事实确实存在,公司因无法向授信银行提交符合其要求的董事会决议而陷入严重困境,更为严重的是,因缺乏信用证这一金融工具,而导致无法采购进口原材料,企业目前已经处于停产待料状态,企业四千多名员工急切盼望问题能早日解决;

4. 企业在正常经营的状况下,能够形成利润提供给投资者一定的分红回报,而目前的状态已导致亏损的现实,投资者的利益显然已因纠纷而导致严重受损。

律师观点:

《公司法》(2005年修订)第22条第4款规定:"公司根据股东会或者股东大会、董事会决议已办理变更登记的,人民法院宣告该决议无效或者撤销该决议后,公司应当向公司登记机关申请撤销变更登记。"根据该规定,依据股东会决议办理相关变更登记备案手续是公司的义务,故股东起诉请求公司履行该义务时应以公司为被告。法律未规定出资人会议,其法律性质与股东会相同,故应比照适用上述规定。原告依据出资人会议的决议请求公司履行相应的报批手续的义务,应以所投资的公司为被告。

合法召开的股东会会议或出资人会议所作出的内容不违反法律强制性或禁止性规定的决议,自作出之时即具有法律效力。被告有义务履行出资人会议决议。下面分七点进行分析:

1. 原告有权召集全体投资人开会。

被告的公司章程规定董事由投资人委派,但对于如何委派没有具体规定。全体投资人可以通过各种方式表达各自或共同的委派董事的意思,而召开会议进行商议和表决是通常的方式之一。

被告的公司章程对于召集投资人开会的程序也没有具体规定,1998年股权变更后,被告至今未召开出资人会议,也未设股东会,比照《公司法》(2005年修订)第39条规定的首次股东会由出资最多的股东召集的规定,原告作为出资最多的出资人和公司董事长,有权召集全体出资人开会讨论更换董事会成员事宜。

2. 召集投资人开会的程序有瑕疵但已过异议期限。

被告已将召开会议的通知及会议议题邮寄给其他出资人,邮寄内容及过程经公证处公证。公证处还证明所有邮件均已妥投。其他出资人以被告董事会名义发给公司的传真及发给银行的通知也证明他们收到了召开会议的通知。

然而，原告将召开股东会的通知变更为召开出资人会议的通知并重新发送开会通知时，未按照《公司法》（2005年修订）第42条的规定提前15日通知全体出资人，因此，出资人会议的召集程序有瑕疵。

但被告发出会议通知后，没有任何一位出资人对通知程序在法定期限内提出异议。出资人洪三雄、洪进行在收到召开股东会、董事会的通知后，传真回复被告，对原告单方更换董事提出异议，并提出了在台湾开董事会重新选举公司董事长的通知。被告在发送召开出资人会议通知时一并邮寄了对该通知的复函，指出该通知为开董事会的提议。

此后，并无出资人对会议及其决议提出异议或提起诉讼。《公司法》（2005年修订）第22条规定："公司股东会或者股东大会、董事会的决议内容违反法律、行政法规的无效。股东会或者股东大会、董事会的会议召集程序、表决方式违反法律、行政法规或者公司章程，或者决议内容违反公司章程的，股东可以自决议作出之日起60日内，请求人民法院撤销。"当决议内容违反法律、行政法规规定时，人民法院将宣告其无效。当会议召集程序、表决方式违反法律、行政法规或者公司章程，或者决议内容违反公司章程时，股东有权请求人民法院予以撤销。在撤销之前，决议的效力待定。

因此，被告关于开会的通知虽然有瑕疵，但因无出资人提异议或起诉，依照《最高人民法院关于适用〈中华人民共和国公司法〉若干问题的规定（一）》第3条的规定，起诉的法定期间已过，应认定异议期限已过。

3. 改选董事符合法律规定也符合章程规定。

（1）董事任期届满，依法依章程规定都应当予以改选。

被告于1994年设立至今董事会成员一直未更换，仅于1998年12月修改章程时将董事洪三雄改任为副董事长。此后投资者再未委派过董事，董事任期早已届满，应由投资者依据法律和章程规定委派新一届董事会成员。

即使将1998年董事职务的调整，视为出资人改选了董事会成员，至今已超过公司章程规定的董事任期5年的规定，当然也超过了《公司法》规定的董事任期3年的规定。依照法律规定和章程规定，出资人有权重新委任董事会成员。

（2）被告的部分任期届满的留守董事滥用董事权利、作出损害公司利益的行为，投资人也有权改选董事。

2004年11月17日，被告的董事会已决议一致同意公司在人民币2亿元的限额内向银行贷款，并授权由原告全权办理。但董事洪三雄、洪进行却于2006年6月25日以被告董事会的名义向公司贷款银行发函要求停止对公司的授信贷款，致使被告无法通过银行对外开立信用证,无法进口原材料。这些留守董事滥用了董事职权,因此,改选董事符合被告利益。

4. 被告董事组成不能维护出资人利益,原告有权提议更换董事。

董事既应在经营活动中维护公司利益,也应当维护投资人的利益,应当能够公平地维护公司大小投资者的利益。然而,被告的董事会组成不能代表出资占2/3以上多数的出资人的利益,此时,该出资人有权通过股东会或出资人会议更换董事。

5. 原告有权委派被告董事。

出资人依据《公司法》(2005年修订)第44条的规定享有选择管理者(任免董事)的权利。被告公司章程第18条"公司董事会由投资者委派……"的规定,将委派董事的权利赋予投资人。章程将公司重大事项赋予公司董事会以2/3多数决定,该条款与第18条冲突的情况下,特殊条款的适用应优先于普通条款,故章程将委派董事的权利特别保留给投资人。即使该权利已授予董事会,投资人作为授予权利的委托人,仍有权通过合法召开出资人会议的形式,将该授权收回。因此,依照法律和公司章程,原告均有权委派被告的董事会成员。

6. 在章程没有特别规定的情况下,被告应根据"资本多数决"原则对全体董事人选直接进行表决后依照决议免去或委派董事。

在1994年至1998年12月16日,投资人只有原告1人,所有的董事都由原告委派。之后,投资人有4人,原告仍持有70%的出资份额,依照出资比例,原告至少有权任命3名董事会成员中的2名。

《公司法》(2005年修订)第43条规定:"股东会会议由股东按照出资比例行使表决权;但是,公司章程另有规定的除外。"第44条第1款规定:"股东会的议事方式和表决程序,除本法有规定的除外,由公司章程规定。"

因此,法律将股东会的议事规则授权由公司章程制定。但被告的章程没有规定投资人如何委派董事会成员。这样,《公司法》(2005年修订)和被告的章程对如何委派公司董事事宜均无明确规定。原告主张比照《公司法》(2005年修订)第44条第1款的规定,原告有权委派全体董事。依照《公司法》(2005年修订)相关理论,股东对选择董事会成员的表决权有直接选举制和累积投票制两种模式。

《公司法》(2005年修订)在有限责任公司部分没有规定累积投票制度,仅在股份有限公司部分允许公司章程或者股东大会决议采用该制度。

因此,累积投票制应当在章程中有特别约定,如果没有章程的特别约定,则应先经股东会讨论并经2/3以上表决权通过采用该选举方式才能适用。

实践中,我国大多数合资经营公司的章程均特别规定股东选任董事的名额,即实务多采用累积投票制。若采用该制度,且其他出资人联合选举1名董事时,则原告只能决定3名董事会成员中的2名董事人选。然而,被告的章程没有特别规定这种选举董事的制度,也没有经全体投资人表决采用这种制度,因此,认定原告是否有权决定全部董事会成员时不适用累积投票制理论。

根据直接选举制理论,所有股东都有提名全体董事会成员的权利,全体股东根据各自拥有的表决权对三名董事直接进行投票表决。原告现享有被告70%的股权,是被告最大的出资人,依法享有选择管理者等权利,行使股东权利时享有超过公司2/3以上的表决权。因此,在章程没有特别规定的情况下,对"董事由投资者委派"的正确理解应当是由投资人根据"资本多数决"原则对全体董事人选直接进行表决后依照决议免去或委派董事,并非每个出资人都能够委派1名董事,其选举的董事经代表出席会议1/2以上表决权的股东通过才能被委派。原告主张比照适用《公司法》(2005年修订)第44条第1款规定,应予支持。

7. 依照出资人会议决议,被告负有办理公司董事变更事项备案的义务。

《公司登记管理条例》(2005年修订)第37条规定:"公司章程修改未涉及登记事项的,公司应当将修改后的公司章程或者公司章程修正案送原公司登记机关备案";第87条规定:"外商投资的公司的登记适用本条例……"

《关于外商投资的公司审批登记管理法律适用若干问题的执行意见》第18条规定:"外商投资的公司的下列事项及其变更应当向公司登记机关备案:

"(1)经审批机关批准的不涉及登记事项的公司章程修正案或修改后的公司章程(含投资总额的变更);

"(2)公司董事、监事、经理……外商投资的公司办理备案事项,应当向公司登记机关提交由公司法定代表人(清算组负责人)签署的备案报告、证明备案事项发生的相关文件。……"因此,依据法律规定,出资人会议作出会议决议后,被告系办理公司董事变更备案及章程修正案报批变更登记事项的主体,负有依据出资人会议决议内容办理报批、登记及备案等事项的法定义务。

本案中,原告无须提起本案诉讼。原因有两点:

①合法召开的投资人会议所作出的更换董事的决议,在一经作出之时即对新旧董事和公司均发生法律效力。未办理变更备案不影响决议的效力,备案具有对外宣示的效力。双方对于出资人会议决议并无争议,故无须诉讼。

②被告已于2006年9月30日收到厦门市工商行政管理局的《告知书》,证明被告已经履行了办理董事变更备案手续的义务,对于未能完成变更备案手续,被

告没有过错,因此,原告的起诉应予驳回。

法院判决:

驳回原告的诉讼请求。①

【案例482】决议作出日起算60日　逾期请求撤销被驳回②

原告: 名流置业公司

被告: 云生实业公司

诉讼请求: 撤销被告2007年10月30日作出的股东会决议。

争议焦点:

1. 被告已解散并成立清算组,本案被告主体资格是否适格;

2. 60日的撤销权的起算点应为原告知道权利被侵害之日还是公司决议作出之日,是否适用《合同法》第55条关于撤销权的起算日自知道或应当知道撤销事由之日起算的规定。

基本案情:

原告原企业名称为华一公司,1995年3月3日,原告与被告签订了《股份转让协议》,约定原告将其在产权公司的200万元股份转让给被告。

1996年8月14日,被告成立,发起人共11家企业法人,注册资本为1300万元。其中,原告的出资额为200万元,占全部股份的15.384%。

1997年10月28日,被告召开股东大会和董事会,决议取消原告股东资格,并在云南省工商行政管理局作了变更登记,同时修改了公司章程。

为此,原告于2000年8月16日诉至昆明市中级人民法院,要求被告恢复原告的股东资格及权益。该院于2000年12月13日作出(2000)昆法经初字第650号民事判决书,判决被告在判决生效后立即恢复原告的股东资格及相应权益。被告不服,提起上诉,云南省高级人民法院作出(2001)云高民二终字第65号民事判决书,判决撤销昆明市中级人民法院(2000)昆法经初字第650号民事判决书,驳回原告的诉讼请求。

2002年4月12日,云南省高级人民法院以(2002)云高监字第11号民事裁定再审此案,并于同年8月6日作出(2002)云高民二再字第6号民事判决书,以原

---

① 笔者认为,被告洪氏公司应在诉讼前或本判决生效后向法院提起行政诉讼,请求法院判令工商行政登记机关履行变更登记义务。

② 参见昆明市中级人民法院(2009)昆民五终字第3号民事判决书。

被告间互换股份的约定有效为由,判决撤销云南省高级人民法院(2001)云高民二终字第65号民事判决,维持昆明市中级人民法院(2000)昆法经初字第650号民事判决:被告立即停止侵权,恢复原告的股东资格。

2003年1月16日,昆明市中级人民法院向云南省工商行政管理局发出协助执行通知书,要求协助执行被告恢复原告股东资格的事宜。

此后,云南省工商行政管理局对被告公司登记基本情况进行了更改,2007年11月22日打印的内资企业登记基本信息显示:原告系被告股东之一,实缴出资额为200万元。

2008年4月28日,原告提起诉讼,要求查阅被告公司章程以及2002年至今所有年度的资产负债表、损益表、财务状况变动表、财务状况说明表、利润分配表及附属明细表;并由被告提供2002年至今所有年度的股东会会议记录、董事会决议、监事会决议。被告应诉后在庭审中提交了2007年10月30日股东会决议及会议纪要,用以证明被告经股东大会决议解散,已进入清算程序。该股东会决议上载明:"2007年临时股东会于10月30日在被告会议室召开,会议由郑智敏董事长主持。会议应到股东11家,实到股东11家,符合公司章程的有关规定,会议形成决议如下:(1)一致决议解散被告。(2)成立被告清算组,清算组由11家股东组成,清算组工作人员为组长郑智敏……"到会的11家股东代表在决议及会议纪要上签署了姓名或加盖了印鉴。

原告诉称:

云南省高级人民法院(2002)云高民二再字第6号民事判决书确定了原告为被告股东的身份。

原告作为被告股东,有权参与被告的股东会并行使相应的股东权利。讼争股东会,被告完全没有通知原告,原告对股东会的召开与股东会决议的作出全不知情。被告这一行为严重损害了原告的利益。

被告辩称:

1. 原告不具有被告股东身份,无权参加被告公司股东会。因被告对原告的股东身份持有异议,故未让原告行使任何股东权益,也未通知原告参加此次会议。

2. 根据《公司法》的相关规定,原告已过60日的起诉期限,法院应驳回其起诉。

3. 被告已经经过公司决议解散,并成立了清算小组。并非本案适格主体。

一审认为:

1. 被告诉讼主体适格。

股东会是公司的最高权力机构,股东参加股东会并就有关事项进行表决,是否同意体现了各股东的意志,但符合法律、法规和公司章程规定的表决程序而通过的决议则体现了公司的整体意志,而不再是各股东的意志,股东会决议的法律效果只能归属于公司本身,请求确认股东会决议无效或请求撤销股东会决议而提起的诉讼,应列公司为被告。

尽管被告经11家股东共同决议解散并成立了清算组,但因其并未办理注销登记。根据《最高人民法院关于适用〈中华人民共和国公司法〉若干问题的规定(二)》第10条"公司依法清算结束并办理注销登记前,有关公司的民事诉讼,应当以公司的名义进行。公司成立清算组的,由清算组负责人代表公司参加诉讼;尚未成立清算组的,由原法定代表人代表公司参加诉讼"的规定,被告系本案适格诉讼主体。

2. 原告具备股东资格。

云南省高级人民法院(2002)云高民二再字第6号民事判决书已确认原被告间互换股份的约定有效,并判决被告停止侵权,恢复原告的股东资格。

由此可见,原告以互换股权的方式成为被告股东,是为生效民事判决所预决的事实,根据最高人民法院《关于适用〈中华人民共和国民事诉讼法〉若干问题的意见》第75条的规定,已为人民法院发生法律效力的裁判所确定的事实,当事人在诉讼中无须证明,法院也不予怀疑,应直接作为定案的依据,这就是所谓的既判力。

按照既判力要求,法院的判决确定以后,无论该判决是否存在误判情形,在未被依法变更或者撤销以前,当事人和法院都要受判决的拘束,而不得就该判决的内容进行任何意义上的争执。

因此,被告以换股协议无效为由否认原告股东身份的抗辩理由,于法无据,不予采纳。原告具备股东资格,依法可行使其在被告处的股东权益。

3. 原告起诉超过60日的除斥期间,应当驳回起诉。

存在法律瑕疵或违法可能的股东会决议,并不当然使决议中确认的法律关系归于无效,相关法律关系处于不稳定的状态之中,同时,只能通过法院的裁判才能确定相关法律关系的最终效力。

基于此种考虑,法律赋予股东请求确认股东会决议无效或请求撤销股东会决议的两种救济权利,为了促使利害关系相对方尽早行使权利,使法律关系恢复稳定的状态,《公司法》(2005年修订)第22条第2款还就股东会决议的撤销权诉讼明确规定了维权股东行使权利的期间,按照规定,股东对股东会决议的撤销权行使期限为自决议作出之日起60日,该期间应为不变期间,除斥期间不适用延长、中断、中止的规定。

本案中,诉争股东会决议形成于2007年10月30日,而原告提起诉讼的时间为2008年6月27日,显然其起诉已超过60日的除斥期间。根据《最高人民法院关于适用〈中华人民共和国公司法〉若干问题的规定(一)》第3条"原告以《公司法》第二十二条第二款、第七十五条第二款规定事由,向人民法院提起诉讼时,超过公司法规定期限的,人民法院不予受理。"及《最高人民法院关于适用〈中华人民共和国民事诉讼法〉若干问题的意见》第139条"起诉不符合受理条件的,人民法院应当裁定不予受理。立案后发现起诉不符合受理条件的,裁定驳回起诉"的规定,股东依照目前公司法的规定可以自决议作出之日起60日内请人民法院撤销,逾期起诉则视为不符合起诉条件。

因此,原告的起诉不符合法律规定的起诉条件,应予驳回。

一审判决:

驳回原告的起诉。

原告不服一审判决,向上级人民法院提起上诉。

原告上诉称:

一审裁定认为,原告请求撤销被告关于公司解散的股东大会决议,超过了《公司法》(2005年修订)第22条第2款规定的60日期限,故裁定驳回原告的起诉。

原告认为,一审裁定没有考虑本案的两个事实。

1. 被告一直不承认原告是其合法股东,召开股东大会从未通知过原告参加。

2. 原告是在2008年6月19日,在原告起诉被告的另一知情权纠纷案件时,从被告提交的证据中,才知道被告作出了解散公司的股东大会决议,原告在2008年6月27日提起本案诉讼,从知道之日起,并未超过60日。

《合同法》第55条规定,撤销权的起算日是自知道或者应当知道撤销事由之日起算,按上述规定,原告主张撤销权并未超过60日。

原告认为,如果不考虑原告是否知道撤销事由,仅考虑60日期限,就会为恶意侵犯中小股东权利的其他股东或公司开启方便之门,这些股东都可以采取不通知部分股东就召开股东大会并作出不利于未到会股东利益的决定,如此一来,则有失法律的公平和公正。

被告二审辩称:

一审认定事实清楚,所作处理得当。原告的诉讼请求无任何事实依据,请求二审法院查明事实,依法驳回原告的上诉请求,维持一审裁定。

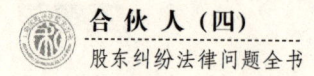

律师观点：

1.《合同法》第55条在本案中不适用。

本案系股东会决议撤销之诉，并非请求撤销合同纠纷，故应适用《公司法》第22条的规定进行审理。原告在上诉理由中主张本案应当适用《合同法》第55条的规定，忽视了本案诉争基本法律关系的性质，对如何适用法律存在误解，故对其请求法院不应予采纳。

2. 撤销权的起算点为股东会决议生效之日。

针对行使撤销权之期间的起算时点，《公司法》第22条已明确规定将股东会决议生效这一客观事实作为法定期间的起算时点，而并不对股东知道与否或应当知道与否的主观状态进行考量，故原告主张以自知道或者应当知道撤销事由之日作为撤销权行使期间的起算时点于法无据，法院不应予支持。

该期间的性质并非除斥期间，而是起诉期限，理由如下：除斥期间是一种法定的权利存续期间，权利人在这一期间内不行使权利，预定期间届满，便发生权利消灭的法律后果，权利人丧失的是实体权利本身。

而《最高人民法院关于适用〈中华人民共和国公司法〉若干问题的规定（一）》第3条明确规定原告提起诉讼"超过公司法规定期限的，人民法院不予受理"，据此规定，当事人超出该法定期间，丧失的是向人民法院起诉的权利，并非丧失实体权利，故此期间应为起诉期限。对此期间性质，一审法院所做认定不够准确。

二审判决：

驳回上诉，维持原裁定。

【案例483】离婚协议未生效　法院判决决议不成立[①]

原告： 张艳娟

被告： 万华工贸公司、万华、吴亮亮、毛建伟

诉讼请求：

1. 确认2004年4月6日被告万华工贸公司股东会决议无效；
2. 确认原告与被告毛建伟之间的股权转让协议无效；
3. 确认被告万华与被告吴亮亮之间的股权转让协议无效；
4. 撤销上述股东会议决议和股权转让协议。

---

① 参见南京市玄武区人民法院张艳娟与江苏万华工贸发展有限公司、万华、吴亮亮、毛建伟股东权纠纷案。

第二十章
公司决议纠纷

争议焦点：

1. 请求撤销未实际召开的股东会决议是否适用60日的限制；
2. 控股股东虚构的股东会决议效力如何，系无效、可撤销还是不成立；
3. 夫妻双方签订了离婚协议，但未办理离婚手续，该离婚协议是否有效，有关财产分割的条款对双方是否有约束；
4. 未经妻子授权，丈夫是否有权处置妻子名下的股权。

基本案情：

1999年3月12日被告万华与原告签订了离婚协议书，协议约定：原告与被告万华因感情不和协议离婚，夫妻二人在被告万华工贸公司的全部有形和无形资产、债权、债务等全部归被告万华所有，原告应得财产折算为70万元，由被告万华分期给付。协议签订后，截至原告起诉时，双方并未办理离婚登记手续。

被告万华工贸公司成立于1995年12月21日，发起人为被告万华、原告张艳娟和其他两名股东朱玉前、沈龙，注册资本为106万元，其中被告万华出资100万元，朱玉前、沈龙、原告张艳娟各出资2万元。

2004年4月12日，被告万华工贸公司向公司登记机关申请变更登记，具体事项为："(1)将公司名称变更为伙伴贸易公司；(2)法定代表人变更为被告吴亮亮，股东变更为被告万华、吴亮亮、毛建伟及股东邢小英4人；(3)变更了公司章程的部分内容。"登记所依据的材料如下：

1. 2004年4月6日股权转让协议2份，其主要内容分别为：被告万华将其100万元出资中的80万元出资对应的公司股权转让给被告吴亮亮；朱玉前将其出资2万元对应的公司股权转让给邢小英，沈龙将其2万元出资中的1万元对应的股权转让给被告毛建伟，将另1万元对应的公司股权转让给邢小英，原告张艳娟将2万元出资对应的公司股权转让给被告毛建伟。上述两份股权转让协议落款处有全部转让人及受让人的签名。

2. 2004年4月6日被告万华工贸公司股东会决议1份，主要内容是：全体股东一致同意上述股权转让；转让后各股东出资额及占注册资本的比例为：被告吴亮亮出资80万元，占75.5%；被告万华出资20万元，占18.9%；邢小英出资3万元，占2.8%；被告毛建伟出资3万元，占2.8%；全体股东一致同意将公司名称变更为"伙伴贸易公司"；全体股东一致同意公司住所地变更为"南京市洪武北路××号"；全体股东一致同意免去朱玉前、沈龙董事职务，重新选举被告吴亮亮、被告毛建伟为董事，与被告万华组成董事会；全体股东一致同意免去原告的监事职务，选举邢小英为监事；全体股东一致同意2004年4月6日所修改的公司

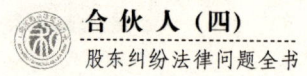

章程。

原告诉称：

2006年6月，原告发现被告万华工贸公司的股东、法定代表人均已于2004年4月发生了变更，原告及朱玉前、沈龙都已不再是该公司股东，原告的股权已经转让给了被告毛建伟，被告万华也将其100万元出资中的80万元所对应的公司股权转让给了被告吴亮亮，公司法定代表人由被告万华变更为被告吴亮亮。

原告作为该公司股东，从未被通知参加该次股东会议，从未转让自己的股权，也未见到过该次会议的决议。该次股东会议决议以及出资转让协议中原告的签名并非原告本人书写。

因此，原告认为该次股东会议实际并未召开，会议决议及出资转让协议均属虚假无效，侵犯了原告的合法股东权益。原告既没有转让过自己的股权，也不同意被告万华向公司股东以外的人转让股权。

被告万华与被告吴亮亮同居，二人间的股权转让实为转移原告与被告万华的夫妻共同财产，并无真实的交易。

原告为证明其观点，提交证据如下：

南京市玄武区人民法院向沈龙和朱玉前作出的调查笔录。

沈龙和朱玉前陈述：1995年被告万华工贸公司设立时，我们二人接受被告万华、原告夫妇二人的要求作为被告万华工贸公司的挂名股东，实际上我们二人均未出资，其后也未参加过被告万华工贸公司的经营。我们二人均没有收到过2004年4月6日的万华工贸公司股东会会议通知，没有参加过该次股东会议，涉案股权转让协议和股东会决议中的沈龙、朱玉前签名不是我们二人亲笔。我们与受让股权的邢小英和被告毛建伟素不相识，也没有取得过转让股权的对价。沈龙、朱玉前二人还表示不愿介入原告与被告万华之间的夫妻矛盾，至于记在他们二人名下的被告万华工贸公司的股权如何处理，与他们二人无关。

被告万华工贸公司辩称：

被告万华工贸公司于2004年4月6日通过的股东会决议内容并无违反法律之处，被告万华工贸公司原股东朱玉前、沈龙均知道该次股东会决议内容及股权转让的事实，因而该决议是合法有效的。

原告张艳娟认为其本人未收到会议通知，没有参加该次股东会议，即便其主张成立，也只能说明2004年4月6日的万华工贸公司股东会会议程序不符合法律和该公司章程的规定。

《公司法》(2005年修订)第22条规定，股东会或者股东大会、董事会的会议召集程序、表决方式违反法律、行政法规或者公司章程,或者决议内容违反公司章程的,股东可以自决议作出之日起60日内,请求人民法院撤销。

原告起诉时已超过申请撤销决议的60日法定期限,故2004年4月6日的被告万华工贸公司股东会决议已然生效。原告无权否定该次股东会决议的效力。

此外,原告不是本案的适格原告,因为2004年4月6日原告的全部股权已转让给了被告毛建伟,原告已不再具有股东资格,故无权提起本案诉讼。

被告万华辩称:

原告与其虽为夫妻,但在离婚协议中二人对财产已有分割约定,夫妻二人在被告万华工贸公司的全部财产归被告万华所有,因此被告万华有权对其在被告万华工贸公司中的股权作出处置,也有权处置原告的2万元出资所对应的股权。

被告万华一直代理原告处理公司事务。

被告万华工贸公司于2004年4月6日召开的股东会是合法的,本人享有被告万华工贸公司的全部表决权,经本人表决同意的股东会决议应为有效。

2004年4月6日的股东会有会议记录,记录上有与会所有人员的签名。

本人将80万元个人出资对应的公司股权转让给被告吴亮亮,征得了公司所有股东的同意,该转让行为也是有效的。

原告张艳娟诉称其未参加股东会,也未在相应文件中签字属实,但因本人与原告系夫妻关系,财产是混同的,且双方曾约定公司股权归本人所有,因此本人代原告参加股东会并在股东会决议和股权转让协议中代为签字,均是合法有效的。

自2004年4月6日起原告已不再是被告万华工贸公司股东,其无权提起本案诉讼。

被告吴亮亮辩称:

本人作为股权的受让方不应当成为本案的被告,受让股权的程序是合法的。

原告张艳娟与被告万华系夫妻关系,本人有理由相信被告万华可以代表原告作出放弃对于被告万华股权的优先购买权的表示。

即便原告没有授权被告万华表达放弃优先购买权的意思,本人作为善意购买人,合法权益亦应受到保护。

原告与被告万华之间的夫妻矛盾应依据婚姻法进行处理,与本人无关。

被告万华工贸公司2004年4月6日股东会决议和出资转让协议均应认定为有效。本人受让股权并被选任为被告万华工贸公司董事长已经两年多,该公司经营正常,在此期间原告从未提出过股东会决议违法或侵权等主张。

2004年4月6日本人以80万元对价购买了被告万华在万华工贸公司的部分股

权,现原告或被告万华如以同样的价格受让,本人同意将股权再转让给原告或万华。

被告毛建伟辩称:

被告万华工贸公司曾借用过本人的身份证,但本人根本不知道自己已经受让了原告张艳娟等人在被告万华工贸公司的股权,从未参加过 2004 年 4 月 6 日的被告万华工贸公司股东会,也不认识该公司股东沈龙、朱玉前等人。被告万华工贸公司章程、2004 年 4 月 6 日的股东会决议及股权转让协议中的毛建伟签名也非本人所签。

律师观点:

1. 原告与被告万华签订的离婚协议中关于财产分割的条款尚未生效。

离婚协议是原告与被告万华就夫妻二人离婚及离婚后财产分割等问题达成的协议。该离婚协议签订后原告、被告万华二人并未实际办理离婚,故该离婚协议中有关离婚后财产分割的内容不发生效力。被告万华依据该离婚协议,主张其享有夫妻二人在被告万华工贸公司的全部权利,证据不足。

2. 被告万华无权代原告转让股权。

1995 年 11 月,朱玉前、沈龙及原告向被告万华出具的两份委托书,委托事项均特定而具体,可以证明朱玉前、沈龙、原告曾以书面形式委托被告万华办理部分公司事务,但不能证明原告委托被告万华转让其在被告万华工贸公司的股权,在没有其他证据印证的情况下,被告万华关于其有权代原告转让股权的主张不能成立。

3. 2004 年 4 月 6 日召开过由被告万华、原告、沈龙、朱玉前共同参加的股东会的事实证据不足。

被告万华工贸公司、被告万华、被告吴亮亮主张朱玉前和沈龙出席了 2004 年 4 月 6 日的被告万华工贸公司股东会并在该次股东会会议决议和股权转让协议中签字,但被告方除该次股东会决议和股权转让协议外,未能提供其他证据证明,朱玉前和沈龙的证言以及被告毛建伟的陈述一致且均与被告方的主张矛盾。

因此不能认定被告万华工贸公司曾通知沈龙、朱玉前及原告出席了 2004 年 4 月 6 日的被告万华工贸公司股东会,也不能认定被告万华工贸公司于 2004 年 4 月 6 日召开过由被告万华、原告、沈龙、朱玉前共同参加的股东会。

被告万华工贸公司、被告万华、被告吴亮亮亦未能提供证据证明 2004 年 4 月 6 日形成过由被告万华、沈龙、朱玉前、原告共同签字认可的股东会决议,以及沈龙、朱玉前、原告与邢小英、被告毛建伟共同签署过 2004 年 4 月 6 日的股权转让协议。

4. 讼争股东会决议系虚构不成立。

有限责任公司的股东会议,应当由符合法律规定的召集人依照法律或公司章程规定的程序,召集全体股东出席,并由符合法律规定的主持人主持会议。

股东会议需要对相关事项作出决议时,应由股东依照法律、公司章程规定的议事方式、表决程序进行议决,达到法律、公司章程规定的表决权比例时方可形成股东会决议。

有限责任公司通过股东会对变更公司章程内容、决定股权转让等事项作出决议,其实质是公司股东通过参加股东会议行使股东权利、决定变更其自身与公司的民事法律关系的过程,因此公司股东实际参与股东会议并作出真实意思表示,是股东会议及其决议有效的必要条件。

本案中,虽然被告万华享有被告万华工贸公司的绝对多数的表决权,但并不意味着被告万华个人利用控制公司的便利作出的个人决策过程就等同于召开了公司股东会议,也不意味着被告万华个人的意志即可代替股东会决议的效力。

根据本案事实,不能认定2004年4月6日被告万华工贸公司实际召开了股东会,更不能认定就该次会议形成了真实有效的股东会决议。被告万华工贸公司据以决定办理公司变更登记、股权转让等事项的所谓"股东会决议",是当时该公司的控制人被告万华所虚构,实际上并不存在,因而当然不能产生法律效力。

5. 虚构的股东会决议,不适用60日撤销期限的限制。

被告万华工贸公司、被告万华、被告吴亮亮主张原告的起诉超过了《公司法》(2005年修订)第22条规定的申请撤销股东会决议的期限,故其诉讼请求不应支持。

对此,本案发生于2005年《公司法》修订前,应当适用当时的法律规定。鉴于《公司法》(2005年修订)第22条规定股东可以对股东会决议提起确认无效之诉或者申请撤销之诉,而2005年修订前的公司法未对相关问题作出明确规定,因此根据《最高人民法院关于适用〈公司法〉若干问题的规定(一)》第2条的规定,本案可以参照适用2005年修订后《公司法》第22条的规定。

但是,2005年修订后《公司法》第22条关于"股东会或者股东大会、董事会的会议召集程序、表决方式违反法律、行政法规或者公司章程,或者决议内容违反公司章程的,股东可以自决议作出之日起60日内,请求人民法院撤销"的规定,是针对实际召开的公司股东会议及其作出的会议决议作出的规定,即在此情况下股东必须在股东会决议作出之日起60日内请求人民法院撤销,逾期则不予支持。

而本案中,2004年4月6日的被告万华工贸公司股东会及其决议实际上并不存在,只要原告在知道或者应当知道自己的股东权利被侵犯后,在法律规定的诉讼时效内提起诉讼,人民法院即应依法受理,不受 2005 年修订后《公司法》第 22 条关于股东申请撤销股东会决议的 60 日期限的规定限制。

6. 原告与被告毛建伟之间的股权转让协议无效,原告仍为被告万华工贸公司股东。

股东向其他股东或股东之外的其他人转让其股权,系股东(股权转让方)与股权受让方协商一致的民事合同行为,该合同成立的前提之一是合同双方具有转让、受让股权的真实意思表示。

本案中,不能认定原告与被告毛建伟之间实际签署了股权转让协议,亦不能认定被告万华有权代理原告转让股权,被告毛建伟既未实际支付受让原告股权的对价,也没有受让原告股权的意愿,甚至根本不知道自己已受让了原告等人的股权,诉讼中也明确表示对此事实不予追认,因此该股权转让协议依法不能成立。

据此,被告万华工贸公司、被告万华、被告吴亮亮关于原告已非被告万华工贸公司股东,不能提起本案诉讼的主张不能成立,依法不予支持。

7. 被告万华向被告吴亮亮转让股权的行为无效。

关于被告万华与被告吴亮亮签订的股权转让协议,根据 2005 年修订前《公司法》及被告万华工贸公司章程的相关规定,股东向股东以外的人转让股权的,须经全体股东过半数同意。

本案中,被告万华向被告吴亮亮转让股权既未通知其他股东,更未经过全体股东过半数同意,因此该股权转让行为无效。

法院判决:

1. 2004 年 4 月 6 日的被告万华工贸公司股东会决议不成立。
2. 2004 年 4 月 6 日原告与被告毛建伟的股权转让协议不成立。
3. 2004 年 4 月 6 日被告万华与被告吴亮亮签订的股权转让协议无效。

1396. 全民所有制、股份合作制等非公司制企业的股东提起公司决议撤销之诉是否适用 60 日之期限?

不适用。关于公司决议撤销纠纷诉讼 60 日的限制由《公司法》规定,《公司法》适用的对象为有限责任公司与股份有限公司,故全民所有制、股份合作制等非公司制企业的股东提起公司决议效力撤销诉讼不适用 60 日之期限。

【案例484】股份制企业请求确认决议无效　适用2年诉讼时效[①]

原告：庄利

被告：天地通集团

诉讼请求：被告于2008年1月11日作出的《第一届第五次股东和职工代表大会决议》无效。

争议焦点：被告企业性质为股份合作制企业，请求确认公司决议无效是否适用《公司法》（2005年修订）关于撤销权60日除斥期间的限制。

基本案情：

被告为股份制合作企业，宋金强为法定代表人，宋金强、孙建成、李政、孙小雅、吴家驹、原告、姚尚志为企业董事，吴家驹为公司监事。

企业股权结构如下：北京市石景山区国土资源和房屋管理局古城房管所出资300.44万元；宋金强出资572.2854万元；原告出资2.2万元；寇香萍出资0.1万元；甄岳蓬出资0.2万元；佟瑞明出资0.1万元。

2008年1月11日被告在未召开股东和职工代表大会的情况下，宋金强与佟瑞明草拟《第一届第五次股东和职工代表大会决议》，决议内容如下：

1. 同意宋金强将其持有企业299.56万元的股权转让给安宁，同时不再承担股东相应的权利和义务。

2. 同意免去吴家驹企业监事职务。

3. 同意免去宋金强、孙建成、李政、孙小雅、吴家驹、原告、姚尚志企业董事职务。

4. 同意解散企业董事会。

5. 同意其他事项不变。

6. 同意修改企业章程。

宋金强、佟瑞明在该决议签字后，将决议交给北京市石景山区国土资源和房屋管理局古城房管所，北京市石景山区国土资源和房屋管理局古城房管所在该决议上盖章确认。被告依据该决议变更了《公司章程》相关内容，并在北京市工商行政管理局石景山分局备案。

原告诉称：

原告是被告的股东，被告企业性质为股份合作制企业。被告《公司章程》第

[①] 参见北京市第一中级人民法院(2009)一中民终字第14498号民事判决书。

10条规定"股东享有参加股东大会并享受表决权";第21条规定"股东大会应对会议所议事项作出决议,并由同意决议的成员签字";第17条规定"企业的法定代表人在任职期间和离开本企业后的第一个会计年度内,其所持有的股份不得转让"。

但原告发现被告于2008年1月11日作出《第一届第五次股东和职工代表大会决议》中有原告和其他股东签字或盖章,上述签字或盖章的股东对有关决议内容均表示同意。

现经原告确认,其签字并非本人签署,原告也始终不知晓该次股东大会和该决议,且该决议内容违反企业章程,应属无效。

被告辩称：

这次股东大会确实原告没有参加,该决议也违反了公司章程,被告同意《第一届第五次股东和职工代表大会决议》无效。①

一审认为：

国家法律、法规保护当事人合法权益,维护国家、集体、个人从事合法民事活动。

被告《公司章程》是全体股东在平等、互利、自愿的原则下,通过协商订立,内容不违反法律、法规强制性规定,对企业股东、董事、管理人员及职工具有拘束力,是企业经营管理应遵循的规范。

但被告在未召开股东和职工代表大会的情况下,于2008年1月11日作出《第一届第五次股东和职工代表大会决议》,程序上违反了《公司章程》规定,原告可在决议作出之日起60日内,请求人民法院撤销。

但原告诉至该院,要求确认2008年1月11日作出《第一届第五次股东和职工代表大会决议》无效,且已超过了该决议作出之日起60日,故原告的诉讼请求,缺乏法律依据,该院不予支持。

一审判决：

驳回原告的诉讼请求。

原告不服一审判决,向上级人民法院提起上诉。

原告上诉称：

1. 一审法院忽视本案的性质,无视被告企业性质的特殊性。

---

① 本案被告观点迎合了原告的诉讼请求,笔者认为,被告可能已由原告实际控制,系"自己与自己"的诉讼,此次诉讼目的应为宋金强不配合办理变更,采用生效判决办理工商变更登记手续。

被告的企业性质属于股份合作制,是一种特殊的法人类型,既不是股份有限公司,又不同于有限责任公司、合伙企业。对该类企业不能适用或参照合同法相关规定进行简单处理。

针对股份合作制企业中股东会和职工代表大会决议的效力确认,应当仅参照公司章程和民法通则处理。

一审过程中,原、被告均认可诉争的股东会决议违反企业章程规定,违背原告意愿,伪造原告签字,一审法院对此事实亦予以认可。在认可事实的基础上,一审法院驳回被告的诉讼请求是错误的。

2. 一审法院适用法律错误。

如前所述,被告的企业性质决定了本案审理不可能适用《公司法》(2005年修订)的相关规定,而被告的公司章程中并未针对股东会决议的效力提出异议的期限,因此本案诉讼时效应适用一般民事诉讼时效制度,即原告在知道或应当知道被告违反公司章程作出决议之日起2年内有权向法院提起诉讼,并获得胜诉。

被告二审辩称:

不同意一审判决结果,同意原告的上诉意见。签字不是原告本人签署,原告也始终不知道该次股东会和该决议,且该决议内容违反公司章程。

律师观点:

被告于2008年1月11日作出了《第一届第五次股东和职工代表大会决议》,但该决议上原告的签字系他人伪造,非原告本人真实意思表示。

依据民法通则的规定,合法有效的民事法律行为必须具备的条件之一是意思表示真实。被告作出的《第一届第五次股东和职工代表大会决议》违反了上述法律规定,应为无效。故原告的上诉意见成立。

二审判决:

1. 撤销原审判决;

2. 被告于2008年1月11日作出的《第一届第五次股东和职工代表大会决议》无效。

1397. 原告提起决议效力确认纠纷诉讼是否也必须在60日内提出?是否适用2年的诉讼时效?

《公司法》中关于60日的限制是针对决议撤销诉讼的,对符合决议无效的情形,《公司法》未限制期限。

实践中有观点认为股东请求确认公司决议无效适用诉讼时效。笔者认为,对于有限责任公司与股份有限公司,公司决议违反法律、行政法规的强制性规定,自始无效,不应适用2年的诉讼时效;如果是股份合作制等其他非《公司法》规范的企业类型,请求公司决议无效适用诉讼时效。

1398. 公司决议纠纷诉讼适用调解程序吗?

一般不适用调解程序。

在股东(大)会、董事会决议效力纠纷诉讼中,常见的诉讼主体为公司与股东,股东的诉讼请求就是否认公司决议的效力,当事人将这种决议效力的最终评判权交给了法院,自身无权就其行为的效力予以肯定或者否定,无权对效力问题进行妥协。因此,当事人之间不可以对决议效力问题进行协商。

当然,实践中,公司决议纠纷往往是公司股东纠纷的一种表现形式,股东提起公司决议纠纷并不是简单因为决议违反了法律、行政的规定,从而撤销决议或确认无效。公司决议纠纷往往是股东内在深刻矛盾的一种外在表现形式,是股东争夺控制权的一种方式。所以,股东之间也可能借法院这个平台就股权纠纷进行调解。

第二节 公司决议纠纷的裁判标准

一、公司决议撤销纠纷之诉的裁判标准

1399. 在什么情况下,原告可以请求法院撤销公司决议?

在公司决议存在程序瑕疵以及决议内容违反公司章程规定时可提起决议撤销之诉。程序瑕疵包括召集程序瑕疵与表决瑕疵。

(1)召集程序瑕疵

①无召集权人召开会议。如召集股东会或者董事会的主体缺乏召集资格等;

②召集权人违反法定程序擅自召开,如监事会滥用权限,不合时宜地召集股东会;

③未在法定期间内发出召集通知或公告,影响部分股东或董事出席会议的机会,即不预留为参加会议作必要准备的时间;

④通知开会的对象有遗漏,即未通知部分股东或董事参加会议;

⑤会议通知未记载会议目的或记载不全,使股东或董事对会议的重要性以及是否与会难以作出判断与选择;

⑥由于股东会会议场所过小,部分股东被挤出会场失去了表决机会;

⑦公司或者具有召集权的人故意选择在股东出席困难的地点召开股东会或董事会等；

⑧公司或者具有召集权的人故意选择在股东出席困难的时间召开股东会或董事会等。①

(2) 表决瑕疵

①会议出席股东所代表的股份总数，不足《公司法》或公司章程所定最低法定出席数；

②表决时其同意不足法律或章程所定的数额；

③允许有特别利害关系的股东或董事参与表决；

④代理人欠缺委托书或委托书授权不明；

⑤由于股东会或董事会现场对参会者或者其代理人的身份查验不严，非股东会或者董事人员的代理人参与了表决；

⑥会议主持人拒绝适格的代理人行使表决权；

⑦负有说明义务的董事、监事对于股东的质询拒绝作出说明或者说明不充分；

⑧股东会或者董事会主持人无正当理由限制或者剥夺股东的发言权或者辩论权。

值得注意的是，股份有限公司股东(大)会决议超出会议通知所列明的审议事项范围，也属于撤销之诉的诉由。

1400. 股东(大)会由谁召集与通知？对通知时间与通知方式有何要求？股东会召开违反提前 15 日通知的时限，是否影响股东(大)会决议的效力？通知中应当包括哪些内容？

实践中，公司决议存在的主要瑕疵便是出现在召集与通知环节。股东以召集或通知瑕疵为由提起股东会决议撤销之诉最为常见。关于通知的问题主要涉及通知的时间、内容及方式。

(1) 召集与通知主体

股东(大)会会议由董事会或执行董事召集，董事长或执行董事主持；董事长不能履行职务或者不履行职务的，由副董事长主持；副董事长不能履行职务或者不履行职务的，由半数以上董事共同推举一名董事主持。董事会或者执行董事不

---

① 吴庆宝主编：《公司纠纷裁判标准规范》，人民法院出版社 2009 年版，第 183 页。参见北京市第二中级人民法院(2009)二中民终字第 00721 号民事判决书。

能履行或者不履行召集股东(大)会会议职责的,由监事会或者不设监事会的公司的监事召集和主持;监事会或者监事不召集和主持的,有限责任公司由代表1/10以上表决权的股东可以自行召集和主持,股份有限公司由连续90日以上单独或者合计持有公司10%以上股份的股东可以自行召集和主持。

由此可知,股东(大)会的召集和主持顺序依次为董事会或执行董事、监事会或监事、股东。监事会或监事召集并主持股东(大)会会议的前提是董事会或执行董事不能履行或者不履行召集、主持股东(大)会会议的职责,如果董事会履行了该项职责,就排除了监事的相应权利。同理,股东召集和主持股东(大)会会议的前提是董事会或执行董事、监事会或监事均不履行召集、主持会议的职责。

关于公司召开股东会的通知主体,《公司法》没有作出明确规定。根据证监会发布的《上市公司股东大会规则》第15条规定,"召集人应当在年度股东大会召开20日前以公告方式通知各股东,临时股东大会应当于会议召开15日前以公告方式通知各股东。"也就是说,上市公司股东大会召集人即为股东大会的通知主体。据此,可以推知,一般而言,召集人即为通知人,召集人应负责通知股东召开股东会的具体时间、地点及事项。

(2) 通知时间

在公司章程没有特殊约定的情形下,有限责任公司股东会会议召集人应当于会议召开前15日将召开会议相关信息通知全体股东。

《公司法》将通知期限规定为提前15日,公司章程可就此问题进行另外约定,但约定的期限不得低于15日。违反提前15日通知的时限,是否影响股东会决议的效力,需根据实质情况加以衡量和判断。倘若虽未提前15日通知,但通知时间得到股东认可,或者股东在会议召开前通过其他渠道已经知道通知会议事宜,并且没有对此提出异议,或者股东知道会议时间后,通过其他方式对会议时间予以变通,则通知时间上的瑕疵得到救济。此时,不宜因此否定股东(大)会决议的效力。

股份有限公司召开股东大会会议,应当将会议召开的时间、地点和审议的事项于会议召开20日前通知各股东;临时股东大会应当于会议召开15日前通知各股东;发行无记名股票的,应当于会议召开30日前公告会议召开的时间、地点和审议事项。

股份有限公司单独或者合计持有公司3%以上股份的股东,可以在股东大会召开10日前提出临时提案并书面提交董事会;董事会应当在收到提案后2日内通知其他股东,并将该临时提案提交股东大会审议。临时提案的内容应当属于股东大会职权范围,并有明确议题和具体决议事项。

无记名股票持有人出席股东大会会议的,应当于会议召开5日前至股东大会闭会时将股票交存于公司。

(3) 通知内容

对于通知的内容,《公司法》仅规定股份有限公司在会议通知中应当将会议召开的时间、地点和审议事项通知全体股东。对于有限责任公司的通知内容未具体明确,建议可在公司章程中参照股份有限公司会议通知内容先行规定,然后根据公司实际情况进行明确。

(4) 通知方式

日常通知股东或董事参加会议的方式有多种,电话、传真或者口头等,但无论以何种方式通知,都应该进行证据保全。否则,纠纷一旦发生,被告方就需承担举证不能的法律后果。实践中,因公司无法举证证明其已全面履行了通知义务,导致决议瑕疵被撤销的案例比比皆是。因此,如何完善通知方式成为保证股东会合法有效的重要前提。

从证据保全的角度,应注意以下五点:

①在股东初次成为公司股东时,公司应当留存其联系地址、电话、手机、邮箱及传真,并由股东进行确认;

②进行会议通知时,以书面通知并要求签收回执为宜,并辅以电话通知或传真通知。特别是口头通知以后,应及时补充书面通知内容,以免纠纷发生时举证不能。

③电话通知的证据保全。对于重要的电话通知内容,应将通话内容录音,以保全证据。如以录音作为证据,还应对通话录音的真实性、完整性进行公证,并以网络运营商提供的通话详单作为佐证,以增强其证明效力。

④采取送达公证进行通知。在公证处提供的公证业务中有现场送达业务,即送达文书时,同时邀请公证处两名公证人员一同前往,一旦发生当事人拒签情形,发件人可当即在送达回证上记明拒收事实,并由公证人员在送达回证上签字作证,而后将文书留置于现场,从而完成送达程序的一种送达方法。

⑤公告送达。在公司章程或股东(大)会议事规则中约定公司会议通知将在公司官方网站上发布。

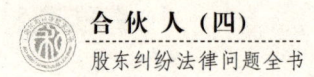

【案例485】监事越权召集股东会 股东会决议被撤销①

原告：刘英

被告：科普诺公司

第三人：喻敏

诉讼请求：撤销"免去原告科普诺公司执行董事和经理职务并任命第三人担任科普诺公司执行董事、经理"的临时股东会决议。

争议焦点：

1. 第三人于会议召开前2天通知原告，原告接到通知后，提议将时间推迟到6月29日，原告该行为是否视为认可了会议召开时间，会议决议是否可因未提前15日通知而被撤销；

2. 在原告离开会场后，作为被告监事，第三人是否有权主持临时股东会会议；

3. 股东会会议召开过程中是否可以临时增加议题，临时增加议题是否会导致股东会决议无效；

4. 第三人能否因原告不能对公司财务状况等作出合理解释，从而提议解除原告的临时董事和经理职务；

5. 被告临时股东会决议中关于"从即日起免去原告执行董事及经理职务，暂由第三人（监事）管理公司一切业务"的内容是否违反了《公司法》关于董事不得兼任监事的规定；

6. 原告的执行董事职务已被股东会撤销，能否代表被告参与诉讼。

基本案情：

2006年10月11日，原告、第三人共同出资设立被告。其中：第三人出资26万元，持有被告52%的股份；原告出资24万元，持有被告48%的股份。公司章程与本案有关的内容如下：

1. 股东会由全体股东组成，行使的职权包括选举和更换非由职工代表担任的执行董事、监事。

2. 股东会会议分为定期会议和临时会议，召开股东会会议，应当于会议召开15日以前通知全体股东。股东会会议由股东按照出资比例行使表决权。

3. 代表1/10以上表决权的股东，执行董事，或者监事提议召开临时会议的，

---

① 参见北京市第一中级人民法院(2009)一中民终字第929号民事判决书。

应当召开临时会议。

4. 股东会会议由执行董事召集并主持,执行董事不能履行或者不履行召集股东会会议职责的,由监事召集和主持;监事不召集和主持的,代表1/10以上表决权的股东可以自行召集和主持。

5. 被告不设董事会,设执行董事1人,由股东会选举和罢免。执行董事任期3年,可连选连任。执行董事在任期届满前,股东会不得无故解除其职务。执行董事为公司的法定代表人。

6. 公司设经理,由股东会决定聘任或者解聘。公司设监事一人,监事的任期每届为3年,任期届满,可连选连任。监事行使的职权包括在执行董事不履行召集和主持股东会会议职责时召集和主持股东会会议。

被告成立时,选举原告为执行董事,第三人为监事,聘任原告为经理。以上职务任期均为3年。

2008年3月12日,被告出纳黄静向原告出具借条,借走公司的公章、财务章、法人人名章。借条内容为:"今取财务、人名章到银行提现。公章备用。"

2008年6月23日,第三人通过速递方式向原告邮寄临时股东会通知。通知内容为:被告定于2008年6月25日在北京市西城区新街口外大街××号A座216室召开临时股东会,议题为"关于保障公司股东合法权益及公司资产管理办法"。原告签收该通知后,提议将会议召开时间推迟到6月29日并得到第三人的同意。

2008年6月29日,被告召开临时股东会,第三人和原告参加了会议并在会议签到表上签字。会议由被告出纳黄静负责记录,由第三人主持,讨论了"关于保障公司股东合法权益及公司资产管理办法"的议题,并临时增加了人事任免的议题。会议记录上记载的临时股东会决议为:"从即日起免去原告执行董事及经理职务,暂由第三人管理公司一切业务。"第三人在会议记录上签字,原告没有在会议记录上签字。

关于原告没有在会议记录上签字一事,第三人和原告的陈述略有不同。

被告临时股东会结束后,第三人以被告名义向被告传真一份文件,文件内容为经被告6月29日临时股东会决定,免去原告公司执行董事和经理的职务,并同意由第三人担任公司新一届执行董事,同时聘其担任公司经理。

原告诉称:

2008年6月23日,原告接到第三人邮寄送达的召开临时股东会的通知,要求原告于2008年6月25日到被告参加临时股东会,会议议题为"保障公司股东合法权益及公司资产管理办法"。因原告有事,遂与第三人电话联系,将临时股东会召开日期改为"6月29日上午"。

2008年6月29日,原告与第三人参加了临时股东会,就会议议题与第三人进行了商讨。会议在讨论公司财务问题时,第三人认为原告作为公司经理应对公司出现的财务问题负责。原告对此非常生气,于此时离开会场,对此后的会议进程和会议内容并不知情。

2008年7月,被告客户向原告反映,称被告股东会已经作出决议,免去了原告的公司执行董事、经理职务,任命第三人为新任执行董事和经理。

原告认为被告临时股东会召开程序、表决方式和决议内容有瑕疵,理由如下:

1. 被告章程规定,召开临时股东会应当提前15日通知,第三人提议召开临时股东会未满足此期限。

2. 临时股东会会议不应由第三人(监事)召集和主持。

3. 临时股东会召开过程中不能临时增加议题。

4. 原告作为执行董事、经理的任期尚未届满。

5. 原告离开临时股东会会场时,会议并未就执行董事和经理的任免进行表决。

6. 被告章程规定,监事不能担任执行董事,第三人在担任被告监事的情况下,不得再担任执行董事。

原告为证明其观点,提交证据如下:

1. 被告章程;
2. 被告董事会成员、经理、监事任职证明;
3. 被告临时股东会通知及速递公司快递单;
4. 被告发给客户,客户转发给原告的通知;
5. 被告出纳黄静出具的借条。

被告辩称:

认可原告起诉所陈述的事实,同意原告的诉讼请求。

第三人述称:

不同意原告的诉讼请求。关于会议召开程序,虽然会议通知没有提前15天发出,但原告既然参加了股东会,召开程序就没有瑕疵。第三人和原告在讨论公司的财务问题后,第三人提议公司作出临时股东会决议,即"从即日起免去原告执行董事及经理职务,暂由第三人管理公司一切业务"。原告听到决议内容后,非常生气,没有在决议上签字就离开了会场。

第三人为证明其观点,提交证据如下:

1. 被告章程;
2. 速递公司快递单;
3. 被告股东会议签到表;
4. 股东会会议记录。

一审认为:

1. 临时股东会没有提前15日通知,但原告予以认可,瑕疵已经得到救济。

《公司法》(2005年修订)第42条规定"召开股东会会议,应当于会议召开15日以前通知全体股东;但是,公司章程另有规定或者全体股东另有约定的除外"。被告章程对股东会通知时间没有作例外约定。违反提前15日通知的时限,是否影响股东会决议的效力,还需根据实质情况加以衡量和判断。倘若虽未提前15日通知,但通知时间得到股东认可,或者股东在会议召开前通过其他渠道已经知道通知会议事宜,并且没有对此提出异议,或者股东知道会议时间后,通过其他方式对会议时间予以变通,则通知时间上的瑕疵即得到救济。本案中,第三人于会议召开前2日通知原告,原告接到通知后,提议将时间推迟到6月29日。可见,临时股东会在6月29日召开得到双方的认可,并且双方均实际参加了会议。会议通知时间上存在的瑕疵已得到救济,并不影响股东会决议的效力。

2. 第三人召集并主持临时股东会会议系越权。

《公司法》(2005年修订)第41条规定了股东会的召集和主持程序。此外,《公司法》(2005年修订)第40条规定了监事具有提议召开临时股东会的权利,即监事会或者不设监事会的公司的监事提议召开临时股东会的,应召开临时股东会。由上述规定可知,监事可以向执行董事提议召开临时股东会,如果执行董事予以拒绝、不能履行或不履行召集和主持会议的职责,监事才可以自行召集和主持。

就本案而言,第三人如果要求召开临时股东会,其权利为就此问题向原告提议,并由原告召集和主持临时股东会。只有原告未响应第三人的提议,不能履行或不履行召集和主持会议的职责,第三人才可以自行召集和主持会议。而实际情况是,第三人作为无权优先召集、主持股东会者,在未向原告提议召开临时股东会,且无证据表明原告不履行或不能履行作为其被告执行董事前述职责的情形下,擅自自行召集了临时股东会并担任了该次临时股东会的主持人。第三人上述行为,违反了现行法律关于股东会召集和主持程序的强制性规定,该次临时股东会所做决议,因此应当被撤销。

3. 临时股东会召开过程中临时增加议题并不违法。

股东会会议召开过程中是否可以临时增加议题,公司法没有明确规定。依据《公司法》(2005年修订)第42条和第103条规定得知,股份有限公司召开股东大会,会议议题为必须通知的事项,股东大会不得对未通知的事项进行表决。有限责任公司则没有类似的强制性规定,只要求提前15日通知会期,没有要求必须通知会议审议的事项。可见,有限公司召开股东会,并不禁止会议期间临时增加议题和对增加的议题进行表决。

4. 执行董事任期尚未届满,股东会可以解除其职务。

《公司法》(2005年修订)第46条规定,董事任期由公司章程规定,但每届任期不得超过3年。《公司法》没有规定董事在任期届满前,股东会不得解除其职务。被告公司章程第14条对此作出补充规定,即"执行董事在任期届满前,股东会不得无故解除其职务"。该条规定意味着,执行董事在任期届满前,股东会如果认为有解除其职务的理由与必要,则可以解除其职务。在本案中,第三人认为原告不能对公司财务状况等作出合理解释,以此为理由提议解除原告的临时董事和经理职务,并没有违反《公司法》和公司章程的规定。

5. 关于第三人同时担任公司监事和执行董事。

《公司法》规定:董事、高级管理人员不得兼任监事。因此,被告的执行董事和监事不能由同一人兼任。而被告临时股东会并没有选举第三人为新的执行董事。临时股东会会议记录记载的股东会决议为,"从即日起免去原告执行董事及经理职务,暂由第三人管理公司一切业务"。该决议内容和公司法关于董事不得兼任监事的规定并不冲突。

6. 关于原告离开临时股东会会场时,会议是否对执行董事和经理的任免进行了表决。

对于原告离开会场的时间,双方当事人陈述不一。原告称会议在讨论公司财务问题时,第三人认为原告应对公司出现的财务问题负责,原告对此非常生气,并愤而离开会场。第三人称原告在听到第三人提议罢免其执行董事和经理职务后,也非常生气,离开了会场。对上述情节,除当事人各自单方陈述外再无其他直接证据相佐证。但是,该项事实对本案的判决结果并无实质影响,因此法院不对该事实予以认定。

一审判决:

撤销被告于2008年6月29日作出的关于"免去原告执行董事和经理职务、暂由第三人管理公司一切业务"的临时股东会决议。

第三人不服一审法院判决，向上级人民法院提起上诉。

第三人上诉称：

1. 原告代表被告参加诉讼并进行答辩，不但有违公正，亦违反法律规定。根据被告"从即日起免去原告执行董事及经理职务，暂由第三人管理公司一切业务"的股东会决议及《章程》中关于"执行董事为公司法定代表人"之规定，原告在股东会决议生效之后已不再担任执行董事及法定代表人。

2. 原告行使了被告2008年6月29日股东会召集和主持的权利，第三人并未行使上述权利。2008年6月23日，被告股东第三人以特快专递的方式向被告原执行董事原告提出召开临时股东会的提案，在提案中对该次股东会的召开时间提出了建议，原告收到提案后将该次股东会的召开时间改为2008年6月29日，因此，原告行使了股东会召集的权利。原告因大股东提出更换执行董事的临时议案就离场而去，该做法导致其本人不但未适当履行主持股东会议的职责，也放弃了作为股东行使表决的权利。鉴于被告股东会决议已经过半数表决权通过，故决议合法、有效。

第三人为证明其观点，在二审期间提交补充证据如下：

1. 证人李云鑫的证言；
2. 证人黄静的证言。

原告二审辩称：

1. 被告不符合上诉人条件。

2008年3月12日，被告出纳黄静从法定代表人原告处借走公章后至今未还，后该公章转至大股东第三人手中。因公章属于公司财产，大股东无权私自占有。因此，被告已经在北京市西城区人民法院起诉第三人要求归还，目前案件正在审理之中。

2008年6月，黄静借走的原公章已经登报作废，经公安部门批准，被告重新刻制了公章，新公章由被告的法定代表人原告保管。对于这一点，第三人在一审诉讼中是知情的。根据《民法通则》《公司法》等相关法律规定，在原公章已经作废、未经法定代表人原告同意的情况下，大股东第三人无权代表被告的意志，以被告名义上诉，其上诉行为无效。

2. 原告作为被告的法定代表人参加诉讼并进行答辩，并不违法。

被告股东会决议程序上有瑕疵，其股东会决议是在不合法的情况下召开的，原告并不认可，并通过一审诉讼进行纠正。原告为被告的法定代表人，有权代表被告参加诉讼并答辩，并不违法。

3. 第三人是被告2008年6月29日股东会的召集者和主持者。

2008年6月23日,第三人通过速递方式向原告邮寄了于6月25日召开股东会的通知。当时,原告在外地出差,是原告家人接收并在速递公司快递单上签字的。后来,第三人给原告打电话,要求原告于6月25日到被告商讨公司相关事宜,并未提及召开股东会一事。原告告知第三人其正在外地出差,将于6月29日回公司。第三人遂要求原告于6月29日赴公司议事。故股东会的召集者是第三人,而不是原告。

2008年6月29日,原告到被告处,第三人主持了股东会。会议由被告出纳作记录。第三人在一审中提交的证据《股东会议签到表》《股东会会议记录》,充分说明主持者为第三人,并不是原告。

4. 第三人第1项上诉请求中"确认被告股东会决议有效",无事实和法律根据。

《北京市高级人民法院关于审理公司纠纷案件若干问题的指导意见》第10条规定,"股东仅请求确认股东会决议、董事会决议有效的,人民法院裁定不予受理"。2008年6月29日股东会决议程序上有瑕疵,应当撤销,上诉人第三人要求确认股东会决议有效,没有法律根据,其上诉请求应当驳回。

5. 第三人第2项上诉请求无事实和法律根据,请求驳回。

第三人是在拿走公章的情况下,利用大股东的优势地位,召集和主持了2008年6月29日股东会,在没有任何根据的情况下,作出免除原告职务的股东会决议,原告有权依法提起诉讼主张自己的权利,并不具有任何恶意。

原告不同意对第三人在二审期间提交的证据进行质证。

针对原告二审期间交的证据,二审法院作出如下认定:

第三人未在一审期间申请证人出庭作证,现原告不同意证人出庭作证,故第三人在二审期间提交的证据1、2不符合《最高人民法院关于民事诉讼证据的若干规定》规定的新证据要件,本院依法不组织质证。

律师观点:

1. 关于原告是否有权代表被告答辩的问题。

因被告在工商机关登记的法定代表人系原告,该登记具有公示、公信效力,故原告有权代表被告答辩。

2. 原告是否召集了2008年6月29日被告临时股东会。

2008年6月23日被告给原告寄送的《被告临时股东会通知》载明:发起人为第三人,接收人为原告、李云鑫。内容为:"我公司总经理(原告)于2008年6月

25日上午9:00整,在北京市西城区新街口外大街××号A座216召开临时股东会议。请务必准时到会……"

从上述通知的内容可知,股东会的召集者并非是原告,而是第三人。原告虽于后来通过电话与第三人协商变更了会议时间,但原告否认其行使了会议召集权。第三人对该事实未能在举证期限内提供证据予以证明,故第三人关于原告召集了2008年6月29日被告临时股东会的上诉意见,不应予以支持。

3. 原告是否主持了2008年6月29日被告临时股东会。

第三人在一审期间提供的被告临时股东会《会议记录》载明,会议主持者为第三人。第三人未能在举证期限内提供证据证明会议主持者先为原告后为第三人的事实,故对第三人关于2008年6月29日被告临时股东会的主持者为原告的上诉意见,不应予以支持。

法院判决:

驳回上诉,维持原判。

【案例486】监事越权召开股东会　执行董事有权拒绝履行该决议①

原告: 应金宝、许万珍、孙义中

被告: 许定宝

第三人: 质宝公司

诉讼请求:

1. 被告停止侵害第三人利益的行为,将违法所得21,000元归还第三人;

2. 执行2004年3月13日的股东会决议,将第三人的法定代表人由被告变更为原告许万珍,被告交出第三人的企业法人营业执照正(副)本、企业组织代码卡、税务登记证正(副)本、财务账册、公司印章、法定代表人印章、合同专用章、财务专用章、发票税务专用章、合同文本、银行账务管理卡。

争议焦点:

1. 被告是否存在非法占有客户货款等损害第三人利益的行为;

2. 原告应金宝作为第三人监事提议召开临时股东会是否具有法律效力。

基本案情:

2003年7月14日,由原告应金宝出资17.5万元、原告许万珍出资5万元、原告孙义中出资5万元、被告出资17.5万元、案外人王建平出资5万元设立第三

---

① 参见上海市第二中级人民法院(2004)沪二中民三(商)终字第265号民事判决书。

人,注册资本 50 万元,企业类型为有限责任公司(国内合资),法定代表人为被告。

公司章程规定:第三人执行董事为公司法定代表人,负责召集股东会并报告工作、主持公司的日常生产经营管理工作等,监事由原告应金宝担任,有提议召开股东临时会议等职权,第三人的财务负责人是原告应金宝,公司设立股东会并由全体股东组成,讨论决定公司一切重大问题,选举和更换董事,股东会的议事方式和表决程序依《公司法》的有关规定进行,公司召开股东会议,由董事长或执行董事召集,全体股东参加,代表 1/4 以上表决权的股东、1/3 以上董事、监事可以提议召开临时会议等。第三人设立后,被告任执行董事、法定代表人,原告应金宝任公司监事、财务负责人经营至今。

2003 年 11 月 4 日,第三人与大通公司签订《工矿产品购销合同》1 份,货款 3 万元。合同签订后,大通公司预付第三人货款 9000 元。之后,宝质公司向大通公司履行了供货义务,并向大通公司开具了价税合计金额为 3 万元的货物增值税发票。

宝质公司于 1997 年 1 月 4 日设立,注册资本为 50 万元,企业类型为有限责任公司(国内合资),法定代表人为被告,股东为上海龙华工具厂、被告。

2004 年 2 月 23 日,原告应金宝向各股东发出会议通知,提议召开临时股东会,会议通知载明会议召开的时间为 2004 年 3 月 13 日晚上 6 时及召开地点,并明确了会议议题。

2004 年 3 月 13 日,原告应金宝、原告许万珍、原告孙义中出席了由原告应金宝提议召开的临时股东会,并于当日作出股东会决议,决定:

1. 被告不再担任执行董事职务,推选原告许万珍为公司执行董事;

2. 解聘被告经理职务,聘任原告许万珍为公司新任经理;

3. 被告必须在三天内移交公司所有法律文件、财务账册、各种印章、合同文本和管理文本给原告许万珍、原告应金宝受理,被告应配合完成公司法律程序上的更改。

原告均诉称:

第三人依法成立,而被告身兼第三人和宝质公司的法定代表人,违反了《公司法》关于竞业禁止的规定。大通公司原为第三人客户,与第三人签订了购销合同并支付了 9000 元预付款。但其后却是宝质公司向大通公司开具增值税发票 3 万元,由此可见宝质公司非法占有了大通公司应付给第三人的货款 21,000 元。

被告的行为严重损害第三人的利益,故第三人召开了临时股东会,作出免除被告担任执行董事与经理职务的决议。但被告拒不交出公司的经营权,不履行第三人股东会决议。

被告辩称：

第三人并未向大通公司供货，也从未收到大通公司支付的 21,000 元货款。

第三人同意被告的答辩意见。

一审认为：

1. 关于被告的行为是否损害第三人利益的问题。

第三人与大通公司签订合同，收取 9000 元预付款后，经大通公司同意，将第三人在合同中的权利和义务全部转让给宝质公司，由宝质公司履行了供货义务，并无不当。原告应金宝等应对第三人向大通公司履行供货义务以及被告已将大通公司支付的 21,000 元货款从第三人账上转入宝质公司账上进行举证，现原告应金宝等举证不能，而第三人否认自己曾向大通公司供货及收到大通公司支付的 21,000 元货款，宝质公司向大通公司开具的增值税发票不能说明其已收到大通公司的货款，故对原告应金宝等主张被告利用特有的身份，将 21,000 元货款从第三人账户转入宝质公司账内一节，法院不予认定。

对于被告以第三人、宝质公司名义于 2004 年 1 月 31 日致骁马公司信函一事，因原告应金宝等提供的书证是复印件，而无原件或原件线索及其他材料可以印证，被告、第三人对此亦不予承认，故该复印件不能作为认定事实的依据，法院对原告应金宝等主张被告将本属骁马公司与第三人的业务转为宝质公司经营一节，不予认定。被告作为公司董事未违反竞业禁止的义务，被告的行为未损害第三人的利益。

2. 2004 年 3 月 13 日，由原告应金宝提议召开的临时股东会作出的股东会决议是否具有法律效力的问题。

公司章程对公司、股东、监事、经理具有约束力。第三人章程规定：公司设立的股东会由全体股东组成，股东会决定公司的经营方针和投资计划，选举和更换董事等事宜，讨论决定公司一切重大问题，股东会议由公司召开，由董事长或执行董事召集，全体股东参加，代表 1/4 以上表决权的股东、1/3 以上董事、监事可以提议召开临时会议。由此可见，更换法定代表人即公司执行董事属于第三人股东会行使的权利，应由股东会讨论决定，由执行董事即被告召集，股东会全体股东参加。原告应金宝作为第三人的监事仅有提议权，而没有召集和主持股东会的权利。

2004 年 3 月 13 日，由原告应金宝提议并组织召开的临时股东会，不符合第三人章程规定，原告应金宝等作出的股东会决议，未经全体股东讨论决定，被告及另一股东王建平事后也未追认,该股东会决议未依法成立,不具有法律效力。

一审判决:

1. 原告应金宝、原告许万珍、原告孙义中要求被告停止侵害第三人利益的行为,不予支持;

2. 原告应金宝、原告许万珍、原告孙义中要求将被告违法所得21,000元归还第三人的诉讼请求,不予支持;

3. 原告应金宝、原告许万珍、原告孙义中要求变更第三人的法定代表人为原告许万珍,要求被告交出第三人企业法人营业执照正(副)本、企业组织代码卡、税务登记证正(副)本、财务账册、公司印章、法定代表人印章、合同专用章、财务专用章、发票税务专用章、合同文本、银行账务管理卡的诉讼请求,不予支持。

原告应金宝不服一审判决,向上级人民法院提起上诉。

原告应金宝二审诉称:

1. 原审判决认定事实不清。

其在原审中虽未提供"致骁马公司函"的原件,但已向原审法院提供了相关线索。原审法院对此未予认定,显属不当。被告在原审过程中未对上述函件明确表示肯定或否定,应视为认可。

2. 原审判决适用法律错误。

(1)原审判决将本案案由定为股东权纠纷有误,原告应金宝原审诉请是作为股东维护公司权益。

(2)第三人依法成立,而被告身兼第三人和宝质公司的法定代表人,违反了公司法关于竞业禁止的规定。

(3)大通公司原为第三人客户,与第三人签订了购销合同并支付了9000元预付款。但其后却是宝质公司向大通公司开具增值税发票3万元,由此可见宝质公司非法占有了大通公司应付给第三人的货款21,000元。

(4)原审法院追加质宝公司作为第三人不当。原审法院此举实际造成第三人与被告立场一致,甚至为被告提供证据。

(5)原审判决引用公司法及公司章程在一般情况下召开股东大会的条款,进而否定股东大会决议,属适用法律不当。

3. 本案案情复杂,原审法院适用简易程序审理不当。

原告应金宝为证明其观点,在二审期间补充提交证据如下:

1. 合作生产协议,用于证明第三人有生产场地;

2. 第三人内部工资汇总表,用于证明第三人正常经营;

3. 照片若干、报销单据、骁马公司传真图纸,均用于证明第三人与骁马公司有业务往来;

4. 第三人为大通公司产品所设计的图纸,证明第三人与大通公司的购销关系成立;

5. 原告应金宝与被告之间的往来信函,用于证明被告正在侵害第三人权益;

6. 2004年1月19日第三人与大通公司的购销合同,用于证明第三人正常经营及被告存在侵害第三人利益的行为;

7. 第三人传真给大连某公司的材料,用于证明第三人在2004年1月仍在正常经营。

原告许万珍、原告孙义中同意原告应金宝的上诉意见。

被告二审辩称:

关于21,000元货款问题。宝质公司成立在先,第三人成立在后。大通公司的该笔业务原先是由宝质公司转给第三人做的,后因第三人缺少加工场地无法完成,最终该业务仍由宝质公司完成后交大通公司。现因产品存在质量问题,货款至今未收到。原告对此没有证据证明被告侵占了21,000元货款。而且根据《公司章程》规定,原告作为公司监事仅有召开股东会的建议权,而无召集权,故该次股东会的程序不合法。

被告对原告二审期间提供的补充证据发表质证意见如下:

1. 对于往来信函的真实性没有异议;

2. 不同意将其余证据作为二审中的新证据进行质证,且相关证据的证明力不足。

第三人质宝公司同意被告的答辩意见。

二审法院另查明如下事实:

2004年7月6日,原告应金宝以第三人监事及股东身份致函被告,该函包含以下内容:(1)第三人存在诸多问题需要解决;(2)第三人成立近一年,根据公司法等规定必须召开股东会讨论公司经营管理中的重大问题、进行决策;(3)原告作为公司监事提议解决上述问题。

2004年7月15日,被告向原告应金宝复函,该函包含以下内容:(1)第三人股东的注册资金均未到位;(2)第三人成立后无经营场地;(3)第三人工商、税务登记有效期至2003年12月30日已终止;(4)第三人营业证照已被吊销,第三人实际已不存在。

原告应金宝在原审中提供的被告、宝质公司、第三人联合致骁马公司的函件

(复印件)上载明:由于第三人本身有问题……暂不用该名称。恢复到原来的宝质公司。

第三人营业证照上所载经营范围为:机电、仪器仪表、冶金专业领域内的"四技"服务,销售五金交电,电动量具,机电设备,汽摩配件,金属材料,建筑装潢材料,机械外发加工(涉及许可经营的凭许可证经营)。

宝质公司营业证照上所载经营范围为:从事机械电子冶金化工仪器仪表专业领域内的"四技"服务;五金交电,手动电动工具量具刃具、机电设备、摩托车及汽车配件,金属材料、建材、装潢材料,化工产品化工原料(专项规定除外)批发零售代购代销;五金加工。

律师观点:

1. 被告违反了竞业禁止的规定。

被告同时身兼宝质公司和第三人的股东及法定代表人,且上述两家公司所从事的经营范围雷同,违反了《公司法》有关竞业禁止的规定。

2. 原告应金宝无充分证据证明被告的行为对第三人利益造成实际损害。

(1)关于被告等发给骁马公司函件问题。

原告应金宝未能提供该函件的原件或在原审庭审之前申请骁马公司人员出庭作证。且宝质公司成立于1997年,而第三人成立于2003年。即使发给骁马公司的函件属实,该函件上的"暂不用该名称,恢复到原来的宝质公司"等内容也足以表明相关客户原本即与宝质公司有业务往来。此外,原告应金宝亦无证据证明第三人的利益因该函件而受到实际损害。

(2)关于与大通公司购销合同问题。

原告应金宝未能举证证明第三人已履行向大通公司供货的义务。增值税发票不能等同于付款凭证。现仅凭宝质公司开具的增值税发票不能得出其已收到大通公司的货款。

据此,原告应金宝认为被告侵害第三人利益而使宝质公司从中不当获利,缺乏事实依据。

(3)关于原告应金宝与被告往来函件问题。

从函件内容来看,仅反映双方对质宝公司现状所持的不同观点,而不能证明被告恶意损害质宝公司利益。

3. 系争2004年3月13日股东会议违反召集程序,被告有权拒绝履行。

公司章程是公司存在和活动的基本依据,也是公司行为的准则。第三人章程规定股东会议由董事长或执行董事召集,而原告应金宝作为公司监事仅享有股东临时会议的提议权。上述规定并未违反公司法,应属有效。现原告应金宝擅自召集股东召开股东大会,程序上违反了公司章程规定,被告拒绝履行该次股东大会决议,并无不当。

法院判决:

驳回上诉,维持原判。

【案例487】董事监事拒绝召集股东会 股东有权召开①

原告: 陈某某

被告: 某投资管理公司

第三人: 某实业公司

诉讼请求: 判令撤销被告于2010年8月30日作出的股东会决议。

争议焦点:

1. 股东提议执行董事召集股东会,执行董事提出质疑和异议,是否视为其拒不履行召集权;

2. 股东提议由监事召集股东会,监事重新确定会议时间,是否视为其拒不履行召集权;

3. 原告作为公司股东是否享有召集权。

基本案情:

被告成立于2005年4月27日,公司注册资本人民币1000万元。工商登记显示原告出资50万元,占5%股份,第三人出资950万元,占95%股份。

2005年6月3日,原告、被告及第三人签署《股东表决权委托协议》1份,该协议约定原告"兹不可撤销的承诺",其在本协议签订后将签署授权委托书,授权吴壮(持有"港澳居民来往内地通行证")行使原告作为公司股东依据公司章程享有的以下权利:

1. 作为原告的代理人出席公司的股东会会议;

2. 代表原告对所有需要股东会讨论、决议的事项(包括但不限于指定和选举公司的董事、总经理等高级管理人员)行使表决权;

3. 提议召开临时股东会会议;

4. 公司章程项下的其他股东表决权(包括在该章程经修改后而规定的任何其他的股东表决权)。

---

① 参见上海市第一中级人民法院(2011)沪一中民四(商)终字第1019号民事判决书。

上述授权和委托的前提是受托人为中国公民且第三人向原告发出撤换受托人的书面通知,原告应立即指定第三人届时指定的其他中国公民行使以上委托权利,新的授权委托一经作出即取代原授权委托;除此之外,原告不得撤销向受托人作出的委托和授权。原告兹确认,受托人在行使上述委托权利时,无须事先征求原告的意见,但在各决议或召开临时股东会会议的提议作出后,受托人应及时告知原告。同日,原告签署上述授权委托书。

原告自2005年起担任被告执行董事及法定代表人;朱雅萍担任被告监事。原告与朱雅萍系夫妻关系。

2010年7月26日,第三人向被告及原告发送公函1份,提议召开临时股东会,并将有关提议内容告知,第三人要求原告作为被告执行董事召集股东于2010年8月30日前召开被告临时股东会。并要求原告于2010年8月2日前以EMS(邮政快递)方式,将由原告作为被告执行董事召集的临时股东会议召开的具体时间、地点、议程等相关内容书面函复至某地址。若原告未在上述期限内向上述指定地址以书面方式函复第三人并告知被告临时股东会召开时间、地点;或原告以书面方式、其他方式不同意按照第三人提议所规定时限、议程及议题召开被告临时股东会的,均将被视为拒绝第三人召开临时股东会议的提议。

2010年7月30日,原告委托律师向第三人发送律师函1份,载明上述第三人的函件收到,并对第三人提议召开的临时股东会提出异议。

2010年8月3日,第三人向被告及被告监事朱雅萍发送公函1份,言明因原告执行董事拒绝在2010年8月30日前召集被告临时股东会,故第三人要求朱雅萍女士作为被告监事履行公司章程之职责,召集股东于2010年8月30日前召开被告临时股东会,同样载明了会议议题。

2010年8月11日,朱雅萍向第三人发送函件1份,载明其收到第三人上述函件,对第三人提出的会议时间及议题认为是单方强制行为,无法律和章程依据,并决定在2010年10月30日前召开临时股东会议。

2010年8月13日,第三人向原告发送会议通知1份,载明因被告执行董事及监事均拒绝召开临时股东会,故其作为被告持股95%的股东提议于2010年8月30日上午召开临时股东会,并就会议地点、会议主持及会议议题作了详细通知。

2010年8月30日,被告召开临时股东会议并作出股东会决议:罢免原告担任被告执行董事、法定代表人职务;罢免朱雅萍女士担任被告监事的职务;选举李慧为被告执行董事并担任法定代表人职务,选举蒋秀英为被告监事等。该次股东会会议应到股东2人,实到1人,即第三人出席,原告未出席。

2010年11月20日,吴壮代表原告召开股东会,作出股东会决议:同意2010年8月30日召开的临时股东会所形成的全部决议内容,并同意按照2010年8月30日决议全部内容切实履行。

原告诉称：

第三人召集该股东会程序违反公司章程第16条规定,在执行董事和监事不召集和支持的情况下,第三人才享有召集和主持权,而监事朱雅萍已回函告知第三人,其将于2010年10月30日前安排召开临时股东会,并未拒绝召开,且陈某某作为执行董事对第三人的函件进行了回复,对召开股东会提出异议,并非是拒绝召开。并且,公司章程第18条规定,执行董事在任期届满前,股东会不得无故解除其职务,现原告尚在任期内,股东会不得无故解除其职务。

被告未作答辩。

第三人述称：

其已经根据相关法律规定和公司章程向执行董事及监事发送要求召开临时股东会的函件,记载了会议议题,而原告及监事均未在该期限内召开临时股东会,其享有召集、主持权,且事后原告的代理人吴壮追认了股东会决议,故该股东会召集程序合法有效。并且原告任期已满,且其担任执行董事期间导致公司严重亏损,负有不可推卸的责任,故解除其执行董事职务并无不当。

一审认为：

1. 被告执行董事拒绝履行召集和主持临时股东会的义务。

被告章程对股东会的召集和主持规定了一定的次序,即首先是执行董事,其次为监事,在前两者不履行召集和主持义务的情况下,代表1/10以上表决权的股东才可以自行召集和主持。

本案中,第三人对2010年8月30日前要求召开临时股东会首先于2010年7月26日向原告执行董事提出,原告于2010年8月2日复函提出一系列的质疑和异议,但并未对召开临时股东会作出安排,故第三人认为执行董事拒绝履行召集和主持临时股东会的义务并无不当。

2. 监事朱雅萍的回函应当视为对第三人提议召开临时股东会的拒绝。

2010年8月3日,第三人又向监事朱雅萍发送函件提议召开临时股东会。监事朱雅萍于2010年8月11日回函表示其决定于2010年10月30日前召开公司临时股东会。

由于,第一,第三人提议于2010年8月30日前召开临时股东会,而监事朱雅萍决定的时间在之后两个月之久;第二,监事朱雅萍未提出任何客观原因不能于

2010年8月30日前召开临时股东会;第三,临时股东会通常是在相对紧急的情况下召开,应及时安排召集;第四,原告执行董事与监事朱雅萍存有特殊的身份关系,即夫妻关系,存有特定的利害关系。

综上,应当认定2010年8月11日监事朱雅萍的回函即是对第三人提议于2010年8月30日召开临时股东会的拒绝,故第三人于2010年8月13日向陈某某发送会议通知,符合法定和章程规定的召集程序。

3. 被告股东会决议内容合法有效。

原告任期确尚未届满,但根据审计报告,截至2009年12月31日,被告出现严重亏损,此事实原告和第三人均无异议。而原告自2005年起即担任被告法定代表人和执行董事,负责决定被告的经营计划和投资方案、制定被告的年度分配方案和决算方案、制定被告的利润分配方案和弥补亏损方案等,故其对被告的经营状况负有主要责任,现被告严重亏损,股东会决议解除其执行董事职务并无不当。

2010年11月20日的股东会决议,吴壮作为原告的代理人已确认2010年8月30日股东会决议的内容,现虽原告提出异议,但因原告已赋予吴壮不可撤销的代理其在被告处行使股东的权利,故吴壮的行为在该授权范围内。2010年11月20日的股东会决议已追认2010年8月30日股东会决议的内容,即本案所涉股东会决议内容经全体股东一致认可,故认定该股东会决议内容并未违反公司章程。

一审判决:

驳回原告诉讼请求。

原告不服一审判决,向上级人民法院提起上诉。

原告上诉称:

原审法院对于证据的认证和采信存在错误,涉案股东会的召集程序和表决方式均不符合被告的章程,原告已经撤销了对相关代理人的特别授权。综上,原审判决认定事实错误,适用法律不当,故请求依法撤销原审判决,改判支持原告原审诉讼请求。

被告同意原告的上诉事由及请求。

第三人二审辩称:

不同意原告的上诉事由,坚持其原审的辩称意见,请求驳回上诉,维持原判。

第三人为证明其观点,在二审期间补充提交证据如下:

上海市松江区人民法院(2011)松民二(商)初字第222号一审民事裁定书及上海市第一中级人民法院(2011)沪一中民四(商)终字第1059号二审民事裁定

书各一份,以证实原告的代理人对于涉案股东会决议的确认,符合法律规定。

原告、被告对于上述证据的真实性、合法性均予以确认。

二审法院根据第三人提交的补充证据另查明如下事实:

上海市松江区人民法院(2011)松民二(商)初字第222号民事裁定书认定:2010年11月20日原告的特别授权代理人吴壮与第三人形成被告的股东会决议,原告要求撤销该决议的诉讼,已经超过法定的60日期限,故裁定予以驳回。2011年6月20日,上海市第一中级人民法院(2011)沪一中民四(商)终字第1059号民事裁定书对此予以维持。

律师观点:

1. 被告的股东会召集程序、表决方式和决议内容均合法有效。

股东会作为被告的权力机构,所作决议即为被告的意志,对被告及其股东均具有法律约束力。第三人持有被告95%的股份,从股东会表决的实质和体现的意志而言,均处于绝对的控制地位,不可逆转。该股东会的召集程序、表决方式和决议内容,不存在第三人滥用股东权利实施对原告的侵害。原告急于行使临时股东会召集职责,并无正当理由。

2. 另案生效裁决已确认了股东会决议的法律效力。

决议提案内容的本身亦指向罢免原告执行董事职务,原告对此进行抵触、拖延和反对亦是在所难免。另外,2010年11月20日原告的特别授权代理人吴壮与第三人再次形成被告的股东会决议,对于涉案股东会决议予以确认。该事实以及该股东会决议的法律效力,已经另案生效裁决予以确认。

法院判决:

驳回上诉,维持原判。

【案例488】会议通知时间不足 决议违反程序被撤销[①]

原告: 赵国建

被告: 同力公司

诉讼请求: 判令撤销被告股东会2009年10月28日会议的决议。

争议焦点:

1."同力公司"作为被告诉讼主体是否适格;

2. 被告提前1日召集股东会,并以举手表决的方式通过股东会决议是否违

---

① 参见河南省原阳县人民法院(2009)原民初字第1089号民事判决书。

反了法律规定,原告能否以此为由主张撤销股东决议。

基本案情:

2006年8月28日,原告等5人设立原阳县粉磨站,同年12月26日,在原阳县粉磨站的基础上设立永兴建材公司,该公司董事会选举原告为董事长,订立公司章程,原告、丁玉岭、张振宇、杨长太、李梅静五股东记入股东名册,并向工商管理机关登记,原告为公司最大股东。

2007年7月26日,永兴建材公司向工商管理机关申请变更登记为"同力公司",即被告。

2007年12月1日,原告等5人与张树旺等6人共同签订《同力公司合作投资协议书》。

2008年年初,张树旺被选为副董事长参与经营,并被聘为公司总经理。

2009年10月27日,被告通知各股东28日召开股东会议。

2009年10月28日,被告在公司召开了股东会议,有10名股东(不含申家名)参加了会议,经过举手表决方式通过8项决议,10名股东在决议上签名按了指印。

原告诉称:

原告等5人出资605万元设立了被告,原告出资四百余万元,占80%以上股份,经营过程中,张树旺等人先后出资参与经营,后被聘为总经理。张树旺违法召集股东召开股东会,意欲逼原告让出法人代表和董事长职务,为达到目的,张树旺又纠集多名社会人员,开多辆车携带凶器,围堵在厂门口,不达目的不罢休,原告违心地让出董事长职务,并在受胁迫的情况下在法定代表人变更表格(空白)上签了名。被告的上述行为违背了我国《公司法》关于法人代表变更和股东会召开及表决的法律规定,应属可撤销决议。

原告为证明其观点,提交证据如下:

1. 2009年10月28日股东大会决议;
2. 2009年10月29日原阳县公安局城关派出所(以下简称城关派出所)证明;
3. 原阳粉磨站投资建设协议书;
4. 同力公司合作投资协议书及两份补充协议;
5. 同力公司章程;
6. 同力公司设立时的有关工商登记材料;
7. 城关派出所接处警登记表;

8. 原告申请本院向股东会成员卢××、齐××调查,本院调查后制作的调查笔录。

被告辩称:

1. 根据《公司法》规定,作为公司权力机构的股东会,完全有权利决定更换董事长与选举新的董事长,作为法人的被告只能按照股东会的决议执行。在此过程中被告并未参与,也未作出任何决定,因此,原告以答辩人为被告无法律依据,属于主体错误,应予驳回。

2. 原告仅是请求对2009年10月28日股东会作出的八项决议内容之一,即对选举张树旺为董事长的决议内容请求撤销,依据公司法规定,决议内容违反公司章程是股东请求人民法院撤销的理由,但原告没有相关的事实依据。

3. 原告诉状中所述的理由不符合事实。股东会选举新的董事长及法定代表人,是对公司章程的修改,依据公司法的规定,股东以书面形式一致表示同意的,可以不召开股东会会议,直接作出决定,并由全体股东在决定文件上签名盖章。2009年10月28日股东会的决议,全体股东包括原告在内一致表示同意并签名,本案并不涉及股东会会议召集程序的问题,不存在原告所称的事实。公司召开股东会,完全是由于原告违反财务制度,涉嫌挪用、侵占公司财产,导致公司经营停滞,在此种情况下,股东多次提出召开股东会清产核资,在会议召开过程中,原告多次表示,对不起多位股东,不再作董事长和法定代表人。于是股东会通过决议,确定了新的董事长和法定代表人,原告也在股东会记录上和股东会决议上,签了自己的名字。

基于上述,在股东会召开期间,被告不存在侵犯原告合法权益的行为,原告的起诉既无事实根据,又无法律依据,请求法院依法驳回原告的起诉。

被告对原告所提供的证据发表质证意见如下:

1. 被告对原告提交的第1份、第5份、第6份证据无异议;

2. 城关派出所证明应有出警证明、接处警登记表相印证,且还需有询问笔录,否则不能作为应定案件事实的依据;

3. 第3组证据与本案无关联性;

4. 原告提交的同力公司合作投资协议书与被告提交的不一致,原告提交的没有张树旺等人签名,被告提交的有张树旺签名,应以被告提交的作为认定事实的依据;对两份补充协议无异议,证明张树旺投资已经到位,并已成为公司股东;

5. 接处警登记表系举证期满后提供,所记录的50人不显示是谁召集的,目的是什么,该组证据不能作为认定案件事实的依据;

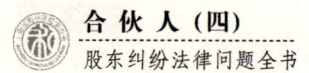

6. 原告在举证期限届满后向法院申请调查取证违反规定,法院调查的人员仅限于部分股东,不能证明会议召集程序违法。

律师观点:

1. 原告以被告为诉讼主体符合法律规定。

依据我国《公司法》规定,股东会是公司的权力机构,但没有规定股东会系法人或其他组织,所以股东会不具有诉讼主体资格。此外,从《公司法》第22条第3款规定的精神判断,申请撤销股东会会议决议的,应以公司为诉讼主体。因此,被告提出原告以其为被告属于诉讼主体错误的主张于法无据。

2. 被告股东会召集、表决方式违反了法律规定。

股东会或者股东大会的会议召集程序、表决方式违反法律、行政法规或者公司章程,或者决议内容违反公司章程的,股东可以自决议作出之日起60日内,请求人民法院撤销。本案被告在召开股东会的前一日通知股东开会,违反了《公司法》第41条第1款"召开股东会会议,应当于会议召开15日以前通知全体股东"的规定,采用"举手表决"方式违反了《公司法》第42条"股东会会议由股东按照出资比例行使表决权"的规定,可以据此认定同力公司于2009年10月28日股东会的会议召集程序、表决方式违反法律的规定,原告请求撤销既有法律依据,又有事实依据,应予支持。

法院判决:

撤销被告股东会2009年10月28日会议的决议。

【案例489】电话通知虽是惯例　未送达仍为通知瑕疵[1]

原告: 环亚公司

被告: 海鸥公司

诉讼请求: 判令撤销被告于2006年6月19日形成的第二届董事会第一次临时会议决议。

争议焦点: 被告以其历次召开董事会均以电话通知且不需全部董事到场的为由,认为其召集程序没有瑕疵的观点能否成立。

基本案情:

原告是被告的股东,林秀玲是其委派的董事,李伟玲是案外人另一股东创富国际股份有限公司委派的董事。

---

[1] 参见上海市第二中级人民法院(2006)沪二中民五(商)初字第81号民事判决书。

被告章程第 115 条规定:"董事会召开临时董事会会议,应当于会议召开 10 日以前以书面方式通知全体董事。"第 116 条规定:"董事会会议通知包括以下内容:(一)会议日期和地点;(二)会议期限;(三)事由及议题;(四)发出通知的日期。"第 175 条规定:"公司的通知以下列方式发出:(一)以专人送出;(二)以邮件方式送出;(三)以公告方式送出;(四)以公司章程规定的其他形式。"

2006 年 6 月 19 日,被告第二届董事会第一次临时会议决议载明:"根据董事长提议,上海海鸥数码影像股份有限公司(以下简称'本公司')于 2006 年 6 月 19 日召开了第二届董事会第一次临时会议,符合本公司章程及有关法律规定。2006 年 6 月上旬,本公司与日本柯尼卡美能达公司提前终止了合作。将所持有的 25.2% 的股权全部转让给柯尼卡美能达公司,并签订了股权转让合同。因此次股权转让必须依据国家相关的法律法规来进行,故要经过国资委、产权交割、外资委等一系列的报批手续。待完成上述报批手续以及资金到位后,将首先用于以下由董事会通过的相关议案。会议审议并通过以下议案:一、《关于归还工商银行松江支行借款本金 3240 万元及应付利息 235 万元》的议案;二、《关于归还中国进出口银行借款本金及应付利息共计 945 万元》的议案;三、《关于归还凯腾公司 431 万元货款》的议案;四、《关于归还建行第四支行借款本金 700 万元》的议案。"

董事薛向东、张国荣、卜伟平、赵铭骏在该决议上签名。董事孙云芳于同年 6 月 22 日签名,并表示"此决议案不符合股东会会议精神,所以不同意此决议案"。董事李伟玲及林秀玲签名栏为空白。

原告诉称:

被告召开第二届董事会第一次临时会议未按照公司章程的规定通知董事林秀玲和李伟玲,由于此次会议召集程序不符合公司章程的规定,因此,被告此次作出的董事会决议应予撤销。同时,该决议的内容涉及被告将其持有的柯尼卡美能达光学仪器(上海)有限公司 25.2% 股权全部转让给日本柯尼卡美能达影像株式会社后股权转让款的分配。根据被告海鸥公司章程的规定,股东大会有权审议收购或出售资产事项,被告海鸥公司董事会无权对上述事项作出决议。因此,系争决议应当确认为无效。

被告辩称:

尽管被告的章程对董事会临时会议的召开规定了发送书面通知的程序,但是按照被告惯常的运作方式,被告历来不以各董事到会的方式召开董事会临时会议,相关董事会临时会议决议均是事先通过电话与各董事联系后,再将会议决议传真给各董事签名形成。原告委派的董事林秀玲以往均是委托董事李伟玲进行

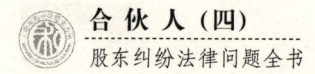

表决,从未参加过董事会会议。被告以上述方式已经形成数份董事会临时会议决议,全体董事均无异议。系争第二届董事会第一次临时会议同样没有以董事到会的方式召开,6月22日,被告先与李伟玲电话联系后,即将系争决议传真给李伟玲。因此,原告所持异议不能成立。

律师观点:

根据被告章程,董事会召开临时董事会会议,应当于会议召开10日以前以书面方式通知全体董事。被告以其历来不以各董事到会的方式召开董事会临时会议,仅以电话与各董事联系,再将会议决议传真给各董事签名的主张,缺乏事实依据,且不足以否定系争董事会临时会议召集程序违反章程规定的认定。因此,被告召开系争董事会临时会议未依据章程规定完成了通知程序,系争董事会临时会议的召集程序违反了公司章程,系争决议依法应予撤销。

法院判决:

撤销被告于2006年6月19日形成的第二届董事会第一次临时会议决议。

【案例490】电话通知难举证　罢免执行董事决议被撤销[①]

原告: 朱某

被告: 东南公司

诉讼请求: 撤销被告2011年3月29日作出的股东会决议。

争议焦点: 被告是否在召开股东会之前已经电话通知了全体股东。

基本案情:

被告系有限责任公司,注册资本为300万元,股东由福建东南(出资270万元,持股比例为90%)、原告(出资10万元,持股比例3.33%)与案外人赵某(出资10万元,持股比例3.33%)、案外人谢某(出资10万元,持股比例为3.33%)组成。

被告章程规定,股东会会议每年召开一次,定于每年3月中旬召开,代表1/4以上表决权的股东及执行董事或监事可以提议召开临时会议;召开股东会会议,应当于会议召开15日前通知全体股东。

2011年3月29日,被告的股东案外人福建东南、案外人谢某形成被告2011年股东会决议,内容涉及对公司的执行董事、法定代表人、管理制度进行变更,并决定对公司红利进行分配。

---

① 参见上海市浦东新区人民法院(2011)浦民二(商)初字第1377号民事判决书。

2011年4月26日,案外人福建东南、案外人谢某向未参加股东会的原告及案外人赵某发出告知函,将股东会决议的结果及相关事宜予以告知。

原告诉称:

被告召开股东会,未按《公司法》规定通知原告,亦违反了公司章程的规定,损害了原告的合法利益。

原告为证明其观点,提交证据如下:

1. 被告章程,证明原告系被告股东,且章程约定"召开股东会会议,应当于会议召开15日前通知全体股东";

2. 被告2011年股东会决议告知函,证明2011年3月29日,被告召开股东会并作出决议,对公司执行董事、法定代表人及管理制度进行变更,并决定对公司红利进行分配。

被告辩称:

对原告所述的被告股东组成情况没有异议。

被告曾于2011年3月13日以电话形式通知了全体股东召开临时股东会,告知股东会召开的时间、地点和内容,已经履行了15日通知股东的义务,系争股东会决议合法有效。

律师观点:

《公司法》第22条规定,股东会或者股东大会、董事会的会议召集程序、表决方式违反法律、行政法规或者公司章程,或者决议内容违反公司章程的,股东可以自决议作出之日起60日内,请求人民法院撤销。

本案的争议焦点在于系争股东会决议是否应当予以撤销,对此,应审查系争股东会在会议召集程序和表决方式方面是否违反《公司法》及其他法律、行政法规,或者决议在内容或者程序上是否有违反公司章程的瑕疵。

被告的公司章程规定,召开股东会会议,应当于会议召开15日前通知全体股东。本案中,被告虽辩称曾于2011年3月13日以电话形式通知全体股东召开临时股东会,告知股东会召开的时间、地点和内容,但被告对其主张的上述事实未能提供相应证据,原告亦否认接到过电话通知。因此,系争股东会在召集程序上存在瑕疵,导致原告未能参加该次会议。

综上,无证据表明被告已向全体股东发出召开股东会的通知,将会议的时间、地点和内容告知全体股东,因此,系争股东会的召集程序在通知方面存在瑕疵。

法院判决:

撤销2011年3月29日的东南公司被告2011年股东会决议。

1401. 公司因股权转让致使股份份额发生重大变化，变化后的首次股东会由谁召集和主持？

公司因股权转让致使股份份额发生重大变化，从而导致公司的控股股东发生变更，此时可参照公司成立后首次股东会议召集程序，由出资最多的股东召集和主持。否则在公司控股股东和持股数额发生重大变化后仍要求公司股东会的召开必须履行《公司法》第40条规定的程序，而公司董事、监事拒不履行召集和主持义务，不符合公司法的立法精神。

【案例491】股份发生重大变化　出资最多股东召集股东会[1]

原告：叶某某

被告：欣舟公司、远舟公司、谭某某、蒋某某[2]

诉讼请求：判令撤销被告远舟公司、被告谭某某、被告蒋某某作出的"欣舟公司2008年度第一次临时股东会"的全部决议。

争议焦点：

1. 作为诉争股东会的召集人，被告欣舟公司是否享有股东资格，是否已履行出资义务，其表决权是否受限；

2. 诉争股东会是否应当由董事会召集，会前公司股权结构发生重大变化，股东会可否参照公司成立时由出资最多的股东召集。

基本案情：

被告欣舟公司于2004年1月17日注册成立，法定代表人为原告，工商登记股东为黄某某、赵某某、原告、被告谭某某、被告蒋某某。

2003年8月16日，被告远舟公司与江阴公司协议共同设立被告欣舟公司，约定被告远舟公司投资占52%，；江阴公司投资占48%。鉴于被告欣舟公司的注册登记尚在申办之中，被告远舟公司无法按照正常的法律程序将投资款打入新公司账户。

2003年8月29日，被告远舟公司通过电汇将37.74万元支付给江阴公司，该款用途记载为"投资款"。

2007年2月，被告远舟公司以被告欣舟公司、原告、黄某某、赵某某为被告向法院提起诉讼，要求确认被告远舟公司是被告欣舟公司的股东，黄某某、原告、赵

---

[1] 参见上海市嘉定区人民法院(2008)嘉民二(商)初字第810号民事判决书。

[2] 笔者认为，本案被告应为欣舟公司，远舟公司、谭某某、蒋某某应被列为第三人。

某某持有的被告欣舟公司中的52%股权属于被告远舟公司所有。

上海市二中院于2008年4月作出(2007)沪二中民三(商)终字第435号民事判决书,认定被告远舟公司已将现金投资款及添加剂交付给了江阴公司,履行了双方协议约定的投资义务。被告欣舟公司半数以上的其他股东明知实际出资人(被告远舟公司)的出资,且公司已经认可其以股东身份行使权利,遂判决确认被告远舟公司对被告欣舟公司享有52%的股权。

2008年4月12日,被告远舟公司分别向原告、被告谭某某、被告蒋某某发出召开被告欣舟公司临时股东会的通知,时间、地点也予明确,同时在对原告的通知中建议原告主持临时股东会议。

原告在2008年4月24日的回函中称,被告远舟公司未实际出资,所以不具备召集临时股东会的资格。

2008年4月28日,被告远舟公司、被告谭某某、被告蒋某某出席会议并作出如下决议:(1)明确被告远舟公司出资额52万元,被告谭某某出资额16万元,被告蒋某某出资额12万元,原告出资额20万元;(2)关于变更董事、监事的决议,将被告欣舟公司的董事变更为:孙某某、被告谭某某、鄞某,监事变更为:白某,被告蒋某某;(3)关于公司管理事务交接的决议,明确原告应将公司印章及其所保管的公司有关的所有文件移交给被告欣舟公司,并由新任董事长代收;(4)关于选举董事长的决议,选举孙某某为被告欣舟公司董事长。被告远舟公司、被告谭某某、被告蒋某某还签署会议记录1份,内容除上述决议内容外,还决议向上海市徐汇区人民法院撤回对被告远舟公司及桂某某财产权属纠纷的起诉。

原告诉称:

上海市二中院(2007)沪二中民三(商)终字第435号民事判决书,确定被告欣舟公司的三名股东,即黄某某、原告、赵某某名下合计52%的股权为被告远舟公司所有,但该判决并未认定被告远舟公司向被告欣舟公司出资。被告被告谭某某、被告蒋某某于2005年4月退股。

原告认为该会议召集程序存在瑕疵,被告远舟公司无权召集,根据章程规定,应由被告欣舟公司董事会召集;被告远舟公司、被告谭某某、被告蒋某某没有出资,其表决权应予限制;决议内容存在利用关联关系损害公司利益,且无权撤销原告的执行董事资格,故属无效。

原告为证明其观点,提交证据如下:

1. 被告欣舟公司章程、企业信息、资产归属说明、上海市二中院(2007)沪二中民三(商)终字第435号民事判决书、退股协议、回函、诉讼材料、决议;

2. 有关被告欣舟公司成立的证据一组(共 19 份,包括投资协议、会议记录、函件、企业名称预先核准通知书、可行性报告、招股书草稿、定稿、原法定代表人的证明函、庭审笔录、资产明细等);

3. 被告远舟公司未向欣某出资的证据一组(共 15 份,包括起诉书、判决书、上诉状、答辩状、借条、对账单、审计报告、出资情况说明、年度检验报告、摘要、移交清单等);

4. 有关被告谭某某、被告蒋某某未向被告欣舟公司出资的证据一组(包括函件、退股协议、说明等);

5. 原告出资情况的证据一组(共 6 份,包括原告支付费用清单、原告之子垫付货款的收条及发票、存款凭证等);

6. 黄某某书面意见 1 份。

被告均辩称:

根据工商登记及上海市二中院的判决,可以确定被告欣舟公司的股东及持股比例为:被告远舟公司占 52%,被告谭某某和被告蒋某某占 28%,原告占 20%。

被告远舟公司曾向原告提议召开临时股东会会议,遭拒绝。

被告远舟公司根据章程规定自行召集并主持召开了临时股东会,被告远舟公司、被告谭某某、被告蒋某某出席了会议,三被告的持股比例为公司总股份的 80%,所形成的决议是有效的。

被告对原告所提供的证据发表质证意见如下:

对原告六组证据的真实性没有异议,但认为均与本案没有关联性。

被告欣舟公司的设立情况已由上海市二中院作出生效判决来认定,被告的出资也由该判决书作了认定。有关原告出资的证据是原告单方面制作,不能证明原告实际出资。其称叶某为被告欣舟公司垫付货款也只是在叶某与被告欣舟公司之间形成了债权债务关系,与出资无关。

原告的现金存款证据,只能证明原告与被告欣舟公司之间的债权债务关系。原告持有的股份是受让被告谭某某和被告被告蒋某某而得,原告受被告远舟公司的委托与被告被告谭某某和被告被告蒋某某签订了退股协议,原告将本应当由被告远舟公司持有的股份转移到自己名下,损害了被告远舟公司的利益。

三被告形成的临时股东会决议实际上是承认原告享有 20% 股权的,原告是否实际出资与本案无关。而会议纪要及黄某某的书面意见与原告存在理解上的差异,被告欣舟公司实际出资人是被告远舟公司,是原告提议为了税收优惠而采用自然人投资,会议纪要反映的是商谈恢复事实原貌的过程。

被告为证明其观点，提交证据如下：

1. 上海市二中院(2007)沪二中民三(商)终字第435号民事判决书1份；

2. 2008年4月12日被告远舟公司发给原告、被告谭某某、被告蒋某某的召开临时股东会议通知各1份、邮件详情单3份，被告欣舟公司原公司章程1份；

3. 2008年4月28日被告欣舟公司第一次临时股东会议达成的《关于修改公司章程的决议》《关于变更董事、监事的决议》《关于公司管理事务交接的决议》各1份；

4. 被告欣舟公司2008年度第一次董事会会议作出的《关于选举董事长的决议》、被告欣舟公司修改后的公司章程各1份；

5. 被告欣舟公司2008年度第一次临时股东会会议记录1份。

针对被告的上述证据，原告认为：

1. 针对证据1，原告对此份证据的真实性没有异议，但认为判决虽确认被告远舟公司持有被告欣舟公司的股份，但被告远舟公司未实际出资；

2. 针对证据2，原告对此份证据的真实性没有异议，但认为股东会的召集应由公司董事会进行，会议通知中也没有写明临时股东会要讨论的内容。三被告未实际出资，他们的表决权应受到实际出资额的限制。此外，被告提供的这份被告欣舟公司的章程已被2007年7月3日的新章程所替代；

3. 针对证据3，原告对此份证据的真实性持有异议，认为会议召开程序、表决程序、决议内容均不合法；

4. 针对证据4，原告对此份证据的真实性持有异议，认为在董事会召开的选举董事长的会议的决议中出现了非董事被告蒋某某，且临时股东会的召开并不合法，不具备修改公司章程的资格；

5. 针对证据5，原告对此份证据的真实性持有异议，认为此份证据是会议纪要，不是现场记录。在2008年5月5日徐汇法院审理中，被告远舟公司的委托代理人表示股东会没有在该份证据表明的地点召开。被告谭某某也向原告表示不会参加此次会议。这次会议的参加人没有股份，决议为非法。

律师观点：

根据《公司法》规定，公司股东主张撤销股东会决议，须举证证明公司股东会决议在召集程序、表决方式上违反法律或公司章程规定，或者决议内容违反公司章程规定。

1. 原告主张被告远舟公司表决权应受限制的观点不成立。

(1) 本案中被告远舟公司已实际出资。

根据上海市二中院（2007）沪二中民三（商）终字第435号民事判决书的认定，被告远舟公司已将向被告欣舟公司投资的现金投资款及添加剂交付给合作方江阴公司，作为被告欣舟公司副总经理的原告于2004年4月28日出具的固定资产明细上载明了"上述固定资产均系供气必须部件，数量无误"，故上海市二中院未采信原告主张被告欣舟公司未收到江阴公司转入固定资产的辩称观点。

（2）股东是否实际出资不影响股东资格的取得，其股东权利受到一定的限制，但不应包括表决权。

2. 本案讼争的股东会不存在程序瑕疵。

按照《公司法》规定，代表1/10以上表决权的股东，提议召开临时会议的，应当召开临时会议。被告远舟公司的出资额占被告欣舟公司注册资本的52%，被告远舟公司已向原告发出召开临时股东会的通知，召集程序符合公司法及公司章程规定。

原告认为，当董事会不履行职务时，股东应要求监事召集和主持临时股东会，讼争股东会召集没有履行这一程序。但根据上海市二中院（2007）沪二中民三（商）终字第435号民事判决，被告欣舟公司原股东黄某某、原告、赵某某所持有的共52%的股权归被告远舟公司所有，即被告欣舟公司的股东人员及其持股份额发生了重大变化。

被告欣舟公司于2008年4月28日召开的股东会是股东成员重大调整后的首次会议，可参照公司成立后首次股东会议召集程序，由出资最多的股东（被告远舟公司）召集和主持。原告在公司股东人员和持股数额发生重大变化后仍要求被告欣舟公司股东会的召开必须履行《公司法》第40条规定的程序，不符合公司法的精神，也不符合被告欣舟公司实际情况。

法院判决：

驳回原告要求撤销被告远舟公司、被告谭某某、被告蒋某某作出的"上海某某工业气体有限公司2008年度第一次临时股东会"全部决议的诉讼请求。

1402. 公司决议召集程序有瑕疵，能否撤销该决议部分内容？

对此法律未作明确规定，司法实践认识亦不统一。北京司法实践对此持肯定态度，而上海法院对此持否定态度。

1403. 股东会会议通知期间的起止时间如何确定？通知何时生效？

《公司法》第41条规定："召开股东会会议，应当于会议召开十五日前通知全体股东；但是，公司章程另有规定或者全体股东另有约定的除外。"然而，关于该条款中"15日"这一期间的计算,通知时间的起算点和终点如何确定,通知发出当日和会议召开当日是否包括在内,《公司法》及其他法律法规并没有明确的规定,实践中也存在一定的争议和分歧。

笔者认为,关于通知期间的起算点,我国《民法通则》第154条规定:"按照日、月、年计算期间的,开始的当天不算入,从下一天开始计算,即次日为期间的计算点。"通常认为,在商事关系的调整中,民法的一般适用是一个原则,凡商法对某些商事事项未设特殊规定者,民法的规定可补充适用。因此,在《公司法》无明文规定的情形下,应参照《民法通则》的规定以及《公司法》的立法精神,通知期间计算的起始点应为通知的次日。

关于通知期间的终点的确定,参照《上市公司章程指引(2016)》第54条注释规定,公司在计算起始期限时不应包括会议召开当日。

因此,关于股东会通知期间的起止时间,起始日应为通知作出的次日,终点应为会议召开前一日。

关于股东会通知的生效时间,《公司法》并无明确规定,其他规范性文件亦仅有零星规定,很不完整。实践中,一般认为,对公告方式的通知采取"发信主义",而对"专人送达、邮寄等方式"则一般采取"到达主义"。

如在《上市公司章程指引(2016)》第168条也规定:"公司通知以专人送出的,由被送达人在送达回执上签名(或盖章),被送达人签收日期为送达日期;公司通知以邮件送出的,自交付邮局之日起第[天数]个工作日为送达日期;公司通知以公告方式送出的,第一次公告刊登日为送达日期。"尽管该规范性文件仅适用于上市公司,但反映了我国立法的一种倾向和趋势,具有较强的参考价值。

【案例492】同住成年家属代签 视为通知送达[①]

原告:韦作湖

被告:河池利达公司

第三人:覃美林、陆远华、覃庆媚等23人

诉讼请求:撤销被告2006年第二次临时股东会决议。

争议焦点:

1. 原告之妻代签的股东会召开通知是否可以认定会议通知已经送达原告;
2. 第三人是否应承担实体责任。

---

① 参见河池市中级人民法院(2007)河市民二终字第16号民事判决书。

基本案情：

2005年3月30日，被告成立，公司注册资本444.27万元，股东36人，原告所占股份为1.65%。

2006年11月17日，被告监事陆远华提议召开2006年第二次临时股东会议，并将此次会议的审议事项作了议案。会议通知分别向公司的股东送达，并在送达回证上附有签收记载。

2006年12月9日，第三人陆远华、第三人覃美林、第三人黄建群三股东亲自到原告位于都安县八仙开发区城西大街63号的住处，将本次临时股东会会议的书面通知送达原告，原告之妻韦娜在送达回证上代签。

2006年12月27日，被告监事陆远华主持召开了利达公司2006年第二次临时股东会议，应到股东36人，实到23人（包括授权代理人2人）。会议通过了四项议案，即《关于罢免莫颂先生董事职务、陈乐根先生董事职务的议案》《关于选举覃美林女士为公司董事的议案》《关于选举陆远华先生为公司董事、同时免去陆远华先生公司监事职务的议案》和《关于选举覃庆媚为公司监事的议案》。并作出《河池利达公司2006年第二次临时股东会会议决议》。

原告诉称：

经被告同意，原告长年在外打理自己的生意。以往公司召开股东会均按照公司章程的规定提前15日通知到本人，保障了股东的权利。但不知何故，2006年12月27日，公司监事在原告不知情之下召集了由第三人参加的2006年第二次临时股东会，并通过了该次临时股东会会议决议。12月31日原告从外地归来方知此事。原告认为，此次会议未按公司章程的规定通知到本人，侵犯了原告的合法权利。

被告辩称：

原告所称与事实不符，公司已按章程规定于2006年12月8日将开会时间、地点及审议事项用电话或书面形式通知了全体股东，并将通知内容张贴在公司的公告栏内。并且此次会议的书面通知由公司监事等三人亲自到原告家中送达，后又以电话的形式与原告重申了此次会议的时间和内容。

第三人均述称：

原告将所有参加第二次临时股东会会议的股东列为第三人是滥用诉权的表现。根据《公司法》的有关规定，有限责任公司的股东会是公司的权力机构，代表公司行使法定的和公司章程所规定的职权。股东会临时举行的由全体股东或部分股东参加的会议，是股东集体决策的会议形式，是股东们直接参与公司重大事项决策的重要形式。因此,股东会决议是公司权力机关作出的代表公司意志的决策行为,股东会会议的召开及决议均属公司的法人行为,其法律后果应由公司承担。本案第三人作为公司的股东,有权通过参加股东会议行使法律和章程赋予的权利。因此,原告将所有参加第二次临时股东会会议的股东列为第三人无法律依据。

一审认为:

1. 第三人不承担本案的实体责任。

有限责任公司的股东会是公司的权力机构,代表公司行使法定的和公司章程所规定的职权,也是股东直接参与公司重大事项决策的权力机构。因此,股东会决议是公司权力机关作出的代表公司意志作出的决策行为,股东会会议的召开及决议均属公司的法人行为,其法律后果应由公司承担。故本案的第三人不是本案争议事项的责任主体,不承担本案的实体责任。

2. 被告股东会通知未送达原告。

依据被告章程中第28条的规定:召开股东会议,应当于会议召开15日以前以电话、传真或信函的方式通知全体股东。现有证据表明,2006年12月9日,被告监事等三人向原告送达召集临时股东会会议的书面通知时,未获取原告本人在送达回证上的亲笔签字,而是由原告之妻韦娜代签。原告作为公司的股东之一,依法享有公司法及公司章程规定的合法权利,此次召集临时股东会会议的通知如不能按章程规定送达原告本人,必然影响原告行使正当的股东权利。因此,在原告本人明确否认收到通知而被告对原告的主张又举不出其他证据予以佐证的情况下,对此次会议召集通知的送达,不能推定已经送达给原告本人。因此,本案所及的2006年第二次临时股东会会议的召集程序存在瑕疵,不予认定。

一审判决:

撤销被告2006年第二次临时股东会决议。

被告及第三人不服一审判决,向上级人民法院提起上诉。

被告及第三人二审上诉称:

1. 一审判决漏查以下事实:

2006年12月9日20时18分,原告亲自签字领取了2005年安全风险抵押金22元,同时拒绝签收股东会议通知。从手机号码1387788××××(机主为第三人陆远华)语音详单来看,2006年12月10日10时08分38秒,手机号码1397789××××(机主为原告)与手机号码1387788×××通话67秒钟。

2. 送达人第三人陆远华、第三人覃美林、第三人黄建群在同一时间、同一地点专程给原告送达股东会议通知和安全风险抵押金,在同一时间、同一地点原告亲自签字领取了安全风险抵押金,但是原告在送达人出示并口头说明股东会议通知(内容)后以醉酒为由不签字领取股东会议通知,次日原告电话告知送达人知悉股东会议通知内容,这些事实应当视为股东会议通知已经送达原告。

综上,本案股东会议召集程序、表决方式、决议内容符合《公司法》和《被告章程》的要求,股东会议不存在《公司法》(2005年修订)第22条第2款规定的情形。因此,一审判决应当予以撤销,并驳回被上诉人的诉讼请求。

原告二审辩称:

原告承认有签收2005年安全风险抵押金的事实,但认为:

1. 在"韦作湖"字样之后注明的"2006年12月9日20时18分"不是原告本人所写(送达人一审时承认是他们自己所写),因而该证据不能证明原告签收的时间是2006年12月9日20时18分;

2. 即使原告签收的时间是2006年12月9日20时18分,该证据也不能证明陆远华等人已将开会通知送达了原告。被告及第三人认为原告之妻签收会议通知的事实可以证明原告本人已接获会议通知,完全不符合事实的主观臆断。原告之妻不是被告的股东,其本人也没有得到原告的委托代签收开会通知(第三人陆远华等人也承认,是他们要求原告之妻签收的),被告及第三人也没有任何证据能够证明会前原告之妻已将开会通知传达给了原告,在原告未参加临时股东会,并自始至终声明自己未接获开会通知的情况下,被告及第三人提供的证据不足以证明原告已收到了开会的通知。

为此,请求二审法院驳回上诉人的上诉,维持一审判决。

律师观点:

《公司法》第41条第1款规定:"召集股东会会议,应当于会议召开十五日前通知全体股东;但是,公司章程另有规定或者全体股东另有约定的除外。"该法条对召开会议的通知期限作了明确规定,但对通知的方式未作具体规定。被告章程第28条规定:"召开股东会议,应当于会议召开15日以前以电话、传真或信函的方式通知全体股东。"本案中,被告及第三人认为第三人王海山、第三人覃美林、第三人陆远华在送达会议通知的同时原告亲自签字领取了2005年安全风险抵押金,而且从手机的通话详单记载来看,均可证实已将会议通知告知了原告。对于该观点,上述证据只能证明有签收安全风险抵押金和相互通话的事实,而通话的内容不详,并不能证明已将召开会议事项通知了原告。但原告的妻子代签收了会议的通知书,而原告却未能提供证据证明其妻未将会议通知告知,应视为送达。

法院判决：

驳回上诉，维持原判（因与本案合并审理的另案显示，股东会决议的内容违反公司章程，故二审没有针对一审判决进行改判）。

1404. 会议通知通过快递方式寄给股东，如果该通知由股东所任职公司的前台代签，是否视为送达？邮寄公证的股东会会议通知是否即视为送达？

实践中，对于通过邮寄形式发送的股东会通知应当直接送交收件人，即收件人本人签收才视为送达。

若收件人本人无法签收时，只有经收件人或寄件人委托的代收人签收才视为送达。在代收时，收派员应当核实代收人身份，并告知代收人代收责任。

因此，如果该股东并未委托前台签收快递，不能视为会议通知已经送达股东，当然如果公司能够证明前台已将通知交付股东除外。

若收件人为法人或者其他组织的，应当由法人的法定代表人、其他组织的主要负责人或者该法人、组织负责收件的人签收。

在相应的邮件签收单上签收的日期为送达日期。

对邮寄行为进行公证仅对当事人送达文书的行为和过程予以证明，不对受送达人是否收到了送达文书作出证明。因此，进行过邮寄公证的股东会会议通知并非一定视为送达。

【案例493】全程公证仍有一失　六次公证难证"送达"[①]

原告： 张平

被告： 万益公司

诉讼请求：

1. 判令撤销被告2012年1月12日的股东会决议；

2. 判令被告向工商行政管理机关申请撤销2012年2月2日作出的对被告的执行董事、监事、法定代表人的变更登记。

争议焦点：

1. 被告监事是否可直接行使临时股东会的召集权；是否应当向被告执行董事进行提议，其直接进行通知并召集与主持了被告的临时股东会会议是否系越权行为；

---

① 参见上海市嘉定区人民法院(2012)嘉民二(商)初字第522号民事判决书。

2. 被告是否履行了向原告送达股东会会议通知的义务；邮寄证据保全公证是否证明送达了会议通知；原告是否实际收到了被告发出的临时股东会通知。

基本案情：

被告成立于 2003 年 9 月 12 日，注册资本 1500 万元，股东为案外人顾海（认缴出资 180 万元，持股比例 12%，任公司执行董事、法定代表人）、案外人严昊（认缴出资 945 万元，持股比例 63%，任公司监事）、原告（认缴出资 375 万元，持股比例 25%）。

被告章程第 10 条规定："股东会会议分为定期会议和临时会议，并应当于会议召开 15 日前通知全体股东。定期会议每半年召开一次，代表 1/10 以上表决权的股东、执行董事、监事提议召开临时会议的，应当召开临时会议。"第 11 条规定："股东会会议由执行董事召集和主持；执行董事不能履行职务或者不履行职务的，由监事召集和主持；监事不召集和主持的，代表 1/10 以上表决权的股东可以自行召集和主持。"

2011 年 12 月 27 日，案外人严昊通过邮政特快专递的方式向原告及案外人顾海寄送《关于召开 2012 年第一次临时股东会的通知》（以下简称《通知》）和《2012 年第一次临时股东会的议案》（以下简称《议案》），其中向原告寄送两处，一处是原告的住址，该封快递于 2012 年 1 月 10 日被退回，邮政支局退回理由为"查无此人"；另一封快递寄至原告的工作单位地址，该封快递收件人签字显示为"刘娟"。被告向案外人顾海的住址和工作单位各寄一封。

案外人严昊对上述在邮局的寄送行为均委托公证处予以公证。《通知》的内容为案外人严昊作为被告监事向公司各股东提议召开 2012 年第一次临时股东会，召开时间为 2012 年 1 月 12 日上午 10 时，地点为被告住所地，主持人为案外人顾海（如案外人顾海不能履行或不履行责任，则由案外人严昊主持），会议审议事项如下：

1. 被告监事由案外人严昊变更为案外人王忠；
2. 被告执行董事由案外人顾海变更为案外人严昊；
3. 被告法定代表人由案外人顾海变更为案外人严昊。

除邮件通知外，案外人严昊还于 2011 年 12 月 27 日下午与案外人顾海电话联系，电话内容如下：

案外人顾海：喂。

案外人严昊：是顾海吗？

案外人顾海：诶！

案外人严昊:我严昊啊。

案外人顾海:诶,你好!

案外人严昊:那个,有个事儿通知你一下。

案外人顾海:诶。

案外人严昊:就是明年1月12日上午10点到总部二楼开个股东会。

案外人顾海:嗯。

案外人严昊:我会给你发个书面通知,到时请你那个务必出席啊。

案外人顾海:好。

案外人严昊:好吧。

案外人顾海:看你通知啊。

案外人严昊:好,就这样,再见。

案外人顾海:诶。

该次通话过程案外人严昊也申请公证处予以公证。

2012年1月12日上午10时,案外人严昊在被告会议室主持召开临时股东会,出席股东为案外人严昊1人,原告、案外人顾海均未出席。该次临时股东会由案外人严昊审议、表决通过并形成决议:

1. 通过被告监事由案外人严昊变更为案外人王忠的议案;

2. 通过被告执行董事由案外人顾海变更为案外人严昊的议案;

3. 通过被告法定代表人由案外人顾海变更为案外人严昊的议案。

该次股东会会议经过及决议形成亦均由公证处予以公证。

2012年2月2日,被告就上述人员变动情况向公司登记机关申请变更登记获得核准。

原告诉称:

2012年1月12日,在没有通知原告及案外人顾海的情况下,案外人严昊直接召集并主持了被告临时股东会并作出决议,对公司的执行董事、法定代表人、监事进行变更。

2012年1月18日,被告向工商行政管理机关提出变更执行董事、监事及法定代表人的申请。2012年2月2日,工商行政管理机关作出了准予变更登记的决定。

原告认为,案外人严昊作为被告的监事如履行股东会召集权利,应当向案外人顾海发出召开股东会的提议,如案外人顾海予以拒绝、不履行或不能履行召集和主持会议的职责,案外人严昊才可以自行召集和主持。案外人严昊行使召集权利时,应当严格履行《公司法》(2005年修订)第42条以及被告章程第10条规定,召开股东会应当提前15日通知全体股东。

被告于2012年1月12日召开的股东会,既没有履行《公司法》(2005年修订)第41条及被告章程第11条规定的召集和主持程序,也没有履行《公司法》(2005年修订)第42条及被告章程第10条规定的通知义务,由此作出的股东会决议违反了法定程序,应当予以撤销。

原告为证明其观点,提交证据如下:

1. 被告章程。证明原告系被告股东,被告章程中关于临时股东会的召开程序的规定;

2. 被告2008年股东会决定。证明案外人顾海为被告执行董事、法定代表人,案外人严昊为监事;

3. 被告2012年第一次临时股东会决议。证明被告在未通知原告的情况下,召开了临时股东会并作出决议;

4.《准予变更(备案)登记通知书》《内资公司备案通知书》。证明被告在未得到原告同意的情况下办理的工商变更登记。

原告为证明其观点,向法院申请调查令并取得证据如下:

1. 邮局查询答复函。证明案外人严昊于2011年12月27日通过中国邮政EMS向原告家庭住址发出的关于召开临时股东会通知的邮件被退回,退回原因为"查无此人",股东会通知没有实际向原告送达;

2. 快递签收单。证明案外人严昊于2011年12月27日通过中国邮政EMS向原告办公地址发出的关于召开临时股东会通知的快递单系署名为"刘娟"的人签收。

原告为证明其观点,申请证人刘娟出庭,证人证言内容如下:

证人刘娟在被告处任研发助理一职,证人刘娟从未收到过寄件人为案外人严昊、内容为《会议通知函件》、收件人为原告的快递,邮件详情单上的签名也并非其所签。

原告为进一步证明其观点,向法院对"刘娟"的签字进行司法鉴定,法院认为现有证据已能证明被告未有效将召开临时股东会的通知送达原告,同时司法鉴定涉及案外人,因此未予准许。

被告辩称:

讼争临时股东会的召集、通知、召开程序都经过了公证机构公证,其内容也是向工商登记机关咨询之后严格执行的,工商部门以公证机关公证的文件为被告办理了相应的变更登记手续并已经生效,故讼争临时股东会的召集及决议的形成并不违反法律法规。而且案外人严昊作为持有公司63%的大股东完全可以在原告以及案外人顾海均不出席表决的情况下通过表决事项的股东会合法有效。

被告对原告所提供的证据发表质证意见如下:

被告对原告提供的证据,真实性无异议,但认为不能证明2012年1月12日的股东会决议可撤销。反而恰恰证明股东会召开合法。

被告为证明其观点,提交证据如下:

1. 公证书1,证明被告已向原告家庭住址发出股东会通知;

2. 房地产登记簿。证明原告住址信息,结合证据1证明被告发出通知的地址系原告的家庭住址;

3. 公证书2,证明被告已向原告工作地发出股东会通知;

4. 房屋租赁合同。证明原告工作地信息,结合证据2证明被告发出通知的地址系原告的工作住址;

5. 公证书3,证明被告已向案外人顾海住址发出股东会通知;

6. 房地产登记簿。证明案外人顾海住址信息;

7. 公证书4,证明被告已向案外人顾海工作地发出股东会通知;

8. 公证书5(含录音记录),证明案外人严昊已向案外人顾海电话通知股东会召开事宜;

9. 公证书6(含影像记录),证明临时股东会召开及表决程序。

针对被告的上述证据,原告认为:

1. 对于证据2、4、6无异议。

2. 对证据1、3、5、7的真实性无异议,对待证事实有异议:

(1)该四份证据仅能证明案外人严昊将股东会召开通知交付给了EMS,并不能证明原告及案外人顾海收到了该份通知书。

(2)送达公证包括邮寄送达和现场送达。邮寄送达仅公证证明发件人将邮件交付邮局的过程。公证书中"2011年12月27日下午,案外人严昊以EMS方式寄送了一份函件,并当场取得了《邮件详情单》及《收据》"的内容也支持这一说法。依据中国公证协会颁布的《办理保全证据公证的指导意见》第13条规定,"公证机构仅对当事人送达文书的行为和过程予以证明","在办理保全邮寄送达公证中,公证机构仅保全当事人的送达行为,不对受送达人是否收到了送达文书作出证明"。因此,若被告要确保股东会通知的实际送达,完全可以采用现场送达公证,而非仅能证明被告将股东会通知交寄的邮寄公证。

(3)案外人严昊非公司法及章程规定的临时股东会召集人。作为被告监事,在执行董事未拒绝履行或不能履行临时股东会的召集权时,案外人严昊无权通知全体股东召开临时股东会。

综上,该4份证据不能证明案外人严昊的通知符合《公司法》(2005年修订)及被告章程中关于股东会会议通知的规定,这仅是一份交寄公证,不能说明邮局是否投递,也不能说明原告和案外人顾海实际收到通知。

3. 对证据8的真实性无异议,但对待证事实有异议。该电话内容是通知召开股东会而非提议召开股东会。案外人严昊作为公司监事,在执行董事没有明确拒绝履行或不能履行股东会召集义务时,不具有通知召开临时股东会的主体资格。即使作为股东会的通知,通知内容也存在严重瑕疵,从录音可以听出,仅通知了会议的时间、地点,未通知会议审议事项。最后,案外人顾海并未对该通知明确表态,其原话为看通知吧。

4. 对证据9真实性无异议,对待证事实有异议。该证据仅证明案外人严昊自行召开股东会,并作出了股东会决议。原告及案外人顾海均未出席。且该证据并不能证明案外人严昊有召集权和履行了通知义务。

律师观点:

1. 被告监事越权召集并主持临时股东会,股东会程序上存在瑕疵。

(1)召开股东会应当先向执行董事提议,被告在召开临时股东会前并未履行这一前置程序。

《公司法》第40条及被告章程第10条规定了监事具有提议召开临时股东会的权利,即监事若要召集并召开临时股东会,应当先向执行董事进行提议。

本案中,被告监事案外人严昊于2011年12月27日下午将4份临时股东会会议通知交付EMS,并通过电话向案外人顾海通知其要召开股东会的信息。案外人严昊的这一行为明显表明,其没有向被告当时的执行董事案外人顾海提议召开临时股东会的意思,而是直接进行召开通知,其该行为违反了公司法和被告章程的规定。此外,在庭审过程中,被告称案外人严昊曾私下向案外人顾海提议召开临时股东会,但未提供证据证明。同时,被告也当庭承认案外人严昊进行股东会通知并未得到案外人顾海的授权。

(2)针对召开临时股东会,被告监事仅有提议权没有召集权。

《公司法》第40条及被告章程第11条均规定,"股东会会议由执行董事召集和主持;执行董事不能履行或者不履行召集股东会会议职责的,由监事召集和主持"。也就是说，执行董事不召集和主持股东会是监事召集和主持股东会的前提。

本案中，案外人严昊不管是以拥有1/10以上股权的股东身份还是以公司监事的身份，若要召开临时股东会，仅有向执行董事提议的权利，由案外人顾海召集和主持临时股东会。只有在案外人顾海拒绝案外人严昊的提议，或不能履行召集和主持会议的职责的情况下，案外人严昊才可以自行召集和主持会议。

现没有任何证据表明案外人严昊在2012年12月27日之前要求执行董事案外人顾海行使召集权，通知全体股东开会，也没有证据表明案外人顾海存在拒绝履行或不能履行召集权的情形。案外人严昊直接于2012年12月27日将股东会通知交付EMS，试图通知全体股东参加临时股东会，其行为违反了《公司法》(2005年修订)和公司章程的规定。

2. 被告未向原告及案外人顾海送达股东会会议召开的通知。

(1)被告无法证明召开股东会的通知已向原告和案外人顾海送达。

《公司法》及被告章程第11条规定，股东会会议召开通知应当在股东会召开15日前送达原告。通知的目的在于让股东有机会行使自己的决策权、表决权等股东权利，行使股东权的前提是要知晓股东会召开这一信息。而且根据《合同法》第16条规定，要约到达受要约人时生效。可见我国的通知采用的是送达主义。

本案中，被告提供的公证书仅证明了案外人严昊于2011年12月27日将临时股东会会议的召开通知交付给EMS这一行为，但这一行为并不能证明该通知最终送达了原告与案外人顾海。

依据中国公证协会颁布的《办理保全证据公证的指导意见》第13条规定，"公证机构仅对当事人送达文书的行为和过程予以证明"，"在办理保全邮寄送达公证中，公证机构仅保全当事人的送达行为，不对受送达人是否收到了送达文书作出证明"。

因此，被告提供的证据只能证明案外人严昊向邮局交寄了通知，不能说明邮局是否投递，也不能说明原告和案外人顾海实际收到通知。并且，在公证处提供的公证业务中有现场送达业务，即送达文书时，同时邀请公证处两名公证人员一同前往，一旦发生当事人拒签情形，发件人可当即在送达回证上记明拒收事实，并由公证人员在送达回证上签字作证，而后将文书留置于现场，从而完成送达程序的一种送达方法。这表明，被告如果想要送达原告及案外人顾海，完全可以采用现场送达的公正方式，而被告没有采用这种方式，是对原告及案外人顾海是否收到该通知的一种消极放任态度。

(2)原告和案外人顾海未收到任何关于召开临时股东会的通知。

第一,依据原告向邮局调取的查询单,邮局记录为"退回,查无此人",即寄往原告住所的邮件被退回。因此,原告未收到该份快递,也无从得知关于召开临时股东会的信息。

第二,依据原告向邮局调取的邮件详情单,最后签收人为"刘娟"。寄往原告工作单位的邮件虽然署名由"刘娟"签收,但刘娟本人出庭作证表示该邮件并非其签收,其未曾受到该封邮件。在没有其他证据证明确系刘娟签收并经其转交至原告处的情况下,难以认定原告已收悉该封邮件。

第三,所谓"刘娟"代收行为不视为送达原告。依据国家邮政局发布的《快递业务操作指导规范》第31条,"收件人本人无法签收时,经收件人委托,可由其委托的代收人签收。代收时,收派员应当核实代收人身份,并告知代收人代收责任",《邮政行业标准——快递服务》5.2.2.4,"若收件人本人无法签收时,可与收件人沟通允许后,采用代收方式,快递服务人员也应告知代收人的代收责任",本案中,原告从未授权委托过他人签收过相关邮件,也没有邮递人员与原告进行过核实,所以,快递单上显示的签收不能证明原告已经收到该快递。

第四,被告向案外人顾海寄送的通知最终也没有送达。被告提供的相关公证文书证明效力如同上述有关寄送给原告快递的公证文书,仅可证明含有通知的快递已经交付给EMS,不能证明案外人顾海已经收到该通知。同时,由于原告在公司并未留有送达地址,不能将案外人严昊寄送通知的行为视为对原告的有效通知。

综上,本案讼争股东会会议的召集、召开虽然均经过了公证处公证,但被告相关证据并不能证明股东会通知已有效到达原告。鉴于讼争股东会的召集存在未通知到原告的程序瑕疵,原告申请撤销,合法有据。

3. 根据2012年1月12日股东会决议作出的变更登记,应予以撤销。

根据《公司法》规定,公司根据股东会或者股东大会、董事会决议已办理变更登记的,人民法院宣告该决议无效或者撤销该决议后,公司应当向公司登记机关申请撤销变更登记。据此,2012年1月12日被告召开的临时股东会因违反《公司法》及被告章程规定的程序,股东会作出的决议显然是应当被撤销的。故被告应配合办理相关撤销行政变更登记的手续。

一审判决:

1. 撤销被告于2012年1月12日所作的2012年第一次临时股东会决议;

2. 被告应于判决生效之日起30日内向工商行政管理机关申请撤销2012年2月2日的变更登记。

被告不服一审判决,向上级人民法院提起上诉。

被告上诉称:

1. 被告已向原告履行了召开股东会的通知义务。

(1)被告已向原告的住址及办公地址发出了股东会通知。

根据被告向一审法院提交的证据以及原告在一审庭审过程中的确认,在被告股东会召开前15日,被告大股东严昊已经以邮政特快专递的方式向原告寄送的股东会通知的寄送地址确系原告全家居住的地址(该地址也是一审判决书中确认的原告住址),同时,被告向原告的实际办公地址发送了相同的股东会通知(该地址也是一审判决书中确认的原告法律文书送达地址),且在上述快递的快递详情单中均已明确注明文件内容为股东会通知。

(2)只要能证实快递确系送达至该地址,就应当认为股东会通知已送达至原告。

根据一审判决书,法院已经查明,寄往原告居住地址的股东会通知快递以查无此人为理由被退回。对此,被告认为,既然原告已承认上述地址系其全家所居住的地址,快递的收件人(原告)及其全家亦确系实际居住在该地址,一审法院的判决书也明确了该地址确系原告的居住地址,那么该份快递被以查无此人之理由而退回完全不符合常理,只能理解为原告以故意不接收邮件的方式恶意阻挠股东会通知的送达。而对寄往原告实际办公地址的快递,一审法院认为无法确认快递收件人,对此被告认为既然一审判决书中也被确认为原告的法律文书送达地址,故应该认为,只要能证实快递确系送达至该地址,就应当认为股东会通知已送达至原告。一审法院的判决实际不合理地加重了被告的义务。

2. 原告长期拒绝与被告其他股东沟通。

因原告与被告的其他股东就变更经营方向问题存在较大分歧,原告长期拒绝与被告的其他股东会面沟通或接听其他股东的电话,而是采取一种对被告经营状况和股东间正常沟通不闻不问的态度。因此,原告对于股东会通知也是采取了拒绝签收的态度。

相反,尽管原告长期拒绝与被告其他股东沟通,作为持有被告63%股权的大股东,严昊仍尽一切可能与原告联系,并在咨询工商登记机关意见后,以要求公证机构公证快递寄送行为的方式,向原告的家庭居住地址和工作地址分别发出通知,工商登记机关亦根据经公证的相关文件为被告办理了相应的工商变更登记手续。

有鉴于此,被告认为其已完全履行了提前15日就股东会召开通知原告的义务,讼争股东会的召集不存在未通知到原告的程序瑕疵,应为合法有效。

原告二审辩称:

1. 原告的确没有收到通知。

被告只公证了将快递发出,没证明送达。为查清真相,还是原告主动去邮局调取证据显示"退回,查无此人",至于被退回的原因,原告不得而知。

2. 被告没有穷尽通知手段。

公证处有送达公证服务,被告公司所在地的徐汇区公证处网站上就写着这个业务。

从法定的公司制度上来讲,如果股东真不愿接受股东会通知,公司章程等都可以约定通知规则、明确股东联络信息,如股东名册登记股东电子邮箱,电子邮件即可准确通知;约定公司主页公告,也可以实现送达。

3. 原告一直积极与被告其他股东沟通。

原告和执行董事顾海,一直都积极和严昊沟通,但严昊先后砸杯子、撬保险柜,究竟是谁在破坏公司人合性,一目了然。

4. 讼争股东会不仅存在通知程序瑕疵,还存在召集瑕疵。

《公司法》(2005年修订)第41条及被告章程第11条均规定,"股东会会议由执行董事召集和主持;执行董事不能履行或者不履行召集股东会会议职责的,由监事召集和主持"。

《公司法》(2005年修订)第40条及被告章程第10条规定了监事具有提议召开临时股东会的权利,即监事若要召集并召开临时股东会,应当先向执行董事进行提议。

原告认为被告监事严昊只有在执行董事不能履行或不履行召集股东会会议职责的时候,其才有自行召集股东会的权利。而本案中,被告从未举证证明其执行董事顾海存在上述情况,故,讼争股东会系严昊越权召集,而越权召集股东会的法律结果即应当为被撤销。

5. 被告执行董事顾海亦未收到关于股东会召开通知。

除原告从未收到讼争股东会召开通知之外,被告执行董事顾海也从未收到过讼争股东会的通知。

在一审中,被告提供的电话录音,即使不考虑被告不是发出股东会召集通知的适格主体,仅作为股东会通知,其内容也存在严重瑕疵。电话中仅通知了会议的时间、地点,没有通知会议性质及审议事项。

最终处理结果:

法院组织原被告双方进行调解,双方签署了《股权转让协议》,确立了资产负债分割方式,最终圆满结案。①

1405. 如果股东拒绝签收会议通知,公司应当如何救济?股东下落不明时,公司应如何送达?

如果股东拒绝签收会议通知,视为公司已经送达,即公司已经全面履行了通知义务。但公司应当对股东拒签行为进行证据保全,实践中最为稳妥的方式为现场公证进行送达。具体如下:在送达文书时,同时邀请公证处两名公证人员一同前往,一旦发生当事人拒签情形,发件人可当即在送达回证上记明拒收事实,并由公证人员在送达回证上签字作证,而后将文书留置于现场,从而完成送达程序的一种送达方法。

为了尽量减少通知的工作量及争议,可以参照《最高人民法院关于以法院专递方式邮寄送达民事诉讼文书的若干规定》,因受送达人自己提供或者确认的送达地址不准确、拒不提供送达地址、送达地址变更未及时告知人民法院、受送达人本人或者受送达人指定的代收人拒绝签收,导致诉讼文书未能被受送达人实际接收的,文书退回之日视为送达之日。公司应当建立完善的股东联系信息制度,明确股东的地址、电话、传真及邮箱等信息,对这些信息由股东签字确认并告知股东,如果上述联系信息有变化,要及时办理变更登记。

如果股东下落不明,或是需根本解决上述送达问题,应从源头做起,即在起草章程或制定内部议事规则时,明确送达方式及每位股东的送达地址信息。具体可采用以下方式:

(1)制作股东、董事内部通讯名册,并由股东、董事签收确认;

(2)指定将会议通知刊登于一家固定的报纸,或是将会议通知发布于公司网站,股东、董事应当积极关注会议通知信息。

1406. 股东(大)会会议召开过程中是否可以临时增加议题?

对此《公司法》未作明确规定。

《公司法》第102条规定,股份有限公司"召开股东大会会议,应当将会议召

---

① 二审诉讼期间,原告、顾海与严昊达成股权转让协议,原告与顾海将各自持有的股权转让给严昊指定的公司。笔者认为,股权转让后,原告已经不具备股东身份,如果非因达成调解意见,二审应当裁定驳回原告一审的起诉。

开的时间、地点和审议的事项于会议召开20日前通知各股东;临时股东大会应当于会议召开15日前通知各股东……股东大会不得对前2款通知中未列明的事项作出决议。"从上述法条可知,股份有限公司召开股东大会,会议议题为必须通知的事项,股东大会不得对未通知的事项进行表决。有限责任公司则没有类似的强制性规定。

笔者认为,通知的内容应当包括时间、地点和议题,临时增加议题,可能影响股东对议题的判断,进而影响股东表决权的行使。因此,除非全体股东同意,应参照股份有限公司的议事规则,禁止对通知中未列明的事项作出表决。

1407. 股东(大)会应当遵循什么样的表决程序?会议的表决方式有何特殊要求?

除了证监会规定了《上市公司股东大会规则》,《公司法》对于股东(大)会的表决程序未作明确规定,但授权公司章程可以作具体约定。公司章程可参照《上市公司章程指引》与《上市公司股东大会规则》,约定表决程序如下:

(1)对所有事项应当逐项表决,不得以任何理由搁置或不予表决;

(2)不得对召开股东(大)会的通知中未列明的事项进行表决;

(3)股东(大)会就关联交易进行表决时,涉及关联交易的各股东,应当回避表决,上述股东所持表决权不应计入出席股东会表决权的股份总数。如有特殊情况关联股东无法回避时,公司在征得有关部门的同意后,可以按照正常程序进行表决,并在股东(大)会决议公告中作出详细说明;

(4)股东(大)会审议董事、监事选举的提案,应当对每一个董事、监事候选人逐个进行表决。改选董事、监事提案获得通过时,新任董事、监事在会议结束之后立即就任;

(5)每一审议事项的表决投票,应当至少有两名股东代表和一名监事参加清点,并由清点人代表当场公布表决结果;

(6)会议主持人根据表决结果决定股东会的决议是否通过,并应当在会上宣布表决结果。决议的表决结果载入会议记录;

(7)对会议主持人宣布结果有异议的,有权宣布表决结果后立即要求点票,会议主持人应当即时点票。

除法律对上市公司的表决方式明确要采用记名方式投票表决外,对于股东(大)会的表决方式,《公司法》并未作强制性规定,公司章程可以进行约定。

【案例494】股份合作制企业决议　上海规定按股表决计票[①]

原告：黄 Q、施 R、郑 S、孙 T 等 19 名自然人股东

被告：上海某清算组

诉讼请求：撤销上海喷枪厂 2008 年 1 月 12 日股东会决议。

争议焦点：

1."上海某清算组"主体身份是否合法；

2.本案中清算是指内部歇业清算还是终止企业的清算；

3.决议时被告将几项议案合在一张表决票上，进行捆绑式表决，是否必然违反了法律规定；

4.系争议案的表决应按一人一票的方式，抑或一股一票的方式进行；

5.针对 2008 年 1 月 12 日股东大会新增的议案，被告未按章程的规定提前公示，该议案的表决结果是否有效。

基本案情：

上海喷枪厂系股份合作制企业，设立于 1997 年，注册资金 50 万元。其中，国有股占 30%，持有者为上海轻工控股（集团）公司；职工股占 70%，持有者为上海喷枪厂在职职工。

2003 年，上海轻工控股（集团）公司将持有的 30% 股权转让给上海日用五金公司。上海喷枪厂章程规定，股东代表大会须 2/3 以上的股东代表出席才能举行，决议必须经超过 2/3 代表通过才有效；召开股东代表大会，应当于会议召开前 10 至 15 日将会议审议内容书面提交全体股东代表；企业无法继续经营的决议，由股东代表大会以 2/3 以上多数通过，经原审批部门批准。

2007 年 3 月 6 日，上海喷枪厂召开全体股东大会，大会作出了企业歇业清算、成立清算组的决议。

同年 7 月 6 日上海喷枪厂再次召开全体股东大会，大会审议通过以企业收到动迁通知的 2005 年 11 月 15 日为界限，划定参加本次分配的在职职工的范围。大会同时对企业章程第 13 条规定的"企业的最高权力机构是股东代表大会"修改为"企业的最高权力机构是股东大会"。

2007 年 12 月 24 日，被告就即将召开的股东大会召集了部分职工股东进行座谈。

[①] 参见上海市第一中级人民法院(2010)沪一中民四(商)终字第 1043 号民事判决书。

2007年12月28日,被告正式通知召开股东大会,并公示大会议案。议案内容为:

1. 劳动合同终止后原职工股东身份不变;
2. 向全体职工发放经济补偿金;
3. 为退休职工购买保险;
4. 向全体股东预分配上海喷枪厂利润。

2008年1月12日上海喷枪厂召开股东大会,大会议案增加了一项"本次股东大会决议通过后,全体在职职工自2008年1月13日起停发工资并办理退工手续"。同时大会将议案1、2及新增内容纳入表决票1中,将议案3、4纳入表决票2中。经股东表决,表决票1的结果为:发出表决票92份,收到92份。其中反对票28票、弃权票2票、赞成票62票;表决票2的结果为:发出表决票92份,收到92份。其中反对票23票、弃权票3票、赞成票66票。嗣后,双方当事人对2008年1月12日大会决议的效力产生争议。

原告均诉称:

原告系上海喷枪厂职工,也是该厂的股东。

2006年7月,上海喷枪厂因市政工程而实施动迁,政府有关部门发放动迁费90,000,000元。

2007年3月6日,在上海喷枪厂少数人的操纵下,上海喷枪厂股东大会通过了"企业歇业清算"的决议及"成立上海某清算组"的决议。

2008年1月12日,上海喷枪厂召开股东大会,股东大会以62票占全部票数的62%的比例形成了劳动合同终止等决议,该决议存在违规:

1. 上海喷枪厂在少数股东的操纵下,成立了所谓的"清算组",故"上海某清算组"其主体本身不合法;
2. 2008年1月12日股东大会的议案临时增加了"本次股东大会决议通过后,全体在职职工自2008年1月13日起停发工资并办理退工手续"之内容,该项议案被告并未按照章程的规定提前通知全体股东;
3. 决议时被告将几项方案合在一张表决票上,进行捆绑式表决,违反了一事一议的原则;
4. 参加表决的人员有13名股东已退休,应无投票表决的资格;
5. 表决后被告未指定监票人员公开唱票,其程序不合法;
6. 系争议案的表决应按一人一票的方式,而非一股一票的方式表决。

被告辩称：

1. 上海喷枪厂的歇业及清算组的成立不属于本案诉争范围，应推定其有效；

2. 按照国家发改委及上海市政府的相关规定，对职工重大利益的议案表决，应采用一股一票的方式进行，而非一人一票；

3. 决议时将几项方案合在一张表决票上并未违反法律禁止性的规定；

4. 表决后被告已指定监票人员公开唱票，其程序不存在瑕疵，同时愿意表决票交法院再次统计。

综上，请求驳回原告的诉请。

一审认为：

1. 上海喷枪厂歇业清算及成立清算组系2007年3月6日股东大会决议之结果，而该次股东大会的效力并非本案当事人诉争的焦点，从而不属于本案审理的范围，因此，该项决议在受司法审查之前，理应推定其有效，故而，本院确认被告主体身份合法。

2. 经审理查明，2008年1月12日被告召集股东大会时，将公示的议案1、2及新增内容纳入表决票1中，将议案3、4纳入表决票2中，对此除原告黄Q、原告施R、原告郑S、原告孙T外的16名原告认为其行为违反了法律规定。由于我国现行的调整公司及股份合作制企业的法律法规中，并不存在"一事必须一议"的强制性规定，况且，合并表决的议案内容均属股东权益事宜，以此形式投票，并不妨碍股东意思的表达。因此，除原告黄Q、原告施R、原告郑S、原告孙T外的16名原告关于"被告捆绑式表决方式违反法律规定"之主张，本院不予采信。

3. 对企业重大事项的决策，应体现公平原则，股份合作制企业股东出资情况反映了每个股东承担风险程度的不同，所以，对涉及企业重大事项的决议，应结合股东持股情况确定投票份额是相对公平的，亦体现了权利和义务的一致性。上海喷枪厂的股东持股构成表明，每一个股东的持股比例不一，如果简单地按一人一票予以统计，则明显不公，故应按一股一票来确定。

4. 2008年1月12日被告召集的股东大会新增加了议案，针对该项议案被告未按企业章程的规定提前10日至15日提交全体股东，对此除原告黄Q、原告施R、原告郑S、原告孙T外的16名原告认为违反程序。然而，对章程条款的文义解释并非理解全体股东意志的唯一路径，机械刻板地僵化执行，并不具备现实合理性。对于股东会决议的瑕疵，公司立法特别考量股东会决议的股东整体意思表达与法律结构安定性的特殊关系。违反会议通知时限这一瑕疵是否影响股东会决议的效力，还需根据立法意旨加以实质衡量，司法协调应当从公司立法所注重的

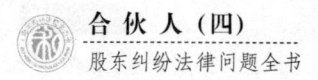

维护交易稳定与保障交易安全的价值理念出发。

本案中,被告虽然在会议召开的当日增加了议案,但对此绝大多数股东在投票时并没有异议,可见被告临时增加议案尚未侵害广大股东的利益,除原告黄Q、原告施R、原告郑S、原告孙T外的16名原告以此要求撤销系争的决议,缺乏法律依据。

一审判决:

驳回原告诉讼请求。

除原告黄Q、原告施R、原告郑S、原告孙T外的16名原告均不服法院判决,向上级人民法院提起上诉。

16名原告上诉称:

上海喷枪厂因动迁获9000万元动迁款,厂方一是为私分该款,二是将企业内部歇业混淆为注销清算,并私立清算组,从而违法形成系争股东会决议,原审法院未查清本案基本事实以及存在程序不合法等情形,故请求撤销原判,支持其原审诉讼请求。具体理由为:

1. 原审判决错误认定事实和证据。

2008年1月12日股东大会议案与会议通知内容不符;在原一审庭审时除原告黄Q、原告施R、原告郑S、原告孙T外的16名原告对被告所提供证据的真实性、合法性均提出质疑,但原审作了错误认定。

2. 原审判决认可的计票方式违法违规。

2008年1月12日股东大会决议计票方式应确定为一人一票,但原审却认可一股一票的统计方式,且当时表决后亦未当场唱票、公开计票,依法应予以纠正。

3. 原审确认清算组成立合法,属定性错误。

清算组成立没有股东大会的表决票等书面凭证加以印证,原审判决认为清算组成立"不属于本案审理的范围",并推定其主体身份合法,显属错误。

4. 原审判决适用法律错误。

公司法、股份合作制规定及企业章程等法律规定是衡量2008年1月12日股东大会决议合法性、有效性的法律依据,但原审判决认为本案"缺乏法律依据"亦属适用法律错误。

被告二审辩称:

1. 系争上海喷枪厂2008年1月12日的股东会决议的议案予以合并,符合我国《劳动合同法》规定,若将议案分开则与该法相悖;

2. 临时新增的议案内容合并入表决议案,亦与《公司法》相符;

3. 系争股东会按股计票,既符合本市地方性法规,又符合股东投资多少则享有权益多少的原则;

4. 本案所涉的清算含义,应以2007年3月6日股东会决议为依据,该份决议的说明所引用的相关规定和章程,均特指企业解散清算;

5. 清算组依据上述3月6日决议而成立,具体负责事务性工作,且亦不存在违法事由,除原告黄Q、原告施R、原告郑S、原告孙T外的16名原告起诉清算组不当。

综上,原审认定事实清楚,程序合法,判决正确,请求驳回上诉,维持原判。

黄Q等原审原告均未答辩。

律师观点:

1. 关于本案所涉清算含义。

应审查本案所涉2007年3月6日的股东会决议,尽管除原告黄Q、原告施R、原告郑S、原告孙T外的16名原告均认为该决议存在未见表决票和股东签名不实等问题,但至今为止的3年多时间,未有股东正式提出司法审查的诉请,也未提供证实该决议不实的确凿证据,故2007年3月6日的股东会决议可以作为本案的依据。

再从该决议的文字来审查,从该决议所引用的喷枪厂章程第26条和上海人民政府《上海市股份合作性企业暂行办法》第46条的具体内容,可以明确得出该清算的含义是以企业终止为目的的清算,现除原告黄Q、原告施R、原告郑S、原告孙T外的16名原告认为仅系内部歇业清算,并非被告提出的终止企业的清算。

2. 关于系争2008年1月12日股东会决议的效力。

除临时增加的议案外,其余几项议案通知程序符合企业章程有关提前10日至15日的规定,临时增加的一项议案从本质上讲是其他议案的基础和前提,如另行表决,可能会造成职工股东同意领取终止劳动合同的补偿金,又不同意终止与企业劳动合同关系的情形,而此种情形明显不符合我国《劳动合同法》的规定,至于几项议案合并一张表决票表决和临时增加议案,虽原告黄Q、原告施R、原告郑S、原告孙T外的16名原告持有异议,但这样捆绑表决是否影响股东行使表决权是此节的关键问题。

经审查,被捆绑的议案之间并不存在相互抵触和违反法律和系争企业章程的内容,股东可以根据各自意愿,决定是否同意其中任意一项议案,并不存在妨碍股东意思的准确表达的情形。除原告黄Q、原告施R、原告郑S、原告孙T外的16名原告均系股份合作制性质的喷枪厂的在职职工股东,在对企业的熟悉程度、重大事项知悉程度,尤其是除原告黄Q、原告施R、原告郑S、原告孙T外的16名原告对企业因被动迁而获巨额补偿金以及企业被动迁后企业状况,远胜于一般股份制公司的股东。

据此可以认定2008年1月12日股东大会决议,若按股计票,两项议案均已超过上海喷枪厂章程所约定的2/3以上多数通过。除原告黄Q、原告施R、原告郑S、原告孙T外的16名原告此节上诉意见,因缺乏充分的证据予以证实,故法院不应予采信。

3. 关于系争股东大会决议的表决方式问题。

除原告黄Q、原告施R、原告郑S、原告孙T外的16名原告依据国家经济体制改革委员会发布的关于发展城市股份合作制企业的指导意见,要求按人计票,被告则依据上述上海市的地方性规定,要求按股计票。

国务院发布的相关意见对计票原则作了概括性规定,但未细分股东大会讨论的具体情形,而上海市地方性规定则明文规定,企业解散等情形,应适用按股计票。

上海喷枪厂章程确未对企业终止的股东大会决议表决方式作出明确规定,而企业终止事关每个股东的根本权益,若按人计票只能反映股东在对此议案的人数上有多少股东同意或反对、弃权的情况,尚不能反映每一股所对应每一票的情形下对此议案表决情况。

作为股份合作制企业的股东出资比例不仅决定其承担风险比例,同样决定其享有权利的比例,故按股计票在本案中体现了权利义务的一致性,确比按人计票更公平。其实喷枪厂章程第14条规定由企业职工个人股选举股东代表时,亦采取按股计票的方式,证明该企业章程制订时已充分考虑股东权利义务一致性的要求。

4. 关于被告地位问题。

除原告黄Q、原告施R、原告郑S、原告孙T外的16名原告认为系争的2008年1月12日股东大会由清算组起意召集,且该厂由清算组掌控,故将清算组列为被告,被告则认为,除原告黄Q、原告施R、原告郑S、原告孙T外的16名原告起诉欲撤销的系喷枪厂的股东大会决议并非清算组的决议,故其与本案无关。

股份合作制的喷枪厂,既不是纯粹意义上股份制性质,也不是纯粹意义上的合作制企业,喷枪厂涉及本案诉讼时,已根据上述股东会决议成立清算组,且清算组已进入对企业具体清算阶段,在本案诉讼中,亦由清算组派员参与诉讼,并发表答辩意见,故除原告黄Q、原告施R、原告郑S、原告孙T外的16名原告就本案争议起诉清算组并未违反法律明文规定。

除原告黄 Q、原告施 R、原告郑 S、原告孙 T 外的 16 名原告作为喷枪厂的职工股东,其合法权益应受法律保护,但应通过合法恰当的方式维护其个人的权益。被告在依法履行清算义务中,则应秉承公开、公正、公平原则,通过有效方式,让全体职工股东知悉清算过程,勤勉尽责地做好全部清算事宜,切实保障全体职工股东合法权益。

法院判决:

驳回上诉,维持原判。

1408. 股东(大)会对会议议题进行表决,对表决权有何要求?股东能否委托他人参加会议并在决议文件上签章?

股东会决议事项分为两种:一是普通决议;二是特别决议。

特别决议的表决,有限责任公司须经持有 2/3 以上表决权的股东通过,股份有限公司须经出席股东大会会议的股东所持表决权的 2/3 以上通过;普通决议的通过,有限责任公司经持有 1/2 以上表决权的股东通过,股份有限公司须经出席股东大会会议的股东所持表决权的 1/2 以上通过。

非上市公司需特别决议的事项包括:

(1)增加或减少注册资本;

(2)公司合并、分立、解散;

(3)修改公司章程;

(4)变更公司形式;

(5)当公司营业期限已届满,股东通过修改公司章程而存续的表决。

上市公司需特别决议的事项包括:

(1)上市公司在 1 年内购买、出售重大资产或者担保金额超过公司资产总额 30% 的决议;

(2)发行公司债券;

(3)回购本公司股票;

(4)公司与董事、经理和其他高级管理人员以外的人订立将公司全部或者重要业务的管理交予该人负责的合同;

(5)公司章程规定和股东大会以普通决议认定会对公司产生重大影响的、需要以特别决议通过的其他事项。

股东有依法享有出席股东会的权利。只要公司章程没有另外约定,股东如不能亲自出席股东大会,也可以委托代理人代为出席和表决。委托他人出席股东大会的,股东应以书面形式委托代理人,由委托人签署或者由其以书面形式委托的代理人签署;委托人为法人的,由其法定代表人或者董事会、其他决策机构决议授权的人作为代表出席公司的股东会议。

委托他人出席股东(大)会的授权委托书应当载明下列内容:

(1)代理人的姓名与身份证明;

(2)是否具有表决权;

(3)分别对列入股东(大)会议程的每一审议事项投赞成、反对或弃权票的指示;

(4)对可能纳入股东(大)会议程的临时提案是否有表决权,如果有表决权应行使何种表决权的具体指示;

(5)委托书签发日期和有效期限;

(6)委托人签名(或盖章)。委托人为法人股东的,应加盖法人单位印章。

1409. 公司向其他企业投资或者为他人提供担保,由谁决定?公司为公司股东或者实际控制人提供担保的,该股东可以参与该项表决吗?

依照公司章程的规定,由董事会或者股东(大)会决议。

公司为公司或实际控制人提供担保,该股东或者实际控制人不得参与表决。该项表决由出席会议的其他股东所持表决权的过半数通过。

1410. 有限责任公司与股份有限公司决议事项对表决权比例要求有何不同?

二者的不同之处在于二者计算表决权比例的基数不同。股份有限公司的股东大会表决权的基数为出席会议的股东所持的表决权总数,而有限责任公司的股东会的表决权的基数为有表决权的股东所持的表决权总数。

1411. 累积投票制与直接投票制有什么区别?

二者的本质区别在于,选票是否可以累积。在直接投票制中,股东没有选择的空间,只能分多次投票,将选票平均地投给自己提名的候选人,每一位候选人的得票数都等于股东的持股数额,不能累积自己的选票。而在累积投票制中股东可以将自己的总票数任意在候选人之间分配,他既可以将总票数全部投于一个候选人,也可以分散投于多个候选人。亦即在采用累积投票的情况下,股东可以采取以下三种方案中的任意一种:第一,将所有的选票投给一个候选人;第二,将所有的选票在候选人之间平均分配;第三,将所有的选票在几个候选人之间任意分配。

例如,某股份公司有1000股,其中某大股东占70%,其余股东占30%。如公司拟选3名董事,在实行直接投票制,则只能是大股东中意的人选才有可能当选。

而实行累积投票制,大股东的累积表决权数为2100票,其余股东为900票。如果其余股东将900票集中投向一名候选人,该1人必然当选;而大股东要想使其3名被提名人都能当选,则最少需要超过2700票,在这种情况下,大股东也只能保证其提名的2人当选。通过累计投票制,中小股东提名的人选有可能进入董事会、监事会,参与公司的经营决策和监督,虽不足以控制董事会、监事会,但至少能在其中反映中小股东的意见,使大股东提名的董事、监事在行事时有所顾忌,有所制约,而实现董事会、监事会内部一定程度上的监督作用。

1412. 累积投票制主要用于哪些决议事项?什么情况下应当实行累积投票制?

累积投票制在我国主要运用于股份有限公司股东大会就选举董事、监事(指非由职工代表担任的监事)的事项中。主要是为了防止股份有限公司股东大会中处于控制地位的股东凭其优势把持董事、监事的选举,致使持股分散的公众股东提名的董事、监事丧失当选的机会。

值得注意的是,选举董事、监事时并非当然适用累积投票制,我国来说除非公司章程有明确规定或者股东大会有明确决议,否则不适用累积投票制。也就是说,我国法律没有强制公司在选举董事、监事时必须适用累积投票制,而交由公司章程规定或者由股东大会对此问题作出明确的决议。

上市公司里控股股东控股比例在30%以上的,应当采用累积投票制。

证券公司股东单独或者与关联方合并持有公司50%以上股权的,董事、监事的选举应当采用累积投票制度,但证券公司为一人公司的除外。

采用累积投票制度的公司应当在公司章程中规定该制度的实施规则。

1413. 实行累积投票制如何计算票数?

累积投票制的票数计算法如下:

(1)每位股东持有的股份数乘以股东大会选举董事或监事人数的乘积,即为股东所有用于投票的累积表决票数。

(2)股东大会进行多轮选举时,根据每轮选举应选的董事或监事人数重新计算股东累积表决票数。

1414. 实施累积投票制进行决议时,对于通知、候选人选择等程序是否有特殊规定?

对于通知、候选人选择等程序,我国法律并没有强制性的规定,在符合《公司法》的前提下,可根据具体情况在公司章程中进行约定。如下条款可做参考:

(1)公司在确定董事、监事候选人之前,董事会、监事会应当以书面形式征求公司前十大流通股股东的意见。

（2）公司在发出关于选举董事、监事的股东大会会议通知后，持有或者合计持有公司有表决权股份1%以上的股东可以在股东大会召开之前提出董事、监事候选人，由董事会按照修改股东大会提案的程序审核后提交股东大会审议。

（3）通过累积投票制选举董事、监事时实行差额选举，董事、监事候选人的人数应当多于拟选出的董事、监事人数。

（4）在累积投票制下，独立董事应当与董事会其他成员分别选举。

1415. 实行累积投票制表决应当遵循哪些规则？

应当遵循下列规则：

（1）公司独立董事、非独立董事和监事的选举应分开进行。

①选举独立董事时，每位股东拥有的累积表决票数等于其持有的股份数乘以应选独立董事人数的乘积，该累积表决票数只能投向公司的独立董事候选人。

②选举非独立董事时，每位股东拥有的累积表决票数等于其持有的股份数乘以应选非独立董事人数的乘积，该累积表决票数只能投向公司的非独立董事候选人。

③选举监事时，每位股东拥有的累积表决票数等于其持有的股份数乘以应选独立监事人数的乘积，该累积表决票数只能投向公司的监事候选人。

（2）投票总数应控制在一定范围内，否则差额部分将视为放弃。

①所有股东均有权按照自己的意愿（代理人应遵照委托人授权委托书指示）将累积表决票数分别或全部集中投向任一董事或监事候选人，但所投的候选董事或监事人数不能超过应选董事或监事人数。

②股东对某一个或某几个董事或监事候选人集中或分散行使的投票总数多于其累积表决票数时，该股东投票无效，视为放弃该项表决。

③股东所投的候选董事或监事人数超过应选董事或监事人数时，该股东所有选票也将视为弃权。

④股东对某一个或某几个董事或监事候选人集中或分散行使的投票总数等于或少于其累积表决票数时，该股东投票有效，累积表决票数与实际投票数的差额部分视为放弃。

1416. 若上市公司股东大会采用网络投票的形式，则使用累积投票制选举董事、监事事项如何进行操作？

上市公司采用累积投票制选举董事监事所涉及的股东大会网络投票工作，应注意如下事项。

（1）申报价格代表股东大会议案

股东大会董事候选人选举、独立董事候选人选举、监事会候选人选举应作为议案组分别进行编号。但议案组编号并不代表该议案组下所有议案，投资者不能对议案组本身进行投票。如"1.00"代表董事候选人选举议案组、"2.00"代表独立董事候选人选举议案组、"3.00"代表监事会候选人选举议案组。但投资者申报价格为"1.00元""2.00元"或"3.00元"的，均为无效投票。

（2）议案下对候选人进行编号

董事候选人选举、独立董事候选人选举、监事会候选人选举议案组中的每位候选人作为议案组下的一项议案进行编号。投资者应针对每项议案进行投票。如申报价格为"1.01元"代表董事候选人一，"1.02元"代表董事候选人二，以此类推。

（3）申报股数代表选举票数

对于每个议案组，股东每持有一股即拥有与该议案组下议案个数相等的投票总数。如某股东持有上市公司100股股票，该次股东大会董事会候选人共有10名，则该股东对于董事会选举议案组，拥有1000股的选举票数。

（4）股东应以每个议案组的选举票数为限进行投票

股东根据自己的意愿进行投票，既可以把选举票数集中投给某一候选人，也可以按照任意组合投给不同的候选人。网络投票系统对每一项议案分别累积计算得票数。当选举票数超过一亿票时，应通过现场进行表决。

（5）示例

某上市公司召开股东大会采用累积投票制对进行董事会、监事会改选，董事候选人有15名、独立董事候选人有8名、监事候选人有5名。需网络投票表决的事项如表20-1所示：

表20-1 网络投票表决事项

议案序号	议案名称	对应申报价格（元）
1	董事候选人选举	
1.01	候选人：董事一	1.01
1.02	候选人：董事二	1.02
……	……	……
1.15	候选人：董事十五	1.15
2	独立董事候选人选举	
2.01	候选人：独立董事一	2.01

续表

议案序号	议案名称	对应申报价格(元)
2.02	候选人:独立董事二	2.02
2.08	候选人:独立董事八	2.08
3	监事会候选人选举	
3.01	候选人:监事一	3.01
3.02	候选人:监事二	3.02
……	……	……
3.05	候选人:监事五	3.05

某投资者在股权登记日收盘时持有该公司100股股票,采用累积投票制,他(她)在议案1.00"董事候选人选举中"就有1500票的表决权,该投资者可以以1500票为限,按自己的意愿进行表决。他(她)既可以把1500票集中投给某一位候选人,也可以按照任意组合分散投给任意候选人。

选举董事候选人统计如表20-2所示:

表20-2 选举董事候选人统计

议案名称	对应申报价格(元)	申报股数		
		方式一	方式二	方式三
董事候选人选举				
候选人:董事一	1.01	1500	100	500
候选人:董事二	1.02		100	200
候选人:董事二	1.03		100	
……	……		……	
候选人:董事十五	1.15		100	

1417. 公司章程能否降低股东(大)会决议生效的法定条件?

不能。

《公司法》对股东(大)会通过决议作出的简单多数和复杂多数的规定,是股东(大)会决议生效的法定条件,属于强制性规范,不能以章程将条件降低。

【案例495】特别决议事项表决约定低于法定要求　章程被判无效[1]

原告：李国军

被告：李雨龙、宗芳

第三人：星二十一公司

诉讼请求：确认第三人章程第13条关于修改公司章程、合并、分立、增资等事项须经代表1/3以上表决权的股东通过的规定无效。

争议焦点：

1. 第三人章程中关于特别决议事项表决权约定低于法定条件是否有效；

2. 第三人章程中关于普通决议事项表决程序存在笔误，且无证据证明该表决程序经过股东协商一致同意时，是否可以认定该表决程序无效。

基本案情：

第三人系2007年8月1日设立的有限责任公司，注册资本为100万元，股东为原告（持股40%）、被告李雨龙（持股40%）、被告宗芳（持股20%）。

第三人的章程形成于2007年7月31日。其中章程第13条的内容为："股东会会议作出修改公司章程、增加或者减少注册资本的决议，以及公司合并、分立、解散或者变更公司形式的决议，股东会会议对公司其他变更事项所作出的协议，必须经代表1/3以上表决权通过。"章程已备案于工商管理部门。

原告诉称：

第三人章程第13条原拟定为："股东会会议作出修改公司章程、增加或者减少注册资本的决议，以及公司合并、分立、解散或者变更公司形式的决议，股东会会议对公司其他变更事项所作出的协议，必须经代表2/3以上表决权的股东通过。"由于原告委托陈克伟具体办理注册手续。其在陈克伟准备的章程上签字时没有阅读，没有发现章程第13条存在的笔误。但是，第三人章程第13条违反了《公司法》（2005年修订）的规定，应属无效条款。

原告为证明其观点，提交证据如下：

1. 证人证言，陈克伟表示其专门作注册代理，之前不认识第三人的股东，直到原告委托其办理第三人的注册手续才见到原告；第三人的章程是其提供的，可能是打字时有点问题，第13条应当是2/3，因为相关的范本大多数都是2/3；原告没有向其表示按照2/3还是1/3签订章程第13条；

---

[1] 参见北京市第二中级人民法院(2008)二中民终字第19385号民事判决书。

2. 两被告承认章程上的签名不是两被告本人所签,都是原告所签。

被告均辩称:

1. 章程第13条是股东的真实意思表示,除去违反法律规定的部分,其他部分应为合法有效;

2. 虽然章程上的签名不是两被告本人所签,但两被告予以认可,并称章程第13条中的普通决议事项由代表1/3以上表决权的股东通过是三位股东协商一致的,故请求驳回原告的诉讼请求。

第三人述称:

章程是股东的真实意思表示,应当认定有效。

律师观点:

1. 第三人章程中关于特别决议事项表决权约定降低了法定要求,违反了法律强制性规定,应属无效。

《公司法》第43条第2款规定:"股东会会议作出修改公司章程、增加或者减少注册资本的决议,以及公司合并、分立、解散或者变更公司形式的决议,必须经代表三分之二以上表决权的股东通过。"这是法律对于公司股东会特别决议表决程序的强制性规定。本案中,第三人章程第13条对于特别决议表决程序的规定违反了法律强制性规定,应属无效。

2. 第三人章程中关于普通决议事项表决程序存在笔误,且无证据证明该表决程序经过股东协商一致同意,该表决程序无效。

第三人章程中关于普通决议表决程序的规定与特别决议规定于一条,形式上无法分割。另外,第三人章程都是由原告在陈克伟制作的章程上签字,两被告也已经承认章程上的签名不是其本人所签,陈克伟表示在制作章程时原告并未交代按照2/3还是1/3签订章程第13条,完全都是陈克伟自行决定。原告也表示没有以1/3确定章程第13条的意思。两被告虽表示章程第13条中的普通决议事项由代表1/3以上表决权的股东通过是三位股东协商一致的,但对此没有提交证据,故对于两被告的抗辩意见不应予以支持。

法院判决:

确认制作于2007年7月31日的第三人章程第13条无效。

1418. 公司章程能否提高股东(大)会决议生效的法定条件?

对这一问题实践中认识存在争议。

一种观点认为可以提高,因为《公司法》关于公司经营事务和重大事务表决的规定是最为宽松的规定,只是一个下限的规定,因此公司可以在《公司法》规定的最低限度的基础上,作出灵活性的规定。而且公司法对通过决议使用的表述为"半数以上"或"2/3以上",这里的"以上"并无上限的规定,提高股东(大)会决议生效条件有利于保护中小股东利益。

另一种观点认为不能提高,因为如果以公司章程来规定比《公司法》更为严重的条件,无论针对普通决议还是特别决议,都等于赋予少数股东否决权,这不仅对大多数股东来说不公平,而且也是对股份平等和股份多数决原则的违背,另外还可能使股东(大)会难以形成决议,出现公司僵局,从而影响效率,最终损害公司和全体股东的利益。因此,不宜提高决议生效的法定条件,但股东(大)会可以根据公司的情况,放宽特别决议事项的范围,但应当在章程中作出列举,章程中没有列举的事项,应当按照普通决议的条件和程序来作出决议。①

笔者同意第一种观点。

【案例496】决议违反章程表决权约定　丈夫转移夫妻共有财产失败②

原告: 张玉芝

被告: 达沃斯公司

诉讼请求: 判令撤销被告于2011年8月18日作出的股东会决议。

争议焦点:

1. 被告章程第14条关于说明行使表决权是按照资本决还是人数决的内容是否与第17条规定股东会决议需经全体股东表决通过的内容互相排斥;

2. 被告2011年8月18日形成的关于股权转让的临时股东会决议未经原告同意,原告是否可据此主张撤销决议。

基本案情:

被告于2003年注册成立,注册资本1000万元,有两名股东即段宗保和原告,二人系夫妻关系,其中段宗保持有80%的股份,原告持有20%的股份。

在原告与段宗保离婚诉讼期间,2011年8月18日,被告召开临时股东会,研究确定被告所持冠达公司股份转让事宜。段宗保、原告出席了本次股东会会议,代表被告100%的股权。

在此次股东会上,持有公司80%股权的段宗保表决通过将被告所持冠达公

---

① 周友苏:《新公司法论》,法律出版社2006年版,第319页。
② 参见北京市第二中级人民法院(2012)二中民终字第01571号民事判决书。

司70%的股权以零价格转让给中系中电公司,持有公司20%股权的原告表决不通过。

此后,被告依据该股东会决议实际办理了股权转让事宜。

原告诉称:

段宗保与原告以夫妻共同财产投资成立被告。

2011年8月18日,被告召开临时股东会。临时股东会由段宗保提议并召集主持,原告出席了此次临时股东会。此次临时股东会的决议侵害了原告作为公司小股东的合法权利,议事和表决程序违反法律规定,决议未按照公司章程的规定经全体股东表决通过,段宗保作为大股东操纵股东会。

按照股东会的决议,被告所持冠达公司的股份零价格转让给中系中电公司,而中系中电公司的法定代表人解奎卯恰是段宗保的妹夫。

在原告提出与段宗保的离婚诉讼后,段宗保召集临时股东会作出上述决议,是故意转移夫妻共同财产的行为。

被告辩称:

公司章程第14条规定,股东会会议由股东按照出资比例行使表决权,2011年8月18日作出的决议经持80%股份的股东表决通过,符合法律规定。

公司章程第17条规定,应由全体股东表决通过的是针对公司增加或者减少注册资本、分立、合并、解散或者变更公司形式、修改公司章程所作出的决议。

本案诉争的股东会决议是被告对自己经营内容作出的决议,不属于须经全体股东表决通过的情形。被告将所持冠达公司的股份零价格转让给中系中电公司所有,是为了减少公司可能发生的损失,是出于维护公司利益的需要。

综上,请求驳回原告的诉讼请求。

一审认为:

公司章程是公司及有关人员的行为规范,对公司、股东具有约束力,公司、股东必须严格按照公司章程的规定行为。

被告的公司章程第17条规定:股东会会议应对所议事项作出决议,决议应由全体股东表决通过,股东会对公司增加或者减少注册资本、分立、合并、解散或者变更公司形式、修改公司章程所作出的决议,应由全体股东表决通过。股东会应该对所议事项的决定作出会议记录,出席会议的股东应当在会议记录上签名。

被告2011年8月18日形成的临时股东会决议未经原告的同意,不符合公司章程关于决议应由全体股东表决通过的规定,故法院对原告要求撤销该股东会决议的诉讼请求予以支持。

一审判决：

撤销被告于 2011 年 8 月 18 日作出的临时股东会决议。

被告不服法院判决，向上级人民法院提起上诉。

被告上诉称：

1. 一审法院判决认定事实错误。

被告股东会决议是根据公司章程第 14 条规定作出的，该条款明确规定：股东会会议由股东按照出资比例行使表决权。这与《公司法》（2005 年修订）第 43 条股东会会议由股东按照出资比例行使表决权的规定相符，该股东会决议的形成完全合乎法律规定。

但是一审法院判决竟然以公司章程对所议特殊事项规定的第 17 条"股东会会议应对所议事项作出决议，决议应由全体股东表决通过，股东会对公司增加或者减少注册资本、分立、合并、解散或者变更公司形式、修改公司章程所做的决议应由全体股东表决通过"中"决议应由全体股东表决通过"这一表决方式作为判决事实认定的依据，而完全排除了"股东会对公司增加或者减少注册资本、分立、解散或者变更公司形式、修改公司章程所做的决议应由全体股东表决通过"特殊事项规定内容。

很显然，一审法院判决所认定的事实错误，导致公司章程第 14 条与第 17 条相互抵触，破坏了公司章程第 17 条完整的表述，断章取义，违背了第 17 条真实意思表示。

2. 一审法院判决有违相关法律规定。

《最高人民法院关于民事诉讼证据的若干规定》第 79 条规定：人民法院应当在裁判文书中阐明证据是否采纳的理由。

一审法院判决没有采纳公司决议所依据的公司章程第 14 条规定，否认公司章程第 14 条的法律效力，而是不完整采纳了公司章程第 17 条的规定，一审法院判决没有阐明不采纳公司章程第 14 条及不完整采纳公司章程第 17 条的理由，因此一审法院判决有违法律规定。

综上，一审法院判决不依据公司章程第 14 条规定，而将公司章程第 17 条分解拆开，断章取义，并作为判案依据，实属错误。

为此，请求二审法院撤销一审判决，改判驳回原告的诉讼请求。

原告二审辩称：

公司章程第 14 条是在说明行使表决权是按照资本决还是人数决，公司章程第 17 条规定股东会决议通过的情形，公司章程第 17 条规定决议应当全体股东表

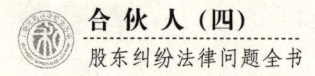

决通过,原告不同意该决议,所以不能通过。

一审法院判决没有否认公司章程第14条,一审法院判决认定事实及适用法律均是正确的,原告同意一审法院判决,不同意被告的上诉请求。

律师观点:

1. 章程关于所议事项需全体股东表决通过的约定合法有效。

公司章程对公司、股东具有约束力。被告的公司章程第17条规定:股东会会议应对所议事项作出决议,决议应由全体股东表决通过,股东会对公司增加或者减少注册资本、分立、合并、解散或者变更公司形式、修改公司章程所作出的决议,应由全体股东表决通过。虽然公司章程第14条规定股东会会议由股东按照出资比例行使表决权,但该规定只是规定了行使表决权的方式,与公司章程第17条关于决议通过的规定并不矛盾和抵触。

2. 被告未经原告同意作出转让公司所持冠达公司70%的股权的决议不符合章程约定。

被告2011年8月18日形成的临时股东会决议未经原告的同意,不符合公司章程关于决议应由全体股东表决通过的规定。因此,原告要求撤销该股东会决议的诉讼请求合理有据,被告的上诉理由没有事实及法律依据。一审法院判决处理并无不当。

法院判决:

驳回上诉,维持原判。

【案例497】剥夺继承人表决权 章程修正案无效①

原告: 童丽芳等13名自然人股东

被告: 康达化工公司

诉讼请求: 确认2006年7月29日通过的《关于修改〈公司章程〉的决议》无效。

争议焦点:

1. 被告章程关于继承取得股权的股东无表决权的约定是否合法有效;

2. 股东之间约定不按照出资比例优先认缴出资,是否要经过全体股东同意;

3. 被告章程约定股东会会议作出有关公司增加或者减少注册资本,分立、合并、解散或者变更公司形式及修改公司章程的决议,经出席会议的股东所持表决

---

① 参见上海市第一中级人民法院(2007)沪一中民三(商)终字第172号民事判决书。

权的 2/3 以上通过是否有效；

4. 被告监事是否可以不经选举，由章程直接规定产生。①

基本案情：

被告系注册资本为 541 万元的有限责任公司，其工商登记股东为 49 个自然人，其中童丽芳等 13 名原告均系被告的股东。

2006 年 7 月 29 日，被告召开股东会会议，讨论关于被告修改公司章程的事宜，该会议对于表决情况和会议内容作出的《关于修改〈公司章程〉的决议》(2006) 第 03 号的相关记录表明：应出席 54,100 股，实际出席 53,891 股，出席股东所持表决权占全部股权的 99.60%，经表决，同意 42,451 股，不同意 11,440 股（其中 13 名原告的表决意见均为"不同意"），同意的比例为 78.8%，不同意的比例为 21.20%，同意的比例超过 2/3，该议案获得表决通过而有效；公司将在完成增加注册资本之后，对新公司章程进行工商登记。同时，将《上海康达化工有限公司章程》作为该决议的附件。

该修改的公司章程第 24 条规定，自然人股东死亡后，继承人享有股东资格，可以出席股东会，但必须同意由股东会作出的各项有效决议。

第 29 条规定为"股东会作出的决议，须经出席会议的股东所持表决权过半数通过。但股东会作出有关公司增加或者减少注册资本、分立、合并、解散或者变更公司形式及修改公司章程的决议必须经出席会议的股东所持表决权的 2/3 以上通过"。

第 41 条规定"公司不设监事会，设监事 1 名，由公司工会主席担任"。

原告诉称：

2006 年 7 月 29 日，被告召开临时股东大会，利用大股东优势表决权，操纵股东会强行通过了《关于修改〈公司章程〉的决议》。

1. 公司章程关于"继承人可以出席股东会，必须同意由股东会作出的各项有效决议"内容是对股东权利的违法限制，违反了"同股同权"的原则，存在违法性；

2. 章程第 25 条第 4 项"按照出资比例分取红利，公司新增资本时，按照股东会决议可以优先认缴出资"的内容侵犯了股东对于公司新增资本优先认缴的法定

---

① 笔者认为，本案判决结果正确，但适用法律错误。理由如下：第一，股东会无权强制股东转让股权，否则便侵犯了股东自由处分股权的权利；第二，公司两名股东系夫妻关系，若无特别约定，公司股权属于夫妻共有财产，夫妻任何一方未经对方同意，不得擅自处分共有财产。可见，除表决权问题外，本案的争议焦点还包括：股东会是否可以强制转让股东股权；未经妻子同意，丈夫可否擅自转让夫妻共有财产。鉴于此，本案诉讼应是"决议无效"，而非"撤销"。

权利；

3. 章程第29条"……股东会作出有关公司增加或者减少注册资本，分立、合并、解散或者变更公司形式及修改公司章程的决议必须经出席会议的股东所持表决权的2/3以上通过"的规定，是对法定的股东会的议事方式和表决程序的刻意篡改；

4. 章程第41条"公司不设监事会，设监事1名，由公司工会主席担任。公司董事、总经理及财务负责人不得兼任监事"，是对股东会选举和更换监事这一法定职权的侵犯。

被告辩称：

1. 被告根据公司章程的规定，在召开股东会前的2006年7月11日通知了全体股东，股东会由董事长负责召集，于2006年7月29日顺利召开，因此被告股东会会议的召集程序合法；

2. 7月29日的股东大会由股东按照出资比例行使表决权，股东均按照"一股一票"的比例进行表决。当天出席股东会的股东所持有的表决权占全部股权的99.60%。对《关于修改〈公司章程〉的决议》内容表示同意的表决权为40,769股，占75.6%，即满足了所需股东所持表决权的2/3以上，符合《公司法》和公司章程关于修改公司章程的规定；

3. 因被告赋予了股东平等的表决权利，各股东在书面表决中，自主地表述了意见，故原告称被告"操纵股东会强行通过"的事实不成立；

4. 被告对章程的修改也符合法律规定。

（1）《公司法》规定对于继承人继承股东资格的内容可以由公司章程另行约定，公司股东会表决通过的章程完全有权对"股权继承"问题作出约定，故被告公司章程第24条对继承股东资格进行限定是合法的，是为了更好地维护公司的"人合性"；

（2）章程第25条第4项的规定也符合《公司法》（2005年修订）第35条关于新增资本认缴的规定，并未违法；

（3）章程第29条关于股东会"议事方式"和"表决程序"按照"出席股东所持表决权"为标准，因《公司法》（2005年修订）在此规定的表决权是"有效表决权"，放弃表决权的股东所代表的股份是不计算在内的，故该章程规定与《公司法》（2005年修订）第44条规定也是一致的；

（4）因工会主席是公司职工，符合法律要求的监事会中有职工代表担任的规定。且工会主席也是经选举产生，考虑到答辩人原是股份合作企业的关系，选举出的工会主席也符合股东的意愿,符合民主集中制的原则。根据《公司法》(2005年修订)第38条的规定,作为职工代表的工会主席担任监事亦不是股东会的职权,由此,章程对监事的规定亦符合法律规定。

综上,被告通过正当、合法和有效的股东会会议,通过了修改公司章程的决议,其内容合法,故请求驳回原告的诉讼请求。

律师观点:

公司章程是调整一个公司所有股东之间、股东与公司之间法律关系的必备性文件,它是股东意思自治的体现,但章程的自治性是相对的,它以不违反法律、行政法规强制性规定为前提。

1. 被告公司章程不可以限制股东继承人的表决权。

《公司法》第75条规定:"自然人股东死亡后,其合法继承人可以继承股东资格;但是,公司章程另有规定的除外。"在此,《公司法》(2005年修订)允许公司章程另行规定的是对已故股东的继承人成为公司股东设置一定的限制条件,即基于公司所具有的人合性,来规定股东资格的继承办法。但一旦约定继承人可以继承死亡股东的股东资格,则该继受取得资格的股东就应当依法享有法律所赋予的股东权利,如了解公司经营状况及财务状况,查阅股东会会议记录和公司财务会计报告等基本权利,而不应当对其股东权利随意加以限制。

《公司法》第42条规定:"股东会会议由股东按照出资比例行使表决权;但是,公司章程另有规定的除外。"即股东会会议是股东表达自己意志的场所,股东在股东会上有表决权,这是股东基于投资人特定的地位对公司的有关事项发表意见的基本权利。同时法律赋予公司章程自治权,即公司章程可以规定另外的行使表决权的方式,但并不能因此剥夺股东行使表决权的权利。现被告章程第24条第2项、3项显然剥夺了继承股东的上述权利,违反法律的规定,应当确认无效。

2. 股东约定不按照出资比例优先认缴出资必须要经过全体股东的约定。

《公司法》第34条规定:"股东按照实缴的出资比例分取红利;公司新增资本时,股东有权优先按照实缴的出资比例认缴出资。但是,全体股东约定不按照出资比例分取红利或者不按照出资比例优先认缴出资的除外。"有限责任公司的股东有权优先认缴公司新增资本,是为了维持现有公司的股权组成结构,维护现有股东的利益,但在有的情况下,考虑到有限责任公司的人合因素,可以不按照出资比例优先认缴出资,但必须要经过全体股东的约定。故被告章程第25条第4项的规定违反了上述法律的规定,应确认无效。

3. 被告股东会会议作出修改公司章程、增加或者减少注册资本的决议,以及公司合并、分立、解散或者变更公司形式的决议,必须经代表2/3以上表决权的股东通过。

《公司法》第43条规定:"股东会的议事方式和表决程序,除本法有规定的外,由公司章程规定。股东会会议作出修改公司章程、增加或者减少注册资本,以及公司合并、分立、解散或者变更公司形式的决议,必须经代表2/3以上表决权的股东通过。"由于公司修改公司章程、增加或者减少注册资本的决议,以及公司合并、分立、解散或者变更公司形式是公司的重大事项,故法律对于公司作出以上事项的决议有强制性规定,即必须经代表2/3以上表决权的股东通过,不能通过公司章程或其他方式予以改变。现被告章程第29条内容亦违反了法律对于公司上述事项法定表决方式的规定,亦属无效。

4. 被告监事必须经选举产生。

《公司法》第51条规定:"有限责任公司设立监事会,其成员不得少于三人,股东人数较少或者规模较小的有限责任公司,可以设一至二名监事,不设立监事会。监事会应当包括股东代表和适当比例的公司职工代表,其中职工代表的比例不得低于1/3,具体比例由公司章程规定。监事会中的职工代表由公司职工通过职工代表大会、职工大会或者其他形式民主选举产生。"即监事会作为公司的专门监督机构,其规模应根据公司的具体情况而定。根据法律相关规定,有限责任公司设立监事会,其成员不得少于3人,股东人数较少或者规模较小的有限责任公司,可以设1至2名监事,不设立监事会。现本案被告注册资金达500多万元,且股东人数也较多,为保护公司和股东的利益,并便于全面了解公司的经营情况,真正起到对公司的监督作用,被告应当设立监事会。现被告不设监事会,仅设监事1名,显然与法律规定不符。

根据法律对于监事会成员产生途径的规定,监事会应当包括股东代表和适当比例的公司职工代表,股东代表由股东会选举产生,职工代表由公司职工通过职工代表大会、职工大会或者其他形式民主选举产生。现被告通过公司章程的条款直接约定监事由公司工会主席担任,本身违反了选举的程序。且由于工会会员是公司职工自愿申请并取得会员资格,并非是所有职工都是工会会员,而作为职工代表的监事是由全体职工选举产生,故工会主席和职工代表监事的选举受不同法律调整,且两者的主体和范围亦不相一致。故讼争条款实际上剥夺了一部分职工(未加入工会的职工)依法享有的选举监事的权利。故原告主张讼争章程第41条无效的主张可以成立。

但是,由于被告对2006年7月29日《关于修改〈公司章程〉的决议》的表决程序和方式没有异议,故除上述4条内容因违反法律规定而无效外,章程其余条款均依法有效,原告主张上述决议和章程全部无效无事实和法律依据。

法院判决:

1. 被告2006年7月29日通过的《关于修改〈公司章程〉的决议》中《上海康达化工有限公司章程》第24条第2项、3项,第25条第4项,第29条,第41条的内容无效。

2. 原告童丽芳等13人的其余诉讼请求不予支持。

1419. 法院对争议的公司决议主要审查哪些内容?是否应对决议的合理性进行审查?

法院一般只就股东(大)会或董事会召集和决议方式等会议程序以及决议内容的合法性进行审查,对其程序和内容的合理性一般不予以审查。只要决议形成的程序及其内容未违反章程与法律、行政法规,则不认为存在瑕疵,至于该决议是否有利于公司,以及是否具有合理性,属于商业判断的范畴,法院一般不发表意见。

【案例498】董事会罢免公司高管　法院不审合理性[①]

原告: 李某某

被告: 佳动力公司

诉讼请求: 判令依法撤销被告于2009年7月18日形成的董事会决议。

争议焦点:

1. 法院是否应对董事会决议关于罢免总经理理由的合理性进行实质性审查;

2. 董事会决议内容合理与否是否影响决议效力。

基本案情:

2001年4月17日,被告成立。截至诉讼时,公司股东结构为:葛某某(出资额40万元,占注册资本40%)、原告(出资额46万元,占注册资本46%)、王甲(出资额14万元,占注册资本14%)。

公司设立董事会,董事3名,董事长由葛某某担任。

2009年7月18日,被告召开董事会并形成决议,原告在会议签到单上签名。

[①] 参见上海市第二中级人民法院(2010)沪二中民四(商)终字第436号民事判决书。

董事会决议载明:根据《公司法》及公司章程规定,被告董事会于当日,由董事长葛某某电话通知,召集并主持在公司浦三路某号会议室召开。出席董事会董事成员应到3人,实到3人。列席董事会监事应到3人,实到3人,作出决议如下:

1. 鉴于总经理原告不经董事会同意私自动用公司资金在二级市场炒股,造成巨大损失,现免去原告总经理职务,即日生效。

2. 现聘任总工程师王甲为被告代总经理,行使总经理职权。

3. 从即日起5日内,原总经理原告应交还公司章程、印鉴章、法定代表人私章、公司账簿(包括所有的原始记录凭证)给董事长葛某某。如不交还,属于严重损害股东利益,股东有权向法院起诉。决议由董事葛某某、王甲及监事签名。原告未在决议上签名。

原告诉称:

1. 原告到会后即有其他董事宣读已拟好的决议,而该决议并未经会议进行讨论;

2. 董事会决议借口原告未经董事会同意私自动用公司资金在二级市场炒股造成损失免除原告总经理职务的事实不存在。相关投资行为虽未通过董事会决议,但都是在董事长葛某某同意下实施的;

3. 被告董事会决议依据的事实错误,在召集程序、表决方式及决议内容等方面均违反了公司法的规定。

被告辩称:

1. 讼争董事会决议系通过讨论得出,但相关记录被原告撕毁;

2. 原告超越公司董事授权进行股票买卖,又在董事会多次劝阻的情况下,擅自抛售股票将资金用于归还科研经费,造成被告800万元的巨额亏损;

3. 讼争董事会决议召开程序、表决方式及决议内容均符合《公司法》规定,被告请求法院驳回原告的诉讼请求。

一审认为:

董事会决议撤销诉讼旨在恢复董事会意思形成的公正性及合法性,在注重维护主张撤销权人合法利益的同时,也兼顾公司法律关系的稳定。

1. 通知召集董事会时是否告知会议议题,并不影响董事会召集的实质要件。公司董事会议议事程序也并无法定的议事模式,会议议题一经在会中提出,董事即可按通常方式行使议事的权利,最终形成的决议内容即可成为董事议事的结果。故原告主张的未经议事程序即形成决议违反法定程序,缺乏依据,不予采信。

2. 董事会决议表决采用一人一票的形式。

公司章程对董事会表决事项载明,董事会必须由2/3以上的董事出席方为有效,对所议事项作出决定应由占全体股东2/3以上的董事表决通过方为有效。该章程并无董事会表决须经占公司股权比例2/3的股东一致同意才能生效的记载。根据《公司法》(2005年修订)规定,公司董事会决议的表决,实行一人一票,故本案系争董事会决议符合公司法规定的多数决。

3. 撤销原告总经理一职理由证据不足。

原告在国信证券公司进行的股票买卖,包括账户开立、资金投入及股票交易等系列行为,系经被告董事长葛某某同意后委托原告代表被告具体实施,相关反映股票交易的资金流转均在被告账上予以记载,据此事实无法得出原告未经同意,擅自动用公司资金在二级市场买卖股票造成亏损的行为结果。

综上,2008年7月18日,被告董事会决议在召集、表决程序上与《公司法》及章程并无相悖之处,但董事会形成的罢免原告总经理职务的决议所依据的原告"未经董事会同意私自动用公司资金在二级市场炒股,造成损失"的事实,存在重大偏差,在该失实基础上形成的董事会决议,缺乏事实及法律依据,其决议结果是失当的。从维护董事会决议形成的公正、合法性角度出发,原告主张撤销2008年7月18日被告董事会决议,可予支持。至于被告董事会出于公司治理需要,需对经理聘任进行调整,应在《公司法》及公司章程的框架内行使权利。

一审判决:

被告于2008年7月18日形成的关于"鉴于总经理原告不经董事会同意私自动用公司资金在二级市场炒股,造成巨大损失,免去原告总经理职务"等的董事会决议,予以撤销。

被告不服法院判决,向上级人民法院提起上诉。

被告上诉称:

1. 原审判决适用法律错误,本案应适用《公司法》(2005年修订)第22条。

原告关于董事会决议的撤销之诉,都仅需审理召集程序、表决方式、内容是否违反法律、行政法规。除此之外,没有任何法律条款对撤销之诉作出限制性规定或者扩大性解释。因此,在原审判决已经对董事会决议的合法性、程序性作出肯定性判断的情况下,该董事会决议应认定为合法有效。

是否存在"总经理原告不经董事会同意私自动用公司资金在二级市场炒股,造成巨大损失"与本案诉请没有必然联系,因为《公司法》和被告的章程均规定董事会有权解雇和聘用经理,且对董事会解聘经理的权力没有任何限制性规定,故被告董事会对解聘总经理的理由是否作出解释、作出解释的理由是否符合事实均不影响董事会行使解聘总经理的法定权力。

2. 原审判决认定事实不清。

原审判决对原告是否有擅自在二级市场炒股的行为所采信的证据与本案诉请没有直接关联，也不能作为其炒股合法、合理的直接证据，部分证人也与本案有利害关系。故请求撤销原审判决。

原告二审辩称：

原审判决适用法律正确。从事实上看，所谓"总经理原告不经董事会同意私自动用公司资金在二级市场炒股，造成巨大损失"不成立。原告是在董事会同意、董事长葛某某的安排下的所进行的职务行为，有相关证据为证。

故请求维持原审判决。

律师观点：

1. 被告董事会决议的召集程序、表决方式上符合法律规定，合法有效。

"总经理原告不经董事会同意私自动用公司资金在二级市场炒股，造成巨大损失，免去其总经理职务"这一董事会决议是否撤销，须依据《公司法》第22条第2款的相关规定进行审查。

该条款规定了董事会决议可撤销的事由包括：

(1) 召集程序是否违反法律、行政法规或公司章程；

(2) 表决方式是否违反法律、行政法规或公司章程；

(3) 决议内容是否违反公司章程。

被告公司章程规定，股东会会议由董事长召集和主持。

2009年7月18日董事会由董事长葛某某召集，原告参加了该次董事会，故该次董事会在召集程序并未违反法定程序；被告章程规定，对所议事项作出的决定应由占全体股东2/3以上的董事表决通过方为有效。

因被告的股东、董事均为3名且人员相同，2009年7月18日决议由3名董事中的两名董事表决通过，在表决方式上未违反公司章程。

因此，2009年7月18日董事会决议在召集程序、表决方式上不符合应予撤销的要件，应认定为合法有效。

2. 原告被免职理由所依据的事实成立与否不影响董事会决议的效力。

(1) 从《公司法》的立法本意来看，对公司行为的规制着重体现在程序上，原则上不介入公司内部事务，最大限度赋予公司内部自治的权力，只要公司董事会决议在召集程序、表决方式、决议内容上不违反法律、行政法规或公司章程，即可认定为有效。从被告的公司章程来看,规定了董事会有权解聘公司经理,对董事会行使这一权力未作任何限制性规定,即未规定必须"有因"解聘经理。

因此,被告董事会行使公司章程赋予其的权力,在召集程序、表决方式符合《公司法》和决议内容不违反公司章程的前提下"无因"作出的聘任或解聘总经理的决议,均应认定为有效。

(2)从董事会决议内容分析,"原告不经董事会同意私自动用公司资金在二级市场炒股,造成巨大损失"是被告董事会对行使解聘总经理职务列出的理由,这一理由仅是对董事会为何解聘原告总经理职务作出的"有因"陈述,该陈述内容本身不违反公司章程,也不具有执行力。原告是否存在不经董事会同意私自动用公司资金在二级市场炒股,造成巨大损失这一事实,不应影响董事会决议的有效性。

因此,原审法院对"原告不经董事会同意私自动用公司资金在二级市场炒股,造成巨大损失"这一事实是否存在进行了事实审查,并以该事实存在重大偏差,在该失实基础上形成的董事会决议缺乏事实及法律依据为由撤销董事会决议不符合《公司法》第22条第2款之规定,法院对该节事实是否存在不应予审查与认定。但如原告认为董事会免去其总经理职务的理由侵害其民事权益的,可另行通过其他途径主张自己的权益。

法院判决:

1. 撤销一审判决;

2. 对原告要求撤销被告于2008年7月18日形成的董事会决议的诉讼请求不予支持。

1420. 在公司决议撤销诉讼中,公司重新作出股东会决议,撤销原股东会决议,已经进行的诉讼应如何处理?

公司重新作出股东会决议,股东提起诉讼的事实基础已经不存在,故法官应向原告释明,告知原告撤回或变更诉讼请求,如果原告坚持不予撤回或变更,法院将驳回原告的诉讼请求。

1421. 董事会会议由谁召集、通知和主持?对于会议通知的方式与内容有何要求?

董事会会议由董事长召集和主持;董事长不能履行职务或者不履行职务的,由副董事长召集和主持;副董事长不能履行职务或者不履行职务的,由半数以上董事共同推举一名董事召集和主持。"不履行职务"指主观上怠于履行职权,并不存在阻碍其召集董事会会议的客观因素。"不能履行职权"指并非主观上不愿意召集董事会会议,而是客观因素、事件致使无法履行职权,如董事长(副董事长)重病、失踪、被限制人身自由等。

董事会的召集主体即为通知主体。

对于董事会通知的方式和时限,《公司法》并未作出规定,各个公司可根据实际情况参照股东会会议召开程序以及上市公司董事会召集规则在章程中或另外出具文件对董事会召开程序进行细化。笔者建议:

(1)通知方式:召开董事会定期会议和临时会议,董事会办公室应当分别提前 5 日和 3 日将盖有董事会办公室印章的书面会议通知,通过直接送达、传真、电子邮件或者其他方式,提交全体董事和监事以及经理,非直接送达的,还应当通过电话进行确认并做相应记录。

情况紧急,需要尽快召开董事会临时会议的,可以随时通过电话或者其他口头方式发出会议通知,但召集人应当在会议上作出说明。

董事会定期会议的书面会议通知发出后,如果需要变更会议的时间、地点等事项或者增加、变更、取消会议提案的,应当在原定会议召开日之前 2 日发出书面变更通知,说明情况和新提案的有关内容及相关材料。不足 2 日的,会议日期应当相应顺延或者取得全体与会董事的认可后按期召开。

董事会临时会议的会议通知发出后,如果需要变更会议的时间、地点等事项或者增加、变更、取消会议提案的,应当事先取得全体与会董事的认可并做好相应记录。

(2)董事会会议通知包括以下内容:
①会议的时间、地点;
②会议的召开方式;
③拟审议的事项(会议提案);
④会议召集人和主持人、临时会议的提议人及其书面提议;
⑤董事表决所必需的会议材料;
⑥董事应当亲自出席或者委托其他董事代为出席会议的要求;
⑦联系人和联系方式。

1422. 提议召开临时董事会,应当遵循哪些程序?

《公司法》对此并无规定,公司章程可对董事会议事规则具体约定,具体规定可参照如下内容进行约定:董事、监事提议召开董事会临时会议的,应当通过董事会办公室或者直接向董事长提交经提议人签字(盖章)的书面提议。书面提议中

应当载明下列事项:

(1)提议人的姓名或者名称;

(2)提议理由或者提议所基于的客观事由;

(3)提议会议召开的时间或者时限、地点和方式;

(4)明确和具体的提案;

(5)提议人的联系方式和提议日期等。

提案内容应当属于《公司章程》规定的董事会职权范围内的事项,与提案有关的材料应当一并提交。

董事长应当自接到提议后10日内,召集董事会会议并主持会议。

【案例499】董事会罢免总经理　未经通知部分决议被撤①

原告:国际钢结构公司

被告:三杰公司

诉讼请求:判令撤销被告董事会于2008年6月15日、18日和2008年7月7日先后形成的3份董事会决议。

争议焦点:

1. 没有办理工商变更登记手续的董事、董事会任命是否有效;

2. 没有履行通知义务的决议是否有效;

3. 被告通过特快专递形式向赵洪凯的身份证登记地址和办公地址邮寄通知的行为是否视为已履行了"通知"义务;

4. 免除总经理职务是否必须以"营私舞弊或严重失职行为"为前提。

基本案情:

被告4名股东,分别为原告、机械公司、城建集团、长江集团。公司董事会由9名董事组成,其中机械公司委派3名,城建集团委派3名,长江集团委派2名,原告委派1名,董事长由机械公司委派,副董事长由城建集团、长江集团分别委派1名。

章程规定:

1. 董事会会议每半年至少召开一次(年会),在公司住所或董事会指定的其他地点举行,由董事长召集并主持会议。经3名以上的董事提议,董事长应召开董事会临时会议。召开董事会会议的通知应包括会议时间和地点、议事日程,且应当在会议召开10日前以书面形式发给全体董事。

---

① 参见北京市第二中级人民法院(2008)二中民初字第12571号民事判决书。

2. 董事会年会和临时会议应当有6名以上董事出席方能举行。

3. 公司设总经理和副总经理,总经理均由机械公司与长江集团推荐,董事会聘请,副总经理人选由总经理提名,报董事会批准。财务总监由城建集团委派。

4. 经理、副总经理、总工程师、总会计师、审计师和其他高级职员,请求辞职时提前向董事会提出书面报告。以上人员如有营私舞弊或严重失职行为的,经董事会决议,可随时解聘。如触犯刑律的,要依法追究刑事责任。

2007年11月10日,股东机械公司向被告发出《董事免职书》和《关于委派被告董事、董事长的函》,免去孙维林先生担任的被告董事、董事长职务。同时委派夏明先生代表机械公司出任被告董事。委派刘曦明先生出任被告董事长职务。并要求被告立即办理董事、董事长变更的相应工商注册变更手续。但被告并未进行变更登记。

2008年6月13日,股东长江集团向被告发出《关于向被告推荐新任总经理的函》,内容为:公司总经理赵洪凯先生在工作中的行为显示其不适合继续担任公司总经理职务,本公司作为其原推荐人亦不再支持其继续担任总经理职务。现推荐孙关富先生担任被告总经理职务,并提请董事会表决。

2008年6月15日,被告以现场结合传真方式召开临时董事会会议,应到董事9人,实到董事7人。会议决议:自即日起免去赵洪凯的总经理职务;聘请孙关富先生为公司新的总经理。要求赵洪凯先生根据有关法律法规和公司章程规定,依法完成交接工作。在该决议上董事刘曦明、徐贱云、金良顺、方朝阳、夏明、杨太岭签字。董事杨遇平委托董事刘曦明在2008年6月13日至12月13日期间全权代理其行使被告董事表决权。刘曦明代杨遇平出席会议并行使表决权在董事会决议上签字。

2008年6月18日,被告仍以现场结合传真方式召开董事会,到会董事8人,决议:

1. 要求赵洪凯先生立即停止非法侵占股东权益的行为,配合交接工作,否则立即提出诉讼,包括对赵洪凯个人提出诉讼。

2. 通过媒体等手段向社会公布公司变更情况及进展,说明在董事会决议作出之后赵洪凯不再是公司总经理,由其作出或者其指使作出的各种承诺、合同、声明等均属非法行为,是无效的。

3. 要求收回原董事长孙维林的私章,在刘曦明先生依法担任公司董事长即孙维林先生辞职生效后的期间内,被告以孙维林先生私章签署的文件是无效的,由此产生的一切后果全部由赵洪凯个人承担。

4. 废止原公章,刻制并启用新公章。

第二十章

公司决议纠纷

5. 聘请律师依法完成交接工作,维护公司利益。

6. 联系保安公司聘请不超过200名保安,在公司维持秩序2个月。

7. 同意上述有关费用由股东代付,最终由被告承担。

8. 为应对工作交接期间可能发生的各种突发事件,董事会授权委托新任总经理孙关富先生在工作交接期间全权处理各种有关公司事项,此项授权即日起至董事会决议收回该授权的期间内有效。与会董事和代理人均在决议上签字。

被告于2008年6月30日去工商部门办理了法定代表人、董事和经理的人员变更手续。将法定代表人孙维林变更为刘曦明,经理由赵洪凯变更为孙关富。变更后的董事为徐贱云、金良顺、方朝阳、张从思、杨遇平、刘曦明、杨太岭、赵洪凯、夏明。

2008年6月26日,被告向各位董事发出召开第三次董事会的通知,称被告定于2008年7月7日下午3:00在机械公司会议室以现场方式召开。议题:(1)讨论6月15日、18日董事会决议的落实和执行情况及相关问题;(2)要求调看公司成立以来所有账册并进行审计、查账。同日被告分别向赵洪凯身份证上的地址"北京市东城区××胡同××号院××号楼××单元××号"和办公地址"北京通州开发区××路××号"邮寄送达了该通知。

2008年7月7日被告第三次召开董事会。会议由董事长刘曦明主持,审议并一致通过了以下议题:

1. 确认罢免赵洪凯的总经理职务,聘请孙关富为公司总经理,任期4年。

2. 要求赵洪凯向总经理孙关富依法完成交接工作,交还公司经营管理权。

3. 废止原公章,刻制并启用新公章。

4. 通过媒体等手段向社会公布公司变更情况及进展,说明在董事会决议作出之后赵洪凯不再是公司总经理,由其作出或者其指使作出的各种承诺、合同、声明等均属非法行为,是无效的。

5. 为应对工作交接期间可能发生的各种突发事件,董事会授权委托总经理孙关富在工作交接期间全权处理各种有关事项,此项授权即日起至上述工作完成日为止。董事会决定由孙关富代表公司聘请律师依法完成交接工作,维护公司利益。有关费用由股东代付,最终由北京三杰承担。

6. 审议通过《关于要求调阅公司成立以来所有账册并进行审计、查账的议案》。对赵洪凯进行离任审计。上述查账及审计工作公司董事会责成总经理孙关富全权处理,公司相关人员及部门需积极配合,并提供一切便利。

除董事赵洪凯未出席会议,也未委托他人代表出席会议外,其他董事均有代理人出席签字,并确认决议内容。

北京市方圆公证处对本次会议全过程进行了公证,证明本次董事会决议、董事会会议记录上所有出席董事、董事授权代表、记录人员签名均属实。

原告诉称：

1. 诉争股东会召集程序和表决方式程序瑕疵。

原告委派至被告担任董事的赵洪凯先生,于2008年7月9日收到被告董事会在2008年7月7日形成的董事会决议。该份董事会决议显示:被告董事会此前于2008年6月15日、18日已形成2份董事会决议。前述3份董事会决议无故在总经理聘期内免去了赵洪凯总经理的职务。

被告董事会未按公司章程和法律规定向外方股东及委派董事发出召开董事会会议的通知,而且该三次董事会决议均是在董事长缺席且参会董事人数不符合公司章程规定的情况下形成的。

2. 刘曦明不是公司董事长,无权召集董事会。

2008年6月30日被告才向工商部门提交变更申请,7月7日工商登记中才正式将刘曦明变更为董事长,故截至6月15日、18日,刘曦明还不是公司董事长,无权召集董事会。

3. 被告无故免去总经理职位违反章程。

董事会在总经理任期内无故免去总经理赵洪凯的职务违反了章程第36条的规定。

综上,被告行为已损害原告的正当合法权益。

被告辩称：

2008年7月7日召开的董事会,在会议召开前的6月26日被告已向全体董事发出通知。被告通过特快专递形式向赵洪凯的身份证登记地址和办公地址进行邮寄通知的行为应视为已履行了章程规定的"通知"义务。因故不能参加会议的董事亦出具了书面说明,对委托他人代表出席、表决及对决议内容均表示认可,该行为亦符合《公司章程》的规定。原告所提2008年7月7日董事会决议应予撤销的主张,没有事实和法律依据。

被告承认收到机械公司于2007年7月10日的函,且未对此提出异议。

律师观点：

1. 被告各方董事应当遵守公司章程中关于董事会召集程序作出的规定。

《公司法》第22条第2款规定:股东会或者股东大会、董事会召集程序、表决方式违反法律、行政法规或者公司章程,或者决议内容违反公司章程的,股东可以自决议作出之日60日内,请求人民法院撤销。

公司章程对董事会的召集程序作出了规定,各方董事均应遵守。

2. 2008年6月15日、6月18日的两次董事会召集程序违反了通知义务之规定,应予撤销。

2008年6月15日、6月18日的两次董事会,召集人为刘曦明,会议召集时其并非董事长,无权召集董事会。

《公司章程》规定董事长由机械公司委派。机械公司于2007年7月10日发函,委派夏明为公司董事,委派刘曦明担任公司董事长职务,虽然没有及时在工商部门备案,但工商登记是具有对外公示的效力,约束公司与公司以外的第三方之间的行为。对公司内部而言,该委派并不违反法律和《公司章程》的规定,被告对此事实亦是明知的,故自委派之日起,刘曦明即可以作为被告的董事长行使《公司章程》规定的职权,包括召集董事会。

但是该两次董事会的召开是以"现场结合传真方式",被告没有提供证据证明在会议召开前10日将会议的时间地点、议事日程等内容书面通知了全体董事,而且未出席的董事是否授权他人代为表决亦不明确,故该两次董事会的召开程序违反了《公司章程》的规定,应予撤销。

3. 2008年7月7日的董事会履行了通知义务。

2008年7月7日的董事会,在会议召开前的6月26日被告已向全体董事发出通知。其通过特快专递形式向赵洪凯的身份证登记地址和办公地址进行邮寄通知的行为应视为已履行了章程规定的"通知"义务。因故不能参加会议的董事亦出具了书面说明,对委托他人代表出席、表决及对决议内容均表示认可,该行为亦符合《公司章程》的规定。

4. "营私舞弊或严重失职"并非董事会免除总经理职务的必要前提。

《公司章程》第36条是对总经理等高级职员有营私舞弊或严重失职行为的、董事会决议可随时解聘的情形做了特别表述,但并不意味着总经理若没有营私舞弊或严重失职行为,董事会就不能免除其职务。

本案被告董事会作出的免除赵洪凯总经理职务的决议,并不违反《公司章程》,应是合法有效的。

法院判决:

1. 撤销被告2008年6月15日以及2008年6月18日的董事会决议;
2. 驳回原告的其他诉讼请求。①

---

① 笔者认为,本案诉争的主要问题是总经理人选,三次董事会对此决议内容一致,因此虽然前两次决议被撤销,但法院确认第三份决议合法有效。鉴于此,原告的诉讼目的并没有实现。

1423. 召开董事会会议可以采用哪些方式？

对于董事会召开方式，《公司法》并未作硬性规定，公司可根据公司的实际情况作出"个性化"的规定。

董事会会议以现场召开为原则。必要时，在保障董事充分表达意见的前提下，经召集人（主持人）、提议人同意，也可以通过视频、电话、传真或者电子邮件表决等方式召开。董事会会议也可以采取现场与其他方式同时进行的方式召开。

以非现场方式召开的，以视频显示在场的董事、在电话会议中发表意见的董事、规定期限内实际收到传真或者电子邮件等有效表决票，或者董事事后提交的曾参加会议的书面确认函等计算出席会议的董事人数。

在此需要强调的是，无论选用何种方式，均应注意保全召开过程的相关证据，防止产生纠纷时举证困难。

1424. 对董事会会议进行表决应遵循哪些程序？是否应适用关联交易回避制度？表决方式以及会议记录的保存应注意哪些事项？

对于董事会会议表决方式，《公司法》仅规定董事会决议的表决，实行一人一票，其余授权公司章程进行规范。

(1) 关联交易回避

董事与董事会会议决议事项有关联关系的，不得对该项决议行使表决权，也不得代理其他董事行使表决权。该董事会会议由过半数的无关联关系董事出席即可举行，董事会会议所作决议须经无关联关系董事过半数通过。出席董事会的无关联董事人数不足3人的，应将该事项提交股东大会审议。

(2) 表决方式

董事会临时会议在保障董事充分表达意见的前提下，可以用举手表决方式进行并作出决议，并由参会董事签字。

每项提案经过充分讨论后，主持人应当适时提请与会董事进行表决。

会议表决实行一人一票，以计名和书面等方式进行。

董事的表决意向分为同意、反对和弃权。与会董事应当从上述意向中选择其一，未做选择或者同时选择两个以上意向的，会议主持人应当要求有关董事重新选择，拒不选择的，视为弃权；中途离开会场不回而未做选择的，视为弃权。

(3) 委托表决

董事会会议，应由董事本人出席；董事因故不能出席，可以书面委托其他董事代为出席，委托书中应载明代理人的姓名，代理事项、授权范围和有效期限，并由委托人签名或盖章。代为出席会议的董事应当在授权范围内行使董事的权利。董事未出席董事会会议,亦未委托代表出席的,视为放弃在该次会议上的投票权。

(4)会议记录的保存

董事会应当对会议所议事项的决定做成会议记录,出席会议的董事应当在会议记录上签名。

董事会会议记录作为公司档案保存,保存期限不少于10年。

董事会会议记录包括以下内容:

①会议召开的日期、地点和召集人姓名;

②出席董事的姓名以及受他人委托出席董事会的董事(代理人)姓名;

③会议议程;

④董事发言要点;

⑤每一决议事项的表决方式和结果(表决结果应载明赞成、反对或弃权的票数)。

1425. 董事会召开过程中是否可以临时增加议题?

法律并未规定董事会会议通知必须列明会议审议的事项。如果公司章程没有特别约定,有限责任公司召开董事会,并不禁止会议期间临时增加议题和对增加的议题进行表决。但如果公司章程或董事会议事规则对此有禁止约定,对会议通知列明以外的议题进行表决系有瑕疵,属可撤销决议。

【案例500】扩大议题免总裁 罢免决议被撤销①

原告:华瑞公司、吉华公司

被告:都邦公司

诉讼请求:撤销2008年7月12日被告董事会决议中关于罢免公司总裁战鹰的决议。

争议焦点:

1. 未经保险监督管理机构批准的《董事会议事规则》是否有效;

2. 临时增加议题免去总裁职位是否违反了《董事会议事规则》,该决议内容

---

① 参见北京市第二中级人民法院(2009)二中民终字第08443号民事判决书。

是否可被撤销。

基本案情：

被告系 2005 年 10 月 19 日经核准设立的保险公司,注册资本 20 亿元,股东为原告华瑞公司、原告吉华公司均系被告股东。董事会由 15 位董事组成,王丽影任董事长,战鹰任总裁。

被告章程规定：董事会有权聘任或解聘公司经理;董事会每年度至少召开 2 次会议,每次会议应当于会议召开 10 日以前通知全体董事和监事;1/3 以上董事或者监事,可以提议召开董事会临时会议。董事长应当自接到提议后 10 日内,召集和主持董事会会议;董事会召开临时会议,可以另定召集董事会的通知方式和通知时限。

修订后的《董事会议事规则》规定:董事会会议通知内容应清楚列明会议的时间、地点、会议的议题和列席的人员;董事会会议议题的一般范围包括聘任或解聘公司高管人员。

被告并未向保险监督管理机构报送审批上述《董事会议事规则》。

2008 年 7 月 7 日,被告向各位董事发出召开临时董事会的会议通知,列明了会议议题为:

1. 与澳大利亚保险集团的战略合作项目进展顺利,根据澳方要求,进入实质谈判阶段,我方谈判代表必须取得公司董事会的授权,因此,提请本次董事会讨论三个具体问题并作出决议(与澳方签署的协议,须经报股东大会审议通过后,方能生效):(1)……(2)……(3)……

2. 提请董事会,明确股权投资的授权体系及额度。

3. 对本公司的薪酬体系、薪酬标准进行相应调整,现提请董事会审议,授权董事长及总裁室一定的薪酬调整权限。

4. 对前期监事会检查已确认的问题,如高管配车及高管激励问题讨论处理意见;对监事会检查尚未确认的问题,待其所聘请的专业审计机构审查结束后,再进行讨论确定整改方法。

5. 对本届董事会及其所聘任的经营团队,在任期届满前最后一个年度(截至目前)的经营状况进行分析、总结和问责;同时,因董事长本人提出待监事会检查结果确定后,将辞去董事长职务,现提请董事会商讨董事长的继任人选。

2008 年 7 月 12 日,被告召开董事会会议,会议由董事长王丽影主持。本次会议应到董事 15 人,实到 14 人。会议召开的形式、程序均符合《公司法》和被告章程的有关规定,合法有效。决议内容如下:

1. 对战鹰总裁问责的表决结果为:同意留任的0票;免去职务的8票;弃权5票,决定免去战鹰的总裁职务。战鹰回避表决。

2. 对王丽影董事长问责的表决结果为:同意留任的7票;免去职务的0票;弃权6票。由于免去职务票数不足,决定王丽影继续担任董事长职务。王丽影回避表决。

原告均诉称:

被告董事会办公室于2008年7月7日向各位董事发出召开临时董事会的会议通知,原列明的会议议题中并无关于总裁任免议题,但2008年7月12日的董事会却作出了罢免公司总裁战鹰的决议,该决议内容明显超出了本次董事会议题,违反公司章程和《董事会议事规则》的规定,决议事项违法。

被告辩称:

1. 根据法律规定及被告公司章程规定,被告董事会有权决定聘任或解聘公司的经理。被告董事会于2008年7月12日作出的罢免公司总裁战鹰的董事会决议不违反法律及公司章程的规定,该决议合法有效。

2. 被告为保险公司,根据《保险法》第82条第6项和《保险公司管理规定》第24条第2项的规定,修改公司章程须经保险监督管理机构批准。两原告起诉所依据的公司章程及附件《董事会议事规则》均系修改草案,尚未经全体股东最后确认,也未经保险监督管理机构批准,不具有法律效力。

因此,两原告认为被告董事会决议违反上述未生效的公司章程的规定是错误的。

律师观点:

1. 被告制定的《董事会议事规则》对被告股东及董事会具有约束力。

《公司法》第22条规定,董事会的会议召集程序、表决方式违反法律、行政法规或者公司章程,或者决议内容违反公司章程的,股东可以自决议作出之日起60日内,请求人民法院撤销。被告制定的《董事会议事规则》是公司章程的附件,虽未经保险监督管理机构批准,未进行工商登记对外公示,不具有对抗被告以外的效力,但被告的全体股东均同意该议事规则,其内容也不违反法律、行政法规的强制性规定,因此该议事规则对被告股东及董事会具有约束力。

2. 被告会前通知未列明讨论事项,原告有权主张撤销。

该议事规则规定聘任或解聘公司高管人员属于董事会会议议题范围,董事会会议应在会议召开前10日,向各董事发出书面通知,通知内容应清楚列明会议的时间、地点、会议的议题。根据查明的事实,被告2008年7月12日召开董事会会议,会前的通知没有清楚列明讨论免去战鹰总裁职务的内容,违反了《董事会议事规则》的规定。被告董事会违反董事会的会议召集程序作出免去战鹰总裁职务的决定,原告华瑞公司和原告吉华公司作为被告的股东有权行使撤销权。

法院判决:

撤销2008年7月12日被告第一届董事会第九次临时会议决议第1条关于决定免去战鹰总裁职务的内容。

1426. 董事可以投弃权票吗?投弃权票的董事应当承担哪些民事责任?

董事会的决议违反法律、行政法规或者公司章程、股东大会决议,致使公司遭受严重损失的,参与决议的董事对公司负赔偿责任,但经证明在表决时曾表明异议并记载于会议记录的,该董事可以免除责任。因此,董事最好不要投弃权票,因为一旦出现责任,弃权票就可能视为同意票,将要承担损害公司利益或损害股东利益责任纠纷。

二、公司决议效力确认纠纷之诉的裁判标准

1427. 在哪些情形下,公司决议可被确认无效?

公司决议内容违反法律、行政法规或伪造决议的,公司决议将被确认无效。具体情形包括但不限于如下五项:

(1)作出的决议内容违反法律、行政法规规定的强制性规定,如公司作出决议参与某项违法经营活动;

(2)股东会决议程序上的重大瑕疵会影响到其内容的真实性,如公司未召集会议或者召集了会议但未进行表决或者表决人数未达到法定多数即形成了决议文件;

(3)股东(大)会或董事会超越权限作出决议,如未经授权的董事会作出盈余分配方案;

(4)股东会决议侵犯了股东的合法权益,如公司作出红利分配决议,但该分配决议中设计的分配原则违反了"同股同利"的原则;再如公司决议剥夺了法律赋予股东的固有权利,如股权转让权、知情权等;

(5)虚构公司决议,如公司并未实际召开会议,或决议签名系伪造或者其他伪造会议或决议的情形。

第二十章 公司决议纠纷

【案例501】税后利润激励员工 侵犯盈余分配权无效①

原告：朱笕文

被告：杭州华铭公司

诉讼请求：确认被告关于《杭州华铭公司单项激励制度》的股东会决议无效。

争议焦点：

1. 用于员工激励的基金是否来源于公司净利润；

2. 公司税后利润应遵照哪些顺序进行分配；

3. 有限责任公司是否应参照上市公司使用税后利润资金回购股权激励员工；

4.《杭州华铭公司单项激励制度》是否侵犯了原告的盈余分配权。

基本案情：

被告系有限责任公司，原告系被告股东，投资额为16.5万元，投资比例为5.63%。被告共计有股东人数13人（包含原告在内）。

2008年8月26日，被告通知原告：公司将于2008年9月9日召开2008年第三次股东会议，审议有关单项激励制度。同时，被告将该单项激励制度讨论稿发送给原告。该讨论稿规定，被告为鼓励股东长期服务于公司直接或间接投资的企业，将在保证股东的当年现金红利分配率不低于10%的前提下，在每年的净利润中提取不超过100万元作为激励基金的额度，对在被告直接或间接投资的企业工作的股东，按照所担任的职务确定分配系数，对每位在职股东进行奖励。

同年9月9日，被告召开2008年第三次股东会议，审议单项激励制度，全体股东参加会议。会议以占到会全部表决权的94.37%股东的赞成（原告除外），作出了通过单项激励制度的股东会决议。因原告表示反对，故未在该股东会决议上签字。该股东会通过的单项激励制度内容为：(1) 激励对象，是在被告直接或间接投资的企业工作的在职干部；(2) 激励额度，在保证股东的当年现金红利分配率不低于10%的前提下，公司在每年的净利润中提取不超过100万元作为激励基金的额度，具体数额授权公司董事会根据当年的公司收益情况确定；(3) 分配办法，按在直接或间接投资的企业担任的职务确定分配系数，根据董事会确定的额度和分配系数，确定每位在职干部应得的激励基金；(4) 管理与发放，当年分配的

---

① 参见杭州市上城区人民法院(2008)上民二初字第1285号民事判决书。

激励基金先以职务风险金名义计入本人账户,在继续任职满1年后予以兑现,如分配入账后不到1年离职的,其职务风险金收回公司。

原告原系华商公司(系被告华铭公司直接投资的企业)办公室主任,于2008年1月与华商公司解除劳动关系;除原告外,被告公司的另12位股东朱汉霖等分别是被告直接或间接投资的企业的法定代表人、总经理或部门经理。

原告诉称:

原告作为被告的股东,对于被告在弥补亏损和提取公积金后所剩余的当年税后利润,依法享有按照出资比例分取红利的权利,这是原告作为被告股东所拥有的最基本权利。无论单项激励制度如何确定激励对象,被告未经原告同意,将应属于原告的那部分利润分给别人,都是侵犯原告股东分红权的行为。单项激励制度,实质上是被告公司股东的红利分配方案。根据该制度,原告本应依出资取得的税后利润,在依法得到分配前,有一大部分将被告的其他股东先行瓜分。那些在被告直接或间接投资的企业中任职的被告的股东,将获得比原告更多的分红。而且,根据担任企业要职并掌控被告董事会的股东将获得更多的奖励,那又将是一次不同比例的红利分配。

我国《公司法》(2005年修订)第35条明确规定,股东按照实缴的出资比例分取红利,但是全体股东约定不按出资比例分取红利的除外。根据上述规定,原告拥有按照5.63%的股权比例分取被告红利的权利。被告拟施行的"同股不同利"的红利分配方案,并没有经全体股东的一致同意。被告在未经原告同意的情况下,通过关于单项激励制度的股东会决议违反了我国法律的规定,严重侵犯了原告的股东红利分配权,是无效的。

被告辩称:

1. 原告认为关于《杭州华铭公司单项激励制度》的股东会决议无效没有法律依据。

上述股东会决议的产生是完全符合《公司法》和公司章程规定。股东会召开时,公司全体股东按规定出席了会议,并经持有94.37%出资比例的股东表决同意后在股东会决议上签字。因此,无论从形式上、程序上,该股东会决议都符合公司法规定和公司章程的约定。激励制度在明确了激励对象为在职干部并设置了提取激励基金的前提条件和最高额度限制后,将具体的提取额、分配等权力授予公司董事会处理,完全符合《公司法》和公司章程的规定。根据生产经营发展的需要,制定和颁布相应的激励制度是公司运行所必需的自主权限,从未有法律法规对激励对象或分配办法有所限制。

2. 原告因没拿到奖金就说是利益被侵犯有悖常理。

原告因不在被告公司工作而享受不到奖金是正常的,也是合情合理的。至于原告在诉状中陈述的"将应属于原告的那部分利润分给别人",这是误将"利润"当作了"红利"。只有经股东大会确定用于分配的"红利",股东才可以按出资比例享有,才是属于自己的那一部分;而"利润"是公司法人所有的一个概念,是无法计算出那一部分是"属于原告的"。其次,被告认为即便是"税后利润",也不完全属股东所有。如《公司法》(2005年修订)第143条第3款规定:公司实施职工奖励收购的本公司股份,不得超过已发行股份总额的5%;用于收购的资金应当从公司的税后利润中支出。如果按照原告的说法,被告提取激励基金就是侵犯股东的分红权,上述规定的用税后利润收购股份用于奖励给职工是否也侵犯了股东的分红权呢?显然不是。红利分配方案是对剩余的税后利润所进行的分配,分配的对象是全体股东,分配的总量和每人应得的数额是根据投资比例计算因而是确定的;而激励制度中所涉及的激励基金是在利润中提取即对利润的减少,分配对象是在职干部,分配的总量和每人应得的数额是根据其对企业作出的贡献大小决定因而是不确定的,两者有着根本的区别。所以,无论从哪个角度分析,被告作出的股东会决议通过的仅仅是一项公司内部激励制度,不属于红利分配方案,也不涉及红利方式的变更,因而与《公司法》(2005年修订)第35条无关,也不受全体股东的约束。

被告为证明其观点,提交证据如下:

申能股份有限公司高中级管理人员激励基金管理制度一份(系被告自行从中国证券网调取的材料),证明上市公司也在实行内部的激励制度。

针对被告的上述证据,原告认为:

该证据系复印件,对真实性、合法性不予确认,同时对证明对象有异议,认为:该证据所显示的激励制度的主体是上市公司,即股份有限公司,而本案被告是有限责任公司,故该上市公司所制定的激励制度无任何参考价值;从该激励制度的内容来看,该制度所提取的激励基金奖励的是申能公司内部的高中级管理人员,而被告制定的激励制度奖励的是被告所投资的其他企业的管理人员,激励对象完全不同。因此,该证据不能证明被告的主张。

律师观点:

《公司法》第22条第1款规定:公司股东会或者股东大会、董事会的决议内容违反法律、行政法规的无效。所以,确认该决议的效力应当看其内容是否违反了法律、行政法规的规定。

1. 该单项激励制度的内容。

根据该单项激励制度可以确认以下两点：

(1) 制度适用的对象。

只有在被告公司直接或间接投资的企业工作的在职干部，才符合适用条件。因原告已于2008年年初离职，故原告虽是公司股东，但非"在职干部"，明显不属于激励对象，而除原告之外的被告公司其余12位股东均系"在职干部"，此外，该激励对象又不仅仅限于被告公司的股东，被告系投资管理公司，其直接或间接投资有多家企业，在前述企业中任职的"在职干部"均可以成为该单项激励制度的对象。

(2) 激励基金的性质。

"在保证股东的当年现金红利分配率不低于10%的前提下，公司在每年的净利润中提取不超过100万元作为激励基金的额度"，以上可以看出，激励基金是有条件的从净利润中提取的，该不超过100万元的激励基金实质是净利润的一部分。

由此，可以将该单项激励制度的内容归纳为：被告将提取公司部分净利润，作为激励基金分配给除原告在外的公司股东及在被告投资的其他企业工作的在职干部。

2. 上述单项激励制度中激励基金的提取方式是否符合法律规定。

《公司法》第166条规定："……公司弥补亏损和提取公积金后所余税后利润，有限责任公司依照本法第三十四条的规定分配……"第35条规定："股东按照实缴的出资比例分取红利；公司新增资本时，股东有权优先按照实缴的出资比例认缴出资。但是，全体股东约定不按照出资比例分取红利或者不按照出资比例优先认缴出资的除外。"

根据以上法律规定，可以认定公司税后利润的分配顺序为：(1) 弥补公司以前年度亏损。公司的法定公积金不足以弥补以前年度亏损的，在依照规定提取法定公积金之前，应当先用当年利润弥补亏损。(2) 提取法定公积金。公司分配当年税后利润时，应当提取利润的10%列入公司法定公积金。公司法定公积金累计额为公司注册资本的50%以上的，可以不再提取。(3) 经股东会或者股东大会决议提取任意公积金。公司从税后利润中提取法定公积金后，经股东会或者股东大会决议，还可以从税后利润中提取任意公积金。(4) 支付股利。公司弥补亏损和提取公积金后所余税后利润，有限责任公司依照本法第34条的规定分配，即由股东按照实缴的出资比例分取红利。

简而言之,就是公司在弥补亏损和提取公积金后所余税后利润就是可供股东分配的税后利润。当该部分税后利润以货币或非货币形式分配给股东后,就成为股东所获取的红利。当然,公司也可以根据自身发展所需,保留部分税后利润作为未分配利润,暂不向股东分配。而根据本案激励基金提取的方式,可以认定,该单项激励制度实质上是将应属于股东依出资比例参与分配的一部分税后利润分配给了"在职干部",必将导致股东可分配利润的减少,继而侵犯了非"在职干部"的股东的红利分配权。《公司法》第34条规定,有限责任公司的股东有权按照实缴的出资比例分取红利,同时也允许股东通过自主合意的方式来决定红利的分配,但必须经全体股东约定。因原告不同意该单项激励制度,故而未在股东会决议上签字,即全体股东并未就此达成合意。因此,该激励基金的提取方式不符合法律规定。

3. 被告作出的通过单项激励制度的股东会决议侵犯了原告的盈余分配权,应属无效。

原告基于股东身份,享有资产收益的权利,有权按照实缴的出资比例分取红利,也有权与其他股东享有同等的待遇。而该单项激励制度将属于股东可分配利润的一部分,未经原告同意分配给公司其余股东和除股东之外在公司直接或者间接投资的企业中任职的"在职干部",导致公司股东之间产生"同股不同利"现象,违反了法律规定,故被告作出的通过单项激励制度的股东会决议应属无效。

法院判决:

确认被告2008年第三次股东会关于《杭州华铭公司单项激励制度》的决议无效。

【案例502】离职员工股份被没收　未付对价决议始无效[①]

原告: 陈士坤

被告: 浙江新厦公司

诉讼请求: 确认被告2009年2月20日股东会决议关于收回原告股份的内容无效。

争议焦点:

1. 被告公司章程关于"擅自离开本公司、从事本行业的股东,公司一律收回股份"的约定是否合法有效;

---

① 参见浙江省嘉兴市中级人民法院(2009)浙嘉商终字第571号民事判决书。

2. 被告能依据公司章程收回原告股权未支付原告对价的股东会决议是否有效。

基本案情：

原告系被告股东，享有2.5%的股权。

被告章程第9条规定：股东之间不得擅自相互转让出资。擅自离开本公司、从事本行业的股东，公司一律收回股份，由董事会购买。

2008年6月1日原告离开公司。

2009年2月20日被告召开股东会并形成决议，内容如下：鉴于沈庭根、沈维峰、原告三位股东已经离开公司，从事与本公司相同行业，根据公司章程第9条的规定，公司一律收回其股份，上述三位股东的股份（沈庭根21.75%，原告2.5%，沈维峰1%）由董事会购买（黄锦荣14%，沈新民3.25%，周立峰3.25%，陈俊杰3.25%，沈小英1.5%，合计25.25%），按照有关法律规定，办理股份转让手续。

原告诉称：

股东会决议收回原告的股份，却没有对价，相当于没收，这是违反法律规定，也是违反公司章程规定的，股东会决议应为无效。

被告辩称：

被告章程第9条规定"擅自离开公司、从事本行业的股东，公司一律收回其股份，由董事会购买"，这一规定系股东一致同意形成的，未违反《公司法》，应得到法院的支持。原告的行为符合公司章程规定的擅自离开公司或从事本行业的情形，被告通过股东会决议要求原告转让股份符合公司章程的规定。

律师观点：

1. 被告公司章程第9条合法有效。

被告的公司章程第9条规定："擅自离开公司、从事本行业的股东，公司一律收回其股份，由董事会购买。"公司章程这一规定的实质含义是指，在某种情形下，股东要转让自己的股份，不能继续作为公司股东存在。对公司章程这类规定效力的评价涉及公司章程在股权转让方面自治权的界限问题。我国《公司法》将有限公司股权转让条款设计为任意性规范，允许公司章程作出不同的规定。从本案情况来看，公司章程第9条规定系被告设立时股东共同制定，是股东共同对公司经营管理作出的安排，当时章程的订立可以认为股东充分表达了意见，是股东意思自治的体现，原告对此没有异议，规定本身也不损害公共利益。因此，公司章程第9条规定的内容有效。

2. 被告股东会决议无效。

被告以股东会决议的形式收回原告2.5%股份,却没有列明股份转让的对价,被告事后虽承认应当给付相应的股份转让款,但由于已经形成的股东会决议中没有体现按合理价格购买原告股份的内容。因此,如果确认股东会决议有效,则存在变相没收原告股份的情形,将侵犯原告的股权。股权作为股东一项基本的财产权,非经法定程序并依法定条件由国家强制力执行不能予以剥夺。且不论原告的行为是否已符合公司章程第9条规定而需要转让其股份,就2009年2月20日被告股东会决议内容而言,其违反了《物权法》第66条的规定,股东会决议应认定为无效。

法院判决:

确认被告2009年2月20日股东会决议关于收回原告2.5%股份的内容无效。

【案例503】伪造股东签名　股东会决议无效①

原告: 许小红、许小青

被告: 金陞公司

第三人: 曲喆

诉讼请求:

1. 判令被告2004年9月10日的第一届第八次股东会决议无效;
2. 恢复被告至2004年9月10日前的工商登记情况。

争议焦点:

1. 两原告未实际经营公司,是否影响其股东权利;
2. 两原告在公安机关关于公司由母亲全权打理,自己不参与经营的陈述是否表示原告母亲有权代原告转让股权。

基本案情:

2001年,被告的注册资本为5000万元,工商登记显示的股权结构为:原告许小红持股48%,原告许小青持股9%,瑞玺公司持股43%,原告许小红任法定代表人。截至诉讼时,工商登记显示股东结构为:何兰出资2848.1万元,李君出资2151.9万元,何兰任法定代表人。何兰与两原告系母子女关系。

自2001年至2005年,根据工商登记材料显示,公司历次股权及法定代表人

---

① 参见北京市第二中级人民法院(2009)二中民终字第15150号民事判决书。

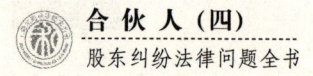

变更如下：

第一次工商变更：2004年9月，原告许小红与第三人、原告许小红与陈寅、原告许小青与第三人、瑞玺公司与第三人分别签订了股权转让协议，并签署了股东会决议，同意上述股权转让行为，并免去原告许小青执行董事、经理的职务和法定代表人资格、原告许小红公司监事的职务。

有关决议（涉案决议）、股权转让协议签有原告许小红、原告许小青、瑞玺公司法定代表人施云清的名字，并加盖了瑞玺公司的公章。之后，被告依照该股东会决议办理了股权变更登记。被告法定代表人由原告许小青变更为第三人，股东股权比例为第三人出资4000万元占80%，陈寅出资1000万元占20%。

第二次工商变更：2005年6月28日，被告的股权又变更至原告许小红、原告许小青、瑞玺公司名下，出资额仍为瑞玺公司出资2,151.9万元、原告许小青出资449.7万元、原告许小红出资2,398.4万元。

第三次工商变更：2005年12月27日，被告的股权又变更至何兰、李君名下，出资额为何兰出资2,848.1万元、李君出资2,151.9万元，法定代表人变更为何兰。

在第一次变更与第二次变更之间，2005年3月6日，何兰向公安机关举报刘广德、第三人有犯罪行为，在举报信中何兰称"我叫何兰，原系金陞公司（本案被告）的法定代表人……直到2004年9月，刘连续6次带人来我公司闹事，在刘广德威逼下与刘的代理人第三人签订了以6000元/平方米，将儒林苑项目及公司转给他们，同时还逼我在工商局办理了变更手续……"

2007年7月10日，公安机关询问原告许小红时，公安人员告知原告许小红被告已变更到第三人等人名下，并询问原告许小红对此是否知情以及被告的经营管理情况，原告许小红在回答时除表示不知道股权变更之事，还表示"被告以前是由别的公司转到我的名下，我结婚以后过了没多长时间，我母亲何兰跟我说了一下，将公司法人转成原告许小青。之后具体手续都是由何兰去办的，我一直都没参加过公司的活动。因为是家里的买卖，所以都由何兰来办。""这个公司实际上与我是没有关系的，平时我们在一起就不提公司的事情，我母亲何兰没讲过公司变更的事情。""（被告）一直由我母亲何兰经营，不管是公司管理，还是项目开发，都是由何兰经营"等。

原告许小青也表示"（被告）是否变更过我不知道，因为是家族企业，这个公司也一直是由我母亲何兰在经营，公司的事情我都不清楚。""（被告是什么性质的公司）我不知道，股东是谁我也不知道，我没有参与过公司的任何行为。""我只是挂个名字,公司都是由我母亲经营,她可以代表我做公司的一切决定,所以公司的任何事情我都不过问,而且这是家族企业"等。

针对第二次工商变更登记行为,2008年2月25日,陈寅单独向海淀法院提起行政诉讼,请求撤销2005年6月28日北京市工商行政管理局作出的准许被告工商变更登记的行政许可,恢复到2005年6月28日之前的状态。该案中,海淀法院追加本案第三人为该案第三人。海淀法院审理后以上述文件中第三人、陈寅签字系伪造为由,于2008年7月20日作出撤销北京市工商行政管理局于2005年6月28日准予被告法定代表人变更为原告许小青、股东变更为明合三达公司、原告许小青、原告许小红的行政许可决定;同时,以应由工商行政管理部门处理为由驳回了陈寅要求变更到2005年6月之前的工商登记状态的诉讼请求。

被告不服海淀法院该判决上诉后,一中院于2009年1月12日维持了该一审判决。

原告均诉称:

两原告未参加2004年9月10日的股东会会议,该股东会决议以及股权转让协议也并非两原告签署,该股东会决议系伪造,应确认无效。

被告辩称:

两原告的陈述属实,被告同意两原告的诉讼请求。

第三人述称:

1. 两原告并不是被告实质意义的股东,其股东权利一直由其母亲何兰行使,第三人不认可两原告的原告主体资格;

2. 两原告不能要求确认2004年9月10日的股东会决议无效,而只能要求撤销该决议;

3. 两原告起诉时已超过诉讼时效。

4. 两位原告要求恢复2004年9月10日前的工商登记情况,不是本案审理的内容。

第三人不同意两位原告的诉讼请求。

一审认为:

1. 诉争股东会决议形式合法。

两原告系被告的股东,在2004年9月10日的被告股东会决议中,两原告、瑞玺公司3名股东一致同意将股权全部转让给第三人、陈寅,该股东会决议在形式上并不违反法律、法规。

2. 两原告签名虽非本人,但系全权委托母亲代理的后果,系真实意思表示。

两原告主张股东会决议上签名不是本人所签,并非其真实意思表示。但根据何兰写的举报信和两原告对公安机关的陈述,可以认定两原告虽是被告的股东,但关于被告的事宜都是何兰代理他们处理的,她们对何兰的代理行为是认可的。

2004年9月10日两原告将股权转让给第三人、陈寅,并签署股东会决议是何兰代理两原告所为,所以2004年9月10日的被告股东会决议上两原告的签名是其意思表示。

故2004年9月10日,何兰作为代理人,将两原告股权转让给第三人、陈寅,其效力及于被代理人即两原告,该股权转让协议合法有效。

一审判决:

驳回原告诉讼请求。

两原告不服一审判决,向上级人民法院提起上诉。

两原告均上诉称:

1. 一审认定诉争决议是原告的真实意思表示是错误的。

(1)决议并非本人签名;

(2)一审判决根据两原告在公安机关的陈述认定何兰有代理权,没有依据。两原告是被告的所有者,何兰只是管理者,何兰只拥有经营管理权,无权对股东的股权进行处分;

(3)一审判决以何兰有代理权来认定诉争决议是原告真实意思表示,没有法律依据。签名本身代表的是一种身份,签名权属于人身权的范畴,何兰并无代理权限,且诉争决议中原告及第三人的名字均非本人所签。

2. 本案涉诉股权转让协议存在强迫交易的情况,有公安机关报案记录证明。

(1)所谓的股权转让协议以及股东会决议形式虚假、内容显失公平、签署行为是被强迫的,依法应认定无效。股东会决议形成之时被告资产状况良好,净值约5000万元人民币,但第三人无偿把被告"拿走",不公平。

(2)相同事实已经有生效的法律文书认定是无效的。在陈寅起诉的行政诉讼中,人民法院以股权转让协议、股东会决议签字非本人所签为由撤销了工商行政管理机关的变更登记。

被告同意两原告的意见。

第三人二审辩称:

1. 两原告上诉超过了上诉期。

第三人于2009年9月9日收到新的上诉状,且其内容与原上诉状不一致,故新上诉状已经超过上诉期。

2. 两原告仅为挂名股东,实际股东为其母何兰,且两原告认可何兰的行为。

关于经营权和所有权问题,从工商登记以及两原告的陈述可知,两原告仅为挂名股东,公司注册资金和整个出资均非两原告出资,股东变更手续为何兰办理,何兰为被告的实际股东及所有人,两原告对何兰的行为是认可的。

第三人作为相对人,完全有理由相信是两原告的真实意思表示,被告转让时加盖了公章,并交付了5证,对此两原告应当知道。

从2004年9月到2005年3月,两原告并未提出异议。

3. 第三人不存在强迫交易行为,公安机关的调查也并未认定第三人存在强迫交易行为。

4. 海淀法院和北京一中院作出的行政判决,与本案民事判决不存在同案不同判现象。

行政诉讼仅需审查行政行为形式是否合法,民事诉讼审查意思表示是否真实。

律师观点:

1. 两原告未授权转让,何兰代为转让非两原告真实意思表示。

两原告在公安机关询问笔录中的陈述仅表明何兰负责被告的经营管理事项,不包含转让两原告持有的股权及签署股东会决议的权力。在何兰并未取得处分两原告股权的合法代理权限的情况下,何兰代替两原告办理股权转让、签署股权转让相关股东会决议事宜,不能认定为两原告的真实意思表示。

2. 何兰对两原告持有的股权的处分属于无权处分。

股权是公司股东的根本权利,涉及股东资格的认定及股东的根本利益,非经股东本人授权或追认,他人不得处分。何兰对两原告持有的被告股权的处分及签署股权转让的相关股东会决议属于无权处分。

据此,被告2004年9月10日作出的股东会决议应属无效。

法院判决:

1. 撤销一审判决;
2. 诉争决议无效。

【案例504】冒签协议转股权　请求无效获支持[①]

原告: 杨志中

[①] 参见北京市第二中级人民法院(2011)二中民终字第17714号民事判决书。

被告：华慧有限公司

诉讼请求：判令涉诉股东会决议无效。

争议焦点：

1. 未履行出资义务是否当然不享有股东资格；
2. 冒签的股东会决议是否有效。

基本案情：

被告成立于2010年5月14日，至诉讼时止。公司股东及出资情况为：陈荣满出资50万元，占公司出资总额50%；原告出资40万元，占公司出资总额40%；包钦丹出资10万元，占公司出资总额10%。公司法定代表人、执行董事为陈荣满，公司监事为原告。

2010年12月14日，被告在原告不知情的情况下召开第二届第二次股东会，会议决议内容为：

1. 同意将原告持有的该公司股份40万元转让给股东陈荣满；
2. 同意免去原告的监事职务。

原告诉称：

2010年12月14日，被告在不通知原告的情况下，私自召开第二届第二次股东会并冒充原告签名，非法形成决议，将原告持有的股份全部转让给股东陈荣满，免去原告监事职务，并伪造了股东转让协议。该股东会决议以及股权转让协议均为陈荣满代原告签字应属无效。

被告辩称：

被告认可股东会决议及股权转让协议书上原告的签名是陈荣满所签。

当时公司章程上约定原告出资40万元，作为其入股出资，但是至今原告没有把40万元入股到被告，所以原告说股东会决议无效，被告认为原告没有这个权利。入股的时候原告都没有签过字，也一直没有履行公司章程的约定。

律师观点：

决议非原告真实意思表示，应属无效。

真实的意思表示是民事法律行为有效的前提条件。根据被告的工商登记及相关证据显示，2010年12月14日被告召开所谓的第二届第二次股东会时，原告系被告工商登记及章程记载的占公司出资总额40%的股东，虽然被告辩称原告未履行出资义务，但是否履行出资义务并非当然影响其股东权利的行使。现被告亦认可该股东会的召开并未通知原告。

决议上原告的名字并非其本人所签，故该股东会决议不是原告的真实意思表示,应属无效。

法院判决:

2010年12月14日被告第二届第二次股东会决议无效。

【案例505】债转股平等主体产纠纷 共享国拨资金决议无效[①]

原告: 长岭机器厂

被告: [②]华融公司、东方公司、长城公司、长岭科技公司、建设银行

诉讼请求:

1. 确认被告长岭科技公司董字〔2009〕10号文件中关于临时股东大会对国拨资金转增股本由股东按出资比例共享的决议无效并予以撤销;

2. 确认被告长岭科技公司获得的涉及军工技改等国拨资金所转增的出资由原告持有,并按1∶1将该出资登记在原告名下。

争议焦点:

1. 本案是政府主管部门在对企业国有资产进行行政性调整、划转过程中发生的纠纷还是平等民事主体间纠纷,是否属于人民法院的受理范围;

2.《整合方案》通过后,转增了原告的股份比例,并按转增后的股份数额分红,虽然未作工商变更登记,是否视为认可《整合方案》,该方案是否合法有效;

3. 国拨项目资金由全体股东共享的股东会决议是否具有正当理由和政策依据,该决议是否应为无效。

基本案情:

原告为国有全资军工企业,其在诸家银行的贷款作为不良资产剥离,由被告华融公司、被告东方公司、被告长城公司、信达公司四家资产管理公司接收。

2000年,原告与被告华融公司、被告东方公司、被告长城公司、信达公司签订《债权转股权协议书》,共同成立的新公司被告长岭科技公司。注册资本暂定为53,527万元,被华融公司、信达公司、被告东方公司、被告长城公司以其对原告享有的债权数额入股,分别占被告长岭科技公司注册资本的46.56%、9.34%、4.76%、1.51%,原告以土地使用权及部分军工业务等作价8339.44万元出资,占

[①] 参见陕西省高级人民法院(2010)陕民二终字第67号民事判决书。

[②] 笔者认为,本案被告仅为诉争标的公司长岭科技公司。华融公司、东方公司、长城公司、建设银行作为长岭科技公司股东,应列为本案第三人。

被告长岭科技公司注册资本的37.83%。原告仍保留独立的法人地位,其未进入被告长岭科技公司的生产及非经营性单位仍由原告所有。

《财政部关于国债专项资金、财政补贴等资金转增债转股企业资本金问题的复函》(财企函〔2002〕17号)载明"……新公司收到按照国家资本性投资管理的国债专项资金、财政补助等,其形成的权益属于国有权益,应当由新公司的原出资人享有,并按照《企业公司制改建有关国有资本与财务处理的暂行规定》第22条的规定转增国家或者国有法人股,其他股东不能分享"。

2004年1月19日,原告与被告长岭科技公司签订《整合方案》,载明凡以原告名义争取到的国拨技改资金,形成固定资产后,增加国有股股本,股权属原告。

同年4月29日,被告建设银行承继了信达公司在被告长岭科技公司的权利义务。

2004年4月28日,整合方案由被告长岭科技公司表决通过。

自2001年,历年军工技改资金拨付文件、项目验收文件等均指明该国拨资金的拨付对象是原告。截至2008年12月31日,针对原告国拨资金,所涉项目已通过验收,形成固定资产的达7325万元。

被告长岭科技公司第1届第3次、第6次、第8次、第10次股东会表决通过的被告长岭科技公司2002年度、2004年度、2005年度、2007年度利润分配方案中,已将以原告的名义争取的国拨技改资金,按照已竣工验收的国拨资金数额,按1∶1转增原告的股份比例,并按调整后的股本金数额为基数计算原告红利分配。此期间其他股东的出资额一直没有发生增减变化,但股份分配利润比例相应减少,对国拨资金通过项目验收,形成固定资产后转增原告所持长岭科技公司的国有股本事项,被告长岭科技公司一直未办理工商变更登记。

2009年12月1日,被告长岭科技公司以绝对多数通过公司董字〔2009〕10号文,即《长岭科技公司临时股东会关于长岭机器厂转增资本议案的决议》,同意对国拨资金形成的资本由股东按出资比例共享。

2010年6月11日,国家国防科技工业局文件,即科工财审〔2010〕641号《国防科工局关于中央预算内投资和预算内专项投资等军工固定资产投资国家拨款资金权属问题的意见》载明:为保证军工资产的安全、完整和有效,债转股企业对由中央预算内投资和预算内专项投资等军工固定资产投资国家拨款资金权属应按财政部(财企函〔2002〕17号)规定执行,即由债转股企业原出资人享有,并转增原出资人资本。

原告诉称：

原告认为被告以大股东的身份强行通过的《长岭科技公司临时股东会关于长岭机器厂转增资本议案的决议》，侵犯了原告的股东权利，应为无效决议。

被告均辩称：

1. 《整合方案》系未依法成立生效的文件。该方案虽经长岭科技公司董事会表决通过，但未经公司股东会审议通过，违反了公司章程关于审议批准公司的利润分配方案需要经过股东会决议通过的规定；

2. 转增股本系公司的自治范畴，股东会有权作出；

3. 本案系政府主管部门在对企业国有资产进行行政性调整、划转过程中发生的纠纷，因此，不应由人民法院受理。

一审认为：

1. 《整合方案》及其实施系各方意思表示真实，《整合方案》合法有效。

对于《整合方案》的内容及其实际实施，被告长岭科技公司各股东实际已知晓，对于《整合方案》中的相关约定已达成合意，确认了原告今后所拥有的权利，且实际自愿履行了《整合方案》中的相关约定，唯国拨资金形成固定资产后，转增国有股股本为原告所持一节因系项目需验收确定后等原因未做工商登记变更，仍需按项目验收，国拨资金形成固定资产，转增国有股股本金额确定后持续实现。

2. 被告长岭科技公司股东会决议违反了《整合方案》的约定。

《长岭科技公司临时股东会关于长岭机器厂转增资本议案的决议》在没有正当理由和政策依据的前提下单方变相剥夺了原告对国拨资金，形成固定资产后，增加国有股股本，股权属于原告的权利，有违常理，亦与各被告其自身长期行为相悖，与《整合方案》及其实施相悖。该决议违反国家相关规定及双方约定，应为无效决议。

一审判决：

1. 确认被告长岭科技公司董字〔2009〕10号文件中关于临时股东大会对国拨资金转增股本由股东按比例共享的决议无效；

2. 被告长岭科技公司获得的涉及军工技改等国拨资金形成固定资产后按1∶1转增国有股股本，其所转增的股本由原告长岭机器厂持有。

被告华融公司、被告长城公司、被告东方公司不服一审判决，向上级人民法院提起上诉。

被告华融公司上诉称：

1. 本案不应由人民法院受理。

本案系政府主管部门在对企业国有资产进行行政性调整、划转过程中发生的纠纷,因此,不应由人民法院受理。

2.《整合方案》系未依法成立生效的文件。

该方案虽是被告长岭科技公司董事会表决通过,但未经公司股东会审议表决或通过,原审法院判决认为股东会代表与董事会董事或董事代表多人相同,无事实依据;该方案不构成股东之间的"合同"。董事的意思并非股东的意思,董事也非某个股东的代理人,《整合方案》未取得各股东的认可,所以应为无效。股东各方从未履行《整合方案》。

3. 原审判决适用法律错误,转增股本系公司的自治范畴,股东会有权作出,本案在已经欠缺有效的转增行为后,人民法院无权判决强制转增股本。

被告长城公司、被告东方公司、被告建设银行同意被告华融公司的上诉意见。

原告二审辩称:

1. 本案依法应属于人民法院受理民事案件范围。

双方签订《债权转股权协议书》后,按协议书约定,新的公司即被告长岭科技公司已经成立,行政性调整工作已经完成。本案是新公司的股东针对公司新增资产产生的新的法律事实,不依赖于任何行政权力,故为此而产生的纠纷属于平等主体之间纠纷,应由人民法院受理。

2. 原审判决事实清楚,证据充分。

《整合方案》是本案诉争的军工技改国拨资金转增后的股权归属的合法依据,该方案约定了原告将未纳入的军工资产(军用空调资产、业务)置换给被告长岭科技公司的原则、范围,同时明确约定被告长岭科技公司凡以国营七八二厂名义争取到的国拨资金,形成固定资产后,增加国有股资本,股权属于原告所有。第一届董事会第十次会议同意该《整合方案》,其产生合同效力,至今以国营第七八二厂名义争取的7325万元军工技改资金,经股东会通过的2002年度、2004年度、2005年度、2007年度利润分配方案,已经明确以国营第七八二厂名义争取的国拨技改资金,按照转增长后的相应出资确认归原告持有,并给原告按转增后的出资额分配利润,只是未作工商变更登记而已。事实说明《整合方案》是各方股东一致认可的有效协议,且实际按照该协议在履行。

3. 国家财政部、国防科工委等相关文件均可以确定本案所争议的资金,形成固定资产后,应转增原告股本。

被告长岭科技公司二审辩称:

被告长岭科技公司承袭了原告的全部军工主业,希望本案各方相互理解,协商解决纠纷。被告长岭科技公司对股东之间的纠纷无权发表意见。2010年8月23日,被告长岭科技公司临时股东大会已作出决议:同意撤销公司董字〔2009〕10号文件决议案。

律师观点:

1. 本案属于人民法院受理范围。

因债转股,资产管理公司与原告共同组建设立被告长岭科技公司,该公司成立后,行政性调整工作已经完成。本案是被告长岭科技公司的股东之间,因国拨资金的增资是由原告享有,还是由各股东分享而产生的纠纷,属于平等民事主体之间的民事纠纷,应由人民法院受理。

2.《整合方案》系各方真实意思表示,合法有效。

被告长岭科技公司成立后,其与原告签订《整合方案》,其中特别约定,被告长岭科技公司凡以国营第七八二厂名义争取到的国拨资金,形成固定资产后,增加国有股股本,股权归原告持有。此方案已经被告长岭科技公司第一届董事会第十次会议同意,且在后来经股东会通过的历次年度利润分配表中,已将以国营第七八二厂名义争取到的国拨资金,形成固定资产后,按1:1转增原告的股份比例,并给原告按转增后的股份数额分红,只是未作工商变更登记而已。

自2004年至本案起诉时被告华融公司等并未行使撤销权。事实表明,被告长岭科技公司各股东对《整合方案》已实际知晓,且其行为亦确认了《整合方案》中对以国营第七八二厂名义争取到的国拨资金归原告所拥有。

3. 被告长岭科技公司于2009年12月1日形成的股东会决议因违反国家相关规定及双方约定,应为无效决议。

2009年12月1日,被告长岭科技公司临时股东会关于转增资本议案的决议,对国拨资金形成的资本由股东按出资比例共享,在无正当理由和政策规定的前提下,变相剥夺了原告对国拨资金,形成固定资产后,增加国有股股本,股权属原告的权利,有违常理,亦与各被告长期的实际行为相悖,与《整合方案》相悖。国家财政部、国家科工局对国拨资金,形成固定资产后的权属,亦有明确规定。二审期间,即2010年8月23日,被告长岭科技公司临时股东大会决议撤销2009年12月1日临时股东会决议,该行为表明其自觉履行了原审判决主文第1项的内容。

法院判决:

驳回上诉,维持原判。

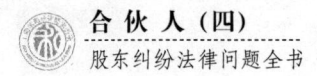

【案例506】伪造签名罢免高管　终止合资决议无效[1]

原告：林安明

被告：番禺汉盟公司、郑树春、黎伟棠[2]

诉讼请求：确认番禺汉盟公司1999年1月8日的董事会决议无效。

争议焦点：

1. 原告没有股东身份，是否可以提起董事会决议无效之诉；
2. 伪造的董事会决议是否无效。

基本案情：

被告番禺汉盟公司成立于1993年5月30日的中外合作经营企业。中方为番禺市潭州镇工业公司，外方为香港汉盟企业有限公司。

合作企业设立董事会，实行董事会领导下总经理负责制度，董事会是合作企业的最高权力机构；董事会由3名董事组成，其中中方委派被告黎伟棠作为公司董事，外方委派被告郑树春及原告作为董事，并由原告担任公司董事长，由被告郑树春、被告黎伟棠担任公司副董事长，由原告担任公司总经理，由被告郑树春、被告黎伟棠担任公司副总经理。

1999年12月13日，被告番禺汉盟公司在工商局办理了企业类型、董事长及总经理等事项变更登记事项，依据的是被告1999年10月8日作出的董事会决议，决议主要内容为："番禺市潭州镇工业公司终止与香港汉盟企业有限公司的合作关系，解除合作协议，并将合作企业转变为港方独资企业，中方代表被告黎伟棠不再担任副董事长一职，改派陈俭安、郑树英担任。另外，由于原告因业务需要，不再担任董事长，改派原副董事长被告郑树春担任。"在决议主文下方签署了原告"林安明"的名字、被告"郑树春"、被告"黎伟棠"的名字，并加盖了被告番禺汉盟公司公章。

原告诉称：

诉争的1999年10月8日的董事会决议及日期为1999年12月23日的《外商投资企业变更登记申请书》上原告的签名为伪造。

1999年10月8日召开的董事会，原告并没有参与。既然董事会的召开程序违法，董事会决议的作出也是违法的，董事会决议的内容当然无效。

---

[1] 参见广州市中级人民法院(2010)穗中法民四终字第55号民事判决书。

[2] 确认股东会决议无效纠纷的被告应为公司，郑树春、黎伟棠作为有关董事如与本案有利害关系，可列为第三人。

原告为证明其观点,提交证据如下:

粤公院司鉴中心(2004)文鉴字第081号司法鉴定书,鉴定结论为:检材申请日期为"1999年12月13日"的《外商投资企业变更登记申请书》及日期为"1999年10月8日"董事会决议中董事长签字处的二处原告签名与上述原告签名样本不是同一人笔迹。

被告均未答辩。

一审认为:

原告及被告郑树春为香港居民,本案可参照涉外案件处理。因被告番禺汉盟公司是在我国内地注册登记的有限责任公司,为此,本院确认我国内地法律作为解决本案公司决议侵害股东权利争议的准据法。

对于原告在诉讼中提供的由广东省公安司法管理干部学院物证司法鉴定中心于2004年7月6日作出的编号为:粤公院司鉴中心(2004)文鉴字第081号司法鉴定书,因广东省公安司法管理干部学院物证司法鉴定中心具有相应的司法鉴定资质,且无证据显示该鉴定过程存有不当,为此,对于原告提供的此项证据,法院予以采信,因此证据有效,为此,无须再另行进行司法鉴定。

虽原告提供的证据可证明以上落款日期为1999年10月8日的董事会决议中原告的签名非原告本人亲笔签署,且此次董事会的会议召集程序存在瑕疵,但根据《公司法》(2005年修订)第22条的规定:"公司股东会或者股东大会、董事会的决议内容违反法律、行政法规的无效。股东会或者股东大会、董事会的会议召集程序、表决方式违反法律、行政法规或者公司章程,或者决议内容违反公司章程的,股东可以自决议作出之日起60日内,请求人民法院撤销……"同时,鉴于以上落款日期为1999年10月8日的董事会决议,其决议内容并无与法律、行政法规相抵触。

此外,原告虽有证据显示其为被告番禺汉盟公司的利害关系人,但其只是合作外方委派的董事,并无有效证据证明其为被告番禺汉盟公司的股东,为此,以上董事会决议的形成虽存在严重不当,但原告据此请求确认此董事会决议无效,尚缺乏充分的理据。

综上,对于原告提出要求确认1999年1月8日的董事会决议无效的请求,因缺乏事实及法律依据,法院不予支持。

一审判决:

驳回原告诉讼请求。

原告不服法院判决,向上级人民法院提起上诉。

原告上诉称：

原告虽然只是合作外方委派的董事，但其作为公司董事长，根据被告番禺汉盟公司章程规定，董事会会议由董事长召集和主持，董事长不能召集和主持时，由董事长委托副董事长或其他董事召集和主持。而1999年10月8日召开的董事会，原告并没有参与。

既然董事会的召开程序违法，董事会决议的作出也是违法的，根据《公司法》（2005年修订）第22条的规定，1999年10月8日董事会决议中"林安明"的签名不是其本人的真实签名，足以见得该董事会决议是在原告完全不知道的情况下由他人伪造的，董事会决议的内容当然无效。

据此请求：撤销原判，确认1999年10月8日董事会决议无效。

被告番禺汉盟公司、被告郑树春二审均未作答辩。

被告黎伟棠二审辩称：

同意一审判决，不同意原告的上诉请求。

律师观点：

1. 1999年10月8日董事会决议的签名系伪造，决议违反了法律规定。

《公司法》第22条第1款规定，公司股东会或者股东大会、董事会的决议内容违反法律、行政法规的无效。

《中外合作经营企业法》第7条规定，中外合作者在合作期限内协商同意对合作企业合同作重大变更的，应当报审查批准机关批准；变更内容涉及法定工商登记项目、税务登记项目的，应当向工商行政管理机关、税务机关办理变更登记手续。

第10条规定，中外合作者的一方转让其在合作企业合同中的全部或者部分权利、义务的，必须经他方同意，并报审查批准机关批准。

本案中，1999年10月8日董事会决议上原告的签名经鉴定并非为其本人亲笔签名，现有证据也不能表明原告已参加该次董事会并同意该《董事会决议》的内容，因此，被告番禺汉盟公司改变公司性质、变更董事长及总经理，均未经过原告同意，原告要求确认1999年10月8日《董事会决议》无效的请求应当得到支持。

2. 原告的被告股东身份对案件审理没有影响。

原告并非以公司股东身份提起撤销之诉，故原告是否为被告番禺汉盟公司的股东，对本案处理并无影响。原审对此认定及处理不当，应予更正。

法院判决：

1. 撤销一审判决；

2. 被告番禺汉盟公司于1999年10月8日作出的董事会决议无效。

【案例507】违反累积投票制选举董事　上市公司股东大会决议被判无效

原告：甲公司

被告：乙公司

诉讼请求：

1. 判令被告股东大会有关董事选举的决议无效；
2. 被告第四届董事会没有依法成立，责令被告停止侵权。

争议焦点：

1. 当上市公司控股股东比例在30%以上时，是否必须适用累积投票制度；
2. 本案中股东未提前协商，而是不约而同将选票投给相同的人，是否为可视为"控股股东"。

基本案情：

原告是被告的第五大股东，持股11.5%。2003年6月20日，原告收到被告发出的《2002年年度股东大会选举董事、监事议案表决法指引》，该指引提出对每位股东分别进行投票，按照得票多少确定当选的董事、监事，但每位当选董事的最低得票数必须超过出席股东大会股东所持有股份的半数。

原告于同年6月23日向各股东、董事会董事发出《甲公司关于〈表决方法指引〉的意见》。原告指出《表决方法指引》选举董事、监事的计票方法存在严重问题，应该实行累积投票制。

同年6月25日，被告复函各位董事，载明《表决方法指引》的目的在于提交各董事讨论，被告没有也不会要求各股东依照执行。

股东、董事就《表决方法指引》争议问题未达成一致意见。

2003年6月27日，被告在其会议室召开了股东大会，在会上原告以及第一大股东丙公司要求股东大会解决争议问题，但股东大会未解决上述争议问题即要求各股东代表进行投票。由于第二、三、四大股东采取了一致行动并按照被告发出的《表决方法指引》计票选举董事，其持股数占出席大会股东所持表决权的55.12%，这导致依被告章程应选举9名董事，却只选出6名。

另外，依照被告公司《章程》，被告应聘任适当人选担任独立董事，其中至少包括1名会计专业人士（会计专业人士是指具有高级职称或注册会计师资格的人士），但是选举结果是有2名会计专业人士参选独立董事却无一人选上，选出的2名独立董事均不是会计专业人士。据此，原告认为被告股东大会表决程序、表决

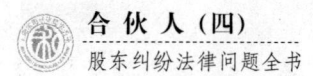

方式违反法律和章程的规定。

原告诉称：

本次股东大会有关董事的选举违反法律和公司《章程》的规定，被告关于本次股东大会有关董事选举的决议应当依法宣布无效。理由是：

1. 选举的独立董事没有章程要求的会计专业人士。

被告《章程》第115条第3款规定："公司聘用适当人选担任独立董事，其中至少包括一名会计专业人士。"但选举结果表明，6名独立董事候选人中2名会计专业人士无一人当选，显然有关独立董事的产生已经违反被告《章程》的规定，独立董事的选举是无效的。

2. 根据中国证监会颁发的《上市公司治理准则》和公司《章程》的规定，本次股东大会董事、监事选举应当采用累积投票制。

《上市公司治理准则》(以下简称《准则》)第31条规定："控股股东比例在30%以上的上市公司，应当采用累积投票制。"所谓"应当"是必须的意思，不是说"可以"，而是说"必须"。实施条件是"控股股东"比例在30%以上。什么是《准则》第31条所指的"控股股东"？被告《章程》第42条明确规定："本章程所称'控股股东'是指具备下列条件之一的股东：(1)此人单独或者与他人一致行动时，可以选出半数以上的董事；(2)此人单独或者与他人一致行动时，可以行使公司30%以上的表决权或者可以控制公司30%以上表决权的行使；(3)此人单独或者与他人一致行动时，持有公司30%以上的股份；(4)此人单独或者与他人一致行动时，可以以其他方式在事实上控制公司。本条所称'一致行动'是指两个或者两个以上的人以协议的方式(不论口头或者书面)达成一致，通过其中任何一人取得对公司的投票权，以达到或者巩固控制公司的目的的行为。"

被告《章程》第78条还规定："股东(包括股东代理人)以其所代表的有表决权的股份数额而行使表决权，每一股份享有一票表决权。"

根据中国证监会颁发的《准则》和公司《章程》的规定，本次股东大会董事、监事选举应当采用累积投票制，而被告采用的计票方式不仅公司《章程》没有规定，而且违反了《准则》和公司《章程》的规定，因而本次股东大会的投票和计票程序不符合法律。

被告辩称：

1. 股东大会关于董事会成员选举所采取的投票表决方式符合法律和公司《章程》的规定，"累积投票制"不适用于被告，被告章程没有规定"累积投票制"；

2. 两名独立董事的当选符合章程规定的条件，对任何一名独立董事的当选资格均不应予以否认。

一审认为：

被告公司的股东采取一致行动扮演了《章程》规定的"控股股东"的角色，根据《准则》第31条规定："控股股东控股比例在30%以上的上市公司，应当采用累积投票制。"

被告在庭审中称，其他股东不约而同地作出了相同的行为，不选举本案原告及第一股东推选的候选人为董事。这说明了被告股东采用了一致行动，出现了《章程》预先规定的"控股股东"，并违反了《章程》第41条规定的"控股股东"不得作出有损于公司和其他股东合法权益的规定。因此，2002年度股东大会有关行使董事选举中未采用累积投票制是违反相关法律及公司《章程》规定的，应当宣布无效。

一审判决：

被告股东大会有关董事选举的决议无效，被告第四届董事会没有依法成立。

被告不服一审判决，向上级人民法院提起上诉。

被告上诉称：

1. 被告章程中没有规定必须实行累积投票制，一审法院适用法律错误。

2. 被告股东是不约而同作出的相同的行为，并非《准则》中描述的"控制股东"。

原告二审辩称：

根据《准则》的规定及《章程》的约定，被告已经构成控股股东的范畴，应当采用累积投票制。

并且，依照约定，选举出的独立董事应有至少一名专业会计人士，现2名专业会计人士参选，却均未入选。故讼争的董事会程序违法，应当判无效。

律师观点：

按照《上市公司治理准则》和《上市公司累积投票制》操作指引的规定，出现控股股东的情形，应采用累积投票制进行董事选举。

最终选择何种投票制度进行董事选举，还应从最大化实现公司和全体股东利益出发，避免多数股东滥用其地位恶意侵害公司和少数股东利益，充分体现公平公正和诚实信用原则。

因此，在召开股东大会前遇到股东对表决方式争议较大特别是股东提出累积投票要求时，首先应该就该争议问题提交各股东表决决定采用合理合法的表决方式进行选举。

本案中,被告在股东大会召开前,对原告提出投票方式的意义及要求没有提交各股东讨论表决达成共识,而是强行采用直接投票制进行董事选举,显属程序不当,应予纠正。

二审判决:

驳回上诉,维持原判。

【案例508】股东会决议开除股东资格 内容违法应无效[1]

原告: 王方

被告: 金地公司

诉讼请求:

1. 确认被告2003年10月25日通过的股东会决议无效;
2. 判令被告恢复原告股东地位并赔礼道歉。

争议焦点:

1. 诉争股东会程序是否有瑕疵;
2. 诉争股东会决议内容是否合法。

基本案情:

原告原为被告公司职工,双方签订无固定期限劳动合同。

2003年6月,被告根据公司法和市委、市政府有关企业改制文件规定,改制为有限公司。根据转制相关政策规定,原告作为单位职工在履行出资义务后成为公司原始自然人股东,占股比例0.165%。2003年10月,被告将原告从公司除名。同年10月24日,原告得知被告将于次日召开公司临时股东大会,遂委托律师出席大会。律师到达会议后对会议通知程序提出异议,公司未予采纳,律师离开会场。股东会最终以多数表决方式通过了股东会决议,主要内容是:公司股东因调动、离职、退休、除名及去世等原因而离开公司,其所持有的股权,必须转让给公司其他股东,其他股东按出资额由大到小的顺序对该转让的股权实行优先购买,股权转让价格,以上年度末净资产额为基准等内容。嗣后,被告根据股东会决议开除了原告股东资格,并自行将退股金划入原告的银行卡。

原告诉称:

被告股东会召开程序不合法,股东会也无权要求股东强制转让股份,更无权开除其原告资格。

---

[1] 参见江苏省苏州市金阊区人民法院(2004)金民二初字第88号民事判决书。

被告辩称：
公司合法召开股东会形成决议，应该有效。
律师观点：
1. 公司股东会召开程序存在瑕疵，侵犯股东的共益权。

合法的股东会决议应当包括决议程序合法、内容合法，只要有一项存在瑕疵或者违法情形，就会影响股东会决议的法律效力。公司未通知股东参加股东大会，侵犯了股东的共益权。股东的共益权不仅表现为公司经营决策之参与，而且表现为对公司经营者之监督与控制。股东首要的共益权在于，通过表决权之行使参与股东会的决策。股东会的决议侵害了股东的最基本的权利，丧失了同类股东享有同等待遇的权利，并使股东失去了行使股东权的机会。本案中，被告提前一天通知原告召开公司临时股东大会，违反了公司法关于股东大会召开通知时间的规定，存在程序瑕疵，因此该公司股东会的决议行为违反了公司法关于股东会召开程序的规定，其行为不仅违背了公司法精神，而且侵犯了股东合法权利。

2. 该股东会决议强制回购原告股份，内容违法，应判无效。

《公司法》对股东大会的职权与股东的权利作出了详尽的规定，这些规定也是解决股东之间以及公司与股东之间权利冲突的主要依据。在不违反公序良俗原则、强行法规定和公司制度本质的前提下，公司章程可对股东权的内容予以适当的限制或扩张是合理、合法的，但是此种限制或扩张，必须在法律规定的范围内，且以不对他人的合法权益造成损害为前提。若大股东以增进公司利益为名，恶意修改公司章程，操纵股东大会，剥夺或者限制小股东的利益，则这种决议超越了公司法对其职权的规定，违背了公司法对于股东合法权益的规定，应当认定为无效。因此，股东大会的职权和决议不得违反法律的强行性规定与公序良俗原则，不得作出违法的决议。股东权是法律授予的，是股东固有的权益，除经法律程序外，任何人不得以任何方式剥夺股东的合法权益。

本案中，被告章程未规定当职工劳动关系解除或者终止的，股东应当将所持的股份在职工内部进行转让，被告以股东会决议的形式强制回购原告股份，开除原告股东资格，显然侵犯了小股东的合法权益。因此，即使该次股东会的召开程序是合法的，其决议内容违法也应判无效。

法院判决：
1. 被告于2003年10月25日通过的股东会决议无效；
2. 恢复原告的股东资格；
3. 原告返还被告退股金。

1428. 公司章程将原属于股东会的职权授权给董事会行使，是否有效？

关于这一点，立法并未明确，实践认识也不统一。

有观点认为，因为股份有限公司涉及很多中小股东和社会公共利益的问题，为了避免公司管理层滥用权力，保护股东的利益，应当认定不能由公司章程对《公司法》明确列举的股份有限责任公司的职权转而授予董事会行使。

关于有限责任公司能否可以章程形式将原属于股东会的职权授权给董事会行使，实践中也存在争议。

有观点认为，与股份有限公司相比，有限责任公司人数较少，股东会与董事会人员构成存在重叠，股东会将原属于股东会的职权授权给董事会行使，是其对自己的权利的自由处置，并不影响股东权利。也有观点认为，如果允许章程将原属于股东会的职权授权给董事会行使，大股东可能会利用表决权优势设置董事会，同时将股东会职权授权给董事会行使，导致小股东的权利无法得到保护。

对此，笔者认为，对此不能一概而论，应当区分情形。股东会职权涉及下列情形的，不宜授权给董事会行使：

(1)授权的职权涉及公司权力机构的设置，如董事会成员、监事成员的选举，直接关系到能否对公司董事会形成制约；

(2)授权的职权既是股东会的权利，也是股东会的义务，如公司为股东或实际控制人提供担保进行决议的权利；

(3)授权的职权系公司重大事项的决定权，如修改公司章程、增资、减资、合并、分立、解散、清算或者变更公司形式。

除此之外，对于部分涉及经营和投资的权力可以授权给董事会行使。虽说这可能导致大股东控制董事会，但即便是上升至股东会讨论，大股东也可以利用表决权优势，通过经营和投资决议。因此，笔者建议在一定限度范围内，股东会可以将部分职权授权给董事会，具体如下：

(1)授权董事会行使一定限度范围内的经营方针与投资计划决定权；

(2)授权董事会决定一个年度内累计不超过一定额度范围内的公益性、救济性捐赠；

(3)授权董事会决定公司一年内对外不超过资产总额一定百分比的担保，或决定单笔担保数额不超过公司资产总额一定百分比的担保；

(4)授权董事会决定公司一年内购买、出售、处置重大资产不超过资产总额一定百分比公司的事项。

【案例509】授权董事会选举董事　新增董事决议无效①

原告：姜彭年

被告：申华股份有限公司

第三人：莫全富、李伟荣、马俊

诉讼请求：

1. 判令被告停止侵权；
2. 确认增补三位第三人担任董事的决议无效。

争议焦点：

1. 被告章程关于董事会可决定董事人选的规定是否违反了我国法律强制性规定；
2. 被告董事会增选第三人李伟荣、第三人马俊、第三人莫全富等位董事的行为是否系越权，原告是否可依此主张该决议无效。

基本案情：

原告系被告股东。1995年2月25日，被告召开三届二次董事会，会议通过第5号、第6号两份决议，增补第三人马俊、第三人莫全富为公司董事。

同年8月12日，被告召开三届三次董事会，会议通过第7号决议，增补第三人李伟荣为公司董事并增选其为常务副董事长。被告董事会增补第三人李伟荣等3人为董事等事项，依据为被告1994年4月28日股东大会通过的公司章程。第18条规定："股东大会闭会期间，董事人选有必要变动时，由董事会决定，但所增补的董事人数不得超过董事总数的1/3。"

"副董事长"第三人李伟荣在公司董事长外出期间，未经董事长同意，召开公司董事会，决定增补董事，为此，董事会内产生严重分歧。

原告诉称：

股东大会是公司的权力机构，选举和更换董事的职权由股东大会行使；董事会对股东大会负责，执行股东大会的决议，为公司的执行和经营决策机构。

被告董事会增选第三人李伟荣、第三人马俊、第三人莫全富等三位董事的行为越权，违反了《公司法》，侵犯了股东的利益。

被告辩称：

讼争决议是依据被告章程实施的行为，而公司章程是经股东大会通过，反映

---

① 参见广州市中级人民法院(2010)穗中法民四终字第55号民事判决书。

了全体股东的意志。同时,第三人李伟荣等董事身份也经过新闻媒介向股东告示,并无股东提出异议。

请求法院判令驳回原告诉讼请求。

律师观点:

1. 被告董事会作出增补董事决议违反了我国法律的规定。

《公司法》明确规定了股份有限公司股东大会、董事会的性质与职权,股东大会是公司的权力机构,选举和更换董事的职权由股东大会行使;董事会对股东大会负责,执行股东大会的决议,为公司的执行和经营决策机构。

被告第三届第二次、第三次董事会作出增补董事及常务副董事长决议的行为,是发生在《公司法》颁布实施之后,因此是违法的。

2. 被告章程关于董事会可决定董事人选的规定违反了我国法律的规定。

被告章程第18条内容为"股东大会闭会期间,董事人选有必要变动时,由董事会决定,但所增补的董事人数不得超过董事总数的1/3"的规定不仅违反了《公司法》,而且与我国《公司法》颁布前股份有限公司设立以来的有关政策、法规亦是相悖的。

因此,该公司章程规定不具有法律效力。国家对原有股份有限公司主要内容依照《公司法》进行限期规范,但这并不允许在规范期限内继续可作出违反《公司法》的行为。被告第三届董事会作出增补董事的决议,超越了我国股份有限公司董事会的权限,违反法律,侵害了股东的权益。

法院判决:

1. 被告第三届第二次董事会第5号、第6号关于增补第三人马俊、第三人莫全富为董事的决议无效;

2. 被告第三届第三次董事会第7号关于增补第三人李伟荣为董事、常务副董事长的决议无效。

【案例510】限缩股东会投资决策权　股东起诉确认无效被驳回

原告:周某

被告:甲公司

诉讼请求:确认被告有关修改公司章程中股东会职权的内容无效。

争议焦点:

1. 股东会能否缩小、限制自身职权;

2. 股东会能否将自身职权授权给董事会行使。

基本案情：

2004年6月，被告召开股东会会议，经代表96.92%表决权的股东通过，作出了修改公司章程的决议。对原公司章程的10个条款进行了修改。其中，将股东会的职权由"决定公司的经营方针和投资计划"修改为"决定公司的经营方针和重大投资计划、单项重大投资（达公司净资产15%以上的）"。被告修改章程中该条款的目的是为了将部分投资决策权授权董事会行使。原告系被告股东。

原告诉称：

公司章程的修改将原先属于股东会的部分职权授权给董事会行使，违反《公司法》的规定，侵害了其股东权中的表决权和知情权，应该被确认无效。

被告辩称：

公司修改章程的股东会按法定程序召开，投票比例也达到法定要求，其决议没有违反法律规定。

律师观点：

公司股东会决议限缩股东职权，不违反法律强制性规定，应该有效。

被告系有限责任公司，其股东之间通过充分商讨，将属于股东会投资决策权中的部分职权授权董事会行使，并不违反法律的强制性规定，不应予以限制或禁止。股东会职权的行使主体并不具有法定的排他性，被告股东会限缩自身的部分职权而将其授权董事会行使，不违背股东会职权的性质。被告股东会职权的限缩也不构成对股东表决权和股东知情权的侵害。另外，被告股东会修改公司章程第20条的决议系以多数决的形式通过，在程序上不违反《公司法》的规定。综上，被告关于限缩自身职权的股东会决议合法有效。

法院判决：

驳回原告的诉讼请求。

1429. 如果一份公司决议中包括几项决议，其中某一项决议被确认无效，是否会导致整个会议决议被确认无效？

不会。如果被确认无效的决议条款与其他决议条款无关，该决议条款无效不会导致其他条款失效。

【案例511】免除股东债务损害公司利益　部分决议内容被判无效[①]

原告：朱虹

---

① 参见北京市第二中级人民法院（2011）二中民终字第17061号民事判决书。

被告：印章公司

第三人：王澄洲

诉讼请求：判令确认2007年4月20日被告股东会决议第4条无效。

争议焦点：

1. 股东会决议由原告丈夫丁向东代为签字，决议内容可否视为原告的真实意思表示；

2. 第三人以股东会决议的形式免除其对被告的100万元债务，且未经被告全体股东一致同意，该行为是否损害了被告的利益，被告股东会决议相关条款是否因此无效；

3. 原告主张公司决议内容无效是否适用60日起诉期间的限制。

基本案情：

2004年10月28日，被告经核准设立，公司注册资本500万元，股东为第三人、原告与林添梁、杨才、张天齐、郑永金、丁伟堂7位，第三人任法定代表人。其中第三人出资215万元，占出资比例的43%；林添梁出资125万元，占出资比例的25%；原告、杨才、张天齐各出资50万元，各占出资比例的10%；郑永金、丁伟堂各出资5万元，各占出资比例的1%。

2006年1月，第三人从被告借款100万元。

2007年4月20日，被告作出股东会决议，内容为：

1. 同意第三人43%与郑永金1%、丁伟堂1%两名股东的股权全部转让；

2. 同意转让给豪立泰公司，股权转让价款150万元；

3. 其他股东放弃优先购买权；

4. 第三人欠公司100万元债务，第三人以外的其他股东一致同意免除100万元债务；

5. 第三人与郑永金、丁伟堂两名股东与豪立泰公司于同日签订的股权转让协议书第4条约定的"法人变更后，新的法人不承担原法人（公司）的任何债权债务"，除第三人与郑永金、丁伟堂以外的其他股东一致同意由杨才、林添梁、原告承担。该次股东会并未实际召开，诉争股东会决议参加人签名处有第三人、"郑永金、丁伟堂（王澄洲代签）"、张天齐、杨才、"林添梁、朱虹（丁向东代）"的字样，该决议未在公司登记机关备案。

2011年，原告提起确认股东会决议无效诉讼。

原告诉称：

原告系被告股东，第三人原系被告控股股东，持有被告45%的股权，并担任法定代表人、董事长。

2006年1月25日,第三人从被告借款100万元,但该借款一直未予偿还。

2009年5月,被告起诉第三人要求其偿还借款,第三人在该案中出具了2007年4月20日的被告股东会决议,该决议第4条为"第三人欠公司100万元债务,第三人以外的其他股东一致同意免除100万元债务",第三人以此为由抗辩100万元借款已免除。

但原告对该股东会决议毫不知情,亦未委托他人参加该次股东会和表决,诉争股东会决议并非原告的真实意思表示。

此外,诉争股东会决议超出了《公司法》(2005年修订)第38条关于股东会职权的范围,应属无效。

被告同意原告的诉讼请求。

第三人辩称:

1. 根据《公司法》(2005年修订)的规定,原告应在股东会决议作出之日起60日内要求撤销公司决议,现原告未在法定期限内主张权利,故原告的起诉超出诉讼时效。

2. 诉争股东会决议作出时,原告曾委托其夫丁向东行使表决权,委托书应在被告处,且诉争股东会决议已经被告代表1/2以上表决权的股东表决通过,原告是否参加均不能改变股东会决议的效力,故不同意原告的诉讼请求。

3. 2007年4月20日的股权转让协议书中附件2即为诉争股东会决议,第三人等3人之所以将225万元出资以150万元的对价转让给豪立泰公司,是建立在第三人与豪立泰公司协商免除100万元债务的基础上的。

案外人赵文立予以否认,称其手中的股权转让协议书共5页,仅包括3页股权转让协议书和丁向东、马维东的身份证复印件,不包括诉争股东会决议。

第三人为证明其观点,提供证据如下:

1. 民间借贷纠纷一案的询问笔录:在该案中原告作为证人出庭称:"2007年4月20日召开的股东会我不知道,我也没委托丁向东;丁向东是我爱人,公司的事从来不跟我说;他是单位的领导,我不清楚他单位的事情,都是丁向东替我办的,他只是告诉我以我的名义开办印章公司(被告),让我占有10%的股份"等。

原告承认关于被告的事务都是丁向东办理的,故丁向东代原告签署诉争股东会决议应是原告的真实意思表示。

2. 丁向东在民间借贷纠纷一案中出庭作证,其表示当时第三人称已将免除100万元债务的事告诉了股权受让人豪立泰公司的法定代表人赵文立,因为免除借款最终损害的是赵文立的利益,故其在没有原告和林添梁的授权的情况下代原告和林添梁签字。

一审认为：

被告作为依法设立的有限责任公司,其设立、变更、终止等事项均应受该公司章程、《公司法》及其他法律、行政法规的调整与规范,股东会决议亦应是公司各股东的真实意思表示。关于诉争股东会决议第4条的效力,法院具体分析如下：

1.《公司法》(2005年修订)第38条规定了有限责任公司股东会除可以行使公司经营方针和投资计划等法定职权外,还可以行使公司章程规定的其他职权。现被告的章程中并未赋予公司股东会除法定职权外的其他职权,故被告关于免除第三人100万元债务的决议超越了股东会的职权范围,系越权决议。

2. 2007年4月20日的被告股东会决议也并非原告、林添梁本人签署,且原告在民间借贷纠纷一案中的证言并不足以证明其委托厂向乐在诉争股东会决议上签字,该决议第4条内容也未经原告追认,故该决议第4条并非原告的真实意思表示。第三人的该项陈述意见,缺乏事实依据,法院不予采纳。

3. 第三人在转让其持有的被告股份前,以股东会决议的形式免除其对公司的债务,且未经全体股东一致同意,故诉争股东会决议第4条本身缺乏正当性。

4.《公司法》(2005年修订)规定的60日起诉期间适用于公司决议撤销之诉,股东主张确认股东会决议无效并不受60日起诉期间的限制。

综上,诉争股东会决议第4条内容违反了我国法律、行政法规的强制性规定,应属无效。另外,第三人有关诉讼时效的陈述意见,于法无据,法院不予采纳。

一审判决：

确认2007年4月20日签订的被告股东会决议第4条"第三人欠公司100万元债务,第三人以外的其他股东一致同意免除100万元债务"的内容无效。

第三人不服法院判决,向上级人民法院提起上诉。

第三人上诉称：

原告提起诉讼时,已经超过了法定的诉讼时效期间,依法不应当受理,受理后,应当驳回其起诉。

同时本案所涉《股东会决议》不论是在形式上还是在程序上都符合法律和被告章程的规定,应属于合法、有效的决议。

一审法院判决并未全面客观地确认本案相关证据所能反映的客观事实,同时对公司法和公司章程的理解缺乏正确认识,导致了认定事实和适用法律的错误。

1. 本案所涉《股东会决议》程序合法,一审法院判决认定该次股东会并未实际召开没有事实依据,也无证据支持。股东会决议不属于《公司法》规定应当由公司向工商行政管理机关备案的决议,该决议是否备案不影响决议内容的法律效力。

2. 原告未在法定期限内主张权利,一审法院应当依法不予受理。一审法院判决认定第三人"有关诉讼时效的陈述意见,于法无据",违反了《公司法》(2005年修订)第22条第2款的规定,原告提起诉讼时已经超过了法定的诉讼时效期间,依法应当驳回其起诉。

本案争议的股东会决议是在2007年4月20日作出的,原告如对该股东会决议有异议应该在股东会决议作出之日起60日内请求人民法院撤销,但原告并未于有效期内请求法院撤销该决议,故原告已经无权提起本案诉讼。

3. 一审法院判决未要求被告向法庭提供公司保存的有关该股东会决议的相关文件,片面认定林添梁从未委托丁向东签署股东会决议,违反了《公司法》的相关规定。

4. 一审法院判决忽略了本案的一个重要事实,即原告在本案所涉股东会决议召开时,其仅仅是被告法律上的股东,而并非真正意义上的股东,其持有的股权完全由丁向东享有和控制,并由丁向东全权处理相关事务。丁向东构成对原告的表见代理,甚至说丁向东签字的效力要高于原告的签字的法律效力。

5. 一审法院判决否定股东会决议的效力,没有法律依据。虽然被告章程中未直接规定股东会有决议减免公司对外债权的规定,但是,根据《公司法》的规定,股东会是公司的权力机构,有权决定公司的一切事项,这是《公司法》赋予公司股东会的绝对权力。《公司法》及被告的章程都没有对公司股东免除公司债务做禁止性约定。

因此,被告的股东会有权决议免除第三人对被告的欠款。而对于免除第三人的借款也是有历史原因的,因为第三人将持有的公司股权转让给豪立泰公司时,股权转让款是不应低于225万元股权原值的,之所以以150万元的价格进行转让,就是因为与被告及股权转让的受让方协商免除了第三人的100万元借款。

同时,根据被告章程规定,本案争议的股东会决议应当由代表1/2以上表决权的股东表决通过,原告当时仅持有被告10%股权,林添梁持有被告25%的股权,二人是否到会参加,均不能产生改变股东会决议内容的效果。

综上,第三人认为一审法院判决认定事实错误,适用法律不当,故第三人请求二审法院撤销一审法院判决,依法改判驳回原告的起诉。

原告、被告二审均未作答辩。

律师观点：

被告作为依法设立的有限责任公司，其设立、变更、终止等事项均应受该公司章程、《公司法》及其他法律、行政法规的调整与规范，股东会的召集程序、表决方式不应违反法律、行政法规或者公司章程的规定，股东会决议的内容亦应是公司各股东的真实意思表示，且不应违反法律、行政法规的规定。

1. 股东会决议的内容不符合法律、行政法规的规定，亦不符合被告章程的规定。

《公司法》第37条规定了有限责任公司股东会除可以行使公司经营方针和投资计划等法定职权外，还可以行使公司章程规定的其他职权。

现被告的章程中并未赋予公司股东会除法定职权外的其他职权，故被告关于免除第三人100万元债务的决议超越了股东会的职权范围，系越权决议。

免除股东对公司债务的决议内容，损害被告及其债权人的利益，亦损害其他股东的利益，特别是通过股权受让的方式成为新股东的豪立泰公司的利益。

且第三人关于其以150万元的价格转让被告的股权，是因为与被告及股权转让的受让方豪立泰公司协商免除了第三人的100万元借款的主张并不能成立，股权转让款的支付义务人是豪立泰公司，被告债权的义务人是第三人，两笔款项没有直接关系，股权让与人和股权受让人亦不可以此种方式损害被告及其债权人的利益。

2. 股东会决议的内容并非股东的真实意思表示。

按照第三人的上诉理由，被告章程规定，股东会决议应当由代表1/2以上表决权的股东表决通过，原告当时仅持有被告10%股权，林添梁持有被告25%的股权，2人是否到会参加，均不能产生改变股东会决议内容的效果。而第三人本人即持有被告43%的股权。第三人之外，原告持有被告10%股权，林添梁持有被告25%的股权，已占被告其余57%股权的一半以上。

股东会决议并非原告、林添梁本人签署，原告对丁向东签名亦未予追认，郑永金、丁伟堂亦由第三人代签，该股东会决议更未在公司登记机关备案。故该股东会决议第4条内容并非股东原告的真实意思表示。第三人的该项上诉意见，缺乏依据。

综上，第三人在转让其持有的被告股份前，以股东会决议的形式免除其对被告的100万元债务，且未经被告全体股东一致同意，损害了被告的利益，亦损害了被告债权人的合法权益，违反了法律、行政法规的强制性规定，被告股东会决议第4条应属无效。

第二十章
公司决议纠纷

3.《公司法》规定的60日起诉期间适用于公司决议撤销之诉,股东主张确认股东会决议无效并不受60日起诉期间的限制。

法院判决:

驳回上诉,维持原判。

1430. 公司决议存在撤销情形,当事人请求确认无效的,应当如何处理?

人民法院应审查原告是否在决议作出之日起60日内提起诉讼,如已超过此期限,则判决驳回其诉讼请求,如在此期限内,则告知原告变更诉讼请求,原告同意变更的,按无效之诉审理,原告不同意变更的,判决驳回其诉讼请求。

【案例512】各自为政"双头"召开股东会 两份"对立"协议均无效①

原告: 王栋

被告: 宏智公司

诉讼请求:

1. 判令被告立即结束法人治理的混乱状态,合理合法地使用公章、营业执照和财务资料,正常开展生产经营活动,停止对原告作为被告股东所享有的合法权益的侵害;

2. 确认由原告召集的于2004年1月11日召开的临时股东大会决议有效。

争议焦点:

1. 原告在其任总经理期间转让其所持有的被告股份并托管给第三人的行为是否有效,是否影响原告股东大会的提议权;

2. 原告在通知后又增加"罢免董事"的议案是否有效,被告拒收原告提案的行为是否视为被告已知悉原告召开股东会的议题,是否视为原告因此有权召集;

3. 被告董事长要求主持原告召集的股东会并变更会议时间、地点、登记方法的行为是否有效,由其主持股东会是否有效。

基本案情:

2002年6月24日,被告的4000万A股股票在上海证券交易所发行,同年7月9日在上海证券交易所上市交易。原告持有该公司18.03%的股份,系该公司第一大股东。

在2003年6月25日召开的被告2002年度股东大会换届选举中,选举产生了

---

① 参见福建省高级人民法院(2004)闽民终字第256号民事判决书。

由原告提议的由黄曼民等人组成的董事会。同日通过的《宏智公司公司章程》规定,董事、监事每届任期3年。

2003年6月6日,闽发物业与大乾公司、原告与林起泰签订一份《合作框架协议》。该协议的部分内容表明,原告向闽发物业转让其所持有的全部被告股票共1983.8万股。闽发物业承诺向原告支付的对价为8100万元,另承诺向被告汇入指定用于偿还借债的款项7000万元。该协议还表明,在原告所持上述股票实际过户之前,原告同意将其所持有的被告股份托管给甲方或甲方指定的法人或自然人。因原告系被告总经理,其股份尚在禁止流通期间,为此,原告与受让人闽发物业指定的胡海仁签订了《股份托管协议》,授权其不可撤销的股东提名权、表决权与提案权。

2003年11月12日、13日,原告经公证以特快专递方式两次向被告董事会邮寄了关于召开2004年第一次临时股东大会的议题和提案,其中,提案内容为提名新的董事会候选人和新的监事会候选人。邮寄地址为当时被告的办公地点"福州市五一中路××号"。前一邮件因被告知"原址无董事会"而被退回,后一邮件在7日内经先后5次投递均被拒收,最后亦被退回寄件人。

2003年11月14日,原告将上述提案向中国证监会福州特派办报备。

2003年12月9日,原告向被告董事会秘书杨云寄出了一份内容为由其自行召开被告2004年第一次临时股东大会的函件。在随函所附的提案内容中,增加了罢免黄曼民等全体董、监事成员的内容。被告于12月10日收到该邮件。

2003年12月10日,被告董事会向中国证监会福州特派办提交了《关于请求停止宏智公司第一大股东原告自行召开2004年第一次临时股东大会的报告》。

2003年12月11日,原告在《中国证券报》发布了《宏智公司第一大股东关于召开2004年第一次临时股东大会的公告》,宣布其将自行主持此次股东大会;会议地点为福州市美伦华美达酒店展鸿厅;会议时间为2004年1月11日9:30。同日,被告亦在《中国证券报》刊登该公司董事会于2003年12月10日发布的《宏智公司公告》,称其未收到原告的任何提案,并对原告拟自行主持召开的被告2004年第一次临时股东大会的有效性不予认可。

2003年12月29日,被告及胡海仁以原告为被告向福建省福州市鼓楼区人民法院提起诉讼,要求确认原告提议召开的被告2004年第一次临时股东大会的行为及相应提案无效。

2004年1月2日,该院发出关于暂缓召开该次股东大会的通知。

2004年1月6日,被告发布了"关于暂缓召开原告提议的宏智公司2004年第一次临时股东大会的公告"。

2004年1月8日,福建省福州市鼓楼区人民法院作出(2004)鼓民初字第393号民事裁定,撤销前述通知并驳回被告、胡海仁的起诉。

2004年1月7日,原告通知被告监事会全体成员参加其主持召开的被告2004年第一次临时股东大会,并负责监票工作。

2004年1月9日,原告发布"宏智公司第一大股东关于如期召开2004年第一次临时股东大会的声明",声明此次股东大会将如期按既定方式召开。

2004年1月10日,被告董事会在《中国证券报》发布公告,声明黄曼民等组成的董事会已决定出席并由董事长黄曼民主持原告提议于同年1月11日召开的被告2004年第一次临时股东大会。该公告内容于2004年1月9日向中国证监会福州特派办报备。福州特派办在收到该备案材料的当日由其工作人员约见了原告,并宣读了《上市公司股东大会规范意见》(以下简称《规范意见》)第25条、26条的规定,要求原告严格按规定召开此次股东大会。原告不同意由董事长黄曼民主持本次股东大会。

2004年1月11日上午,被告董事长黄曼民、董事会秘书杨云、证券事务代表华耀虹、公司聘请的律师郭政、齐伟等人到达福州市美伦华美达酒店展鸿厅外进入会场前,向原告的会务人员提出了接管会务并主持会议的要求,但被原告的会务人员拒绝。随后,被告董事会作出《宏智公司董事会关于2004年第一次临时股东大会程序性的决议》,决定将此次股东大会的会场从福州美伦华美达酒店展鸿厅移至三狮厅,与会股东与股东代表应重新办理有关登记手续,会议10时开始。此后,黄曼民进入原告在展鸿厅召开的会议现场以口头方式向到会人员通知了上述决议内容。由原告在展鸿厅主持召开的被告2004年第一次临时股东大会通过了提议股东原告关于林起泰、林立新、陈为健、程国谦、姚雄杰、李忠、高维佳、侯金光、翟圣岗为董事,其中高维佳、侯金光、翟圣岗为独立董事,任超、辛春艳为监事的议案。由黄曼民在三狮厅主持召开的被告2004年第一次临时股东大会则否决了提议股东原告的上述议案。

2004年1月18日,被告向中国证监会福建监管局提交了《关于请求对我公司董事会召集并主持的2004年第一次临时股东大会决议有效性进行确认的报告》。

2004年2月4日,原、被告双方在《上海证券报》分别以姚雄杰等人组成董事会、黄曼民等人组成的董事会名义刊登发布各自主持召开的《宏智公司2004年第一次临时股东大会决议公告》,同日,以姚雄杰为董事长的董事会入驻被告。自此,被告出现了两个"董事会"并存的混乱状况。

原告诉称：

2003年11月19日，原告作为被告第一大股东向被告提出召开2004年度第一次临时股东大会的议题，提案内容为"选举姚雄杰、林起泰、林立新、陈为健、李忠、程国谦、候金光、翟圣岗、高维佳为公司新一任董事，选举任超、辛春燕为公司新一任监事"。但被告时任董事会无故拒不接收，原告随即依照《公司法》《规范意见》和《宏智公司章程》（以下简称《公司章程》）的规定，决定自行召开临时股东大会，依法向被告时任董事会公证邮寄送达了提案，并将提案向中国证监会福州特派办进行了报备，2003年12月11日又依照法定程序在《中国证券报》《上海证券报》《证券时报》上刊登了召开被告2004年第一次临时股东大会的公告。

2004年1月11日，原告提议召开的被告2004年第一次临时股东大会顺利按公告的内容召开。大会通过了原告提出的议案。但被告时任董事会对原告合法股东权利的行使进行破坏和干扰，在原告召开股东大会的当日被告时任董事会宣称股东大会改换地点进行，并在原告依法公告了的会议地点之外的地方召开了另一场所谓的"股东大会"，对原告的议案进行了否定。被告时任董事会在未事先进行公告、报备的情况下召开的所谓"股东大会"违反了法定程序，根本无效，并对原告的股东权利构成了侵害。由于被告时任董事会的上述破坏行为，原告召开的股东大会选举的新任董事会不能正常接管被告公司的生产经营，公章、营业执照的使用混乱，导致被告公司的客户无法辨别被告的法人治理情况和真正有效的经营管理班子，对被告公司的商业信誉造成了极大的损害，市场份额大幅流失。被告的上述情况，直接导致原告作为被告第一大股东的权益受损，由于被告的每股净资产缩水，原告从召开股东大会至今的损失已达上千万元。

被告辩称：

1.2004年1月11日由原告提议并自行主持召开的临时股东大会所通过的决议无效。

（1）原告提议召开该次股东大会之提案程序违法。

被告的董事会从未收到过原告的任何提案。因此，原告公告决定自行召开临时股东大会的行为违反了有关法律与公司章程规定，应予以确认无效。

（2）在原告自行主持并召开的股东大会上进行表决的两份提案内容不具有合法性。

被告现行章程规定的董事人数是9名、监事人数是3名，并且此前于2003年6月25日召开的临时股东大会已经合法产生了全部董、监事人选并已就职，在没有发生原有董事或监事辞职、任期届满或被股东大会罢免等情况下，股东大会不得重新选举董事或监事。该次股东大会的两份提案只提名新的董、监事候选人，并没有提出罢免原有董事和监事的提案内容，使得该两份提案的客观后果必然是在现有董事会、监事会基础上"超编"增加公司董事和监事的人数，显然违反了《公司法》《规范意见》和《公司章程》关于董、监事人数和任免的规定，所以应属无效。原告提名的独立董事候选人高维佳属于为被告提供财务服务的人员，缺乏担任独立董事应具备的独立性。另外，原告自行主持并召开的临时股东大会召开因没有董事长主持，程序严重违法。

2. 2004年1月11日由黄曼民在同一会议地点主持召开的临时股东大会产生之决议合法有效。

公司董事会于2004年1月10日《中国证券报》发布了《董事会公告》，申明公司董事会决定出席并由董事长黄曼民主持原告提议召开的2004年1月11日股东大会。会议召开当日，董事长黄曼民在进入四楼会场要求主持会议遭拒绝后，公司董事会召开了紧急董事会会议并一致形成《宏智公司董事会关于2004年第一次临时股东大会程序性的决议》，同意将本次股东大会的会场从福建省福州市美伦华美达酒店展鸿厅移至三狮厅举行。该决议的内容在会议地点进行了相应的通知，要求与会股东与股东代表应重新办理登记手续。此后，由黄曼民先生主持在该酒店三楼三狮厅召开的临时股东大会以完全合法的表决程序，否决了原告提出的两份提案，其效力应当得以确认。这一做法不能认定为"改换会议地点"，也无须事先另行公告通知。

3. 原告无故罢免董事会成员以及抢夺公司公章的行为侵害了公司和股东的利益，应当承担侵权责任。

在争议双方的股东大会决议效力尚未通过法定程序确认的情况下，原告召开的股东大会上选举产生的姚雄杰等组成的董事会及监事会，在第一大股东原告的操纵下强行进驻被告，驱逐公司原有董、监事会人员及许多管理人员。原告在公司内部网上散布言论诋毁、中伤黄曼民等组成的董事会及其管理层，还与姚雄杰等组成的董事会成员频频召开会议，自行对公司的经营管理作出安排和部署。此外，原告等人擅自撬开公司保险柜并掌控了公司部分印章，自行安排公司业务经营活动，发布公司信息。上述行为严重扰乱了公司正常的经营管理秩序，导致公司两套管理层各自为政之混乱局面，因此，原告应当对公司和股东承担侵权责任。

根据《公司法》规定，股东大会不得无故罢免董事会成员。两个股东大会作出的决议在未经司法确认之前，他人无权接管公司。原告对被告目前管理混乱的情形负有不可推卸的责任。

诉讼中,被告提起反诉,请求:
确认 2004 年 1 月 11 日由董事长黄曼民主持的股东大会之决议合法有效。

一审认为:

1. 原告与胡海仁签订的《股权托管协议》及相关授权委托书违反法律强制性规定,应属无效,原告作为 18.03% 的股份的股东有权提议召开股东大会。

《公司法》(2004 年修正)第 111 条规定,股东大会、董事会的决议违反法律、行政法规,侵害股东合法权益的,股东有权向人民法院提起要求停止该违法行为和侵害行为的诉讼。该法条赋予股东当合法权益受到侵害时享有的法定诉讼权利。《股份有限公司规范意见》第 42 条规定,对股东大会的召集、召开、表决程序及决议的合法有效性发生争议又无法协调的,有关当事人可以向人民法院提起诉讼。原告作为被告的股东,认为自己的权益受到侵害,有权向人民法院提起确认股东大会决议效力之诉和侵权之诉。

《公司法》(2004 年修正)第 104 条规定,持有公司股份 10% 以上的股东请求时,公司应当在两个月内召开临时股东大会,《规范意见》第 19 条及《公司章程》第 69 条规定,单独或者合并持有公司表决权总数 10% 以上的股东(以下简称提议股东)或者监事会提议董事会召开临时股东大会时,应以书面形式向董事会提出会议议题和内容完整的提案。故具备法定条件的股东,有权依法提出关于召开临时股东大会的提案。

在本案中,被告以原告在 2003 年 6 月 6 日与胡海仁签订的《股权托管协议》及相关授权委托书中已承诺将其所持有的被告全部非流通股份托管给胡海仁为由,认为原告已丧失了相关提名权、提案权和表决权。对此,法院认为,与前述《合作框架协议》同日产生的《股权托管协议》签订之时,原告为被告总经理。而《公司法》(2004 年修正)第 147 条第 2 款规定:"公司董事、监事、经理应当向公司申报所持有的本公司的股份,并在任职期间内不得转让。"该规定为强制性规定,即公司高级管理人员在任职期间不得以任何方式转让所持有的本公司的股份。原告作为被告的高级管理人员,明知自己所持有的本公司股份在任职期间不得转让,但仍以"托管"为名转让给他人,其行为或者将造成先行剥离并分割相应股权中不可分离的公益权和自益权,使股权的完整性遭到破坏并产生可能危及公司治理结构的后果;或者将完全规避《公司法》的上述强制性规定,掩盖在股权被法律禁止转移的情况下非法先行转移的情形。无论如何,该行为均将产生危害上市公司正常治理的后果,最终侵害上市公司所有股东的合法权益。故依照《合同法》第 52 条第 3 项、第 5 项的规定,确认该《股权托管协议》及相关授权委托书无效。

被告关于原告已丧失提案权的抗辩理由不成立,法院不予采纳。综上,确认原告依法享有提案权。根据《规范意见》第19条规定,提议股东应以书面形式向董事会提出会议议题和内容完整的提案。原告以特快专递的方式连续2天内向被告的董事会所在地邮寄提出议题及提案,但均遭被告董事会的拒收在原告已履行了提出议题及提案的义务的情况下,法院推定被告的董事会在拒收原告提案邮件之时即已知道了原告提出的议题及提案的内容。原告2003年12月11日公告中公布的提案内容是提名新的董、监事候选人,但无关于罢免现任董、监事成员的内容。

2. 原告召集并主持的股东大会违反了法定程序,侵害了公司董事会对于股东大会的召集权和董事长的主持权,并可能侵害其他股东的合法权益,应属无效。

(1) 原告向股东发出的临时股东大会的通知内容与其向证监会福州特派办报备并在此后公告的提案内容不一致,违反了《规范意见》规定,无权决定召开2004年1月11日的股东大会。

原告作为提议股东,决定自行召开临时股东大会,应当按照《规范意见》第24条规定及《公司章程》第74条规定,履行书面通知董事会,并报公司所在地中国证监会派出机构和证券交易所备案的义务。原告于2003年12月9日向被告的董事会所发出决定自行召开被告2004年第一次临时股东大会的通知中,增加了有关罢免黄曼民等人董事、监事职务的内容。该通知所附的提案内容与其于2003年11月14日向中国证监会福州特派办报备并在此后公告的提案内容不一致,违反了《规范意见》第24条第1项关于"提案内容不得增加新的内容,否则提议股东应按上述程序重新向董事会提出召开股东大会的请求"的规定。原告在本案庭审中关于该问题的出现为其工作疏忽所致的理由,不能免除其依照《规范意见》上述规定应当履行的重新向公司董事会提出议题和提案的法律义务。原告在未履行该项义务的情况下,已无权决定自行召开被告临时股东大会。

(2) 原告拒绝被告董事会接管会务并主持会议,侵害了公司董事会对于股东大会的召集权和董事长的主持权,并可能侵害其他股东的合法权益。

本案中,被告的董事会此前虽有拒收原告议题和提案并在公告中对原告提议召开的股东大会的有效性进行否定的行为,但不能由此推定董事会已放弃对于公司股东大会的召集权和董事长的会议主持权,亦不能推定董事会和董事长将妨碍股东大会的正常召开。在股东大会召开当日,当董事长黄曼民、董事会秘书杨云等人到场并要求接管会务并主持会议时,仍遭到原告的工作人员的拒绝。原告及其工作人员的上述行为,侵害了公司董事会对于股东大会的召集权和董事长的主持权,并可能侵害其他股东的合法权益,并直接影响了其所召集和主持的"宏智公司2004年第一次临时股东大会"的正当性和有效性。

3. 被告董事长黄曼民在会议当天临时变更了会议时间、会议场所和登记方法,此次股东大会作出的决议侵害了原告的权利,应属无效。

被告的董事会2004年1月10日的公告和相关报备行为表明,其已同意参加由原告提议召开的公司2004年第一次临时股东大会,其召开过程应遵循通知所列会议时间、地点及登记方法。但被告在未征得提议股东原告的同意,在会议召开当天临时变更了会议时间,同时还改变会议场所和登记方法,侵害了股东权利,应属无效。

4. 黄曼民等组成的董事会为被告的合法董事会。

一个公司只能有一个董事会。在前述两个临时股东大会所产生的决议均属无效决议的情况下,由被告2003年6月25日股东大会选举产生的由黄曼民等组成的董事会仍为当前被告的合法董事会,有权依照《公司法》及《公司章程》的规定行使其法定职权,并有义务保证公司的正常生产经营活动。

一审判决:

1. 确认2004年1月11日由原告、黄曼民分别主持召开的宏智公司2004年第一次临时股东大会所产生的决议均无效。①

2. 被告应当立即结束法人治理的混乱状态,由2003年6月25日召开的宏智公司2002年度股东大会选举产生的黄曼民等人组成的董事会继续行使对宏智公司的法定职权,恢复被告的正常秩序。同日产生的被告监事会亦应当履行相应的法定职责。

原告、被告均不服一审判决,向上级人民法院提起上诉。

原告上诉称:

1. 原告2003年12月9日的会议通知并未违反《规范意见》,原告享有对临时股东大会的召集权,原告享有对临时股东大会的主持权。请求撤销原判,确认2004年1月11日由原告主持召开的被告2004年第一次临时股东大会所产生的决议有效。

2. 赞成一审判决确认由黄曼民所主持股东大会的决议无效的结论。但对一审判决的理由有不同意见。一审判决是根据《规范意见》的第25条作出的。这次

---

① 本案发生于《公司法》2005年修订之前,当时的《公司法》及《民事案由规定》均并未区分公司决议无效与撤销的情形。按照现行《公司法》及《民事案件案由规定》,本案中涉及的两次股东大会系违反法律、行政法规规定的程序性要求,应属可撤销,而非无效。

股东会不存在董事会召集问题,董事会已经放弃召集。而原告主持召开的临时股东大会决议有效,当然否认由黄曼民主持召开的临时股东大会的有效性。被告的上诉意见和答辩意见存在自相矛盾。在答辩意见中认为原告的召集和主持违法,在上诉意见中又认可原告的召开有效。

被告上诉称:

1. 2004年1月11日由黄曼民主持召开的被告临时股东大会召集、召开与表决程序合法,由此作出的股东大会决议合法有效。

2. 原告的上诉主张不能成立。原告于2003年12月9日向被告董事会作出的会议通知明显违反《规范意见》。原告并不享有临时股东大会的召集权,不具有对临时股东大会的主持权,反而早在2003年12月9日就已剥夺了董事长黄曼民的主持权。原告提案程序违法,提案内容违法。原告自行主持的股东大会召开召集程序违法,且无证据证明其合法性。

律师观点:

1. 原告持股18.03%,且被告董事会拒收提案,原告有权提议并决定自行召开股东大会。

《公司法》规定,持有公司股份10%以上的股东请求时,公司应当在2个月内召开临时股东大会。《规范意见》第19条规定,提议股东或者监事会提议董事会召开临时股东大会时,应以书面形式向董事会提出会议议题和内容完整的提案。故具备法定条件的股东,有权依法提出关于召开临时股东大会的提案。在本案中,原告作为在公司登记名册上占18.03%股权的第一大股东,符合《公司法》的规定,原告具有提议并决定自行召开股东大会的权利。

根据《规范意见》第19条规定,提议股东应以书面形式向董事会提出会议议题和内容完整的提案。在本案中原告已履行了提出议题及提案的义务,但公司拒收提案,公司此举损害了股东提案权的正常行使,在此情形下,法院推定被告的董事会在拒收被告提案邮件之时即已知道了被告提出的议题及提案的内容。

2. 原告召开的股东大会所表决事项超出了向证监部门报备及公告的提案内容,就该部分内容未重新备案与公告,违反了法定程序,其无权自行召开临时股东大会。

《规范意见》第24条规定,提议股东决定自行召开临时股东大会,应当书面通知董事会,报公司所在地中国证监会派出机构和证交所备案。同时,还规定"提案内容不得增加新的内容,否则提议股东应按上述程序重新向董事会提出召开股东大会的请求"。具体到本案,原告于2003年12月9日向被告公司董事会发出决定自行召开2004年第一次临时股东大会的通知,但该通知涉及的提案内容与其向证监部门报备及公告的提案内容不一致,增加了有关罢免原董事会成员的内容,显然原告未履行前述规定的程序性义务,故其无权自行召开临时股东大会。

3. 黄曼民主持召开的该次会议的程序方面违反有关规定,决议无效。

股东大会的会议通知是股东决定是否出席本次大会和获取会议信息的最基本来源,对会议通知的任何变更,均应当依照规定程序进行。本案中,被告的董事会2004年1月10日的公告和相关报备行为表明,其已同意参加由原告提议召开的公司2004年第一次临时股东大会。《规范意见》第22条规定:"董事会作出同意召开股东大会决定的,应当发出如开股东大会的通知……通知发出后,董事会不得再提出新的提案,未征得提议股东的同意也不得再对股东大会召开的时间进行变更或推迟。"由黄曼民主持召开的被告2004年第一次临时股东大会属于未征得提议股东的同意,在会议召开当天临时变更了会议时间,同时还改变会议场所和登记方法,可能造成已经作出判断的股东需要重新作出判断的后果,在程序上无法保证所有股东依法行使其权利,特别是无法确保广大中小股东享有充分的知情权。在提议股东未出席并对议案进行说明的情况下,还可能影响出席股东对议案的理解和判断,进而影响其根据自身利益对表决权的行使,亦侵犯了提议股东的权利。综上所述,法院确认由黄曼民于2004年1月11日主持召开的被告2004年第一次临时股东大会所产生的决议无效。

二审判决:

驳回上诉,维持原判。

1431. 公司决议被撤销或确认无效后,因该决议设立的法律关系的效力如何?

对公司内部而言,法院作出的撤销或无效判决具有溯及力,决议对公司及其股东、董事、监事和高级管理人员自始无效。

对公司外部的第三人而言,决议经撤销而归于无效的,属于相对无效,不得对抗善意第三人。与公司交易的第三人,只要其构成善意,其与公司的交易行为就不会因这种溯及力而失去效力。

人民法院宣告撤销该决议或确认决议无效之后,公司应该向公司登记机关申请撤销变更登记。

【案例 513】股东会决议被撤销　工商登记应变更①

原告：徐小林

被告：山水林公司

诉讼请求：

1. 确认被告于 2005 年 12 月 30 日作出的第一届第三次股东会决议、2006 年 4 月 19 日作出的第二届第二次股东会决议及第三届第一次股东会决议无效；

2. 被告向公司登记机关办理撤销 2006 年 5 月 19 日、2006 年 12 月 31 日的变更登记。

争议焦点：

1. 原告是否具有被告的股东资格；

2. 依据被告的无效股东会决议作出的工商变更登记，被告是否有义务向登记机关申请撤销。

基本案情：

2002 年 11 月 21 日，被告成立，注册资金 500 万元，法定代表人为薛丽娟，并任被告经理、执行董事，原告任监事。股权结构为：薛丽娟出资 400 万元，原告出资 100 万元。

2005 年 12 月 30 日，薛丽娟在未经原告同意的情况下，擅自将登记在原告名下的 20% 的股权转让给薛丽莉。被告变更了股东名册，向薛丽莉签发了出资证明书，并进行了工商变更登记。

2005 年 12 月 30 日的被告第一届第三次股东会决议载明：全体股东一致同意股东由原来的薛丽娟、原告变更为薛丽娟、薛丽莉；同意将原告在被告的全部出资货币 100 万元全部转让给薛丽莉。薛丽娟、薛丽莉均认可该股东会决议上原告的签字并非原告的亲笔签字，而是由薛丽娟所代签。

2006 年 4 月 19 日，薛丽莉与美好公司签订的股权转让协议载明：经双方协商，股东会通过，同意将薛丽莉在被告的全部出资货币 100 万元全部转让给美好公司；于 2006 年 4 月 19 日正式转让，自转让之日起，转让方不再享有股东的权利和义务，受让方享有股东的权利和承担股东的义务。

当日，被告召开第二届第二次股东会，股东会决议载明：同意将薛丽莉在被告的全部出资货币 100 万元全部转让给美好公司，同意将薛丽娟在被告的全部出资

---

① 参见北京市第二中级人民法院(2009)二中民终字第 18900 号民事判决书。

货币 400 万元中的部分出资货币 150 万元转让给地源公司,部分出资货币 50 万元转让给地界公司,部分出资货币 150 万元转让给美好公司。

同日,被告召开第三届第一次股东会,股东会决议载明:将公司注册资本由原来的 500 万元变更为 2500 万元,新增资的 2000 万元由地源公司增加 600 万元,地界公司增加 200 万元,美好公司增加 1000 万元,薛丽娟增加 200 万元;选举官国魁为执行董事、法定代表人,官兴禾为监事。各股东交存新增注册资金后,按照股东会决议的内容,变更工商登记。

2006 年 12 月 28 日,被告召开第三届第二次股东会,股东会决议载明:全体股东一致同意将公司原股东地源公司、地界公司、美好公司、薛丽娟变更为地源公司、地界公司、薛丽娟;同意将美好公司的全部出资货币 1250 万元全部转让给薛丽娟。后被告按照股东会决议的内容,变更了工商登记。

2006 年 8 月 1 日,薛丽娟将原告诉至法院,请求法院确认被告成立时,原告名下的 100 万元出资为薛丽娟的出资,20% 的股权为薛丽娟所有。原告同时提出反诉,请求一审法院确认薛丽娟将原告拥有的被告 20% 股权转卖的协议无效。该案经北京市第二中级人民法院审理后作出(2007)二中民终字第 03905 号民事判决,判决驳回薛丽娟的诉讼请求;确认 2005 年 12 月 30 日,薛丽娟将原告拥有的被告 20% 的股权转让给薛丽莉的协议无效。

2008 年 6 月 25 日,原告将薛丽莉、美好公司诉至北京市东城区人民法院,请求确认薛丽莉与美好公司于 2006 年 4 月 19 日签订的股权转让协议无效。该院经审理后认为,薛丽娟将原告拥有的被告股权转让给薛丽莉的协议已经被北京市第二中级人民法院确认为无效协议,薛丽莉应将依无效协议取得的股权返还给原告。由于薛丽莉无权处分原告在被告处股权,故薛丽莉将该股权转让给美好公司的行为违反法律规定。现原告作为该股权的所有人,起诉要求法院确认薛丽莉与美好公司于 2006 年 4 月 19 日签订的股权转让协议无效,符合法律规定,应予支持。该院于 2008 年 10 月 31 日作出(2008)东民初字第 5483 号民事判决,判决薛丽莉于 2006 年 4 月 19 日与美好公司签订的股权转让协议无效。宣判后当事人均未上诉,判决已经生效。

2007 年 8 月 21 日,北京市工商行政管理局顺义分局对被告进行行政处罚,认为被告提交虚假证明文件取得公司变更登记。

原告诉称:

自 2006 年 12 月被告召开的股东会,原告均未参加,股东会决议及股权转让协议上的签字均由薛丽娟冒签。被告股东会决议剥夺了原告的股东权益应归于无效。

被告辩称：

1. 原告从未履行出资义务，并非被告的股东。根据《公司法》（2005年修订）的规定，本案的原告主体必须是公司股东，因此原告不具备原告主体资格。

2. 本案全部股东会决议的内容仅涉及股权转让、增加注册资本、人事任免，决议内容均是《公司法》（2005年修订）允许股东进行决议的事项，不存在任何违法内容，故原告提出确认股东会决议无效的诉讼请求无法律依据。

3. 股东会会议召集程序、表决方式违法而形成的决议，当事人仅可以请求法院予以撤销，但无权要求确认股东会决议无效。根据《公司法》（2005年修订）的规定，股东会或股东大会、董事会的会议召集程序、表决方式违反法律、行政法规或公司章程，或者决议内容违反公司章程的，股东可以自决议作出之日起60日内，请求法院撤销。原告的起诉超过了法定期限，应予驳回。

4. 原告提出的各项诉讼请求性质不同，诉求所依据的事实不同，应当分开审理。

5. 只有在法院判令撤销股东会决议的条件下，原告才有权要求被告申请撤销变更登记，而前提条件不存在，故原告的诉讼请求无法律依据。

6. 被告增资后股东及股权比例变更，无法简单撤销变更登记，原告诉讼请求不可执行。原告要求被告向公司登记机关办理撤销变更登记的诉讼请求属于行政诉讼的范畴，本案不应处理。

律师观点：

1. 生效判决已确认相关股权转让协议无效。

北京市第二中级人民法院（2007）二中民终字第03905号终审民事判决书已经确认2005年12月30日薛丽娟在未经原告同意的情况下，擅自将原告股权转让给薛丽莉的行为，属于无权处分行为，因此薛丽娟将原告拥有的被告股权转卖的协议无效，且此后的北京市东城区人民法院（2008）东民初字第5483号民事判决书又确认由于薛丽莉无权处分原告在被告处的股权，故薛丽莉将该股权转让给美好公司的行为违反法律规定，现原告作为该股权的所有权人，起诉要求法院确认薛丽莉与美好公司于2006年4月19日签订的股权转让协议无效，符合法律规定，应予支持，对于该民事判决书原告和薛丽莉及美好公司均未上诉。

2. 被告作出的股东会决议无效，被告应办理撤销工商变更登记。

鉴于上述民事判决书均已发生法律效力，可以确认原告是被告的股东。被告在否认原告股东身份的情况下召开的股东会并作出的决议，侵犯了原告作为股东

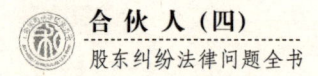

应享有的相应权利,应属无效,基于上述无效股东会决议进行的工商变更登记应由被告予以办理撤销。

法院判决:

1. 确认被告于2005年12月30日作出的第一届第三次股东会决议、2006年4月19日作出的第二届第二次股东会决议及第三届第一次股东会决议无效;

2. 被告于判决生效后7日内向公司登记机关办理撤销2006年5月19日、2006年12月31日的变更登记。

三、其他特殊类型的公司决议纠纷

1432. 股东可否因股东(大)会决议不合法直接要求工商局变更其登记?

股东认为决议不合法时,应当注意救济方式的选择。因股东(大)会存在瑕疵,股东的权利救济方式有两种:

(1)民事诉讼,向法院提起公司决议纠纷,请求撤销决议或确认决议无效,再依据该裁判文书要求工商部门变更登记;

(2)行政诉讼,以工商局为被告,请求撤销变更登记。①

两种方式的审查对象不同,民事诉讼审查的是公司决议的作出程序及内容是否合法,而行政诉讼审查的是工商局在依据公司提交的股东(大)会作出的变更登记是否尽到了审查义务。

1433. 法院是否可以直接判决变更公司决议的内容?

原则上法院不得对决议内容加以变更。法院对公司决议瑕疵诉讼判决限于判决确认决议效力或者撤销决议,但不能替代股东(大)会或董事会变更决议内容。

1434. 当事人可以请求法院确认公司决议有效吗?

目前司法实践对此有不同看法。一些观点认为公司法以及其他法律法规均没有规定公司或股东有权提起确认公司决议有效之诉,如果没有股东就股东会决议提出异议之诉,法院不应通过国家公权力直接干预公司自治范畴内的事务。故请求确认公司有效不属于法院受理民事案件的范畴。也有观点认为现行立法并未将确认公司决议有效之诉排除在法院受理范围之外,当事人请求确认决议有效

---

① 关于行政诉讼相关内容详见本书第六章请求变更公司登记纠纷第三节衍生问题——工商行政登记管理机关的登记审查责任。

若具有诉的利益,则符合法律立案条件。

【案例514】请求确认股东会决议有效,具有诉的利益,符合人民法院受案范围

原告:川崎公司

被告:佰真公司

第三人:陈培华

第三人:滕华楠

第三人:秦胜营

诉讼请求:

1. 请求确认公司股东会决议有效;
2. 请求判令被告就股东会决议事项办理工商变更手续。

争议焦点:

1. 本案是否属于人民法院受理范围;
2. 股东会召集、表决程序及内容是否符合法律与公司章程规定。

基本案情:

佰真公司为有限责任公司,成立于2009年10月14日,注册资本人民币1000万元(以下币种同),法定代表人为陈培华,股东为川崎公司(认缴出资额为900万元)及陈培华(认缴出资额为72万元)、秦胜营(认缴出资额为24万元)、滕桦楠(认缴出资额为4万元)。佰真公司章程载明,股东会会议分为定期会议和临时会议,并应当于会议召开15日以前通知全体股东,定期会议每半年召开一次,代表1/10以上表决权的股东,1/3以上的董事、监事会提议召开临时会议的,应当召开临时会议;股东会会议由董事会召集,董事长主持,董事长不能履行职务或者不履行职务的,由副董事长主持,副董事长不能履行职务或者不履行职务的,由半数以上董事共同推举一名董事主持;董事会不能履行或者不履行召集股东会会议职责的,由监事会召集和主持,监事会不召集和主持的,代表1/10以上表决权的股东可以自行召集和主持;股东会会议作出除修改公司章程、增加或减少注册资本的决议,以及公司合并、分立、解散或者变更公司形式的决议外,须经代表1/2以上表决权的股东通过;公司设董事会、监事会,其成员均为3人,由股东会选举产生,任期3年;公司的法定代表人由董事长担任。

佰真公司的董事为陈培华、秦胜营、滕桦楠,由陈培华担任董事长。佰真公司的监事为刘×、陈智、师咏勇。

2012年11月29日,川崎公司分别向佰真公司股东陈培华、秦胜营、滕桦楠及佰真公司董事会发送《提请召集上海佰真生物科技有限公司临时股东会会议公函》,提请佰真公司董事会接函后在3天内召集公司全体股东于2012年12月18日下午2:00在上海市镇宁路545弄7号楼108号会议室召开临时股东会会议,就变更董事、监事等重要事项进行投票表决并形成决议。川崎公司给佰真公司董事会的函件下方另注明:本件抄送上海佰真生物科技有限公司监事会。上述函件的寄送地址均为上海市广元西路55号上海交通大学基因组学楼。

2012年12月7日,佰真公司向川崎公司寄送《关于召开临时股东会会议的通知》,内容为:"公司收到2012年11月29日股东上海川崎食品有限公司发出的《提请召集上海佰真生物科技有限公司临时股东会会议公函》。上海川崎食品有限公司作为代表1/10以上表决权的股东,提请董事会召集股东召开临时股东会会议,就变更董事、监事等重要事项进行投票表决并形成决议。董事会根据上述股东提议,经讨论,决定于2012年12月31日下午3:00在佰真公司办公地上海市浦东新区商城路738号801室召开上海佰真生物科技有限公司临时股东会会议。特此通知。"该通知上加盖佰真公司的公章,陈培华、秦胜营、滕桦楠在原审审理中表示该通知是董事会成员即该三人的真实意思表示。该通知系通过EMS邮政特快专递寄送至川崎公司,寄送方电话填写为64152178,邮件详情单上寄件人地址虽填写为上海市浦东新区商城路738号801室,但收寄邮局加盖的邮戳为"上海交通大学"。

2012年12月31日下午3点,在上海市浦东新区商城路738号801室门外召开佰真公司临时股东会,川崎公司参加该次股东会,并形成股东会决议。决议内容为:"根据《公司法》及本公司章程的有关规定,经上海佰真生物科技有限公司代表90%表决权的股东上海川崎食品有限公司提议,于2012年12月31日在上海市浦东新区商城路738号801室召开上海佰真生物科技有限公司临时股东会会议,并于会议召开15日前以书面方式通知全体股东。在该会议中,经上海佰真生物科技有限公司代表2/3以上表决权的股东表决通过,形成决议如下:(1)自本次股东会议召开之日起,陈培华女士、秦胜营、滕桦楠不再担任本公司董事,改由张忱、张弘、王松平出任公司董事,任期3年。(2)自本次股东会议召开之日起,刘×、陈智、师咏勇不再担任本公司监事,改由牟文、钱爱凤女士、黄汉荣出任公司监事,任期3年。(3)本决议之上述变更自2012年12月31日起生效,有关变更将依法办理工商等有关部门登记手续。"其余3名股东未参加该次股东会。

2013年1月5日,川崎公司向佰真公司股东陈培华、秦胜营、滕桦楠分别发函,告知经佰真公司董事会召集,2012年12月31日下午3点佰真公司于上海市浦东新区商城路738号801室召开临时股东会,该三股东却未出席会议,川崎公司代表佰真公司持90%表决权的股东已在临时股东会会议中就变更董事、监事等重要事项进行投票表决并形成决议,现将决议内容作为附件通知上述三股东。上述函件寄送地址为上海市广元西路55号上海交通大学基因组学楼。

另外,2013年7月31日,上海市嘉定公证处经川崎公司申请出具(2013)沪嘉证经字第1072号公证书,公证内容为佰真公司网站网页上所留佰真公司联系方式为上海市广元西路55号上海交大基因组学楼。

一审审理中,佰真公司陈述其在2012年11月已经搬离原办公地址上海市广元西路55号上海交大基因组学楼,佰真公司董事会虽召集了2012年12月31日股东会会议,但之后已经通知各股东原定会议取消,陈培华、秦胜营、滕桦楠对佰真公司的陈述无异议。川崎公司表示其未收到过会议取消的通知,其于2012年12月31日至佰真公司通知地点,但办公室门紧锁,其只能在801室门外参加会议。佰真公司及陈培华、秦胜营、滕桦楠表示,川崎公司在作出涉案决议的几天后,曾告知过决议内容。

一审法院按照川崎公司诉状中提供的佰真公司联系地址上海市广元西路55号上海交通大学基因组学楼寄送诉状、传票等材料,佰真公司收到上述材料(签收人所留电话亦为64152178)并到庭应诉。

原告诉称:

讼争股东会的召开程序与会议内容均符合法律要求及公司章程,请求法院判令讼争股东会决议有效。

被告辩称:

涉案股东会决议系川崎公司自制,召集程序违法,决议内容没有任何提议案,未进行讨论和表决,亦没有记录,违法佰真公司章程规定。确认决议有效不属于法院受案范围。

一审认为:

系争股东会决议内容并不存在违反法律、行政法规的情形,应属有效。其召集程序、表决方式也不违反法律、行政法规或者公司章程,决议内容未违反公司章程。

佰真公司之后不按照该决议的内容办理工商变更备案手续,损害了川崎公司的权益,川崎公司现通过提起诉讼的方式确认股东会决议有效以保障决议内容的实现,并不违反法律禁止性规定。川崎公司主张确认2012年12月31日的股东会决议有效,与法无悖,原审法院予以支持。

一审判决:

支持原告的诉讼请求。

被告不服一审判决提出上诉。

被告上诉称:

1. 从未收到涉案股东会决议,并不知晓该份决议的内容。

2. 其已经通知川崎公司原定股东会会议取消并改期,股东会未实际召开,川崎公司在其余3名股东不知情的情形下自制涉案股东会决议,损害小股东的权益。

3. 关于董事、监事的变更没有任何提议案,未进行讨论和表决,会议没有主持人,亦没有会议记录,召集、主持程序违反佰真公司章程规定。

4. 确认股东会决议有效不属于公司法规定的法院受理范围。

5. 法院事实认定不清,适用法律错误,请求撤销一审判决。

原审第三人陈培华、秦胜营、滕桦楠辩称同意佰真公司的上诉请求。

原告二审辩称:

涉案股东会决议有效。其已经按照公司章程之规定就提议召开股东会履行了通知义务,并按照会议通知的时间和地点召开会议,股东会决议也向各股东和监事进行了送达,程序合法有效。即便股东会召集主持程序存在瑕疵,也已经超过了60天的除斥期间。股东会决议有效属于法院受理案件的范围。

律师观点:

1. 确认股东决议有效之诉属于人民法院受案范围。

我国现行公司法或者民事诉讼法并未将确认股东会决议有效排除在法院的受理范围之外,由于佰真公司未能按照股东会决议的内容办理相应的工商变更登记手续,损害了川崎公司利益,川崎公司提起本案诉讼要求确认涉案股东会决议有效具有诉的利益,川崎公司通过提起诉讼的方式确认股东会决议有效以保障决议内容的实现,并不违反法律禁止性规定。

《公司法》第22条第2款规定,股东认为股东会决议违反法律法规和公司章程的,会议召集程序、表决方式违反法律法规和公司章程的,有权提起决议无效或撤销之诉。该条系对公司股东会决议有异议股东的权利救济规定。认可公司决议的一方在相对方不履行决议内容时,要求相对方按照公司决议履行义务,必须以公司股东会决议有效为前提。只要涉案的股东会决议有效具有诉的利益,即符合人民法院受案范围。

2. 第三人未在法律规定的60天除斥期间内对股东会决议提出异议,涉案股东会决议发生法律效力。

根据佰真公司章程之规定,代表1/10以上表决权的股东有权提议召开临时股东会。川崎公司作为持有佰真公司90%股权的股东,有权提议召开本案所涉临时股东会。根据我国公司法规定,股东会或者股东大会、董事会的召集程序、表决方式违反法律、行政法规或者公司章程,或者决议内容违反公司章程的,股东可以自决议作出之日起60日内,请求人民法院撤销。第三人即陈培华、秦胜营、滕桦楠作为佰真公司的股东,在庭审中亦确认川崎公司在作出涉案股东会决议的几天后曾告知其决议内容,川崎公司也提供证据证明其将股东会决议的内容向第三人进行了寄送。第三人并未在法律规定的60日内请求法院撤销股东会决议,则涉案股东会决议依法发生法律效力。

二审判决:

驳回上诉,维持原判。

【案例515】无争议决议无诉讼利益　不符合起诉条件被驳回①

原告: 彭艺红

被告: 信普公司、薛云丹

第三人: 周志国

诉讼请求: 确认2003年11月17日股东会决议文件合法有效。

争议焦点: 对无争议的股东会决议是否有诉讼利益,是否符合起诉条件。

基本案情:

被告信普公司于2003年1月29日成立,成立时的股东为原告、被告薛云丹及第三人,注册资本为300万元。

2003年11月17日,被告信普公司召开股东会并作出股东会决议,原告、被告以及第三人均出席会议,并一致通过以下决议:(1)公司股东第三人因故退出公司,不再持有公司股份,该股份转让给被告薛云丹所有,受让方在三个月内将第三人所出资的23万元支付给第三人。(2)第三人和原告因故退出由被告信普公司投资的鹰盾公司,不再持有该公司的股份,不再享受该公司的利益以及不再承担该公司的债务。(3)原告以吴艳丽女士房产作抵押的60万元贷款和以原告名义购买别克车的24万元按揭款均由被告薛云丹负责承担每期的供款或一次性还

---

① 参见广东省广州市中级人民法院(2009)穗中法民二终字第2627号民事裁定书。

清,第三人和原告不再对此承担任何责任,如不能按期供款,将对被告薛云丹追究法律责任。12月15日由被告薛云丹一次性将14万元借款还清给第三人。(4)本决议即日起生效。本决议一式四份,公司和各股东各持一份。

原告诉称:

被告信普公司于2003年11月17日召开股东会并作出股东会决议,要求确认该股东大会决议有效。

被告信普公司、薛云丹经法院传唤,无到庭应诉,也没有提交书面的答辩意见。

第三人同意原告的起诉意见。

一审认为:

原告提起确认股东会决议有效的诉讼,不符合法院受理民事案件的条件。

根据我国《公司法》(2005年修订)第22条规定,股东认为股东会决议违反法律法规和公司章程的,会议召集程序、表决方式违反法律法规和公司章程的,或者决议内容违反公司章程的有权提起决议无效或撤销之诉。但《公司法》(2005年修订)以及相应法律法规均无规定股东有权提起确认股东会决议有效之诉。如果该股东不主动依据《公司法》(2005年修订)的上述规定提起诉讼,法院则不应通过国家强制力直接干预公司自治范畴内的事务。本案中并无证据显示有股东就讼争的决议提起无效或撤销之诉,因此原告提起确认股东会决议有效的诉讼,本质上不符合法院受理民事案件的条件,法律上也缺乏相应的依据。另外,股东会决议一经作出即发生法律效力,对公司、股东及股东会决议涉及的利害关系人均有约束力。对有效的股东会决议而言,公司、股东及股东会决议涉及的利害关系人对此均无异议,相互之间并无诉的利益。

一审判决:

驳回原告起诉。

原告不服一审裁定,向上级人民法院提起上诉。

原告上诉称:

原审裁定违背了事实和法律,是错误的裁定,理由如下:

1. 原审法院所引用的仅仅是一种学理解释,学理解释并不能作为审判案件的依据,没有法律约束力。

原审法院认为公司法以及相应法律法规均无规定股东有权提起确认股东会决议有效之诉,认定原告提起确认股东会决议有效的诉讼,不符合法院受理民事案件的条件。相反却存在另外一种学理解释:既然按公司法的规定,股东可以就股东会决议提起确认无效之诉或撤销之诉,那么从逻辑上解释股东也可以就股东会决议提起确认有效之诉。无论依何种解释,原审法院驳回原告的起诉所引用的依据是不符合事实和法律的。

2. 原告的起诉完全符合民事诉讼法的起诉条件,属于法院的受案范围。

《民事诉讼法》第108条规定的起诉条件:"(一)原告是与本案有直接利害关系的公民、法人和其他组织;(二)有明确的被告;(三)有具体的诉讼请求和事实;(四)属于人民法院受理的范围和受诉人民法院管辖。"原告提起的确认股东会决议有效之诉,有明确的被告及具体的诉讼请求,并且也属于原审法院管辖。原审法院以不符合法定的起诉条件为由,驳回原告的起诉是错误的。

被告信普公司、薛云丹经法院传唤,无到庭应诉,也没有提交书面的答辩意见。

第三人二审答辩同意原告的上诉请求。

律师观点:

各利害关系人对股东会决议效力不存争议,原告对此没有诉的利益。

《公司法》(2005年修订)第24条规定,目的在于赋予可能受瑕疵决议损害的股东行使法定的股东救济权利,以保护其合法利益。本案中,对信普公司于2003年11月17日形成的股东会决议,公司、股东及股东会决议涉及的利害关系人对该股东会决议效力均不存争议,当事人之间并没有诉的利益。现原告就股东会决议提起确认有效之诉,根据《民事诉讼法》及司法解释相关规定,不符合法律规定的起诉条件。

二审判决:

驳回上诉,维持原判。

1435. 当事人能否请求法院判令公司召开定期股东会或临时股东会?

不能。

由于股东请求公司召开股东会,属于依照法律和章程规定行使权利,其结果表现为要求公司为一定的行为,《公司法》并未赋予股东在公司违反该项义务时可提起诉讼的权利,该请求不具有诉讼上的可诉性。故对于股东请求法院判令公司召开股东会的诉讼,人民法院不应予以受理。

【案例516】法院不干预公司自治　请求召开董事会被驳回①

原告：中广顺公司、中建设计院、云南设计院、云糖公司、长江水利公司
被告：深广顺公司、中糖公司、顶佳公司

诉讼请求：

1. 确认"深广顺公司2004年度第一次股东大会决议"无效；

2. 被告中糖公司、被告顶佳公司停止对原告及被告深广顺公司权益的侵害，将被告深广顺公司恢复至"深广顺公司2004年度第一次股东大会决议"作出之前的状态（包括将被告深广顺公司各项工商登记恢复原状，并将所持公章交给被告深广顺公司合法董事会）；

3. 由被告深广顺公司合法董事会在本判决生效后10日内召开董事会会议；

4. 被告深广顺公司、被告中糖公司、被告顶佳公司在上述董事会会议召开前，无权处分被告深广顺公司现有财产。

争议焦点：

1. 被告丁佳公司作为香港注册的公司是否有民事诉讼主体资格，本案是否适用我国法律；

2.《公司法》（2005年修订）对股东会程序瑕疵决议的救济途径没有明确规定，是否可以适用《公司法》；

3. 会议通知仅说明修改章程，未列具体修改方案，是否视为通知瑕疵；

4. 公司章程规定股东大会由董事会召集，讼争股东大会未由董事会召集而由董事长召集，是否会影响会议决议效力；

5. 股东会选举的监事会中无职工代表，决议是否有效；

6. 如何判断出席股东会代表的股份数额达到股份总数的半数，以股东认缴的股份计算，还是以股东实际出资额计算；

7. 本案是否适用60日的起诉期间限制；

8. 关于工商手续变更及交回公章的问题，是否可由本案审理；

9. 原告请求法院判令召开董事会，是否属于法院审理范畴。

基本案情：

被告深广顺股份有限公司于1993年6月29日成立。公司共发行普通股

---

① 最高人民法院中国应用法学研究所编：《人民法院案例选·2009年第1辑》（月刊），中国法制出版社2009年版，第83～103页。

15,000万股,每股面值1元,注册资本15,000万元。全部资本划分为等额股份。

各股东认购的股份为:原告中广顺公司6250万股;被告中糖公司2500万股;原告长江水利公司1000万股;原告云糖公司500万股;中创公司500万股;云兴公司200万股;原告中建设计院200万股;原告云南设计院100万股;被告顶佳公司3750万股。

2001年8月4日,被告深广顺公司召开2001年股东大会,并形成表决文件一及文件二。

文件一的主要内容是:原告中广顺公司拖欠被告深广顺公司4290万元股本金,限定2001年12月底前以货币资金全额缴纳。拖欠的股本金未到位前,只能享受实到1960万股的权利。如果2001年12月底前足额缴纳拖欠的4290万元股本金,被告深广顺公司及其股东单位不再追索拖欠的违约责任;如果2001年12月底前未缴纳拖欠的股本金,被告深广顺公司及其股东单位保留对原告中广顺公司追索拖欠股本金违约金的法律责任。

文件二的主要内容是:按每一股份有一表决权;每股面值1元,以实到资本10,510万元,计10,510万股为表决总数;股东按实际到位股本金,享受相应的股东权益,以实际到位的股本金为本次会议股东表决的票数;大会表决设监票人2名:王先霖先生和吕世纬先生,设计票人2名:刘建军先生和骆邦强先生。

2002年3月2日,被告深广顺公司2002年临时股东大会召开。股东大会就"关于未到位股本金的提案"和"关于更换董事的提案"进行了充分讨论,形成一致决定如下:

1. 原告中广顺公司所欠被告深广顺公司股本金4290万元,同意顺延到2002年3月8日前到位至被告深广顺公司账户上,并责成被告深广顺公司财务部将银行进账单传真至各股东单位;若2002年3月8日前不能到位,将按被告深广顺公司2001年股东大会决议执行;

2. 关于原告中广顺公司提请更换董事的提案,决议在2002年3月8日后,原告中广顺公司拖欠被告深广顺公司股本金进到被告深广顺公司财务账后专门召开股东大会就董事选举、产生的办法等涉及章程修改的内容进行专题研究。

2004年12月9日,被告深广顺公司董事长王新国向各位股东发出关于召开被告深广顺公司2004年度股东大会的通知,通知的主要内容是:

(1)时间安排:2005年元月10日上午;

(2)会议地点:北京市(具体会议地址另行通知);

(3)主要议题:

①审议关于修改深圳、武汉公司章程部分内容的提案；

②审议关于改选董事会的提案；

(4) 与会人员：公司股东各派 1 人参加；

(5) 其他事项：

①各股东接到通知后，请于 2004 年 12 月 31 日前将与会人员的名单、身份证明以及需提交的议案，以传真或快件的形式送交公司董事会；

②会议联系人杨成刚及其地址电话。

接到上述开会通知后，原告云南设计院、原告中创公司、原告云糖公司、原告中广顺公司、原告中建设计院、原告长江水利公司纷纷提出要求在股东会召开前先行召开董事会、推迟开会日期及对武汉广顺集团股份有限公司的利润进行分红。

2005 年 1 月 5 日，被告深广顺公司董事长王新国向各位股东发出关于被告深广顺公司 2004 年度股东大会如期举行的函，主要内容是：关于要求 2004 年度股东大会延期举行的函收悉。现决定股东大会按期举行。

2005 年 1 月 10 日，被告深广顺公司 2004 年度第一次股东大会如期召开，参加该次股东大会的股东是被告中糖公司及被告顶佳公司，大会形成了 6 项决议。

决议 1 的主要内容是：根据本公司 2001 年股东大会决议 1 的内容，本次股东大会仍按实到位资金行使股东表决权，即按到位资金 10,510 万股计表决权。各股东的表决权如下：原告中广顺公司 18.65%，被告中糖公司 23.79%，原告长江水利公司 9.51%，原告云糖公司 4.76%，原告中创公司 4.76%，云兴公司 0，原告中建设计院 1.9%，原告云南设计院 0.95%，被告顶佳公司 35.68%。本次会议已于 2004 年 12 月 10 日前通知全体股东，到会股东占表决权的 59.47%，以上表决结果"同意"占到会股东表决权的 100%。

决议 2 的主要内容是：

(1) 同意改选现任董事会；

(2) 根据公司章程规定办法，经选举产生以下董事会成员：梁宏朝、王新国、张万明、杨成钢、唐华；

(3) 董事成员 7 名，本次选举产生 5 名，暂空缺 2 名，待下次股东大会或临时股东会补选，增选前由现任 5 名董事全权行使董事会职权。

本次会议已于 2004 年 12 月 10 日前通知全体股东，到会股东占表决权的 59.47%，以上表决结果"同意"占到会股东表决权的 100%。

决议 3 的主要内容是：

(1) 同意改选现任监事会；

(2) 根据《公司章程》规定办法，经选举产生以下监事会成员：王令义、陈洁、谢书云。

本次会议已于 2004 年 12 月 10 日前通知全体股东，到会股东占表决权的 59.47%，以上表决结果"同意"占到会股东表决权的 100%。

决议 4 的主要内容是：原告中广顺公司作为本公司的发起人之一，长期以来没有按认购股份缴足股本金。认购 6250 万股（万元），实缴 1960 万股（万元），欠缴 4290 万股（万元）。其行为已严重侵害了其他股东的利益，对本公司利益也造成了严重的损害，本公司及各股东对以上损害公司和股东利益的行为，保留追究法律责任和追索经济赔偿的权利。

本次会议已于 2004 年 12 月 10 日前通知全体股东，到会股东占表决权的 59.47%，以上表决结果"同意"占到会股东表决权的 100%。

决议 5 的主要内容是：修改《公司章程》第 26 条内容。原文为：股东出席大会，所持每一股份有一表决权；股东大会选举或罢免董事时，实行累积投票制（指股东在决定董事会人选时每股有与任选人的总数相等的表决权，并可以把所有票数集中选举某一个人或分别选举若干人）。修改为：董事由股东推荐，每持股 10% 可推荐一名董事候选人，股东可独立推荐，也可联合推荐，推荐的董事候选人由股东大会选举表决后任免。股东大会选举或罢免董事时，实行累积投票制（指股东在决定董事会人选时每股有与任选人的总数相等的表决权，并可以把所有票数集中选举某一个人或分别选举若干人）。

本次会议已于 2004 年 12 月 10 日前通知全体股东，到会股东占表决权的 59.47%，以上表决结果"同意"占到会股东表决权的 100%。

决议 6 的主要内容是：

(1) 由新一届董事会决定向武汉广顺集团股份有限公司派出股东代表，全权代表本公司行使股东职权；

(2) 委托新一届董事会指派人员按本次股东大会通过的《公司章程》修改内容，办理有关工商登记手续。本次会议已于 2004 年 12 月 10 日前通知全体股东，到会股东占表决权的 59.47%，以上表决结果"同意"占到会股东表决权的 100%。

同日，根据 2004 年度第一次股东大会产生的新一届董事会召开并形成了若干董事会决议，主要内容是：经董事会投票，选举梁宏朝担任本届董事会董事长，王新国担任副董事长；聘任唐华为本届董事会秘书，免去杨谦董事会秘书的职务；聘任梁宏朝为公司总经理，免去王新国总经理职务；聘任张万明为公司常务副总经理,免去王亚文常务副总经理的职务;聘任黄英为公司财务总监,免去王兰琴财务总监职务。委托公司常务副总经理张万明、董事会秘书唐华负责本次股东大会决议、董事会决议以及《公司章程》修改所需办理的相关法律手续。

此后,被告深广顺公司按照上述股东大会及董事会决议内容的要求到工商行政管理部门办理了变更登记。

原告均诉称:

2004年12月9日,被告深广顺公司董事长王新国在未召开公司董事会的情况下,以个人名义向5位原告及被告深广顺公司的另一股东中创公司发出召开2004年度股东大会的通知。5位原告及中创公司收到通知后,即分别向被告深广顺公司董事会致函表示,依据法律及公司章程,召开股东大会前应先行召开董事会,但王新国拒绝了上述正当要求。

之后,王新国代表被告中糖公司、梁宏朝代表被告顶佳公司于2005年1月10门召开了所谓的被告深广顺公司"2004年度股东大会",并作出了6项违法决议,改选了被告深广顺公司董事会,违法撤换了由原告提名的5位公司现任董事;改选了公司监事会,违法撤换了由原告提名的3位公司现任监事;修改了公司章程第26条,剥夺了原告的董事提名权。并且2004年度第一次股东大会决议三所选任的新的监事会成员中没有职工代表。

依据上述违法的股东大会决议组成的所谓被告深广顺公司董事会又作出若干董事会决议,变更公司管理层,选举梁宏朝担任公司董事长、王新国担任副董事长,并决定采取登报手段进行恶意虚假挂失,废止公司并未丢失的营业执照正副本,并通过欺骗主管机关的手段,完成工商变更手续。

被告均辩称:

2004年度被告深广顺公司第一次股东大会召开的背景是因被告顶佳公司未得到被告深广顺公司的分红,遂要求召开股东会,从召开程序上讲,并不存在违法的问题。

被告深广顺公司章程第31条规定,股东大会的召集程序和决议方法,违反法律、行政法规和本章程规定的,股东可以自决议之日起30日内向人民法院提起诉讼,而被告深广顺公司的其他股东并未在此期间内向法院提起诉讼。

另外,因被告深广顺公司的股东之一原告中广顺公司欠缴注册资金,其实际已丧失了4290万股的表决权。针对原告提到没有职工监事的问题,已选出的监事会成员中为职工代表预留了名额。

因此,2004年度被告深广顺公司第一次股东大会的决议是以有效多数通过的，是具有法律效力的决议。

一审认为：

1. 被告丁佳公司具有诉讼主体资格，本案应当适用我国法律。

原告中广顺公司、原告中建设计院、原告云南设计院、原告云糖公司、原告长江水利公司、被告深广顺公司、被告中糖公司系在中国内地依法注册成立的企业法人，其具有民事行为能力，符合《民事诉讼法》关于诉讼主体资格的规定。

关于被告顶佳公司的诉讼主体资格问题，因被告顶佳公司系在香港特别行政区依法注册成立的有限责任公司，依据香港特别行政区有关法律，其具有民事行为能力，亦具备《民事诉讼法》规定的诉讼主体的资格。

关于本案实体处理中的准据法适用问题，因本案各方当事人并未通过书面协议的方式选择解决纠纷所适用的准据法，根据《民法通则》第146条第1款关于侵权行为的损害赔偿，适用侵权行为地法律的规定，本案中，各方当事人存在争议的2004年度第一次股东大会决议系在境内形成，侵权的实施地及结果地均在我国境内，因此，侵权行为地国家的法律应确定为法律，本案应适用我国法律。

2. 本案公司决议程序瑕疵可适用《公司法》（2005年修订）关于撤销的相关规定，且监事会没有职工监事违反法律及公司章程规定。

股东大会是股份有限公司的权力机构，股东大会决议是"资本多数决"规则的产物，股东大会决议的形成过程包括程序与内容两个方面，只有在程序与内容均合法、有效的情况下，才能确保全体股东及公司的利益不会受到损害。反之，如果决议程序或内容上有瑕疵，就不能认为是合法的团体意思表示，应对其效力做否定性的评价。

鉴于本案中各方争议的2004年度第一次股东大会决议形成的事实发生在2005年《公司法》修订前，故本案在审理时原则上应适用修订前的《公司法》，但如修订前的《公司法》没有明确规定时，可以参照适用2005年修订的《公司法》。

2005年修订前的《公司法》中关于股东会议决议瑕疵的救济方式的规定比较简单，第111条规定"股东大会、董事会的决议违反法律、行政法规，侵犯股东合法权益的，股东有权向人民法院提起要求停止该违反行为和侵害行为的诉讼"，该条规定虽然赋予了股东可以对股东大会决议提起侵权之诉，但却并未规定股东大会决议违法的判定标准，即缺少对瑕疵股东大会决议的效力评价体系，这就要求在审判实践中，根据案件的具体情况，从实质内容和程序两方面具体考量股东大会

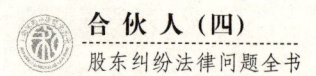

决议的效力。

从2004年度第一次股东大会决议的实质内容上看,决议1是关于按照实际到位资金行使表决权;决议2的是改选董事会;决议3是改选监事会;决议4是确认原告中广顺公司出资未到位;决议5是修改公司章程中关于累积投票制的规定;决议6是向被告深广顺公司作为股东的武汉广顺集团股份有限公司派出股东代表。上述股东会决议事项均符合被告深广顺公司《公司章程》第25条及修订前的《公司法》第103条关于股东大会职权的规定,属于股东大会依其职权可以行使的权力。

针对决议三中关于监事会成员改选的问题,原告中广顺公司、原告中建设计院、原告云南设计院、原告云糖公司、原告长江水利公司庭审中称,监事会成员中没有职工代表,被告深广顺公司、被告中糖公司、被告顶佳公司辩称,已选出的监事会成员中为职工代表预留了名额,《公司法》(2004年修正)第124条第2款规定"……监事会中的职工代表由公司职工民主选举产生",该条规定包含两层意思:

(1)监事会中要有职工代表;
(2)职工代表由公司职工民主选举产生。

对此被告深广顺公司《公司章程》第42条、43条亦有类似的约定,且对于监事的数额,《公司章程》第42条规定监事会由2名监事组成。

本案中,决议三已通过股东大会决议的方式重新改任了3名监事,被告深广顺公司、被告中糖公司、被告顶佳公司关于预留职工代表监事的解释显然不能成立,据此,决议三关于改选监事的内容因违反《公司法》及被告深广顺公司《公司章程》的规定而无效。

本案争议的另一个焦点问题是:2004年度第一次股东大会决议在准备、召集程序上是否存在可以影响会议决议效果的严重瑕疵。

应该明确的问题是,股东大会决议可撤销与否,取决于其与相关股东之间是否具有关联性,即程序瑕疵是否给相关股东利益造成损害,只有程序上的瑕疵对决议的结果有影响时,才产生决议的可撤销问题。①

3. 关于开会通知所列事项不具体的瑕疵是否影响本案股东大会决议的效力问题。

---

① 笔者认为此观点值得商榷。笔者认为只要股东会召开程序上有瑕疵,即可撤销决议,而不应以程序瑕疵对决议的结果有影响为标准。

本案中,2004 年 12 月 9 日,被告深广顺公司董事长王新国向各位股东发出关于召开被告深广顺公司 2004 年度股东大会的通知,其中载明该次会议的主要议题是:

(1)审议关于修改深圳、武汉公司章程部分内容的提案;

(2)审议关于改选董事会的提案。

从上述会议的主要议题中不难看出,虽然该主要议题中并未明确股东大会将对被告深广顺公司章程中哪些具体内容的修改进行讨论,但收到该通知的股东应该明确,不论对何种性质的公司而言,公司章程的修改及董事会的改选都是涉及一个公司今后的运营及与各位股东权益息息相关的重大事项,接到开会通知的股东在没有提出合理理由申请延期开会的情况下,应当如期到会。

此外,应当注意的问题是,上述通知中所列议题的事项已明确是该次股东大会的主要内容,而非全部内容,从之后所形成的决议的具体内容看,通知中关于会议主要议题的概括并无不当,因此,即使通知中并未将全部开会内容一一罗列,亦不足以构成影响股东大会决议效力的程序上的瑕疵。

另外,该开会通知中虽然对会议地点仅表述为北京市,但被告深广顺公司董事长正新国于 2005 年 1 月 5 日向各位股东发出的关于被告深广顺公司 2004 年度股东大会如期举行的函件中明确了开会地点在北京市西城区西直门外大街××饭店,因此,开会通知不论从内容上、形式上而言,均不存在因表述不明确而足以导致决议效力被撤销的通知瑕疵问题。

4. 关于股东大会未由董事会召集而由董事长召集,是否会影响会议决议效力的问题。

2004 年度第一次股东大会决议虽然未按照 2005 年修订的《公司法》第 105 条及被告深广顺公司《公司章程》第 24 条的规定,由董事会负责召集,但因上述 2005 年修订前的《公司法》的规定并非强制性条款,且本案争议的股东大会亦由被告深广顺公司当时在任的董事长王新国负责召集。

综合各方当事人提举的证据,亦不能推导出董事长负责召集与董事会负责召集对股东大会决议的后果产生不同的影响,在这里特别需要明确的问题是,董事会召集并不意味着在股东大会召集前先行召开董事会,对股东大会将要决议的事项逐一进行表决,即使该次股东大会未按被告深广顺公司《公司章程》第 73 条第 1 项规定,由公司董事会提出修改章程方案,亦不能轻易认定股东大会决议无效,因同样依照被告深广顺公司《公司章程》第 73 条第 2 项、3 项的规定,修改公司章程的方案必须经股东大会决议通过,否则不生效,从这后两项规定可以看出,股东可以通过在股东大会上正当的行使表决权,而使自己在修改公司章程等重大事项上的权利获得救济。

此外,对于被告深广顺公司这样的股份有限公司而言,面临股东人数较多,且分布在全国各地,如将各地股东所推举的董事汇集一处,再由他们负责召集股东大会显然不利于公司的高效运作,与《公司法》的立法本意也是相悖的。

5. 关于对被告深广顺公司《公司章程》第29条的正确理解问题。

被告深广顺公司《公司章程》第29条规定出席股东大会的股东所代表的股份数额达不到股份总数过半数时,会议应延期20日举行……

该条规定涉及一个"股东所代表的股份数额"的问题,对此,股东应以其在公司登记机关认缴的股本数额,对公司承担有限责任的原则相对应,这里所讲的"股东所代表的股份数额"应指各个股东所认缴的股份,而非实缴股份。虽然被告深广顺公司最大的股东原告中广顺公司出资未到位,被告深广顺公司2001年股东大会决议中确定了股东按实际到位股本金,享受相应的股东权益的原则。

从上述决议内容中可以看出,原告中广顺公司因未缴足出资,将丧失相应部分的股东权益。但该部分股东权益的丧失,并不意味着改变公司股本结构,原告中广顺公司出资未到位所应承担的主要法律责任仅是对其他出资到位的股东的一种违约责任,而并非减持股份的法律责任。

据此,按照被告深广顺公司各股东所认缴的股份数额,本次股东大会的到会股东被告中糖公司、被告顶佳公司所持股份的总和为6250万股,占被告深广顺公司全部股东认缴的出资总额的41.67%,并未达到股份总数的过半数,根据被告深广顺公司《公司章程》第29条的上述规定,股东大会应延期20日举行,但本案中,在原告中广顺公司等6位股东要求顺延召开股东大会的情况下,2004年度第一次股东大会仍然如期召开,并形成了若干对被告深广顺公司的经营产生重大影响的决议,其后果显然直接侵害了未参加该次会议的原告中广顺公司等股东的权益,从这一点来看,被告深广顺公司2004年度第一次股东大会存在着足以影响股东实体权益的重大程序上的瑕疵。

对于瑕疵股东会决议的救济方式,2005年《公司法》仅在第111条规定了"……股东有权向人民法院提起要求停止该违法行为和侵害行为诉讼",但对该瑕疵决议是撤销抑或无效则没有做具体的规定,鉴于此,本案的各原告以决议无效为由诉至法院。

根据《最高人民法院关于适用〈中华人民共和国公司法〉若干问题的规定

（一）》第 2 条关于"因公司法实施前有关民事行为或者事件发生纠纷起诉到人民法院，如当时的法律法规和司法解释没有明确规定时，可参照适用公司法的有关规定"，据此，本案应参照适用 2005 年《公司法》第 22 条第 2 款关于"股东会或者股东大会、董事会的决议内容违反法律、行政法规或者公司章程，或者决议内容违反公司章程的，股东可以自决议作出之日起 60 日内，请求人民法院撤销"，鉴于本案纠纷的事实及起诉的事实均发生在 2005 年《公司法》修订前，因此，本案不宜适用"60 日"的撤销权行使期间，但对瑕疵股东大会决议可适用撤销的救济方式。

6. 原告关于工商变更登记及交回公章的诉请涉及行政机关的行政行为，法院不宜处理。①

此外，因本案原告的第 2 项诉讼请求的内容是关于工商手续变更及交回公章，该项诉讼请求因涉及行政机关的行政行为，法院不宜在本案做处理，待判决生效后，当事人可以持生效的判决书到相关行政管理部门办理相关变更手续。

7. 是否需要召开董事会及何时召开，属公司自治权调整的范畴，法院不应干预。

原告的第 3 项诉讼请求的内容是要求法院判令召开董事会，而是否需要召开董事会及何时召开，属公司自治权调整的范畴，应按照被告深广顺公司《公司章程》及《公司法》的规定运作，法院对此不应干预；基于上述对召开董事会的认识，原告关于在上述董事会召开前，三被告无权处分被告深广顺公司财产的第 4 项诉讼请求亦不能得到支持，但需要指明的是，在被告深广顺公司的财产受到侵犯时，被告深广顺公司或其股东均可以依照被告深广顺公司《公司章程》及《公司法》向侵权人主张赔偿损失。

一审判决：

1. 撤销被告深广顺公司 2004 年度第一次股东大会决议；
2. 驳回五原告的其他诉讼请求。

三被告均上诉称：

1. 5 位原告在原审提交的审计报告和判决书能够证明原告中广顺公司通过资金倒账和涂改单据的手段虚假出资，到目前为止，原告中广顺公司尚有 4290 万元没有实缴，原审法院忽略了或规避了该事实，存在认定事实错误。

---

① 笔者认为，如果诉争的股东会决议有效，则该项诉请应予以支持。参见本章第二节【案例 493】"全程公证仍有一失 六次公证难证'送达'"。

2. 原审法院变相干预当事人意思自治，存在适用法律错误问题。

被告深广顺公司2001年8月4日的股东会决议、2002年3月2日临时股东会的提案表决结果调整了股东权益范围，确定了"股东按实际到位股本金享受相应的股东权益"，这种方式并不为法律所禁止，是当事人意思自治的体现和产物，其内容合法有效，故本案所涉被告深广顺公司2004年度股东大会按股东实缴出资计算，出席股东所代表的股份数额已达到股份总数"过半数"的开会条件，一审法院以认缴股份作为确定股东权益的标准，认定2004年股东大会出席股东所代表的股份数额"未过半数"，因而存在程序瑕疵，属适用法律错误。

五原告二审辩称：

一审判决撤销被告深广顺公司2004年股东大会决议理由充分合法。

关于股东代表股份数额的计算标准，被告深广顺公司自成立之后即从未办理过减资手续，在被告深广顺公司最近一次合法的股东大会即2003年股东大会上，被告深广顺公司仍然按照15,000万元计算股本总额，并按认缴股本计算与会股东持股比例和表决比例的。上诉关于原判忽视了原告中广顺公司虚假出资情况，因5位原告提交的审计报告及判决书均不能证明该事实成立，故5位原告的该点上诉理由不能成立。此外，被告在原审诉请的是确认股东会决议无效，原审法院考虑到2004年《公司法》对瑕疵决议缺乏具体规定，参照2005年《公司法》作出撤销被告深广顺公司2004年股东会决议的判决，被告的目的同样可以达到，并非是在被告诉请之外另行作出判决。

律师观点：

1. 本案应适用我国法律。

本案争议的被告深广顺公司2004年度第一次股东大会决议形成的事实发生在2005年《公司法》修订前，故本案原则上适用2004年《公司法》，对该法没有明确规定的问题，参照适用2005年《公司法》。

2. 股东大会由董事长召集而非如章程规定董事会召集，系程序瑕疵，决议可撤销。

关于被告深广顺公司2004年度第一次股东大会决议的效力问题，股东大会是一种会议形式的公司机关，股东大会必须由具有召集权的人按照法定的召集程序召集。2004年《公司法》第105条及被告深广顺公司章程第24条规定，股东大会由董事会负责召集，对董事会不能履行或者不履行召集职责的情况，2004年《公司法》未作规定，2005年《公司法》第102条第2款规定，在这种情况下，股东大会的召集权由监事会行使，监事会不召集的，连续90日以上单独或合计持有公司10%以上股份的股东可以自行召集。

根据上述规定,在通常情况下,被告深广顺公司股东大会的召集权应由董事会行使,董事会是法定的召集机关;董事会不履行召集职责时,监事会、符合法定持股条件的股东为顺位的召集权人。按照公司治理原理,董事会作为会议形式的公司机关,其职权的行使应以会议形式为之,董事长仅是董事会之主席,不得以一己之意代表董事会之意思决定。故公司欲召开股东大会,应先经董事会决议作出意思决定,再交由董事长以董事会名义执行,方符合法定召集程序。

而本案中,被告深广顺公司董事长工新同未经董事会决议,径以董事长名义召集2004年度第一次股东大会,召集程序违反了《公司法》和被告深广顺公司章程。鉴于2004年《公司法》对召集程序违反法律或者公司章程的股东大会所形成决议的效力未作具体规定,参照2005年《公司法》第22条第2款,被告深广顺公司2004年度第一次股东大会决议属可撤销之决议,被告深广顺公司的股东可请求人民法院撤销该决议。

3. 本案可以适用2005年《公司法》对股东会召集瑕疵的救济。

本案原审原告在原审的诉讼请求是确认被告深广顺公司2004年度第一次股东大会决议无效,目的是否定该决议的效力。原审法院考虑到2004年《公司法》对程序瑕疵决议缺乏具体规定,参照2005年《公司法》判决撤销被告深广顺公司2004年度第一次股东大会决议,是正确适用法律的行为,不存在在当事人诉讼请求之外裁判的问题。

法院判决:

驳回上诉,维持原判。

【法律依据】

一、公司法类

(一)法律

❖《公司法》第4条、16条、22条、34条、37条第1款、40~43条、46条、47条、50条、66条、67条、99条、101条、102条、105条、108条、109~121条、133条、142条、148条、159条、166条、169条、183条、186条、188条

(二)行政法规

❖《中外合资经营企业法实施条例》第30条、31条

❖《中外合作经营企业法实施细则》第27条

(三)部门规章

❖《上市公司治理准则》第31条

- ❖《关于加强社会公众股股东权益保护的若干规定》第1条
- ❖《国有独资公司董事会试点企业职工董事管理办法(试行)》第4条、7条、8条
- ❖《上市公司章程指引》第54条、82条、83条、96条、100条、第118~122条、第168条
- ❖《上市公司股东大会规则》第6~42条
- ❖《证券公司治理准则》第17条

(四)地方司法文件
- ❖《北京市高级人民法院关于审理公司纠纷案件若干问题的指导意见(试行)》第3条、5条
- ❖《山东省高级人民法院关于审理公司纠纷案件若干问题的意见(试行)》第56~61条
- ❖《上海市高级人民法院关于审理公司纠纷案件若干问题的解答》第1条
- ❖《江苏省高级人民法院关于审理适用公司法案件若干问题的意见(试行)》第8条

(五)行业规范

《上海证券交易所公司章程累积投票制实施细则建议稿》

《上海证券交易所关于上市公司董监事选举采用累积投票制注意事项的通知》

二、民法类

(一)法律
- ❖《民法通则》第63~66条、135条、154条
- ❖《合同法》第48条
- ❖《物权法》第66条
- ❖《民事诉讼法》第78条、79条

(二)司法解释
- ❖《最高人民法院关于民事诉讼证据的若干规定》第2条

三、其他

(一)行政法规
- ❖《行政复议法实施条例》第7条

(二)部门规章
- ❖《快递业务操作指导规范》第31条

❖《邮政行业标准——快递服务》第5.2.2.4条、5.4.2.4.2条

(三)司法解释

❖《最高人民法院关于执行〈中华人民共和国行政诉讼法〉若干问题的解释》第18条

(四)业务规范

❖《中国公证员协会关于办理保全证据公证的指导意见》

第二十一章 上市公司收购纠纷

【宋律师释义】

> 上市公司收购纠纷,是指为实现对上市公司的控制权,购买者通过要约收购或协议收购等方式购买上市公司股份过程中与被收购方之间发生的民事纠纷。
>
> 为进一步降低收购的法律、时间成本,减少程序障碍,中国证券监督管理委员会于2006年出台《上市公司收购管理办法》,增设了要约收购、协议收购方式,并对具体法定程序作出规定,同时扩大了证监会的监管范围,增加了监管能力。
>
> 实践中,上市公司收购纠纷包括如下情形:
> (1)因收购方未履行法定程序导致收购无效;
> (2)被收购方为规避被收购,采取违反《公司法》《证券法》规定作出违法决议等损害公司、股东利益的行为;
> (3)收购方或被收购方与财务顾问等与收购工作有关中介机构所产生的纠纷。

【关键词】上市公司收购　要约收购　协议收购　一致行动

❖ **上市公司收购**:指通过股份转让达到对某一上市公司实际控制的行为。上市公司收购本质上是一种证券买卖行为,作为一种市场行为,上市公司收购以上市公司控制权为对象(见图21-1)。

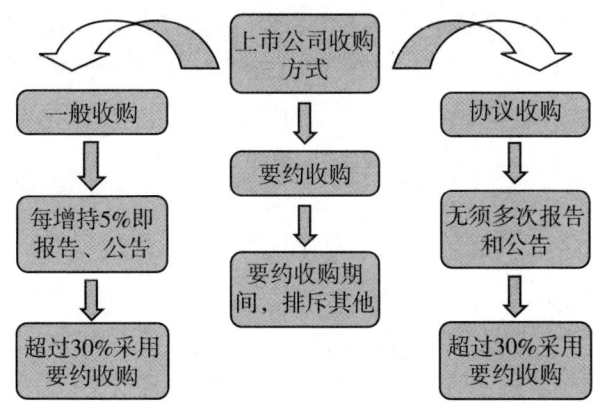

图21-1 上市公司收购方式

❖ **要约收购**：即公开收购，指在公开市场之外，以公告的方式向不特定的多数人发出的收购股份的要约。

投资者自愿选择以要约方式收购上市公司股份的，可以向被收购公司所有股东发出收购其所持有股份的全面要约，也可以向被收购公司所有股东发出收购其所持有股份的部分要约。

要约收购主要分为以下几类：

（1）自愿收购与强制收购。以要约人是否自愿发起为标准，自愿收购是由收购人自主决定是否发动要约收购的情形；强制收购是指依照法律规定必须发动要约收购的情形。

（2）全部收购与部分收购。以要约中预定购买股份数额的比例为标准，收购人在进行部分收购时，为使股东享有被收购的平等权利，当公司股东所预售的股份数额超过收购人所欲收购的股份数额时，收购人应当按照比例收购的原则向所有预受股东进行收购。根据法律规定，收购上市公司部分股份的收购要约应当约定，被收购公司股东承诺出售的股份数额超过预定收购的股份数额的，收购人按比例进行收购。

（3）现金收购与易券收购。根据支付方式不同进行的划分。实践中，收购人可以用现金作为收购对价，也可以用股票或者其他证券作为收购对价，也可能用现金作为部分收购对价，其余部分则采用证券作为收购对价。

通过证券交易所的证券交易，收购人持有一个上市公司的股份达到该公司已发行股份的30%时，继续增持股份的，应当采取要约方式进行，发出全面要约或者部分要约。

❖ **协议收购**：指投资者在证券交易场所之外与目标公司的股东（主要是持股

比例较高的大股东)就股票价格、数量等方面进行私下协商(相对公开市场而言，非指黑市交易)，购买目标公司的股票，以期达到对目标公司的控股或兼并目的。

❖ **一致行动**：指投资者通过协议、其他安排，与其他投资者共同扩大其所能够支配的一个上市公司股份表决权数量的行为或者事实。

在上市公司的收购及相关股份权益变动活动中有一致行动情形的投资者，互为一致行动人。如无相反证据，投资者有下列情形之一的，为一致行动人：

(1)投资者之间有股权控制关系；

(2)投资者受同一主体控制；

(3)投资者的董事、监事或者高级管理人员中的主要成员，同时在另一个投资者担任董事、监事或者高级管理人员；

(4)投资者参股另一投资者，可以对参股公司的重大决策产生重大影响；

(5)银行以外的其他法人、其他组织和自然人为投资者取得相关股份提供融资安排；

(6)投资者之间存在合伙、合作、联营等其他经济利益关系；

(7)持有投资者30%以上股份的自然人，与投资者持有同一上市公司股份；

(8)在投资者任职的董事、监事及高级管理人员，与投资者持有同一上市公司股份；

(9)持有投资者30%以上股份的自然人和在投资者任职的董事、监事及高级管理人员，其父母、配偶、子女及其配偶、配偶的父母、兄弟姐妹及其配偶、配偶的兄弟姐妹及其配偶等亲属，与投资者持有同一上市公司股份；

(10)在上市公司任职的董事、监事、高级管理人员及其前项所述亲属同时持有本公司股份的，或者与其自己或者其前项所述亲属直接或者间接控制的企业同时持有本公司股份；

(11)上市公司董事、监事、高级管理人员和员工与其所控制或者委托的法人或者其他组织持有本公司股份；

(12)投资者之间具有其他关联关系。

第一节 上市公司收购的方式

一、收购上市公司的基本问题

1436. 一致行动人持有的上市公司股份应当如何计算？

一致行动人应当合并计算其所持有的股份。投资者计算其所持有的股份，应当包括登记在其名下的股份,也包括登记在其一致行动人名下的股份。如果投资者认为其与他人不应被视为一致行动人的,可以向中国证监会提供相反证据。

1437. 投资者符合哪些条件可视作拥有上市公司控制权?

有下列情形之一的,为拥有上市公司控制权:

(1)投资者为上市公司持股50%以上的控股股东;

(2)投资者可以实际支配上市公司股份表决权超过30%;

(3)投资者通过实际支配上市公司股份表决权能够决定公司董事会半数以上成员选任;

(4)投资者依其可实际支配的上市公司股份表决权足以对公司股东大会的决议产生重大影响;

(5)中国证监会认定的其他情形。

【案例517】国美电器与三联集团的收购与反收购战争

三联商社共有254家连锁门店,其中直营店32家。为获得三联商社的控制权,国美进行了周密的筹划。

首先,在收购方式上,国美选择了间接收购的方式,通过司法拍卖获得目标公司的股权。

按照《证券法》和《上市公司收购管理办法》,三联集团作为三联商社的大股东,国美与之达成股权转让协议的可能性微乎其微;较之协议收购,要约收购要经过较多的环节,操作程序比较繁杂,收购方的收购成本较高。本来国美染指三联商社的机会很小,但是三联集团所持股份被拍卖,为国美提供了通过司法拍卖的方式间接收购三联商社的机会。

其次,在收购具体操作上,国美"暗度陈仓",通过龙脊岛公司竞拍三联商社的股权,然后收购该公司,实现对三联商社的间接收购。国美之所以没有以自己的身份直接参与竞拍,原因可能有三:一是出其不意,避免激起三联集团激烈的反应,增加获得股权的难度;二是可以规避证监会关于上市公司收购的程序性规定;三是基于对股价的考虑,如果国美一开始就直接介入竞拍,必然引发三联商社股价上涨,较高的股价会增加其通过二级市场继续增持的成本。

龙脊岛公司竞拍成功以后,国美宣布收购该公司。若此时引发二级市场股价上涨则对国美有诸多好处:第一,不会影响国美收购龙脊岛支付的成本。国美收购龙脊岛是以协议的方式进行,收购价款与其所持有的三联商社股份的价格无直接关系,收购龙脊岛公司的成本在国美的控制范围之内。第二,国美得到该股权,实际控制三联商社以后,如果与三联集团达成一致,将三联集团持有的"渠道"等资产通过定向增发的方式装入上市公司,根据现行的增发定价规则,发行价格应不低于公告招股意向书前20个交易日公司股票均价或前一个交易日的均价。较高的股价可以使国美股份不至于过分被摊薄。第三,如果不能够与三联集团在对三联商社的治理上取得一致,国美则可以较高的价位在二级市场变现。

国美收购方案构思精巧,能攻能守。三联集团一时风声鹤唳,危机四伏。

三联集团若失去三联商社的控制权不仅失去销售终端,更失去了一个良好的融资平台,集团原有的优势也将难以发挥。于是,三联集团步步为营,采取了以下措施予以反击:

国美取得大股东地位以后,改组公司董事会是国美的必然选择,在2007年度股东大会前,国美向股东大会提交了选举董事和监事的提案,但在股东大会召开前两天,国美突然撤销了该提案。从事后双方的表态判断,三联商社章程中对于董事和监事的选举采用累积投票方式的约定是国美放弃提名的直接原因。三联商社章程中的累积投票制最起码可以保证三联集团在董事会中拥有一定席位。国美则认为该累积投票权规则涉嫌违规。

三联商社在公司章程中规定的董事和监事选举采用累积投票制度应属有效。第一,《公司法》第106条对累积投票制作了授权性的规定。三联商社在章程中规定累积投票制不违反《公司法》的规定。第二,证监会《上市公司章程指引(2006年修订)》上对于上市公司累积投票制也做了规定,三联商社章程对于累积投票的规定符合该章程指引。累积投票权制度的存在,使得国美无法在三联商社的董事会中取得绝对优势。再加上三联商社现在使用的商标、品牌、网络俱在上市公司之外,即使一两个董事进入董事会也无法对公司的实际运营产生根本性的影响。

在成功阻止国美进入三联商社管理层以后,三联集团的危机得到初步缓解,但其所持三联商社剩余的9.04%的股权也将被查封拍卖。失去这一部分股权,三联集团将彻底从三联商社退出。为应对国美可能的攻势,三联集团请出了"白衣骑士"。"白衣骑士"是指目标公司面临收购时,邀请一家实力雄厚的友好公司发出竞争性要约,迫使敌意收购人抬高收购价格,增加收购成本,促成友好公司的收购而挫败敌意收购人的收购。该友好公司在目标公司遭受敌意收购的危难时刻驰援相救,故得"白衣骑士"之美名。

果然,此次拍卖,获得该部分股权的是一家上海企业。"白衣骑士"之相救行动并非无偿,目标公司和"白衣骑士"之间往往会进行某种锁定或选择权承诺或安排以作为后者的利益保障。不久之后传出的三联集团与该上海企业实际控制人达成全面合作协议的消息也印证了这一点。拍得股权的上海企业以无法如期缴纳股权出让金为由放弃该次拍卖,股权仍在三联集团手中。三联集团通过引入该上海企业作为"白衣骑士"阻击了国美的进一步入侵,完成了一次非典型意义上的"英雄救美"。

"白衣骑士"的出手相救不能根本上解决问题,上海公司放弃竞拍以后,该部分股权进行了第三次拍卖,但该次拍卖的结果却是三联集团拍得。事实上三联集团完全可以与债权人执行和解,解除该部分股权上的查封。但三联集团为什么选择参加竞拍这样一个代价可能更高的方式呢?原因很可能是三联集团并没有充裕的资金与债权人和解,但也不想让国美轻易进驻,所以利用规则参与竞拍,以拖延时间。最后三联集团因为未能在规定期限内缴纳拍卖股权款,此次拍卖流拍。三联集团虽然损失了拍卖保证金,却又一次成功地阻击了国美获得该股权。

在拍卖会上斗智斗勇的同时,在场外双方也频频出招。国美称三联集团在重组"郑百文"时,造成三联商社的资产不完整,上市公司的经营管理严重依赖三联集团。三联集团则宣称国美所述情况已通过上市公司反复披露,属于公开信息。可见,对于国美指责三联商社缺乏独立性,三联集团并没有否认,三联集团确实掌握有三联商社不可或缺的诸如特许连锁、商标等资源。在股权争夺过程中,三联集团甚至宣称"可能会利用上述资源另起炉灶"。这其实是对国美的一种变相的同业竞争威胁,目的是要国美考虑执意收购后,与三联集团"另起炉灶"同业竞争的后果,达到国美知难而退的效果。

虽然进行了环环相扣的精彩反击,仍然没有挡住国美强势入主的脚步,2008年7月30日,三联集团所持三联商社9.04%的股权被与国美有密切关系的一家北京公司获得。至此,国美正式成为三联商社的实际控制人。但三联集团并没有就此服输,它们拿出了自己最后一件武器——诉讼,将国美电器、龙脊岛公司告上法庭,要求法院撤销2008年2月的第一次拍卖。

在这场控制权的争夺战中,双方妙招迭出,各显神通,奉献了一场精彩的股权争夺大战。

【案例518】历时一月半　广发证券成功抵抗中信证券收购

2004年9月1日,中信证券召开董事会,通过了拟收购广发证券部分股权的议案。同年9月2日,中信证券发布公告,声称将收购广发证券部分股权。

9月4日,广发证券实施员工持股计划的目标公司深圳吉富成立。

9月6日,中信证券发布拟收购广发证券部分股权的说明称,收购不会导致广发证券重大调整,不会导致广发证券注册地、法人主体、经营方式及员工队伍的变更与调整。

9月10日,深圳吉富以每股1.16元的价格率先收购云大科技持有的广发证券3.83%股权。

9月15日,深圳吉富按每股1.20元的价格受让梅雁股份所持有的广发证券8.4%的股权,此时,深圳吉富共持有广发证券12.23%股权,成为第四大股东。

面对广发证券的抵抗,9月16日,中信证券再一次重拳出击,向广发证券全体股东发出要约收购书,以1.25元/股的价格收购广发股权,使出让股东的股权在评估值基础上溢价10%~14%,以达到收购股权51%的目的。

9月17日,原广发证券第三大股东吉林敖东受让风华高科所持有2.16%广发证券股权,增持广发证券股权至17.14%,成为其第二大股东。

9月28日,吉林敖东再次公告受让珠江投资所持广发证券10%股权,至此,吉林敖东共持有广发证券共计27.14%的股权。同日,原广发证券第一大股东辽宁成大公告,受让美达股份所持有的广发证券1.72%的股权,至此辽宁成大共计持有广发证券27.3%的股权,继续保持第一大股东地位。

此时,辽宁成大、吉林敖东与深圳吉富共同持有广发证券66.67%的股权,三者构成的利益共同体的绝对控股地位已不可动摇。

10月14日,因无法达到公开收购要约的条件,中信证券发出解除要约收购说明。

1438. 哪些人不得收购上市公司?

有下列情形之一的,不得收购上市公司股份:

(1)收购人负有数额较大债务,到期未清偿,且处于持续状态;

(2)收购人最近3年有重大违法行为或者涉嫌有重大违法行为;

(3)收购人最近3年有严重的证券市场失信行为;

(4)收购人为自然人的,不符合自然人作为收购人的有关法律规定,且境内自然人不得作为收购人;

(5)法律、行政法规规定以及中国证监会认定的不得收购上市公司的其他情形。

1439. 如何处理被收购公司的控股股东、实际控制人及其关联方在公司被收购前损害公司及其他股东合法权益的行为?

被收购公司的控股股东、实际控制人在转让被收购公司控制权之前,应当主动消除损害。如果未能消除损害的,应当就其出让相关股份所得收入用于消除全部损害作出安排,对不足以消除损害的部分应当提供充分有效的履约担保或安排,并依照公司章程取得被收购公司股东大会的批准。

二、财务顾问的职责、许可及监管

1440. 收购上市公司的投资者是否必须聘请财务顾问?财务顾问应履行哪些职责?

是,收购人应当聘请在中国注册的具有从事财务顾问业务资格的专业机构担任财务顾问。收购人未按照规定聘请财务顾问的,不得收购上市公司。

财务顾问应当履行以下职责:

(1)对收购人的相关情况进行尽职调查;

(2)应收购人的要求向收购人提供专业化服务,全面评估被收购公司的财务和经营状况,帮助收购人分析收购所涉及的法律、财务、经营风险,就收购方案所涉及的收购价格、收购方式、支付安排等事项提出对策建议,并指导收购人按照规定的内容与格式制作申报文件;

(3)对收购人进行证券市场规范化运作的辅导,使收购人的董事、监事和高级管理人员熟悉有关法律、行政法规和中国证监会的规定,充分了解其应当承担的义务和责任,督促其依法履行报告、公告和其他法定义务;

(4)对收购人是否符合上市公司收购的规定及申报文件内容的真实性、准确性、完整性进行充分核查和验证,对收购事项客观、公正地发表专业意见;

(5)接受收购人委托,向中国证监会报送申报材料,根据中国证监会的审核意见,组织、协调收购人及其他专业机构予以答复;

(6)与收购人签订协议,在收购完成后12个月内,持续督导收购人遵守法律、行政法规、中国证监会的规定、证券交易所规则、上市公司章程,依法行使股东权利,切实履行承诺或者相关约定。

1441. 何为财务顾问的持续监管义务?

财务顾问的持续督导义务,指在上市公司收购行为完成后12个月内,收购人聘请的财务顾问应当在每季度前3日内就上一季度对上市公司影响较大的投资、购买或者出售资产、关联交易、主营业务调整以及董事、监事、高级管理人员的更换、职工安置、收购人履行承诺等情况向派出机构报告。

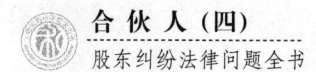

【案例519】财务顾问持续督导意见——关联方以项目公司股权出资收购刚泰控股实现被收购方主营业务重大调整[1]

收购方： 刚泰矿业、大地矿业、刚泰投资咨询

被收购方： 刚泰控股

收购目的： 主营业务重大调整

本次收购方案及实施概况：

1. 本次收购方案概况

本次交易主要由资产出售、发行股份购买资产和配套融资三个部分组成。资产出售与发行股份购买资产互为前提，其中任何一项未获得所需的批准或核准，则本次交易自始不生效。本次配套融资的生效和实施以本次资产出售与发行股份购买资产的生效和实施为条件。

(1)资产出售

被收购方将向收购方刚泰矿业出售被收购方持有的浙江华盛达89.78%股权。

(2)发行股份购买资产

被收购方将向收购方刚泰矿业、大地矿业、刚泰投资咨询分别发行股份以购买其各自持有的大冶矿业68%、20%和12%的股权。

(3)配套融资

被收购方将通过向不超过10名(或依据发行时法律法规规定的数量上限)投资者非公开发行股份的方式进行配套融资。

本次非公开发行股份配套融资的金额不超过本次重组交易总金额的25%，募集资金将用于补充流动资金、增加地质勘探投入、择机进行现有矿权开发建设、扩大产能及偿还现有借款，旨在提升重组整合绩效。

2. 相关资产的交付和过户情况

2013年1月16日，本次重大资产重组经证监会上市公司并购重组审核委员会审核无条件通过，核准本次交易。

(1)资产出售的实施情况

截至2013年2月28日，浙江华盛达89.78%的股权的过户手续及工商变更登记事项正在办理之中。

---

[1] 参见中国民族证券有限责任公司关于上海刚泰矿业有限公司及其一致行动人收购浙江刚泰控股(集团)股份有限公司之持续督导意见(一)。

(2) 发行股份购买资产的实施情况

①拟购买资产的股权过户情况

2013年2月4日,大冶矿业取得了主管的甘肃省工商行政管理局所出具的《内资公司变更通知书》。根据该《内资公司变更通知书》,收购方刚泰矿业、大冶矿业和刚泰投资咨询合计持有的大冶矿业100%的股权已变更至被收购方名下。

②验资情况

经审验,截至2013年2月4日,被收购方已实际收到收购方刚泰矿业、大地矿业、刚泰投资咨询分别以其持有的大冶矿业股权作价出资缴纳的新增注册资本187,686,682元。

③新增股份登记情况

被收购方已申请办理股份登记手续,并收到证券变更登记证明。根据该证明,被收购方本次发行股份为187,686,682股,向收购方刚泰矿业发行股份为127,626,944股,向收购方大地矿业发行股份为37,537,336股,向收购方刚泰投资咨询发行股份为22,522,402股,变更后合计股份数为314,575,245股。

浙江省工商行政管理局于2013年2月4日向刚泰控股核发了变更后的《企业法人营业执照》。

(3) 配套融资的实施情况

公司将选择适当时机进行配套融资。

主营业务重大调整情况:

本次收购完成后,被收购方的主营业务变更为矿业资源开发利用、勘探技术服务、贸易和股权投资。

相关协议和承诺的履行情况:

经核查,截至本持续督导意见出具之日,交易各方均正在或已经履行了与本次交易相关的承诺,不存在违反相关承诺的行为。财务顾问将督促交易各方切实履行其在本次交易中尚需履行的相关协议和承诺。

公司章程修订情况:

经被收购方董事会会议审议通过,被收购方公司章程原第6条修改为:"第六条:公司注册资本为人民币叁亿壹仟肆佰伍拾柒万伍仟贰佰肆拾伍元。"

财务顾问结论性意见:

截至2013年2月28日,收购人及其一致行动人严格遵守所订立的协议和作出的承诺,不存在与《收购报告书》所披露的各项信息不相一致的情形。

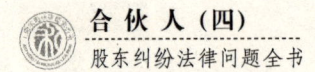

【案例520】财务顾问持续督导意见——收购方以自有资产收购广钢股份实现被收购方主营业务重大调整①

收购方：广日集团

被收购方：广钢股份

收购目的：主营业务重大调整

本次收购方案及实施概况：

1. 本次收购方案概况

本次交易主要由重大资产置换、向特定对象发行股份及股份转让三个部分，三者同时生效，互为前提条件。

(1) 资产置换

被收购方以全部资产及负债作价与收购方所持广日股份91.91%股份进行置换，差额部分以现金补足。

(2) 向特定对象发行股份

被收购方分别向维亚通用、花都通用、南头科技非公开发行股份购买该等公司合计持有的广日股份8.09%股份。

(3) 股份转让

广钢集团、金钩公司分别将所持被收购方股份291,104,974股股份、183,066,226股股份转让给广日集团，合计474,171,200股；广日集团以拟置出资产的评估值作价211,538.35万元进行支付，差额部分以现金补足。

2. 置入资产及购买资产交付及过户

2012年6月20日，广日股份变名为广日投资，企业类型由股份公司变更为有限责任公司，广日投资100%股权已过户至被收购方名下，相关工商登记手续已经完成。

2012年6月20日，重组各方确认置入资产已过户至被收购方名下。

3. 置出资产交付及过户

2012年6月20日，收购方与被收购方确认全部置出资产的所有权最终归收购方及金钩公司按照其各自对广钢控股的持股比例所有。

公司运作情况：

由于进行了重大资产重组，被收购方已转型成为以电梯整机制造、电梯零

---

① 参见广州证券有限责任公司关于广州广日集团有限公司收购广州钢铁股份有限公司之督导意见。

部件生产及物流服务为主业,引入国际化高端合作向关联产业领域拓展的公司。

相关协议和承诺的履行情况:

经核查,截至持续督导意见出具之日,收购方已经或正在按相关的承诺履行,不存在违反相关承诺的行为。

收购方落实后续计划的情况:

1. 主营业务调整计划

本次交易完成后,被收购方的主营业务将由钢铁制造业务变更为以电梯整机制造、电梯零部件生产以及电梯物流服务为核心的电梯制造相关业务。

2. 资产重组计划

若本次重大资产重组得到批准,本次收购方以自有资产收购的行为将于被收购方重大资产置换以及发行股份购买资产同步实施。

被收购公司是否存在为收购人及其关联方提供担保或者借款:

经核查,被收购公司不存在为收购人及其关联方提供担保或者借款的情况。

与已公布的重组方案存在差异的其他事项:

经核查,本次交易中各方严格按照交易方案中的承诺履行了或者继续履行各方的责任和义务,实际实施方案与公布的重组方案部存在实质性差异,未发现被收购方及承诺人存在可能影响上市公司履行承诺的其他情况。

【案例521】财务顾问持续督导意见——收购方以换股收购赛马实业实现被收购方吸收合并[①]

收购方: 中材股份

被收购方: 赛马实业

收购目的: 吸收合并

本次收购方案及实施概况:

1. 本次收购方案概况

2010年12月7日,被收购方通过了根据国务院国资委本案的评估报告修改后的吸收合并方案,建材集团股东收购方作出了同意修改后的吸收合并方案的股

[①] 参见光大证券股份有限公司关于中材股份有限公司收购宁夏赛马实业有限公司之持续督导工作报告书。

东决定。被收购方、建材集团及收购方三方签署了《吸收合并协议》换股吸收合并。

2. 本次换股吸收合并涉及的资产交割情况

建材集团与被收购方于 2011 年 11 月 30 日确认已完成了标的资产、负债及人员的交接。中登公司在换股日把被收购方作为本次吸收合并对价而向收购方发行的股份登记至收购方名下。截至 2013 年 2 月 28 日,浙江华盛达 89.78% 的股权的过户手续及工商变更登记事项正在办理之中。

3. 本次换股吸收合并涉及的债权债务交割情况

被收购方和建材集团已经按照《公司法》的规定履行了法定的公告义务,建材集团与被收购方签署了《债权转让协议书》,建材集团的债权债务由收购方承继。

4. 证券发行登记事宜的办理情况

建材集团持有的收购方 6975 万股股票因本次吸收合并而予注销,收购方所持建材集团的股东权益转换为被收购方的限售流通 A 股,本次吸收合并收购方以其持有的建材集团全部股东权益(评估值 251,785.28 万元)换取被收购方的股票 113,775,543 股,剩余 33.41 元收购方予以放弃。

5. 本次换股吸收合并涉及的收购请求权情况

2011 年 12 月 6 日,被收购方发布报告,无效申报的股份已于 2011 年 12 月 6 日予以解冻,有效申报的异议股东收购请求权股份已于 2011 年 12 月 7 日过户至共赢投资证券账户,同时相应的资金于 5 个工作日分别转入有效申报收购请求权的股东对应的资金账户中。

相关协议和承诺的履行情况:

经核查,截至本持续督导意见出具之日,交易各方均正在或已经履行了与本次交易相关的承诺,不存在违反相关承诺的行为。财务顾问将督促交易各方切实履行其在本次交易中尚需履行的相关协议和承诺。

财务顾问结论性意见:

截至本报告书签署日,本次交易的债务剥离、资产交割及相关股权资产过户过程中,未发现相关实际情况与此前披露的信息(有关资产权属情况及历史财务数据)与交易各方签署的《吸收合并协议》、《盈利预测补偿协议》存在差异的情况;亦未发生交易对象、交易标的、交易价格的变更,本次收购及重大资产重组方案未发生实质性变动。

【案例522】财务顾问持续督导意见——中国电子以子公司股权间接收购南京熊猫变更其实际控制人①

收购方： 中国电子

被收购方： 南京熊猫

收购目的： 变更实际控制人

本次收购方案及实施概况：

1. 本次收购方案概况

江苏省国信及南京市国资委将其各自所直接或间接持有的熊猫集团的股权（分别为21.59%及26.39%）无偿变更给收购方的控股子公司中电熊猫，收购方通过中电熊猫持有熊猫集团56.85%的股份，间接控制被收购方51.10%的股份，成为被收购方的实际控制人。

（1）方案背景

2007年3月29日，收购方、江苏省国信和南京市国资委约定三方合资组建中国电子南京有限公司（后更名为中电熊猫），其中江苏省国信以其持有的熊猫集团21.59%股权作价1元向中电熊猫出资，南京市国资委以通过南京新港、南京市国资控股持有的熊猫集团26.39%股权作价1元向中电熊猫出资。因收购方案中申请豁免全面要约收购的理由不符合《上市公司收购管理办法》（2006年）第63条第1款的规定，收购方于2010年11月23日申请撤回了被收购方实际控制人变更的申请材料。

（2）收购方案

2012年1月5日，收购方、江苏省国信和南京市国资委约定江苏省国信和南京市国资委分别以1元货币出资，完成中电熊猫注册资本金的到位；同时，江苏省国信将其持有的熊猫集团21.59%股权无偿变更为中电熊猫持有，南京市国资委将通过南京新港、南京市国资控股分别持有的熊猫集团22.07%、4.32%股权无偿变更为中电熊猫持有。

（3）股权结构变化

本次收购前，收购方已间接控制被收购方的控股股东熊猫集团8.87%的股权（收购方于2011年12月协议受让熊猫集团8.87%的股权）。本次收购后，收购方将间接控制被收购方的控股股东熊猫集团56.85%的股权，间接控制被收购方

---

① 参见西南证券股份有限公司关于中国电子信息产业集团有限公司收购南京熊猫电子股份有限公司之持续督导工作报告书。

51.10%的股权。

2. 本次收购实施过程或过户情况

(1) 本次交易的实施过程

①2007年3月29日,收购方、江苏省国信和南京市国资委约定三方合资组建中国电子南京有限公司(后更名为中电熊猫),并约定江苏省国信和南京市国资委以其所持有的上市公司控股股东熊猫集团的股权对中电熊猫进行作价出资。

②2009年10月,收购方向中国证监会报送了上市公司收购全套申报材料。因收购方案中申请豁免全面要约收购的理由不符合《上市公司收购管理办法》(2006年)第63条第1款的规定,收购方于2010年11月23日申请撤回了被收购方实际控制人变更的申请材料。

③2012年1月5日,收购方、江苏省国信和南京市国资委约定江苏省国信和南京市国资委分别以1元货币出资,完成中电熊猫注册资本金的到位;同时,江苏省国信将其持有的熊猫集团21.59%股权无偿变更为中电熊猫持有,南京市国资委将通过南京新港、南京市国资控股分别持有的熊猫集团22.07%、4.32%股权无偿变更为中电熊猫持有。

④根据熊猫集团2012年8月23日股东大会授权,熊猫集团修改了《公司章程》相应条款并申请办理工商变更登记手续。2012年9月21日,熊猫电子集团已完成相关工商变更登记手续并取得了南京市工商行政管理局换发的《企业法人营业执照》。

(2) 相关股权的过户情况

2012年9月21日,江苏省国信及南京市国资委已将其各自所持有的熊猫集团的股权(分别为21.59%及26.39%)无偿转让给收购方的附属公司中电熊猫,相应的股份过户的工商登记手续已办理完毕。

相关协议和承诺的履行情况:

经核查,截至本报告书出具之日,交易对方已经或正在按照相关的承诺履行,无违反承诺的行为。

财务顾问结论性意见:

经核查,交易各方严格按照收购方案履行各方责任和义务,截至目前,实际实施方案与公布的收购方案不存在差异。

1442. 证券公司从事上市公司收购的财务顾问业务应当具备哪些条件?

从事上市公司收购财务顾问业务,应当具备下列条件:

（1）公司净资本符合中国证监会的规定；

（2）具有健全且运行良好的内部控制机制和管理制度，严格执行风险控制和内部隔离制度；

（3）建立健全的尽职调查制度，具备良好的项目风险评估和内核机制；

（4）公司财务会计信息真实、准确、完整；

（5）公司控股股东、实际控制人信誉良好且最近3年无重大违法违规记录；

（6）财务顾问主办人不少于5人；

（7）中国证监会规定的其他条件。

1443. 证券投资咨询机构从事上市公司收购财务顾问业务，应当具备哪些条件？

应当具备如下条件：

（1）已经取得中国证监会核准的证券投资咨询业务资格；

（2）实缴注册资本和净资产不低于人民币500万元；

（3）具有健全且运行良好的内部控制机制和管理制度，严格执行风险控制和内部隔离制度；

（4）公司财务会计信息真实、准确、完整；

（5）控股股东、实际控制人在公司申请从事上市公司收购财务顾问业务资格前一年未发生变化，信誉良好且最近3年无重大违法违规记录；

（6）具有2年以上从事公司并购重组财务顾问业务活动的执业经历，且最近2年每年财务顾问业务收入不低于100万元；

（7）有证券从业资格的人员不少于20人，其中，具有从事证券业务经验3年以上的人员不少于10人，财务顾问主办人不少于5人；

（8）中国证监会规定的其他条件。

1444. 其他财务顾问机构从事上市公司收购财务顾问业务，应具备哪些条件？

其他财务顾问机构从事上市公司收购财务顾问业务应具备如下条件：

（1）实缴注册资本和净资产不低于人民币500万元；

（2）具有健全且运行良好的内部控制机制和管理制度，严格执行风险控制和内部隔离制度；

（3）公司财务会计信息真实、准确、完整；

（4）具有3年以上从事公司并购重组财务顾问业务活动的执业经历，且最近3年每年财务顾问业务收入不低于100万元；

（5）董事、高级管理人员应当正直诚实，品行良好，熟悉证券法律、行政法规，具有从事证券市场工作3年以上或者金融工作5年以上的经验，具备履行职责所需的经营管理能力；

（6）控股股东、实际控制人信誉良好且最近3年无重大违法违规记录；

（7）中国证监会规定的其他条件。

此外，资产评估机构、会计师事务所、律师事务所或者相关人员从事上市公司并购重组财务顾问业务，应当另行成立专门机构。

1445. 哪些机构不得担任财务顾问？

证券公司、证券投资咨询机构和其他财务顾问机构有下列情形之一的，不得担任财务顾问：

（1）最近24个月内存在违反诚信的不良记录；

（2）最近24个月内因执业行为违反行业规范而受到行业自律组织的纪律处分；

（3）最近36个月内因违法违规经营受到处罚或者因涉嫌违法违规经营正在被调查。

1446. 财务顾问主办人应当具备哪些条件？

财务顾问主办人应当具备下列条件：

（1）具有证券从业资格；

（2）具备中国证监会规定的投资银行业务经历；

（3）参加中国证监会认可的财务顾问主办人胜任能力考试且成绩合格；

（4）所任职机构同意推荐其担任本机构的财务顾问主办人；

（5）未负有数额较大到期未清偿的债务；

（6）最近24个月无违反诚信的不良记录；

（7）最近24个月未因执业行为违反行业规范而受到行业自律组织的纪律处分；

（8）最近36个月未因执业行为违法违规受到处罚；

（9）中国证监会规定的其他条件。

1447. 申请从事财务顾问业务资格，应当提交哪些文件？

申请从事财务顾问业务资格，应提交下列文件：

（1）申请报告；

（2）营业执照复印件和公司章程；

（3）董事长、高级管理人员及并购重组业务负责人的简历；

（4）财务顾问主办人的证明材料；

（5）关于公司控股股东、实际控制人信誉良好和最近3年无重大违法违规记

录的说明;

(6)公司治理结构和内控制度的说明,包括公司风险控制、内部隔离制度及内核部门人员名单和最近3年从业经历;

(7)经具有从事证券业务资格的会计师事务所审计的公司最近2年的财务会计报告;

(8)律师出具的法律意见书;

(9)中国证监会规定的其他文件。

此外,证券投资咨询机构申请财务顾问业务资格,还应当提交下列文件:

(1)中国证监会核准的证券投资咨询业务许可证复印件;

(2)从事公司并购重组财务顾问业务2年以上执业经历的说明,以及最近2年每年财务顾问业务收入不低于100万元的证明文件,包括相关合同和纳税证明;

(3)申请资格前一年控股股东、实际控制人未发生变化的说明。

其他财务顾问机构申请财务顾问业务资格,还应当提交下列文件:

(1)从事公司并购重组财务顾问业务3年以上执业经历的说明,以及最近3年每年财务顾问业务收入不低于100万元的证明文件,包括相关合同和纳税证明;

(2)董事、高级管理人员符合本办法规定条件的说明;

(3)申请资格前一年控股股东、实际控制人未发生变化的说明。

1448. 财务顾问申请人应当提交财务顾问主办人的哪些文件?

财务顾问申请人应当提交有关财务顾问主办人的下列证明文件:

(1)证券从业资格证书;

(2)中国证监会规定的投资银行业务经历的证明文件;

(3)中国证监会认可的财务顾问主办人胜任能力考试且成绩合格的证书;

(4)财务顾问申请人推荐其担任本机构的财务顾问主办人的推荐函;

(5)不存在数额较大到期未清偿的债务的说明;

(6)最近24个月无违反诚信的不良记录的说明;

(7)最近24个月未受到行业自律组织的纪律处分的说明;

(8)最近36个月未因执业行为违法违规受到处罚的说明;

(9)中国证监会规定的其他文件。

1449. 如果财务顾问申请人提交的文件内容发生重大变化时应如何处理?

在申请期间,财务顾问申请人应当自变化之日起5个工作日内向中国证监会提交更新资料。

1450. 哪些机构不得担任独立财务顾问？

存在下列情形之一的，不得担任独立财务顾问：

（1）持有或者通过协议、其他安排与他人共同持有上市公司股份达到或者超过5%，或者选派代表担任上市公司董事；

（2）上市公司持有或者通过协议、其他安排与他人共同持有财务顾问的股份达到或者超过5%，或者选派代表担任财务顾问的董事；

（3）最近两年财务顾问与上市公司存在资产委托管理关系、相互提供担保，或者最近一年财务顾问为上市公司提供融资服务；

（4）财务顾问的董事、监事、高级管理人员、财务顾问主办人或者其直系亲属有在上市公司任职等影响公正履行职责的情形；

（5）在并购重组中为上市公司的交易对方提供财务顾问服务；

（6）与上市公司存在利害关系、可能影响财务顾问及其财务顾问主办人独立性的其他情形。

1451. 财务顾问从事上市公司收购业务时，应指定几名主办人，几名协办人？

接受委托的财务顾问应当指定两名财务顾问主办人负责，同时，可以安排一名项目协办人参与。

1452. 财务顾问担任收购人的财务顾问，应当着重关注哪些问题？

财务顾问应当在收购中着重关注收购人的收购目的、实力、收购人与其控股股东和实际控制人的控制关系结构、管理经验、资信情况、诚信记录、资金来源、履约能力、后续计划、对上市公司未来发展的影响、收购人的承诺及是否具备履行相关承诺的能力等事项。

涉及对上市公司进行要约收购的，收购人的财务顾问除关注上述所列事项外，还应当关注要约收购的目的、收购人的支付方式和支付条件、履约能力、是否将导致公司退市、对收购完成后剩余中小股东的保护机制是否适当等事项。收购人公告要约收购报告书摘要后15日内未能发出要约的，财务顾问应当督促收购人立即公告未能如期发出要约的原因及中国证监会提出的反馈意见。

1453. 什么情况下，可以免于聘请财务顾问？

如果因国有股行政划转或者变更、在同一实际控制人控制的不同主体之间转让股份、继承取得上市公司股份超过30%的，此时收购人可免于聘请财务顾问。

1454. 上市公司的独立财务顾问可否兼任收购人的财务顾问？

上市公司董事会或者独立董事聘请的独立财务顾问，不得同时担任收购人的财务顾问或者与收购人的财务顾问存在关联关系。

1455. 财务顾问就收购出具的财务顾问报告,应包含哪些内容?

财务顾问报告应对以下事项进行说明和分析,并逐项发表明确意见:

(1)收购人编制的上市公司收购报告书或者要约收购报告书所披露的内容是否真实、准确、完整;

(2)本次收购的目的;

(3)收购人是否提供所有必备证明文件,根据对收购人及其控股股东、实际控制人的实力、从事的主要业务、持续经营状况、财务状况和诚信情况的核查,说明收购人是否具备主体资格,是否具备收购的经济实力,是否具备规范运作上市公司的管理能力,是否需要承担其他附加义务及是否具备履行相关义务的能力,是否存在不良诚信记录;

(4)对收购人进行证券市场规范化运作辅导的情况,其董事、监事和高级管理人员是否已经熟悉有关法律、行政法规和中国证监会的规定,充分了解应承担的义务和责任,督促其依法履行报告、公告和其他法定义务的情况;

(5)收购人的股权控制结构及其控股股东、实际控制人支配收购人的方式;

(6)收购人的收购资金来源及其合法性,是否存在利用本次收购的股份向银行等金融机构质押取得融资的情形;

(7)涉及收购人以证券支付收购价款的,应当说明有关该证券发行人的信息披露是否真实、准确、完整以及该证券交易的便捷性等情况;

(8)收购人是否已经履行了必要的授权和批准程序;

(9)是否已对收购过渡期间保持上市公司稳定经营作出安排,该安排是否符合有关规定;

(10)对收购人提出的后续计划进行分析,收购人所从事的业务与上市公司从事的业务存在同业竞争、关联交易的,对收购人解决与上市公司同业竞争等利益冲突及保持上市公司经营独立性的方案进行分析,说明本次收购对上市公司经营独立性和持续发展可能产生的影响;

(11)在收购标的上是否设定其他权利,是否在收购价款之外还作出其他补偿安排;

(12)收购人及其关联方与被收购公司之间是否存在业务往来,收购人与被收购公司的董事、监事、高级管理人员是否就其未来任职安排达成某种协议或者默契;

(13)上市公司原控股股东、实际控制人及其关联方是否存在未清偿对公司

的负债、未解除公司为其负债提供的担保或者损害公司利益的其他情形;存在该等情形的,是否已提出切实可行的解决方案;

(14)涉及收购人拟提出豁免申请的,应当说明本次收购是否属于可以得到豁免的情形,收购人是否作出承诺及是否具备履行相关承诺的实力。

1456. 财务顾问受托向中国证监会报送申报文件,应当在财务顾问报告中作出哪些承诺?

应作出以下承诺:

(1)已按照规定履行尽职调查义务,有充分理由确信所发表的专业意见与收购人申报文件的内容不存在实质性差异;

(2)已对收购人申报文件进行核查,确信申报文件的内容与格式符合规定;

(3)有充分理由确信本次收购符合法律、行政法规和中国证监会的规定,有充分理由确信收购人披露的信息真实、准确、完整,不存在虚假记载、误导性陈述和重大遗漏;

(4)就本次收购所出具的专业意见已提交其内核机构审查,并获得通过;

(5)在担任财务顾问期间,已采取严格的保密措施,严格执行内部防火墙制度;

(6)与收购人已订立持续督导协议。

1457. 投资者及其一致行动人未按规定聘请财务顾问而取得上市公司控制权,将如何承担责任?

中国证监会责令改正,采取出具警示函、责令暂停或者停止收购等监管措施。在改正前,收购人不得对其持有或者实际支配的股份行使表决权。

【案例523】审批机关否决转让不属不可抗力　财务顾问违约赔偿100万元[①]

原告: 神龙公司

被告: 三峡证券

诉讼请求: 被告向原告支付违约金100万元。

争议焦点:

1. 财务顾问有哪些义务,未促成目标公司股权转让是否属于违约;

2. 政府部门不予批准目标公司股权转让是否属于不可抗力;

3. 如何认定合同条款是否属于显失公平。

---

① 参见湖北省高级人民法院(2001)鄂高法监二民再字第27号民事判决书。

基本案情：

1998年2月11日，原告与被告以被告投资银行部提供的关于原告买壳上市建议书为基础，双方签订了《聘请收购中介协议书》，协议约定：(1)被告通过中介服务，选择并推荐在1998年内原告控股后可实施配股，且流通股占股本的比例达40%以上的上市公司，使原告取得目标公司的有效控制权，成功改组目标公司的董事会并取得更改目标公司名称的权利，并在1998年6月30日前收购成功。(2)原告承诺聘请被告担任本次收购的独家财务顾问，在此次活动中充分与被告进行沟通、协商，并根据工作进展，适时成立专门的工作小组，配合被告开展工作，负责筹措本次收购所需的全部资金。如收购成功，原告承诺被告在1998年作为原告控股上市公司的配股主承销商和资产重组的财务顾问地位。(3)本次收购中介费用包括中介人与本次收购有关的公关费用、差旅费，以委托人与目标公司的控股股东签署的正式股权收购协议金额的3%收取。原告分三期支付，在协议签订后一周内，预付人民币20万元，余款的70%在收购成功之日起两周内支付，剩余款项在原告资产注入目标公司后两周内一次付清。(4)在协议存续期间，如非因中介方原因、非第三方或其他不可抗力因素而单方面终止协议的执行，则原告不得要求被告返还已付的收购中介费用，并需另付100万元人民币作为对被告方的中介服务补偿；否则，如收购不成功，中介方应返还委托已付的全部中介费，并赔付100万元人民币作为对委托方的风险损失补偿。

协议签订后，原告于1998年2月23日向被告预付了20万元中介费。被告为原告制作了一份原告收购新华百货国有股权的项目建议书，依此建议书，确立了以新华百货为目标公司并通过收购新华百货的国有股权达到买壳上市洽谈计划，计划分四个阶段开展工作，被告先后两次赴银川进行收购洽谈。通过公关工作，促使经济体制改革委员会提请证券办考虑新华百货国有资产转让问题。

原告诉称：

1998年3月13日，体改委以上市公司发起人新华百货的国有股权的转让，应执行《公司法》第147条关于"发起人持有本公司的股份自公司成立之日起3年内不得转让"的规定以及中国证监会1997年12月16日发布的《上市公司章程指引》第29条的规定为由否定了新华百货商店国有股权的转让，致使被告为原告制订的通过收购新华百货国有股权的买壳上市计划落空。被告在约定的期限内未能促成原告与新华百货达成任何有关收购国有股权的书面协议。合同期满后，经原告催促，被告仅于1998年7月7日将20万元预付中介费退还了原告，未支付约定的100万元风险损失补偿。

被告辩称：

1. 原、被告双方签订的《聘请收购中介协议书》是居间合同，在此协议中被告仅起联系和媒介作用，被告依协议履行了应尽的义务，收购未获成功并非被告的责任，而是政府行为，属不可抗力事因，被告可因此免责；

2. 原、被告之间关于100万元违约金的约定显失公平。

律师观点：

1. 原、被告双方签订的《聘请收购中介协议书》并非《合同法》中规定的居间合同，合法有效，双方均应遵守之。

原、被告双方签订的《聘请收购中介协议书》，虽名为中介协议，但其内容与居间合同的特征相背，被告在协议中承担的义务不仅仅限于联系和介绍活动，被告承诺通过中介活动使原告与目标公司的控股股东达成股权转让协议，并为此制订详细的工作日程表，约定了达成协议的最后期限和风险保证条款以及有关制约原、被告双方履行义务的条款。因此，从协议约定内容及协议签订后的一系列行为来看，被告在此协议中的地位不仅仅限于居间人的身份，协议亦不属于中介合同。

《聘请收购中介协议》系双方真实意思表示，应认定为有效合同，对双方当事人具有法律约束力，当事人应当按照约定履行自己的义务。如当事人不履行义务或履行不符合约定，应当承担违约责任。

本案中，根据协议的内容，双方约定被告必须促成目标公司的控股股东与原告签订股权转让协议，且不超过一定期限。被告在履行过程中，虽做了大量的工作，投入了一定的人力和物力，但最终未能够按照合同的约定完成自己的义务，致使原告的买壳上市计划落空。

2. 政府部门对原告收购新华百货的国有股权不予批准这一情况，不构成协议中的不可抗力事件，被告不可以此为由要求免除责任。

无论是买壳上市抑或收购控股股东的股权，均会涉及上市公司和控股股东的政府主管部门及其上级机关的批准问题，并且从被告提供给原告的上市建议书和购买股权建议书中也表明被告在缔约前对这一工作难度和风险已有所预见，因此，协商与政府有关部门的工作应视为被告在此协议中应尽的义务。此外，作为该上市公司的发起人之一的新华百货的股份，根据《公司法》的规定，3年内是不能转让的，因此，被告所选择的目标公司即新华百货也不符合合同关于目标公司的条件，故被告在选择目标公司方面也存在过错。

在收购活动中，被告虽做了大量的工作，如与当地政府接触，促成体改委作出了有关新华百货商店股权转让的会议纪要等,但由于体改委的干预致使收购未能成功,且该政府的干预行为也不符合双方约定的"第三方"或"不可抗力因素"的免责条件,故应认定被告未依约全面履行义务。被告没有遵从协议的约定履行义务,应承担违约责任。

3. 原、被告之间关于非因不可抗力及原告的原因导致本次收购不成功时,被告应赔付原告 100 万元作为原告风险损失补偿的约定不存在显失公平的问题。

原、被告双方对于 100 万元风险损失补偿的约定,一是双方自愿设立的;二是原、被告双方风险对等,即若被告违约,应赔付原告 100 万元;若原告违约,也应赔付被告 100 万元。故此条款的设置并非显失公平。

法院判决:

被告应在判决生效后 10 日内向原告支付违约金人民币 100 万元。

1458. 上市公司被收购时,应当在独立财务顾问报告中对哪些问题发表意见?

独立财务顾问应当根据委托进行尽职调查,对收购的公正性和合法性发表专业意见。独立财务顾问报告应当对以下问题进行说明和分析,发表明确意见:

(1)收购人是否具备主体资格;

(2)收购人的实力及本次收购对被收购公司经营独立性和持续发展可能产生的影响分析;

(3)收购人是否存在利用被收购公司的资产或者由被收购公司为本次收购提供财务资助的情形;

(4)涉及要约收购的,分析被收购公司的财务状况,说明收购价格是否充分反映被收购公司价值,收购要约是否公平、合理,对被收购公司社会公众股股东接受要约提出的建议;

(5)涉及收购人以证券支付收购价款的,还应当根据该证券发行人的资产、业务和盈利预测,对相关证券进行估值分析,就收购条件对被收购公司的社会公众股股东是否公平合理、是否接受收购人提出的收购条件提出专业意见;

(6)涉及管理层收购的,应当对上市公司进行估值分析,就本次收购的定价依据、支付方式、收购资金来源、融资安排、还款计划及其可行性、上市公司内部控制制度的执行情况及其有效性、上述人员及其直系亲属在最近 24 个月内与上市公司业务往来情况以及收购报告书披露的其他内容等进行全面核查,发表明确意见。

1459. 财务顾问将申报文件报中国证监会审核期间,委托人和财务顾问终止委托协议应如何处理?

财务顾问应当在和委托人终止合同之日起5个工作日内向中国证监会报告,申请撤回申报文件,并说明原因。委托人重新聘请财务顾问就同一并购重组事项进行申报的,应当在报送中国证监会的申报文件中予以说明。

1460. 财务顾问及其财务顾问主办人出现哪些情形时,证监会可以对其采取监管措施?

财务顾问及其财务顾问主办人出现下列情形之一的,中国证监会对其采取监管谈话、出具警示函、责令改正等监管措施:

(1)内部控制机制和管理制度、尽职调查制度以及相关业务规则存在重大缺陷或者未得到有效执行的;

(2)未按照本办法规定发表专业意见的;

(3)在受托报送申报材料过程中,未切实履行组织、协调义务、申报文件制作质量低下的;

(4)未依法履行持续督导义务的;

(5)未按照本办法的规定向中国证监会报告或者公告的;

(6)违反其就上市公司并购重组相关业务活动所作承诺的;

(7)违反保密制度或者未履行保密责任的;

(8)采取不正当竞争手段进行恶性竞争的;

(9)唆使、协助或者伙同委托人干扰中国证监会审核工作的;

(10)中国证监会认定的其他情形。

责令改正期间,财务顾问及其财务顾问主办人不能接受新的顾问业务。

此外,如果财务顾问及其主办人在上市公司收购中存在虚假记载、误导性陈述或者重大遗漏的,中国证监会将对该机构采取责令改正,没收业务收入,暂停或者撤销证券服务业务许可的处罚,并处以业务收入1倍以上5倍以下的罚款。对直接负责的主管人员和其他直接责任人员给予警告,撤销证券从业资格,并处以3万元以上10万元以下的罚款。如果财务顾问及其财务顾问主办人在上市公司收购信息未依法公开前,泄露该信息、买卖或者建议他人买卖该公司证券,应责令依法处理非法持有的证券,没收违法所得,并处以违法所得1倍以上5倍以下的罚款;没有违法所得或者违法所得不足3万元的,处以3万元以上60万元以下的罚款,还应当对直接负责的主管人员和其他直接责任人员给予警告,并处以3万元以上30万元以下的罚款。

如果财务顾问及其财务顾问主办人在上市公司收购信息未依法公开前,泄露该信息、买卖或者建议他人买卖该公司证券,利用相关并购重组信息散布虚假信息、操纵证券市场或者进行证券欺诈活动的,应责令依法处理非法持有的证券,没收违法所得,并处以违法所得 1 倍以上 5 倍以下的罚款;没有违法所得或者违法所得不足 30 万元的,处以 30 万元以上 300 万元以下的罚款,还应当对直接负责的主管人员和其他直接责任人员给予警告,并处以 10 万元以上 60 万元以下的罚款。

1461. 在持续督导期间,如果财务顾问与收购人解除合同,是否收购人即可回避财务顾问对其的督导?

不能。此时收购人应当另行聘请其他财务顾问机构履行持续督导职责。

1462. 上市公司收购完成后,收购人持有的被收购公司股份是否可以立即再次转让?

在收购完成后 12 个月内该股份不得转让。但是,如果收购人在被收购公司中拥有权益的股份在同一实际控制人控制的不同主体之间进行转让的,则不受上述 12 个月的限制。

三、权益披露制度

1463. 何为权益披露制度?

指上市公司的收购及股份权益变动中的信息披露义务人依法披露相关信息的制度。投资者应当通过编制权益变动报告书的方式进行权益披露。

1464. 投资者在上市公司中的权益包括哪些?

投资者在一个上市公司中拥有的权益,包括登记在其名下的股份和虽未登记在其名下但该投资者可以实际支配表决权的股份。

尤其需要注意的是,投资者及其一致行动人在一个上市公司中拥有的权益应当合并计算。

1465. 在何种情况下,投资者及其一致行动人应当编制权益变动报告书?

投资者及其一致行动人拥有权益的股份达到一个上市公司已发行股份的 5% 时,应当在该事实发生之日起 3 日内编制权益变动报告书,并向证监会、证券交易所提交书面报告,抄报该上市公司所在地的证监会派出机构,通知该上市公司,并予公告。

在上述期限内,投资者及其一致行动人不得再行买卖该上市公司的股票。

前述投资者及其一致行动人拥有权益的股份达到一个上市公司已发行股份

的5%后,其拥有权益的股份占该上市公司已发行股份的比例每增加或者减少5%,应当依照上述规定进行报告和公告。在报告期限内和作出报告、公告后2日内,不得再行买卖该上市公司的股票。

上市公司的收购及相关股份权益变动活动中的信息披露义务人应当在至少一家证监会指定媒体上依法披露信息,并与其在其他媒体上进行披露的内容应当保持一致,披露时间也不得早于指定媒体的披露时间。

1466. 权益变动报告书的形式及内容是否因权益变动的股份权益比例不同而有所不同?

是。权益变动报告书分成简式与详式。

1467. 何种情形下,投资者及其一致行动人应当编制简式权益变动报告书?其内容包括哪些?

如果投资者及其一致行动人不是上市公司的第一大股东或者实际控制人,其拥有权益的股份达到或者超过该公司已发行股份的5%,但未达到20%的,应当编制简式权益变动报告书,其内容包括:

(1)投资者及其一致行动人的姓名、住所;投资者及其一致行动人为法人的,其名称、注册地及法定代表人;

(2)持股目的,是否有意在未来12个月内继续增加其在上市公司中拥有的权益;

(3)上市公司的名称、股票的种类、数量、比例;

(4)在上市公司中拥有权益的股份达到或者超过上市公司已发行股份的5%或者拥有权益的股份增减变化达到5%的时间及方式;

(5)权益变动事实发生之日前6个月内通过证券交易所的证券交易买卖该公司股票的简要情况;

(6)中国证监会、证券交易所要求披露的其他内容。

【案例524】康强电子原高管减持套现作出权益变动报告[①]

上市公司:康强电子

信息披露义务人:刘俊良

变动性质:股份减少

信息披露义务人持有、控制其他上市公司股份情况:

---

① 参见宁波康强电子股份有限公司简式权益变动报告书。

截至本报告签署日,信息披露义务人没有在境内、境外其他上市公司中拥有权益的股份达到或超过该公司已发行股份5%的情况。

减持目的及持股计划:

信息披露义务人减持所持股份的目的是出于自身资金需求。信息披露义务人存在在未来12个月内存在继续减持的可能,并将按照相关法律法规履行信息披露义务。

信息披露义务人持有上市公司股份情况:

2007年3月2日,上市公司首次公开发行股票后,信息披露义务人持有上市公司8,262,660股,占发行后总股本9710万股的8.51%,该股份于2008年3月3日解除限售。

2008年6月6日,信息披露义务人因上市公司实施2007年度利润分配及公积金转增股本方案后,股份增加至16,525,320股,占上市公司2007年度利润分配送转股后股份总数19,420万股的8.51%。

自2008年10月29至2012年9月4日收盘,信息披露义务人因自身资金需要,通过集中竞价交易系统累计减持公司股份6,875,320股。截至2012年9月4日收盘,信息披露义务人仍持有上市公司股份9,650,000股,占公司股份总数的4.97%。

所持股份权利受限情况:

截至本报告书签署日,信息披露义务人所持有的上市公司股票无权利受限情况。

前6个月内买卖上市公司交易股份的情况:

信息披露义务人自本报告书签署之日起前6个月通过交易所交易系统买卖上市公司股份情况如表21-1所示:

表21-1

期间	卖出数量(股)	卖出均价(元/股)	交易方式
2012年8月	582,700	6.859	竞价交易
2012年9月	162,720	6.285	竞价交易

【案例525】和方投资认购新股作出权益变动报告[①]

上市公司: 和光商务

---

① 参见深圳和光现代商务股份有限公司简式权益变动报告书。

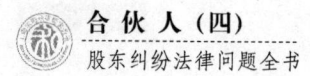

信息披露义务人：和方投资

变动性质：新增股份

信息披露义务人持有、控制其他上市公司股份情况：

信息披露义务人为此次和光商务重大资产出售及发行股份购买资产暨关联交易需要所设立的公司，本次权益变动前，信息披露义务人未持有、控制其他上市公司股份。

持股目的：

信息披露义务人减持所持股份的目的是用来偿还和光商务转移至和方投资的金融债务。未来12个月内，和方投资承诺其不会继续增加在上市公司中拥有的权益股份。

信息披露义务人持有上市公司股份情况：

2009年4月30日，和方投资持有和光商务56,407,066股股份。

所持股份权利受限情况：

信息披露义务人承诺，和方投资以持有三湘股份股权所认购和光商务发行之股份自发行结束之日起36个月内不上市交易或转让。

前6个月内买卖上市公司交易股份的情况：

1. 和方投资及其关联方承诺：在本报告书提前6个月，没有买卖和光商务交易股份的行为。

2. 和方投资及其关联方的董事、监事及高级管理人员承诺：在本报告书提前6个月，本人及其直系亲属没有买卖和光商务交易股份的行为。

【案例526】神奇控股减持套现作出权益变动报告①

上市公司：永生数据

信息披露义务人：神奇控股

变动性质：股份减少

信息披露义务人持有、控制其他上市公司股份情况：

截至本报告书签署之日，信息披露义务人不存在在境内、境外其他上市公司中拥有权益的股份达到或者超过该公司已发行股份5%的情况。

减持目的及持股计划：

信息披露义务人减持所持股份的目的是为了满足集团发展所需资金需求。

---

① 参见上海永生数据科技股份有限公司简式权益变动报告书。

信息披露义务人不排除在未来12个月内继续减持永生数据股份的可能,并将按照相关法律法规履行信息披露义务。

信息披露义务人持有上市公司股份情况:

2006年7月28日永生数据实施股权分置改革后,信息披露义务人持有永生数据股份72,121,454股限售流通股,占永生数据总股本的48.76%。

2007年7月30日,信息披露义务人所持的永生数据5%股份(7,395,250股)限售解除后,于2008年4月20日之前通过上海证券交易所竞价交易系统累计出售1,455,250股,占永生数据总股本的0.98%。

2009年7月28日,信息披露义务人所持的永生数据全部股份限售解除后,于2009年8月27日当天通过上海证券交易所竞价交易系统出售1,405,050股,占永生数据总股本的0.95%。

2009年11月11日,信息披露义务人通过上海证券交易所大宗交易系统出售永生数据股份4,530,000股,占永生数据总股本3.06%。

2009年11月11日,信息披露义务人出售永生数据股份累计7,390,300股,已达永生数据总股本的5%。

前6个月内买卖上市公司交易股份的情况:

在本次权益变动事实发生之日前6个月内未有其他买入或者卖出永生数据股份的情况。

1468. 何种情形下,投资者及其一致行动人应当编制详式权益变动报告书?其内容应当包括哪些?

如果投资者及其一致行动人为上市公司第一大股东或者实际控制人,其拥有权益的股份达到或者超过一个上市公司已发行股份的5%,但未达到20%的,应当披露下列属于详式权益变动报告的内容:

(1)投资者及其一致行动人的控股股东、实际控制人及其股权控制关系结构图;

(2)取得相关股份的价格、所需资金额、资金来源,或者其他支付安排;

(3)投资者、一致行动人及其控股股东、实际控制人所从事的业务与上市公司的业务是否存在同业竞争或者潜在的同业竞争,是否存在持续关联交易;存在同业竞争或者持续关联交易的,是否已作出相应的安排,确保投资者、一致行动人及其关联方与上市公司之间避免同业竞争以及保持上市公司的独立性;

(4)未来12个月内对上市公司资产、业务、人员、组织结构、公司章程等进行调整的后续计划；

(5)前24个月内投资者及其一致行动人与上市公司之间的重大交易；

(6)证明投资者及其一致行动人满足收购上市公司条件的证明文件；

(7)中国公民的身份证明，或者在中国境内登记注册的法人、其他组织的证明文件；

(8)基于收购人的实力和从业经验对上市公司后续发展计划可行性的说明，收购人拟修改公司章程、改选公司董事会、改变或者调整公司主营业务的，还应当补充其具备规范运作上市公司的管理能力的说明；

(9)收购人及其关联方与被收购公司存在同业竞争、关联交易的，应提供避免同业竞争等利益冲突、保持被收购公司经营独立性的说明；

(10)收购人为法人或者其他组织的，其控股股东、实际控制人最近2年未变更的说明；

(11)收购人及其控股股东或实际控制人的核心企业和核心业务、关联企业及主营业务的说明；收购人或其实际控制人为两个或两个以上的上市公司控股股东或实际控制人的，还应当提供其持股5%以上的上市公司以及银行、信托公司、证券公司、保险公司等其他金融机构的情况说明；

(12)财务顾问关于收购人最近3年的诚信记录、收购资金来源合法性、收购人具备履行相关承诺的能力以及相关信息披露内容真实性、准确性、完整性的核查意见；收购人成立未满3年的，财务顾问还应当提供其控股股东或者实际控制人最近3年诚信记录的核查意见。

此外，如果投资者及其一致行动人拥有权益的股份达到或者超过一个上市公司已发行股份的20%但未超过30%的，也应当编制详式权益变动报告书，具体内容同上。

如果该类拥有权益的股份达到或者超过一个上市公司已发行股份的20%但未超过30%的投资者及其一致行动人为上市公司第一大股东或者实际控制人的，还应当聘请财务顾问对上述权益变动报告书所披露的内容出具核查意见，但国有股行政划转或者变更、股份转让在同一实际控制人控制的不同主体之间进行、因继承取得股份的除外。

投资者及其一致行动人承诺至少3年放弃行使相关股份表决权的，可免于聘请财务顾问和提供前款第(7)项至第(12)项规定的文件。

详式权益变动报告书形式如表21-2所示：

表 21-2 详式权益变动报告书

基本情况			
上市公司名称		上市公司所在地	
股票简称		股票代码	
信息披露义务人名称		信息披露义务人注册地	
拥有权益的股份数量变化	增加□ 不变,但持股人发生变化□	有无一致行动人	有□ 无□
信息披露义务人是否为上市公司第一大股东	是□　否□	信息披露义务人是否为上市公司实际控制人	是□ 否□
信息披露义务人是否对境内、境外其他上市公司持股5%以上	是□　否□ 回答"是",请注明公司家数	信息披露义务人是否拥有境内、外两个以上上市公司的控制权	是□　否□ 回答"是",请注明公司家数
权益变动方式 (可多选)	通过证券交易所的集中交易□　　协议转让□　　国有股行政划转或变更□　　间接方式转让□　　取得上市公司发行的新股□　　执行法院裁定□　　继承□　　赠与□ 其他□ (请注明)			
信息披露义务人披露前拥有权益的股份数量及占上市公司已发行股份比例	持股数量:		持股比例:	
本次权益变动后,信息披露义务人拥有权益的股份数量及变动比例	变动数量:		变动比例:	

续表

与上市公司之间是否存在持续关联交易	是□	否□
与上市公司之间是否存在同业竞争	是□	否□
信息披露义务人是否拟于未来12个月内继续增持	是□	否□
信息披露义务人前6个月是否在二级市场买卖该上市司股票	是□	否□
是否存在《收购办法》第6条规定的情形	是□	否□
是否已提供《收购办法》第50条要求的文件	是□	否□
是否已充分披露资金来源	是□	否□
是否披露后续计划	是□	否□
是否聘请财务顾问	是□	否□
本次权益变动是否需取得批准及批准进展情况	是□	否□
信息披露义务人是否声明放弃行使相关股份的表决权		

1469. 已披露权益变动报告书的投资者及其一致行动人因拥有权益的股份变动需要再次报告、公告权益变动报告书的,是否可以仅就不同部分作出报告、公告?

如果该变动的时间跨度不超过6个月的,可以仅就与前次报告书不同的部分作出报告、公告。

一旦自前次披露之日起超过6个月的,投资者及其一致行动人应当重新编制完整的权益变动报告书,并履行报告、公告义务。

1470. 在何种情况下,投资者及其一致行动人可免于履行报告和公告义务?

因上市公司减少股本导致投资者及其一致行动人拥有权益的股份变动的,投资者及其一致行动人免于履行报告和公告义务。

此时,上市公司应当自完成减少股本的变更登记之日起两个工作日内,就因此导致的公司股东拥有权益的股份变动情况作出公告。

但是,如果因公司减少股本可能导致投资者及其一致行动人成为公司第一大股东或者实际控制人的,该投资者及其一致行动人应当自公司董事会公告有关减少公司股本决议之日起3个工作日内编制详式权益变动报告书。

1471. 上市公司的收购及相关股份权益变动活动中的信息披露义务人采取一致行动的,可否以书面形式约定由其中一人作为指定代表负责统一编制信息披露文件?

可以,同时当事人可以授权指定代表在信息披露文件上签字、盖章。

1472. 信息披露文件中涉及与多个信息披露义务人相关的信息,各义务人是否仅对涉及自身披露义务的信息承担责任?

不是。各信息披露义务人对相关部分承担连带责任。

1473. 投资者与其一致行动人拥有的权益在涉及可转债时应当如何计算?

在计算持股比例时,可能会涉及投资者持有上市公司可转债的情况,由于可转债有可能会转为公司股份,所以此时持股比例具有不确定性。根据相关规定,可转债的计算方法如下:

公式1,将投资者所持有的上市公司已发行的可转为公司股票的证券中有权转换部分与其所持有的同一上市公司的股份合并计算:

持股比例=(投资者持有的股份数量+投资者持有的可转换为公司股票的非股权类证券所对应的股份数量)/(上市公司已发行股份总数+上市公司发行的可转换为公司股票的非股权类证券所对应的股份总数)

公式2,合并计算非股权类证券转为股份后的比例:

持股比例=投资者持有的股份数量/上市公司已发行股份总数

公式1和公式2相比,以二者中的较高者为准。行权期限届满未行权的或者行权条件不再具备的,无须合并计算。

四、律师尽职调查

1474. 律师事务所和律师以何种形式为上市公司收购提供法律服务?

律师一般是以收购企业的常年法律顾问或单项特聘法律顾问的形式为收购

企业的收购、兼并或者资产重组提供法律服务。律师依法为并购企业解决在收购、兼并或资产重组中出现的法律问题,排除其在收购、兼并或资产重组过程中遇到的法律障碍。

在上市公司收购法律服务过程中,律师依照法律规定的标准为并购企业的股权转让、资产置换、收购兼并等活动进行核查、验证,经把关合格后上报政府进行审批。因此,该种服务不同于一般的民事代理,律师不是并购企业的代理人。律师依法以独立主体的身份对企业并购的合法性作出独立的法律评价,为政府审核上市公司并购的合法性提供忠实的法律依据。

1475. 收购方律师在收购完成前的法律服务流程有哪些?

流程如下:

(1)收购方向目标公司发出非正式的并购意向;

(2)收购方与律师事务所签订"专项法律顾问合同"或者"法律顾问合同",同时签署"尽职调查保密协议书";

(3)收购方与目标公司就尽职调查签署保密协议;

(4)收购方指定由自身或其聘请的法律、财务、会计等方面的专家组成尽职调查小组;

(5)律师根据受托的业务起草"尽职调查清单";

(6)由目标公司把所有相关资料收集在一起并准备资料索引,并指定一间用来放置相关资料的房间,同时,目标公司指定专人配合尽职调查;

(7)律师在限定的期限内对目标公司提供的资料进行审查,并就有关事实询问目标公司有关负责人员;

(8)律师根据调查结果出具初步尽职调查报告,简要介绍对决定目标公司价值有重要意义的事项;尽职调查报告应反映尽职调查中发现的实质性的法律事项,通常包括根据调查中获得的信息对交易框架提出建议及对影响高买价格的诸项因素进行的分析;

(9)根据律师出具的初步尽职调查报告、律师协助签字的买方设计并购方案,起草并购意向书;

(10)根据买卖双方签字的并购意向书,确认精密尽职调查的事项,并进行精密尽职调查;律师对收到的资料经研究判断后,如需进一步了解,应再次起草"尽职调查清单",以此类推,直至查明情况为止;

(11)起草并向委托方提交准确、完整、翔实的尽职调查报告;

(12)律师协助委托方起草或修改并购合同;

(13)律师根据谈判结果制作相关法律文件。

1476. 收购过程中,尽职调查的总体程序有哪些?包括哪些工作?

尽职调查通常需要经历以下程序:

(1)由卖方指定一家投资银行负责整个并购过程的协调和谈判工作;

(2)由潜在买方指定一个由专家组成的尽职调查小组(通常包括律师、会计师和财务分析师);

(3)由潜在买方和其聘请的专家顾问与卖方签署"保密协议";

(4)由卖方或由目标公司在卖方的指导下把所有相关资料收集在一起并准备资料索引;

(5)由潜在买方准备一份尽职调查清单;

(6)指定一间用来放置相关资料的房间(又称数据室或尽职调查室);

(7)建立一套程序,让潜在买方能够有机会提出有关目标公司的其他问题并能获得数据室中可以披露之文件的复印件;

(8)由潜在买方聘请的顾问(包括律师、会计师、财务分析师)作出报告,简要介绍对决定目标公司价值有重要意义的事项;尽职调查报告应反映尽职调查中发现的实质性的法律事项,通常包括根据调查中获得的信息对交易框架提出建议及对影响购买价格的诸项因素进行的分析;

(9)由买方提供收购合同的草稿以供谈判和修改。

律师在上市公司收购过程中提供的尽职调查服务主要包括以下方面:

(1)帮助制定尽职调查规划;

(2)提供详尽的尽职调查的审查清单;

(3)协助收购方与目标公司、卖方签署保密协议;

(4)必要时的自行查证;

(5)确定尽职调查时间表;

(6)尽职调查完成后,出具总结性的调查报告。

1477. 法律尽职调查的内容有哪些?

尽职调查的主要内容包括:

(1)目标公司的主体资格。为了确保交易的合法有效,被并购公司必须是合法存在的。调查的主要项目有:

①公司基本信息,包括公司名称、住所、成立时间。

②股东及出资情况,是否有隐名股东,注册资本是否到位(特别注意其他应收款),股东是否真实出资。

③公司年检情况,是否被注销或吊销执照。
④公司的变更情况,包括股东的变更、注册资本的增减。
⑤公司性质及所有权结构。
(2)目标公司的组织机构:
①目标公司总部的内部组织机构。
②分公司或营业处的数量及与总部的关系。
③高管对公司的持股情况。
(3)目标公司的章程、董事会决议、股东会决议。
①审查章程是否有反收购的条款。如果有,收购方应警惕,很可能因反收购条款的存在而导致收购失败。
②收购公司的股东会、董事会同意收购的决议是否依法作出,是否达到章程或法律规定的同意票数等。
(4)还包括对管理人员及职工的安置:
①董事、高管的离职补偿。
②普通职员提前终止合同的补偿和提前1个月通知时间。
③有的公司曾以股份期权、福利等对员工作出承诺,对这些承诺该如何补偿。
④收购后继续聘用的人员,劳动合同是继续有效还是重新签订,如重新签订的要对以前的工龄进行补偿。
(5)对目标公司现存资产的审查:
①对房地产的审查,包括两个方面:第一,产权是否存在瑕疵,比如房产上设置了抵押;第二,房产价值几何,比如审查土地使用权的剩余年限,剩余年限越少价值越低。
②对机器设备的审查,购买价款是否付清,具有所有权还是仅仅为租赁使用物,机器上是否存在瑕疵等。有些设备可能属于反射源等国家有特殊规定的材料,收购方是否有资质持有这些特殊物资或者销毁这些特殊物资需要花什么代价。
③知识产权及许可,专利、商标等的有效期;是否外卖特许经营权;收购后是否收回特许经营权;是否享有其他公司的特许经营权;商誉调查。
④目标公司的应收账款、应收票据、坏账准备情况,对一年以上的未收账款收购方应该注意审查。
⑤对外持股权及对外投资。目标公司是否持有第三方公司的股权,目标公司作为股东在该公司中的持股比例,是否有决策权和控股权,目标公司对外投资的

资产占本身资产的比例为多少。特别警惕目标公司在收购前不久的对外投资及突然参股情况。

⑥持有的股票、企业债券、国债等的市场价值是多少。

（6）对目标公司的债务及其他重大不利因素的审查：

①债务：目标公司的应付账款、应付票据、其他应付款的情况。

②对外担保：需要对目标公司为第三人债务进行的担保金额进行全面审查。

③需要面对的或可能卷入的诉讼或仲裁：该诉讼或仲裁是否已经进行，诉讼结果是否对目标公司不利，涉及的标的为多少金额，进展到哪个诉讼阶段等。

④工商、税务、环保等部门对目标公司有不利的举措：包括未支付的罚款、可能面临的行政处罚等。

（7）其他需要审查的内容：

①对重大合同履行情况的审查，比如对一些长期供货合同、经销商销售合同、技术许可合同等的审查。

②国有资产的收购：收购国有资产必须经国资委的同意，收购以国资委的批文为准，该批文的真实性及合法性应到相关部门进行核查。

③销售渠道及客户。

④税收及优惠的取消：收购外资公司，因我国目前对外资和内资实行不同的税率，当外资部分的股权完全被国内企业收购后其优惠税率会被取消。

五、要约收购

1478. 以要约收购一个上市公司股份的，预定收购的股份比例不得低于多少？

预定收购的股份比例均不得低于该上市公司已发行股份的5%。

1479. 收购要约中的收购条件可否区别对待不同的股东？

不可以。收购要约提出的各项收购条件，适用于被收购公司的所有股东，要约人不能区别对待目标公司的股东。

1480. 要约收购上市公司股份应当如何履行公告程序？

以要约方式收购上市公司股份的，收购人应当编制要约收购报告书，并应当聘请财务顾问向中国证监会、证券交易所提交书面报告，抄报派出机构，通知被收购公司，同时对要约收购报告书摘要作出提示性公告。

收购人依照前款规定报送符合中国证监会规定的要约收购报告书及相关文件之日起15日后，公告其要约收购报告书、财务顾问专业意见和律师出具的法律意见书。在15日内,中国证监会对要约收购报告书披露的内容表示无异议的,收购人可以进行公告;如果中国证监会发现要约收购报告书不符合法律、行政法规及相关规定的,将及时告知收购人,收购人不得公告其收购要约。要约收购程序如图21-2所示:

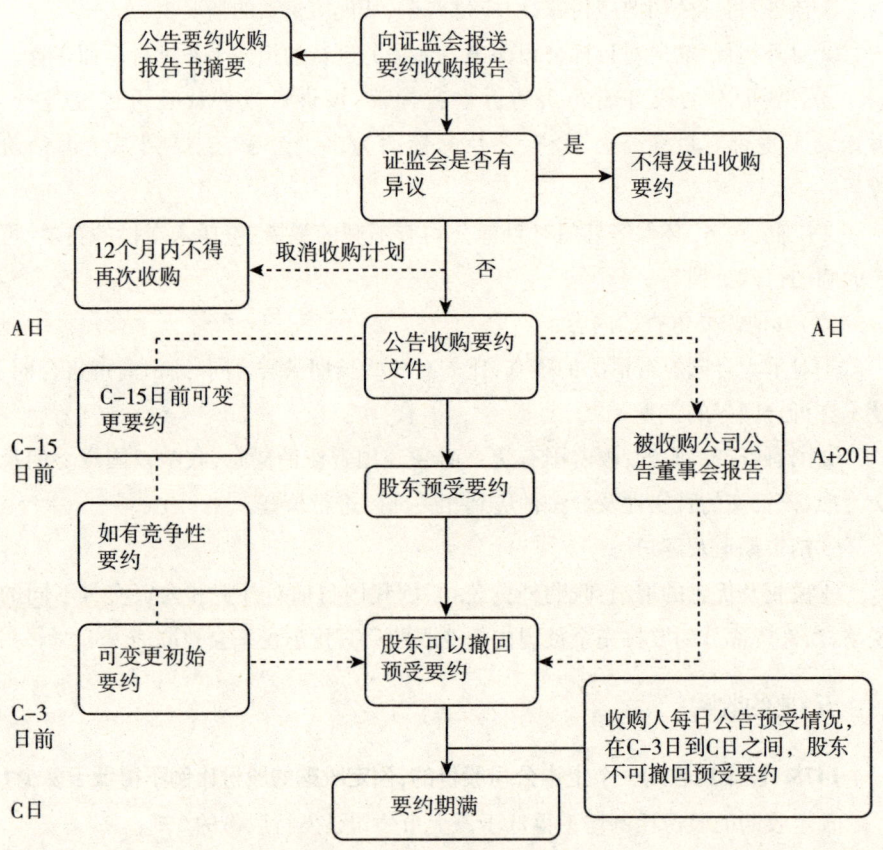

图21-2 要约收购程序

注:1. 此处A日为公告收购要约文件当日。

2. 此处C日为要约期满之日。

1481. 要约收购报告书应当载明哪些事项?

要约收购报告书应当载明下列事项:

(1)收购人的姓名、住所;收购人为法人的,其名称、注册地及法定代表人,与其控股股东、实际控制人之间的股权控制关系结构图;

(2)收购人关于收购的决定及收购目的,是否拟在未来12个月内继续增持;

(3) 上市公司的名称、收购股份的种类;

(4) 预定收购股份的数量和比例;

(5) 收购价格;

(6) 收购所需资金额、资金来源及资金保证,或者其他支付安排;

(7) 收购要约约定的条件;

(8) 收购期限;

(9) 报送收购报告书时持有被收购公司的股份数量、比例;

(10) 本次收购对上市公司的影响分析,包括收购人及其关联方所从事的业务与上市公司的业务是否存在同业竞争或者潜在的同业竞争,是否存在持续关联交易;存在同业竞争或者持续关联交易的,收购人是否已作出相应的安排,确保收购人及其关联方与上市公司之间避免同业竞争以及保持上市公司的独立性;

(11) 未来12个月内对上市公司资产、业务、人员、组织结构、公司章程等进行调整的后续计划;

(12) 前24个月内收购人及其关联方与上市公司之间的重大交易;

(13) 前6个月内通过证券交易所的证券交易买卖被收购公司股票的情况;

(14) 中国证监会要求披露的其他内容。

如果收购人发出全面要约的,还应当在要约收购报告书中充分披露终止上市的风险、终止上市后收购行为完成的时间及仍持有上市公司股份的剩余股东出售其股票的其他后续安排。如果收购人发出以终止公司上市地位为目的的全面要约,则无须披露前款第(10)项规定的内容。具体形式如表21-3所示:

表21-3 要约收购报告书

基本情况			
上市公司名称		上市公司所在地	
股票简称		股票代码	
收购人名称		收购人注册地	
拥有权益的股份数量变化	增加□ 不变,但持股人发生变化□	有无一致行动人	有□ 无□

续表

收购人是否为上市公司第一大股东	是□ 否□	收购人是否为上市公司实际控制人	是□ 否□
信息披露义务人是否对境内、境外其他上市公司持股5%以上	是□ 否□回答"是",请注明公司家数	信息披露义务人是否拥有境内、外两个以上上市公司的控制权	是□ 否□回答"是",请注明公司家数
收购方式（可多选）	通过证券交易所的集中交易□ 协议转让□ 国有股行政划转或变更□ 间接方式转让□ 取得上市公司发行的新股□ 执行法院裁定□ 继承□ 赠与□ 其他□（请注明）		
收购人披露前拥有权益的股份数量及占上市公司已发行股份比例	持股数量：	持股比例：	
本次收购股份的数量及变动比例	变动数量：	变动比例：	
与上市公司之间是否存在持续关联交易	是□ 否□		
与上市公司之间是否存在同业竞争或潜在同业竞争	是□ 否□		
收购人是否拟于未来12个月内继续增持	是□ 否□		
收购前6个月是否在二级市场买卖该上市公司股票	是□ 否□		
是否存在《收购办法》第6条规定的情形	是□ 否□		
是否已提供《收购办法》第50条要求的文件	是□ 否□		
是否已充分披露资金来源	是□ 否□		

续表

是否披露后续计划	是□	否□
是否聘请财务顾问	是□	否□
本次收购是否需取得批准及批准进展情况	是□	否□
收购人是否声明放弃行使相关股份的表决权	是□	否□

【案例527】境外酒业巨头DHHBV要约收购水井坊[①]

收购人：Diageo Highlands Holding B. V. (DHHBV)

被收购上市公司：水井坊

收购人基本情况：

收购人是作为帝亚吉欧集团的间接控股公司。其唯一的董事为法人Diageo Holdings Netherlands B. V.。Diageo Holdings Netherlands B. V.是帝亚吉欧的间接全资子公司，其注册地址位于荷兰，系根据荷兰法律成立的私人有限责任公司。实际控制人为Diageo plc，是世界领先的高端酒类公司。

收购目的：

基于收购人、盈盛投资以及水井坊此前的成功合作，收购人希望进一步增强中外双方在中国白酒行业的合作。收购人与盈盛投资相信，进一步深化中外双方的合作将有助于提升水井坊的公司价值及社会公众股东的投资回报。

完成本次要约收购后，收购人目前暂无在本次要约收购完成后12个月内通过直接或间接的方式继续增持或处置水井坊股份的计划，但不排除收购人根据市场情况和水井坊的资金需求增持水井坊股份的可能，但上述增持应不以终止水井坊的上市地位为目的。

收购所履行的程序及时间：

1. 收购人于2010年2月17日作出董事会决议，同意收购盈盛投资（全兴集团中方股东）持有的全兴集团4%的股权，并同意履行前述收购所引致的全面要约收购义务，且上述行为已经帝亚吉欧董事会批准。

[①] 参见2012年3月20日四川水井坊股份有限公司要约收购报告书。

2. 全兴集团于 2010 年 2 月 28 日作出董事会决议，批准收购人收购盈盛投资持有的全兴集团 4% 的股权。

3. 收购人与盈盛投资于 2010 年 3 月 1 日签订《股权转让协议》。

4. 收购人与盈盛投资于 2010 年 8 月 30 日签订《股权转让协议的修改协议》。

5. 全兴集团于 2011 年 7 月 4 日在四川省成都市工商行政管理局办理完毕与本次股权转让有关的工商变更登记手续。

收购方式：

本次要约收购的被收购公司为水井坊，所涉及的要约收购的股份包括除全兴集团所持有的水井坊股份以外的水井坊全部已上市流通股。

要约收购期限届满，收购人将根据登记结算公司临时保管的预受要约的股份数量确认收购结果，并随后将用于支付要约收购的资金足额划至登记结算公司账户，并向登记结算公司上海分公司申请办理预受要约股份的过户及资金结算手续。

本次要约收购为向除全兴集团以外的水井坊股东发出的全面收购要约，无其他约定条件。

资金来源：

本次要约收购所需资金将来源于帝亚吉欧集团自有资金或对外筹措的资金。

【案例528】鲁商集团要约收购银座股份巩固国有控股地位[①]

收购人：鲁商集团

被收购上市公司：银座股份

收购人基本情况：

鲁商集团是山东省国资委履行出资人职责的国有独资公司，山东省国资委为鲁商集团的控股股东和实际控制人，持有鲁商集团 100% 股份。

收购目的：

为进一步增强对银座股份的影响力，更好地促进银座股份发展，并看好银座股份未来的增长潜力，收购人计划对银座股份实施部分要约收购事项。通过部分要约方式收购银座股份 5% 股份，可以进一步巩固国有控股地位，促进银座股份更好的发展。

截至本报告书摘要签署日，除本次要约收购外，收购人目前暂无在本次要约

---

① 参见 2013 年 5 月 21 日银座集团股份有限公司要约收购报告书。

收购完成后12个月内通过直接或间接的方式继续增持或处置银座股份股份的计划，本次增持将不以终止银座股份的上市地位为目的。

收购所履行的程序及时间：

1. 收购人于2013年3月19日召开了总经理办公会，审议通过了本次要约收购议案。

2. 2013年3月25日，山东省国资委出具《关于省商业集团有限公司要约收购银座集团股份有限公司的批复》批复同意收购人本次要约收购。

收购方式：

本次收购实施前，鲁商集团及其一致行动人合计持有银座股份股权比例为29.82%，是银座股份的控股股东。本次预定收购的股份数量为26,003,330股，占被收购公司总股本的比例5%。

本次要约收购为向银座股份除收购人及其控股子公司以外的全体流通股股东发出的部分要约收购。要约期满后，若预受要约股份的数量少于或等于收购人预定收购数量26,003,330股，则收购人按照收购要约约定的条件购买被股东预受的股份；预受要约股份的数量超过收购数量时，收购人按照同等比例收购预受要约的股份。收购人从每个预受要约的股东处购买的股份不足一股的余股的处理将按照登记公司有关业务规则中零碎股处理方法处理。

资金来源：

本次要约收购资金来源于收购人自有资金并具有合法性。

【案例529】嘉士伯战略投资要约收购重庆啤酒[①]

收购人： 嘉士伯香港

被收购上市公司： 重庆啤酒

收购人基本情况：

收购人嘉士伯香港为一家注册在香港的有限公司，控股股东为嘉士伯亚洲和嘉士伯啤酒厂，实际控制人为嘉士伯基金会。

收购目的：

收购人本次要约收购旨在进一步加强嘉士伯对重庆啤酒的战略投资，基于嘉士伯对中国啤酒市场的良好预期，收购人希望进一步增持其在重庆啤酒的股份数量，并相信此次收购将有助于深化双方的合作，进一步提升重庆啤酒公司价值及

---

① 参见2013年3月4日重庆啤酒股份有限公司要约收购报告书摘要。

对社会公众股东的投资回报。收购人本次要约收购不以终止重庆啤酒上市地位为目的。

根据《股份转让锁定协议》的规定,嘉士伯香港可能在本次要约收购完成后12个月内继续增持要约收购期间届满时重啤集团存在任何剩余的重庆啤酒股份。除以上计划外,收购人目前暂无其他在本次要约收购完成后12个月内通过直接或间接的方式继续增持重庆啤酒股份的计划,但不排除收购人根据市场情况和嘉士伯的战略安排增持重庆啤酒股份的可能。

收购所履行的程序及时间:

1. 嘉士伯于2013年2月26日作出董事会决议,同意对重庆啤酒发起部分要约收购,收购完成后的总持股比例不超过60%。

2. 收购人嘉士伯香港于2013年3月1日作出董事会决议,决定以部分要约收购方式收购重庆啤酒,并通过与重啤集团签署《股权转让锁定协议》事宜。

1482. 如果收购人依照协议收购的方式收购上市公司股份超过30%,对超过30%的部分采取要约收购时,应当如何履行相应程序?

收购人以协议收购方式拟收购上市公司股份超过30%,须改以要约方式进行收购的,收购人应当在达成收购协议或者作出类似安排后的3日内对要约收购报告书摘要作出提示性公告,并履行报告和公告义务,同时免于编制、报告和公告上市公司收购报告书;依法应当取得批准的,应当在公告中特别提示本次要约须取得相关批准方可进行。

如果未取得批准的,收购人应当在收到通知之日起2个工作日内,向中国证监会提交取消收购计划的报告,同时抄报派出机构,抄送证券交易所,通知被收购公司,并予公告。

【案例530】被收购股份超20%股东可以一购一　反收购策略获法院支持

收购人: DKM公司

被收购人: Household公司

基本案情:

被收购人是美国一家多元化控股公司,分公司主要从事金融业务、运输、批发。为防止恶意被收购,被收购人董事会于1984年8月14日以14票对2票通过一项特殊权利计划设置。该计划规定在达到某条件时,被收购人普通股东可以1股换1个购买新股的权利。该条件有二:

1. 收购者宣布要约收购被收购人30%的股份；
2. 由任一机构或团体收购被收购人20%股份。

如上述权利持有人不行使权利，则被收购人有可能被收购。此时权利持有人就可使用购买新股权利以100美元/股的价格来购买收购方价值200美元/股的普通股。

由此，收购方一旦披露成功收购的消息，被收购方股东即可以一半价格购买公司股票，收购方最终不仅不能完成收购，还可能遭受致命的打击。

收购方与被收购方始终无法达成收购协议，遂将被收购方告上了法庭。请求法院确认：该权力计划是否属于商业判断法则的保护范围内。

收购方认为：

1. 被收购方董事会没有权力通过此计划；
2. 被收购方董事会没有权力剥夺股东接受恶意要约（现金）收购的权利；
3. 被收购方董事会没有权力从根本上限制股东自行选择投票代理人的权利。

律师观点：

1. 特拉华州公司法第157条、151条授权公司采取此权利计划。第141条(a)款授权董事会管理公司的业务和事务，并且为董事会提供了连带的授权来制定权利计划。

2. 董事会通过的这种权利计划与其他的防御措施相比只是一种结构的变化，并没有致使公司资产损失，计划的执行既没有使公司的资金外流也没有影响公司的财务灵活性，更没有稀释每股盈利，而且无论对公司和股东都没有负面的税务影响。这一权利计划也没有对被收购方股票市值产生任何负面影响。

3. 权利计划确实是阻止了恶意收购者获得大量股东的投票代理权，但并不限制每股的投票权。被收购方证人就提出在最近的公司收购战中，持有不到10%股份的恶意收购者就曾通过争夺投票代理权来获得公司的控制权。这种权利计划对于投票代理权的争夺影响微乎其微。证据表明，很多持有不到20%股份的恶意收购者在很多投票代理权的争夺中获胜，大量的持有被收购方公司股票并不能保证成功收购公司。另外，证人证言也说明，争夺代理权成功的原因并不在于恶意收购人所持股份的多少，而在与恶意收购者收购意图的合理性。

法院判决：

权利计划合法。

【案例531】收购方未获控制权转让全部股票　次债持有人主张违约被驳回

债券托管人：Philadelphia National Bank
债券发行人：B.S.F公司
基本案情：

债权发行人在1954年出售其全部400万美元生产设备，用获得的现金购入了25% American Hardware已公开发行股份。

1956年债券发行人向证券交易委员会提出申请豁免对其适用投资公司法，因为其75.5%的资产是American Hardware公司股票。证券交易委员会批准了请求。

随后债券发行人公开发行次级债券。债券说明书中记载公司持有的American Hardware股票大幅增值，在接下来四年中公司的主要收入将来自于American Hardware的股利。

1963年，由于American Hardware管理层已经不再允许债券发行人继续控制公司。债券发行人发现自己已无力对自己拥有大量股份的公司进行控制，失去对American Hardware的控制也意味着丧失投资公司法的豁免，需要重新注册为投资公司。因此，债券发行人决定出售其全部American Hardware股份，并和Glen Alden公司达成协议将其所有的American Hardware股票出售给Glen Alden，协议约定交易全部由现金完成，并且Glen Alden对债权发行人的债券本金和利息偿付承担保证责任。在交易完成时，债券发行人告知其债券持有人它将会用交易收入投资于其他公司。

债券发行人的债券托管人认为债券发行人向Glen Alden的出售实际是出售了其全部的资产，没有依据债券合同第1章第14条行事。因此债券发行人构成对债券合同的违约，遂向法院提起诉讼。

债券发行人辩称此项出售只是一项再正常不过的商业交易，出售的原因是其失去了American Hardware的控制，公司还会寻觅另一家公司入股。公司法禁止公司出售全部或几乎全部的资产是为了防止公司借此规避和股东的协议。但如果销售是处于公司的利益出发，那么无论销售多少资产都不应被禁止。

一审法官最终判决债券发行人出售的股票占其总资产的75%，构成了对几乎全部资产的出售，没有执行债券合同条款，构成违约，需要溢价赎回债券。

原告提起上诉。

律师观点：

债券合同第4款第3E项规定，在债券发行人出售全部资产后，债券可以转换成公司其他的股票或证券，或是转换为收购公司的股份或证券。第4条第4项规定，债券发行人只有和收购公司达成债券合同的补充协议才能出售其资产。补充协议应规定和第3E项相近的内容。债券合同第14条还要求收购公司承接债券发行人债券合同下的一切义务，并且承担债券发行人在一切合同中承担的一切义务。

Glen Alden公司的补充合同中承接了债券发行人债券本金和利息的支付和债券合同中的义务。但Glen Alden拒绝承担第4款中规定的义务。二审法院推定这表示Glen Alden拒绝债券发行人的债券转换为Glen Alden股票。这也是一审法院认为债券发行人的违约之处。一审法官的理由是合同条款有含混不清之处，合同的解释应偏向于债券托管人，因为他不是合同的起草方。

因此，认定债券发行人未能在合同下规定债券发行人的债券对Glen Alden股票的转换是一种违约，但合同并没有含混不清之处。合同中将债券发行人债券转换为债券发行人股票的权利依然存在。债券持有人可以根据债券合同条款行使转换权。第4条第3E项和第4项没有要求将债券转换为收购公司的股票，除非收购公司是用证券作为收购对价，而这些证券被直接分配到了债券发行人股东手里。

债券合同的条款只适用于一种交易。那就是交易的结果使债券发行人股东收到另一家公司的股份。在这种情况下，为了确保债券的转换使债券持有人和债券发行人股东有一个相应的地位，需要保护债券持有人的转换权。本案中债券发行人公司资产的出售所得的现金全部保留在了公司并会用在投资其他公司。债券持有人依然有权利将债券转换为普通股，从而和其他股东有同样的权利。要求债券发行人溢价赎回债券对于债券持有人而言无疑是一笔横财。债券发行人有足够的资金偿还这些债券，而且Glen Alden也担保了债券的本金和利息的支付。所以债券持有人没有受到任何损失。因此，B.S.F和Glen Alden公司并未违反债券合同。

法院判决：

债券发行人无权、无须溢价赎回债券。

1483. 如果收购人在向证监会报送要约收购书后又取消收购计划的,应当如何处理?

收购人向中国证监会报送要约收购报告书后,在公告要约收购报告书之前,拟自行取消收购计划的,应当向中国证监会提出取消收购计划的申请及原因说明,并予公告;自公告之日起 12 个月内,该收购人不得再次对同一上市公司进行收购。

1484. 收购人对上市公司提出收购要约后,上市公司董事会应当履行哪些义务?

被收购公司董事会应当对收购人的主体资格、资信情况及收购意图进行调查,对要约条件进行分析,对股东是否接受要约提出建议,并聘请独立财务顾问提出专业意见。在收购人公告要约收购报告书后 20 日内,被收购公司董事会应当将被收购公司董事会报告书与独立财务顾问的专业意见报送中国证监会,同时抄报派出机构,抄送证券交易所,并予公告。

如果收购人对收购要约条件作出重大变更的,被收购公司董事会应当在 3 个工作日内提交董事会及独立财务顾问就要约条件的变更情况所出具的补充意见,并予以报告、公告。

1485. 收购人作出提示性公告后至要约收购完成前,被收购上市公司可否处置其资产?

在该期间内,如果未经股东大会批准,被收购公司董事会不得通过处置公司资产、对外投资、调整公司主要业务、担保、贷款等方式,对公司的资产、负债、权益或者经营成果造成重大影响。且在要约收购期间,被收购公司董事不得辞职。

1486. 收购人要约收购上市公司的要约价格有何限制?

收购人对同一种类股票的要约价格,不得低于要约收购提示性公告日前 6 个月内收购人取得该种股票所支付的最高价格。

如果要约价格低于提示性公告日前 30 个交易日该种股票的每日加权平均价格的算术平均值的,收购人聘请的财务顾问应当就该种股票前 6 个月的交易情况进行分析,说明是否存在股价被操纵、收购人是否有未披露的一致行动人、收购人前 6 个月取得公司股份是否存在其他支付安排、要约价格的合理性等。

1487. 收购人用以支付收购上市公司的价款有何限制?

收购人可以采用现金、证券、现金与证券相结合等合法方式支付收购上市公司的价款。收购人聘请的财务顾问应当说明收购人具备要约收购的能力。

以现金支付收购价款的,应当在作出要约收购提示性公告的同时,将不少于收购价款总额的 20% 作为履约保证金存入证券登记结算机构指定的银行。

收购人以证券支付收购价款的,应当提供该证券的发行人最近3年经审计的财务会计报告、证券估值报告,并配合被收购公司聘请的独立财务顾问的尽职调查工作。

收购人以在证券交易所上市交易的证券支付收购价款的,应当在作出要约收购提示性公告的同时,将用于支付的全部证券交由证券登记结算机构保管,但上市公司发行新股的除外;收购人以在证券交易所上市的债券支付收购价款的,该债券的可上市交易时间应当不少于一个月;收购人以未在证券交易所上市交易的证券支付收购价款的,必须同时提供现金方式供被收购公司的股东选择,并详细披露相关证券的保管、送达被收购公司股东的方式和程序安排。

1488. 收购人在什么情况下应当以现金支付收购价款?

收购人为终止上市公司的上市地位而发出全面要约的,或者向中国证监会提出申请但未取得豁免而发出全面要约的,应当以现金支付收购价款;如果收购人以依法可以转让的证券支付收购价款的,也应当同时提供现金方式供被收购公司股东选择。

1489. 收购要约约定的收购期限有何限制?

收购要约约定的收购期限不得少于30日,并不得超过60日;但是出现竞争要约的除外。

1490. 收购要约何时视为送达?

收购要约的发出就是收购要约的公告,一旦公告,要约即送达,并开始生效。

1491. 公开收购的要约期限可否延长?

原则上是可以延长的,例如,在公开收购所预定的期限内,如果有其他的竞争者出现,为维护原公开收购者的权益,并给被收购公司股东提供较多的选择机会,原收购者所预定的收购期间可以比照竞争者的收购期间予以延长。

1492. 收购人可否撤销其收购要约?

在收购要约约定的承诺期限内,收购人不得撤销其收购要约。

1493. 采取要约收购方式的,收购人作出公告后至收购期限届满前可否卖出被收购公司的股票?

不可以,且收购人也不得采取要约规定以外的形式和超出要约的条件买入被收购公司的股票。

1494. 变更收购要约应履行哪些程序?

收购人需要变更收购要约的,必须事先向中国证监会提出书面报告,同时抄报派出机构,抄送证券交易所和证券登记结算机构,通知被收购公司;经中国证监

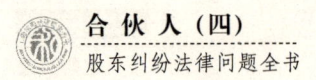

会批准后,予以公告。

收购要约期限届满前15日内,收购人不得变更收购要约;但是出现竞争要约的除外。

出现竞争要约时,发出初始要约的收购人变更收购要约距初始要约收购期限届满不足15日的,应当延长收购期限,延长后的要约期应当不少于15日,不得超过最后一个竞争要约的期满日,并按规定比例追加履约保证金;以证券支付收购价款的,应当追加相应数量的证券,交由证券登记结算机构保管。

发出竞争要约的收购人最迟不得晚于初始要约收购期限届满前15日发出要约收购的提示性公告。

1495. 如果要约收购报告书所披露的基本事实发生重大变化,应如何处理?

要约收购报告书所披露的基本事实发生重大变化的,收购人应当在该重大变化发生之日起2个工作日内,向中国证监会作出书面报告,同时抄报派出机构,抄送证券交易所,通知被收购公司,并予公告。

1496. 同意接受收购要约的股东如何办理相关手续?

同意接受收购要约的股东(以下简称预受股东),应当委托证券公司办理预受要约的相关手续。收购人应当委托证券公司向证券登记结算机构申请办理预受要约股票的临时保管。证券登记结算机构临时保管的预受要约的股票,在要约收购期间不得转让。

1497. 预受股东可否撤回其承诺?

预受,系指被收购公司股东同意接受要约的初步意思表示,在要约收购期限内不可撤回之前不构成承诺。在要约收购期限届满3个交易日前,预受股东可以委托证券公司办理撤回预受要约的手续,证券登记结算机构根据预受要约股东的撤回申请解除对预受要约股票的临时保管。

但是,在要约收购期限届满前3个交易日内,预受股东不得撤回其对要约的接受。在要约收购期限内,收购人应当每日在证券交易所网站上公告已预受收购要约的股份数量。

需要注意的是,在出现竞争要约时,接受初始要约的预受股东撤回全部或者部分预受的股份,并将撤回的股份售予竞争要约人的,应当委托证券公司办理撤回预受初始要约的手续和预受竞争要约的相关手续。

1498. 如果收购期限届满,预受要约股份的数量超过预定收购数量应如何处理?

预受要约股份的数量超过预定收购数量时,收购人应当按照同等比例收购预受要约的股份。

1499. 收购期限届满时,应当履行何种程序办理股份转让、过户手续?

在收购期限届满后3个交易日内,接受委托的证券公司应当向证券登记结算机构申请办理股份转让结算、过户登记手续,解除对超过预定收购比例的股票的临时保管,而收购人应当公告本次要约收购的结果。

收购期限届满后15日内,收购人应当向中国证监会报送关于收购情况的书面报告,同时抄报派出机构,抄送证券交易所,通知被收购公司。

1500. 如果收购期限届满,被收购公司股权分布已经不符合上市条件,应如何处理?

收购期限届满,被收购公司股权分布不符合上市条件,该上市公司的股票由证券交易所依法终止上市交易。在收购行为完成前,其余仍持有被收购公司股票的股东,有权在收购报告书规定的合理期限内向收购人以收购要约的同等条件出售其股票,收购人应当收购。

1501. 除要约方式外,投资者是否可以在证券交易所外公开求购上市公司的股份?

不可以。

1502. 发出收购要约的收购人在收购要约期限届满,不按照约定支付收购价款或者购买预受股份的,将承担何种责任?

自该事实发生之日起3年内不得收购上市公司,中国证监会不受理收购人及其关联方提交的申报文件;涉嫌虚假信息披露、操纵证券市场的,中国证监会对收购人进行立案稽查,依法追究其法律责任。收购人聘请的财务顾问没有充分证据表明其勤勉尽责的,中国证监会依法追究法律责任。

六、协议收购

1503. 协议收购相对于要约收购有哪些特性?

协议收购与要约收购相比,其特性主要体现在以下四个方面:

(1)不具公开性。协议收购的收购人与目标公司股东私下秘密协商股份转让事宜;

(2)不具公平性。要约收购中,收购要约必须公平对待目标公司股东,协议收购人可以与目标公司的股东达成不同的收购协议,各协议的条款不必相同,而且都能成立有效的收购合同。当然,每一份收购协议都应是双方当事人的真实意思表示,并且协议条件必须公平合理;

(3)不具期限性。协议收购的期限可自由设定,实际期限取决于谈判过程的

长短;

(4)不具排他性。要约收购一旦开始,将排除其他收购方式。协议收购人在同目标公司股东秘密协商的同时,还可以在证券市场上通过集中竞价交易方式买卖目标公司的股票。

1504. 协议收购的股份达到一定比例时是否应当采用要约收购?

当协议收购股份达到上市公司股份30%时,继续进行收购的,应当采取要约收购方式。除非经国务院证券监督管理机构免除发出要约。

1505. 协议收购上市公司股份的,应当向中国证监会提交哪些材料?

收购人进行上市公司的收购,应当向中国证监会提交以下文件:

(1)中国公民的身份证明,或者在中国境内登记注册的法人、其他组织的证明文件。

(2)基于收购人的实力和从业经验对上市公司后续发展计划可行性的说明,收购人拟修改公司章程、改选公司董事会、改变或者调整公司主营业务的,还应当补充其具备规范运作上市公司的管理能力的说明。

(3)收购人及其关联方与被收购公司存在同业竞争、关联交易的,应提供避免同业竞争等利益冲突、保持被收购公司经营独立性的说明。

(4)收购人为法人或者其他组织的,其控股股东、实际控制人最近2年未变更的说明。

(5)收购人及其控股股东或实际控制人的核心企业和核心业务、关联企业及主营业务的说明;收购人或其实际控制人为两个或两个以上的上市公司控股股东或实际控制人的,还应当提供其持股5%以上的上市公司以及银行、信托公司、证券公司、保险公司等其他金融机构的情况说明。

(6)财务顾问关于收购人最近3年的诚信记录、收购资金来源合法性、收购人具备履行相关承诺的能力以及相关信息披露内容真实性、准确性、完整性的核查意见;收购人成立未满3年的,财务顾问还应当提供其控股股东或者实际控制人最近3年诚信记录的核查意见。

1506. 境外法人或者境外其他组织进行上市公司收购的,应当提交哪些材料?

境外法人或者境外其他组织进行上市公司收购的,应当提交如下材料:

(1)基于收购人的实力和从业经验对上市公司后续发展计划可行性的说明,收购人拟修改公司章程、改选公司董事会、改变或者调整公司主营业务的,还应当补充其具备规范运作上市公司的管理能力的说明。

(2)收购人及其关联方与被收购公司存在同业竞争、关联交易的,应提供避免同业竞争等利益冲突、保持被收购公司经营独立性的说明。

（3）收购人为法人或者其他组织的，其控股股东、实际控制人最近2年未变更的说明。

（4）收购人及其控股股东或实际控制人的核心企业和核心业务、关联企业及主营业务的说明；收购人或其实际控制人为两个或两个以上的上市公司控股股东或实际控制人的，还应当提供其持股5%以上的上市公司以及银行、信托公司、证券公司、保险公司等其他金融机构的情况说明。

（5）财务顾问关于收购人最近3年的诚信记录、收购资金来源合法性、收购人具备履行相关承诺的能力以及相关信息披露内容真实性、准确性、完整性的核查意见；收购人成立未满3年的，财务顾问还应当提供其控股股东或者实际控制人最近3年诚信记录的核查意见。

（6）财务顾问出具的收购人符合对上市公司进行战略投资的条件、具有收购上市公司的能力的核查意见。

（7）收购人接受中国司法、仲裁管辖的声明。

1507. 上市公司控股股东向收购人协议转让其所持有的上市公司股份时，应当履行什么义务？

应当对收购人的主体资格、诚信情况及收购意图进行调查，并在其权益变动报告书中披露有关调查情况。

如果控股股东及其关联方未清偿其对公司的负债，未解除公司为其负债提供的担保，或者存在损害公司利益的其他情形的，被收购公司董事会应当对前述情形及时予以披露，并采取有效措施维护公司利益。

1508. 收购协议达成后，如何报告和公告？

以协议方式收购上市公司时，达成协议后，收购人必须在3日内将该收购协议向国务院证券监督管理机构及证券交易所作出书面报告，并予公告。在公告前不得履行收购协议。

【案例532】联赢投资协议收购福星晓程调整集团业务架构[①]

收购人：联赢投资

被协议收购上市公司：福星晓程

---

① 参见2013年1月17日北京福星晓程电子科技股份有限公司收购报告书。

收购人基本情况：

收购人的控股股东是福星集团，福星集团持有联赢投资100%股权。收购人控股股东福星集团是汉川钢丝绳厂2008年1月31日以现金出资设立，目前从事对外投资管理业务，不从事实质性的生产经营活动。汉川钢丝绳厂通过福星集团间接控制收购人，是收购人的实际控制人。

收购人主营业务为：企业资产管理；实业投资；投资咨询（不含证券类、期货类咨询）。

收购目的：

本次收购的目的系收购人控股股东福星集团实施内部资源整合，梳理产业布局。收购人协议受让福星药业持有的福星晓程30.66%的股权，成为福星晓程的控股股东。本次收购完成后，收购人控股股东福星集团将建立起以收购人为投资主体、以福星晓程为核心的电子科技产业平台，从而使收购人控股股东福星集团下属各产业布局及管理架构更为清晰合理，提高了管理决策效率，优化了资源配置。

收购人目前没有计划在未来的12个月继续增持福星晓程股份。

收购所履行的程序及时间：

1. 2012年12月5日，收购人控股股东福星集团召开董事会会议，审议并通过决议，决定收购人以11,760万元收购福星药业持有的福星晓程全部3360万股股份。

2. 2012年12月5日，收购人控股股东福星集团作出收购人以11,760万元收购福星药业持有的福星晓程全部3360万股股份的决定。

3. 2012年12月5日，福星药业董事会会议决定，将所持有的福星晓程全部3360万股股份以11,760万元转让给收购人。

收购方式：

本次收购前，收购人未持有福星晓程股权。本次股份转让之标的为福星药业持有的福星晓程3360万股股份，占福星晓程股份总数的30.66%，全部为境内非国有法人股，转让后股份性质不发生改变。收购完成后，联赢投资将持有福星晓程3360万股股份，持股比例30.66%。

资金来源：

收购人本次收购所用的资金全部来源于收购人控股股东福星集团对收购人的增资款。

【案例533】山西省国资委以行政划转协议收购煤气化[①]

收购人：山西省国资委

被收购上市公司：煤气化

收购人基本情况：

山西省国资委系山西省人民政府的直属特设机构，代表山西省人民政府履行出资人职责。

收购目的：

本次交易是山西省国资委通过资本市场推动山西省资源型经济转型的具体举措之一。收购人在未来12个月内无继续直接增持上市公司股份的计划。本次收购完成后，收购人在12个月内不会改变其作为煤气化的实际控制人地位。

收购所履行的程序及时间：

1. 2011年12月28日，煤气化集团召开股东大会审议通过了中煤集团将其所持煤气化集团16.18%的股权无偿划转给收购人的议案。

2. 2012年10月30日，中煤集团与收购人签署《国有股权无偿划转协议书》，中煤集团将其所持的煤气化集团16.18%的股权无偿划转给收购人。

3. 2012年12月25日，国务院国资委出具了《关于太原煤气化(集团)有限责任公司股权无偿划转有关问题的批复》同意本次股权划转。

4. 依据《上市公司收购管理办法》，本次划转将有待中国证监会豁免收购人要约收购义务并对收购报告书审核无异议后方可实施。

收购方式：

中煤集团将所持煤气化集团16.18%的股权无偿划转给收购人持有。本次交易完成后，收购人将直接持有煤气化集团51%的股权。同时，收购人将通过煤气化集团间接持有煤气化254,037,755股股份，占煤气化总股本49.45%。此外，收购人通过全资子公司山西省经济建设投资公司持有煤气化4,829,413股股份，占煤气化总股本的0.94%。本次交易后，收购人将合计控制煤气化50.39%的股份，收购人将成为煤气化的实际控制人。

资金来源：

本次收购为中煤集团国有产权行政划转而导致煤气化控制权转移，不涉及转让价款，收购人不需要为本次收购支付对价。

---

① 参见2013年5月22日太原煤气化股份有限公司收购报告书摘要。

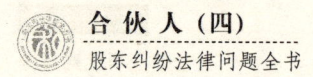

【案例534】横店控股及其一致行动人以所持股权及资产协议收购普洛股份 整合旗下业务减少关联交易①

收购人：横店控股、横店康裕、横店家园化工、横店进出口、浙江光泰

被收购上市公司：普洛股份

收购人基本情况：

收购人横店控股是控股型企业,其自身无实质性经营业务。横店社团经济企业联合会持有收购人横店控股70%的股权,是收购人横店控股的控股股东、实际控制人。

收购人横店康裕为控股型企业,其自身无实质性经营业务。横店控股持有横店康裕90%的股权,是横店康裕的控股股东;横店康裕的实际控制人是横店社团经济企业联合会。

收购人横店家园化工为控股型企业,其自身无实质性经营业务。横店控股持有横店家园化工90%股权,是横店家园化工的控股股东;横店家园化工的实际控制人是横店社团经济企业联合会。

收购人横店进出口自营和代理各类商品及技术的进出口,经营进料加工和"三来一补"业务,开展对外销售和转口贸易。横店控股持有横店进出口90%股权,是横店进出口的控股股东;横店进出口的实际控制人是横店社团经济企业联合会。

收购人浙江光泰为控股型企业,其自身无实质性经营业务。收购人横店控股合计持有收购人浙江光泰52%的股权,是收购人浙江光泰控股股东;收购人浙江光泰的实际控制人是横店社团经济企业联合会。

收购目的：

普洛股份是收购人横店控股旗下唯一的医药制造业上市公司。目前,除上市公司外,收购人横店控股还拥有其他医药产业相关资产,与普洛股份存在一定的关联交易和同业竞争问题。

收购人将普洛股份作为医药化工产业整合平台,整合旗下医药化工产业资产和业务,最终达到减少普洛股份关联交易,实现上市公司战略目标,有效完善上市公司现有产业链,解决上市公司与控股股东及其关联方的同业竞争,实现企业经营规模扩张之目的。

本收购完成后,收购人暂无在未来12个月内对普洛股份及其子公司的资产和业务进行出售、合并、与他人合资或合作的计划,或者与普洛股份购买、置换资

---

① 参见2012年12月26日普洛股份有限公司收购报告书。

产有关的重组计划。

收购所履行的程序及时间:

1. 2011年11月9日,收购人通知普洛股份的申请停牌;当日13:00起,普洛股份的股票停牌;

2. 2011年11月16日,经深交所批准,普洛股份股票因重大资产重组事项停牌;

3. 2012年2月7日,收购人横店控股、横店康裕、横店家园化工、横店进出口召开股东大会,同意与普洛股份签署附带生效条件的《发行股份购买资产协议》及《利润补偿协议》;收购人浙江光泰召开股东大会,同意共同作为收购人对普洛股份进行收购;

4. 2012年2月8日,普洛股份召开董事会会议,通过《关于向特定对象发行股份购买资产并募集配套资金暨关联交易的议案》等相关议案。

5. 2012年5月10日,收购人横店控股、横店康裕、横店家园化工、横店进出口召开股东大会,同意与普洛股份签署《发行股份购买资产补充协议》和《利润补偿补充协议》。

6. 2012年5月11日,普洛股份召开董事会会议,通过了《关于公司非公开发行股份购买资产并募集配套资金暨关联交易方案的议案》等相关议案;

7. 2012年6月18日,普洛股份召开年度股东大会,审议通过《关于公司非公开发行股份购买资产并募集配套资金暨关联交易方案的议案》等议案,且非关联股东同意收购人免于以要约收购方式增持上市公司股份。

8. 普洛股份本次非公开发行已获得中国证监会核准,并取得证监会许可。

收购方式:

收购人本次共认购普洛股份非公开发行的11,773.2757万股股份,约占发行后总股本的28.34%。其中,横店控股认购17,400,615股,占发行后总股本的4.19%;横店康裕认购22,907,880股,占发行后总股本的5.51%;横店家园化工认购17,211,607股,占发行后总股本的4.14%;横店进出口认购60,212,655股,占发行后总股本的14.49%。

本次收购完成后,横店控股成为普洛股份的控股股东,合计持有普洛股份17,099.27万股,预计约占发行后总股本的41.16%;普洛股份的实际控制人未发生变化,仍为横店社团经济企业联合会。

资金来源:

本次收购的交易标的为康裕医药100%的股权、康裕生物100%的股权、得邦制药100%的股权、汉兴医药96%的股权以及横店进出口拥有的医药进出口业务相关资产,不涉及现金支付,不存在收购资金直接或间接来源于上市公司及其关联方的情形。

1509. 协议收购的双方当事人应当如何履行股份转让、过户手续?

协议收购的相关当事人应当向证券登记结算机构申请办理拟转让股份的临时保管手续,并可以将用于支付的现金存放于证券登记结算机构指定的银行。

收购报告书公告后,相关当事人应当按照证券交易所和证券登记结算机构的业务规则,在证券交易所就本次股份转让予以确认后,凭全部转让款项存放于双方认可的银行账户的证明,向证券登记结算机构申请解除拟协议转让股票的临时保管,并办理过户登记手续。

如果收购人未按规定履行报告、公告义务,或者未按规定提出申请的,证券交易所和证券登记结算机构不予办理股份转让和过户登记手续。

此外,收购人在收购报告书公告后30日内仍未完成相关股份过户手续的,应当立即作出公告,说明理由;在未完成相关股份过户期间,应当每隔30日公告相关股份过户办理进展情况。

1510. 自签订收购协议起至相关股份完成过户的期间收购人可否通过控股股东提议改选董事会,或对公司的资产进行处置?

以协议方式进行上市公司收购的,自签订收购协议起至相关股份完成过户的期间为上市公司收购过渡期(以下简称过渡期)。在过渡期内,收购人不得通过控股股东提议改选上市公司董事会。

如果确有充分理由改选董事会的,来自收购人的董事不得超过董事会成员的1/3。

此外,在过渡期内被收购公司不得为收购人及其关联方提供担保,不得公开发行股份募集资金,不得进行重大购买、出售资产及重大投资行为或者与收购人及其关联方进行其他关联交易,但收购人为挽救陷入危机或者面临严重财务困难的上市公司的情形除外。

七、间接收购

1511. 何为间接收购?

指投资者通过收购上市公司的大股东、大股东的大股东从而在不成为上市公司直接股东的情况下控制公司。

【案例535】西子电梯以增资实际控制企业间接收购百大集团①

收购人:西子电梯

被直接收购方:西子联合控股

被间接收购上市公司:百大集团

收购人基本情况:

收购人的主要业务为投资控股,实际控制人为王水福,持有西子电梯55.625%股权。

收购目的:

收购人和西子联合控股均为投资控股型公司。本次收购是基于实际控制人王水福控制下的企业之间的资产重组,目的是提高资产运营效率和管理效率,扩大资产规模,增强企业的投融资能力和综合实力。

本次收购完成后,收购人暂无增持百大集团股份的计划,但不排除未来进一步增加在西子联合控股的权益。

收购所履行的程序及时间:

1. 2011年1月28日,收购人和西子联合控股分别召开股东会,审议通过了本次增资相关事宜。

2. 2011年1月28日,西子联合控股、收购人、王水福与陈夏鑫签署了《增资合同》。

收购方式:

本次收购完成后,收购人将持有西子联合控股68.97%的股权,并通过西子联合控股持有百大集团134,276,582股股票,占百大集团股本总额的35.69%。由于西子联合控股为百大集团的控股股东,本次收购将导致收购人对百大集团形成间接控制。

【案例536】Rich Monitor Limited 间接收购国中水务 触发全面要约收购义务②

收购人:Rich Monitor Limited/李月华

---

① 参见2011年1月28日百大集团股份有限公司收购报告书摘要。

② 参见2012年8月9日黑龙江国中水务股份有限公司关于Rich Monitor Limited/李月华间接收购黑龙江国中水务股份有限公司的进展情况公告。

被直接收购方：国中控股

被间接收购上市公司：国中水务

收购人基本情况：

收购人于 2011 年 9 月 1 日在英属维尔京群岛(BVI)注册设立,公司编号为 1668907,注册办事处位于英属维尔京群岛。主要业务为投资,目前唯一的投资就是对国中控股(HK)的股权投资。收购人法定可发行 50,000 注册股,已发行股份数目为 1 股,每股面值为 1.00 美元,由李月华女士持有,李月华女士为其唯一股东及董事。

收购目的：

收购人看好中国大陆水务行业的发展和公司未来的前景,本次收购作为一项长期投资,将长期持有。

收购所履行的程序及时间：

2011 年 10 月 9 日,张扬先生与收购人于订立以每股 0.27 港元出售其持有 1,033,300,000 股国中控股股份(占国中控股已发行股本总额约 29%)的协议,出售股份的交易已于 2011 年 10 月 12 日完成。

收购方式：

由于国中控股的全资子公司国中天津持有国中水务 53.77% 的股份,收购人协议收购国中控股股份,成为国中控股(HK)的单一第一大股东,从而成为国中水务的间接单一第一大股东。由于国中控股(HK)间接持有国中水务 53.77% 的股份,比例超过国中水务已发行股份比例的 30%,导致本次收购构成了对国中水务的间接收购,触发了收购人全面要约收购国中水务股份的义务。

全面要约收购义务解决方案：

收购人作为全面要约收购的主体,不具备实施全面要约收购的法律可行性。收购人并不直接持有国中水务股份,只能减持国中控股(HK)的股份和国中天津减持国中水务股份。

2011 年 12 月 30 日,国中控股(HK)配售新股完成后,收购人在国中控股(HK)的持股比例已由 29% 降至 24.17%。

2012 年 5 月 14 日,国中控股(HK)发行可换股票据,收购在国中控股(HK)的持股比例已进一步降至 19.78%。

【案例537】中海炼化以行政划转零对价间接收购山东海化[1]

收购人：中海炼化
被直接收购方：海华集团
被间接收购上市公司：山东海化

收购人基本情况：

中国海油持有收购人100%的股权，是收购人的控股股东和实际控制人。收购人自成立之日起控股股东及实际控制人未发生变更。中国海油隶属于国务院国资委，是国务院批准的国家授权投资的机构。国务院国资委代表国务院对中国海油履行国有资产出资人职责。

收购人主营业务为：(1)许可经营项目：汽油、煤油、柴油的批发业务；汽油、煤油、柴油的仓储业务(北京地区不储存)；石油炼制。(2)一般经营项目：石化产品的生产、销售、仓储；进出口业务；石油炼制及石油化工技术开发、技术转让。

收购目的：

收购人受让海化集团51%股权将有助于收购人进一步夯实产业链基础，促进规模扩张和未来业务发展及业绩提升，也有助于为海化集团化工产业的未来发展及将海化集团建设成为世界一流的化工企业创造更加有利的条件。

完成本次国有产权行政划转后，收购人不排除未来继续增持海化集团股权的可能性，目前尚无具体方案。收购人目前没有计划在未来12个月内继续增持山东海化的股份或者处置所拥有权益的股份。

收购所履行的程序及时间：

1. 收购人于2008年8月28日召开董事会会议，审议并通过决议，决定与潍坊国资委签署股权划转协议，受让潍坊国资委向收购人行政划转的其持有的海化集团51%股权。

2. 2008年9月3日，与潍坊国资委签署《股权划转协议》。2008年12月8日，收购人与潍坊国资委签署《补充协议》。

3. 2008年12月18日，潍坊市人民政府出具了《关于同意市国资委有关国有股权划转请示的批复》，同意本次股权划转。

4. 2009年2月10日，山东省人民政府出具了《关于无偿划转山东海化集团有限公司51%国有股权有关问题的批复》，同意本次股权划转经济行为。

---

[1] 参见2009年4月23日山东海化股份有限公司收购报告书。

5. 2009年3月5日,海化集团召开临时股东会议,一致同意并支持将潍坊国资委持有的海化集团51%的股权无偿划转予收购人。

6. 2009年4月1日,国务院国资委出具了《关于山东海化集团有限公司国有股权无偿划转有关问题的批复》,批准本次股权划转经济行为。

7. 依据《上市公司收购管理办法》,本次划转将引致收购人对山东海化的间接收购,将有待中国证监会豁免收购人要约收购义务并对收购报告书审核无异议后方可实施。

收购方式：

本次收购系通过行政划转完成,政划转完成后收购人将持有海化集团51%的股权,海化集团现持有山东海化361,048,878股,占其总股本的40.34%,收购人将通过海化集团间接控制山东海化的股份361,048,878股。

划转的实施及协议的生效取决于如下条件的全部满足:
(1) 股权划出方和股权划入方签署协议;
(2) 本次划转依法获得有权国有资产监督管理部门的批准;
(3) 因本次划转而实际控股山东海化所涉及的向中国证券监管机构报批事项获得批准。

资金来源：

本次收购为山东海化控股股东国有产权行政划转而导致山东海化控制权转移,不涉及转让价款。收购人不需要为本次收购支付对价。

1512. 如果收购人间接持有上市公司权益超过该公司已发行股份的30%,应如何处理？

此时收购人应当向该公司所有股东发出全面要约。

如果收购人预计无法在事实发生之日起30日内发出全面要约的,应当在前述30日内促使其控制的股东将所持有的上市公司股份减持至30%或者30%以下,并自减持之日起2个工作日内予以公告,其后收购人或者其控制的股东拟继续增持的,应当采取要约方式。

1513. 上市公司实际控制人及受其支配的股东未履行报告、公告义务时,上市公司如何救济？

此时上市公司应当自知悉之日起立即作出报告和公告。同时,上市公司董事会应当拒绝接受实际控制人支配的股东向董事会提交的提案或者临时议案,并向中国证监会、派出机构和证券交易所报告。

中国证监会接到报告后,将责令实际控制人改正,并可以认定实际控制人通过受其支配的股东所提名的董事为不适当人选。在实际控制人及受其控制的股东改正前,该受控股东不得行使其持有股份的表决权。

如果上市公司董事会未拒绝接受实际控制人及受其支配的股东所提出的提案的,中国证监会可以认定负有责任的董事为不适当人选。

1514. 上市公司就实际控制人发生变化的情况予以公告后,实际控制人仍未披露的,公司应当采取何种措施?

上市公司董事会应当向实际控制人和受其支配的股东查询,必要时可以聘请财务顾问进行查询,并将查询情况向中国证监会、派出机构和证券交易所报告。中国证监会将依法对拒不履行报告、公告义务的实际控制人进行查处。

但是,如果上市公司知悉实际控制人发生较大变化却未能将该情况及时予以报告和公告的,中国证监会将责令改正,情节严重的,会认定上市公司负有责任的董事为不适当人选。

第二节　上市公司收购中的豁免申请及当事人责任

一、豁免申请的条件及程序

1515. 满足何种情形,收购人可以向证监会提出免于以要约方式增持股份?

有下列情形之一的,收购人可以提出申请:

(1)收购人与出让人能够证明本次转让未导致上市公司的实际控制人发生变化;

(2)上市公司面临严重财务困难,收购人提出的挽救公司的重组方案取得该公司股东大会批准,且收购人承诺 3 年内不转让其在该公司中所拥有的权益;

(3)经上市公司股东大会非关联股东批准,收购人取得上市公司向其发行的新股,导致其在该公司拥有权益的股份超过该公司已发行股份的 30%,收购人承诺 3 年内不转让其拥有权益的股份,且公司股东大会同意收购人免于发出要约;

(4)中国证监会为适应证券市场发展变化和保护投资者合法权益的需要而认定的其他情形。

1516. 收购人报送豁免申请文件后,证监会应在多少天内作出决定?

中国证监会在受理豁免申请后 20 个工作日内,就收购人所申请的具体事项作出是否予以豁免的决定;取得豁免的,收购人可以继续增持股份。

1517. 如果收购人报送豁免要约增持的申请文件后未得到证监会的批准，应当如何处理？

未取得豁免的，收购人及其一致行动人应当在收到中国证监会通知之日起30日内将其或者其控制的股东所持有的被收购公司股份减持到30%或者30%以下，如收购人拟以要约以外的方式继续增持股份的，应当发出全面要约。

1518. 满足何种情形，当事人可以向证监会申请以简易程序免除发出要约？

有下列情形之一即可：

（1）经政府或者国有资产管理部门批准进行国有资产无偿划转、变更、合并，导致投资者在一个上市公司中拥有权益的股份占该公司已发行股份的比例超过30%；

（2）在一个上市公司中拥有权益的股份达到或者超过该公司已发行股份的30%的，自上述事实发生之日起一年后，每12个月内增加其在该公司中拥有权益的股份不超过该公司已发行股份的2%；

（3）在一个上市公司中拥有权益的股份达到或者超过该公司已发行股份的50%的，继续增加其在该公司拥有的权益不影响该公司的上市地位；

（4）因上市公司按照股东大会批准的确定价格向特定股东回购股份而减少股本，导致当事人在该公司中拥有权益的股份超过该公司已发行股份的30%；

（5）证券公司、银行等金融机构在其经营范围内依法从事承销、贷款等业务导致其持有一个上市公司已发行股份超过30%，没有实际控制该公司的行为或者意图，并且提出在合理期限内向非关联方转让相关股份的解决方案；

（6）因继承导致在一个上市公司中拥有权益的股份超过该公司已发行股份的30%；

（7）中国证监会为适应证券市场发展变化和保护投资者合法权益的需要而认定的其他情形。

如果申请人根据第（1）项和第（3）项至第（7）项规定提出豁免申请的，中国证监会自收到符合规定的申请文件之日起10个工作日内未提出异议的，相关投资者可以向证券交易所和证券登记结算机构申请办理股份转让和过户登记手续。

如果申请人根据前款第（2）项规定，相关投资者在增持行为完成后3日内应当就股份增持情况作出公告，并向中国证监会提出豁免申请，中国证监会自收到符合规定的申请文件之日起10个工作日内作出是否予以豁免的决定。

如果中国证监会不同意其以简易程序申请的，相关投资者应当按照正常程序提出申请豁免发出要约。

二、上市公司收购当事人的法律责任

1519. 上市公司的收购及相关股份权益变动活动中的信息披露义务人,未按照规定履行报告、公告以及其他相关义务的应当如何处理?

证监会将责令其改正,采取监管谈话、出具警示函、责令暂停或者停止收购等监管措施。在改正前,相关信息披露义务人不得对其持有或者实际支配的股份行使表决权。

如果上市公司的收购及相关股份权益变动活动中的信息披露义务人在报告、公告等文件中有虚假记载、误导性陈述或者重大遗漏的,证监会将责令其改正,采取监管谈话、出具警示函、责令暂停或者停止收购等监管措施。在改正前,收购人对其持有或者实际支配的股份不得行使表决权。

【案例538】吉林敖东收购延边公路股权未披露 公司及董事长遭罚款110万元①

当事人: 吉林敖东、李秀林(吉林敖东董事长)、延边公路、郭仁堂(延边公路董事长)、张洪军(延边公路董事会秘书)

基本案情:

2006年5月17日,当事人吉林敖东为收购深国投所持当事人延边公路18.83%股权,与深国投、庆安投资、吉林省交通投资开发公司等就收购中的债权债务以及股权转让的各项权利义务安排达成协议(以下简称《四方协议》)。根据《四方协议》及其附件《股权转让协议》实施上述股权转让后,深国投将不再持有当事人延边公路的股权,当事人吉林敖东持有当事人延边公路的股权将占总股本的46.15%,依法需国务院国有资产监督管理委员会批准及中国证监会豁免要约收购。因此,《四方协议》其附件《股权转让协议》是当事人吉林敖东实施对当事人延边公路的收购而与相关方达成的收购协议。根据《证券法》第94条规定,"以协议方式收购上市公司时,达成协议后,收购人必须在三日内将该收购协议向国务院证券监督管理机构及证券交易所作出书面报告,并予公告",当事人吉林敖东应当在《四方协议》达成后三日内按上述规定进行报告和公告,但当事人吉林敖东直至2006年6月22日才作出关于增持当事人延边公路股权的提示性公告,仍未将《四方协议》予以披露,违反收购程序,未及时履行报告义务,信息披露不

---

① 参见中国证监会证监罚字〔2007〕19号行政处罚决定书。

及时、不充分。

当事人延边公路董事会秘书张洪军参与了上述《四方协议》的签订,并向当事人董事长郭仁堂进行汇报。因此,当事人延边公路相关信息披露主要负责人员知悉上述大股东拟进行的收购行动。《证券法》第67条规定:"发生可能对上市公司股票交易价格产生较大影响的重大事件,投资者尚未得知时,上市公司应当立即将有关该重大事件的情况向国务院证券监督管理机构和证券交易所报送临时报告,并予公告,说明事件的起因、目前的状态和可能产生的法律后果。下列情况为前款所称重大事件:……(八)持有公司百分之五以上股份的股东或者实际控制人,其持有股份或者控制公司的情况发生较大变化。"当事人吉林敖东通过《四方协议》及其附件《股权转让协议》拟进行的收购行动,将导致当事人延边公路的大股东即当事人吉林敖东持有的股份发生较大变化,当事人延边公路应当按上述规定进行报告和公告,但其直至2006年6月22日才作出《股东增持股份的提示性公告》,未及时履行报告义务,信息披露不及时。

根据上述事实,当事人吉林敖东未及时充分披露《四方协议》和进行有关报告的行为,违反了《证券法》第94条规定,构成《证券法》第213条所述"收购人未按照本法规定履行上市公司收购的公告、发出收购要约、报送上市公司收购报告书"的违法行为;延边公路在知悉大股东拟增持股份后未在规定时间内进行披露并进行报告的行为违反了《证券法》第67条规定,构成《证券法》第193条所述披露信息有"重大遗漏"和"未按照规定报送有关报告"的违法行为。由于当事人董事长李秀林参与了《四方协议》的订立,当事人吉林敖东上述信息披露违法行为的直接负责的主管人员是当事人李秀林。延边公路董事会秘书当事人张洪军参与了《四方协议》的订立,当事人董事长郭仁堂知悉协议订立和收购事项,分别是延边公路上述信息披露违法行为的其他直接责任人员和直接负责的主管人员。

处罚决定:

1. 责令当事人吉林敖东改正虚假陈述行为,给予警告,并处以30万元罚款;

2. 对当事人吉林敖东上述违法行为的直接负责的主管人员当事人李秀林给予警告,并处以20万元罚款;

3. 责令当事人延边公路改正虚假陈述行为,给予警告,并处以50万元罚款;

4. 对当事人延边公路上述违法行为的直接负责的主管人员当事人郭仁堂给予警告,并处以10万元罚款;对当事人延边公路上述违法行为的其他直接责任人员当事人张洪军给予警告,并处以5万元罚款。

【案例539】京博控股收购国通管业股权未披露 公司及董事长遭罚款100万元[①]

当事人：京博控股、马韵升（京博控股董事长）

基本案情：

2007年7月24日，当事人京博控股持有国通管业股票4,203,914股，持股量占国通管业已发行股份的6%，当事人京博控股未向国务院证券监督管理机构和证券交易所就持有国通管业股票情况作出书面报告，未通知国通管业并予公告，并在2007年7月25日至2009年4月9日期间继续交易国通管业股票，亦未对持有国通管业股票情况予以真实披露。当事人京博控股未就交易国通管业股票按规定履行报告和信息披露义务并继续交易国通管业股票的行为，违反了《证券法》第86条和《上市公司收购管理办法》第13条的规定。

当事人京博控股2008年7月11日披露，其2008年7月10日持有国通管业股票5,251,343股，持股量占国通管业已发行股份的5%。经查，当事人京博控股2008年7月10日持有国通管业股票25,120,262股，持股量占国通管业已发行股份的23.92%。当事人京博控股2008年9月25日披露，其2008年9月24日持有国通管业股票10,536,361股，持股量占国通管业已发行股份的10.03%。经查，当事人京博控股2008年9月24日持有国通管业股票27,812,654股，持股量占国通管业已发行股份的26.48%。当事人京博控股于2008年7月11日和2008年9月25日的两次虚假披露关于持有国通管业股票上述行为构成了《证券法》第193条所述违法行为。

当事人京博控股2007年12月13日持有国通管业股票21,069,256股，持股比例超过国通管业已发行股份的30%，达到30.09%。此后，当事人京博控股继续收购国通管业股票，但未向国通管业所有股东发出收购股份的要约。直至2007年12月21日，当事人京博控股持有国通管业股票20,505,108股，持股量占国通管业已发行股份的29.29%，低于30%的比例。当事人博控股未向国通管业股东发出收购股份要约的行为违反了《证券法》第88条的规定。

处罚决定：

1. 责令当事人京博控股改正，给予警告，并处以70万元罚款；

2. 对当事人京博控股上述违法行为的直接负责的主管人员当事人马韵升给予警告，并处以30万元罚款。

---

① 参见中国证监会证监罚字〔2012〕6号行政处罚决定书。

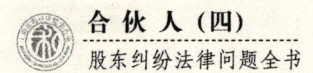

【案例540】银河集团及其一致行动人违法收购长征电器股权未公告　公司及董事长遭罚款273万元[①]

当事人：银河集团、苏州银河、盛银投资、潘琦(银河集团董事长)、潘勇(苏州银河董事长)、蔡惠(盛银投资董事长)、高超(银河集团投资管理部副经理)、孙南锦(苏州银河董事、盛银投资副总经理)

基本案情：

当事人银河集团系上市公司长征电器的控股股东，在2006年2月长征电器股权分置改革前，当事人银河集团直接持有长征电器非流通股4644万股，占已发行股份的27%，通过其关联方北海银河间接持有长征电器非流通股3816.296万股，占已发行股份的22.19%，当事人银河集团及其关联方共同持有长征电器已发行股份的49.19%，股权分置改革后，当事人银河集团及其关联方共同持有长征电器已发行股份的42.58%。

2003年2月至2007年6月期间，在当事人银河集团及其关联方共同持有长征电器股份已超过30%的情况下，当事人银河集团、苏州银河、盛银投资作为一致行动人，仍擅自利用各自控制的机构证券账户和自然人证券账户购买"长征电器"股票，分别获利305,313.78元、获利1,028,332.99元、亏损9,470,781.21元，没有按照法律的规定向长征电器的所有股东发出收购要约并履行相关的报告、公告义务。

当事人银河集团、苏州银河和盛银投资利用他人账户交易"长征电器"股票的行为，违反了1999年7月1日起施行的《中华人民共和国证券法》(以下简称原《证券法》)第74条和2006年1月1日起施行的《中华人民共和国证券法》(以下简称《证券法》)(2005年修订)第80条的规定，构成了原《证券法》第190条所述"法人以个人名义设立账户买卖证券"和《证券法》(2005年修订)第208条所述"法人以他人名义设立账户或者利用他人账户买卖证券"的行为。

当事人银河集团、苏州银河和盛银投资未依法履行上市公司要约收购相关义务的行为，违反了《证券法》(2005年修订)第88条的规定，构成了《证券法》(2005年修订)第213条所述"收购人未按照本法规定履行上市公司收购的公告、发出收购要约、报送上市公司收购报告书等义务"的行为。

处罚决定：

1.责令当事人银河集团改正违法行为，给予警告，没收违法所得305,313.78

[①] 参见中国证监会证监罚字〔2010〕36号行政处罚决定书。

元,并处以 505,313.78 元罚款;

2. 责令当事人苏州银河改正违法行为,给予警告,没收违法所得 1,028,332.99 元,并处以 1,228,332.99 元罚款;

3. 责令当事人盛银投资改正违法行为,给予警告,并处以 40 万元罚款;

4. 对当事人银河集团、苏州银河、盛银投资上述违法行为的直接负责人的主管人员当事人潘琦、潘勇、蔡惠给予警告,并分别处以 20 万元罚款;

5. 对当事人银河集团、苏州银河、盛银投资上述违法行为的其他直接责任人员当事人高超、孙南锦给予警告,并处分别以 3 万元罚款。

1520. 上市公司控股股东和实际控制人在转让其对公司的控制权时,未清偿其对公司的负债,未解除公司为其提供的担保,或者未对其损害公司利益的其他情形作出纠正的,应如何处理?

证监会除责令其改正外,还应当责令暂停或者停止收购活动。

被收购公司董事会未能依法采取有效措施促使公司控股股东、实际控制人予以纠正,或者在收购完成后未能促使收购人履行承诺、安排或者保证的,中国证监会可以认定相关董事为不适当人选。

1521. 上市公司董事未履行忠实义务和勤勉义务,利用收购谋取不当利益的应如何处理?

证监会可采取监管谈话、出具警示函等监管措施,并可以认定其为不适当人选。

【法律依据】

一、法律类

❖《公司法》第 144 条、145 条、148 条

❖《证券法》第 85~101 条

二、部门规章

❖《上市公司收购管理办法》

❖《上市公司并购重组财务顾问业务管理办法》

❖《股票发行与交易管理暂行条例》第 46 条、48 条

❖《公开发行证券的公司信息披露内容与格式准则第 15 号——权益变动报告书》

❖《公开发行证券的公司信息披露内容与格式准则第 16 号——上市公司收

购报告书》

❖《公开发行证券的公司信息披露内容与格式准则第 17 号——要约收购报告书》

❖《公开发行证券的公司信息披露内容与格式准则第 18 号——被收购公司董事会报告书》

❖《公开发行证券的公司信息披露内容与格式准则第 19 号——豁免要约收购申请文件》

第二十二章 公司盈余分配纠纷

【宋律师释义】

> 公司盈余分配纠纷,是指股东认为公司违反法律或约定未向股东分配盈余,或分配行为违反公平原则,因此主张要求公司以实缴出资比例或章程约定的比例分配盈余而产生的纠纷。
>
> 实践中,发生的与盈余分配有关的纠纷主要有以下四种:
>
> (1)公司有可供分配的盈余,但却采取过分提取公积金、不合理地发放公司董事、高管奖金等各种不正当方式减少可分配利润,拒绝向股东派发盈余而引起的纠纷;
>
> (2)股东对盈余分配决议的金额、发放方式等内容有异议而引起的纠纷;
>
> (3)盈余分配决议作出后,公司不向股东实际发放而引发的纠纷;
>
> (4)公司长期不分配红利,股东请求法院强制公司分配红利。

【关键词】利润 毛利润 股利 盈余分配权 受益所有人 导管公司 常设机构 实际联系 税收协定待遇

❖ **利润**:指企业全部收入与公允价值变动收益(或损失)、投资收益(或损失)之和,减去各类成本、费用后的净额。

收入包括主营业收入、其他业务收入与营业外收入。

各类成本、费用包括营业成本、营业税税金及附加、销售费用、管理费用、财务费用、资产减值损失、营业外支出。

公司用来分配的利润是当年税后利润,即净利润。但并非所有的公司税后利润都属于可分配利润。如果公司以前年度发生亏损,而法定公积金又不足以弥补亏损,公司的税后利润首先应当用于弥补亏损;如果无须弥补亏损或者补亏后有剩余,则需提取税后利润的10%列入公司法定公积金①,公司法定公积金累计额为公司注册资本的50%以上的,可以不再提取;经股东(大)会决议还可以提取任意公积金;提取公积金后剩余的部分属于可分配利润的范围。

公司当年可分配利润加上期初未分配利润为未分配利润总额,属于所有者权益的组成部分。

❖ **毛利润**:指主营业收入扣除主营业务的直接成本后的利润部分。

主营业收入包括企业为完成其经营目标所从事的经常性活动实现的收入,如工业企业生产并销售产品、商业企业销售商品、咨询公司提供咨询服务等。

主营业务成本指公司生产、销售与主营业务有关的产品或服务所必须投入的直接成本,包括直接材料、直接工资、其他直接支出与制造费用,不包括企业的管理费用、财务费用、销售费用、税费等。

❖ **股利**:来自可分配利润,包括两种形式,一种为股息,另一种为红利。股息指的是公司章程所规定的,只要公司存在可供分配的利润时即应依特定比率向特定种类股东支付的股利,此种股利一般只可向优先股股东支付;红利指的是公司向一般股东支付的比率不特定、完全根据公司盈余情况来确定的股利。

❖ **盈余分配权**:系自益权的一种,指股东因与公司之间的投资关系和股东资格所享有的请求公司按照持股比例或者章程约定向自己分配股利的权利。公司股东(大)会作出盈余分配决议后,股东的盈余分配权即由一种期待权转化为股东对公司的债权。此时,股东对公司的盈余分配请求权实质上是一种盈余债权请求权。

❖ **受益所有人**:根据中国政府对外签署的避免双重征税协定(含内地与香港、澳门签署的税收安排,以下统称税收协定)的有关规定,缔约对方居民申请享受股息、利息和特许权使用费、财产收益等条款规定的税收协定待遇时,应认定申请人具有"受益所有人"身份。

"受益所有人"是指对所得或所得据以产生的权利或财产具有所有权和支配权的人。"受益所有人"一般从事实质性的经营活动,可以是个人、公司或其他任何团体。代理人、导管公司等不属于"受益所有人"。

❖ **导管公司**:是指通常以逃避或减少税收、转移或累积利润等为目的而设立的公司。这类公司仅在所在国登记注册,以满足法律所要求的组织形式,而不从事制造、经销、管理等实质性经营活动。

---

① 公积金的概念、分类、来源、作用等详见本书第八章增资纠纷。

❖ **常设机构**：是指在中国境内从事生产经营活动的机构、场所，包括：

(1) 管理机构、营业机构、办事机构；

(2) 工厂、农场、开采自然资源的场所；

(3) 提供劳务的场所；

(4) 从事建筑、安装、装配、修理、勘探等工程作业的场所；

(5) 其他从事生产经营活动的机构、场所；

(6) 非居民企业委托营业代理人在中国境内从事生产经营活动的，包括委托单位或者个人经常代其签订合同，或者储存、交付货物等，该营业代理人视为非居民企业在中国境内设立的常设机构。

判断是否构成常设机构主要取决于非居民企业是否派人入境或委托别人在境内从事上述一些活动。需要注意的是，我国与有关非居民企业所在国签订的税收协议对前述常设机构还作出了更为细致的规定：

(1) 有关机构、场所从事建筑工地，建筑、装配或安装工程，或者与其有关的监督管理活动，该工地、工程或活动应连续 6 个月以上；

(2) 一方企业通过雇员或者雇用的其他人员，在另一方为同一个项目或者相关联的项目提供的劳务，包括咨询劳务，应保证在任何 12 个月中连续或累计超过 6 个月。

即便满足上述条件，下列情形仍不属于常设机构：

(1) 专为储存、陈列或者交付本企业货物或者商品的目的而使用的设施；

(2) 专为储存、陈列或者交付的目的而保存本企业货物或者商品的库存；

(3) 专为另一企业加工的目的而保存本企业货物或者商品的库存；

(4) 专为本企业采购货物或者商品，或者搜集情报的目的所设的固定营业场所；

(5) 专为本企业进行其他准备性或辅助性活动的目的所设的固定营业场所；

(6) 专为前五项活动的结合所设的固定营业场所，由于这种结合使该固定营业场所的全部活动属于准备性质或辅助性质。

❖ **实际联系**：是指非居民企业在中国境内设立的机构、场所拥有据以取得所得的股权、债权，以及拥有、管理、控制据以取得所得的财产等。

判断是否有实际联系主要看非居民企业在境内从事活动的人员与非居民企业赖以取得收入的股权、债权、财产是否有关联关系。

❖ **税收协定待遇**：是指按照税收协定可以减轻或者免除按照国内税收法律规定应该履行的纳税义务。

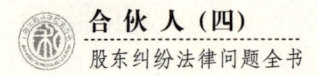

非居民企业需要享受税收协定待遇的,应按照规定办理审批或备案手续。凡未办理审批或备案手续的,不得享受有关税收协定待遇。

第一节 立 案

1522. 如何确定盈余分配纠纷的诉讼当事人?

盈余分配权纠纷的原告为股东,被告为公司,如果他人以相同理由请求参加诉讼的,应当列为共同原告。公司其他股东不同意分配利润的,可以第三人身份参加诉讼。

1523. 盈余分配纠纷诉讼是否适用诉讼时效?

适用。股东会作出盈余分配决议后,自决议分配时段的最后一日的第2天起算两年诉讼时效。

1524. 盈余分配纠纷由何地法院管辖?

股东以公司为被告提起盈余分配纠纷诉讼,由公司住所地人民法院管辖。公司的住所地是指法人的主要营业地或者主要办事机构所在地。公司主要营业地或主要办事机构所在地不明确的,由其注册地人民法院管辖。

1525. 盈余分配纠纷诉讼按照什么标准交纳案件受理费?

依照诉讼标的额比例收取案件受理费,具体比例详见本书第一章公司设立纠纷第3问"公司设立纠纷应按照什么标准交纳案件受理费?"。

第二节 公司盈余分配纠纷的裁判标准

一、行使盈余分配权的主体

1526. 隐名股东是否享有盈余分配权?隐名股东如何实现盈余分配权?

一般情况下隐名股东不享有盈余分配权。具有股东资格是享有盈余分配权的前提,隐名股东在确权之前无法直接向公司主张盈余分配权。

隐名股东应当在代持股协议中明确约定,名义股东应当在取得盈余的情况下及时将盈余交付给隐名股东;或在盈余实际分配后,凭代持股协议向名义股东主张权利。如果其他股东和公司同意,隐名股东可以要求公司分配盈余时将红利直接汇至其账户,这样就可以有效避免名义股东违反诚信义务造成隐名股东额外的成本。

如果名义股东拒绝履行代持股协议时,隐名股东可以采用以下两种救济方式。

(1) 确权之诉①

隐名股东可以公司为被告,名义股东为第三人,并以代持股协议及实际履行出资义务的证据,向法院提起股东资格确认之诉。通过确权之诉达到显名的目的,进而向公司主张盈余分配。

(2) 不当得利返还之诉

隐名股东以名义股东为被告,根据代持股协议中关于盈余归属的条款,向法院起诉,请求判令名义股东返还不当得利。

1527. 瑕疵出资的股东是否享有盈余分配权?

瑕疵出资的股东亦享有盈余分配权,但应根据其实缴出资额或者抽逃出资后所剩余的出资所占公司资本的比例分配盈余。公司章程另有约定的除外。

【案例541】未履行出资义务　无权分取盈余②

原告:曾向涛

被告:会昌县汽车站有限公司

诉讼请求:判令被告向原告签发出资证明书并向原告支付2005年6月起至今的红利。

争议焦点:未履行出资义务的股东是否有权主张盈余分配权并要求公司签发出资证明。

基本案情:

2004年1月15日,原告将用于购买被告股金的人民币10万元交给了被告发起人之一吴旭灿,吴旭灿向原告出具收条一张,该收条载明:今收到原告人民币10万元(投资购买被告股金)。随后原告参加了被告创立大会,并在股东名册上签了名,且按公司章程参加选举了公司的董事、监事。

2005年1月26日,吴旭灿用其个人资金将原告10万元出资款及相应红利通过吴涌打入原告账户上,之后红利由吴旭灿领取。原告不服遂向会昌县人民法院提起诉讼,要求被告支付红利。因当时被告未注册登记,原告又将被告变更为公司的筹备发起人吴旭灿、赖季新、肖景发三人。

---

① 关于股东资格确认之诉详见本书第四章股东资格确认纠纷。
② 参见江西省赣州市中级人民法院(2010)赣中民二终字第2号民事判决书。

会昌县人民法院经审理认定,原告将股金10万元交给吴旭灿,已对被告实际出资,其享有被告股权,吴旭灿将10万元打入原告账户的行为属于单方行为,不发生法律效力。据此判决:吴旭灿将其所代领的原告2005年1月至2005年6月的红利19,000元付清给原告。同时还认定,原告应将吴旭灿打入原告账户的10万元现金,自行归还给吴旭灿。因吴旭灿不服一审判决,提起上诉,赣州市中级人民法院经审理于2006年2月14日作出判决:驳回上诉,维持原判。

但是,原告至今未将吴旭灿打入其账户的10万元股金返还给吴旭灿,也未支付给被告。

2005年9月被告进行了注册登记,其后被告向其他股东签发了出资证明书,并按月计发红利。

原告诉称:

法院生效判决已经认定原告是被告股东,被告应向其签发出资证明书并支付红利。

被告辩称:

原告未依法院生效判决将出资款10万元还给吴旭灿,也没有交回被告。原告没有履行出资义务,其要求被告签发出资证明书和要求分取利润是没有法律依据的。

律师观点:

根据《公司法》规定,股东应当按期足额缴纳公司章程中规定的各自所认缴的出资额,股东履行出资义务是股东行使并享有股东权利的基础。原告于被告成立前向被告发起人之一吴旭灿缴纳了认缴的股金10万元,但其股金后被吴旭灿退回,双方由此产生纠纷引起诉讼。法院经审理确认了吴旭灿退回股金给原告的行为属单方行为,不具有法律效力,原告仍为被告股东,但原告应自行将10万元现金还给吴旭灿。在此情况下,原告至今(已3年多时间)未将该出资款缴纳给被告或支付给吴旭灿,也没有证据证明其缴纳出资被拒绝,因此,应认定其出资义务未履行。由于原告未履行出资义务,现其要求被告向其签发出资证明书和分取公司经营利润的主张不应予以支持。

法院判决:

驳回原告诉讼请求。

1528. 自然人股东死亡或者法人股东终止后,其盈余分配请求权由谁行使?

根据盈余分配决议与股东死亡或终止的先后顺序分为两种情况:

(1)若公司在股东死亡或终止前已作出盈余分配决议,股东的盈余分配请求权应由继承人或继受主体行使。

(2)若盈余分配决议在股东死亡或终止后作出,已继承了股东资格的继承人可凭其股东身份向公司主张盈余分配;仅继承了财产,未继承股东资格的继承人,无权向公司主张盈余分配,即使该盈余产生于被继承股东死亡前。

1529. 股东(大)会决议通过盈余分配方案后,未实际分配前,股东转让股权,公司应向新股东还是原股东分配盈余?

如果公司已经作出盈余分配方案,此时股东转让股权,公司应向原股东分配盈余。因为公司作出盈余分配决议即意味着股东对公司的债权已经实际形成,即使在实际分配前,原股东转让股权,盈余分配之债仍然存在于原股东与公司之间。但原股东与新股东另有约定的除外。

1530. 股份有限公司股东转让股份后,盈余分配基准日前未办理股东名册变更,公司应向新股东还是原股东分配盈余?

公司应向原股东分配盈余。公司派发盈余是以盈余派发基准日股东名册上的记载为依据。因此股东名册未变更,公司仍应向名册上记载的原股东派发盈余。新股东可根据股份转让协议向原股东主张权益。

1531. 股权转让前公司未分配利润应当分配给原股东还是新股东?

实践中多数观点认为应当分配给新股东。盈余分配权依附于股东身份,当股东身份丧失后,盈余分配权随之丧失。但也有少数人认为虽然请求盈余分配的人起诉时已经不具备股东资格,但其股东收益权时限终止于股权转让之时,其主张股权转让前的收益应该支持。

笔者同意第一种观点。因为股权转让是一种权利义务概括性转让,基于该股权的盈余分配请求权亦随之转让。

【案例542】股权转让丧失表决权　转让对价显失公平可撤销[①]

原告:戴海林

被告:三益公司、双远商贸部、何强、王照

诉讼请求:判令4位被告支付原告应得的一期工程利润819,389.22元。

争议焦点:

1. 股权转让后,就转让时尚未涉及的资产原股东是否享有盈余分配权;

---

① 参见四川省成都市中级人民法院(2008)成民终字第3037号民事判决书。

2. 在实际出资人与工商登记记载信息不一致情况下,如何确定股权份额;
3. 在股权转让价格显失公平情况下,转让人应如何救济。

基本案情:

2002年7月4日,原告与谢华栋、被告何强、被告王照签订《合伙协议书》、《合伙投资开发威远商业广场重要事项议定制度》。约定:开发威远商业广场初步计划总投资600万元,合伙人分别筹资的数额、比例为谢华栋筹资180万元,占总投资的30%;原告筹资180万元,占总投资的30%;被告何强筹资120万元,占总投资的20%;被告王照筹资120万元,占总投资的20%。

2002年7月31日被告三益公司成立,注册资本为280万元,工商登记的股权比例为:高讯公司出资200万元、谢华栋出资20万元、原告出资20万元、被告王照出资20万元、被告何强出资20万元,法定代表人为原告。

2002年12月8日,高讯公司与谢华栋、原告、被告王照、被告何强签订《合作协议》。协议约定:以高讯公司名义在注册被告三益公司中的注册资本金是由谢华栋、原告、被告王照、被告何强投资,其股权属谢华栋、原告、被告王照、被告何强所有等内容。

2003年6月,被告三益公司增资至530万元。工商登记记载的出资额为高讯公司200万元、谢华栋90万元、原告90万元、被告王照90万元、被告何强60万元;出资额占总股本比例为高讯公司占37.7%、谢华栋占17%、原告占17%、被告王照占17%、被告何强占11.3%。

2004年7月10日,谢华栋、原告、被告王照、被告何强召开股东会,4人在达成"一致同意改变公司管理操作现状,采用公司资产和股东股权转让办法"的基础上,形成了《关于公司资产和股权转让的基本原则》(董事会决议一),约定公司资产和股权实行内部优先转让;资产转让的同时,股权随同转让;转让实行竞价方式;转让步骤是先二期,后一期。

《关于公司二期资产——土地转让办法》(董事会决议二),约定了二期资产的内容、单价、付款办法等,同时约定了谁受让二期土地,谁就受让公司股东股权。

《关于公司一期资产——房产转让办法》(董事会决议三),约定了一期资产的转让范围、转让价格、付款办法等。

《关于公司原协议约定事项等问题的处理办法》(董事会决议四),约定公司一、二期资产转让所收到的款项,按照先退还股东出资本金,然后按2002年7月4日签订的合作协议和2002年12月28日股东会决议分配利润。

2004年7月13日,谢华栋、原告、被告王照、被告何强签订了《竞标履约保证金约定》及《三益公司二期土地开发权竞标确认书》,最后由被告何强以513.36万元的总价竞得被告三益公司二期土地41.4亩的开发权。

2004年8月1日,谢华栋、原告、被告王照、被告何强召开股东会,签订了《股东会补充决议》。决议明确:同意高讯公司、原告、谢华栋3位股东将其在被告三益公司中的股权转让给被告何强、被告王照及被告何强所代表的被告双远商贸部。代表4位股东的高讯公司的股权转让及权益仍按4位股东同高讯公司原签订的协议执行。被告三益公司在威远商业广场一期开发形成的全部成果,归原4位股东所有。一期资产确定出售,所得收入按股东实际投入比例进行分配。未出售期间的租赁收入归4位股东按比例享有。一期资产的处置,由4位股东共同研究决定,一期资产的处置涉及公司盖章及履行相关手续,公司应无条件办理。威远商业广场一期形成的债权、债务在股权变动后,仍由原4位股东享有和承担。并于当日与原告签订了《股权转让协议》,约定:原告、谢华栋同意将其在被告三益公司中所各持有30%的股权转让给被告双远商贸部。

协议签订的当日,原告即出具收条,载明收到被告何强受让股权股金(首次付款)1,077,360元。

2004年8月25日,在谢华栋、原告股权转让后,谢华栋、原告、被告王照、被告何强又签订《开发一期(威远商业广场)善后工作职责及管理办法》,办法约定一期善后工作的财务管理仍实行单独设账,单独设银行账户;一期应付款全部通过一期账户结算管理。日常财务管理由被告何强负责,具体工作仍由原公司会计出纳兼任;银行代为保存被告何强、原告印鉴,开支由被告何强、原告2人审查签字后入账列支。

2005年6月7日,被告双远商贸部、被告何强、被告王照召开股东会,明确表示不履行补充协议内容。

原告诉称:

由于原公司4位股东已经明确约定了即使在二期项目开发期间股东转让股权,一期项目产生的债权、债务仍然归原来的4位股东享有和承担,其利润由原来的4位股东享有。因此,原告有权分配一期工程利润。

原告为证明其观点,提交证据如下:

四川鹏程司法鉴定所司法会计鉴定书,其鉴定结论为:2001年至2006年12月31日,已售房净利润5,256,997.12元,其中:截至2004年7月9日已售房利润总额6,404,209.12元;2004年7月10日至2006年12月31日已售房利润总额为−1,147,212元。

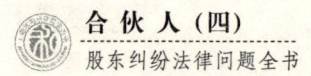

被告均辩称：

原告已将股权全部转让给了被告双远商贸部，已不再具有股东资格，也不再享有盈余分配权。

一审认为：

1. 关于原告股权份额的问题。

谢华栋、原告、被告王照、被告何强签订的《合伙协议》，系当事人真实意思表示，且不违反法律规定，应属有效。

协议约定了原告的投资占投资总额的30%，且原告按约认缴了协议约定的投资款。该协议虽名为合伙协议，但从约定的内容上看，实质为本案实际股东制定的公司章程。故谢华栋、原告、被告王照、被告何强为本案实际股东，而4位实际股东均认可工商登记记载的股东高讯公司为挂名股东，故工商登记记载的股东出资额及出资比例与实际股东的出资额及比例是不一致的。

对有挂名股东的公司股东份额，不能单纯以工商登记的记载来确定股东出资额及出资比例，而应当根据当事人之间的约定、当事人的行为来确定实际股东的出资额及比例，而不应仅以在工商登记机构登记为依据。

本案实际股东之间已约定了原告的股权份额为30%，且原告在转让股权给被告双远商贸部的协议中也载明原告在被告三益公司股权份额为30%，说明被告双远商贸部在原告处取得的实际股权是30%。故对原告诉请在被告三益公司的实际股权份额应是30%的主张，符合法律的规定，法院予以支持；对被告辩称原告的股权份额应以工商登记记载的份额来确定的理由，法院不予支持。

2. 关于被告三益公司是否应向原告支付一期项目利润的问题。

根据2004年7月10日被告三益公司董事会决议一、二、三、四可看出，原4位股东的真实意思是将一、二期资产进行处置，由资产受益人受让股权，经营被告三益公司；原4位股东按照先退还股东出资，再按股东份额分配利润。董事会决议形成后，由被告何强竞得二期资产土地41.4亩，而一期资产却未处置。

鉴于一期资产未处置的情况，原4位股东于2004年8月1日召开股东会，形成了《股东会补充决议》，该决议明确原告的股权转让给被告何强、被告王照及被告何强所代表在双流成立的××企业(企业名称以注册的为准)，股权总价款参照41.4亩土地竞得价513.36万元，一期资产仍归原4位股东所有。

从该决议内容结合上述的董事会决议可看出，原4位股东实质上是将二期资

第二十二章
公司盈余分配纠纷

产土地的价款作为股权转让款的对价,一期资产并未处置,原4位股东仍然共同享有。原告转让被告三益公司的股权,是基于二期资产处置,又因二期资产已由股东之一的被告何强购得,根据董事会约定的购得资产者将受让股权,被告何强将受让退出股东原告、谢华栋的股权。

从《股权转让协议》及原告、谢华栋出具的收据可看出,股权转让的受让人虽是被告双远商贸部,但在受让方被告双远商贸部处以括号注明被告何强,同时被告何强也在受让签名处签名,且原告、谢华栋出具的收据中也是载明收到被告何强受让股权股金。

从履行股权转让过程中可看出,被告双远商贸部是被告何强代表的企业,同时被告双远商贸部也是按补充决议内容履行。由此能够证明被告双远商贸部的成立及所受让原告的股权以及支付的对价都是依照补充决议履行的,被告何强代表被告双远商贸部也是依照补充决议的约定。故补充决议中约定的原告转让股权是以二期资产作为对价,一期资产仍由4位股东共同所有,被告双远商贸部在受让原告股权时应是明知的。

依据补充决议中约定的一期资产归原4位股东所有以及四川鹏程司法鉴定所司法会计鉴定的一期净利润为5,256,997.12元,说明原4位股东共有的一期资产有利润可供分配。故原告要求分配一期利润的主张成立,被告三益公司未按补充决议约定向原告支付一期资产形成的利润,应承担向原告支付利润的民事责任。

根据《公司法》(2005年修订)第167条第1款"公司分配当年税后利润时,应当提取利润的百分之十列入公司法定公积金。公司法定公积金累计额为公司注册资本的百分之五十以上的,可以不再提取"的规定,本案中,已鉴定2001年至2006年12月31日,已售房净利润5,256,997.12元,扣除10%法定公积金后,再扣除原4位股东已分利润200万元,按原告原持股30%计算为819,389.22元。

3. 关于被告何强、被告双远商贸部、被告王照是否承担责任的问题。

根据《公司法》第20条"公司股东应当遵守法律、行政法规和公司章程,依法行使股东权利,不得滥用股东权利损害公司或者其他股东的利益;不得滥用公司法人独立地位和股东有限责任损害公司债权人的利益。公司股东滥用股东权利给公司或者其他股东造成损失的,应当依法承担赔偿责任。公司股东滥用公司法人独立地位和股东有限责任,逃避债务,严重损害公司债权人利益的,应当对公司债务承担连带责任"的规定。

本案中,被告何强、被告双远商贸部、被告王照作为被告三益公司的股东,理应按补充决议约定履行义务,而被告何强、被告双远商贸部、被告王照不仅不履行补充决议约定,反而于2005年6月7日以股东会决议否决原4位股东签订的补充决议,明确表示不履行补充决议,其行为损害了原告的利益。

因补充决议对被告何强、被告双远商贸部、被告王照具有约束力,故2005年6月7日的股东会决议是无效的,被告何强、被告双远商贸部、被告王照应对被告三益公司不能支付部分共同承担赔偿责任。对被告三益公司辩称2005年6月7日召开新一届股东大会,已决议不承认原股东非法签署侵犯被告三益公司利益的文件,法院不予支持。

一审判决:

1. 被告三益公司应于判决生效之日起10日内给付原告位于威远商业广场一期项目利润款819,389.22元;

2. 被告三益公司的财产不足以履行上述义务时,被告何强、被告双远商贸部、被告王照应对不足部分共同承担赔偿责任。

被告三益公司及被告双远商贸部不服一审判决,向上级人民法院提起上诉。

被告三益公司及被告双远商贸部上诉称:

1. 原审法院将被告三益公司原4位股东之间关于公司资产处置的协议强加于被告三益公司及被告双远商贸部,认定该协议对被告三益公司及被告双远商贸部具有法律约束力,明显是认定事实不清,适用法律错误;

2. 原审法院以缺乏真实性、合法性的鉴定报告作为判案依据,造成判决错误,应当改正;

3. 本案管辖错误,诉讼争议的标的及合同履行地均在威远县,不应由双流县人民法院管辖;

4. 从本案一审调查的事实可以看出,原告存在注册资金不到位,抽逃出资的情况,其出资瑕疵的责任应予追究。但一审判决中对上述情况要么回避不谈,要么认定为合法行为,人为炮制出一个偏袒原告的错误判决,请求二审法院依法改判。

被告何强、被告王照均同意上述诉称。

原告二审辩称:

1. 被告三益公司及被告双远商贸部故意扰乱审判秩序,隐匿证据,对司法鉴定提出的异议不能成立;

2. 被告三益公司及被告双远商贸部提出一审法院管辖错误的上诉理由不能成立,被告在原审时就提出管辖异议并已被法院裁定驳回;

3. 被告三益公司及被告双远商贸部提出原告存在出资不实、抽逃出资行为，是歪曲事实、颠倒是非的。

综上，原告认为被告三益公司及被告双远商贸部的上诉理由均不成立，应当依法驳回，维持一审判决。

律师观点：

1. 股权一旦转让便是概括性的转让，不可分割。

股权是指股东基于股东资格而享有的从公司获取经济利益并参与公司经营管理的权利。根据《公司法》的规定，股权包含以下内容：取得出资证明书或其他股权证明请求权、股权转让权、股利分配请求权、股东会临时召集请求权或自行召集权、出席股东会并行使表决权、对公司财物的监督检查权和对公司经营的建议与质询权、公司章程和股东会记录的查阅权、公司剩余财产分配权、权利损害救济权和公司重整申请权等。

股权的转让，指股东将蕴含股权、股东地位或资格的股权移转于他人的民事行为。根据股权的概括转让原则，股权转让后，股东基于股东地位对公司享有的全部权利（含自益权和共益权）均一并转让给受让人，也就是说，股权一旦转让，股东的权利与义务概由受让人继受。

股利分配请求权作为股权的一种，是一种期待权，股东能否实现获得股利依赖公司盈利水平与股利分配政策而定，实难事先担保。一旦公司存在可分配股利的税后利润，而且公司股东大会或董事会作出了股利分配决议，股东的股利分配请求权即由期待权状态跃入债权状态。当转让人将其股权转让给受让人时，股利分配请求权与其他股权一并转让于受让人，不得独立于股权而存在，更不得割裂开来留给转让人继续享受。

本案原告在将其所有的被告三益公司股权转让给被告双远商贸部后，即已丧失了被告三益公司的股东身份或者股东资格，其行使股东权利的基础已不存在，故原告要求对被告三益公司的盈余进行分配的请求有违《公司法》关于股东权利的规定，不应得到支持。

2. 股权转让时未评估股权转让价，亦可在后期补救。

原告将股权转让给双远商贸部时，并未对被告三益公司的资产整体进行评估作价确定股权转让价款，被告双远商贸部支付的股权转让对价中不包含被告三益公司威远商业广场一期资产价值的问题，原告可就股权转让协议约定的价款是否合理或显失公平与被告双远商贸部重新协商，在协商不成时可请求人民法院变更或撤销股权转让协议，以维护自己在股权转让中的应得利益。但原审认定原告仍有权分配被告三益公司利润属适用法律不当,应予纠正。

二审判决:

1. 撤销一审判决;
2. 驳回原告的诉讼请求。

【案例543】章程约定离职股东无盈余分配权　股东请求分红被驳回[①]

原告:纪小菊

被告:兴国公司

诉讼请求:判令被告给付原告2008年度股东分红金额3600元并支付同期利息。

争议焦点:公司章程关于员工股东因个人原因离开公司未办理股权转让,从次年起停止分红的约定是否有效。

基本案情:

被告于1994年10月7日成立,现注册资本300万元,原告为被告股东,出资额3万元。

2006年9月29日,被告召开股东大会,并作出了关于修改公司章程的决议,章程修改内容包括:

第34条,公司员工股东因个人原因离开本公司(不含退休),应办理股权转让手续,其价格按当期股值进行转让。若持股人未按章程规定进行相应股权的转让,从次年起停止分红。

被告向原告出具了关于被告章程修改的选票,原告在同意一栏打"√"。

次日,被告向北京市工商行政管理局申请办理公司章程的变更备案。

2007年1月,原告因个人原因从被告辞职。

原告诉称:

原告系被告的股东,所占股权为1股,入股金额3万元。2008年度公司的股权分红标准为税后每股3600元。但被告以原告离开公司为由,未能分配其2008年度红利。

被告辩称:

根据2006年公司修改的章程,原告于2007年1月离开公司,被告2008年停止为其分红是正确的。不同意原告的诉讼请求。

[①] 参见北京市宣武区人民法院(2009)宣民初字第09271号民事判决书。

律师观点：

公司章程是公司内部契约，是对公司、股东、董事、监事及其他高级管理人员具有约束力的调整公司内部组织关系和经营行为的自治规则，对所有股东和公司都具有拘束力。

原告于2007年1月因个人原因离开被告，未办理其股权转让手续。按照公司章程的规定，公司员工股东因个人原因离开本公司，应办理股权转让手续，未按照章程规定进行相应股权的转让，从次年起停止分红。

被告2008年未向原告分配红利，符合被告章程的规定，也不违反国家法律及行政法规的强制性规定，故对原告要求被告给付2008年分红款3600元的诉讼请求，不应予以支持。

法院判决：

驳回原告的诉讼请求。

二、盈余分配方案

1532. 盈余分配方案由谁制定？由谁决定？方案中应包括哪些内容？公司盈余分配的方式有哪些？如何确定盈余分配的比例？

盈余分配的具体流程、方案、方式以及分配比例具体如下。

(1) 流程与决定

①由董事会或执行董事制定盈余分配方案。

②董事会将盈余分配方案提交股东(大)会审议。

③股东(大)会审议通过盈余分配方案后，董事会即按该方案向股东宣告盈余分配。

(2) 盈余分配方案中应当包括的基本内容

①分配盈余的对象，即公司股东。

②可分配盈余的数额。

③进行盈余分配的时间。

④盈余派发机构及派发盈余的方式。

(3) 实践中公司利润分配的方式

①现金分配：

直接向股东支付货币作为盈余，这是公司分配利润最常用的方式。

②股票分配：

也称"送红股",是指公司采用向股东赠送股票的方式分配盈余,本质上是将公司年度利润转化为新的股本。采用这种方式,派发股票的公司应当符合《公司法》关于增资的相关规定和履行必要的程序。

③财产分配:

是指用实物或其他公司的股票来向股东分配利润。

④债券分配:

以本公司发行的债券或应付票据向股东支付盈余的形式。实际上等于公司向股东举债,即将应当即时支付的盈余留待以后按照借债还本付息的方式来支付。由于公司发行债券需要履行较为严格的审批程序,因此这种方式在实践中是很少采用的。

根据相关规定,我国上市公司只能采取现金或股票方式分配利润。而且根据证监会有关规定的精神,证券监管部门是鼓励上市公司采取现金盈余形式的,而对股票盈余从不同方面予以限制。至于非上市的股份公司及有限公司,分配盈余的方式可根据情况自行决定,无相关规定。

(4)盈余分配的比例:

有限责任公司的股东按照实缴出资比例分配,经全体股东同意,可不按照出资比例分配。

股份有限公司的股东按照股东持有的股份比例分配,但股份有限公司章程规定不按持股比例分配的除外。

【案例544】新老股东盈余分配有差别 新股东拒绝同股不同利[①]

原告: 陈卫华

被告: 繁荣公司

诉讼请求:

1. 撤销被告对原告作出的土地使用权售后盈余利润的不公平分配方案;

2. 被告支付原告盈余利润分配款 52,000 元。

争议焦点:

1. 被告在处置其公司财产并进行分配时,将其股东分为"新"、"老"股东区别对待是否合法,"同股不同利"的分配方案是否可撤销;

2. 补偿给老股东的款项是否可以从新股东分得的利润中扣除。

---

① 参见温州市中级人民法院(2009)浙温商终字第 800 号民事判决书。

第二十二章

公司盈余分配纠纷

基本案情：

被告系由原宜山酿造厂改制后组建而成，原告所占有的股权是2003年11月2日从原宜山酿造厂职工陈志宇处受让，故双方称之为"新"股东；而原宜山酿造厂职工未转让股权，成为公司股东的，称之为"老"股东。原告工商登记投资比例为3.12%，实际占有公司股权为2股。

2008年6月，被告将其所有的十几亩土地使用权转让给他人，取得转让费462万元，扣除相关费用后剩余转让款在所有股东之间进行分配。在此次分配股权收益时，被告在没有召开股东大会进行讨论、表决的情况下，作出分配方案，即老股东每股分26,000元，而新股东每股分16,870元，已实际付诸实施。

原告诉称：

原告认为上述方案明显违反《公司法》的相关规定，并多次要求被告按照"同股同权"的原则支付原告股权收益款52,000元。但被告置之不理，只同意支付33,740元，拒不同意按照"同股同权"的原则来分配。

被告辩称：

1. 2008年9月20日，被告就土地使用权出售收入分配时没有召开股东大会，没有经过讨论、表决，形成股东大会的决议，即分配方案未经股东大会决议。《公司法》规定，股东行使撤销权的范围，仅限于股东大会、董事会的决议内容。若原告认为该方案是股东大会的决议内容，且违反法律、法规规定，从而行使撤销权的，也已超过撤销权除斥期间60日的限制。因此，原告据此向法院提起诉讼，超过了《公司法》规定的期限，人民法院不应予以受理。

2. 即便法院支持撤销该分配方案，由于公司盈余分配问题属于公司自治的范畴，应当通过公司股东大会决议，法院不宜直接判决决定公司的盈余分配。

3. 该分配方案虽未经股东大会决议、通过，但公司股东共计43人，64股，已有42人对分配方案没有意见且全部领取盈余分配款，包括老股东和新股东，因此，该分配方案合法有效。

一审认为：

我国法律规定，公司股东依法享有资产收益、按照实缴的出资比例分取红利等权利，即股东权益应体现同股同权、同股同酬。本案被告在处置其公司财产并进行分配时，将其股东分为"新""老"股东区别对待，此分配原则既非全体股东事先约定，事后也非得到原告认可，故违反了法律规定。原告作为公司的股东，应享有与公司"老"股东同等的权利。原告持有被告2股股权，与被告的"老"股东一样，应分得52,000元，现根据被告的分配方案，原告只分得33,740元，且尚未领取该款项,被告应予支付,对于差额部分18,260元,被告应同时赔偿给原告,故原告的上述诉讼请求合法有据,应予以支持。至于被告的分配方案,由于除本案原告之外,其他股东均已签字并领取了相关款项,应视为对被告分配方案的追认,故对原告的第1项诉讼请求不予支持,应予以驳回。

一审判决:

1. 被告于该判决生效后10日内支付原告盈余利润分配款33,740元,并赔偿原告18,260元,合计52,000元;

2. 驳回原告的其他诉讼请求。

被告不服一审判决,向上级人民法院提起上诉。

被告上诉称:

1. "股东分红明细表"中原告一栏实为52,000元,只因为扣除补偿款16,000元和诉讼费用2260元,其结果为33,740元,被告的利润分配方案已经体现同股同权,但补偿款和诉讼费用实为因新股东而引发的费用,根据公平公正的原则,这些费用由新股东承担应为合理;

2. 公司的利润分配方案依法律规定系董事会职权,更何况公司绝大多数股东已对分配方案予以认可,符合《公司法》的规定,原审法院仅依原告一人意见变更公司行为,于法无据。

据此,被告请求二审撤销原判,改判驳回原告的诉讼请求。

原告二审辩称:

1. 被告称分配给原告的款项实为52,000元,只是将其中的16,000元由被告代表新股东一次性补偿给原股权转让方,另2260元系被告直接扣除的诉讼费用,原告认为该理由不成立,理由如下:

(1)被告在原审时根本没有提及该主张,也没有提供证据予以证明;

(2)被告称其代表新股东一次性补偿给原40名出让股权的职工32万元即每股8000元,缺乏依据,并侵害了原告的利益;

(3)原股东的相关起诉均被法院驳回,被告认为新股东应对诉讼费每股负担1130元,缺乏依据。

2. 公司分配方案违反了"同股同权、同股同酬"原则,侵害了原告的利益,被告应当赔偿原告的损失。

因此,原判决认定事实清楚,适用法律正确,应当予以维持。

律师观点:

《公司法》规定,公司股东依法享有资产收益、按照实缴的出资比例分取红利等权利。原告作为被告的股东,占有3.12%股份,按"同股同权"的原则,原告应分得因被告土地转让取得的收益款52,000元。被告主张的应扣款即补偿款16,000元和诉讼费用2260元,是被告与公司已退股股东之间的纠纷,与本案不具有关联,且原告有异议,故即使应扣款真实,也应通过另案处理。因此,被告主张的上诉理由,不应予以支持。另,原审法院并未撤销或变更被告的分配方案,仅因该分配方案损害了原告的利益,判决被告予以赔偿,因此,被告认为原审法院仅依原告一人意见变更公司行为,缺乏事实和法律依据,也不应予以支持。

二审判决:

驳回上诉,维持原判。

1533. 经有限责任公司全体股东一致同意的盈余分配比例可否对抗章程约定的比例?

可以。有限责任公司章程中约定按实缴出资比例分配盈余。但在实际分配过程中,全体股东一致同意不按出资比例分配盈余,则应当按照全体股东一致同意的比例进行盈余分配。

1534. 有限责任公司全体股东约定不按实缴出资比例分配盈余,该约定对新加入的股东是否有约束力?

通常情况下,该约定对形成约定后新加入的股东不具有约束力,除非该股东明确表示同意。

1535. 公司增资时,通过认购新股取得股东资格的股东,对增资前的盈余进行分配时是否也应当采用同股同权的比例进行分配?

公司与新股东若无特别约定,应当按照同股同权的比例进行分配。

1536. 公司以何种方式向股东派发盈余?

盈余派发实际上就是执行公司股东(大)会通过的盈余分配方案。根据公司形式,盈余派发分为两种形式:

(1)有限责任公司和非上市股份有限公司应当按照公司董事会宣布的利润分配日期和约定的地点以约定的方式向股东派发盈余。

(2)上市公司需要通过证券交易所及券商来协助完成盈余派发。具体方法大致为:

在深交所上市的公司的盈余派发是由登记公司将分派的盈余直接登录到股民的股票账户中,将现金盈余通过股民开户的券商划拨到股民的资金账户。

在上交所上市的公司现金盈余需股民在规定的期限内到柜台中将盈余以现

金盈余权卖出,其盈余款项由券商划入资金账户中。如逾期未办理手续,则需委托券商到证券交易所办理相关手续。

1537. 股份有限公司指定认股人应当缴纳股款期日的情况下,在该期日前后不同时间缴纳股款的股东应当以何时作为盈余分配的基准日?

根据按实缴出资比例分红的原则,可分不同情况处理:

(1)如果股东在公司指定期日缴款,则应当以该指定的日期为盈余分配的基准。

(2)如果股东在该指定的期日以前缴纳股款,则可以认为是该股东自愿放弃其享有的期限利益,应当以公司指定的缴款期日为盈余分配的基准日。

(3)如果股东在公司指定的缴款期日后缴纳股款的,则有可能影响公司的实际经营运作,如果仍然以公司指定的缴款期日为股东分配的基准日,对其他股东而言有失公平,所以应当以股东实际缴纳股款的日期为盈余分配的基准日;或者虽然与其他股东一样以公司指定的缴款期日为盈余分配的基准日,但是必须对该股东课以迟延缴款的利息或者违约金。

1538. 外商投资企业盈余分配方案由谁决定?税后利润如何分配?

决定主体具体如下:

(1)中外合资经营企业由董事会决定;

(2)中外合作经营企业(以下简称合作企业)由董事会或联合管理委员会决定;

(3)外资企业按照章程约定的权力机构决定。

外商投资企业所得税后利润,按下列顺序分配:

(1)弥补企业以前年度亏损;

(2)提取储备基金、企业发展基金和职工奖励及福利基金;

(3)向投资者分配利润,企业以前年度未分配的利润,可以并入本年度向投资者分配。

外商投资企业的储备基金、企业发展基金和职工奖励及福利基金的提取比例由企业董事会确定。其中,外资企业可不提取企业发展基金,其储备基金提取比例不得低于税后利润的10%,当提取金额达到注册资本的50%时,可不再提取。

外商投资企业的剩余利润按以下原则向投资者分配:

(1)中外合资经营企业按照合营各方的出资比例进行分配;

(2)中外合作经营企业按照合作企业合同约定进行分配;

(3)外资企业按照章程约定的比例、方式进行分配。

1539. 合作企业的外国合作者先行回收投资,应当符合哪些条件?应当报送哪些审批材料?

先行回收投资,是指合作企业中的外国合作者按照法律规定以及合同的约定,以分取固定资产折旧、无形资产摊销等形成的资金以及其他方式,在合作期限内先行回收其投资的行为。

(1)合作企业申请先行回收投资应当符合的条件

①中外合作者在合作企业合同中约定合作期满时,企业清算后的全部固定资产无偿归中国合作者所有;

②合作企业出具承诺函承诺债务的偿付优先于投资的先行回收;

③先行回收投资的外国合作者出具承诺函承诺在先行回收投资的范围内对合作企业的债务承担连带责任;

④合作企业依据法律及合同约定出资到位;

⑤合作企业经营和财务状况良好,没有未弥补亏损。

(2)合作企业申请先行回收投资的,应当向财政机关报送的材料

①合作企业申请函,具体说明先行回收投资的总额、期限和方式;

②外商投资企业批准证书、工商营业执照(原件、副本)及复印件;

③合作企业合同和章程的复印件;

④中国注册会计师出具的合作企业验资报告;

⑤合作企业董事会或者联合管理机构关于本期先行回收投资方案的决议、合作企业拟进行回收投资当期经依法审计的财务会计报告、合作企业到期债务说明、合作企业及外国合作者债务承诺函等。

1540. 外商投资企业向股东派发盈余后,股东将红利汇出境外,应当遵循哪些程序规定?

应遵循如下程序规定:

(1)外商投资企业股东获取红利后汇出的行为属于外汇管理制度中"经常项目的支出内容"所约束的范畴,应当按照国务院外汇管理部门关于付汇与购汇的管理规定,凭有效单证以自有外汇支付或者向经营结汇、售汇业务的金融机构购汇支付。

(2)外商投资企业外方投资者依法纳税后的利润、红利的汇出,持董事会利润分配决议书,从其外汇账户中支付或者到外汇指定银行兑付。

(3)凡注册资本金未按合同约定足额到位的外商投资企业,不得将外汇利润汇出境外;凡因特殊情况注册资本金不能按照合同约定足额到位的,应报原审批

部门批准,凭批件和相关材料,可按实际到位的注册资本金的比例分配所得的利润汇出境外。外商投资企业或境外发行股票企业需将以前年度利润或股息、红利汇出境外的,还需委托会计师事务所对其利润或股息、红利发生年度的资金情况进行审计,并向银行出具审计报告。

(4)外商投资企业办理利润、股息、红利汇出的,需凭以下材料从外汇账户中支付或到银行兑付:

①书面申请;

②《外商投资企业外汇登记证》;

③董事会利润分配决议书;

④注册会计师事务所出具的验资报告以及相关年度利润或股息、红利情况的审计报告;

⑤税务证明(可免)。

特别需要注意的是,如外商投资企业满足下列条件,可免办理及提交税务证明:

①境内机构在境外发生的差旅、会议、商品展销等各项费用;

②境内机构在境外代表机构的办公经费,以及境内机构在境外承包工程所垫付的工程款;

③境内机构发生在境外的进出口贸易佣金、保险费、赔偿款;

④进口贸易项下境外机构获得的国际运输费用;

⑤境内运输企业在境外从事运输业务发生的修理、油料、港杂等各项费用;

⑥国家规定的其他情形。

如该公司可满足《企业所得税法》第26条,即在中国境内设立机构、场所的非居民企业从居民企业取得与该机构、场所有实际联系的股息、红利等权益性投资收益之条件,则可免予办理及提交税务证明。

1541. 上市公司盈余分配应遵循哪些决策程序?

上市公司盈余分配时,应遵循以下决策程序:

(1)在定期报告公布前,公司董事会应当在充分考虑公司持续经营能力、保证正常生产经营及业务发展所需资金和重视对投资者的合理投资回报的前提下,研究论证利润分配预案。

(2)公司董事会在有关利润分配方案的决策和讨论过程中,充分听取独立董事和中小股东的意见和诉求,及时答复中小股东关心的问题。

(3)公司在上一会计年度实现盈利,但公司董事会在上一会计年度结束后未提出现金分红方案的,应当征询独立董事的意见,并在定期报告中披露未提出现金分红方案的原因、未用于分红的资金留存公司的用途。独立董事还应当对此发表独立意见并公开披露。对于报告期内盈利但未提出现金分红预案的,公司在召开股东大会时除现场会议外,还可向股东提供网络形式的投票平台。

(4)公司董事会审议通过利润分配预案后,方能提交股东大会审议。董事会在审议利润分配预案时,需经全体董事过半数同意,且经1/2以上独立董事同意方为通过。

(5)股东大会在审议利润分配方案时,须经出席股东大会的股东(包括股东代理人)所持表决权的过半数通过。如股东大会审议发放股票股利或以公积金转增股本方案的,须经出席股东大会的股东(包括股东代理人)所持表决权的2/3以上通过。

(6)如果公司因外部经营环境或自身经营状况发生较大变化可以调整利润分配政策的,公司董事会在研究论证调整利润分配政策的过程中,应当充分考虑独立董事和中小股东的意见。董事会在审议调整利润分配政策时,需经全体董事过半数同意,且经1/2以上独立董事同意方为通过。同时提交股东大会审议,且公司可提供网络形式的投票平台为股东参加股东大会提供便利。公司应以股东权益保护为出发点,在股东大会提案中详细论证和说明原因。股东大会在审议利润分配政策的调整或变更事项时,应当经出席股东大会的股东(包括股东代理人)所持表决权的2/3以上通过。

【案例545】中石化分红派息实施方案①

中国石油化工股份有限公司
2012年上半年度A股分红派息实施公告(摘录)

一、分红派息方案

1. 本次分红派息以2012年9月14日总股数为基数,以每10股派发现金红利人民币1.0元(含税),向全体股东发放2012年半年度股利。

2. 发放范围:截至2012年9月14日下午上海证券交易所收市后,在中国证券登记结算有限责任公司上海分公司登记在册的本公司全体A股股东。

3. 对于持有公司无限售条件A股股份的个人股东,由公司按照10%的税率

---

① 参见上海证券交易所网 http://www.sse.com.cn/cs/zhs/scfw/gg/ssgs/2012-09-11/600028_20120911_1.pdf,最后访问时间:2013年1月7日。

代扣代缴个人所得税,扣税后实际发放现金红利为每股人民币 0.09 元。

对于持有公司无限售条件 A 股股份的合格境外机构投资者(QFII),公司将根据国家税务总局于 2009 年 1 月 23 日颁布的《关于中国居民企业向 QFII 支付股息、红利、利息代扣代缴企业所得税有关问题的通知》(国税函[2009]47 号)(以下简称《通知》)的规定,由公司按照 10% 的税率代扣代缴企业所得税,扣税后实际发放现金红利为每股人民币 0.09 元;如相关股东认为其取得的股息收入需要享受任何税收协定(安排)待遇的,股东可按照《通知》的规定在取得股息后自行向主管税务机关提出申请。

如存在除前述 QFII 以外的其他非居民企业股东[其含义同《中华人民共和国企业所得税法》(以下简称《企业所得税法》)],该等股东应参考《企业所得税法》第 39 条的相关规定,自行在所得发生地缴纳所得税。

对于属于《企业所得税法》项下居民企业含义的持有公司无限售条件 A 股股份的机构投资者和有限售条件股份的 A 股股东的所得税自行缴纳,实际发放现金红利为每股人民币 0.10 元。

二、分红派息具体实施日期

1. 股权登记日:2012 年 9 月 14 日
2. 除息日:2012 年 9 月 17 日
3. 现金红利发放日:2012 年 9 月 26 日

三、分红派息实施办法

除中国石油化工集团公司以外的 A 股股东的现金红利,委托中国证券登记结算有限责任公司上海分公司通过其资金清算系统向股权登记日登记在册并在上海证券交易所各会员单位办理了指定交易的股东派发。已办理全面指定交易的投资者可于红利发放日在其指定的证券营业部领取现金红利,未办理指定交易的股东红利暂由中国证券登记结算有限责任公司上海分公司保管,待办理指定交易后再进行派发。

中国石油化工集团公司所持股份的红利由本公司自行发放。

1542. 创业板拟上市公司对分红有何特殊要求?

具体如下:

(1)在公司章程(草案)中明确下列内容:

①董事会、监事会和股东(大)会对利润分配政策的研究论证程序和决策机制,在有关决策和论证过程中应当充分考虑独立董事、外部监事和公众投资者的

意见。

②发行上市后的分配政策,包括利润分配的形式,现金分红的具体条件和金额或比例,发行股票股利的具体条件,利润分配的期间间隔(是否中期现金分红),利润分配应履行的审议程序。

③发行人如何制定各期利润分配的具体规划和计划安排,以及调整规划或计划的条件和需要履行何种决策程序,如因公司外部经营环境或者自身经营状况发生较大变化而需要调整利润分配政策的,应以股东权益保护为出发点,在股东大会提案中详细论证和说明原因,并严格履行相关决策程序。

(2)在招股说明书"财务会计信息与管理层分析"一节明确或补充披露下列信息:

①报告期内发行人利润分配政策及历次利润分配的具体实施情况,包括:公司章程(草案)中有关利润分配政策的具体规定,发行人审议通过分配方案的具体内容及实施情况。发行人报告期内未进行利润分配的,应当披露原因及留存资金的具体用途,发行人利润主要来源于控股子公司的,应当参照上述要求执行,同时发行人应当披露控股子公司的财务管理制度,章程中的利润分配条款及能否保证发行人未来具备现金分红能力。

②公司分红回报规划及其制定考虑的因素及履行的决策程序,回报规划应当着眼于公司的长远和可持续发展,在综合分析企业经营发展实际、股东要求和意愿、社会资金成本、外部融资环境等因素的基础上,建立对投资者持续、稳定、科学的回报机制。

③发行人发行上市后的利润分配政策以及具体的规划和计划,主要包括:

(a)利润分配的具体政策、利润分配的形式和条件;

(b)现金分红的具体条件和金额或比例,发放股票股利的具体条件,利润分配的期间间隔(是否进行中期现金分红);

(c)发行人当年或今后年度拟不进行利润分配的,说明原因及留存资金的具体用途;

(d)发行人当年未分配利润的使用计划安排或原因;

(e)利润分配应履行的审议程序,说明发行人如何制定各期利润分配的具体规划和计划安排,以及调整规划或计划的条件和需要履行何种决策程序,如因公司外部经营环境或者自身经营状况发生较大变化而需要调整利润分配政策的,应以股东权益保护为出发点,在股东大会提案中详细论证和说明原因,并严格履行相关决策程序。

（3）在招股说明书首页作的"重大事项提示"列明发行人发行上市后的利润分配政策，所作出的具体回报规划、分红决策和分红计划，并提示详细参见"财务会计信息与管理层分析"一节的内容。

（4）对披露的上述事项，公司应当请保荐机构、律师和申报会计师进行核查并明确在有关专业意见中载明核查的意见，特别应说明：

①发行人的利润分配政策是否注重给予投资者稳定回报，是否有利于保护投资者合法权益。

②公司章程（草案）及招股说明书对利润分配事项的规定和信息披露是否符合有关法律、法规、规范性文件的规定。

三、盈余分配请求权的裁判标准

1543. 股东主张公司进行盈余分配，应当满足哪些条件？

股东主张盈余分配，应当同时满足形式要件与实质要件。具体如下：

（1）形式要件为董事会作出盈余分配方案并提交股东（大）会审议通过；

（2）实质要件为公司有可供分配的盈余。

1544. 股东提起盈余分配纠纷之诉，应证明哪些基本事实？提交哪些证据材料？

股东提起盈余分配之诉应证明以下基本事实，并提交相关材料：

（1）证明股东资格。股东可向法院提交公司的营业执照复印件、股东出资证明书、公司股东名册、股东个人的身份证复印件等材料以证明股东身份。

（2）证明公司有可分配利润。股东可提交公司年度财务报告，证明公司有可分配利润。

（3）证明公司股东（大）会已作出盈余分配决议。股东可向法院提交股东会决议或股东会会议记录进行证明。

（4）若公司章程对盈余分配的方式、方法、比例有约定或全体股东曾达成关于盈余分配的协议，股东还需向法院提交该章程或协议。

【案例546】股息、红利完税证明，可作为股东主张分红的依据

原告： 徐斌

被告： 江苏公司

诉讼请求： 被告支付股东分红款本金7,870,426.2元。

争议焦点：

1. 本案是否应中止审理？

2. 原告要求被告进行盈余分配是否符合法定条件?
3. 如原告存在可分配利润,其具体数额应当如何确定?

基本案情:

原告系被告公司股东,其出资额为4,932,459元,持股比例为15.74%。2013年4月16日,被告向原告邮寄送达《通知》,内容为:"被告公司定于2013年5月5日下午17:30在公司总部二楼北会议室召开股东会会议,请准时参加……"2013年5月5日,被告如期召开股东会并形成《关于选举董事、监事的股东会决议》。

2013年8月14日,被告代原告申报个人所得税,申报记录载明"所得项目:利息、股息、红利;税款所属期起:2013-07-01;税款所属期止:2013-07-31;收入合计:7,870,426.2;应纳税所得额:7,870,426.2;税率:0.2;应纳税额:1,574,085.24;应补(退)税额:1,574,085.24;申报时间:2013-08-14"。

2014年3月20日,原告通过EMS快递向被告送达《关于要求支付分红款的函》。

2014年7月3日,扬州市地税局向原告出具税收完税证明,载明"纳税人:原告;税种:个人所得税;品目名称:利息、股息、红利所得;税款所属时期:2013-07-01至2013-07-31;入(退)库日期:2013-08-15;实缴金额:1,574,085.24元;扣缴义务人:江苏被告有限公司";扬州市地税局一并出具《个人所得税完税证明已打印情况说明》,载明"纳税人原告,2013年7月,被告公司收入7,870,426.2元,税金1,574,085.24元"。

2002年至2003年期间,原告填写"暂(预)付款申请单"(借条)若干份,预支金额为2万至10万元不等,用途多为出差、培训。

原告诉称:

原告系被告的股东,自2008年5月开始,被告长期不召开股东会,原告既不能自由进入公司,亦无从获知公司经营状态,期间,原告多次向被告主张股东知情权及分红权,均遭武力拒绝。2014年3月,原告偶然得知被告已进行股东分红,经向税务部门查询后获悉原告的应税收入为7,870,426.2元,税金为1,574,085.24元,但被告代缴上述税金后,未向原告支付股东分红款。

被告辩称:

是否分配盈余、怎样分配盈余是公司自治的范畴,江苏公司股东会尚未就盈余分配形成具体方案,原告亦称牧羊公司自2008年5月起长期不召开股东会,其请求分配盈余款没有依据。

徐斌已经就包括股东会决议在内的事项向扬州市邗江区人民法院提起股东

知情权诉讼,本案应中止审理。即便徐斌应当分得红利,其长期占用江苏公司车辆及房产,应扣除相应使用费。

一审认为:

1. 知情权诉讼的结果不影响本案的审理,本案无须中止。

2. 原告有权请求盈余分配。原告提供了原告的应纳税所得额、应纳税额明细表及税收完税证明,从扬州市地方税务局调取的被告作为扣缴义务人于2013年8月14日申报个税的记录,显示被告的股东原告收入7,870,426.2元,税金1,574,085.24元,税种为"利息、股息、红利"。即已经实际产生应纳税收入,原告所称被告已经进行公司盈余分配的主张成立。

一审判决:

被告应于判决发生法律效力之日起10日内向原告支付股东分红款本金6,296,340.96元及利息(自2013年8月16日起按照中国人民银行同期贷款利率标准计算至实际给付之日止)。

被告上诉称:

被告股东会尚未就盈余分配形成具体分配计划,原告诉请被告立即向其支付分红款没有依据。在公司股东会尚未就公司利润分配方案进行表决之前,公司股东直接向法院起诉请求公司向股东分配利润缺乏法律依据,法院不得径行判决公司向股东分配利润。

完税证明不能替代公司权力机关形成的有效的具体公司盈余分配方案。完税证明体现税收征管关系,是一种行政法律关系,公司盈余分配是一种民事法律关系。

原告二审辩称:

原审判决综合各方提供的证据和当事人陈述认定江苏公司已经进行公司盈余分配,符合证据审核认定规则,有充分的事实和法律依据。

律师观点:

1. 本案无须中止审理。

依据《民事诉讼法》第150条的规定,"本案必须以另一案的审理结果为依据,而另一案尚未审结的,中止诉讼"。原告虽已向扬州市邗江区人民法院提起股东知情权之诉,但与本案盈余分配纠纷系不同的法律关系,本案无须以知情权诉讼的裁判结果为审理依据,不符合中止审理的法定条件。

2. 被告代缴分红税款,不排除存在分配盈余的决议,原告要求被告向其支付分红款应当支持。

2013年8月,被告为原告代缴个人所得税,品目名称为"利息、股息、红利",扬州市地方税务局出具的江苏公司作为扣缴义务人于2013年8月14日申报个税的记录显示江苏公司的股东徐斌收入7,870,426.2元,税金1,574,085.24元,税种为"利息、股息、红利"。个人所得税系以个人取得的各项应税所得为征税对象所征收的税种,其前提是"取得",即已经实际产生应纳税收入,现徐斌因"利息、股息、红利"缴纳个人所得税1,574,085.24元,应当已经取得应税"利息、股息、红利"7,870,426.2元,徐斌所称江苏公司已经进行公司盈余分配的主张成立。

被告认可该次缴税系该公司自行申报缴纳,但称系错误申报。江苏公司作为集团公司,应当有健全的财务制度,即便出现如此明显的工作流程错误,亦应及时采取补救措施,江苏公司的这一意见显然有违常理。

原告主张被告于2013年5月5日召开股东会对公司盈余分配问题进行了决议,并提交开会通知,被告未能提供会议记录以供查实,根据证据规则,不排除存在分配盈余的决议。可推定原告的主张成立。

二审判决:

驳回上诉,维持原判。

【案例547】以表决权换取保底收益　违反法律强制性规定无效①

原告: 博拓公司

被告: 海企公司

诉讼请求: 判令被告支付1999年收益款160万元。

争议焦点:

1. 股东之间关于将表决权委托其他股东行使,由受托股东支付委托股东固定利润的约定是否有效;

2. 原告是否违反了协议约定,是否将表决权实际交付给被告行使。

基本案情:

信业公司系原告与被告等股东共同投资设立的股份有限公司,注册资金为4441.2万元,其中原告投入1600万元,持有800万股,被告投入525.03万元,持有411.36万股。戴日庸(原告副董事长、公司总裁)、马文祥(原告副总裁)、刘芳(原告财务部经理)为原告推荐的董事。

---

① 参见江苏省高级人民法院(2000)苏经终字第392号民事判决书。

1998年11月28日,原告与被告签订一份协议,约定:从1999年1月1日起,原告拥有的信业公司股权,委托被告管理并由被告代为行使原告在信业公司董事会的董事权利。被告按第一年10%、第二年12%、第三年15%的资本金年收益率保证原告的收益。以后年份按高于银行同期贷款利息的原则双方协商确定由被告保证原告收益,信业公司实际分红与收益率之差,由被告直接支付给原告。

协议签订当日,信业公司召开1998年度第一次临时股东大会,与会股东一致选举章志伟任信业公司董事。同日,信业公司召开第二届第四次董事会,全体董事一致同意,选举章志伟为董事长,戴日庸、马文祥、刘芳投了赞成票。

协议签署前,在信业公司1996年年度报告暨1997年工作计划报告中出现了以下内容:"推选王传剑先生任董事长。"在1997年7月20日信业公司上市发行申请报告中出现以下内容:"根据公司1996年董事会会议决议,已批准徐斌先生辞去董事长职务,并由原告推荐,一致选举蒋裕德先生为董事长。……由于蒋裕德先生职务变更,公司董事会讨论一致同意如蒋裕德先生任董事长的注册变更因上级批准手续难以办妥,则由王传剑先生接替蒋裕德先生任董事长,并要求公司在上市前完成董事长注册变更手续。"

1999年11月30日,信业公司发出召开第二届第五次董事会的通知,其中会议第四项议题为审议《信业公司增资议案》,在该议案中载明,扩股发行数量为3600万股,发行价格为每股1元。

1999年12月15日,信业公司召开第二届第五次董事会,戴日庸、马文祥出席会议,并在董事会作出的9项有关公司经营事务的决议上签字,其中第7项决议内容为:"同意公司增资扩股。"第8项决议内容为:"由董事会委托监事会在1999年12月25日前选择几个外资会计师事务所,并从中择优确定一个,以1999年12月31日为基准日对公司资产进行评估。依据评估后的公司每股净资产值作为增发股份的发行参考价格,在下一次董事会上讨论增资扩股方案。"

1999年12月18日,信业公司将总经理提名的副总经理、财务经理人选报公司董事审核。12月12日,戴日庸、马文祥、刘芳致函信业公司称:"……来函提名任命高翔当财务经理一事似与董事会意见相悖,我们不能同意。"

2000年2月15日,戴日庸、马文祥、刘芳向信业公司传真称:"经研究我们及我们所代表的公司意见如下:……如信业公司第二届第五次董事会决议第8项未能完全执行,我们公司将依据股东权利指定一家外资会计师事务所对信业公司财务资产进行全面审计。"

2000年3月20日,江苏兴光会计师事务所受信业公司委托出具资产评估报告书称:"本次资产评估目的是为公司增资扩股而进行企业整体资产评估,以确定公司的净资产值。""评估结论:……评估后资产总额为219,984,084.77元,负债总额为242,624,990.97元,净资产为12,008,277.33元,减值额为41,092,461.71元,减值率为77.39%。"

2000年4月24日,信业公司召开第二届第六次董事会,会议通过决议:"同意将信业公司托管经营,建议由被告托管。"戴日庸、马文祥、刘芳未出席董事会,而是委托了肖伟(不是被告职员或被告推荐的信业公司董事)参加会议并在决议上签署如下意见:"具体托管条件、方案和受托人由下届董事会审议通过后报公司股东大会批准。"

根据信业公司章程规定,"对公司的增资、减资、发行股票、发行债券、分立、合并、解散、清算等重大事项作出决议"属于股东大会的职权范围。"选举董事长、副董事长"属于董事会职权范围。

2000年4月及5月,原告曾两次向被告发函催要1999年收益款160万元,未果。

原告诉称:

原被告之间签订有协议,原告已经履行了自己的义务,要求被告按照约定支付收益款。

被告辩称:

1. 原被告之间约定了原告的固定收益,属于保底条款,应该无效;

2. 即使该约定有效,原告在协议签订后未到1年时就违反约定自行行使董事权利,属于根本违约,不应按照约定履行。

一审认为:

1. 原被告之间关于表决权委托行使的约定合法有效。

原告与被告的协议是双方在协商一致的基础上自愿签订的,体现了当事人的真实意思,协议约定的内容没有违反法律、法规的禁止性规定,是合法有效的。协议第3条的约定是股东之间对各自权利义务的处分,原告作为信业公司的股东在将其拥有的信业公司股份转让之前应享有对信业公司的经营管理权及财产收益权,被告在获得原应属于原告的上述权利后理应给予原告相应的回报,且协议对原告在信业公司的实际分红与收益率之差由被告直接给付原告的约定,未损害信业公司其他股东的合法权利,亦不能对抗原告作为股东在法律上应尽的义务。故该条款亦是合法有效的,被告认为该条款约定了固定收益,属保底条款的抗辩理由不能成立,不予采纳。

2. 原告违反了协议约定,无权请求被告支付收益。

但现有证据证明,在协议的实际履行中,原告并未按照约定将其所拥有股份的经营管理权及财产收益权移交被告,即未将董事权力委托被告代为行使,同时,也未能向信业公司董事会作出其董事权利由被告代为行使、不参加信业公司分红的声明。故协议约定被告向原告支付收益款的前提未能成立。另外,章志伟已经担任信业公司董事长的事实及原告能否在约定期限内将其拥有的信业公司股份转让给被告与本案诉讼并无直接联系。

一审判决:

驳回原告的诉讼请求。

原告不服一审判决,向上级人民法院提起上诉。

原告上诉称:

1. 原告已经履行了协议第1条,支持被告人员出任董事长。原告作为信业公司的大股东,在1998年11月28日签订了协议后即在第二届第四次董事会上放弃了由原告董事长王传剑出任信业公司董事长的选举结果。推荐了被告副董事长章志伟任董事长,并在董事会决议上投赞成票。这就是对协议第1条的实际履行。至于其他董事同时也投了赞成票并不能说明原告没有履行该义务。

2. 原告签订协议后1年内未行使董事权利,委托被告行使。而在1999年以前的各个持股年度,原告不仅参加了一年两次的董事会,在闭会期间仍行使董事权利,特别是作为大股东经常性地主持或参与信业公司的经营管理。如1997年7月28日,原告方的董事李群盛主持了公司清产核资工作。而在1999年度,原告除年底被通知参加董事会外,从未参与或过问公司的经营管理。

3. 协议签章即生效,原告无声明义务。如果协议内容应当告知其他董事,也应当由董事长告知。

4. 原告参加三次董事会的真实原因是被告有变相变更协议之嫌,参加会议的目的是防范被告不履行或不完全履行协议。

(1)1999年11月30日信业公司董事长在召开第二届第五次董事会的通知中列明的会议议题包括"审议公司增资",而在收到的《公司扩股说明书(董事会审议稿)》中,将信业公司每股面值定为1元,发行价格亦为1元,且在"释义"中称,已发行的每股亦为1元,而原告的入资价格为每股2元。如果按照被告通过董事会提出的1元价,则原告所持有的800万股1600万元投资,便成了800万股800万元。原告不可能任由被告单方变更或废止协议,只能参加该次董事会。在1999年12月15日的董事会上,坚决反对被告在扩股说明书中对每股价格的估算,要求必须进行正式评估。因此仅仅在第八项评估决议上坚持主张并签字,其他各份均按被告的意思签署。会后原告于1999年12月22日致函信业公司反对财务部经理人选,目的也是防止被告控制公司。

(2)2000年3月20日、2000年4月25日、4月30日通知召开的第二届第六次、七次、八次董事会,议题是"监事会通报公司资产评估情况",直接关系到协议的履行,原告当然要参加。在被告控制下,董事会作出将信业公司由被告托管的决议,这与原告与被告之间的代管股权协议形成无法协调的矛盾,原告必然反对。

(3)本案双方的协议合法有效。

协议的性质是委托合同,而不是联营性质的合同,并不存在保底条款问题。在代管财产、代行财产权利的合同中,双方必然约定一定的财产收益,法律对此无禁止性规定。

被告二审辩称:

1. 王传剑从未被信业公司董事会选为董事长,原告放弃王传剑被选为董事长的结果而推荐章志伟为董事长无事实依据。

(1)原告用来证明其说法的证据包括《第二届第二次董事会议案》《1996年报告暨1997年度工作计划报告》《信业公司上市发行申请报告》,这些仅是议题与草稿而已,未经董事会通过,也未向任何有关部门提交,没有任何效力。

(2)至今为止,王传剑从未被选为信业公司董事。

(3)章志伟被选为董事长是信业公司董事会选举的结果,而不是原告支持的结果,即使戴日庸、马文祥、刘芳投反对票,也根本不能影响选举结果。

2. 原告在协议签订后未到1年时就违反约定自行行使董事权利,属于根本违约。

(1)协议签订后至今,原告从未向信业公司声明其股东权利由被告代为行使,也从未将股权证交给被告。

(2)信业公司在1999年度仅召开一次董事会,即第二届第五次董事会,原告的两位董事亲自出席并行使权利,另一位董事则委托刘芳行使董事权利,也就是说,原告在协议开始履行的第一个年度中唯一一次履行协议义务的机会中即违反约定。

(3)1999年12月22日戴日庸、马文祥、刘芳关于反对高翔担任财务部经理的复函则是在1999年第二次违反协议。

(4)作为股东,依法并无权利直接对公司事务进行管理,李群盛参与了信业公司的清产核资工作不是以原告的名义进行的,而是完全受信业公司董事会的委托以信业公司董事会名义进行。

3. 信业公司扩股说明书中所称面值为1元的股票是指已发行和拟发行的面值为1元的股票,这原本是公司章程所规定的,原告当初购买信业公司股票时是溢价按照每股2元的价格购买,这是原告的实际入资价,是不可更改的。协议已经约定被告拟按照实际入资价购买原告持有的信业公司股权,原告既然已经意识到协议只能由协议双方协商确定和修改,那么作为协议签订者以外的信业公司又怎么可能通过变更股票面值来变相废止协议?

4. 按照协议约定,原告应当先参加信业公司分红,不足部分由被告直接支付给原告。而到目前为止,信业公司董事会尚未制定利润分配方案,股东大会也没有审议批准方案,原告1999年度从信业公司能分配到多少利润还是未知数,因此,原告的诉讼请求无事实依据。

5. 1999年12月15日至2000年5月12日召开的第五次、六次、七次、八次董事会,原告均未按照协议约定履行自己的义务,连续违反合同。

6. 协议约定由一个股东代管另一个股东的股权并代为行使董事权利,同时又保证资本金收益率,违反最高法院有关规定,属于无效条款。

律师观点:

1. 原被告双方关于表决权转让的约定应认定无效。

从协议内容看,根据协议约定的内容,被告对信业公司股权,受原告委托管理并代为行使原告在信业董事会的董事权利。根据协议第1条规定,原告支持被告成为信业公司的控股股东,并支持章志伟(被告副董事长)任信业董事长。但是根据约定背后的实质内容,协议中所谓"董事权利"实际即为原告的股东权。结合协议其他内容,可以认定原告委托被告管理的是原告持有的信业公司股东权。

原告在协议中并未放弃直接要求信业公司支付股利的权利。因此,协议没有将股东权中的股利分配请求权委托给被告。因此可以认定,双方协议的标的是原告对信业公司的股东权中的公司重大决策、选择管理者的表决权。

根据《公司法》第105条规定,我国公司法实行资本多数决原则。表决权作为共益权,其行使既涉及股东自身利益,又涉及公司整体利益。如果允许表决权在股份之外自由转让,则将可能导致在公司持有很少股份甚至根本不持有股份的人操纵公司重大决策,任意摆布公司其他股东的利益,这显然有违表决权的共益权本质,不符合资本多数决原则,也不合于公序良俗原则。因此,根据《民法通则》第58条第5项规定合同违反法律或者社会公共利益的应认定无效,据此,协议应认定无效。①

2. 原告丧失了依据协议取得收益的事实基础。

在1999年1年内,信业公司没有召开股东大会。信业公司第二届第一次至第八次董事会、包括于1999年12月15日召开的第二届第五次董事会,原告所推荐的董事都全部参加并投票表决,1999年12月22日原告所推荐的董事还致函信业公司反对财务部经理人选。可以认为,原告始终没有放弃对公司重大决策的表决权。因此,即使协议不被认为是无效协议,原告也丧失了依据协议取得收益的事实基础。

二审判决：

驳回上诉,维持原判。

【案例548】以犯罪所得出资不具股东资格 请求分红被驳回②

原告：姜光先

被告：华星公司

诉讼请求：

1. 被告支付原告公司盈余分配款(分红)88万元；
2. 被告支付原告股权利息款12.88万元(自2001年11月至2005年9月)；
3. 确认原告的股东资格。

争议焦点：

1. 原告以犯罪所得出资,能否取得股东资格,是否有权要求分红和支付股息；
2. 公司股东会能否决议除名股东。

基本案情：

2001年11月,昌邑市铁矿改制为被告。被告的公司章程载明,公司由原告等49名股东共同出资成立,注册资金为50万元,其中原告出资14万元,占注册资本的28%。后因原告挪用昌邑市铁矿的财产33.1万元,被昌邑市人民检察院依法

---

① 笔者赞同一审法官的观点,即原告将表决权委托给被告行使是其对自身权利的处分,被告承诺支付给原告固定的收益系股东之间的约定,并未影响公司与其他股东的权益,应属有效约定。尤其注意的是,2005年修订的《公司法》第43条对1999年修订的《公司法》第41条有关表决权的行使进行了修订,原则上规定由股东按照出资比例行使表决权,但是赋予了公司章程另外约定的权利。

② 参见山东省高级人民法院(2009)鲁民再字第4号再审判决。

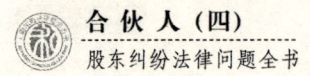

提起公诉。

2003年6月2日,昌邑市人民法院判决:1.原告犯挪用资金罪,判处有期徒刑3年缓刑3年;2.赃款由昌邑市人民检察院发还给被告。原告挪用昌邑铁矿的33.1万元,其中14万元作为自己向被告的出资。

2003年9月,昌邑市体改委和经贸局组织有关部门召开会议决定,因原告已构成犯罪,不能再担任董事长,取消其股东资格,由其他人购其14万元出资。

2003年10月4日,被告召开第二次股东大会,39名股东(无原告)出席会议,以举手表决方式一致通过了股东大会决议,其中决议第2条内容为"根据《公司法》和有关规定,以及(2003)昌刑重字第1号判决书的判决,原告因挪用企业资金,犯了挪用资金罪,不得担任公司的董事、经理、董事长,并因其14万元属于挪用的企业资金,所以不享有股权,取消其股东资格"。同日,该公司的董事会推选赵安会为新的董事长。

2003年11月18日,山东新华有限责任会计师事务所根据被告的申请验证:"根据公司章程及股东会议决议的规定,被告拥有的原告投入资本14万元全部由其他7位投资人认购。其中赵安会占11万元,邱建平占1万元……上述股东已于2003年11月18日向贵公司缴足股权转让款。"2003年11月26日,被告制定了新的公司章程,在新的股东名录中无原告之名。2003年11月26日,被告向昌邑市工商行政管理局申请变更公司董事长、经理、并重新认购部分股权的登记,但该局只对董事长的变更进行了登记,对其他材料进行了备案。

根据被告提供的三个股东的出资证明书记载,被告已经进行了三次公司盈余分配,每1000元出资的分红分别是:2004年3月452.69元,2004年7月476.73元,2005年5月2800元。但以上分红无股东会议决议佐证。另外,自被告成立以来,还按每100元每月2元支付股东股权利息。

原告诉称:

被告是由原告等49名股东共同出资成立,注册资金为50万元,其中原告出资14万元,占注册资本的28%。被告分别于2004年3月、2004年7月、2005年5月进行了三次公司盈余分配,再加上2005年下半年应分配而尚未分配的公司盈余,原告应得88万元,但是被告没有向原告支付。自被告公司成立以来,还按月息2分支付股权利息,被告也未向原告支付。

被告辩称:

1.原告在被告处的投资是原告挪用国家的资金注入的,是犯罪行为,因而原告不能享有股权；

2. 本案应属确认之诉,而不应为给付之诉；

3. 本案是行政诉讼,而非民事纠纷；

4. 原告自始至终没有取得股东资格,不能分取红利,原告主张的股金和利息请求无事实依据。

一审认为：

原告投资到被告公司的资金来源非法,不能合法地构成公司法人财产,应认定投资未到位,也就无权要求分红。

针对原告是否还具有被告的股东资格问题,虽然被告没有置备股东名册,但因被告设立时的公司章程中载明原告是股东之一,因此,应认定原告具有股东资格。在没有经过原告同意的前提下,被告通过股东会决议剥夺其股东资格的做法是不符合法律规定的。原告要求确认其为被告股东的诉讼请求合法,依法予以支持。

关于原告主张的分红和股权利息应否支持问题,因原告投入被告的14万元注册资金是挪用的公司资金,已构成刑事犯罪,因此,原告应承担公法责任,即原告的这种货币投资非法,不能合法地构成公司法人财产权。基于此,应认定原告的投资没有到位。根据2005年修订前《公司法》第33条"股东按照出资比例分取红利"的规定,原告没有向被告实际出资,也就无权分红。原告要求被告支付红利和股息的诉讼请求,于法无据。

一审判决：

1. 确认原告为被告股东；

2. 驳回原告的其他诉讼请求。

原告不服一审判决,向上级人民法院提起上诉。

原告上诉称：

原告已经实际向被告出资,至于出资资金来源的违法并不导致出资无效。而且原告正是为了履行出资义务才挪用的资金。一审法院认定原告出资非法及出资不到位,因而无权分取红利是错误的。

被告辩称：

1. 原告挪用被告的资金用于出资属于无效行为,其从来没有向被告真实出资,其被司法机关扣押的资金也没有用于向被告出资,且至今仍被检察机关扣押；

2. 原告的股东资格已经因为股东会决议而丧失,一审认定上诉人具有股东资格不当。

二审法院认为：

1. 原告已经履行出资义务。

从本案查明的事实来看，在被告成立时，原告已经按照章程规定缴纳了所认缴的14万元出资。虽然该14万元资金系原告挪用企业资金，但原告为此仅应承担相应的刑事责任或民事侵权责任，并不能由此否认原告出资的真实性。原审法院认定原告出资没有到位不当，应予纠正。被告在庭审答辩理由中主张原告不是被告的股东，但原审法院已经确认原告具有股东资格，而被告并未提出上诉，因此对于该问题不予审理。

2. 原告未提供被告有可分配利润以及股东会决议向其分配利润的证据，被告支付股息的方式违法，原告分红和支付股权利息的请求无证据支持。

股东要求公司支付利润的，应符合两个条件，一是公司应当有可供分配的利润；二是必须有股东会的分配利润决议。

本案中，原告并未提供被告有可分配利润以及被告股东会决议向其分配利润的证据。至于被告提供的3份出资证明书记载的盈余分配是否合法因不是本案审理的范围，不作处理，但原告不能以此作为对被告享有合法分红的依据。因此，原告要求被告支付分红，不符合法律规定，不予支持。同时，虽然被告自成立以来，一直按每100元每月2元支付股东股权利息，但该行为并不符合有限责任公司的利润分配条件，属于变相抽回出资行为，违反了《公司法》（2005年修订）第35条"股东在公司登记后，不得抽回出资"的规定，原告据此要求被告支付股权利息，不予支持。

二审判决：

维持一审判决。

被告不服二审判决，向检察机关申诉。经审查后，检察机关提起抗诉。

检察机关抗诉称：

1. 终审判决认为原告投资到位是错误的。

本案被告系由昌邑市铁矿改制而来。山东省昌邑市人民法院刑事判决书（2003）昌刑重字第1号认定：被告作为公司的发起人为完成企业的改制工作，在昌邑市国有资产管理局已确认评估资产后，将应属于改制后的昌邑市华星矿业有限公司的预收土地承包费24.1万元和矿粉款9万元擅自挪用给本人及其他股东作为个人入股股金用以进行新成立企业的注册。原告所挪用的33.1万元，其中19.1万元借给了部分职工入股（该19.1万元已由昌邑市人民检察院向各借款人追还），另14万元以其自己的名义入股。原告出借给职工的19.1万元，借款关系是合法的,职工以个人借款作为投资,是允许的。但原告投入的14万元并非其个人财产,以其个人财产的名义投入,作为被告的注册资金,只是将改制前铁矿的自有资产又作为改制后个人资产,终审判决认为原告投资到位是错误的。

2. 终审判决认为原告具有股东资格是错误的。

终审判决认为原告在设立公司章程上作为股东签字,就应认定原告的股东资格是错误的,这一行为因原告的欺诈故意,且该虚假出资侵害了国家利益而无效。

原告于2001年11月20日在《昌邑市华星矿业有限责任公司章程》上作为股东签字。依山东省昌邑市人民法院刑事判决书(2003)昌刑重字第1号认定,原告挪用公款的犯罪时间从2001年10月到12月期间,原告在主观上明知自己是挪用国有企业的财产作为个人的出资,并没有实际出资,而虚构以自己个人资产出资的事实,构成欺诈的故意。同时该虚假出资行为损害的是国家利益,以下事实可证明:根据《昌邑市铁矿企业改制方案》第9条第1款,新公司成立后,评估净资产 −6,076,138.48元,政策性扣除3,533,609元,共计 −9,609,747.48元,按零资产买断原企业全部产权,资产亏空额9,609,747.48元,并根据昌发(99)31号文件第3部分第3条规定,给予新公司应交所得税返还弥补,也即昌邑铁矿改制时,其债务以新公司成立后向国家应缴纳的所得税返还来偿还。又据被告的注册资本为50万元,也即被告成立时实际资产应是 −9,109,747.48元。但因原告虚假出资14万元,被告成立时其真实的注册资本只有36万元,被告成立时真实资产是 −9,249,747.48元。由此,国家就要多返还14万元的所得税,原告的虚假出资行为最终损害的是国家利益,而不仅是该公司的利益。当某欺诈行为损害的是国家利益时,该民事行为是无效的。因此,证明原告具有股东资格的系列文件,因原告的恶意欺诈行为,且该行为损害国家利益而无效,原告不具有被告的股东资格。任何人都不得因自己的犯罪行为而获利,如果承认原告以针对该公司犯罪行为获取的非法所得而形成的该公司的股东资格合法有效,损害了国家利益,对被告而言也是不公平的。

律师观点:

1. 犯罪所得不能出资,原告股东资格无效。

《最高人民法院关于适用〈中华人民共和国公司法〉若干问题的规定(三)》第7条第2款规定,以贪污、受贿、侵占、挪用等违法犯罪所得的货币出资后取得股权的,对违法犯罪行为予以追究、处罚时,应当采取拍卖或者变卖的方式处置其股权。由此可见,以犯罪所得进行出资的,其并不能取得股东身份,其股权也应被追缴。同时,本案中被告系由政府主导下进行的国有企业改制而来,案发后,昌邑市体改委和经贸局组织有关部门研究决定取消了原告的股东资格,由其他人认购该14万元出资份额,被告也就此召开股东会并形成决议,取消原告股东资格,由赵安会等人认购该部分出资并已完成出资验证。鉴于上述情况以及参照《公司法》(2005年修订)第7条关于非法财产不得作为出资的规定精神,应认定原告股东资格无效。

2. 由于出资的非法性,原告的分红请求权自然也要受到限制。

2005年修订前和修订后的《公司法》均规定,股东按实缴的出资比例分取红利。因原告在被告的14万元出资系挪用改制前的国有企业资金的犯罪行为,原告不具有被告公司的股东资格,故原告自然也就丧失了基于股东身份的利润分配请求权。

再审判决:

1. 撤销一审、二审民事判决;
2. 驳回原告的诉讼请求。

1545. 没有股东会决议或股东会决议不分配盈余,但公司章程约定每年分配盈余,股东依据该章程约定请求法院判令公司分配盈余,能否得到支持?

如果章程明确约定了盈余分配的条件、数额、发放方式、时间等,即可以认定公司已经有了明确的盈余分配方案,股东依据章程请求分配盈余,应当得到支持。

【案例549】半数股东确认利润分配方案　无股东会决议也有效①

原告: 刘衡阜

被告: 爱迪亚公司

诉讼请求: 被告支付2004年股权红利款48,000元。

争议焦点: 公司的利润分配方案是否必须经公司股东会审议批准,未经审议批准但经过半数股东确认是否有效。

基本案情:

被告系自然人共同出资设立的有限责任公司,注册资本1000万元,2003年2月设立,设立时工商登记的股东有14名,其中应国海为董事长,出资635万元,占注册资本63.5%,原告出资40万元,占注册资本4%,其他股东分别不等出资。

被告章程规定,股东按其出资份额享有表决权、按其出资比例分配红利;公司

---

① 参见舟山市定海区人民法院(2008)定民二初字第602号民事判决书。

每年分配利润一次,每个会计年度后一个月内公布利润分配方案及各方应分的红利;公司利润分配方案须经股东会审议批准。

2005年1月22日,被告召开股东会。会上,公司董事长宣布了公司2004年红利分配方案,即2004年公司以股权1000万元为基数,按12%分红。会议当时没有股东反对。当时的公司股东兼董事谢小华、江立国、臧武波、李斌和股东陈伟义在事后的2008年10月14日确认了上述内容。

2006年1月9日,原告及其他股东将持有的公司股权计50%有偿转让给岱美公司。转让双方协议约定,岱美公司仅就股权转让前,被告在生产经营中的银行借贷同意由股权受让后的公司承担偿付之责;除此之外,在此之前的属于原股东及股权受让前被告的债权债务均由原股东及股权受让前的被告负责收回和偿付,与岱美公司及股权受让后的被告无涉。

原告诉称:

原告系被告股东,2005年年初,在公司股东会上,被告的法定代表人应国海宣布,2004年公司按注册资金的12%进行分红,即股东每股股权可得红利12,000元,原告按股可得红利48,000元,因被告资金紧张,一直未付,直到2006年年初原告退休离开公司。2006年9月9日,被告的法定代表人再次签字确认欠原告2004年股权红利款48,000元,经催讨未果。

被告辩称:

原告之诉因不合法律规定应予驳回。根据《公司法》和被告章程的规定,利润分配方案须经公司董事会制定,并经公司股东会审议批准。法定代表人应国海提到的分红方案仅仅是其个人意思表示,不能代替董事会的制定和股东会的审批,不能作为公司盈余分配的依据,更不能作为原告起诉的依据。

律师观点:

《公司法》第38条规定了股东会的职权,其中之一就是审议批准公司的利润分配方案。此条规定目的在于规范公司治理,但并非禁止性规范。本案中,被告董事长在股东会上宣布的红利分配方案被告并无异议,且已经公司当时过半数以上股东确认,虽未形成书面决议,但该方案未遭反对,即应当认为通过,被告也未提出公司该年度无利可分的主张,符合《公司法》和公司章程的规定,故上述方案应视为有效,应当付诸实施。2006年1月,原告的股权转让。原告取得2004年度股金红利48,000元符合相关各方约定的转让协议,故原告之诉应予以支持。

法院判决:

被告于本判决生效之日起10日内支付原告2004年度股金红利48,000元。

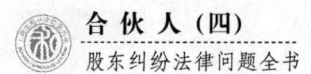

1546. 没有股东会决议，股东间达成协议并实际分配了盈余，该行为是否合法？

尚无明确法律规定。但实践中，如果公司有利润可分，全体股东一致同意达成分配协议，且实际分配了盈余，则分配盈余的行为是合法的。

1547. 有限责任公司同时存在有关盈余分配的股东会决议与股东协议，应以哪一份文件为准？

以股东会决议为准。在有限责任公司中，股东协议从性质上看，只是股东之间的意思，而不是公司的意思。股东协议原则上仅形成或变更股东内部的法律关系，并不自动创设公司与股东间的法律关系，不能对公司直接产生法律约束力。当股东协议对股东之间的权利义务关系进行变更，与原来的公司章程相矛盾，可以通过法定程序作出变更，将股东协议上升为股东会决议，才能体现为公司的意思。因此，股东之间达成的关于盈余分配的协议不能对抗由股东会决议确定的盈余分配决议。

【案例550】股东协议对公司无约束　盈余分配以决议为准[①]

原告：叶思源

被告：华龙公司

第三人：陈雅辉

诉讼请求：被告支付原告2004年利润2,646,080元。

争议焦点：

1. 执行董事、监事均未依法召开股东会，拥有公司10%以上表决权的原告是否有权自行召集和主持股东会；原告召集和主持的股东会作出的《股东会决议》是否合法有效；

2. 被告两股东达成的股东协议中对公司利润分配的约定与《股东会决议》内容不一致，被告应以何文件为依据。

基本案情：

1999年9月30日，原告与第三人确认了被告章程，主要内容为：1.原告为股东，出资额为416万元，占注册资本的52%；第三人为股东，出资额为384万元，占注册资本的48%。股东有权按照出资比例分取红利。2.股东会行使以下职权：审议批准公司的利润方案和弥补亏损方案。3.股东会会议分定期会议和临时会

[①] 参见厦门市中级人民法院(2007)厦民终字第2330号民事判决书。

议,定期会议原则上定为每年1月份召开一次,代表1/4以上表决权的股东可以提议召开临时会议;召开股东会会议,应当于会议召开15日以前将会议日期、地点和内容通知全体股东,股东会应当对所议事项的决定作成会议记录,出席会议的股东应在会议记录上签名。4.股东会会议由执行董事主持召开,执行董事因特殊原因不能履行职责时,由执行董事指定的其他股东代表主持。5.除法律、法规、章程有明确规定外,股东会作出的决议,必须经1/2以上表决权的股东通过。6.在每一会计年度终了10天内,应将财务会计报告送交各股东。7.公司分配当年税后利润时,应当提取利润的10%列入公司法定公积金,并提取利润的5%至10%列入公司法定公益金。法定公积金不足弥补上年度公司亏损的,在提取法定公积金和法定公益金之前应当先用当年利润弥补亏损。弥补亏损和提取法定公积金、法定公益金后所余利润,按照股东的出资比例进行分配。

1999年10月12日,被告注册成立。

2006年2月14日,原告与第三人签订了《补充协议之五》,双方约定:原告及第三人按照一定的分配比例对被告开发的明月花园项目进行利润分配,原告按37.5%分配红利,第三人按62.5%分配红利。

2006年12月5日,原告邮寄一份关于召开被告股东会临时会议的通知给第三人,第三人于次日收件。通知的主要内容为:"于2006年12月22日上午9时在厦门市鹭江公证处会议室召开股东会临时会议,主要议程为审议批准2004年度的利润分配方案和弥补亏损方案。"

2006年12月22日,原告召集并主持召开了股东会,第三人未到场开会,原告作出了一份题为《关于华龙公司2004年度的利润分配方案和弥补亏损方案》的股东会决议。股东会决议的主要内容为:"1.根据被告提供给厦门工商局2003年度、2004年度的财务报表,被告2003年度亏损1,246,696元,2004年度税后利润873万元。2.依据公司章程和《公司法》的规定,被告分配2004年度税后利润,先弥补上年度的亏损1,246,696元,再提取10%法定公积金、5%法定公益金,可分配利润为6,360,800元,按照股东出资比例分配,2004年度的利润分配方案为:原告可得利润为可分配利润的52%,即3,307,600元,第三人可得利润为可分配利润的48%,即3,053,200元,被告应自决议形成后5天内向各股东支付代扣完所得税之后的利润款项"。当日,原告邮寄了一份股东会决议给第三人,第三人于次日收件。

原告诉称:

原告是被告的股东,第三人是被告的另一位股东兼执行董事。2006年12月

22日,被告股东会通过了《2004年度的利润分配方案和弥补亏损方案》的股东会决议,该股东会的召开和股东会决议的通过,符合《公司法》及被告公司章程的规定,合法有效。根据该方案,原告可得股利 3,307,600 元,扣除应由被告代扣代缴 20% 的个人所得税 661,520 元,被告应支付原告 2,646,080 元。经原告催讨,被告拒绝支付。

被告辩称:

1. 原告所称的股东会决议不具有法律效力,是原告单方制作的、程序不合法的协议;

2. 原告及第三人在股东协议中明确约定,原告及第三人按照一定的分配比例对被告开发的明月花园项目进行利润分配,因此,原告要求按照出资比例对某一年度的利润进行分配是没有事实和法律依据的。

律师观点:

1. 原告召集和主持的股东会作出的《股东会决议》合法有效。

原告于2006年12月22日召集并主持召开的股东会会议的召开程序及会议内容均与法不悖,所作出的《关于华龙公司2004年度的利润分配方案和弥补亏损方案》的股东会决议合法有效,理由如下:

(1)《公司法》规定"审议批准公司的利润分配方案和弥补亏损方案"系股东会的职权之一,而且《公司法》还规定"有限责任公司不设董事会的,股东会会议由执行董事召集和主持。董事会或者执行董事不能履行或者不履行召集股东会会议职责的,由监事会或者不设监事会的公司的监事召集和主持;监事会或者监事不召集和主持的,代表十分之一以上表决权的股东可以自行召集和主持"。本案的被告未设董事会,是由第三人担任公司执行董事,因此,第三人应当在其任职期间承担召集和主持股东会会议的义务。在审理过程中,被告并未举证证明在2006年12月22日之前,已由担任公司执行董事的第三人依法召集并主持召开了被告"2004年度的利润分配方案和弥补亏损方案"的股东会会议,也没有证明被告的监事在执行董事不能履行或不履行召集股东会会议职责时,履行了召集和主持义务,故原告作为代表被告1/10以上表决权的股东,其有权自行召集和主持股东会。

(2) 原告已按公司章程的规定提前15日将会议时间、地点和会议内容通过邮递方式通知了被告的全体股东,2006年12月22日,股东会会议的召开程序符合法律规定。

(3) 被告2006年12月22日股东会会议的内容是审议和批准被告2004年度

的利润分配方案和弥补亏损方案,而对公司利润进行分配及亏损予以弥补是股东会的职权,股东会临时会议审批公司盈余分配方案,内容符合法律规定。

(4)《股东会决议》作出后,被告的股东均未以对《股东会决议》效力有异议为由而提出诉讼。

2. 被告两股东达成的股东协议中对公司利润分配的约定与《股东会决议》内容不一致,被告应依据《股东会决议》向原告分配红利。

鉴于《股东会决议》载明,原告可得利润为 3,307,600 元,第三人可得利润为 3,053,200 元,被告应自决议形成后 5 天内向各股东支付代扣完所得税之后各股东实得的利润款项。因此,扣除应由被告代缴的 20% 的个人所得税 661,524 元后,被告实际应支付利润 2,646,096 元给原告。

根据《公司法》的规定,生效的公司章程对公司、股东、董事、监事、高级管理人员具有约束力。《股东会决议》是被告的股东依照《公司法》和公司章程的规定召开股东会议形成的决议,被告必须依照公司章程的规定予以执行。而股东协议系被告两股东规定彼此合作期间各自权利义务的合同,仅对合同相对人原告和第三人存在拘束力。因此,股东协议对被告不具有约束力。

被告的股东原告、第三人就明月花园项目达成股东协议后,应当召开股东会会议对公司章程中有关股东利润分配的规定进行修改。在未对公司章程作出修改之前,如果被告两股东达成的股东协议中对公司利润分配的约定与《股东会决议》内容不一致,被告应该执行《股东会决议》。

法院判决:

被告应于判决生效之日起 10 日内支付原告可得利润 2,646,080 元。

【案例551】应收账款未收回　分配条件未成就主张分红被驳回[①]

原告: 顾关耀

被告: 永耀公司

第三人: 石桂珍、王琳玲、吴荣铭、康培

诉讼请求: 判令被告依据 5 位股东作出的《关于催讨应收账款的决议》支付原告 2000 年度红利。

争议焦点: 如何理解被告 5 位股东作出的《关于催讨应收账款的决议》,被告进行盈余分配的前提是否应以收回应收账款为前提。

---

① 参见上海市青浦区人民法院(2002)青民二(商)初字第 1369 号民事判决书。

基本案情：

1998年11月，原告与4位第三人共同约定，出资14万元设立被告。

2001年12月22日，由于原告、第三人石桂珍（系原告之妻）与另外3位股东对公司的经营包括股东的权益发生纠纷，故原告及4位第三人达成了《关于催讨应收账款的决议》（以下简称《决议》），《决议》载明：

1. 所收到的被告应收款一律进被告的唯一账户；

2. 每月以对账单为准，支票进来要在本子上记录有人为证，每月对账单每一位股东可以询问；

3. 将被告的应收账款转入他人账户的负一切法律责任；

4. 先分2000年红利，每股以7000元为准，后分本金，最后在公司所有财产清算后，还清2001年红利及归还债务。

原告诉称：

2001年12月22日，各股东就被告催收应收账款及分配2000年红利达成《决议》，决定以每股人民币7000元发配红利（每人民币1万元为1股）。但被告拒不执行该《决议》，未能向原告分配2000年度红利。

被告辩称：

2001年12月22日达成的是关于催讨应收账款的决议。根据当时的财务报表，可以每股分红人民币7000元，但应以讨回应收款为前提。但事后，原告及其妻即第三人石桂珍，用各种手段侵吞公司财产，原告更是另行成立罗耀公司，并向被告的客户发出通知，称被告已发生资产重组更名为罗耀公司，并以罗耀公司的名义收取被告的应收款。据此，被告认为，在公司未收回应收款，原告及第三人石桂珍侵犯公司利益的情况下，被告不应分配给原告红利。

第三人王琳玲述称与被告相同。

第三人吴荣铭述称：

同意被告的辩称，现由于原告及第三人石桂珍的行为，使其他股东的权益受到损害，如再要分配给原告利润，将会使其他股东的利益更加受到损害，故不同意分配给原告利润。

第三人石桂珍、第三人康培未提出陈述意见。

律师观点：

《决议》第1~3条均是应收款的内容，第4条才涉及2000年度利润分配问题，故可知《决议》第4条的执行与公司应收账款的清理有关。

由于原告及第三人石桂珍以罗耀公司名义在外收取被告的应收款，未交被告的行为阻碍了被告应收账款的到位,如单独执行《决议》中分配2000年度红利的内容,必然会导致各投资人之间利益的失衡。因此在目前的情况下,被告不应单独分配2000年度利润。

法院判决:

驳回原告诉讼请求。

1548. 对股东会决议通过的盈余分配方案持反对意见的股东,应如何救济?

根据如下三种不同的情况,股东可采取相应的救济手段:

(1)决议内容、程序违反章程约定或决议程序违法,如股东会召集程序违法、表决方式违法等,股东可提起撤销股东会决议之诉;[1]

(2)决议内容违法,如分配不公,分配方案中存在着多分、少分、不按出资比例分配等情况,股东可以公司为被告,向法院起诉请求确认股东会决议无效;

(3)股东认为股东会决议损害公司利益的,比如,公司无盈余,股东会仍决议分配盈余,可请求董事会或监事会代表公司以损害公司利益股东为被告提起公司控股股东、实际控制人损害公司利益之诉,若董事会和监事会均怠于起诉或拒绝起诉,股东可代位提起上述诉讼。[2]

1549. 董事会未作出盈余分配方案,股东会直接制作并决议盈余分配方案,该方案是否无效?

对此,实践中有不同的认识。有观点认为,股东会不能直接制作盈余分配方案。该观点认为《公司法》之所以规定由董事会行使盈余分配方案的制定权有以下两大原因:

(1)实践中,董事会作为公司权力机构的最高执行机构,对公司的实际经营情况,如税后利润提取法定公积金后的实际数额;公司是否需要以盈余转增资本以进一步扩大再生产;盈余分配采取现金还是其他方式更有利等问题,更加清楚和了解。有利于作出科学合理的盈余分配方案。

(2)公司的盈余分配涉及公司的长远利益与股东的近期利益之间的平衡。董事会既受托于股东大会,又对公司承担法定义务,其作出的盈余分配决议,有利于维持公司与股东间利益的平衡。

基于上述原因,若股东会未通过盈余分配方案,应向董事会说明理由并提出

---

[1] 详见本书第二十章公司决议纠纷。
[2] 详见本书第十三章损害公司利益责任纠纷。

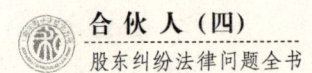

意见,由董事会对盈余分配方案进行修改。

也有观点认为,我国法律并未明确规定董事会制定盈余分配方案是股东会决议盈余分配的前置程序,股东会可以直接制作并决议盈余分配方案。实践中,在大多数情况下,该决议是有效的,尤其是在已按决议实际分配了盈余的情况下。但是,如果股东会的分配决议严重影响了公司的利益,对决议持异议的股东可请求公司提起诉讼撤销股东会决议,或者在公司怠于起诉时,以自己的名义代表公司提起诉讼,请求撤销该决议。

笔者认为,该问题要视具体情况而定。对于有限责任公司,尤其是在股东人数较少的情况下,股东人选与董事人选基本重复的情况下,可以不必拘于董事会制作盈余分配方案的程序规定,由股东会直接制作盈余分配方案并进行决议。股东人数较多的有限责任公司与股份有限公司的盈余分配应由董事会作出方案,交由股东会决议。

1550. 公司长期有盈余不分,股东如何救济?

股东有以下四种救济手段:

(1)转让股权,通过股权或股票交易,收回投资,离开公司。

(2)符合一定条件,请求公司回购股权。[①] 在符合公司连续5年不向股东分配利润,而公司该5年连续盈利,并且符合《公司法》规定的分配利润条件的情况下,可请求公司回购股份。

(3)向法院提起损害股东利益之诉[②]。若大股东利用担任公司董事、高管之职位控制董事会长期不制作盈余分配方案,利益受损的股东可提起损害股东利益之诉。

(4)向法院提起解散公司之诉[③]。因大股东控制股东会常年不分红,导致股东之间出现僵局,股东可向法院诉请解散公司。

1551. 股东据何判断公司是否有盈余?

股东可到工商局查阅公司年度会计报告,确认公司损益情况和利润情况。如对会计报告存有疑问,还可以行使知情权要求查阅会计账簿,进行核对。甚至在有证据证明公司会计账簿存在虚假记载的情况下,或公司章程赋予股东查阅原始会计凭证或审计的权利,可进一步行使知情权。

---

① 详见本书第十五章请求公司收购股份纠纷。
② 详见本书第十四章损害股东利益责任纠纷。
③ 详见本书第十六章公司解散纠纷。

1552. 公司有可供分配的盈余时,是否必须进行分配?

公司虽有盈余,却并非必须分配。是否分配盈余属于公司的商业判断,根据商业自治原则,公司可以通过对市场及公司未来发展的合理判断,决议将盈余提取为公积金或者转增资本,而不分配盈余。

1553. 公司无盈余或违反法律规定,在弥补亏损及提取公积金前分配盈余,公司和股东分别应当承担哪些责任?

公司应当承担行政责任,即由县级以上人民政府财政部门责令如数补足应当提取的金额,并可以对公司处以20万元以下的罚款;股东是违法分配盈余的不当得利者,应当承担向公司返还违法分得盈余之责任。

1554. 股东以股东(大)会确认的利润分配比例错误为由提起诉讼,要求按照其他比例分配利润的,其主张是否能得到支持?

从目前司法实践来看,股东因分配比例有误请求法院按照其他比例分配的不会得到支持。如果股东认为盈余分配决议比例有误,可以提起股东会决议效力纠纷之诉,请求确认该决议无效或撤销该决议。

1555. 盈余分配方案中确认的未分配利润与实际不符的,股东可否诉请以实际利润进行分配?

多数司法实践认为盈余分配纠纷所要解决的是公司股东(大)会通过盈余分配方案但却拒绝分配,股东如何救济的问题,对于股东(大)会是否决定分配盈余、盈余分配的具体数额并不考察。因此,股东此项诉讼请求难以得到法院的支持。

1556. 股东(大)会决议通过盈余分配方案后,实际分配盈余前,公司发生亏损,公司可否以弥补亏损为由拒绝分配盈余?

不可以。公司仍应当根据股东(大)会决议通过的盈余分配方案分配盈余。盈余分配方案已通过,意味着分配方案中涉及的股东的盈余分配权已由期待权转化为债权,公司应当根据已决议通过的分配方案向股东分配盈余。即使在实际分配前,公司发生亏损,也不能以此为由,拒绝分配盈余。

【案例552】主张盈余分配未超时效 "亏损"不得对抗分配方案[①]

原告: 葛志龙

被告: 郑事公司

---

① 参见上海市第一中级人民法院(2010)沪一中民四(商)终字第181号民事判决书。

诉讼请求： 判令被告给付原告2005年分红款48,261元。

争议焦点：

1. 如何确定主张盈余分配权诉讼时效的起算时间，原告是否超过诉讼时效；

2. 在被告已对未分配利润作出了分配决议后，被告能否以公司亏损拒付红利。

基本案情：

被告的股东为原告、程洁（法定代表人）及周来娣3人。2005年12月19日，上述3位股东签订《股东会议决议（承包经营协议）》一份，主要约定由程洁承包经营被告，期限为2年（自2006年1月1日至2007年12月31日）。该协议第9条约定，按照2005年财务账面清单所供，公司利润额为人民币371,703.83元，其中30万元作为2005年分红，余额作为程洁的流动资金，待承包结束后再算。

2006年1月26日，上述3位股东又召开股东会议并就2005年年底公司分红形成《股东会议记录》，即"股东之间签订的承包协议中，2005年年底公司的利润为37万元，其中30万元为股东分红，全体股东考虑到公司今后的发展和扩大，一致认可这次分红为11.5万元，剩余18.5万元留在公司账面上，等承包结束后再作分配，到时分配为程洁64,348元，周来娣72,391元，原告为48,261元"。

原告诉称：

程洁承包结束后，被告未实际给付利润分配款。

被告辩称：

1. 原告的起诉时间已超过诉讼时效期间，应予驳回。

2. 原告作为股东，只有在符合法律规定以及各股东之间约定的情况下才能享有分红权，除了会议记录的约定外，原告还必须遵照《公司法》的规定即公司有可分配利润的情况下才能享有分红权。现公司亏损无利润可供分配，故原告的诉请不应得到支持。

3. 公司全体股东已经一致同意公司账面上剩余的18.5万元不作为分红款，作为公司流动资金使用，因原告请求的分红款包含在该18.5万元中，故其请求不能得到支持。

律师观点：

1. 原告起诉未超过诉讼时效。

被告《股东会议记录》明确约定被告2005年年底利润中30万元为股东分红款，此次分红为11.5万元，剩余18.5万元等承包结束后再作分配，而依据被告《股东会议决议（承包经营协议）》的约定，程洁承包经营于2007年12月31日结束,故原告于2009年8月6日提出诉请,没有超过两年诉讼时效期间。

2. 被告已对18.5万元利润作出了分配决议,后公司发生亏损,不会影响股东盈余分配权的实现。

《股东会议记录》明确2005年的37万元利润中30万元作为股东分红,全体股东考虑到公司今后的发展和扩大,一致认可先分红11.5万元,剩余18.5万元留在公司账面上,待程洁承包结束后再作分配,到时分配为程洁64,348元,周来娣72,391元,原告为48,261元。根据该股东会决议,各股东对2005年的分红已经形成一致意见,并对各股东分红数额、支付日期作了明确约定,后经程洁承包后即使公司存在亏损,也应按股东间关于承包的约定来处理,不能以现公司存在亏损而拒付2005年的分红款。现程洁承包已结束,被告应当向原告支付红利。

综上,被告股东之间签订的《股东会议决议(承包经营协议)》《股东会议记录》是当事人真实意思表示,且与法不悖,应属有效。被告应按照上述股东之间的协议和决议给予原告红利。

法院判决:

被告于判决生效之日起10日内给付原告2005年分红款48,261元。

【案例553】利润分配后公司发生亏损 未支付利润仍应支付①

原告: 南辉实业公司

被告: 尼康公司

诉讼请求: 判令被告立即支付原告1990~1993年股东利润合计人民币666,832.01元。

争议焦点:

1. 原南辉公司不提取利润的条件是否成就;

2. 被告1997年以后处于亏损状态,能否以此拒绝支付1997年前已经决议分配的红利;

3. 原告主张的盈余发生于1993年之前,原告于2004年主张是否已过诉讼时效。

基本案情:

原告是由赵圣洁、潘慧琳于2003年1月28日在香港成立的公司。赵圣洁、潘慧琳、林炯曾于1987年3月13日在香港成立了原南辉公司。原南辉公司于

---

① 参见合肥市中级人民法院(2004)民四终字第02号民事判决书。

1997年12月3日注销。在成立原告的当天,赵圣洁、潘慧琳及林炯阳签订债权转让协议书,约定将原南辉公司股东名下的债权债务全数转让给新登记成立的原告。

1988年3月15日,原南辉公司与芜湖市无线电三厂签订《合同书》及《章程》,约定双方共同出资设立被告。

1990年4月7日,芜湖市无线电三厂与原南辉公司又签订一份扩资协议,合营双方的投资比例即3∶1实行。扩资协议同时约定:"为确保甲方(芜湖市无线电三厂)按期归还银行股本贷款,经合资双方商量确定:引进项目投产见效后,乙方(原南辉公司)同意将新增全额利润用于甲方归还股本贷款,乙方暂不提取应得的利润,待甲方全部还清银行股本贷款本息后,被告根据实际经营情况逐年分批支付乙方应得而未提取的利润及利息。"

1995年,被告委托芜湖会计师事务所对其经营期间(1988年至1994年)的资产、负债及盈亏情况进行审计。审计报告显示:1990年至1993年4年期间,甲方(芜湖市无线电三厂)分得股利1,555,941.31元人民币,占可供分配利润的70%,乙方(原南辉公司)分得股利666,832.01元人民币,占可供分配利润的30%;被告已将甲方分得的股利作为应收甲方账款的减项冲抵。

2000年8月22日,被告向芜湖市中级人民法院提起诉讼,请求判令原南辉公司返还占用资金187万元人民币,原南辉公司辩称其所占用的资金部分来源于其应分得的股利。该案经安徽省高级人民法院审理后认为,原南辉公司股利分配权的请求与返还财产纠纷系两种不同的法律关系,不能合并审理,亦不能互相抵消,原南辉公司主张的股利问题应另案起诉,该院遂以(2001)皖民终字第52号民事判决判令原南辉公司支付被告1,876,347元人民币,并承担相应的利息。

原告诉称:

被告成立之初,企业经营状况一直较好。经审计,1990年至1993年原告应分得公司利润合计人民币666,832.01元,但该款项至今未支付原告。

被告辩称:

1. 被告的合营双方曾有书面协议约定,在中方(芜湖市无线电三厂)未还清银行贷款前,暂不支付利润;

2. 被告在1997年已处于亏损状态,无利润可供分配;

3. 盈余分配权属给付之诉,原告主张的利润发生在1993年之前,原告直到现在才向人民法院起诉,已超过诉讼时效。

律师观点：

1. 被告应向原告支付利润。

芜湖市无线电三厂与原南辉公司于1990年4月7日签订的扩资协议中，双方已明确在引进项目投产见效后，原南辉公司同意将新增全额利润用于芜湖市无线电三厂归还银行贷款，原南辉公司暂不提取应得的利润。但被告未提供协议所附引进项目投产见效条件已成就的相关证据，原南辉公司亦未明示放弃其应分得的利润，且原南辉公司股东已将其债权债务全数转让给原告，因此被告应向原告支付利润。

2. 被告不能以1997年以后的亏损拒付1993年前已确定的利润。

被告委托芜湖会计师事务所对其经营期间（1988年至1994年）的资产、负债及盈亏情况进行审计。审计报告显示：1990年至1993年4年期间，甲方（芜湖市无线电三厂）分得股利1,555,941.31元人民币，占可供分配利润的70%，乙方（原南辉公司）分得股利666,832.01元人民币，占可供分配利润的30%。当公司决定进行利润分配时，股东抽象的公司盈余分配权即转化为确定的债权，被告应当向原告支付分配的股东股利。

被告已将其与被告应收该厂的账款予以冲抵。现在被告拒绝向原告支付，直接导致的后果是由原南辉公司独家用其应分得的利润来弥补被告自1994年以来产生的亏损，显属不公平。被告上述不支付行为，侵害了原南辉公司的股东权益，原告据此向被告主张权利，符合法律规定，被告依法应当向原告支付其自1990年至1993年期间应分得的股利666,832.01元人民币。

3. 本案未超过诉讼时效。

被告于2000年11月20日以侵权为由向芜湖市中级人民法院起诉要求原南辉公司返还187万元人民币，原南辉公司认为自己应分得的股利早已分配并以此作为抗辩理由主张权利，直到2002年12月6日安徽省高级人民法院(2001)皖民终字第52号民事判决书告知关于股利分配问题需另案起诉，原南辉公司遂于2003年1月12日以盈余分配权纠纷诉至法院，未超过诉讼时效。

法院判决：

被告于本判决生效后10日内向原告支付股利666,832.01元。

1557. 股东放弃盈余分配权后，公司应如何分配其放弃的盈余份额？

根据股东放弃盈余分配权的时间，分以下两种情况处理：

(1) 如果股东在股东（大）会决议分配盈余之前向公司作出放弃其盈余分配

请求权的意思表示,则公司可以作出不向该股东分配盈余的决议,并可以将该股东应得盈余按其他股东的持股类别与持股比例分配给其他股东。

(2)如果股东是在股东会或者股东大会决议分配盈余之后向公司作出放弃盈余分配请求权的意思表示,则该股东的应得盈余应当归公司,股东的放弃行为可视作一种赠与行为,公司应将该盈余分配资金计入公司的资本公积金。

1558. 公司股东(大)会未作出盈余分配决议,或决议不分配盈余,股东向法院起诉请求判令公司分配盈余,能否得到支持?

就目前的法律规定及司法实践而言,法院遇到类似情况应不予受理,已经受理的,应裁定驳回。在股东(大)会作出盈余分配决议前,股东的盈余分配权仅为一种期待权,公司作为商事主体在从事商事活动中,享有充分的自由和自治权。是否分配盈余作为公司的商业决策,属于公司自治的范围,法院通常不予干涉。

【案例554】无利润分配决议　法院不直接干涉分红[①]

原告: 利钦公司

被告: 华颐公司

诉讼请求: 判令被告向原告支付2005年应分得的红利。

争议焦点: 在公司未作出红利分配决议时,法院可否直接判令公司进行利润分配。

基本案情:

1998年4月26日,原告与凯翔公司签订了《股权转让书》,受让了后者所持有的被告20%股权,从而成为被告股东之一。

同年被告的股东会决议明确,原告持股20%,安航公司持股31%,邓俊达持股29%,李鑫海持股20%。

2005年1月7日,被告与原股东李鑫海签订《关于李鑫海股权转让的补充协议》,明确在被告支付给李鑫海的3099万元中,包括本金100万元,借款125万元,股东红利650万元,工程款2224万元,股东转让手续办结后,李鑫海与被告不再有股权上的关系。

同年3月1日,被告召开股东会议,告知李鑫海自愿将股权转让给安航公司,并告知被告董事长遵从市领导意见决定以工程总造价的5%折合800多万元,扣除20%所得税,余款650万元以工程款结算给李鑫海,包括原告法定代表人郭兴

[①] 参见上海市第一中级人民法院(2009)沪一中民三(商)终字第540号民事裁定书。

在内的股东代表签字予以确认。

同日,该股东会还形成决议,决定2002年至2004年利润分配金额为500万元,各股东按投资比例分配。

同年4月18日被告制定章程,确定公司注册资本为800万元,原告持股20%,安航公司持股51%,邓俊达持股25%,徐学祖持股4%,并明确股东会每年召开,职权之一为审议批准公司的利润分配方案及弥补亏损方案。

2006年5月、2007年4月、2008年9月,被告召开股东会,决定将3年的利润均按注册资金的10%予以分配。

原告诉称:

1. 李鑫海获得的650万元应系股东红利,而非工程款。

2. 被告虽未就2005年股利召开过正式股东会议,但被告向同期与原告有相同持股比例的前股东支付了2005年的股利650万元已成既成事实不可能追回。故基于公平原则,被告应向其他股东同比例分配股利。

3. 被告在开发建设了华鼎广场、悦兴苑等项目后已获利8000余万元,然1998年以来,被告一直为邓氏家族所掌控,原告每年仅能分配到极少的股利,而2005年,被告却违反公司章程私分股利给李鑫海650万元,由于该家族的存在,原告作为小股东无法通过股东协商等公司内部方法主张自身合法利益。

原告认为被告2005年向原股东李鑫海分配红利650万元,却未向原告分配红利,违反《公司法》及公司章程的规定。

被告辩称:

1. 审议批准公司利润分配方案的权利在股东会,法院不能越过公司股东会直接判令公司分配利润;

2. 原告诉称650万元并非股东红利,而是工程款。

律师观点:

1. 原告无充足证据证明被告向其他股东分配盈余650万元。

原告认为被告于2005年向李鑫海分配股东红利650万元,但根据现有证据显示,2005年3月1日,被告公司召开股东会,明确该笔650万元系工程款,而非股利。

2. 利润分配方案属股东会自治范畴,法院不宜直接干涉。

《公司法》及被告公司章程均明确规定,公司股东会每年召开,审议批准公司的利润分配方案和弥补亏损方案属于股东会决策的事项,即公司是否对利润进行分配,属于公司资产的处分问题,应归入股东自由意志决策的范畴,人民法院对此不宜进行直接判决,故在原告承认被告未就分配2005年股利召开过股东会议的情况下要求法院判决被告向其分配2005年利润650万元,此项诉讼请求不属于法院受理范围,原告可根据《公司法》的规定提议召开股东会就此作出决议。

法院判决:
驳回原告的起诉。

1559. 当事人可否申请冻结或执行股息或红利、股份、股权或投资权益?若可以,如何执行?

可以。人民法院在收到当事人的申请后,具体处理方式如下:

(1)对被执行人从有关企业中应得的已到期的股息或红利等收益,人民法院有权裁定禁止被执行人提取和有关企业向被执行人支付,并要求有关企业直接向申请执行人支付。

对被执行人预期从有关企业中应得的股息或红利等收益,人民法院可以采取冻结措施,禁止到期后被执行人提取和有关企业向被执行人支付。到期后人民法院可从有关企业中提取,并出具提取收据。

(2)对被执行人在其他股份有限公司中持有的股份凭证(股票),人民法院可以扣押,并强制被执行人按照《公司法》的有关规定转让,也可以直接采取拍卖、变卖的方式进行处分,或直接将股票抵偿给债权人,用于清偿被执行人的债务。

(3)对被执行人在有限责任公司、其他法人企业中的投资权益或股权,人民法院可以采取冻结措施。

冻结投资权益或股权的,应当通知有关企业不得办理被冻结投资权益或股权的转移手续,不得向被执行人支付股息或红利。被冻结的投资权益或股权,被执行人不得自行转让。

对被执行人在有限责任公司中被冻结的投资权益或股权,人民法院可以依据《公司法》第71条、72条的规定,征得全体股东过半数同意后,予以拍卖、变卖或以其他方式转让。不同意转让的股东,应当购买该转让的投资权益或股权,不购买的,视为同意转让,不影响执行。

人民法院也可允许并监督被执行人自行转让其投资权益或股权,将转让所得收益用于清偿对申请执行人的债务。

(4)被执行人在其独资开办的法人企业中拥有的投资权益被冻结后,人民法院可以直接裁定予以转让,以转让所得清偿其对申请执行人的债务。

(5)对被执行人在中外合资、合作经营企业中的投资权益或股权,在征得合资或合作他方的同意和对外经济贸易主管机关的批准后,可以对冻结的投资权益或股权予以转让。

如果该执行人除在中外合资、合作企业中的股权以外别无其他财产可供执行,其他股东又不同意转让的,可以直接强制转让被执行人的股权,但应当保护合资他方的优先购买权。

1560. 人民法院冻结或强制执行股权、股份或投资权益,登记机关应履行哪些协助义务?

人民法院依法要求登记主管机关协助冻结或者转让股权的,登记主管机关应当协助执行。

(1)对股东或投资人在有限公司或非公司企业法人中的股权或投资,人民法院予以冻结的,登记主管机关在收到人民法院的协助执行通知书后,应暂停办理转让被冻结投资或股权的变更登记。

(2)对股东或投资人在有限公司或非公司企业法人中的股权或投资,人民法院判决或裁定以拍卖、变卖或其他方式转让给债权人或第三人,并要求工商行政管理机关协助执行的,按下述意见办理:

①受让股权的债权人或第三人,依判决取得股东的合法地位,工商行政管理机关应当书面通知企业限期办理相关的变更登记或备案手续。

②申请变更登记,应提交下列文件:

a. 原任或新任法定代表人签署的申请书;

b. 新股东的决议;

c. 修改后的章程;

d. 新董事会的决议。

1561. 如何确定所冻结的上市公司的股权价值?股权被冻结后,股东的哪些权利将受到限制?

上市公司的股权价值应当按照上市公司最近期报表每股资产净值计算。股权冻结的效力及于股权产生的股息以及红利、红股等孳息,但股权持有人或者所有权人仍可享有因上市公司增发、配售新股而产生的权利。

1562. 对于未参加盈余分配纠纷诉讼的股东,可否依据生效判决申请法院强制执行?

对此《公司法》及民事诉讼相关法律法规并无明确规定,但是根据最新立法趋势,盈余分配纠纷诉讼的判决书对于未参加诉讼的股东同样有效,未参加诉讼的股东可依此申请法院强制执行。

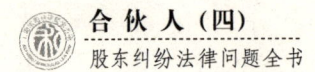

四、夫妻共有股权盈余分配权问题

1563. 夫妻一方以婚前个人财产在婚后投资公司所取得的股权归谁所有？该股权在婚后产生的盈余归谁所有？

以婚前个人财产投资形成的股权归个人所有。该股权虽不属于夫妻共同财产，但所产生的盈余系夫妻关系存续期间取得，应归入夫妻共同财产。

【案例555】诉讼确认丈夫隐名股权　妻子获得股权预期收益[①]

原告： 张雪

被告： 余仪志

诉讼请求： 请求判令将被告在婚姻关系存续期间在长江公司形成的财产减去其婚前用于组建该公司的1200万元个人财产之后的剩余部分作为夫妻共同财产分割，其中长江公司销售长江广场房产已获得的收入22,285.238万元，按被告所占25%股权应分得的5,571.3095万元，作为夫妻共同财产分割，原告应当分得5/6。

争议焦点：

1. 登记在森达公司名下的长江公司25%股权是否可以认为实际上属于被告所有；

2. 婚前股权在结婚关系存续期间取得的收益是否为双方共同所有。

基本案情：

原告与被告于1996年5月21日登记结婚，2001年5月28日办理离婚手续。

1993年8月31日，华力公司办理工商注册登记。投资者为森达公司。华力公司成立后注册资本一直没有到位。

1994年4月2日，大连市商业网点建设开发公司（甲方）、海南利发实业贸易联营有限公司（乙方）、中国化学工程海南大华公司（丙方）、森达公司（丁方）签订合作合同，约定共同兴办中外合作经营企业——长江公司；总投资人民币2亿元，注册资本人民币8000万元；甲方认缴400万元，占注册资本5%；乙方认缴3040万元，占注册资本38%；丙方认缴2560万元，占注册资本32%；丁方森达公司认缴2000万元，占注册资本25%。之后，长江公司股东发生过几次变更。森达公司于1996年4月12日致函华力公司。该函内容为："你公司作为总部的全资直属公司，已对大连长江广场有限公司注入股本金，应享有25%的股权，你公司在大

[①] 参见海南省高级人民法院(2002)琼民一初字第4号民事判决书。

第二十二章

公司盈余分配纠纷

连长江广场项目中发生的一切债权债务均与总部无关"。

1997年4月15日的《长江公司房地产评估报告书》(以下简称《评估报告》)提到：长江广场项目总投资额预计7.5亿元人民币；开发商为海南文泽物业有限公司、大连保税区元雄投资有限公司和华力公司(已投入现金1200万元)；该到评估基准日1997年3月31日止，完成工程进度80.2%；综合造价为58,979.7万元，公允价值为130,380.84万元(评估结果自基准日起一年内有效)。本案诉讼时，部分楼房已经出售。

原告诉称：

被告于1992年11月利用台湾人陈玉莲的身份证复印件在海口注册立凡公司，然后利用该公司名义向陕西建行贷款人民币2800万元。1993年8月31日，被告利用森达公司的营业执照复印件注册华力公司，并任董事长，注册资本为300万美元，但至今未注入一分钱资本。被告利用华力公司名义向陕西建行贷款200万美元。被告用上述两笔贷款的一部分即人民币2000万元投资到长江公司，占该公司25%股权。被告任该公司副董事长。被告注册的立凡公司和华力公司名为台商独资企业，实为被告个人公司；被告利用该两公司名义贷款向长江公司投资，实为其个人投资。

被告辩称：

1994年年初，华力公司向陕西省建行借款2100万元。华力公司为了尽早归还银行借款，已于2000年1月6日将长江公司25%股权以2200万元转让给其他股东，但因故未履行。上述股权是被告所在公司的资产，与被告无任何关系，不是被告个人财产，所以谈不上作为夫妻共同财产分割。

律师观点：

1. 登记在森达公司名下的长江公司25%股权实际上属于被告所有。

该股权虽然登记在森达公司的名下，但是森达公司并未向长江公司投入任何资金。该股权实际上是被告以森达公司名义与另外三家公司合作而取得的。该股权的投入资金，是被告以华力公司名义向银行所贷款项，不属于森达公司的投资。森达公司已于1996年4月12日致函华力公司，明确表示华力公司对长江公司注入股本金，应享有长江公司25%股权。《评估报告》未将森达公司列为长江广场的开发商，而将华力公司列为长江广场的开发商。上述事实足以说明森达公司不是长江公司的真正股东。华力公司登记的唯一投资者为森达公司，但实际上森达公司未向华力公司投入任何资金。华力公司成立后与森达公司从来没有任何联系。华力公司的董事长是被告，该公司实际上完全由被告一人控制和操作。

因此,华力公司应当认定为被告个人设立的企业。原告主张登记在森达公司名下的长江公司25%股权实际上属于被告个人所有,符合客观事实,应予支持。

但前述股权形成于原告与被告结婚之前,不属于夫妻共同财产,这一点双方当事人没有争议。

2. 原告未能举证证明长江公司25%股权的经营收益的具体金额,法院仅能确认原告对该股权收益享有权利份额。

根据《婚姻法》及其司法解释的相关规定,在婚姻关系存续期间,以个人财产投资取得的收益归双方共同所有。即虽然前述25%股权归被告个人所有,但婚姻关系存续期间产生的利润属于夫妻共有财产。

由于原告所提供的证据未能证明在原、被告婚姻关系存续期间(从1996年5月21日至2001年5月28日)长江公司25%股权产生多少经营收益,在此期间投入长江广场项目的建设资金有多少,由此形成的资产价值是多少。原告主张长江公司销售长江广场房产已获得收入22,285.238万元,是其根据长江公司网站上的宣传资料自己计算的。该金额缺乏相关收入凭据加以证明,而且尚未扣除投资成本,实际上是房产的销售金额,无法对该股权收益的具体数额作出认定,只能根据已经查明的事实确认原告对该股权收益享有的权利份额。

法院判决：

登记在森达公司名下的长江公司25%股权在原、被告婚姻关系存续期间(从1996年5月21日至2001年5月28日)形成的收益的50%归原告所有。

1564. 夫妻一方以婚后财产向公司投资,其所获股权以及盈余,归谁所有?

归夫妻共有。

1565. 夫妻一方以婚前个人财产投资公司所取得的股权,该股份在婚后产生溢价或股权转让所得归谁所有? 婚前公司决议分配,婚后实际取得盈余,该盈余归谁所有?

都归夫妻共有。盈余只要属于婚后取得即应列入夫妻共同财产。

1566. 夫妻一方以婚后分配利润投资设立公司,则该新获得的股权系个人财产还是共同财产?

在没有明确约定的情况下,该部分股权为夫妻共同财产。

为此笔者建议在缔结婚姻前,应当以书面形式对婚前股权在婚后所得盈余,以及以婚后所得盈余再投资所获股权的归属进行明确的约定。

1567. 夫妻一方以个人名义投资设立公司,另一方可否直接请求公司向其

分配属于夫妻共同财产的盈余?

另一方直接请求公司向其分配盈余,公司有权拒绝。公司以股东名册记载的股东为分配盈余的对象。公司只能向夫妻中记载于股东名册的一方分配盈余,该盈余虽属于夫妻共同财产,却并不代表夫妻另一方为公司股东。因为股权可分为财产权和控制权。夫妻另一方仅共有股权所代表的财产权,而不能共有股权中的控制权。因此,夫妻另一方并非公司股东,公司无义务向其分配盈余。

1568. 夫妻一方以另一方持有股权的公司盈利为由,主张分割该部分盈利,能否得到法院支持?

不能。企业的利润并不代表就是该企业股东从企业实际得到的收益,企业可以将利润分配,也可以不分配,将相关利润留在企业中弥补之前的亏损或转为企业的资本金或公积金以保持企业的更好发展。因此,仅凭公司盈利的事实,并不能证明股权持有一方实际取得了相关的收益或具体的收益数额。

【案例556】未证婚前股权实际收益余额 酌情分割婚姻期间经营收益[①]

原告:郭某

被告:林某

诉讼请求:

1. 判决原、被告离婚;

2. 婚生儿子由被告抚养;

3. 依法分割夫妻共同财产,包括被告股权转让所得股款及红利。

争议焦点:

1. 转让婚前股权所得款项是否为夫妻共同财产;

2. 夫妻关系存续期间企业的利润是否为被告从该企业实际得到的收益,是否为夫妻共有财产;

3. 婚后购买的风神牌轿车、长寿路房屋、商城路房屋转让所得款是否为夫妻共同财产。

基本案情:

被告于婚前即已拥有上海某电器公司45%的股权。

2001年9月原告、被告经人介绍相识相恋。

2001年10月25日,原告与被告登记结婚。

---

① 参见上海市浦东新区人民法院(2009)浦民一(民)初字第2881号民事判决书。

2003年1月23日,被告以817,305元的价格购买了本市长寿路房屋。被告支付了交易契税12,259.57元。

2003年2月18日生育一子小林。

2003年5月,被告购买了风神牌轿车一辆。

2004年3月17日,被告以1,528,914元的价格购买了本市商城路房屋,其中银行贷款1,070,000元。被告支付了交易契税22,933.71元,保险费5960元。

2004年4月21日,被告将本市长寿路房屋以1,170,000元的价格转让给了刘某某、刘某,审理中被告表示该房屋买卖支付了1%的佣金。

2004年12月20日,被告将本市商城路房屋以2,050,000元的价格转让给了范某某。被告支付了担保费4050元,佣金20,500元。被告已归还的该房屋贷款数额为94,736,04元。被告将出售该房屋所得款项中的508,000元存入了原告名下的银行账户,余款380,091.96元存入了被告在工商银行的银行账户内。

2007年7月,被告自该银行账户支取了380,000元,现余额为683.09元。原告于2007年3月28日自前述其名下的银行账户取出200,000元申购基金,后又取出部分款项用于申购基金,其余款项已被原告全部取出。

2007年8月8日、8月14日,原告赎回基金总计254,017.70元,尚有易基价值成长基金11,902.40份、招商先锋基金19,143.53份、添富均衡基金18,547.09份未赎回。审理中,双方达成一致,上述尚未赎回的基金归原告所有,原告给付被告折价款15,000元。

2007年8月27日,被告将其在上海某电器公司的45%股权作价250,000元,转让给叶某某。

2007年8月,被告将风神牌轿车一辆以79,300元的价格转让给了李某某。

2009年2月18日,原告提起本案诉讼,要求与被告离婚。

原告诉称:

被告大男子主义严重,性格暴躁内向,经常无故殴打原告。被告对原告漠不关心,彼此积怨,夫妻感情日益淡薄。被告瞒着原告,将夫妻共有的房屋本市商城路108弄1号×室、长寿路房屋转让,并将所得款项全部转移。被告还擅自将夫妻共有的风神蓝鸟牌轿车一辆和在上海某电器公司中45%的股权转让,所得款项也已全部转移。2007年1月起,双方就一直分居,被告也不支付儿子生活费。2008年7月8日,原告曾起诉离婚,但经判决未获支持。

诉讼中,原告提交了上海某电器公司在工商备案登记的损益表、利润表、利润及利润分配表。

被告辩称：

原告对金钱的控制欲较强，在经济上得不到满足就会与被告发生争吵。当时担心房价下跌，是原告要求转让商城路、长寿路的房屋，让被告去出售的。同意双方所生之子小林随被告共同生活，但要求原告每月支付抚育费人民币1500元。同意夫妻财产依法分割。但股权系本人婚前个人财产，且无股权收益，因此不能作为夫妻共同财产分割。

律师观点：

1. 婚前45%的股权转让款及股权收益的权属问题。

被告婚前即已拥有的上海某电器公司45%的股权为婚前财产，当事人转让该部分股权所得款项为被告的个人财产，并非夫妻共同财产，对于原告要求分割被告转让该部分股权所得的款项，不应予以支持。

企业的利润并不代表就是该企业股东从企业实际得到的收益，企业可以将利润分配，也可以不分配，将相关利润留在企业中弥补之前的亏损或转为企业的资本金或公积金以保持企业的更好发展，因此，原告仅凭其提供的工商材料中的损益表、利润及利润分配表、利润表等证据，并不能证明被告因拥有该公司45%股权而实际取得了相关的收益或具体的收益数额。虽《婚姻法》规定夫妻在婚姻存续期间生产、经营的收益归夫妻共同所有，但亦应考虑生产、经营财产的来源，酌情确定被告给付原告财产折价款的具体数额。

2. 被告转让风神牌轿车和两处房屋的所得应为夫妻共同财产。

根据车辆购买时间，风神牌轿车一辆属原、被告的夫妻共同财产，被告转让该车辆所得款项亦为双方的夫妻共同财产。

被告购买长寿路房屋在双方的婚后，其出售该房屋所得的款项为双方的夫妻共同财产。根据长寿路房屋出售合同的签订等出售情况，可以认定被告出售长寿路所得款项在被告处，其应当给付原告财产折价款。

双方婚后购买的商城路房屋，出售所得款项为双方的夫妻共同财产。根据双方提供的出售商城路房屋的材料、银行账户以及相关银行账户情况等证据，可以认定原告对被告出售商城路房屋是知情的，以及被告将部分出售款项存入了原告名下的银行账户，原告将在其处的部分房屋出售款用于申购基金的事实。考虑双方实际取得的出售款存在数额上的差异，应由原告给付被告一定的财产折价款。

法院判决：

1. 原告与被告离婚；
2. 离婚后，原、被告所生之子小林随被告共同生活，原告自本判决生效之月

起,按月给付小林抚养费人民币450元,至其18周岁时止;

3. 被告转让其在上海某电器公司中45%的股权所得的人民币250,000元归被告所有;

4. 被告于原、被告婚后自上海某电器公司取得的股权收益归被告所有,被告应于本判决生效之日起30日内给付原告财产折价款人民币100,000元;

5. 被告转让风神牌轿车一辆所得款项人民币79,300元归被告所有,被告应于本判决生效之日起30日内给付原告财产折价款人民币39,650元;

6. 被告出售本市长寿路房屋所得款项归被告所有,被告应于本判决生效之日起30日内给付原告财产折价款人民币550,000元;

7. 原告名下的易基价值成长基金11,902.40份、招商先锋基金19,143.53份、添富均衡基金18,547.09份归原告所有,原告应于本判决生效之日起30日内给付被告财产折价款人民币15,000元;原告已赎回的基金人民币254,017.70元归原告所有,其余在原告处的出售本市商城路房屋所得的款项归原告所有,被告自其名下账号为1001184201213245329×的工商银行的银行账户内取出的人民币380,000元及账户内的余额人民币683.09元归被告所有,原告应于本判决生效之日起30日内给付被告财产折价款人民币30,000元。

第三节 盈余分配的税务问题

一、自然人股东取得股息、红利的税务问题

1569. 中国公民从居民企业(不包括上市公司)取得的股息、红利等权益性收益,如何确定应纳税所得额、税率、扣缴义务人、纳税义务发生时间?员工从企业取得的劳动分红如何计征个人所得税?

按以下方式计征个人所得税:

(1)对于个人获得的股息、红利所得,按照个人每次获得的股息、红利的全额为征收对象,税率为20%。个人所得税应纳税额计算公式如下:

应纳税额=股息、红利全额×20%

扣缴义务人将属于纳税义务人应得的利息、股息、红利收入,通过扣缴义务人的往来会计科目分配到个人名下,收入所有人有权随时提取,在这种情况下,扣缴义务人将利息、股息、红利所得分配到个人名下时,即应认为所得的支付,应按税收法规规定及时代扣代缴个人应缴纳的个人所得税。

(2)股息、红利所得实行源泉扣缴的征收方式,由支付股息、红利的单位代扣代缴。

(3)员工取得企业一定比例的利润或超额利润,叫劳动分红,按照工资、薪金计征个人所得税。

1570. 外国公民从居民企业取得的股息、红利所得,如何计征个人所得税?

外国公民从外商投资企业取得的股息、红利所得免征个人所得税。对持有 B 股或海外股(包括 H 股)的外籍个人,从发行该 B 股或海外股的中国境内企业所取得的股息、红利所得,暂免征收个人所得税。

1571. 境外居民个人取得 H 股股息红利产生的个人所得税享受税收协定优惠,应履行哪些程序?

一般来说,境外居民个人享受相关税收优惠时应由本人或书面委托代理人提出申请并办理相关手续。但鉴于税收协定及税收安排规定的相关股息税率一般为 10%,且股票持有者众多,为简化税收征管,在香港发行股票的境内非外商投资企业派发股息红利时,一般可按 10% 税率扣缴个人所得税,无须办理申请事宜。

对股息税率不属于 10% 的情况,按以下规定办理:

(1)取得股息红利的个人为低于 10% 税率的协定国家居民,扣缴义务人可按规定,代为办理享受有关协定待遇申请,经主管税务机关审核批准后,对多扣缴税款予以退还。

(2)取得股息红利的个人为高于 10% 低于 20% 税率的协定国家居民,扣缴义务人派发股息红利时应按协定实际税率扣缴个人所得税,无须办理申请事宜。

(3)取得股息红利的个人为与我国没有税收协定国家居民及其他情况,扣缴义务人派发股息红利时应按 20% 税率扣缴个人所得税。

1572. 对自然人投资者从上市公司取得的股息、红利所得,如何确定应纳税所得额?

如果红利分配发生在 2013 年 1 月 1 日前,按以下方式计征个人所得税:

(1)暂减按 50% 计入个人应纳税所得额,即应纳税额 = 股息、红利全额 × 50% × 20%

(2)对于个人获得的上市公司股息、红利,已按全额计算扣缴个人所得税的,应将多扣缴的税款退还个人投资者;税款已缴入国库的,由财税部门按规定程序办理退税,并由扣缴义务人退还个人投资者。

自 2013 年 1 月 1 日起,上市公司派发股息红利,股权登记日在 2013 年 1 月 1

日之后的,按照持股期限差别化缴纳个人所得税,即持股期限在 1 个月以内(含 1 个月)的,其股息红利所得全额计入应纳税所得额;持股期限在 1 个月以上至 1 年 (含 1 年)的,暂减按 50% 计入应纳税所得额;持股期限超过 1 年的,暂减按 25% 计入应纳税所得额。上述所得统一适用 20% 的税率计征个人所得税。

上市公司派发股息红利时,对截至股权登记日个人已持股超过 1 年的,其股息红利所得,按 25% 计入应纳税所得额。对截至股权登记日个人持股 1 年以内(含 1 年)且尚未转让的,税款分两步代扣代缴:第一步,上市公司派发股息红利时,统一暂按 25% 计入应纳税所得额,计算并代扣税款。第二步,个人转让股票时,证券登记结算公司根据其持股期限计算实际应纳税额,超过已扣缴税款的部分,由证券公司等股份托管机构从个人资金账户中扣收并划付证券登记结算公司,证券登记结算公司应于次月 5 个工作日内划付上市公司,上市公司在收到税款当月的法定申报期内向主管税务机关申报缴纳。

个人应在资金账户留足资金,依法履行纳税义务。证券公司等股份托管机构应依法划扣税款,对个人资金账户暂无资金或资金不足的,证券公司等股份托管机构应当及时通知个人补足资金,并划扣税款。

【案例557】南钢股份派发现金红利　新旧政策个税有差异①

基本案情:

南钢股份公司前 10 名股东持股情况如表 22-1 所示:

表 22-1　南钢股份公司前 10 名股东持股情况

股东名称	股东性质	持股比例	持股总数(股)
南京南钢钢铁联合有限公司	公司制法人	56.53%	2,190,952,457
南京钢铁联合有限公司	公司制法人	27.25%	1,056,120,000
宝钢集团有限公司	公司制法人	0.27%	10,650,000
中国工商银行股份有限公司—富国沪深300增强证券投资基金	公司制法人	0.16%	6,285,400
王艳丽	个人	0.13%	4,950,000

---

① 参见巨潮资讯网 http://www.cninfo.com.cn/finalpage/2012-05-11/60981670.PDF,2011 年 11 月 29 日访问。

续表

股东名称	股东性质	持股比例	持股总数(股)
刘重志	个人	0.11%	4,106,828
南京厚友投资实业有限公司	公司制法人	0.09%	3,618,180
上海阳厦物业管理有限公司	公司制法人	0.09%	3,561,635
中国光大银行股份有限公司—光大保德信量化核心证券投资	公司制法人	0.08%	2,997,082
张建宾	个人	0.07%	2,526,056

截至2011年12月31日，累积未分配利润4,719,584,261.90元。

2012年4月20日，南钢股份召开2011年度股东大会，大会审议通过公司2011年度分红派息方案。方案为：以2011年12月31日的总股本3,875,752,457股为基数，向全体股东按每10股派发现金0.70元（含税），本次分配现金红利271,302,671.99元。

律师观点：

1. 个人所得税

根据《财政部、国家税务总局关于股息红利个人所得税有关政策的通知》(财税〔2005〕102号)规定，上市公司目前对个人投资者从上市公司取得的股利红利，暂减按50%计入个人应纳税所得额。南钢股份按20%的税率代扣代缴个人所得税，因此个人股东王艳丽应缴纳个人所得税 = 4,950,000 ÷ 10 × 0.70 × 50% × 20% = 34,650元，个人股东刘重志应缴纳个人所得税4,106,828 ÷ 10 × 0.70 × 50% × 20% = 28,747.80元，个人股东张建宾应缴纳个人所得税2,526,056 ÷ 10 × 0.70 × 50% × 20% = 17,682.39元。

根据《财政部、国家税务总局、证监会关于实施上市公司股息红利差别化个人所得税政策有关问题的通知》(财税〔2012〕85号)规定，假设王艳丽、刘重志与张建宾持股期限超过1年，则三人分别应纳税额17,325元、14,373.90元、8841.2元。

2. 企业所得税

根据《企业所得税法》第26条第2款以及《企业所得税法实施条例》第83条规定，南钢股份公司的法人股东获得的红利免交企业所得税，但如果该法人股东连续持有平安银行股票不足12个月，取得的投资收益按照25%税率缴纳企业所得税。因此应首先确定该法人股东连续持有股票的时间，再确定其是否缴纳企业所得税。分配的红利扣除相关税费成本后,再按照25%税率计算企业所得税。

1573. 公司以盈余公积或未分配利润(以下简称留存收益)转增股本的形式派送红股,自然人股东是否需要缴纳所得税?

具体处理方式如下。

(1)中国公民税务处理

①有限责任公司股东要按照"利息、股息、红利所得"项目,依据现行政策规定计征个人所得税。

②股份有限公司对个人取得的红股数额,应作为个人所得征税。计算个人所得税时,应以派发红股的股票票面金额为收入额,按股息、红利项目计征个人所得税。

③对上市公司自然人股东的所得税处理方式同一般现金分红处理方式,详见前文现金分红税务处理方式。

(2)外国公民的税务处理

税处理方式同一般现金分红处理方式。

【案例558】华远地产派送红股 视同现金分红要缴税[①]

基本案情:

2011年3月24日,华远地产召开公司2010年度股东大会审议通过2010年度利润分配方案。利润分配方案为:华远地产以公司总股本972,661,408股为基数,向全体股东每10股派送红股3股并派发现金红利1元(含税)。共计分配利润389,064,562.8元,其中派发红股291,798,422股,现金红利97,266,140.8元。剩余未分配利润结转下一年度分配。

其中,流通股前十名股东中有3名自然人股东,具体持股情况如表22-2所示:

表22-2

股东姓名	持股数(股)	比例(%)
陈海钿	1,499,015	0.1541
崔晓东	1,405,500	0.1455
谭俊宁	1,124,675	0.1156

---

① 参见巨潮资讯网 http://www.cninfo.com.cn/finalpage/2011-03-31/59207299.PDF,2012年11月8日访问。

税务处理:

远华地产利润分配的方式包括两种:一是直接以现金分红;二是以留存收益(未分配利润与盈余公积金)派发红股。

1. 现金分红的税务处理

(1)法人股东的税务处理

根据《企业所得税法》第26条以及《企业所得税法实施条例》第83条规定,居民企业直接投资于其他居民企业取得的股息、红利等免征企业所得税。但如果该法人股东持有的股票系公开发行上市流通不足12个月,因该股票获得的红利需要缴纳企业所得税。故,上述十位股东以及其他法人股东持有远华地产的公开发行上市股票流通满12个月,免缴企业所得税。

对于非居民企业,根据《国家税务总局关于非居民企业取得B股等股票股息征收企业所得税问题的批复》(国税函〔2009〕394号)规定,在中国境内外公开发行、上市股票(A股、B股和海外股)的中国居民企业,在向非居民企业股东派发2008年及以后年度股息时,应统一按10%的税率代扣代缴企业所得税,非居民企业股东需要享受税收协定待遇的,依照税收协定执行的有关规定办理。

(2)个人股东的税务处理

根据《财政部、国家税务总局关于股息红利个人所得税有关政策的通知》(财税〔2005〕102号)规定,上市公司目前对个人投资者从上市公司取得的股利红利,暂减按50%计入个人应纳税所得额。

按照该规定,本案中3名自然人股东获得现金红利按利息、股息、红利项目20%的税率对股东计征个人所得税,应纳税额如表22-3所示:

表22-3

股东姓名	持股数(股)	现金红利(元)	税额(元)
陈海钿	1,499,015	149,901.5	14,990.15
崔晓东	1,405,500	140,550	14,055
谭俊宁	1,124,675	112,467.5	11,246.75

若按照新规定,假设本案中3名自然人股东持股期限超过1年,则个人所得税应纳税额如表22-4所示:

表22-4

股东姓名	现金红利(元)	税额(元)
陈海钿	149,901.5	7,495.08
崔晓东	140,550	7,027.5
谭俊宁	112,467.5	5,623.38

2. 以留存收益派发红股的税务处理

(1)个人所得税

根据《国家税务总局关于印发〈征收个人所得税若干问题的规定〉的通知》(国税发[1994]089号)规定,股份制企业在分配股息、红利时,以股票形式向股东个人支付应得的股息、红利(派发红股),应以派发红股的股票票面金额为收入额,按利息、股息、红利项目计征个人所得税。

本次远华地产向个人股东送红股,票面金额1元/股,按利息、股息、红利项目20%的税率对股东计征个人所得税。根据财税[2005]102号文规定,上市公司目前对个人投资者从上市公司取得的股利红利,暂减按50%计入个人应纳税所得额。远华地产应为本案中3名自然人股东代扣代缴个人所得税如表22-5所示:

表22-5

股东姓名	持股数(股)	红股(股)	税额(元)
陈海钿	1,499,015	449,704.5	44,970.45
崔晓东	1,405,500	421,650	42,165
谭俊宁	1,124,675	337,402.5	33,740.25

根据财税[2012]85号规定,设本案中3名自然人股东持股期限超过1年,则个人所得税应纳税额如表22-6所示:

表22-6

股东姓名	红股(股)	税额(元)
陈海钿	449,704.5	22,485.23
崔晓东	421,650	21,082.5
谭俊宁	337,402.5	16,870.13

(2)企业所得税

处理方式与"现金分红"的税务处理方式一致。

(3) 印花税

根据《国家税务总局关于资金账簿印花税问题的通知》(国税发〔1994〕025号)规定,"实收资本"和"资本公积"两项的合计金额大于原已贴花资金的,就增加的部分补贴印花。远华地产应就以留存收益转增股本(送红股方式)部分缴纳印花税。该部分使得总股本增加291,798,422元,按照万分之五贴花,缴纳印花税145,899.21元。

1574. 企业以房地产或自制资产用于分配红利,企业是否负有纳税义务?企业与法人股东如何分别进行会计处理?

企业负有纳税义务,具体缴纳方式如下:

(1) 企业将属于自己的房地产作价作为股利分配给股东,所有权发生了转移,符合现行营业税关于销售不动产的规定。因此对该企业分配的不动产应按"销售不动产"征收营业税。

(2) 企业将自制资产作为股利分配给股东,视同销售,应按规定缴纳增值税。以企业同类资产同期对外销售价格确定销售收入;属于外购的资产,可按购入时的价格确定销售收入。

企业以不动产或自制资产(以下简称分配资产)分配红利的,原则上可以参照以非现金资产清偿债务进行会计处理。具体如下:

(1) 企业的会计处理。

公司应当将应分配利润的账面价值与转让的分配资产公允价值之间的差额,计入当期损益。

(2) 法人股东的会计处理。

法人股东应当对受让的分配资产按其公允价值入账,重组债权的账面余额与受让的分配资产的公允价值之间的差额,计入当期损益。债权人已对债权计提减值准备的,应当先将该差额冲减减值准备,减值准备不足以冲减的部分,计入当期损益。

1575. 中国公民从国外投资获得的股息、红利收益应如何计征个人所得税?

按以下方式计征个人所得税:

准予其在应纳税额中扣除已在境外缴纳的个人所得税税额。但扣除额不得超过该纳税义务人境外所得依照《个人所得税法》规定计算的应纳税额。

所谓依照《个人所得税法》规定计算的应纳税额,是指纳税义务人从中国境外取得的所得,区别不同国家或者地区和不同所得项目,依照《个人所得税法》规定的费用减除标准和适用税率计算的应纳税额;同一国家或者地区内不同所得项目的应纳税额之和,为该国家或者地区的扣除限额。

纳税义务人在中国境外一个国家或者地区实际已经缴纳的个人所得税税额,低于依照《个人所得税法》规定计算出的该国家或者地区扣除限额的,应当在中国缴纳差额部分的税款;超过该国家或者地区扣除限额的,其超过部分不得在本纳税年度的应纳税额中扣除,但是可以在以后最长不超过5年的纳税年度的该国家或者地区扣除限额的余额中补扣。

1576. 职工个人以股份形式取得的企业量化资产参与企业分配而获得的股息、红利,是否需要计征个人所得税?

需要。应按"利息、股息、红利"项目征收个人所得税。

1577. 纳税年度内个人投资者从其投资企业借款,在该纳税年度终了后既不归还,又未用于企业生产经营的,是否需要计征个人所得税?

在此种情况下,其未归还的借款可视为企业对个人投资者的红利分配,依照"利息、股息、红利所得"项目计征个人所得税。但该投资企业系个人独资企业与合伙企业除外。

1578. 企业购买车辆但将车辆所有权办到股东个人名下,如何计征个人所得税?

此种情形,其实质为企业对股东进行了红利性质的实物分配,对该股东应按照"利息、股息、红利所得"项目征收个人所得税。

考虑到股东个人名下的车辆同时也为企业经营使用的实际情况,允许合理减除部分所得。减除的具体数额由主管税务机关根据车辆的实际使用情况合理确定。如上海市地方税务局规定,减除金额为企业在购车时实际支付的车价和相关税费(不包括车辆牌照的拍卖费用)的50%,而广州市地方税务局则统一按购买车辆支出的20%比例减除应纳税所得额。

需要注意的是,企业为个人股东购买的车辆,不属于企业的资产,不得在企业所得税前扣除折旧。

1579. 个人股东取得公司债权债务形式的分红如何计征个人所得税?

个人取得的股份分红所得包括债权、债务形式的应收账款、应付账款相抵后的所得。个人股东取得公司债权、债务形式的股份分红,应以其债权形式应收账款的账面价值减去债务形式应付账款的账面价值的余额,加上实际分红所得为应纳税所得,按照规定缴纳个人所得税。

二、法人股东取得的股息、红利的所得税问题

1580. 居民企业从直接投资的其他居民企业取得的股息、红利等权益性投资收益,如何进行所得税处理?如何确定纳税义务产生时间?

居民企业从直接投资的其他居民企业取得的股息、红利免征企业所得税,但取得连续持有居民企业公开发行并上市流通的股票不足 12 个月的投资收益,应缴纳企业所得税。

企业所得税优惠分为审批类和备案类管理,免税收入属于备案类,备案类的具体方式又分为事先备案和事后报送材料类优惠。股息、红利免税属于事后报送材料类优惠。对于事后报送材料类优惠项目,纳税人应按照规定在年度汇算清缴纳税申报时附报相关资料。具体提交文件由各地税务机关确定。如北京市地方税务局规定应提交如下文件:

(1) 投资合同、协议等证明股权投资的资料或股票交易交割单。
(2) 被投资方作出利润分配决定的有关证明。
(3) 税务机关要求报送的其他资料。

而上海市税务局则规定应提交如下文件:

(1) 享受企业所得税优惠申请表。
(2) 被投资单位出具的股东名册和持股比重。
(3) 购买上市公司股票的,提供有关记账凭证的复印件。
(4) 本市被投资企业《境内企业利润分配通知单》,外省市被投资企业董事会、股东大会利润分配决议、完税凭证或主管税务机关核发的减免税批文复印件。若分配利润比重与被投资单位公司章程规定不一致的,还需提供被投资单位的公司章程。

股息、红利分配应以被投资企业股东(大)会作出利润分配或转股决定的日期,确定收入的实现。

1581. 非居民企业从直接投资的其他居民企业取得的股息、红利等权益性投资收益,如何进行所得税处理?如何确定纳税义务产生时间?

区分三种情形处理:

(1) 若该非居民企业在中国境内设立了常设机构,且从居民企业取得的股息、红利与该常设机构有实际联系,免征企业所得税。
(2) 若该非居民企业在中国境内未设立机构、场所的,或者虽设立机构、场所但取得的股息、红利与其所设机构、场所没有实际联系的,统一按 10% 的税率代

扣代缴企业所得税。

（3）非居民企业所在国与我国有税收协定的，依照税收协定有关规定处理（见表22-7）。

表22-7 中国与部分国家/地区税收协定税率

序号	项目	股息
	协定国家/地区	协定的限制税率
1	阿拉伯联合酋长国	7%
2	爱尔兰	控股25%的为5%，其他10%
3	奥地利	控股25%的为10%，其他7%
4	澳大利亚	15%
5	巴巴多斯	5%
6	保加利亚	10%
7	巴林群岛	5%
8	巴基斯坦	10%
9	巴西	15%
10	比利时	10%
11	波兰	10%
12	丹麦	10%
13	德国	10%
14	法国	10%
15	菲律宾	控股10%的为10%，其他15%
16	芬兰	10%
17	古巴	控股25%的为5%，其他10%
18	韩国	控股25%的为5%，其他10%
19	荷兰	10%
20	加拿大	控股10%的为10%，其他15%
21	科威特	5%
22	卢森堡	控股25%的为5%，其他10%
23	马耳他	10%
24	马来西亚	10%
25	毛里求斯	5%

续表

序号	项目 协定国家/地区	股息 协定的限制税率
26	美国	10%
27	南非	5%
28	挪威	15%
29	葡萄牙	10%
30	日本	10%
31	瑞典	控股25%的为5%,其他10%
32	瑞士	10%
33	塞浦路斯	10%
34	塞舌尔	5%
35	泰国	控股25%的为15%,其他20%
36	委内瑞拉	控股10%的为5%,其他10%
37	西班牙	10%
38	希腊	控股25%的为5%,其他10%
39	新加坡	控股25%的为5%,其他10%
40	新西兰	15%
41	匈牙利	10%
42	牙买加	5%
43	意大利	10%
44	以色列	10%
45	印度	10%
46	印度尼西亚	10%
47	英国	10%
48	中国澳门	10%
49	中国香港	控股25%的为5%,其他10%

中国境内居民企业向未在中国境内设立机构、场所的非居民企业分配股息、红利等权益性投资收益,应在作出利润分配决定的日期代扣代缴企业所得税。如实际支付时间先于利润分配决定日期的,应在实际支付时代扣代缴企业所得税。

【案例559】平安银行派发现金红利 连续持股12个月法人股东免所得税①

基本案情:

公司前10名股东持股情况如表22-8所示:

表22-8 公司前10名股东持股情况

股东名称	股东性质	持股比例	持股总数(股)
中国平安保险(集团)股份有限公司 —集团本级—自有资金	公司制法人	42.16%	2,159,807,516
中国平安人寿保险股份有限公司 —自有资金	公司制法人	7.41%	379,580,000
中国平安人寿保险股份有限公司 —传统—普通保险产品	公司制法人	2.75%	140,963,528
深圳中电投资股份有限公司	公司制法人	1.71%	87,382,302
中国人寿保险股份有限公司 —分红—个人分红—005L—FH002 深	公司制法人	0.95%	48,661,762
中国银行—易方达深证100交易型开放式 指数证券投资基金	公司制法人	0.88%	45,228,499
东方证券股份有限公司客户信用交易担保 证券账户	公司制法人	0.88%	44,898,304
全国社保基金——零组合	公司制法人	0.78%	39,841,497
海通证券股份有限公司	公司制法人	0.73%	37,458,896
中国工商银行—融通深证100指数证券投 资基金	公司制法人	0.60%	30,504,294

截至2012年6月30日,平安银行累积未分配利润18,781,616,000元。2012年8月31日,平安银行召开2012年第二次临时股东大会,大会审议通过了《平安银行股份有限公司2012年中期利润分配方案》。方案为:以公司现有总股本5,123,350,416股为基数,向全体股东每10股派1.00元人民币现金。

---

① 参见巨潮资讯网 http://www.cninfo.com.cn/finalpage/2012-10-12/61645964.PDF,2013年11月28日访问。

律师观点：

根据《企业所得税法》第 26 条第 2 款以及《企业所得税法实施条例》第 83 条规定，平安银行的法人股东获得的红利免交企业所得税，但如果该法人股东连续持有平安银行股票不足 12 个月，取得的投资收益需要缴纳企业所得税。因此，应首先确定该法人股东连续持有股票的时间，再确定其是否缴纳企业所得税。如果上述 10 位股东连续持有平安银行股票达 12 个月，免缴企业所得税。否则，需要应就分得的红利依照 25% 税率缴纳企业所得税。

【案例 560】万科派发现金红利所得税处理案①

基本案情：

截至 2011 年 12 月 31 日，万科累积未分配利润 52,967,795,010.41 元。公司前 10 名股东持股情况如表 22-9 所示：

表 22-9

股东名称	股东性质	持股比例	持股总数（股）
华润股份有限公司	公司制法人	14.73%	1,619,094,766
易方达深证 100 交易型开放式指数证券投资基金	公司制投资基金	1.23%	134,693,711
刘元生	个人	1.22%	133,791,208
中国人寿保险股份有限公司—分红—个人分红—005L—FH002 深	公司制法人	1.18%	129,454,917
博时主题行业股票证券投资基金	公司制投资基金	1.13%	123,999,920
融通深证 100 指数证券投资基金	公司制投资基金	0.85%	93,990,303
全国社保基金一零三组合	公司制法人	0.74%	81,100,000
HTHK/CMG FSGUFP-CMG FIRST STATE CHINA GROWTH FD	外资	0.71%	78,355,190
博时价值增长证券投资基金	公司制法人	0.68%	75,000,000
UBS AG	公司制法人（外商）	0.68%	74,936,080

2012 年 5 月 11 日，万科召开 2011 年度股东大会，大会审议通过了 2011 年度分红派息方案。方案为：以公司现有总股本 10,995,210,218 股为基数，向全体股

---

① 参见巨潮资讯网 http://www.cninfo.com.cn/finalpage/2012-06-27/61184237.PDF，2013 年 11 月 28 日访问。

东每10股派现金人民币1.3元(含税)。

律师观点：

1. 个人所得税

根据《财政部、国家税务总局关于股息红利个人所得税有关政策的通知》(财税〔2005〕102号)规定,上市公司目前对个人投资者从上市公司取得的股利红利,暂减按50%计入个人应纳税所得额。万科按20%的税率代扣代缴个人所得税,因此个人股东刘元生应缴纳个人所得税:133,791,208÷10×1.3×50%×20%=1,739,285.7元。

按照自2013年1月1日起实施的《财政部、国家税务总局、证监会关于实施上市公司股息红利差别化个人所得税政策有关问题的通知》(财税〔2012〕85号),假设刘元生持股期限超过1年,按25%计入应纳税所得额,则个人所得税应纳税额为869,642.85元。

2. 企业所得税

根据《企业所得税法》第26条第2款以及《企业所得税法实施条例》第83条规定,万科的居民企业法人股东获得的红利免交企业所得税,但如果该法人股东连续持有万科股票不足12个月,取得的投资收益需要按25%的税率缴纳企业所得税。因此应先确定该法人股东连续持有股票的时间,再确定其是否缴纳企业所得税。

根据《财政部、国家税务总局关于企业所得税若干优惠政策的通知》(国税函〔2008〕1号)规定,对证券投资基金从证券市场中取得的收入,包括买卖股票、债券的差价收入,股权的股息、红利收入,债券的利息收入及其他收入,暂不征收企业所得税,因此上述3个公司制证券投资基金股东不缴纳企业所得税。

根据《国家税务总局关于非居民企业取得B股等股票股息征收企业所得税问题的批复》(国税函〔2009〕394号)规定,在中国境内外公开发行、上市股票(A股、B股和海外股)的中国居民企业,在向非居民企业股东派发2008年及以后年度股息时,应统一按10%的税率代扣代缴企业所得税,非居民企业股东需要享受税收协定待遇的,依照税收协定执行的有关规定办理,因此对上述2个外资股东,若没有税收协定,按10%的税率缴纳企业所得税,HTHK/CMG FSGUFP-CMG FIRST STATE CHINA GROWTH FD 需缴纳企业所得税:78,355,190÷10×1.3×10%=1,018,617.47元,UBS AG 需缴纳企业所得税:74,936,080÷10×1.3×10%=974,169.04元。

假设法人股东连续持有万科股票12个月以上,则前10名股东纳税情况如表22-10所示:

表 22-10

股东名称	税率	税额(元)
华润股份有限公司	25%	0
易方达深证 100 交易型开放式指数证券投资基金	0	0
刘元生	20%	1,739,285.7
中国人寿保险股份有限公司—分红—个人分红—005L—FH002 深	25%	0
博时主题行业股票证券投资基金	25%	0
融通深证 100 指数证券投资基金	25%	0
全国社保基金—零三组合	25%	0
HTHK/CMG FSGUFP-CMG FIRST STATE CHINA GROWTH FD	10%	1,018,617.47
博时价值增长证券投资基金	25%	0
UBS AG	10%	974,169.04

1582. 如何认定申请人是否具有"受益所有人"身份？

在判定"受益所有人"身份时，不能仅从技术层面或国内法的角度理解，还应该从税收协定的目的(避免双重征税和防止偷漏税)出发，按照"实质重于形式"的原则，结合具体案例的实际情况进行分析和判定。一般来说，下列因素不利于对申请人"受益所有人"身份的认定：

(1)申请人有义务在规定时间(比如在收到所得的 12 个月)内将所得的全部或绝大部分(比如 60% 以上)支付或派发给第三国(地区)居民。

(2)除持有所得据以产生的财产或权利外，申请人没有或几乎没有其他经营活动。

(3)在申请人是公司等实体的情况下，申请人的资产、规模和人员配置较小(或少)，与所得数额难以匹配。

(4)对于所得或所得据以产生的财产或权利，申请人没有或几乎没有控制权或处置权，也不承担或很少承担风险。

(5)缔约对方国家(地区)对有关所得不征税或免税，或征税但实际税率极低。

(6)在利息据以产生和支付的贷款合同之外，存在债权人与第三人之间在数额、利率和签订时间等方面相近的其他贷款或存款合同。

(7)在特许权使用费据以产生和支付的版权、专利、技术等使用权转让合同之外,存在申请人与第三人之间在有关版权、专利、技术等的使用权或所有权方面的转让合同。针对不同性质的所得,通过对上述因素的综合分析,如果申请人不符合"受益所有人"的实质要件①,不应将申请人认定为"受益所有人"。

在判定缔约对方居民的受益所有人身份时,应按照上述各项不利因素进行综合分析和判断,不应仅因某项不利因素的存在,或者逃避或减少税收、转移或累积利润等目的的不存在,而作出否定或肯定的认定。

对各因素的理解和判断,可根据不同所得类型通过公司章程、公司财务报表、资金流向记录、董事会会议记录、董事会决议、人力和物力配备情况、相关费用支出、职能和风险承担情况、贷款合同、特许权使用合同或转让合同、专利注册证书、版权所属证明,以及代理合同或指定收款合同等资料进行分析和认定。

根据《国家税务总局关于委托投资情况下认定受益所有人问题的公告》(国家税务总局公告2014年第24号),非居民通过委托投资取得投资收益提出享受税收协定待遇申请,应向税务机关提供投资链条各方(包括该非居民、投资管理人或投资经理、各级托管人、证券公司等)签署的与投资相关的合同或协议,以及能够说明投资业务的其他资料,资料内容应包括委托投资本金来源和组成情况以及各方收取费用或取得所得的约定。

1583. 申请人通过代理人或指定收款人等代为收取所得的,对申请人受益所有人身份的认定有影响吗?

申请人通过代理人或指定收款人等(以下统称代理人)代为收取所得的,无论代理人是否属于缔约对方居民,都不应据此影响对申请人受益所有人身份的认定,但代理人应向税务机关声明其本身不具有受益所有人身份。

税务机关按照上述规定认定受益所有人身份,并批准相关税收协定待遇的,如果代理人所属居民国或地区与中国签有税收协定或信息交换协议,可视需要通过信息交换了解代理人的有关信息。通过信息交换可以认定代理人的受益所有人身份的,税务机关可改变此前的审批结果,向原受益所有人补征税款,并按照有关规定加收滞纳金。

1584. 何种情况下,税务机关可直接认定申请人的受益所有人身份?

申请人从中国取得的所得为股息的,如果其为在缔约对方上市的公司,或者其被同样为缔约对方居民且在缔约对方上市的公司100%直接或间接拥有(不含通过不属于中国居民或缔约对方居民的第三方国家或地区居民企业间接持有股

---

① 详见本章"关键词"部分中"受益所有人"。

份的情形),且该股息是来自上市公司所持有的股份的所得,可直接认定申请人的受益所有人身份。

1585. 纳税人提出非居民享受税收协定待遇审批申请时,应提交哪些资料?

(1)投资链条各方(包括该非居民、投资管理人或投资经理、各级托管人、证券公司等)签署的与投资相关的合同或协议,以及能够说明投资业务的其他资料,资料内容应包括委托投资本金来源和组成情况以及各方收取费用或取得所得的约定;

(2)投资收益和其他所得逐级返回至该非居民的信息和凭据,以及对所得类型认定与划分的说明资料;

(3)税务机关为认定受益所有人所需要的其他资料。

1586. 哪种情形下,纳税人可以免予提出享受税收协定待遇审批申请?

非居民纳税人享受税收协定常设机构和营业利润、国际运输、股息、利息、特许权使用费、退休金条款待遇,或享受国际运输协定待遇的,应当在有关纳税年度首次纳税申报时,或者由扣缴义务人在有关纳税年度首次扣缴申报时,报送相关报告表和资料。在符合享受协定待遇条件且所报告信息未发生变化的情况下,非居民纳税人可在报送相关报告表和资料之日所属年度起的三个公历年度内免于向同一主管税务机关就享受同一条款协定待遇重复报送资料。

1587. 哪些情形下,有权审批的税务机关可不予受理非居民享受税收协定待遇审批申请?

属于以下情形之一的,有权审批的税务机关可不予受理非居民享受税收协定待遇审批申请:

(1)按国内税收法律规定不构成纳税义务的所得事项;

(2)申请享受的税收协定待遇不属于按照《非居民享受税收协定待遇管理办法(试行)》应该审批的范围;

(3)提出审批申请的时间已经超过了可以追补享受税收协定待遇的时限;

①在中国发生纳税义务的非居民可享受但未曾享受税收协定待遇,且因未享受该本可享受的税收协定待遇而多缴税款的,可自结算缴纳该多缴税款之日起3年内向主管税务机关提出追补享受税收协定待遇的申请,在按本办法规定补办备案或审批手续,并经主管税务机关核准后追补享受税收协定待遇,退还多缴的税款;超过前述规定时限的申请,主管税务机关不予受理。

②属于《非居民享受税收协定待遇管理办法(试行)》第27条第1项至第4项情形的非居民可自结算缴纳补征税款之日起3年内向主管税务机关提出追补享

受税收协定待遇的申请,并按照主管税务机关要求改正违反本办法的行为,经税务机关核实确可以享受有关税收协定待遇后追补享受相关税收协定待遇,退还补征税款,但不退还相关滞纳金、罚款和利息。

(4)未按照《非居民享受税收协定待遇管理办法(试行)》规定提供与享受税收协定待遇有关的资料,或者提供的资料不符合要求,且在有权审批的税务机关通知更正或补正后 90 日内仍不补正或更正,又无正当理由的;

(5)其他不应受理的情形。

1588. 纳税人或者扣缴义务人已报告的信息发生变化的,如何处理?

应分别按以下情况处理:

(1)发生变化的信息不影响非居民继续享受相关税收协定待遇的,可继续享受或执行相关税收协定待遇;

(2)发生变化的信息导致非居民改变享受相关税收协定待遇的,应重新办理备案或审批手续;

(3)发生变化的信息导致非居民不应继续享受相关税收协定待遇的,应自发生变化之日起立即停止享受或执行相关税收协定待遇,并按国内税收法律规定申报纳税或执行扣缴义务。

1589. 已享受税收协定待遇的非居民存在哪些情形的,税务机关应作出不予非居民享受税收协定待遇的处理决定?非居民企业有何救济措施?纳税人与扣缴义务人将承担哪些法律责任?

存在以下情形之一的,应作出不予非居民享受税收协定待遇的处理决定:

(1)未提出审批申请,或者虽已提出审批申请但有权审批的税务机关未作出或未被视同作出准予非居民享受税收协定待遇决定,且经主管税务机关限期改正但仍未改正,又无正当理由的;

(2)未办理备案报告,且经主管税务机关要求限期改正但仍未改正,又无正当理由的;

(3)未提供相关资料,且经主管税务机关要求限期改正但仍未改正,又无正当理由的;

(4)未在主管税务机关要求的限期内补充提供有关资料,又无正当理由的;

(5)因情况变化应停止享受税收协定待遇但未立即停止享受相关税收协定待遇的;

(6)经调查核实不应享受相关税收协定待遇的其他情形。

属于第(1)项至第(4)项情形的非居民可自结算缴纳补征税款之日起 3 年内

向主管税务机关提出追补享受税收协定待遇的申请,并按照主管税务机关要求改正违反本办法的行为,经税务机关核实确可以享受有关税收协定待遇后追补享受相关税收协定待遇,退还补征税款,但不退还相关滞纳金、罚款和利息。

纳税人和扣缴义务人将分别承担以下责任:

(1)对按国内税收法律规定应实行自行申报纳税的,按照征管法有关规定向纳税人补征税款,加收滞纳金。其中纳税人伪造、变造、隐匿、擅自销毁账簿、记账凭证,或者在账簿上多列支出或者不列、少列收入,或者经税务机关通知申报而拒不申报或者进行虚假的纳税申报,构成不当享受税收协定待遇而不缴或者少缴应纳税款的,构成偷逃税的,由税务机关追缴其不缴或者少缴的税款、滞纳金,并处不缴或者少缴的税款50%以上5倍以下的罚款;构成犯罪的,依法追究刑事责任。

(2)对按国内税收法律规定应实行源泉扣缴的,按照征管法有关规定向纳税人补征税款;对扣缴义务人处应扣未扣、应收未收税款50%以上3倍以下的罚款。

1590. 居民企业从其直接或者间接控制的外国企业分得的来源于中国境外的股息、红利等权益性投资收益,应如何缴纳企业所得税?

外国企业在境外实际缴纳的所得税税额中属于该项所得负担的部分,可以作为该居民企业的可抵免境外所得税税额。抵免的限额为按照《企业所得税法》计算的应纳税额,超过抵免限额的部分,可以在以后5个年度内,用每年度抵免限额抵免当年应抵税额后的余额进行抵补。

其中,直接控制是指居民企业直接持有外国企业20%以上股份,间接控制是指居民企业以间接持股方式持有外国企业20%以上股份。

1591. 公司以留存收益转增股本的形式派送红股,法人股东如何进行所得税处理?

以留存收益转增资本,在企业所得税处理上视同分配股息和再投资两步走处理。投资企业增加对被投资单位的长期股权投资计税基础。股息红利分配环节的所得税处理方式同一般现金红利分配处理方式。

1592. 境外注册中资控股企业适用居民企业税收政策还是非居民企业税收政策?该境外注册中资控股企业从境内居民企业取得的股息、红利等权益性投资应如何进行企业所得税处理?境外注册中资控股企业投资者从境外注册中资控股企业取得的股息、红利等权益性投资应如何计征企业所得税?

境外中资控股企业是指由中国境内的企业或企业集团作为主要控股投资者,在境外依据外国(地区)法律注册成立的企业。

判断境外注册中资控股企业适用居民企业税收政策还是非居民企业税收政

策取决于其实际管理机构是否在境内。对实际管理机构的判断,应当遵循实质重于形式的原则。境外注册中资控股企业如被判定为实际管理机构在境内(以下简称非境内注册居民企业),适用居民企业税收政策;反之,适用非居民企业税收政策。

境外中资企业同时符合以下条件的,应判定其为非境内注册居民企业,并实施相应的税收管理,就其来源于中国境内、境外的所得征收企业所得税。

(1)企业负责实施日常生产经营管理运作的高层管理人员及其高层管理部门履行职责的场所主要位于中国境内;

(2)企业的财务决策(如借款、放款、融资、财务风险管理等)和人事决策(如任命、解聘和薪酬等)由位于中国境内的机构或人员决定,或需要得到位于中国境内的机构或人员批准;

(3)企业的主要财产、会计账簿、公司印章、董事会和股东会议纪要档案等位于或存放于中国境内;

(4)企业1/2(含1/2)以上有投票权的董事或高层管理人员经常居住于中国境内。

非境内注册居民企业从中国境内其他居民企业取得的股息、红利等权益性投资收益(不包括连续持有居民企业公开发行并上市流通的股票不足12个月取得的投资收益。下同),免征企业所得税。

非境内注册居民企业的投资者从该居民企业分得的股息红利等权益性投资收益,属于来源于中国境内的所得,应当征收企业所得税;但该投资者若是居民企业,其在中国境内取得的权益投资收益,可作为收益人的免税收入。

1593. 分配到英属维尔京群岛(BVI)等避税港的境外注册公司的投资者的利润如何进行所得税处理?

居民企业支付给非居民企业的股息、红利等权益性投资收益,除可以享受税收协定待遇外,应按国内税收法律规定扣缴所得税。中国与BVI间没有税收协定,按国内税法规定,股息、红利等权益性投资收益的预提所得税税率为10%。

【法律依据】

一、公司法类

(一)法律

❖《公司法》第4条、34条、37条、46条、74条、99条、108条、166条、168条、203条

- ❖《外资企业法》第 11 条、23 条
- ❖《中外合资经营企业法》第 6 条、8 条、15 条
- ❖《中外合作经营企业法》第 21 条、25 条

(二)行政法规

- ❖《外资企业法实施细则》第 6 条、58 条、61 条
- ❖《中外合资经营企业法实施条例》第 76 条、77 条、87 条
- ❖《中外合作经营企业法实施细则》第 24 条
- ❖《外汇管理条例》第 14 条

(三)司法解释

- ❖《最高人民法院关于适用〈中华人民共和国公司法〉若干问题的规定(三)》第 25 条

(四)部门规章

- ❖《财政部中外合作经营企业外国合作者先行回收投资审批办法》第 3 条、4 条、6 条
- ❖《中国人民银行关于印发〈结汇、售汇及付汇管理规定〉的通知》第 21 条

(五)部门规范性文件

- ❖《中国人民银行办公厅关于 A 股上市公司外资股东减持股份及分红所涉账户开立与外汇管理有关问题的通知》第 3 条、4 条、6~8 条

(六)地方司法文件

- ❖《北京市高级人民法院关于审理公司纠纷案件若干问题的指导意见》第 21 条
- ❖《上海市高级人民法院关于审理涉及公司诉讼案件若干问题的处理意见(一)》第 1 条第 2 款
- ❖《山东省高级人民法院关于审理公司纠纷案件若干问题的意见(试行)》第 67~72 条
- ❖《江苏省高级人民法院关于审理适用公司法案件若干问题的意见》第 64 条

二、税法类

(一)个人所得税

1. 法律

- ❖《个人所得税法》第 2 条、3 条、6 条

2. 部门规范性文件

- ❖《国家税务总局关于利息、股息、红利所得征税问题的通知》(国税函

〔1997〕656号）
- ❖《财政部、国家税务总局关于个人所得税若干政策问题的通知》（财税字〔1994〕020号）第1条、2条
- ❖《国家税务总局关于在中国境内无住所的个人取得工资薪金所得纳税义务问题的通知》（国税发〔1994〕148号）
- ❖《国家税务总局关于外籍个人持有中国境内上市公司股票所取得的股息有关税务问题的函》（国税函发〔1994〕440号）
- ❖《国家税务总局关于企业改组改制过程中个人取得的量化资产征收个人所得税问题的通知》（国税发〔2000〕60号）第3条
- ❖《财政部、国家税务总局印发〈关于个人独资企业和合伙企业投资者征收个人所得税的规定〉的通知》（财税〔2000〕91号）第4条、17条、20条、21条
- ❖《财政部、国家税务总局关于规范个人投资者个人所得税征收管理的通知》（财税〔2003〕158号）第2条
- ❖《财政部、国家税务总局、证监会关于实施上市公司股息红利差别化个人所得税政策有关问题的通知》（财税〔2012〕85号）
- ❖《国家税务总局关于企业为股东个人购买汽车征收个人所得税的批复》（国税函〔2005〕364号）第1条
- ❖《财政部、国家税务总局关于合伙企业合伙人所得税问题的通知》（财税〔2008〕159号）第2~5条
- ❖《财政部、国家税务总局关于调整个体工商户业主、个人独资企业和合伙企业自然人投资者个人所得税费用扣除标准的通知》（财税〔2011〕62号）
- ❖《国家税务总局关于国税发〔1993〕045号文件废止后有关个人所得税征管问题的通知》（国税函〔2011〕348号）第1~4条
- ❖《国家税务总局关于印发〈征收个人所得税若干问题的规定〉的通知》（国税发〔1994〕089号）第11条
- ❖《国家税务总局关于委托投资情况下认定受益所有人问题的公告》（国家税务总局公告2014年第24号）

3. 其他规范性文件
- ❖《国家税务总局关于个人股东取得公司债权债务形式的股份分红计征个人所得税问题的批复》（国税函〔2008〕267号）
- ❖《上海市地方税务局关于转发〈国家税务总局关于企业为股东个人购买汽车征收个人所得税的批复〉的通知》（沪地税所二〔2005〕13号）

- ❖《广州市地方税务局转发〈关于企业为股东个人购买汽车征收个人所得税的批复〉的通知》(穗地税函〔2005〕146号)

(二)企业所得税

1. 法律

- ❖《企业所得税法》第3条第3款、4条、23条、24条、26条、27条第5项、37条、45条

2. 行政法规

- ❖《企业所得税法实施条例》第11条、17条、80条、83条、91条

3. 部门规范性文件

- ❖《国家税务总局关于中国居民企业向境外H股非居民企业股东派发股息代扣代缴企业所得税有关问题的通知》(国税函〔2008〕897号)第1~3条
- ❖《国家税务总局关于中国居民企业向QFII支付股息、红利、利息代扣代缴企业所得税问题的通知》(国税函〔2009〕47号)
- ❖《财政部、国家税务总局关于执行企业所得税优惠政策若干问题的通知》(财税〔2009〕69号)
- ❖《国家税务总局关于境外注册中资控股企业依据实际管理机构标准认定为居民企业有关问题的通知》(国税发〔2009〕82号)
- ❖《国家税务总局关于非居民企业取得B股等股票股息征收企业所得税问题的批复》(国税函〔2009〕394号)
- ❖《国家税务总局关于如何理解和认定税收协定中"受益所有人"的通知》(国税函〔2009〕601号)第1~8条
- ❖《国家税务总局关于贯彻落实企业所得税法若干税收问题的通知》(国税函〔2010〕79号)第4条
- ❖《国家税务总局关于非居民企业所得税管理若干问题的公告》(国家税务总局公告2011年第24号)第5条
- ❖《国家税务总局关于认定税收协定中"受益所有人"的公告》(国家税务总局公告2012年第30号)第1~5条
- ❖《财政部、国家税务总局、证监会关于实施上市公司股息红利差别化个人所得税政策有关问题的通知》(财税〔2012〕85号)第1条、2条、10条

三、证券法类

(一)法律

- ❖《证券法》第47条

(二)部门规章

❖《中国证券监督管理委员会关于印发〈上市公司章程指引〉的通知》(证监公司字〔2006〕38号)第152~154条

❖《中国证券监督管理委员会关于发布〈关于加强社会公众股股东权益保护的若干规定〉的通知》(证监发〔2004〕118号)第4条

❖《中国证券监督管理委员会关于修改上市公司现金分红若干规定的决定》

四、其他

❖《最高人民法院关于民事诉讼证据的若干规定》第75条

第二十三章 公司证照返还纠纷

【宋律师释义】

> 公司证照返还纠纷,是指公司或公司股东请求人民法院判令非法持有证照人员返还证照的纠纷。实践中在公司实际控制人、法定代表人、股东发生变更时,常常因股东之间或公司高管之间的纠纷矛盾而引发持有公司证照拒不返还的情况。该纠纷实质是争夺公司控制权的纠纷。
>
> 该案由系《最高人民法院印发关于修订〈民事案件案由规定〉的决定》(法〔2011〕41号)与公司有关纠纷新增加的四个案由之一。

【关键词】公司证照　营业账簿　记载资金的账簿

❖ **公司证照**:指包括公司公章、法定代表人名章、财务章、财务负责人名章、营业执照、税务登记证、组织机构代码证、银行开户许可证等公司日常经营所必需的材料。

❖ **营业账簿**:指单位或者个人记载生产经营活动的财务会计核算账簿。

❖ **记载资金的账簿**:指载有固定资产原值和自有流动资金的总分类账簿,或者专门设置的记载固定资产原值和自有流动资金的账簿。

第一节　立　　案

1594. 如何确定公司证照返还纠纷的诉讼当事人?

原告应当为公司,被告应当为证照的非法持有人。当公司股东认为他人非法持有公司证照损害公司利益时,在满足法定条件时,可以提起股东代表诉讼,代表公司要求非法持有公司证照人返还证照。

1595. 公司证照返还纠纷由何地法院管辖？

公司证照返还诉讼本质属于侵权纠纷，其管辖法院应当为侵权行为地或被告所在地法院。一般情况下，侵权行为地为公司实际经营地。

1596. 公司证照返还纠纷按照什么标准交纳案件受理费？

该类诉讼应当按件收费，即收取 50~100 元诉讼费。

1597. 公司证照返还纠纷诉讼是否适用诉讼时效？

适用。公司证照返还诉讼本质属于侵权纠纷，因此其诉讼时效应当从公司或股东知道或者应当知道证照被他人取走之日起两年内进行主张。

1598. 公章被夺走，导致公司无法在起诉状上盖章，是否影响诉讼效力？此时应当如何处理？

诉状上加盖公章系代表公司作出了起诉的决策，但是代表公司意思的方式并非只有加盖公章。当公司公章遗失，或被他人夺走时，一般只要公司法定代表人在诉状上签字即能够代表公司意思。

当然，如果由于公司法定代表人违法取走公章，导致诉状上也无法由法定代表人签字，则公司股东可通过提起代表诉讼的方式代公司主张权利。

【案例 561】诉状无"章" 法院仍立案受理①

原告： 灏佳公司

被告： 张昌金

诉讼请求：

1. 被告返还公司公章；
2. 被告向原告承担损害赔偿责任。

争议焦点：

1. 被告作为股东，未在股东会决议、股东会会议纪要上签字，可否否认股东会曾对股东会决议、股东会会议纪要上的内容进行讨论；
2. 公章返还之诉中，新任董事长及法定代表人张建球是否有权代表公司向法院提起诉讼，诉状上无公司盖章是否能代表公司意思表示；
3. 公司依章程规定通知召开股东会，被告作为股东未出席是否会影响股东会效力；
4. 原告可否以被告在保管公章期间，拒绝加盖公章，导致原告在银行的资金

---

① 参见上海市第一中级人民法院(2009)沪一中民三(商)终字第1005号民事判决书。

不能正常流动、无法正常经营和发放工资为由,要求被告予以赔偿损失;

5. 此次诉讼中,法院就股东会和董事会决议的效力进行认定,是否属于超过原告诉讼请求范围。

基本案情:

原告于 2008 年 11 月成立,注册资本为人民币 100 万元,股东为被告、范元泓、冯裕兴、钱绍伟和张建球,上述 5 股东各出资 20 万元,各占注册资本金的 20%。被告担任董事长兼法定代表人。

原告《章程》第 8 条规定,公司股东会由全体股东组成,是公司的权力机构,行使选举和更换非由职工代表担任的董事、监事,决定有关董事、监事的报酬事项等。第 10 条规定,股东会会议分为定期会议和临时会议,并应当于会议召开 15 日以前通知全体股东。定期会议每一年召开一次。代表 1/10 以上表决权的股东,1/3 以上的董事,公司监事提议召开临时会议的,应当召开临时会议。第 11 条规定,股东会会议由董事会召集,董事长主持;董事长不能履行职务或者不履行职务的,由副董事长主持;副董事长不能履行职务或者不履行职务的,由半数以上董事共同推举一名董事主持。第 12 条规定,股东会会议应对所议事项作出决议。股东会应当对所议事项的决定作出会议记录,出席会议的股东应当在会议记录上签名。股东会会议由股东按照出资比例行使表决权。股东会会议作出修改公司章程、增加或者减少注册资本的决议,以及公司合并、分立、解散或者变更公司形式的决议,必须经代表 2/3 以上表决权的股东通过。股东会会议作出除前款以外事项的决议,须经代表 1/2 以上表决权的股东通过。

第 13 条规定,公司设董事会,其成员为 4 人,任期 3 年,董事任期届满,可以连任。董事会设董事长一人,董事长由董事会选举。第 14 条规定,董事会会议由董事长召集和主持;董事长不能履行职务或者不履行职务的,由副董事长召集和主持;副董事长不能履行或者不履行职务的,由半数以上董事共同推举一名董事召集和主持。第 15 条规定,董事会对所议事项作出的决定由 1/2 以上的董事表决通过方为有效,并应作为会议记录,出席会议的董事应当在会议记录上签名。董事会决议的表决,实行一人一票。

2008 年 11 月,原告通过改选,董事会成员为被告、冯裕兴、钱绍伟和张建球。被告仍为原告的法定代表人兼董事长。

2008 年 8 月 1 日,原告将公章交由被告保管至起诉时。

被告在保管公章期间,于 2009 年 6 月 3 日至 8 月 29 日,在《建筑节能分部工程质量验收表》等文件上进行了签章,并作了公章使用的登记。

2009年4月7日,原告召开股东会和董事会会议,包括被告在内的5名股东均出席了会议并进行了签到,会议由被告主持。该次股东会的会议纪要载明:股东范元泓提出,从公司有利发展角度来看,提议由股东会作出决议,对公司董事长进行改选并提议由张建球担任董事长。

股东冯裕兴、张建球和钱绍伟均表示同意改选董事长,被告表示不同意。当日形成的《股东会决议》显示,除被告之外的其他股东均同意对原告董事长人选进行改选,根据少数服从多数原则,决定召开董事会,选举董事长。除被告之外的其余股东均在《股东会决议》上进行签名。同日,还形成了《董事会决议》,该决议显示:参加人员有被告、张建球、冯裕兴和钱绍伟,会议由被告主持,会议形成决议为股东张建球为原告董事长。股东张建球、钱绍伟和冯裕兴均在《董事会决议》上签名。

2009年6月3日,原告通过公证的方式向被告寄送《2009年第一次临时股东会会议通知》《2009年第二次临时股东会会议通知》《2009年第一次临时股东会会议议题讨论表决表》《2009年第二次临时股东会会议议题讨论表决表》,明确根据股东张建球的提议,通知于2009年6月19日上午9时召开2009年第一次临时股东会会议,会议议题为讨论公司如何规范公章的使用、保管和交接;鉴于被告近期已经不上班,并且作出一系列损害公司利益的行为,讨论是否对其侵害公司的行为采取救济与防范等问题。通知于2009年6月19日下午1时召开2009年第二次临时股东会会议,会议议题为再次确认2009年4月7日股东会决议的内容等。6月19日上午,张建球、冯裕兴、范元泓和钱绍伟在第一次临时股东会会议签到表上进行了签名。《2009年第一次临时股东会会议决议(一)》显示:2009年6月19日上午9时30分召开本次会议,被告缺席本次会议,会议由董事长张建球主持,审议并通过了被告应当立即返还原告公章;被告私自扣留公章,对外违法使用,由此产生的后果,原告均不予认可,并由被告承担一切法律责任等。除被告之外的其余股东均在上述决议上进行了签名。

同日下午,包括被告在内的全部股东在第二次临时股东会会议签到表上进行了签字,但被告注明"6月19日上午及下午二次临时股东会议题不属于公司章程规定所讨论内容"。后形成的《2009年第二次临时股东会会议决议(一)》显示:第二次临时股东会会议于2009年6月19日下午1时30分召开,被告缺席本次会议,会议采取现场举手表决的方式审议并通过了确认2009年4月7日股东会决议合法有效;再次确认由张建球担任董事长及法定代表人,被告不再担任董事长及法定代表人等。除被告之外的其余股东均在上述决议上进行签字。

原告诉称：

根据原告2009年4月7日的股东会决议和董事会决议，被告已经不再担任董事长及法定代表人，根据《2009年第一次临时股东会会议决议（一）》显示，临时股东会已经审议并通过了被告应当立即返还原告公章。因被告至今未归还公章，原告诉至法院。

被告辩称：

1. 被告认为上述股东会仅讨论会议纪要中的第一、第二项内容，并未讨论改选董事长人选事宜，且上述股东会并无签字程序；

2. 张建球代表原告起诉，不具备诉讼主体资格，诉状上没有公司公章，因此不能代表公司的真实意思；

3. 2009年6月19日，当天因发生纠纷，实际并未召开股东会。

一审认为：

1. 被告作为股东，未在股东会决议、股东会会议纪要上签字，不足以否认股东会曾对股东会决议、股东会会议纪要上的内容进行讨论。

从召开股东会的程序看，包括被告在内的5名股东均到场，且被告作为当时原告的董事长，也确认该次股东会系由其主持。故此次股东会召开的程序合法合规。

从决议的内容看，根据拥有20%股权的股东的提议，对改选董事长人员进行讨论，并已经过除被告之外的其余4名股东的一致同意，且上述内容也未违反法律、法规的强制性规定，故上述决议程序、内容均合法有效。

根据股东会决议的内容，原告当天召开了董事会议，并由除被告之外的其他3名董事的签字确认。该次董事会议的所议事项的表决，也已经符合公司章程约定的超过1/2以上董事表决通过有效的规定。

2. 公章返还之诉中，新任董事长及法定代表人张建球有权代表公司向法院提起诉讼。

鉴于2009年4月7日的《董事会决议》依法有效，董事长及法定代表人已经由被告改选为张建球，因公章本身在被告处，故张建球代表原告签字，并提起本案的诉讼，主体资格适格。

3. 公司依章程规定通知召开股东会，被告作为股东未出席也不会影响股东会效力。

原告于2009年6月19日作出《2009年第一次临时股东会会议决议（一）》和《2009年第二次临时股东会会议决议（一）》，从该次股东会的召集和主持程序看,已经提前15日通知被告,并告知了会议议题,被告虽未在《2009年6月19日第一次临时股东会会议签到表》上签名,也不影响会议的召开。况且被告在《2009年6月19日第二次临时股东会会议签到表》上进行了签字,表明被告实际也到场,且会议依法由张建球主持,故上述股东会召开的程序符合法律和章程的约定。

从决议的内容看,关于确认2009年4月7日股东会决议合法有效、再次确认张建球担任董事长及法定代表人,被告不再担任董事长和法定代表人的决议内容,均是处理公司内部事务,没有违反法律和章程的规定,且上述决议已经除被告之外的其余4位股东的一致通过,即已经原告1/2以上表决权股东的通过。

故上述决议内容的通知程序、决议程序及决议内容均未违反法律规定,应当认定合法有效。至于被告认为当天因发生纠纷,实际并未召开股东会的主张,并无证据加以证明,也不应予以确认。

4. 原告不可以被告在保管公章期间,拒绝加盖公章,导致原告在银行的资金不能正常流动、无法正常经营和发放工资为由,要求被告予以赔偿损失。

原告认为被告保管公章期间,拒绝加盖公章,导致原告在银行的资金不能正常流动、无法正常经营和发放工资,对此,原告并无足够证据证明在要求被告加盖公章时,被告拒绝加盖公章,以及被告保管公章导致原告损失。即使原告在本案中提交了对外借款的证据,也不能证明系被告的行为所造成的,故这些证据与本案无直接关联性,原告据此要求被告赔偿损失的主张,不应予以支持。

一审判决:

1. 被告应于判决生效之日起10日内返还原告公章一枚;
2. 驳回原告的其余诉讼请求。

被告上诉称:

本案系公司公章返还之诉,并不涉及股东会和董事会决议的效力问题,原审法院判非所求。

原告二审辩称:

原审认定事实清楚,适用法律正确,故请求驳回被告的上诉,维持原判。

律师观点:

原审法院对上述《股东会决议》和《董事会决议》作出有关效力的认定,是解决本案纠纷的基础,原审法院仅在判决理由部分充分阐述了上述决议的效力问题,而未在判决主文中予以表述,故并没有出现如被告所称的"判非所求"的情形。

二审判决：

驳回上诉，维持原判。

第二节　公司证照返还纠纷的裁判标准及责任承担

一、公司证照的范围及保管机构

1599. 公司证照应当由谁保管？

公司证照的保管人法律并无明确规定，此属于公司内部管理范畴，可在章程或日常管理制度中进行明确，如明确保管人、保管地点与保管方式。

但是可以肯定的是，公司证照的归属人为公司，因此一旦公司证照脱离公司的控制范围，公司即可提起证照返还诉讼。

【案例562】执行董事私藏证照　被判返还[①]

原告： 张宝荣

被告： 于刚

第三人： 荣马公司

诉讼请求： 被告返还第三人经营用的证照、印章和财务手续。

争议焦点： 被告作为第三人的法定代表人，是否有权将公司证照、印章、财务手续放置家中。

基本案情：

1996年10月，第三人经工商部门核准登记，注册资本为50万元。原告与被告作为第三人股东，各自出资25万元，被告担任第三人执行董事及法定代表人，原告担任第三人监事。

2004年2月，被告从第三人取走了公章、合同专用章、财务专用章、北京市纳税单位代码章（6418560）、朝地税税务计算机代码章（0590624）、原告人名章（银行预留印章）、营业执照（正、副本各一，注册号为1101052243837）、税务登记证副本（京国税朝字11010510186944号和地税京字11010510186944200000号各一）、中华人民共和国组织机构代码证（No.984117798）、第三人转账支票9张（×□11555567—×□11555575）、第三人空白现金支票19张（×□05110282—×

[①] 参见北京市朝阳区人民法院(2004)朝民初字第15966号民事判决书。

□05110300)、空白账册6本、支出凭单2张(2003年1月30日和2003年2月10日各一),置放在被告家中。

2004年2月,原告因被告擅自将公司证照、印章等物品取走置于家中,到派出所报案,派出所未作处理。

原告诉称:

2004年2月,第三人法定代表人被告将公司经营用的证照、印章和财务手续擅自取走,造成公司无法正常运营。现原告经与被告协商未果诉至法院。

被告辩称:

原告作为第三人股东,在负责经营第三人期间,支出了大量资金,被告作为法定代表人多次要求查账,而原告拒绝配合。在此种情况下,被告作为第三人法定代表人,取走第三人经营用的证照、印章和有关财务手续的行为,系行使法定代表人的权利,故不同意原告的诉讼请求。

第三人未述称。

律师观点:

被告从第三人处取走的第三人公章、合同专用章等印章和营业执照等证照,以及支票、支出凭单等财务单据,均属第三人所有,而非执行董事或公司股东个人所有。

现被告将上述物品取走并置放于家中的行为,显属不当,并致使第三人的经营活动无法正常开展,故被告的行为已构成对第三人的侵权。原告作为第三人股东和监事,在第三人利益遭受被告不当行为损害,且穷尽了请求救济的渠道而未果的情况下,为防止第三人利益遭受进一步的损害,代表第三人提起诉讼,符合《公司法》规定。

法院判决:

被告于本判决生效之日起10日内返还其掌控的第三人的涉案物品。

1600. 实践中,公司证照遗失或被取走时,股东或公司应当如何救济?

实践中公司或其他股东可采取如下四种措施:

(1)通过股东会决议的方式,变更公司法定代表人或执行董事,调整公司控制权,而后提起返还公司证照诉讼,要求持有证照人返还证照,该种方式也适用于公司所有证照均被取走时;

(2)如掌握证据证明公司证照由持有人放置在非公司以外的其他地点,则可以直接提起证照返还诉讼要求返还证照,交由公司保管;

(3)挂失公司证照,并由相关机关重新补办、补刻;

(4)如持有证照人为公司名义股东,则实际出资人可以通过股东资格确认诉讼确认自己的股东资格,而后提起证照返还诉讼要求证照持有人返还证照。

【案例563】股东卷走公司资产被免职　公司要求返还公章财务资料获支持[①]

原告: 广信派达公司

被告: 闫文山

诉讼请求: 判令被告立即交还公司公章、财务章、法定代表人人名章及2008年8月至10月财务报表的财务账簿及原始账册。

争议焦点:

1. 原告于2009年6月21日、8月9日召开的股东会是否履行了相应的通知和召集程序,所作出的2份关于免去被告总经理职务并返还其持有的财务资料和分公款的股东会决议内容是否符合法律和公司章程的规定;

2. 在原告作出了免去被告在原告处相应职务的股东会决议之后,被告是否有权继续持有公司的公章、财务章、法定代表人人名章、财务报表、财务账簿及原始账册等资料信息。

基本案情:

原告成立于2008年6月24日,注册资本16.2万元,股东为郝兵、闫红玉、李立、王世新、刘建坤、被告6人,其中郝兵出资10万元,占注册资本的61.72%,被告出资5万元,占注册资本的30.86%,闫红玉、李立、王世新、刘建坤4人各出资0.3万元,各占注册资本的1.85%,郝兵为原告的法定代表人。

原告章程第10条规定:"股东会会议分为定期会议和临时会议。召开股东会会议,应当于会议召开一日以前通知全体股东。定期会议每月定时召开。代表1/10以上表决权的股东、监事提议召开临时会议的,应当召开临时会议。"第13条规定:"股东会会议作出修改公司章程、增加或者减少注册资本的决议,以及公司合并、分立、解散或者变更公司形式的决议,必须经代表1/2以上表决权的股东通过。"第16条规定:"公司设经理一名,由股东会决定聘任或者解聘。经理对股东会负责,行使下列职权:(一)主持公司的生产经营管理工作,组织实施股东会决议;(二)组织实施公司年度经营计划和投资方案;(三)拟定公司内部管理机构设置方案;(四)拟定公司的基本管理制度;(五)制定公司的具体规章;(六)提请

[①] 参见北京市第一中级人民法院(2009)一中民终字第17878号民事判决书。

聘任或解聘公司副经理、财务负责人；(七)负责公司财务管理工作。"

2008年8月4日原告召开股东会，选举被告出任公司经理，其职务范围在原告的公司章程。同时在有全体股东签名的会议决议纪要第2项中写明将所有原告财务、账目、文件、公章移交公司经理(被告)进行管理。此后，被告一直担任原告的经理。

2009年6月1日原告全体股东达成会议决议同意对公司账目进行审计。

2009年6月21日原告召开股东会并作出决议，决议内容是"暂时免去被告总经理的职务，由郝兵主持工作，并要求被告返还公司所有财务及账目，以及要求股东退回分红及预支分红款"，该股东会决议上记载的到会股东为郝兵、王世新、李立、刘建坤，股东会决议上有4人的签名。被告、闫红玉未参加此次股东会。

2009年8月9日原告召开紧急股东会，到会股东为郝兵、王世新、李立、刘建坤，会议决议的内容是：

1. 由于被告多次阻挠公司的审计、拒不配合审计工作、无故缺勤、伪造公司股东会决议，严重影响公司正常工作，因此决定罢免被告的一切职务；

2. 继续要求被告立即交还其私自卷走隐匿的：公司公章、财务章、法定代表人人名章、营业执照、企业代码证、税务登记证、开户银行的相关证件资料、公司的货款、公司的支票、公司账目及其他公司财物；

3. 要求被告、闫红玉，根据公司股东会决议的规定，立即退还分红及预支分红款。

该股东会决议有郝兵、王世新、李立、刘建坤的签字。被告、股东闫红玉未参加此次股东会。

原告诉称：

2009年6月因原告财务管理制度，在对公司财务等依法审计时发现公司货款均不在公司账目中，而是全部转移至被告个人名下，为此公司召开股东会议并与其交涉，被告非但拒将财务账目和款项交还，还将货款及公章、账册全部卷走，致使公司进入无法正常经营状态并造成重大的经济损失。至今被告也未按公司财务制度交还于公司。被告的行为严重损害了原告的合法利益。

原告为证明其观点，提交证据如下：

1. 2009年6月21日股东会决议，决议内容是"暂时免去被告总经理的职务，由郝兵主持工作，并要求被告返还公司所有财务及账目，以及要求股东退回分红及预支分红款"，该股东会决议上记载的到会股东为郝兵、王世新、李立、刘建坤，股东会决议上有4人的签名。被告、闫红玉未参加此次股东会。

2. 盖有北京一统江山速递有限公司大兴分公司印章的证明一份以及鑫飞鸿一统速递详情单两份,证明原告于2009年6月20日以快递方式通知了被告及案外人闫红玉。

3. 2009年8月9日股东会决议,会议决议的内容如基本案情所述。

4. 盖有北京一统江山速递有限公司大兴分公司印章的证明一份以及鑫飞鸿一统速递详情单两份,证明原告于2009年8月6日以快递方式通知了被告及案外人闫红玉。

原告申请北京一统江山速递有限公司职工李刚作为证人出庭作证,证人当庭陈述:

2009年6月20日及2009年8月6日,作为北京一统江山速递有限公司的员工向被告及案外人闫红玉送达上述两份快递,被告及案外人闫红玉拒收。

被告辩称:

原告所述均不符合客观事实。

事实是公司货款均在原告法定代表人郝兵的个人账户上。原告公章是经股东会决议交由被告保管,而非被告卷走,公司无法正常经营全是由郝兵造成的与被告无关。请求法院驳回原告诉请。

被告对原告所提供的证据发表质证意见如下:

对于2009年6月21日和8月9日2份股东会决议,被告未曾收到股东会会议通知,此次股东会决议无效。

被告为证明其观点,提交证据如下:

1. 2009年6月19日的股东会决议,决议的内容是更换法定代表人郝兵,由总经理被告暂时兼任,以及股东会一致决定公司公章、财务章、法人章、支票等暂时由被告保管;

2. 2009年6月24日的股东会决议,决议的内容是暂时停止生产、销售,进行公司内部整顿,并同时诉讼至人民法院进行解决,对公司库存进行封存,销售账目进行封存。该两份决议有被告和闫红玉二人的签名。

律师观点:

1. 2009年6月21日、2009年8月9日的股东会决议合法有效。

依据《公司法》第39条规定:"股东会会议分为定期会议和临时会议。定期会议应当依照公司章程的规定按时召开。代表十分之一以上表决权的股东,三分之一以上的董事,监事会或者不设监事会的公司的监事提议召开临时会议的,应当召开临时会议。"第41条第1款规定:"召开股东会会议,应当于会议召开十五日前通知全体股东;但是,公司章程另有规定或者全体股东另有约定的除外。"参照原告章程第10条之约定,原告提交的盖有北京一统江山速递有限公司大兴分公司印章的证明以及鑫飞鸿一统速递详情单、北京一统江山速递有限公司职工李刚作为证人当庭陈述,能够证明原告已依公司章程履行了向股东被告、闫红玉送达2009年6月21日、8月9日召开的股东会的通知义务。

参照原告章程第13条:"股东会会议作出修改公司章程、增加或者减少注册资本的决议,以及公司合并、分立、解散或者变更公司形式的决议,必须经代表1/2以上表决权的股东通过"的约定,原告所提交的上述两份股东会决议,均有股东郝兵、王世新、李立、刘建坤在上签名。故这2份股东会决议符合公司章程规定的召开程序,且经过公司1/2以上股东表决通过,合法有效。

2. 被告无权继续持有被告公章、财务章、法定代表人人名章及财务报表、财务账簿等资料。

依据《公司法》第11条、37条的规定,参照原告章程第16条之约定,原告股东会有权聘任或解聘被告的经理职务。虽然被告是原告2008年8月4日股东会上经全体股东一致选举聘任的公司经理,且根据2008年8月4日股东会会议决议纪要第2项的约定对所有原告财务、账目、文件、公章进行管理。但依据2009年6月21日、8月9日两份股东会决议,被告已被免去被告总经理的职务。

因此,被告作为原告聘任的经理和股东,在经过股东会会议决议暂停经理职务后,无权将公章、财务章、法定代表人人名章及财务报表个人持有;同时,公司的公章、财务专用章等公司物品属于公司的专用物品,有部分公司物品是经相关部门登记备案的,对外具有公示效力,故公司的物品应归公司所有。因此,原告要求被告立即交还公司所有财务手续(包括公章、财务章、法定代表人人名章及2008年8月至10月财务账簿及原始账册)的诉讼请求合理合法。

法院判决:

被告向原告交还原告公章、财务章、法定代表人人名章及2008年8月至10月的财务账簿及原始账册。

二、公司证照遗失的处理流程

1601. 公司营业执照遗失后应当如何处理?补办时应提交哪些材料?

公司可向公司注册地的工商行政管理部门申请补办营业执照。

根据国家工商总局的规定,申请补办营业执照应当提交如下材料:

(1)法定代表人签署的营业执照遗失补领/换发申请报告(内容包括:执照遗失的情况;由公司/企业加盖公章);

(2)公司/企业签署的《指定代表或者共同委托代理人的证明》(公司/企业加盖公章)及指定代表或委托代理人的身份证件复印件(应标明指定代表或者共同委托代理人的办理事项、权限、授权期限);

(3)刊登营业执照遗失并声明作废公告的报纸报样;

(4)公司(企业)营业执照副本(如有)。

1602. 公司税务登记证遗失后应当如何处理?

遗失税务登记证件的纳税人应当自遗失税务登记证件之日起15日内,将纳税人的名称、遗失税务登记证件名称、税务登记号码、发证机关名称、发证有效期在税务机关认可的报刊上作遗失声明,凭报刊上刊登的遗失声明向主管税务机关申请补办税务登记证件。

纳税人挂失、补办税务登记证件应报送的资料:

(1)税务证件挂失报告表;

(2)刊登遗失声明的报纸、杂志的报头或者刊头;

(3)刊登遗失声明的版面原件和复印件。

1603. 公司组织机构代码证遗失后应当如何处理?

组织机构代码证遗失或毁损应及时向原颁证机关申请补办手续:

(1)递交《补办代码证书申请报告》(报告应有法定代表人签章及加盖本单位公章,报告格式及应包含的内容可向当地代码机构咨询);

(2)经代码主管部门审查、核实后,给单位开具补发通知单,由单位到颁证机构指定的报社进行登报挂失,待见报后拿报纸办理补办手续;

(3)补发代码证书。

1604. 公司银行开户许可证遗失后应当如何处理?

银行开户许可证遗失或毁损时,存款人应填写"补(换)发开户许可证申请书",通过开户银行向中国人民银行当地分支行提出补(换)发开户许可证的申请。

1605. 公司公章遗失后应当如何处理?

公司首先应当在报纸上宣布原公章作废,再至公安机关批准的刻制单位刻制新章并备案。

三、公司证照返还纠纷的举证义务

1606. 公司证照返还纠纷诉讼需证明哪些事实方能得到法院的支持?

司法实践中,主张返还证照的一方需证明如下事实:

(1)被告持有公司证照。

(2)被告无权持有公司证照,如被告不具有公司股东资格,或被告不具有公司董事、高管资格,或被告持有公司证照影响了公司的日常运营。

若主张返还证照的一方向被告主张损失赔偿责任的,还需举证证明被告持有公司证照给公司造成的损失数额。

【案例564】非公司股东或高管持有证照 应向公司返还[①]

原告: 灵捷公司

被告: 刘昕

诉讼请求:

1. 被告返还原告公章、法人章(姚洁)、财务专用章、营业执照正副本、外经贸沪嘉独资字(2000)0065号批准证书、组织机构代码证正副本和交通银行上海市徐汇支行徐家汇受理处的开户许可证;

2. 被告返还原告财务账册、固定资产。

争议焦点:

1. 姚洁作为外商独资企业的唯一股东,以签发《免职通知》《任职通知》的方式任免董事长及法定代表人是否有效;

2. 被告在被免职后是否有权保留公司证照、印章;

3. 本案是否会因原被告之间的股权转让金诉讼未结案而中止审理;

4. 由谁承担证明原告的证照、印章在被告处的举证责任。

基本案情:

原告系由姚洁(外国人)一人投资的有限责任公司。2007年5月1日,被告被任命为原告的法定代表人兼董事长。2009年5月31日,姚洁签发了《免职通知》,载明自2009年5月31日起免去被告在原告处的董事长及法定代表人职务。同日,姚洁还签发了《任职通知》,明确自该日起委派杨李霖担任原告的新任董事长及法定代表人,即日起正式任职。

[①] 参见上海市第一中级人民法院(2010)沪一中民四(商)终字第65号民事判决书。

原告诉称:

2009年8月27日,李玉峰律师代表姚洁向被告发出了律师函,告知其已经被姚洁免去公司的董事长和法定代表人职务,并要求在接函后5日内移交原告的相关证照、印章和所有财产等,嗣后,因被告未及时移交相关物品,原告提起诉讼。

被告辩称:

1. 原告免除被告法定代表人和董事长职务的程序不合法;

2. 原告尚欠被告股权转让款31,000元未予归还,本诉应于股权转让金诉讼结案后再审理;

3. 原告要求被告返还的公司财务账册、固定资产不在被告处。

律师观点:

1. 姚洁作为外商独资企业的唯一股东,以签发《免职通知》《任职通知》的方式任免董事长及法定代表人合法有效。

《外资企业法》第11条明确规定,外资企业依照批准的章程进行经营管理活动,不受干涉。原告的《公司章程》第15条规定,董事和董事长由投资者委派。董事长是公司的法定代表人。

本案中,原告系一人投资的有限责任公司,姚洁作为公司唯一股东根据上述章程规定有权独自任免公司的董事长即法定代表人,其作出的相关免职和任职决定和程序合法有效。

2. 被告在被免职后无权保留公司证照、印章。

被告被免职后未及时办理公司物品的移交手续,原告为维持公司正常经营诉请其返还上述物品,应予支持。

3. 本案不会因原被告之间的股权转让金诉讼未结案而中止审理。

由于被告辩称的股权转让金支付与本案属于不同的法律关系,两者不存在前后履行问题,因此本案不须以原被告之间股权转让金诉讼的审理结果为依据,被告的抗辩不属于《民事诉讼法》(2007年修订)第136条第1款第5项规定的"本案必须以另一案的审理结果为依据,而另一案尚未审结的,应中止诉讼"的情形。

4. 由原告承担证明原告的证照、印章等在被告处的举证责任。

作为原告原来的法定代表人和董事长,被告审理中确认公章、法人章、财务专用章、营业执照正副本、批准证书正副本、组织机构代码证正副本和交通银行上海市徐汇支行徐家汇受理处的开户许可证在其处,故在姚洁要求其向原告移交上述印章和资料的情况下,被告应当返还。而原告还要求返还财务账册、固定资产等其他物品的主张,因被告不予确认,且原告也无证据证明其余物品保管在被告处,或由被告实际侵占的事实,故将难以得到法院的支持。

法院判决:

1. 被告应于判决生效之日起10日内返还原告公章、法人章(姚洁)、财务专用章、营业执照正副本、外经贸沪嘉独资字(2000)0065号批准证书、组织机构代码证正副本和交通银行上海市徐汇支行徐家汇受理处的开户许可证;

2. 驳回原告其他诉讼请求。

【案例565】股权已转让 证照应当依法返还[①]

原告: 梁国春、国硅公司

被告: 禾田公司、杨振科、王玉红、闫志刚、黄明达

诉讼请求:

1. 判令被告禾田公司将公司的营业执照(正、副本)、公章、法定代表人名章、财务章、财务负责人名章、税务登记证(正、副本)以及国贸地铁站商城B1层3400平方米经营场所的使用权交给两位原告;

2. 由两位原告继续经营国贸地铁站商城。

被告禾田公司反诉请求:

1. 原告国硅公司将其取得的国贸地铁站商城的公章、财务章、营业执照、支票、发票、账簿等多项经营资料返还给被告禾田公司;

2. 原告国硅公司赔偿被告禾田公司经济损失499万元。

争议焦点:

1. 原告国硅公司与被告禾田公司约定的收购标的是被告禾田公司的股权还是被告禾田公司的资产;

2. 被告禾田公司是否能以"禾田公司不得以任何形式将国贸地铁站B1层进行转租、转让、转借或者以其他变相方法转移给任何第三方使用"为由,主张原告国硅公司与被告禾田公司签订的协议无效;

3. 五位被告能否以商城管理混乱、私设标牌被曝光、大量商户要求退租、原告梁国春上了工商黑名单等为由,要求原告梁国春及其全部管理人员立即退出商城,退还公司公章、财务章、营业执照及营业所需全部资料,终止与其开展合作;

4. 原告国硅公司是否需要就被告禾田公司对商户退租、免租的损失和重新招商投入的广告费用承担责任。

[①] 参见北京市门头沟区人民法院(2005)门民初字第1820号民事判决书。

第二十三章

公司证照返还纠纷

基本案情：

被告禾田公司于2003年11月成立，注册资金为1000万元，股东及出资为：被告杨振科600万元(60%)，被告王玉红100万元(10%)，被告闫志刚200万元(20%)，被告黄明达100万元(10%)。

2004年9月，地铁商贸中心将国贸地铁站B1层面积为3400平方米的场地出租给被告禾田公司，同时约定被告禾田公司对出租场地享有使用权，不得以任何形式进行转租、转让、转借或者以其他变相方法转移给任何第三方使用。

2005年2月，被告禾田公司成立分支机构国贸地铁站商城。

2005年5月21日，原告国硅公司(甲方)与被告禾田公司(乙方)签订协议书，约定：

乙方自愿将被告禾田公司全部股权及国贸地铁站商城B1层商业项目的使用权有偿转让给甲方；甲方出资1750万元将被告禾田公司全部股权买断，其中包括国贸地铁站商城B1层商业项目。甲乙双方在签订正式股权买断协议前，乙方需向甲方提供地铁商贸中心同意乙方转让的决定书。

乙方同意甲方出资175万元收购乙方10%的股权，即先期进入国贸地铁站B1层商城，拥有全面经营管理、经营场地内外部装修改造及所有商业运作的权利；待双方各项工作如期按规定时间顺序进行后，按下列顺序进行：(1)乙方将股权转让所需的各种材料如股东大会决议书、乙方与产权方签订的合同书等相关文件提供给甲方，甲方向乙方支付1750万股权转让费用的30%即525万元人民币后，甲方即占据乙方全部股权的40%，并有对国贸地铁站商城分公司经营的国贸地铁B1层全部经营权及利润分配权；(2)剩余1050万元人民币，甲方分两次付给乙方：第一次，甲乙双方将上述工作全部落实后，甲方向乙方支付1750万元转让费的40%即700万元人民币，乙方将被告禾田公司法人执照变更为原告国硅公司，并变更法定代表人、税务登记证，经营利润全部归甲方所有；第二次，甲方各种转让手续全部完成并正常无障碍运行3个月，甲方即向乙方支付转让费用的20%即350万元人民币；本合同自甲乙双方法定代表人签字并加盖公章之日起生效。

协议书签订后，原告国硅公司、被告禾田公司出于当时的公司立法尚禁止设立一人公司的考虑，一致同意由原告国硅公司法定代表人原告梁国春以个人名义购买其中10%的股权。

5月21日，原告梁国春与被告杨振科、王玉红、闫志刚、黄明达签订决议书，全体股东同意被告杨振科将本人持有的股权10%部分以175万元人民币的价格转让给原告梁国春；全体股东授权原告梁国春对国贸地铁站商城B1层经营场地进行商业改造、广告宣传等经营管理活动,场地租金归原告梁国春所有;同意从即日起向原告梁国春提供国贸地铁站商城B1层经营执照正副本、与商户签订的租赁合同、经营账目等。

5月24日,原告国硅公司与被告禾田公司办理交接手续,被告禾田公司将本公司及分支机构国贸地铁站商城营业执照(正、副本)、公章、税务登记证、财务结算章以及法定代表人名章、发票、支票、会计凭证、账簿等经营资料交给原告国硅公司。

5月24日至5月31日期间,两位原告进入国贸地铁站商城并以被告禾田公司名义开始进行经营管理。

6月2日,被告禾田公司在召开商户会议时,部分商户提出退租。6月3日至6日,由被告杨振科代表被告禾田公司向商户退租1,651,750.10元。

6月8日,被告禾田公司通知商户给予继续免租的优惠政策,免租期自2005年6月1日至7月31日。6月8日起至6月27日,被告禾田公司为部分商户办理退租手续,总计退回租金653,769.60元。其间,被告禾田公司交纳电话费1,195.49元。上述两笔款项由原告国硅公司垫付。

6月17日,北京娱乐信报对国贸地铁站商城设立"行人请走地铁商城通道"标牌以《标志牌误导行人》为题进行报道。

在办理工商登记变更过程中,被告杨振科通过北京市工商行政管理局企业法定代表人警示信息得知原告梁国春任负责人的北京国润经济开发有限责任公司玉泉营灯饰城被吊销营业执照,其法定代表人被锁定(锁定期限36个月,解锁日期2005年11月3日)。

6月25日,被告杨振科、王玉红、闫志刚、黄明达在原告梁国春未到场的情况下形成股东会决议,以商城管理混乱、私设标牌被曝光、大量商户要求退租、原告梁国春上了工商黑名单等为由,要求原告梁国春及其全部管理人员立即退出商城,退还公司公章、财务章、营业执照及营业所需全部资料,终止与其的任何合作,同时对商城的损失承担全部责任。

6月28日,原告国硅公司与被告杨振科进行协调时发生冲突,被告禾田公司营业执照被撕毁,双方各持一半。

6月29日,被告杨振科指使70余人将两位原告委派的国贸地铁站商城经营管理和保安人员强行驱赶出商城。此后,国贸地铁站商城由地铁商贸中心暂时接管后又交给被告禾田公司法定代表人被杨振科经营,被告禾田公司声明经营手续作废后重新补办了营业执照、税务登记证,补刻了公司公章、财务专用章、法定代表人人名章、财务负责人人名章。

7月27日,被告禾田公司发出通知,将现有商户的免租期延长至2006年1月1日,已退租商户如继续合作,给予同样优惠。期间,被告禾田公司陆续收取了部分商户的租金。

8月1日,被告禾田公司与广告公司签订广告代理协议,约定支付的费用为424,898元。

原告均诉称:

2005年6月28日,被告禾田公司恶意毁约,在通州工商局门前公然抢夺原告国硅公司工作人员手中的营业执照;次日,被告禾田公司又带领70余人闯入由两位原告开展经营的国贸地铁站商城,抢夺公章,并动用武力将原告国硅公司工作人员驱赶出商城,强行占领了商城。

作为被告禾田公司的股东,被告杨振科在出让10%的股权与原告梁国春后,指使、授权其他股东对两位原告的经营权利进行干扰、破坏。同时被告禾田公司其他三名股东王玉红、闫志刚、黄明达于2005年6月26日与被告杨振科共同作出股东会决议,拒绝履行合同义务,并与被告杨振科共同占领国贸地铁站商城B1层至今。五位被告的违约行为严重侵害了两位原告的合法权益,给两位原告造成了极大的经济损失。

被告均辩称:

协议书不能履行,主要过错在原告国硅公司,理由如下:

1. 协议书没有生效。

被告禾田公司对国贸地铁站商城B1层经营场所的使用权是通过与地铁商贸中心签订租赁合同取得的。被告禾田公司和原告国硅公司在协议书中约定,在双方签订正式股权买断协议前,必须取得地铁商贸中心同意被告禾田公司转让经营场所使用权的决定书,后虽经被告禾田公司多方努力,但地铁商贸中心未同意被告禾田公司转让有关场所的使用权,所以协议书的生效条件没有成就。

2. 原告国硅公司法定代表人原告梁国春被北京市工商行政管理局锁定,不能担任股东和法定代表人。

在被告禾田公司努力促成协议书生效并配合对方工作的过程中发现,原告梁国春被北京市工商行政管理局锁定,不能担任股东和法定代表人。原告梁国春在签订协议书时故意隐瞒其从前经营的企业已被工商行政管理机关吊销营业执照,其本人也被锁定的事实,骗取被告禾田公司签订了协议书。

被告禾田公司反诉称：

1. 由于原告梁国春在签订协议书时故意隐瞒其被北京市工商行政管理局锁定，不能担任股东和法定代表人的事实，以及被告禾田公司转让有关场所的使用权协议书的生效条件没有成就，原告国硅公司应将取得的国贸地铁站商城的公章、财务章、营业执照、支票、发票、账簿等多项经营资料返还给被告禾田公司；

2. 原告国硅公司在实际经营的一个月左右的时间里，因制造诱骗地铁乘客的标牌，被电视台、报社曝光，给地铁商城的声誉造成恶劣影响，多家商户就此要求退租，被告禾田公司不得不退还商户的租金165万元。在原告国硅公司将地铁商城管理权交回被告禾田公司时，商户以商城信誉不好为由要求继续免租。为了挽回商城信誉，恢复正常经营，被告禾田公司把商户的免租期从2005年6月1日延续到2006年1月1日，造成经济损失5,392,800元。因商户退租，被告禾田公司又重新投入招商广告429,000元。以上共计造成被告禾田公司经济损失7,471,800元应由原告国硅公司承担。

两位原告针对反诉辩称：

两位原告于2005年5月31日第一次以被告禾田公司名义着手商城经营管理，而被告禾田公司退租系从2005年6月3日开始，从时间顺序看，退租非两位原告经营活动所致，并且退租系2005年4月前收取的租金，该租金一直由被告杨振科掌握，如涉及退租亦应由收取租金的一方履行退租手续。对免租损失，完全是由被告禾田公司经营方式造成的，与两位原告无关，另外，损失的计算方式也存在诸多漏洞。至于广告费用，被告禾田公司未提供发票或收据，且该费用系公司经营过程中的必然支出和花费，与两位原告的行为无任何关联，不同意被告禾田公司反诉请求。

律师观点：

1. 原告国硅公司与被告禾田公司约定的收购标的是被告禾田公司的股权。

从协议书的内容判断，双方约定收购的标的为被告禾田公司的股权，而非被告禾田公司的资产（包括国贸地铁站商城B1层经营场所的经营权）。二者之间的区别在于，股权收购的主体为收购方和另一公司的股东，资产收购的主体是收购方和享有该资产的公司；股权收购的标的为股东对公司所享有的股权，资产收购的标的是公司的有形或无形资产；股权收购，收购方的价金支付给公司的股东，资产收购中，收购方所支付的价金支付给享有该财产权的公司；股权收购对公司的影响表现为公司的股东发生了变化，而对公司的资产无任何影响，资产收购则会使公司资产形态发生变化。

本案中，两位原告向被告杨振科、王玉红、闫志刚、黄明达支付股权转让款后，被告禾田公司的股权结构会发生变化，但被告禾田公司的资产不发生变化，即国贸地铁站商城 B1 层经营场所的经营权仍然属于被告禾田公司所有，只是在不同的股东控制下进行经营。在原告国硅公司与被告禾田公司签订的协议书中，虽然使用"转让禾田公司股权及国贸地铁站商城 B1 层经营场地"的用语，但从事实上看，原告梁国春系向被告杨振科支付 10% 股权转让款。两位原告在接管国贸地铁站商城的经营管理后也是以被告禾田公司的名义对外发出通知，进行经营管理，故国贸地铁站商城经营控制权的变化系股权收购而引起。

2. 被告禾田公司不能以"禾田公司不得以任何形式将国贸地铁站商城 B1 层进行转租、转让、转借或者以其他变相方法转移给任何第三方使用"为由，主张原告国硅公司与被告禾田公司签订的协议无效。

基于上述原因，被告禾田公司股东转让股权的行为与被告禾田公司转让经营场地使用权的行为属于性质完全不同的两类行为，地铁商贸中心与被告禾田公司约定的"禾田公司不得以任何形式将国贸地铁站商城 B1 层进行转租、转让、转借或者以其他变相方法转移给任何第三方使用"仅针对被告禾田公司转让国贸地铁站商城 B1 层经营场地使用权而言。两位原告取得被告禾田公司的股权后，被告禾田公司的资产（包括国贸地铁站商城 B1 层经营场所的经营权）并不发生转让，故被告以转让行为未得到产权方地铁商贸中心同意、协议未生效为由进行抗辩，理由不能成立。并且，虽然双方当事人约定在签订正式股权买断协议前被告禾田公司须向原告国硅公司提供地铁商贸中心同意转让的决定书，但并未将此作为协议书的生效条件，而是明确约定协议书在双方法定代表人签字并加盖公章之日起生效。因此，虽然被告禾田公司未能提供地铁商贸中心同意转让的决定书，但协议书业已发生法律效力。

3. 五位被告不能以商城管理混乱、私设标牌被曝光、大量商户要求退租、原告梁国春上了工商黑名单等为由，要求原告梁国春及其全部管理人员立即退出商城，退还公司公章、财务章、营业执照及营业所需全部资料，终止合作。

（1）根据双方发生纠纷时的公司立法，担任因违法被吊销营业执照的公司、企业的法定代表人，并负有个人责任的，自该公司被吊销营业执照之日起未逾 3 年的，不得担任公司的董事、监事、经理。应当明确，公司立法并未对股东的任职资格进行限制，并且不能担任董事、监事、经理的前提条件为对吊销营业执照负有个人责任。在原告梁国春支付 175 万元股权转让款后，被告禾田公司仅需对股东姓名及出资额进行变更，法定代表人的变更需待原告梁国春或国硅公司支付

80%的股权转让款之后进行。因此,原告梁国春虽然被北京市工商行政管理局企业法定代表人警示信息系统锁定,但并不妨碍其担任被告禾田公司股东,并且对原告梁国春的锁定已于2005年11月3日到期,对法定代表人的变更亦不会构成妨碍。故五位被告以原告梁国春不能担任被告禾田公司股东和法定代表人为由拒绝履行协议书,理由不能成立。

(2)两位原告于2005年5月下旬接管国贸地铁站商城的经营管理,6月2日即有商户要求退租。对此,五位被告并未提供充分证据证明商户要求退租与两位原告短短几天的经营管理有关。

(3)在两位原告经营国贸地铁站商城期间,新闻媒体虽然对其设立广告牌误导行人一事进行报道,但该行为既未被行政机关认定为违法行为,也未达到影响国贸地铁站商城商业信誉的程度。

(4)至于两位原告的经营管理水平,五位被告在签订协议书和决议书之前应当进行考察,在协议已经履行之后,又以两位原告经营管理混乱为由终止协议,不应予以支持。

据此,两位原告在履行协议的过程中并无丧失商业信誉的情形和违约行为,被告杨振科、王玉红、闫志刚、黄明达在原告梁国春未到场的情况下终止履行协议书,被告禾田公司在6月28日将已交付给两位原告的营业执照撕毁、在6月29日将已交付两位原告经营的国贸地铁站商城B1层营业场所强行收回均属违约行为,应当承担继续履行的违约责任。

4. 原告国硅公司不需要就被告禾田公司对商户退租、免租的损失和重新招商投入的广告费用承担责任。

(1)被告杨振科于2005年6月3日至6日代表被告禾田公司向商户退租1,651,750.10元,而原告国硅公司亦代被告禾田公司向商户退租653,769.60元。对此笔费用应如何负担,双方在退租时并未达成一致意见。国贸地铁站商城由被告杨振科重新经营后又招租了部分商户,收取租金的数额截至本案庭审辩论终结不能确定,且两位原告的诉讼请求亦未涉及退租费用的负担问题,故不应予以处理。

(2)被告禾田公司在2005年7月27日决定继续延长商户的免租期,该行为发生在被告杨振科重新接管国贸地铁站商城的经营管理之后,完全由被告禾田公司自行决定,与两位原告无任何关联,两位原告对此也无过错,因此而造成的预期利益损失理应由被告禾田公司自行承担。

(3)被告禾田公司与广告公司签订广告代理协议亦发生在被告杨振科重新

接管国贸地铁站商城的经营管理之后,且两位原告对重新发布招租广告并无过错,故对被告禾田公司的此项反诉请求不应予以支持。

基于上述理由,五位被告终止履行协议书、撕毁营业执照、收回国贸地铁站商城 B1 层经营场所的行为均构成违约,对两位原告要求被告禾田公司返还营业执照和国贸地铁站商城 B1 层 3400 平方米经营场所、继续经营国贸地铁站商城的诉讼请求,应予以支持。除此之外,两位原告要求返还的公章、法定代表人人名章、财务章、财务负责人人名章、税务登记证(正、副本)尚在两位原告的控制之下,被告禾田公司在上述经营资料已经移交的情况下声明作废并重新予以补办、补刻,不符合补办和补刻的相关规定,应由有关部门予以收缴。

法院判决:

1. 被告禾田公司在判决生效后 10 日内向两位原告返还被告禾田公司营业执照(正、副本)和被告禾田公司国贸地铁站商城 B1 层 3400 平方米经营场所(以平面图为准)的使用权;

2. 被告禾田公司国贸地铁站商城于本判决生效后由两位原告继续经营。

1607. 公司应当如何证明被告持有公司证照?

实践中较为常见的证明被告持有公司证照的方式有如下三种:

(1)被告自认持有或者被告自认证照由与其有密切关系之人持有,实践中也可能表现为被告在某些书面协议中承诺在特定条件下归还公司证照。

(2)通过证人证言进行证明,实践中证人往往是公司的财务人员或档案保管人员。

(3)通过交接清单证明。这种方式也是实践中应当被公司广泛使用的方式,即当公司法定代表人、执行董事或实际控制人掌握公司证照时,应当要求其在交接清单上签字,如此可证明其持有、保管公司证照。而在其离职后,应当要求其交接证照,并再次通过交接清单进行确认。

笔者发现,较多判例中公司往往试图通过经验判断、推论来证明被告持有公司证照,比如公司一直由被告掌握,不可能有其他人持有证照,而被告未与公司进行交接,因此推定证照仍由被告持有。然而此种方法如果没有其他证据作为辅助,很难被法院认可。

因此,笔者推荐公司建立严格的交接登记制度,以保证公司能够清晰知晓重要文件的所在,也方便在发生纠纷时充分证明公司证照所在。

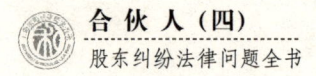

【案例566】辅助证据配合运营惯例 可证明被告持有证照[1]

原告： 埃玛克公司

被告： 李笃祥、鹿杰

诉讼请求： 两位被告将在原告任职期间所保管控制的原告的公章、合同章、财务专用章、质检章、法定代表人印章各1枚，营业执照正副本、土地使用权证、税务登记证各1本，以及财务资料（包括：2002年5月至同年12月记账凭证8本，往来总账册、总分类账册、银行日记账册、现金日记账册、费用明细分担表各1本；2002年12月专用发票2本〈号码00124676～00124700、01607926～01607950〉，通用发票2本〈号码7501～7550、46001～46050〉；2002年至2003年成品进出库账册、生产原料账册各1本；2002年至2003年进出库单28本；2003年度记账凭证13本、明细分类账册10本、总分类账册1本）等返还给原告。

争议焦点：

1. 证明原告的证照、印章和财务资料由两位被告实际控制、占有的举证责任是在原告还是在作为原告前任总经理、财务部长的两位被告；

2. 能否从股东之间的《和解协议》和原告拖欠被告李笃祥工资的证明中推定两位被告仍实际控制、占有公司的证照、印章和财务资料。

基本案情：

原告章程规定，本公司不设董事会，设执行董事一人，执行董事为周建荣；执行董事为公司的法定代表人，有权聘任或者解聘公司经理，根据经理的提名，聘任或解聘公司副经理、财务负责人，决定其报酬事项；经理主持公司的生产经营管理工作，组织实施股东会决议，组织实施公司年度经营计划和投资方案；公司的财务由会计部门负责，设会计师1人。

两位被告系夫妻。2003年9月25日，被告李笃祥被原告聘用为原告总经理，负责公司的生产经营，被告鹿杰被聘用为公司的财务部长，负责公司的财产工作。

2004年4月27日，原告以两位被告在工作中出现严重失误，经营不善，导致公司出现严重亏损为由，决定罢免被告李笃祥的总经理和被告鹿杰的财务部长职务，要求两位被告在3日内办理交接手续。逾期两位被告未能交接。

2005年1月17日，原告再次通知两位被告立即交还公司公章、合同章、财务资料等相关资料，但两位被告仍未办理交接手续。

---

[1] 参见南京市中级人民法院(2005)民二终字第374号民事判决书。

第二十三章

公司证照返还纠纷

2004年12月28日,原告的3个股东周建荣、隋宁、黄静签订了关于处理诉讼债务和股权问题的《和解协议》,在此协议中,三位股东确认原告的公章、营业执照、土地使用权证及原告的全部财务资料在两位被告处尚未还给原告。其中,被告李笃祥是股东黄静的直系亲属,代理其在公司行使权利。

被告李笃祥因劳动争议纠纷于2005年5月以原告为被告起诉至南京市江宁区人民法院。在该案审理过程中,被告李笃祥向法院提交了盖有原告公章、落款日期为2004年12月16日的证明一份,以证明原告拖欠其工资。

原告诉称:

因两位被告在工作中出现严重失误,经营管理不善,导致原告严重亏损。原告的执行董事周建荣依照公司章程的规定,遂于2004年4月27日作出罢免决定,解除了两位被告的职务,并书面通知两位被告在3日内交还所控制的原告公章、合同章、财务专用章、法定代表人印章、公司营业执照、土地使用权证、税务登记证、财务资料等公司所有资料,但两位被告拒不办理交接手续。

原告为证明其观点,提交证据如下:

1. 原告罢免两位被告职务的决定;
2. 原告敦促被告交还公司公章、合同章、财务资料等相关资料的通知;
3. 原告三名股东签订的《和解协议》;
4. 盖有原告公章、落款日期为2004年12月16日的证明一份,以证明原告拖欠其工资。

被告李笃祥辩称:

1. 2003年9月其被原告聘任为总经理、财务部长属实。但聘任时原告与其未办理公司印章等物品的交接手续,其对原告证照等经营过程中使用的物品没有保管义务,原告亦无证据证明公司的经营用物品由其负责保管,故其不能承担返还原告证照等物品的责任。

2. 原告三名股东签订的《和解协议》是股东之间形成的,存在利害关系,作为证据来使用,过于牵强。

被告鹿杰辩称:

2003年9月其被原告聘任为原告的财务人员属实,但原告的财务资料不应由其负保管责任,原告亦无证据证明原告的财务资料由其负责保管,故其不应承担返还原告财务资料的义务,要求驳回原告的诉讼请求。

律师观点:

1. 应由两位被告承担证明原告的证照、印章和财务资料不由两位被告实际控制、占有的举证责任。

被告李笃祥系原告聘用的总经理,负责公司生产经营管理工作;被告鹿杰系原告聘用的财务部长,负责公司财务。根据原告章程,该公司负责主要经营及财务管理的人员各仅有1名。因此,依据《合同法》《会计法》《会计档案管理办法》等相关法律法规以及原告章程对经理、财务负责人的职权以及财务制度的有关规定,结合实践中公司内部机构运作的惯例,可以认定两位被告在任职期间,依据职务身份,为履行职务需要,实际控制、保管了原告的公章、合同章、财务专用章、质检章、法定代表人印章、营业执照、土地使用权证、税务登记证以及财务资料等。对此,原告无须另行举证证明其将上述财产交给了两位被告保管。现两位被告的职务已被解除,并已实际离开原告,应当办理交接手续,将两位被告控制、保管的原告的上述财产交还。两位被告以其并未实际控制、保管上述公司财产为由进行抗辩,与公司章程、有关法律规定及实践中公司运行的惯例相悖,其应当提供相应的证据证明上述公司财产实际并不由其控制、保管而是由他人控制、保管,而其未能履行举证义务,应承担不利的法律后果。

2. 股东之间的《和解协议》和原告拖欠被告李笃祥工资的证明足以推定两位被告仍实际控制、占有公司的证照、印章和财务资料。

股东之间的利害关系并不影响《和解协议》中各方当事人意思表示的真实性,且被告李笃祥作为黄静的代理人,双方之间亦存在利害关系。原告提供的两份证据能够互相印证,足以证明截至2004年12月两位被告仍实际控制、占有上述公司财产,而两位被告离开公司时并未办理交接手续,应认定其并未向原告交还上述财产,因此,两位被告应当向原告返还上述财产。

法院判决:

两位被告将在原告任职期间所保管控制的原告的公章、合同章、财务专用章、质检章、法定代表人印章各1枚,营业执照正副本、土地使用权证、税务登记证各1本,以及财务资料(包括:2002年5月至同年12月记账凭证8本,往来总账册、总分类账册、银行日记账册、现金日记账册、费用明细分担表各1本;2002年12月专用发票2本〈号码00124676~00124700、01607926~01607950〉,通用发票2本〈号码7501~7550、46001~46050〉;2002年至2003年成品进出库账册、生产原料账册各1本;2002年至2003年进出库单28本;2003年度记账凭证13本、明细分类账册10本、总分类账册1本)等于判决生效后10日内返还给原告。

第二十三章
公司证照返还纠纷

【案例567】臆断董事持有证照　法院不予采纳[①]

原告：北理西工公司

被告：王安国、王爱华

诉讼请求：判令两位被告将其控制的公司营业执照、法人代码证、银行开户许可证、财务账本、公司公章、财务章、法人章（上述印章已经挂失）等交予原告掌管。

争议焦点：证明两位被告持有原告营业执照、法人代码证、银行开户许可证、财务账本、财务章的举证责任在原告还是在作为原告前任经理的被告王安国。

基本案情：

被告王安国与被告王爱华系夫妻。

被告王安国原为原告的经理，在其任职期间，持有原告的公章和法定代表人人名章。

被告王爱华系原告的股东，同时兼任该公司董事。

2005年11月25日，原告董事会作出决议，免除被告王安国的职务。原告的财务印章、营业执照、法人代码证、银行开户许可证在原告起诉前始终保存在财务室保险柜中，保险柜由公司会计曲春媛保管。

2007年11月11日上午，在另一起案件的审理过程中，法院对原告的财务账册进行了查封，该财务账册至今仍由法院进行保管。

2006年12月18日，原告对原有的公司公章、法定代表人人名章、财务章办理了挂失手续，并重新刻制了新的印章。

原告诉称：

按常理推断，一个公司的管理者必然管理并掌握公司经营所必需的证件。被告王安国一直以总经理、管理者及公司所有者自居，同时出纳曲春媛又声称只对经理被告王安国负责，且公司的财务室一直由被告王安国控制，被告王安国在被免除经理职务后一直未办理移交手续，所以，原告完全有理由认为两位被告应该将公司证件交还给原告，故原告向人民法院提起诉讼。

被告王安国辩称：

原告法定代表人王潍东于2006年12月5日查封了原告，封存了公司财物，此后原告始终处于被查封中。公司的所有证照及财务章一直由原告会计曲春媛

[①] 参见北京市第一中级人民法院(2009)一中民终字第6049号民事判决书。

保管，营业执照副本由王潍东持有。原告于 2006 年 12 月 18 日以公司所有印章失落为由登报公告挂失，并于 2006 年 12 月 20 日经获准重新刻制了公章、人名章、财务章，使用至今。公司公章由被告王安国于 2006 年 11 月 25 日交给原告的董事被告王爱华。

被告王爱华辩称：

原告的账册由会计曲春媛保管。公司以前作废的公司公章和人名章均在被告王爱华手中。但是公章已经找不到了，无法返还原告。

律师观点：

公司的公章、法定代表人人名章属于公司的财产，由公司依法享有占有、使用、收益和处分的权利，包括公司股东、董事等在内的任何人均无权占有，应由公司依照公司章程及相关法律的规定交由公司相关人员掌管。

本案中，被告王安国已于 2006 年 11 月 25 日被原告免除经理职务，无权继续持有原告的公章和法定代表人人名章。被告王爱华虽然为原告股东兼董事，但是并无证据表明其有权掌管原告的公章和法定代表人人名章。

庭审中，两位被告辩称由其持有的原告的公章、法定代表人人名章已经丢失，但并无足够证据予以佐证，对其辩解理由不应予以采信。故原告要求两位被告返还原告公章、法定代表人人名章的诉讼请求，理由正当，证据充分，应当予以支持。

但是，原告并无足够证据证明两位被告持有原告的公司营业执照、法人代码证、银行开户许可证、财务账本、财务章，故原告要求两位被告返还原告营业执照、法人代码证、银行开户许可证、财务账本、财务章的诉讼请求缺乏事实依据，不应予以支持。

法院判决：

1. 两位被告于判决生效后 10 日内向原告返还公司公章、法定代表人人名章；

2. 驳回原告其他诉讼请求。

四、公司证照返还纠纷的特殊情形

1608. 公司股东可否以公司未分配利润、侵犯知情权等为由扣押公司证照？

不能。

公司不分配利润，或存在侵犯股东知情权等情况时，股东可以通过公司内部途径或知情权诉讼等方式主张权利，但不得以侵犯公司正常经营的行为作为要挟。

【案例568】以不分红、侵犯知情权为由取走公司证照无依据①

原告：君安公司

被告：王某

诉讼请求：判令被告返还私自拿走的原告的营业执照及副本。

争议焦点：

1. 被告可否以与原告股东之间存在纠纷为由，拒绝返还原告营业执照及副本；

2. 被告可否以原告诉状上所用公章与其在上海市工商行政管理局虹口分局备案的公章不符为由，要求法院认定原告无起诉资格。

基本案情：

被告是原告的股东之一。原告发现包括营业执照等重要文件资料遗失后，于2008年9月至上海市工商行政管理局虹口分局申请补办有关证照。

2010年3月30日，在上海市工商行政管理局虹口分局对被告所作询问中，被告认可了原告的营业执照及副本由其持有的事实。

原告诉称：

原告作为被告的股东，无权持有被告的营业执照及副本，现被告持有原告的营业执照及副本不予返还，原告遂向法院提起诉讼。

被告辩称：

1. 由于原告股东之间存在纠纷，且公司不予分配红利，在原告未查清公司财务状况之前，不同意返还公司营业执照及副本；

2. 原告在诉状上所用公章与其在上海市工商行政管理局虹口分局备案的公章不符，而原告手中也无营业执照，显然是私刻公章，违反法律规定。因此，原告无权向原审法院提起诉讼。

被告为证明其观点，提交证据如下：

原告在上海市工商行政管理局虹口分局备案的公章"印鉴式样"复印件。

律师观点：

1. 被告可否以与原告股东之间存在纠纷为由，拒绝返还原告营业执照及副本。

---

① 参见上海市第二中级人民法院(2010)沪二中民四(商)终字第1015号民事判决书。

公司营业执照及其副本是工商登记机关核发给公司用于证明公司"身份"的凭证,应由公司持有并保管,股东不得私自持有。现被告持有公司营业执照及其副本后不愿归还,原告诉请要求被告返还,应得到法院的支持。被告与原告股东之间的纠纷,被告可另行主张权利,不能作为不返还公司营业证照的理由。

2. 被告无证据证明原告诉状上所用公章与其在上海市工商行政管理局虹口分局备案的公章不符。

被告提供的"印鉴式样"为复印件,且被告经本院传票传唤无正当理由未到庭就相关事实作出陈述,故对该证据不应予以采信。况起诉状上不仅盖有原告公章,且有法定代表人刁某某本人的亲笔签名,故原告的起诉合法。

法院判决:

被告于判决生效之日起10日内返还原告的公司营业执照及其副本。

1609. 当公司股东之间发生纠纷时,股东夺走印章,公司应当如何救济?

有两种处理方式:

(1)公司可以提起诉讼,请求该行为人返还印章。如果公司怠于提起诉讼的,股东可提起代表诉讼主张行为人停止侵权行为,返还印章。

(2)公司可以执行董事决议形式宣布原公章作废,并登报公示,重新刻制、启用新章。

1610. 公司股东或他人可否以需要公司证照作为证据在其他诉讼中使用为由,拒绝向公司返还?

不可以。

当事人保护自身的合法权益不应当以损害公司利益作为代价,因此不得以需要公司证照作为诉讼证据为由拒绝向公司返还。如果当事人确需证照作为证据使用,可以通过申请证据保全等方式实现。

【案例569】证照作为另案证据使用 不足以抗辩返还请求[①]

原告: 妙医斋公司

被告: 邓美贤、霍广森

诉讼请求: 两位被告向原告返还该公司的营业执照正本及副本;国税税务登记证、地税税务登记证、国税税务登记表、地税税务登记表、国税纳税核定通知书

---

① 参见广州市中级人民法院(2010)穗中法民一终字第2970号民事判决书。

2张、ETS协议书3份、地税报告通知书；组织机构代码证正本、副本及IC卡；蓝内验字〔2006〕第B046号验资报告；位于广州市荔湾区黄沙大道144号705房的房屋租赁合同；公司公章、财务专用章及法定代表人杨波的股东章；银行开户许可证、银行进账单、支票头5张、空白支票20张；企业存款对账单；财务总账、分类账、银行存款日记账、出纳日记账、2006年6月至9月的会计凭证；2006年6月至9月纳税人纳税申报资料；2006年6月至10月的现金单证。

争议焦点：

1. 被告霍广森离开原告时，是否应将原告的证照、印章、财务资料等返还给原告；

2. 被告霍广森可否因原告的证照、印章、财务资料等须作为其他案件诉讼证据而拒绝向原告返还。

基本案情：

原告于2006年6月8日成立，为有限责任公司。

2006年9月3日，被告邓美贤作为原告的原财务人员，从广州凯粤企业顾问有限公司处收取了该公司为原告代办的如下资料：

1. 营业执照正、副本、税务登记证正、副本（国、地税）、代码证正、副本、IC卡；

2. 银行开户许可证、银行基本户印鉴卡、基本户开户申请书、存款人密码信息、验资户销户申请书、银行询证函、验资报告2份、公司章程；

3. 国税税务登记表、地税税务登记表、国税纳税核定通知书2张、ETS协议书3份、地税报告通知书、房屋租赁合同；

4. 股东身份证、公章、财务章、股东章；

5. 股东验资进账单2张、验资户转入基本户进账单1张、支票20张、支票头5张；

6. 广州市商业银行存折1本（户名：霍广森，金额人民币贰拾万零壹元整）。

原告诉称：

2006年12月8日，原告向被告邓美贤发出通知，认为被告邓美贤私自保管公司的一切证照以及财务资料和支票印鉴等，严重影响了公司的经营，告知被告邓美贤须在2006年12月11日回公司进行财务交接。

同年12月11日，被告邓美贤向原告发出复函，告知其于2006年10月25日已向公司提出辞职申请，并于2006年10月30日向公司当时的总经理被告霍广森移交了所有的证照以及财务资料和支票印鉴等。

被告霍广森至今未向公司返还其持有的财物。

被告霍广森确认其持有公司的如下财产：原告的营业执照正本及副本；原告的国税税务登记证、地税税务登记证、国税税务登记表、地税税务登记表、国税纳税核定通知书2张、ETS协议书3份、地税报告通知书；原告的组织机构代码证正本、副本及IC卡；原告的验资报告蓝内验字〔2006〕B046号；原告位于广州市荔湾区黄沙大道144号705房的房屋租赁合同；原告的公司公章、财务专用章及法定代表人杨波的股东章；原告的银行开户许可证、银行进账单、支票头5张、空白支票20张；原告的企业存款对账单；原告的财务总账、分类账、银行日记账、出纳日记账、2006年6月至9月的会计凭证（其中2006年6月、8月、9月分别为2卷，2006年7月为1卷，共7卷）、2006年6月至9月纳税人纳税申报资料、2006年6月至10月的现金单证（其中6月的单证共5份，原始凭证共53张；7月的单证3份，原始凭证142张；8月的单证7份，原始凭证74张；9月的单证4份，原始凭证76张；10月的单证2套：第一套单证15份，原始凭证37张；第二套单证10份，收据505张）。原告于2007年6月13日向法院提起诉讼。

被告霍广森辩称：

上述证照现正用于一审法院受理的(2007)云法民二初字第826号案件（以下简称826号案）的审理，该案件尚未审结，且结果未料，若判决不能支持我方合法诉求，我方也将提出上诉，该部分证据也将成二审质证证据。因此，应当中止审理。

被告邓美贤辩称：

826号案已经一审审结，二审案号为(2010)穗中法民二终字第1415号（以下简称1415号案）已经通知在6月30日开庭。因为1415号案涉及账目的审计，双方在一审时对涉及的结果存在不同意见，所以如果将账目返还会影响1415号案的处理。

律师观点：

1. 被告霍广森离开原告时应将原告的证照、印章、财务资料等返还给原告。

原告为经工商行政部门依法核准登记成立的企业法人，依法享有法人财产权。原告的营业执照、税务资料、财务资料、印鉴及其他在公司经营活动中以原告名义取得财产均属于原告的法人财产，应当由原告持有、支配、处分。被告霍广森离开原告时，应当将上述法人财产返还原告，被告霍广森拒不归还的行为侵犯了原告的法人财产权。

被告邓美贤已将原告的上述财产转交时任原告总经理的被告霍广森持有，其不再持有原告的上述财产，其行为没有过错，原告要求其返还财产没有事实及法律依据,不应予以支持。

2. 被告霍广森不可因原告的证照、印章、财务资料等须作为其他案件诉讼证据而拒绝向原告返还。

被告霍广森认为其持有案涉财物是因1415号案件正在诉讼中,案涉财物须作为证据提交并在质证时使用。但是,被告霍广森在实现其合法权利时不能以侵犯他人合法权益为前提,其在1415号案件中的诉讼权利可通过证据保全等方式实现,被告霍广森不同意返还涉案财物的理由不成立。

法院判决:

1. 被告霍广森于本判决生效之日起5日内,向原告返还该公司的营业执照正本及副本;国税税务登记证、地税税务登记证、国税税务登记表、地税税务登记表、国税纳税核定通知书2张、ETS协议书3份、地税报告通知书;组织机构代码证正本、副本及IC卡;蓝内验字〔2006〕第B046号验资报告;位于广州市荔湾区黄沙大道144号705房的房屋租赁合同;公司公章、财务专用章及法定代表人杨波的股东章;银行开户许可证、银行进账单、支票头5张、空白支票20张;企业存款对账单;财务总账、分类账、银行存款日记账、出纳日记账、2006年6月至9月的会计凭证;2006年6月至9月纳税人纳税申报资料;2006年6月至10月的现金单证。

2. 驳回原告的其他诉讼请求。

第三节 公司证照税务问题

一、营业账簿印花税

1611. 如何缴纳营业账簿的印花税?

缴纳方式如下:

(1)营业账簿印花税纳税义务人为立账簿人。

(2)营业账簿,包括生产、经营用账册,如果是记载资金的账簿,按固定资产原值和自有流动资金总额之0.5‰贴花。其他账簿按件贴花5元。

1612. 跨地区经营的分支机构,其营业账簿应如何贴花?

跨地区经营的分支机构使用的营业账簿,应由各分支机构在其所在地缴纳印花税。对上级单位核拨资金的分支机构,其记载资金的账簿按核拨的账面资金数额计税贴花,其他账簿按定额贴花;对上级单位不核拨资金的分支机构,只就其他账簿按定额贴花。为避免对同一资金重复计税贴花，上级单位记载资金的账簿，应按扣除拨给下属机构资金数额后的其余部分计税贴花。

1613. 设置在其他部门、车间的明细分类账，如何贴花？

对采用一级核算形式的，只就财会部门设置的账簿贴花；采用分级核算形式的，除财会部门的账簿应贴花外，财会部门设置在其他部门和车间的明细分类账，亦应按规定贴花。

车间、门市部、仓库设置的不属于会计核算范围或虽属会计核算范围，但不记载金额的登记簿、统计簿、台账等，不贴印花。

1614. 对会计核算采用以表代账的，应如何贴花？

对日常用单页表式记载资金活动情况，以表代账的，在未形成账簿（册）前，暂不贴花，待装订成册时，按册贴花。

1615. 对记载资金的账簿、启用新账未增加资金的，是否按定额贴花？

凡是记载资金的账簿，启用新账时，资金未增加的，不再按件定额贴花。

1616. 对有经营收入的事业单位使用的账簿，应如何贴花？

对有经营收入的事业单位，凡属由国家财政部门拨付事业经费、实行差额预算管理的单位，其记载经营业务的账簿，按其他账簿定额贴花，不记载经营业务的账簿不贴花；凡属经费来源实行自收自支的单位，其营业账簿，应对记载资金的账簿和其他账簿分别按规定贴花。

1617. 记载资金的账簿按固定资产原值和自有流动资金总额贴花后，以后年度资金总额比已贴花资金总额增加的，印花税应如何处理？

增加部分应按规定缴纳印花税。

二、相关的权利、许可证照缴纳印花税

1618. 如何缴纳相关的权利、许可证照印花税？

相关权利、许可，包括政府部门发给的房屋产权证、工商营业执照、商标注册证、专利证、土地使用证，均按件征收印花税，每件 5 元。

1619. 相关的权利、许可证照的纳税义务人是谁？

领受人。

1620. 已缴纳印花税的凭证的副本或者抄本是否需要缴纳印花税？

已缴纳印花税的凭证的副本或者抄本免纳印花税，是指凭证的正式签署本已按规定缴纳了印花税，其副本或者抄本对外不发生权利义务关系，仅备存查的免

征印花税。但如果以副本或者抄本视同正本使用的,应另行缴纳印花税。

1621. 对纳税人以电子形式签订的各类应税凭证是否缴纳印花税?

借鉴《北京市地方税务局关于印花税征收管理有关问题的通知》规定,对于以电子形式签订的各类印花税应税凭证,纳税人应自行编制明细汇总表,明细汇总表的内容应包括:合同编号、合同名称、签订日期、适用税目、合同所载计税金额、应纳税额等。纳税人依据汇总明细表的汇总应纳税额,按月以税收缴款书的方式缴纳印花税,不再贴花完税。

1622. 符合哪些情况,税务机关可以核定纳税人的印花税计税依据?如何核定?

纳税人有下列情形的,地方税务机关可以核定纳税人印花税计税依据:

(1)未按规定建立印花税应税凭证登记簿,或未如实登记和完整保存应税凭证的。

(2)拒不提供应税凭证或不如实提供应税凭证致使计税依据明显偏低的。

(3)采用按期汇总缴纳办法的,未按地方税务机关规定的期限报送汇总缴纳印花税情况报告,经地方税务机关责令限期报告,逾期仍不报告的或者地方税务机关在检查中发现纳税人有未按规定汇总缴纳印花税情况的。

税务机关核定征收印花税,应根据纳税人的实际生产经营收入,参考纳税人各期印花税纳税情况及同行业合同签订情况,确定科学合理的数额或比例作为纳税人印花税计税依据。

【法律依据】

一、公司法类

❖《公司法》第5条

二、税法类

(一)行政法规

❖《印花税暂行条例》第2条、4条

(二)部门规章

❖《印花税暂行条例施行细则》第6~9条、11条

(三)部门规范性文件

❖《国家税务总局关于印花税若干具体问题的规定》第12~18条

❖《国家税务总局关于进一步加强印花税征收管理有关问题的通知》第4条

❖《财政部、国家税务总局关于印花税若干政策的通知》第1条、2条

三、民法类

❖《民法通则》第117条

❖《侵权责任法》第15条、19条

四、其他

❖《中国人民银行关于印发〈人民币银行结算账户管理办法实施细则〉的通知》第43条

❖《中国人民银行关于规范人民币银行结算账户管理有关问题的通知》第6条

第二十四章 公司关联交易损害责任纠纷

【宋律师释义】

> 公司关联交易损害责任纠纷,是指公司的实际控制人、控股股东或董事、监事、高级管理人员利用其控制公司或职务优势,通过非法关联交易,侵害从属公司及其他股东和债权人利益,公司、股东或债权人请求关联交易方对公司承担赔偿责任的纠纷。
>
> 事实上,关联交易损害责任纠纷系损害公司利益纠纷、损害股东利益纠纷的特殊情况,只要侵权行为人的侵权行为系通过关联交易来实现的,即应当适用关联交易损害责任纠纷。
>
> 此外,需要注意的是,损害公司利益纠纷中所包括的公司董事或高级管理人员违反自我交易限制义务的行为,实质上也属于关联交易的一种,但由于其责任承担方式可选择主张归入责任,因此该类案件应适用损害公司利益纠纷。
>
> 《公司法》《证券法》及其他法规规章均对公司关联交易进行了程序上的规定,此外《合同法》中关于交易行为的效力判断,以及《民法通则》《侵权责任法》对于侵权损害责任的认定也有助于规制侵权关联交易行为。实践中,关联交易引发的纠纷主要包括利用关联交易损害公司、股东利益,也包括债权人行使撤销权或代位权诉讼。
>
> 该案由系《最高人民法院关于修改〈民事案件案由规定〉的决定》(法[2011]41号)与公司有关纠纷新增加的四个案由之一。

【关键词】控股股东 实际控制人 关联方 关联交易 债权人代位权诉讼 债权人撤销权 转让定价 预约定价安排 成本分摊协议 受控外国企业 资本弱化 一般反避税管理

❖ **控股股东**:指出资额占有限责任公司资本总额50%以上或者其持有的股

份占股份有限公司股本总额50%以上的股东；出资额或者持有股份的比例虽然不足50%，但依其出资额或者持有的股份所享有的表决权已足以对股东会、股东大会的决议产生重大影响的股东。

上述所指的重大影响，是指对一个企业的财务和经营政策有参与决策的权力，但并不能够控制或者与其他方一起共同控制这些政策的制定。

❖ **实际控制人**：虽不是公司的股东，但通过投资关系、协议或者其他安排，能够实际支配公司行为的人。

实际控制人对公司的控制在实践中有如下两种表现方式：

(1)通过持有股权控制公司，此处的股权持有一般非直接持有公司股权，而是间接持股。

(2)通过代持股关系控制公司，即隐名股东通过与名义出资人之间的代持股协议实现其对公司的实质控制。

❖ **关联方**：下列各方构成企业的关联方：

(1)该企业的母公司。

(2)该企业的子公司。

(3)与该企业受同一母公司控制的其他企业。

(4)对该企业实施共同控制的投资方。

(5)对该企业施加重大影响的投资方。

(6)该企业的合营企业。

(7)该企业的联营企业。

(8)该企业的主要投资者个人及与其关系密切的家庭成员。主要投资者个人，是指能够控制、共同控制一个企业或者对一个企业施加重大影响的个人投资者。

(9)该企业或其母公司的关键管理人员及与其关系密切的家庭成员。关键管理人员，是指有权力并负责计划、指挥和控制企业活动的人员。与主要投资者个人或关键管理人员关系密切的家庭成员，是指在处理与企业的交易时可能影响该个人或受该个人影响的家庭成员。

(10)该企业主要投资者个人、关键管理人员或与其关系密切的家庭成员控制、共同控制或施加重大影响的其他企业。

仅与企业存在下列关系的各方，不构成企业的关联方：

(1)与该企业发生日常往来的资金提供者、公用事业部门、政府部门和机构。

(2)与该企业发生大量交易而存在经济依存关系的单个客户、供应商、特许商、经销商或代理商。

(3)与该企业共同控制合营企业的合营者。

❖ **关联交易**：上述存有关联关系的各方当事人之间的交易，其类型通常包括：

(1)有形资产的购销、转让和使用，包括房屋建筑物、交通工具、机器设备、工具、商品、产品等有形资产的购销、转让和租赁业务。

(2)无形资产的转让和使用，包括土地使用权、版权(著作权)、专利、商标、客户名单、营销渠道、牌号、商业秘密和专有技术等特许权，以及工业品外观设计或实用新型等工业产权的所有权转让和使用权的提供业务。

(3)融通资金，包括各类长短期资金拆借和担保以及各类计息预付款和延期付款等业务。

(4)提供劳务，包括市场调查、行销、管理、行政事务、技术服务、维修、设计、咨询、代理、科研、法律、会计事务等服务的提供。

❖ **债权人代位权诉讼**：因债务人怠于行使其到期债权，对债权人造成损害的，债权人可以向法院请求以自己的名义代位行使债务人的债权，但该债权专属于债务人自身的除外。

❖ **债权人撤销权**：因债务人放弃其到期债权或者无偿转让财产，或以明显不合理的低价转让财产，对债权人造成损害，并且受让人知道该情形的，债权人具有请求人民法院撤销该交易的权利。

❖ **转让定价**：指税务机关对关联交易是否符合独立交易原则进行审核评估和调查调整等工作的总称。

转让定价方法包括可比非受控价格法、再销售价格法、成本加成法、交易净利润法、利润分割法和其他符合独立交易原则的方法。

❖ **预约定价安排**：指税务机关对企业提出的未来年度关联交易的定价原则和计算方法进行审核评估，并与企业协商达成预约定价安排等工作的总称。

约定价安排的谈签与执行通常经过预备会谈、正式申请、审核评估、磋商、签订安排和监控执行6个阶段。预约定价安排包括单边、双边和多边三种类型。

❖ **成本分摊协议**：指税务机关对企业与其关联方签署的成本分摊协议是否符合独立交易原则进行审核评估和调查调整等工作的总称。其主要内容包括：

(1)参与方的名称、所在国家(地区)、关联关系、在协议中的权利和义务；

(2)成本分摊协议所涉及的无形资产或劳务的内容、范围，协议涉及研发或劳务活动的具体承担者及其职责、任务；

（3）协议期限；

（4）参与方预期收益的计算方法和假设；

（5）参与方初始投入和后续成本支付的金额、形式、价值确认的方法以及符合独立交易原则的说明；

（6）参与方会计方法的运用及变更说明；

（7）参与方加入或退出协议的程序及处理规定；

（8）参与方之间补偿支付的条件及处理规定；

（9）协议变更或终止的条件及处理规定；

（10）非参与方使用协议成果的规定。

❖ **受控外国企业**：指由居民企业，或者由居民企业和居民个人（以下统称中国居民股东，包括中国居民企业股东和中国居民个人股东）控制的设立在实际税负低于25%所得税率50%的国家（地区），并非出于合理经营需要对利润不作分配或减少分配的外国企业。

上述控制是指在股份、资金、经营、购销等方面构成实质控制，具体指以下情形之一：

（1）居民企业或者中国居民直接或者间接单一持有外国企业10%以上表决权股份，且共同持有该外国企业50%以上股份；中国居民股东多层间接持有股份按各层持股比例相乘计算，中间层持有股份超过50%的，按100%计算。

（2）居民企业，或者居民企业和中国居民持股比例没有达到第（1）项规定的标准，但在股份、资金、经营、购销等方面对该外国企业构成实质控制。

❖ **资本弱化**：指税务机关对企业接受关联方债权性投资与企业接受的权益性投资的比例，是否符合规定比例，或独立交易原则进行审核评估和调查调整等工作的总称。

❖ **一般反避税管理**：指税务机关对企业实施其他不具有合理商业目的的安排而减少其应纳税收入，或所得额进行审核评估和调查调整等工作的总称。

第一节 立 案

1623. 如何确定关联交易损害责任纠纷的诉讼当事人？

关联交易损害责任纠纷应当以公司或股东为原告，以损害公司利益的关联人为被告。

1624. 公司的债权人向公司的债务人提起代位权诉讼,公司应当以何诉讼主体身份参与审理?

公司应当作为第三人。

1625. 公司债权人提起撤销权诉讼时,财产受益人或受让人应当以何种诉讼主体出庭?

受益人或者受让人应列为无独立请求权的第三人。

1626. 关联交易损害责任纠纷由何地法院管辖?

关联交易损害责任纠纷实质上为侵权责任纠纷,因此应当由被告所在地或侵权行为地的人民法院管辖。实践中,侵权行为地一般为公司所在地。

1627. 债权人代位权诉讼由何地法院管辖?

公司债权人提起代位权诉讼的,由公司的债务人住所地人民法院管辖。

1628. 公司债权人提起的撤销权诉讼由何地法院管辖?

提起撤销权诉讼的,由公司住所地或实际经营地人民法院管辖。

1629. 如何确定关联交易损害股东利益的案件受理费的标准?

对该问题应当分情况讨论:

(1)如果原告仅主张关联交易行为无效,应当按件收费,诉讼费为50~100元。

(2)如果原告主张侵权行为人承担损害赔偿责任的,则应当依照案件标的收费①。

1630. 关联交易损害股东利益的案件是否适用诉讼时效?

对于主张关联交易无效及行使损害赔偿权的诉讼,应当适用诉讼时效的一般规定,自利益受到损害的公司或股东知道或应当知道之日起2年。

1631. 公司债权人提起代位权、撤销权诉讼时,如律师费、差旅费、保全费、评估费等必要费用由谁承担?

应由公司负担,但是在撤销权诉讼中,如果受让财产的第三人有过错的,应当适当分担。

1632. 代位权诉讼中,公司债权人提出对公司债务人财产进行保全,是否必须提供担保?

是的。基于代位权诉讼的特殊性,即绕过公司与其债务人之间的法律关系而直接由公司债权人起诉公司债务人,为防止恶意诉讼,保障公司债务人利益,债权

---

① 诉讼费用详见本书第一章公司设立纠纷第一节立案。

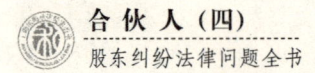

人必须在申请财产保全时提供担保。

1633. 如果公司债权人起诉公司主张债权后,又向公司的债务人提起代位权诉讼的,法院是否受理?

只要公司债权人对公司债务人提起的代位权诉讼符合起诉的基本条件,法院就应当受理。但是,受理代位权诉讼的法院在公司债权人起诉公司的诉讼裁决发生法律效力以前,应当中止代位权诉讼。

1634. 两个或两个以上公司债权人以公司的同一债务人为被告提起代位权诉讼时,法院应当如何处理?

两个或者两个以上债权人以公司的同一债务人为被告提起代位权诉讼的,人民法院可以合并审理。

1635. 公司的两个或者两个以上债权人皆以公司为被告,就同一放弃债权或转让财产的行为提起撤销权诉讼时,法院应如何处理?

此时为提高司法程序的效率,避免浪费司法资源,人民法院可以合并审理。

第二节 公司关联交易损害责任纠纷的裁判标准

一、关联交易的决策程序

1636. 未履行哪些程序的关联交易存在效力瑕疵?

未履行下列程序的关联交易存在效力瑕疵:

(1)关联交易的披露。需要注意的是,披露义务的履行与关联交易在实质上是否公开、公正,并无直接联系。也就是说,即使对关联交易未履行披露义务,也不必然因此而导致关联交易行为归于无效。

(2)关联交易的批准,即对关联交易一般根据其影响程度,需要依据法律或公司章程征得股东(大)会或董事会批准同意。

1637.《公司法》限制或禁止哪几种关联交易?

《公司法》对于关联交易的明文限制仅限于两项:

(1)公司对股东或实际控制人提供担保时的股东(大)会批准程序;

(2)股份有限公司中,公司不得直接或者通过子公司向董事、监事、高级管理人员提供借款。

1638. 公司向关联方提供担保需要经过何种法定程序?

如果公司向公司的股东或实际控制人提供担保的,必须经股东会或者股东大会决议,接受担保的股东或实际控制人支配的股东不得参与该事项的决议。该事项的决议需经过出席股东会或者股东大会的其他股东过半数同意通过。

但是值得注意的是,《公司法》并未对除公司股东、实际控制人外的其他关联方提供担保进行明确的法定限制,而是交由公司章程对此进行约定。因此笔者建议,公司在章程条款设置时,可以参照《上市公司章程指引》(2006年修订)的相关规定对关联担保进行规范。

公司下列对外担保行为,须经股东(大)会审议通过:

(1)本公司及本公司控股子公司的对外担保总额,达到或超过最近一期经审计净资产的50%以后提供的任何担保;

(2)公司的对外担保总额,达到或超过最近一期经审计总资产的30%以后提供的任何担保;

(3)为资产负债率超过70%的担保对象提供的担保;

(4)单笔担保额超过最近一期经审计净资产10%的担保;

(5)对股东、实际控制人及其关联方提供的担保。

1639. 如果公司的所有股东均要求公司为各自的债务提供担保,则这些股东在决策时还是否需要回避?

对此《公司法》及相关法规、司法文件均无明确规定。

有观点认为如果全体股东均要求公司为其提供担保,则不存在无利害关系的股东,此时无适用回避的必要,即所有从公司提供担保行为中受益的股东均可以行使表决权,而无须回避,①笔者对此表示认同。

1640. 如果公司关联交易违反有关法定程序的,该交易行为是否有效？实施该行为的关联方需要对公司承担何种责任?

对于交易行为的效力,司法实践中尚有争议。

笔者认为,首先可以明确的是,关联交易即使违反了上述程序,但由于上述程序的规定并不属于效力性强制性规定,因此违反上述规定并不导致行为必然无效。其效力如何确定应当综合判断交易行为是否存在合同无效或可撤销的法定事由。

对于关联方对公司承担的责任,笔者认为,《公司法》明确规定公司控股股东、实际控制人、董事、监事、高管不得利用关联关系损害公司利益,如果给公司造成损失的应当承担损害赔偿责任。但是实践中,要求公司上述人员基于关联交易从而赔

---

① 刘俊海:《新公司法的制度创新:立法争点与解释难点》,法律出版社2006年版,第109页。

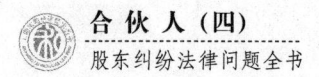

偿公司损失,还需要结合交易的对价、必要性以及公司的实际损失综合判断。

【案例570】内部违规对外担保 不得对抗善意债权人[①]

原告:进出口银行

被告:光彩集团、四通集团

诉讼请求:两被告清偿借款本金1.36亿元及利息。

争议焦点:

1.《公司法》(2004年修正)第60条第3款规定,"董事、经理不得以公司资产为本公司的股东或者其他个人债务提供担保",是否意味着公司不得为股东或其他个人提供担保;

2. 被告光彩集团的董事会决议是否能够代表占资本绝大多数股东的意志;

3. 被告光彩集团是否举证证明两次董事会的召开不符合《公司法》及章程规定的程序;

4. 原告是否知悉被告四通集团为被告光彩集团的股东,原告是否为善意的第三人;

5. 如果被告光彩集团的董事会决议存在瑕疵,是否影响被告光彩集团对外担保行为的效力。

基本案情:

2001年12月25日,原告与被告四通集团签订《出口卖方信贷借款合同》,合同约定:原告向被告四通集团提供出口卖方信贷额度1.8亿元,期限13个月;由被告光彩集团提供还款保证,如被告四通集团不能按期偿还到期贷款本息,则由被告光彩集团偿还。被告四通集团董事长段永基代表被告四通集团在该借款合同上签字。

同日,原告与被告光彩集团签订《保证合同》,约定:被告光彩集团为被告四通集团在上述借款合同项下的一切债务提供连带责任保证;保证期间为贷款本息全部到期后2年。如贷款展期,保证期间随之变更。被告光彩集团向原告提交了被告光彩集团董事会于2001年10月23日作出的为被告四通集团提供担保的董事会决议,有6人在决议上签字,其中5名董事、1名股东单位代表。被告四通集团董事长段永基作为被告光彩集团的董事在该决议上签字。

2003年12月26日,原告与两被告签订《贷款重组协议》,作为对《出口卖方

[①] 参见最高人民法院(2006)民二终字第49号民事判决书。

信贷借款合同》和《保证合同》的修改和补充。协议约定：

1. 贷款重组金额为 1.6 亿元，初始利率为 4.23%，以后每年度根据人民银行规定的贷款利率执行。

2. 被告四通集团保证按以下还款计划偿还债务，即 2004 年 6 月和 12 月各偿还 2000 万元，2005 年 6 月和 12 月各偿还 2500 万元，2006 年 6 月和 12 月各偿还 3500 万元。

3. 四通电信有限公司提供北京一处房地产作为抵押担保。

4. 被告光彩集团对被告四通集团在重组协议项下的全部债务提供连带责任保证，保证期间为重组协议项下全部债务到期之日起 2 年；若被告四通集团未按约定偿还债务并支付利息，或未能在 2004 年 6 月 30 日前办理房地产抵押手续，则原告有权宣布全部债务到期并要求被告四通集团立即清偿全部债务，要求被告光彩集团承担连带责任。

被告四通集团董事长段永基代表被告四通集团在该《贷款重组协议》上签字。被告光彩集团向原告提交了被告光彩集团董事会于 2003 年 11 月 3 日作出的为被告四通集团提供担保的董事会决议，内容是：同意为被告四通集团原在借款合同项下贷款本金余额 1.6 亿元继续提供还本付息连带责任保证，有 2 名董事在决议上签字。

后四通电信有限公司未为原告办理房地产抵押手续。

此外，被告光彩集团由 11 家法人股东出资设立，公司注册资本 5 亿元。其中山东泛海集团公司出资 3.56 亿元，出资比例为 71.2%；被告四通集团出资 100 万元，出资比例为 0.2%。被告光彩集团董事会由 11 名董事组成，董事由各股东单位委派，大股东山东泛海集团公司董事长卢志强为被告光彩集团董事长。

被告光彩集团公司章程规定：每次召开董事会会议，应当于会议召开 10 日以前通知全体董事，并通告会议议程、地点和时间；董事会会议需有 2/3 以上董事参加方能召开；董事会按出资比例行使表决权；董事因故不能参加，可以书面形式委托其他董事参加会议并行使表决权；董事会决议需经持有 2/3 以上股权的董事表决通过方能生效。董事会每次会议决议和纪要，由到会董事签名确认。

被告光彩集团董事会于 2001 年 10 月 23 日作出的为被告四通集团提供担保的董事会决议上，签字的 5 名董事（包括董事长卢志强）和 1 名股东单位代表所代表的股东单位共持有被告光彩集团 93.6% 股权；2003 年 11 月 3 日作出的为被告四通集团提供担保的董事会决议上，签字的 2 名董事（包括董事长卢志强）所代表的股东单位共持有被告光彩集团91.2%股权。

原告诉称：

截至2005年9月1日(原告向原审法院提起诉讼时)，被告四通集团依《贷款重组协议》偿还了到期贷款的利息和2400万元贷款本金，其余本金未按约定的期限偿还。原告遂依《贷款重组协议》的约定，宣布全部债务到期，被告四通集团应当向原告履行全部债务，同时被告光彩集团也应当依约履行连带保证责任。

被告均辩称：

首先，两被告对于原告所主张的债权数额无异议。

但是，根据本公司章程，董事会至少8名董事参加方能召开，而上述2次董事会决议只分别有5名和2名董事签字，故董事会会议召开无效，董事会决议亦无效。基于董事会决议无效，则被告光彩集团为被告四通集团提供的担保也应当归于无效。

一审认为：

1. 原告与被告四通集团签订的借款合同有效，合同届期被告四通集团未清偿所有债务构成违约。

2001年12月25日，原告与被告四通集团签订的借款合同，以及2003年12月26日原告与两被告签订的《贷款重组协议》中关于贷款关系的约定，是原告和被告四通集团的真实意思表示，且不违反法律法规的强制性规定，故应认定合法有效。

被告四通集团未按《贷款重组协议》约定的还款期限归还贷款，构成违约。原告有权宣布全部债务到期并要求被告四通集团立即清偿全部债务。被告四通集团应向原告偿还尚欠贷款本金1.36亿元及相应利息。

鉴于被告四通集团于2005年9月21日偿还利息1,747,416.01元，故此笔款项应在原告请求的利息中予以扣除。

2. 被告光彩集团对外担保的行为违反了《公司法》(2004年修订)第60条第3款的规定，应属无效。

被告光彩集团通过董事会决议的形式作出为股东被告四通集团提供连带责任保证的决定，并于2001年12月25日与原告签订《保证合同》，于2003年12月26日与原告和被告四通集团在《贷款重组协议》中约定保证条款。

根据《公司法》(2004年修正)第60条第3款关于"董事、经理不得以公司资产为本公司股东或其他个人债务提供担保"的强制性规定，公司为本公司股东提供担保需经股东会同意或章程有特别规定。董事在以公司资产为股东提供担保事项上无决定权,董事会作为公司董事集体行使权力的法人机关,法律在董事会对外提供担保的问题上无授权性规定,公司章程或股东大会对董事会无授权时,亦因法律对各个董事的禁止性规定而无权作出以公司资产对股东提供担保的决定。《公司法》(2004年修正)第60条第3款的禁止性规定既针对公司董事,也针对公司董事会。

因此,被告光彩集团通过形成董事会决议的形式为股东被告四通集团提供连带责任保证的行为,因违反《公司法》(2004年修正)的强制性规定而无效,所签订的《保证合同》和《贷款重组协议》中的保证条款亦无效。被告光彩集团对保证合同无效应当承担过错责任。

3. 原告明知被告四通集团为被告光彩集团的股东,且明知被告光彩集团对外担保行为存在内部瑕疵,同样应当对担保行为无效承担过错责任。

被告四通集团董事长段永基在与原告签订的借款合同、《贷款重组协议》上代表被告四通集团签字,在被告光彩集团提交给原告的被告光彩集团2001年10月23日董事会决议上,段永基作为被告光彩集团的董事在该决议上签字。故应认定原告在接受被告光彩集团担保时,对借款人被告四通集团系担保人被告光彩集团股东的事实是明知的。

因此,原告在法律明文禁止董事以公司资产为本公司股东提供担保的情况下,仍接受被告光彩集团为其股东被告四通集团提供的担保,对于《保证合同》及保证条款的无效亦有过错。根据《最高人民法院关于适用〈中华人民共和国担保法〉若干问题的解释》第7条的规定,被告光彩集团应向原告承担被告四通集团不能清偿债务部分的1/2的赔偿责任。

4. 被告光彩集团的董事会决议程序违法,本身也应属无效。

股东会是公司的权力机构,董事会是公司的经营决策机构,从被告光彩集团的公司章程上看,二者在职权上有不同的规定。被告光彩集团2003年11月3日召开的为被告四通集团提供连带担保的董事会,参会董事人数未达到被告光彩集团公司章程规定的可以召开董事会的最低出席比例,存在严重的程序瑕疵,从程序上讲,所形成的董事会决议亦应为无效决议。故即使被告光彩集团董事会与股东会的组成人员有重合性,亦不能推定出被告光彩集团为其股东提供担保系经过股东会的同意,故对原告关于董事会决议及保证条款有效的主张不予支持。

一审判决:

1. 被告四通集团于判决生效后10日内,偿还原告借款本金1.36亿元及利息;

2. 原告与两被告签订的《贷款重组协议》中的保证条款无效；

3. 被告光彩集团对被告四通集团不能清偿上述判决第1项债务的部分承担1/2的赔偿责任，被告光彩集团承担赔偿责任后，有权向被告四通集团公司追偿。

原告不服一审判决，向上级人民法院提起上诉。

原告上诉称：

1.《公司法》(2004年修正)并没有禁止公司为股东提供担保，禁止的只是董事、高管私自以公司资产进行担保。被告光彩集团为被告四通集团提供担保不属该情况，也不违反法律的禁止性规定，是有效担保。

被告光彩集团董事会决议或股东会决议内容不违反《公司法》(2004年修正)及该公司章程的规定，也是合法有效的。原审判决在没有对被告光彩集团董事会为公司股东提供担保是否违反公司章程作出认定的前提下，确认被告光彩集团董事会无权为本公司股东提供担保，董事会决议无效于法无据。

2. 被告光彩集团董事会成员与股东会成员在人员构成上具有主体上的一致性和重合性，章程所规定的董事会职权与章程规定的股东会职权具有职能相同的重合性。该公司股东大会在确立公司章程时就授权董事会行使股东会权利，股东大会对董事会决议具有明确授权和追认的法律特征。因此，董事会决议的法律效力等同于股东会决议。

3. 原告未收到有段永基作为被告光彩集团董事签名的被告光彩集团2001年10月23日董事会决议，原审判决认定被告光彩集团在为被告四通集团提供担保时提交了该决议，并据此认定原告明知被告四通集团是被告光彩集团股东，推定原告有过错责任没有事实依据。

请求撤销原审判决第2项，改判被告光彩集团对被告四通集团的本案债务承担连带责任。

被告二审均辩称：

1. 被告光彩集团通过形成董事会决议的形式为股东被告四通集团提供连带责任保证的行为，因违反《公司法》(2004年修正)的禁止性规定而无效；

2. 在没有被告光彩集团股东会授权的情况下，公司董事会无权决定以公司资产为本公司的股东提供担保。股东会与董事会的职权、召开的程序、组成人员等均不同，不能以股东单位法定代表人与公司董事人员的重合，推定董事会决议即股东会决议或认为股东会对董事会有明确授权和追认。本案所涉为被告四通集团提供担保的董事会决议，因违反公司章程规定的董事会召开程序，应认定为无效。

3. 原告在明知被告四通集团为被告光彩集团股东,以及法律禁止公司为其股东担保的情况下,仍接受被告光彩集团提供的担保,对《保证合同》及《贷款重组协议》担保条款的无效存在过错,应依法承担相应责任。

在二审中,对于原告提出未收到2011年12月25日董事会决议的主张,被告未举证证明其将该决议交与进出口银行。

律师观点:

1. 关于本案的法律适用。

被告光彩集团为被告四通集团的债务进行担保的行为发生在2005年《公司法》修订前,故本案适用修订前《公司法》(2004年修正)及《担保法》《最高人民法院关于适用〈中华人民共和国担保法〉若干问题的解释》。

2.《公司法》(2004年修正)并未禁止所有为股东或其他个人提供担保的行为。

《公司法》(2004年修正)第60条第3款规定:"董事、经理不得以公司资产为本公司的股东或者其他个人债务提供担保。"该条是对公司董事、高管人员未经公司批准,擅自为公司股东及其他个人债务提供担保的禁止性规定。但该规定并非一概禁止公司为股东担保,对有限责任公司而言,符合公司章程,经过公司股东会、董事会批准,以公司名义进行关联担保,《公司法》(2004年修正)并未明确加以禁止。

上述条款的立法目的是为了限制大股东、控股股东操纵公司与自己进行关联交易,损害中小股东的利益,以维护资本确定原则和保护中小股东权益。对经公司股东会、董事会同意以公司资产为小股东进行担保当不属禁止和限制之列。从价值取向的角度考量,在衡平公司债权人与公司股东利益冲突时,应优先保护公司债权人的利益。

3. 被告光彩集团通过形成董事会决议的形式为股东被告四通集团提供连带责任保证合法有效。

被告光彩集团章程未规定公司不得为股东进行担保。该章程规定,董事会是该公司法人机关,董事会成员由股东单位委派人员组成,董事会的表决程序采用资本多数决的形式。公司11家股东中10家股东单位委派其法定代表人担任该公司董事,一家为股东单位代表。被告光彩集团提供的证据表明,在该公司同意为被告四通集团进行担保的2001年12月25日、2003年12月26日的两次董事会上,分别持有该公司93.6%和91.2%股权的董事同意为被告四通集团提供担保,符合公司章程的规定,且不违反法律和行政法规的禁止性规定,应为有效。

4. 被告光彩集团未举证证明两次董事会的召开不符合《公司法》及章程规定。

两次董事会决议分别有5名和2名董事签字,并不能证明只有5名或2名董事参加董事会会议。被告光彩集团应对该公司2001年12月25日、2003年12月26日的两次董事会的召开是否符合章程规定的董事出席人数负有举证责任,但该公司始终未提供两次董事会的纪要或原始记录,应承担举证不能的责任。

5. 公司内部决议瑕疵并不影响公司向善意债权人作出的担保行为的效力。

被告光彩集团未举证证明原告知悉被告四通集团为被告光彩集团的股东,因此原告系善意的债权人。则即使上述董事会决议有瑕疵,也属其公司内部行为,不能对公司的对外担保行为效力产生影响。

故被告光彩集团在本案诉讼中提出的董事会决议无效,公司为其股东担保无效的主张没有事实和法律依据,且违反民事诉讼中的禁止反言规则,不应予以支持。

综上,原告关于被告光彩集团为被告四通集团提供担保不违反法律的禁止性规定,是有效担保,被告光彩集团应对被告四通集团的本案债务承担连带责任。

法院判决:

1. 维持一审判决主文第1项;
2. 撤销一审判决主文第2项;
3. 变更一审判决主文第3项为:被告光彩集团对被告四通集团的上述债务承担连带保证责任。被告光彩集团承担连带保证责任后,有权向被告四通集团追偿。

1641. 如果担保协议被确认无效或撤销,则此时公司是否仍需对债权人承担连带责任?

此时应当视债权人是否履行了必要的谨慎调查义务而分析,如果债权人进行了谨慎的调查,此时基于保护商事交易安全及善意第三人的考虑,应当认定该担保有效。

但如果担保人为上市公司,由于其公司章程向社会公开,并且法律明确对其担保事项严加规定,因此一旦出现违法或者违规担保的事项,一般认为公司章程可以对抗第三人而认定担保无效。

1642. 公司作出何种决议事项时,关联董事或者股东必须回避?

对非上市公司,《公司法》仅规定向公司股东或实际控制人提供担保时,关联股东必须回避。因此,股东会、董事会的议事规则,以及公司章程的特殊约定意义重大,公司有必要明确约定须要进行回避的事项,回避人员范围,以保证关联行为不致损害公司、股东利益。

1643. 国有独资公司、国有独资企业对于关联交易行为有何特殊限制?

未经国有资产监督管理部门同意,国有独资企业、国有独资公司不得有下列行为:

(1)与关联方订立财产转让、借款的协议;

(2)为关联方提供担保;

(3)与关联方共同出资设立企业,或者向董事、监事、高级管理人员或者其近亲属所有或实际控制的企业投资。

1644. 国有资本控股公司、参股公司与关联方的交易,应当履行何种程序?

国有资本控股公司、参股公司与关联方交易应当依照公司章程由股东(大)会或董事会决定。公司股东(大)会召开时,由国有资本监督管理部门委派的股东代表应当按照委派机构的指示提出提案、发表意见、行使表决权,并将其履行职责的情况和结果报告委派机构。

值得注意的是,公司董事会对公司与关联方的交易作出决议时,该交易涉及的董事不得行使表决权,也不得代理其他董事行使表决权。

二、上市公司关联交易的决策程序及披露义务

1645. 何为证券回购合同纠纷?

证券回购合同纠纷是指证券持有人在卖出一笔证券的同时,与买方签订协议,约定一定期限和价格买回同一笔证券的融资活动中产生的纠纷。

1646. 证券回购合同纠纷的管辖法院如何确定?是否适用诉讼时效?案件受理费如何确定?

对于通过证券交易场所进行证券回购交易而产生的纠纷,证券交易场所所在地或者被告所在地的人民法院均有管辖权;对于未通过证券交易场所进行证券回购交易而产生的纠纷,最初付款一方所在地或者被告方所在地的人民法院有管辖权。

证券回购合同纠纷适用2年诉讼时效。

按照争议财产标的额收取案件受理费用。①

---

① 诉讼费用具体交纳办法详见本书第一章公司设立纠纷第一节立案。

1647. 何为证券欺诈责任纠纷？

证券欺诈责任纠纷是指因证券内幕交易、操纵证券交易市场、证券虚假陈述、欺诈客户等证券欺诈行为产生的民事纠纷，包括证券内幕交易责任纠纷、操纵证券交易市场责任纠纷、证券虚假陈述责任纠纷、欺诈客户责任纠纷。具体情形包括四种。

(1) 证券内幕交易

证券内幕交易是指掌握上市公司未公开的、可以影响证券价格的重要信息的人，在该信息转变为公开信息之前，买入或者卖出该证券，或者泄露该信息，或者建议他人买卖该证券，直接或间接地利用该信息进行证券交易，以获取利益或减少损失的行为。

(2) 操纵证券交易市场

操纵证券交易市场是指利用其资金、信息等优势或者滥用职权，人为干扰证券市场上的供求关系，控制某一证券的价格或者走势，影响证券市场价格，制造证券市场假象，诱导或者致使普通投资者在不了解事实真相的情况下作出证券决定，以获取利益或者减少损失的行为。

(3) 证券虚假陈述

信息披露义务人违反证券法律规定，在证券发行或者交易过程中，对重大事件作出违背事实真相的虚假记载、误导性陈述，或者在披露信息时发生重大遗漏、不正当披露信息的行为。

(4) 欺诈客户

《证券法》第79条以列举方式规定了禁止证券公司及其从业人员从事损害客户利益的7项欺诈行为，分别是：违背客户的委托为其买卖证券；不在规定时间内向客户提供交易的书面确认文件；挪用客户所委托买卖的证券或者客户账户上的资金；未经客户的委托，擅自为客户买卖证券，或者假借客户的名义买卖证券；为牟取佣金收入，诱使客户进行不必要的证券买卖；利用传播媒介或者通过其他方式提供、传播虚假或者误导投资者的信息；其他违背客户真实意思表示，损害客户利益的行为。

1648. 证券欺诈责任纠纷的管辖法院如何确定？是否适用诉讼时效？案件受理费如何确定？

证券欺诈行为属于侵权行为，可由被告住所地、侵权行为发生地或侵权结果地法院管辖。其中，虚假陈述证券民事赔偿案件，由省、直辖市、自治区人民政府所在的市、计划单列市和经济特区中级人民法院管辖；投资人对多个被告提起证

券民事赔偿诉讼的,按下列原则确定管辖:

(1)由发行人或者上市公司所在地有管辖权的中级人民法院管辖,但《最高人民法院关于审理证券市场因虚假陈述引发的民事赔偿案件的若干规定》第10条第2款规定的情形除外;

(2)对发行人或者上市公司以外的虚假陈述行为人提起的诉讼,由被告所在地有管辖权的中级人民法院管辖;

(3)仅以自然人为被告提起的诉讼,由被告所在地有管辖权的中级人民法院管辖。

证券欺诈责任纠纷适用2年诉讼时效。其中,投资人对虚假陈述行为人提起民事赔偿的诉讼时效期间,根据下列不同情况分别起算:

(1)中国证券监督管理委员会或其派出机构公布对虚假陈述行为人作出处罚决定之日;

(2)中华人民共和国财政部、其他行政机关以及有权作出行政处罚的机构公布对虚假陈述行为人作出处罚决定之日;

(3)虚假陈述行为人未受行政处罚,但已被人民法院认定有罪的,作出刑事判决生效之日。

按照争议财产标的额收取案件受理费用。①

1649. 上市公司的哪些关联交易应当进行披露?

上市公司关联交易的披露义务因关联方为自然人或法人而有所不同:

(1)与关联自然人拟发生的交易金额在30万元以上的关联交易(上市公司提供担保除外)应当披露;

(2)与关联法人拟发生的交易金额在300万元以上,且占公司最近一期经审计净资产绝对值0.5%以上的关联交易(上市公司提供担保除外),应当及时披露。

【案例571】ST 猴王:都是关联交易惹的祸②

2001年3月22日,ST 猴王(猴王股份)的三大金融债权人华融资产管理公司、信达资产管理公司、中国工商银行总行营业部向湖北省高院申请 ST 猴王破产

---

① 诉讼费用具体交纳办法详见本书第一章公司设立纠纷第一节立案。
② 参见法搜网 http://www.fsou.com/html/text/art/3355660/335566033_3.html,2011年5月13日访问。

还债。最后猴王集团(猴王股份母公司)破产,退出了股市。

几年来,猴王集团一方面通过向 ST 猴王支付巨额租赁费、资金占用费等关联交易,以使 ST 猴王成功地进行配股和增发 B 股;另一方面,猴王集团又通过占用资金、担保贷款资产重组等关联交易,将 ST 猴王掏得空空如也。套用一名俗语来说,ST 猴王"成"也关联交易,败也关联交易。但拆而言之,猴王集团与 ST 猴王的联交易主要表现在以下几方面。

1. 编制虚假利润和制造虚假资产

为了配股,猴王集团没忘记给广大投资者画一个大馅饼。从 1995 年开始,5 年中猴王集团每年都付给股份公司三四千万元不等的资金占用费,总额高达 1.9 亿元,而这几年 ST 猴王的账面净利润总额只有 1.5 亿元!不过,这笔资金占用费从来都是挂账了事。

在 ST 猴王经营急剧下滑的 1997 年,为了能够挤上增发 B 股的班车,利润作假更是达到了极点,在向猴王集团收取资金占用费的基础上,猴王股份又把自己的原值不过 3500 万元的 2 处房屋以高达 2000 万元的年租金租给集团。

1998 年,ST 猴王 0.13 元每股收益中竟然有 0.12 元是靠"出租"而来的。

2000 年 6 月 15 日,ST 猴王公布的一份报告显示,ST 猴王对集团的应收款至少有 8.9 亿元,担保至少 3 亿元。其中对集团关联交易就有挂账 4.5 亿元,现在看来,这些挂账相当部分用作了虚增利润。

利润虚假仅仅是猴王为再融资而吹出的泡泡,资产虚假则是 ST 猴王的致命缺陷。2000 年 8 月进行的 ST 猴王与猴王集团的"三分开"以及近来猴王集团破产资产的去向清楚地表明:直至 2000 年中期,ST 猴王一直没有自己的资产。ST 猴王的资产是去年市政府下文后才划到其名下的,此前所有权一直属于猴王集团。

而前后花费股份公司 4 亿元、历时 3 年向猴王集团收购的 11 家焊材焊条厂的"并购"不过是用一堆"垃圾资产"冲抵巨额应收账款、套取上市公司巨额现金的"空手道"。即便如此,这些企业事实上根本就没有过户到股份公司名下。如此动作以后,"收购"来的部分资产转手又租给猴王集团经营,继续为 ST 猴王的虚假利润做贡献。

这些粉饰利润的行为,并非集团对股份公司"大发兹悲",其目的还是为了圈钱。猴王主营的焊条、焊丝不是什么利润高的产业,通过这样的数字游戏才保住了配股资格。另外,账做得漂漂亮亮,集团更容易通过上市公司向银行借款。

2. 担保贷款

猴王集团除硬性地向猴王股份索要款项，欠钱不还外，还利用猴王股份这一上市公司金字招牌向银行担保贷款。据有关媒体披露，猴王股份为猴王集团实际担保贷款的金额高达4.3亿元，其中进入诉讼程序的为2.27亿元。如今该或有负债目前已变成了猴王股份现实的负债，猴王股份将为此付出沉重的代价。

3. 资金占用

由于可通过股票市场进行低成本融资，并且由于信誉较好，相对比较容易从银行获得信贷资金，所以上市公司就成了集团公司的融资窗口和提款机。

从猴王股份2000年中报披露的财务资料可以看出，截至2000年6月30日，猴王集团占有猴王股份的资金达到5.92亿元，其中应收账款4029万元，其他应收账款5.50亿元，占猴王股份总资产的68.12%。更为可笑的是，1996年猴王集团为了在股票市场上获取暴利，从猴王股份支取的股票投资保证金高达9556.56万元，累计亏损超过5亿元，但猴王股份一直对此事未履行正常的披露义务。

4. 资产重组

目前母公司和上市公司之间进行资产重组和资产置换的事件时有发生，但大部重组是将母公司的优质资产注入上市公司，将上市公司的不良资产剥离到控股公司。但是，猴王集团和猴王股份之间进行的资产重组是将母公司的不良资产虚估增值后再塞给上市公司，其目的是为了从上市公司高额套现。

1997年6月，猴王集团公司将下属猴王重庆电焊条厂、猴王长春电焊条厂、猴王集团上海焊材厂各100%、猴王芜湖电焊条厂70%、猴王上海七宝电焊条厂67%、猴王石家庄电焊条厂65%、猴王哈尔滨电焊条厂60%、猴王绵阳电焊条厂55%、猴王昆明电焊条厂51%、上海恒大特种焊条厂51%、猴王洪山电焊条厂50%的股权注入猴王股份，除猴王哈尔滨电焊条厂收购价为双方协议价3000万元外，其他10家焊条厂收购价以湖北会计师事务所(96)鄂会师内评资字第297号评估报告的评估结果为准，合计收购价为2.2亿元。

1650. 上市公司与关联人拟发生的关联交易达到什么标准时，除应当及时披露外还应当提交董事会和股东大会审议？

上市公司与关联人拟发生的关联交易达到以下标准之一的，除应当及时披露外，还应当提交董事会和股东大会审议：

(1)交易(上市公司提供担保、受赠现金资产、单纯减免上市公司义务的债务除外)金额在3000万元以上，且占上市公司最近一期经审计净资产绝对值5%以上的重大关联交易。上市公司拟发生重大关联交易的,应当提供具有执行证券、期货相关业务资格的证券服务机构对交易标的出具的审计或者评估报告。对于与日常经营相关的关联交易所涉及的交易标的,可以不进行审计或者评估。

(2)上市公司为关联人提供担保。

1651. 上市公司与关联人进行哪些交易可以免予按照关联交易的方式进行审议和披露?

上市公司进行下列与关联人的交易可以免于按照关联交易的方式进行审议和披露:

(1)一方以现金认购另一方公开发行的股票、公司债券或企业债券、可转换公司债券或者其他衍生品种;

(2)一方作为承销团成员承销另一方公开发行的股票、公司债券或企业债券、可转换公司债券或者其他衍生品种;

(3)一方依据另一方股东大会决议领取股息、红利或者报酬。

1652. 上市公司与关联人进行哪些交易可以向证券交易所申请豁免按照关联交易的方式进行审议和披露?

根据《上海证券交易所上市公司关联交易实施指引》的规定,下述交易,可以向证券交易所申请豁免按照关联交易的方式进行审议和披露:

(1)因一方参与面向不特定对象进行的公开招标、公开拍卖等活动所导致的关联交易;

(2)一方与另一方之间发生的日常关联交易的定价为国家规定的;

(3)与关联人共同出资设立公司达到重大关联交易的标准,所有出资方均以现金出资,并按照出资比例确定各方在所设立公司的股权比例的;

(4)关联人向上市公司提供财务资助,财务资助的利率水平不高于中国人民银行规定的同期贷款基准利率,且上市公司对该项财务资助无相应抵押或担保的;

(5)关联人向上市公司提供担保,且上市公司未提供反担保的;

(6)同一自然人同时担任上市公司和其他法人或组织的独立董事且不存在其他构成关联人情形,该法人或组织与上市公司进行交易的;

(7)上市公司拟披露的关联交易属于国家秘密、商业秘密或者本所认可的其他情形,进行披露或者履行相关义务可能导致其违反国家有关保密的法律法规或严重损害公司利益。

另外,深圳证券交易所对此并无明确规定。

1653. 上市公司可否对购买或者拟购买公司股份的人提供资助？

不可以。

公司不可以通过赠与、垫资、担保、补偿或者贷款等形式，对购买或者拟购买公司股份的人提供资助。上述规定，同样适用于公司的子公司或者相关附属企业。

1654. 上市公司股东大会审议关联交易事项时，哪些股东应当回避表决？

上市公司股东大会审议关联交易事项时，下列股东应当回避表决：

（1）交易对方；

（2）拥有交易对方直接或者间接控制权的；

（3）被交易对方直接或者间接控制的；

（4）与交易对方受同一法人或者自然人直接或者间接控制的；

（5）交易对方或者其直接或者间接控制人的关系密切的家庭成员；

（6）在交易对方任职，或者在能直接或间接控制该交易对方的法人单位或者该交易对方直接或间接控制的法人单位任职的；

（7）因与交易对方或者其关联人存在尚未履行完毕的股权转让协议或者其他协议而使其表决权受到限制或者影响的；

（8）可能造成上市公司对其利益倾斜的法人或者自然人。

三、关联交易损害责任纠纷的实体要件

1655. 在何种情况下关联交易一方或各方应当承担损害赔偿责任？

同时满足下列情况的，关联交易一方或各方应当承担损害赔偿责任：

（1）交易双方系关联方；

（2）侵权行为具备交易外观；

（3）关联交易过程存在违法性；

（4）关联交易造成了损害结果。

1656. 如何证明交易双方系关联方？

关联关系的实质是控制，其直接特征是控股和决策影响力。因此，公司章程、出资证明书、股东名册、董事名册、职务聘书等经过工商登记和公示的文件都可以作为证据证明关联关系。

1657. 当关联方的行为不具有交易外观时，应当如何定性其行为？

关联交易损害行为必须具有交易的外观，如果行为不具有签订合同、进行交易的表面特征，则不应属于关联交易归责体系中的侵权行为，而是属于利用控制

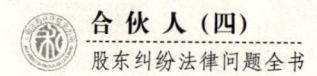

地位或职务之便直接挪用、占用公司资金和财产的行为。

1658. 判断关联交易的交易过程是否合法包括哪些因素？

《公司法》及其相关法律法规、司法解释对此并无明确规定，笔者认为关联交易合法的实体要件包括如下两个方面：

(1)关联交易的价格是否合理；

(2)关联交易的必要性。

1659. 如何确定关联交易的对价是否合理？

对此在司法实践中可以从以下五个方面进行考虑：

(1)交易事项实行政府定价的，可以直接适用该价格；

(2)交易事项实行政府指导价的，可以在政府指导价的范围内合理确定交易价格；

(3)除实行政府定价或政府指导价外，交易事项有可比的独立第三方的市场价格或收费标准的，可以优先参考该价格或标准确定交易价格；

(4)关联事项无可比的独立第三方市场价格的，交易定价可以参考关联方与独立于关联方的第三方发生非关联交易价格确定；

(5)既无独立第三方的市场价格，也无独立的非关联交易价格可供参考的，可以合理地构成价格作为定价的依据，构成价格为合理成本费用加合理利润。

【案例572】未证明关联交易价格畸低　主张股东会决议无效被驳回①

原告：高冬青

被告：康得新电公司

诉讼请求：确认被告第三届第二次股东会决议无效。

争议焦点：

1. 被告进行关联交易转让资产时，是否一定要对被转让的资产进行评估。

2. 原告所举证据能否证明关联交易转让专项技术的价格畸低。

3. 被告将产品的市场销售及原材料采购委托给关联公司康得环保公司进行总代理，是否具有合理目的；原告对此是否曾表示异议。

4. 被告改名但未变更登记，是否影响股东会决议效力。

基本案情：

被告股东为康得投资公司和原告。康得投资公司（2006年12月6日变更名

---

① 参见北京市第一中级人民法院（2009）一中民终字第5995号民事判决书。

称为康得投资集团)出资600万元,出资比例为75%;原告出资200万元,出资比例为25%。康得投资公司同时也是康得环保公司的控股股东,占其注册资本的65.31%。

2000年11月17日,北京建信资产评估有限责任公司出具《高压大容量变频调速专有技术无形资产价值评估报告书》(京建评报字〔2000〕第170号),载明接受原告委托,对原告拥有的、已开发完成的高压大容量变频调速专有技术无形资产的评估价值为240.33万元。评估结果有效期为1年。

2007年1月11日,被告召开了第二届第二次董事会会议,全体董事参会。会议对2006年年终财务决算情况有关问题进行了讨论研究,并形成如下决议:同意总经理何洪先生所作"关于被告2006年度年终财务决算相关事宜的报告",该报告大致意思为:被告目前仅具有小额纳税人资格,造成额外成本增加。为保证公司正常经营,经董事长同意,2006年由康得环保公司以总代理身份组织高压变频的市场营销活动,因此,2006年度高压变频的项目投标与商务合同签订均以康得环保公司为主体参与,这是被告纳税人资格未能恢复之前的权宜之计。

2007年11月30日,北京森和光会计师事务所有限责任公司出具被告专项审核报告,对被告自2006年1月1日起至2007年9月30日止的经营情况进行专项审核。该报告载明:被告因2005年11月未及时申报纳税等原因,被税务部门取消一般纳税人的资格,变为小规模纳税人。被告为了能正常开展生产经营活动,于2006年1月1日起将所有高压变频产品的市场销售及产品主要原材料的采购全部委托给康得环保公司进行总代理,包括高压变频的项目投标及商务合同的签订。因此,被告于2006年1月1日起高压变频产品的销售收入及主要生产成本全部在康得环保公司账上进行核算。为了正确、真实地核算被告的实际经营情况,拟将记入康得环保公司的销售收入及主要生产成本并入被告的利润表上模拟出被告2006年1月1日至2007年9月30日的利润表。审核结果如下:

1. 被告自2006年1月1日起至2007年9月30日止,高压变频产品发生在康得环保公司的销售收入所产生的主营业务利润为4,804,179.66元,扣除按照被告董事会决议所规定的10%营业费用1,611,435.9元外,康得环保公司应向被告转结利润数额为3,192,743.76元。

2. 截至2007年9月30日,被告应付康得环保公司代垫款及往来款共计7,160,449.03元。

2007年12月4日,被告将《关于召开被告第三届第二次股东会会议的通知》(以下简称《通知》)邮寄给原告。该邮寄行为由北京市公证处(2007)京证经字第

39420号公证书进行了公证。该《通知》载明:由股东康得投资公司提议,本公司董事会决定召集第三届第二次股东会会议,现将会议事项通知如下:会议时间:2007年12月20日上午10:00,会议地点:北京市海淀区上地六街17号康得大厦7层办公室,会议主持人:董事长钟玉,出席会议成员:康得投资公司、原告,会议内容:研究企业经营财务现状及重大经营决策。

2007年12月20日,被告第三届二次股东会决议载明:会议讨论了公司提交的关于公司财务状况的报告,及委托北京森和光会计师事务所有限责任公司完成的专项审计报告。被告已经无账面资金,难以维系企业运行基本费用,公司净资产为负133.8万元,资不抵债,公司主要对外债务高达440多万元,并且主要债权人均启动法律程序追收欠款。鉴于短期内公司没有资金来源,难以解决当前的财务危机,为了防止损失进一步加剧,经股东表决通过,现作出如下股东会决议:

1. 同意被告财务状况报告。

2. 同意将公司拥有的"高压大容量变频设备"专项技术按照公司成立入资时的无形资产评估原值240万元转让给康得环保公司,以抵减公司与康得环保公司的部分债务(抵减240万元),将公司固定资产按照固定资产评估价18.23万元转让给康得环保公司,以抵减公司与康得环保公司的部分债务(抵减18.23万元)。

3. 公司应积极回收应收账款,回收款项应优先支付辛康特仿真公司、王艳坤欠款,以及康得环保公司的剩余欠款。

4. 被告暂停经营,妥善做好员工安置工作。公司应尽快落实股东会决议的实施,并采取一切有效措施,以避免公司损失进一步扩大。

原告接到通知后,未参加本次股东会会议。

原告诉称:

2007年12月20日,被告召开了第三届二次股东会议。会议由康得投资集团1人以被告股东的名义参加,并作出了被告三届二次股东会决议。

这一股东会决议,因为明显违反《公司法》等有关法律的规定,严重损害被告和原告的利益,也严重侵犯了债权人辛康特仿真公司和王艳坤的利益,是没有任何法律效力的决议,应该依法被确认为无效。具体理由如下:

1. 被告三届二次股东会决议将被告所拥有的"高压大容量变频设备"专项技术以240万元转让给康得环保公司,所依据的是2000年11月17日北京建信资产评估有限责任公司作出的《高压大容量变频调速专有技术无形资产价值评估报告书》(京建评报字〔2000〕第170号),而该报告书第14条第3款明确规定了评估结果有效期:"根据国家有关规定,本评估结果有效期为1年,即评估目的在评估基准日后的1年内实现时,可以评估结果作为底价或作价依据,超过1年,需重新进行评估。"且公司处理或者转让资产时,需要对被转让的资产进行评估是常理也是法律明确规定的。由此可见,康得投资公司将被告的优质资产"高压大容量变频设备"以明显低于其真实价值的价格,在没有进行评估的前提下转移到自己的另一家控股公司中的关联交易,违反了《公司法》(2005年修订)第21条第1款"公司的控股股东、实际控制人、董事、监事、高级管理人员不得利用其关联关系损害公司利益"的规定。

2. 康得投资公司是被告的控股股东,其股权占该公司注册资本的75%;同时康得投资公司也是康得环保公司的控股股东,股权占该公司注册资本的65.31%。其利用控股股东的地位,进行非法的关联交易,将被告的业务归由康得环保公司经营,损害了被告和小股东原告的利益;被告基于此作出的被告财务状况报告也违反了法律关于非法关联交易禁止的规定。

3. 该决议违反了《公司法》(2005年修订)第33条关于"记载于股东名册的股东,可以依股东名册主张行使股东权利。公司应当将股东的姓名或者名称及其出资额向公司登记机关登记;登记事项发生变更的,应当办理变更登记。未经登记或者变更登记的,不得对抗第三人"的规定。根据被告章程的规定,康得投资公司是其股东。在登记机关登记的公司股东是康得投资公司,而作出被告三届二次股东会决议的股东却是康得投资集团。不管康得投资公司与康得投资集团是什么关系,按照《公司法》(2005年修订)第33条的规定,只有经登记或者变更登记的股东,才能行使股东权利。由于康得投资集团没有在被告公司登记或者变更登记,因此由康得投资集团所作出的被告三届二次股东会决议当然是无效的。

被告辩称:

1. 从被告新股东2005年入资公司的资产看,"高压大容量变频设备"专项技术已经贬值1/2至2/3。

2. 公司的董事会同意公司将相关的业务委托康得环保公司来经营,这个决议也有原告的签字。且该行为是在被告被税务部门取消一般纳税人的资格,变为小规模纳税人后,被告为了能正常开展生产经营活动,才于2006年1月1日起将所有高压变频产品的市场销售及产品主要原材料的采购全部委托给康得环保公司进行总代理的,并不损害被告及原告的利益。

3. 公司法人名称变更不影响权利义务的行使。《公司法》规定股东名称变更不能对抗第三人,但本案中原告对股东身份是明确知道的,不存在第三人的问题。

律师观点：

1. 被告转让资产时，没有义务一定要对被转让的资产进行评估，原告无法证明被告转让专项技术的确切价值时，也就无法证明被告存在利用关联关系损害公司利益的行为。

根据《公司法》规定，公司转让资产时，没有义务一定要对被转让的资产进行评估。因此，当原告对被告以240万元转让"高压大容量变频设备"专项技术用以抵减与康得环保公司的部分债务提出异议，但并未提供任何证据证明决议作出时技术的确切价值时，就无法证明被告违反了《公司法》第21条"公司的控股股东、实际控制人、董事、监事、高级管理人员不得利用其关联关系损害公司利益"的规定。

2. 被告未及时申报纳税等原因，被税务部门取消一般纳税人的资格，变为小规模纳税人。

被告于2006年1月1日起将所有高压变频产品的市场销售及产品主要原材料的采购全部委托给康得环保公司进行总代理，这一行为并不损害被告和原告的利益。被告基于此作出的被告财务状况报告并不违反法律关于非法关联交易禁止的规定。

判断上述交易行为是否损害公司利益要从交易动机、交易行为、交易结果综合考虑，而被告、康得投资公司、康得环保公司在经营业务上的交叉合作，通过二届二次董事会决议已经有所体现，而原告对此情况也系明知，其并未提出异议，其所谓关联交易损害公司、股东利益，依据现有证据不能得到认定，进而也无法认定被告基于此作出的被告财务状况报告违反法律关于非法关联交易禁止的规定。

3. 被告股东康得投资公司改名为康得投资集团后，被告未进行变更登记，股东会决议并不会因为该股东以康得投资集团名义参加而归于无效。

《公司法》第32条"公司应当将股东的姓名或者名称及其出资额向公司登记机关登记；登记事项发生变更的，应当办理变更登记。未经登记或者变更登记的，不得对抗第三人"的规定，不适用于本案中原告对股东身份是明确知道的情形，因此，不存在第三人的问题。

综上，涉案股东会在召集及决议作出的程序上均无瑕疵，符合公司章程及相关法律规定，且股东会决议的内容也未违反法律法规的强制性规定，原告要求确认该股东会决议无效，没有事实及法律依据。

法院判决：

驳回原告的诉讼请求。

【案例573】向关联公司收费却未提供服务　关联交易被判无效[①]

原告：李菊

被告：锡海酒店、紫勋公司

诉讼请求：确认两被告之间的委托管理关系无效。

争议焦点：

1. 两被告之间签订的《咨询管理合同》性质系委托管理关系还是咨询管理合同关系；

2. 两被告之间签订的《咨询管理合同》对价是否合理，是否具有合理的商业目的；

3. 被告锡海酒店的股东张星、王海均为被告紫勋公司股东，张星同时任被告紫勋公司执行董事、法定代表人，两被告之间签订《咨询管理合同》是否构成自我交易，是否损害了被告锡海酒店的合法权益。

基本案情：

被告锡海酒店成立于2000年，股东为原告、张星、王海3人，分别持有40%、30%、30%的出资额。张星任被告锡海酒店的执行董事、法定代表人，王海任监事。

2007年1月，两被告建立了委托管理关系，由被告紫勋公司对被告锡海酒店进行管理。而被告紫勋公司恰恰是由被告锡海酒店的主要高级管理人员建立的公司，被告锡海酒店的其余2股东张星、王海均为被告紫勋公司的股东，张星还任被告紫勋公司执行董事、法定代表人。

两被告签订的《咨询管理合同》约定：被告紫勋公司根据被告锡海酒店2007年度工作意见开展工作，提出咨询管理的合理化建议，提升酒店档次；合同期限为1年，自2007年1月1日至2007年12月31日；被告锡海酒店为被告紫勋公司工作人员免费提供办公地点；被告紫勋公司每月按被告锡海酒店总营收额1%向被告锡海酒店收取咨询管理费。

此外，被告紫勋公司成立时的注册资本35万元全借自于被告锡海公司。

原告诉称：

两被告之间签订《咨询管理合同》显然属于关联交易，严重侵犯了其他股东

[①] 参见资本市场法治网 http://www.chinacapitallaw.com/article/default.asp? id=4398，2012年3月17日访问。

的合法权益及被告锡海公司的利益,请求法院依法确认无效。

被告均辩称：

1.《公司法》(2005年修订)第148条规定"董事、监事、高级管理人员应当遵守法律、行政法规和公司章程,对公司负有忠实义务和勤勉义务"系指董事等对公司负有的忠实和勤勉义务,而本案订立咨询管理合同的是两被告,并非被告锡海酒店的董事和高级管理人员。

2. 两被告签订的《咨询管理合同》虽未约定租金,但被告锡海酒店通过履行咨询管理合同获得的收益已大为增加,并未损害被告锡海酒店的利益。

3. 两被告并非委托管理关系,而是咨询管理合同关系,该咨询管理合同是合法有效的。被告紫勋公司为被告锡海酒店提供咨询管理未损害原告利益,原告也未能举证受到利益损害。即使两被告存在关联交易,原告也首先要证明自身利益受到损害。

律师观点：

1. 两被告执行董事、监事同为张星、王海,构成关联关系。

《公司法》(2005年修订)第21条规定"公司的控股股东、实际控制人、董事、监事、高级管理人员不得利用其关联关系损害公司利益",而该关联关系既指公司控股股东、董事、监事等与其直接或者间接控制的企业之间的关系,又指可能导致公司利益转移的其他关系。

张星与王海既是被告锡海酒店的股东、执行董事和监事,又是被告紫勋公司的股东、执行董事和监事,基于对两被告的出资和人事连锁,两人可以对两个法人的商业政策发生影响。所以张星与王海是两被告的关联自然人,而两被告存在股东、执行董事的同一性,可以被认定为是被告锡海酒店的关联法人。

2. 被告锡海酒店的高级管理人员专门成立公司为被告锡海酒店提供咨询服务构成对被告锡海酒店利益的损害。

被告紫勋公司的所有股东都是被告锡海酒店的高级管理人员,本应为被告锡海酒店提供管理、咨询劳务,却专门成立公司提供服务,不合理。被告紫勋公司的注册资本35万元全部借自于被告锡海酒店,其成立的目的就是为了转移公司资产,损害公司及股东的合法权益。

根据《公司法》(2005年修订)第148条规定,董事和高级管理人员"不得违反公司章程的规定或者未经股东会、股东大会同意,与本公司订立合同或者进行交易;未经股东会或股东大会同意,不得利用职务便利为自己或他人谋取属于公司的商业机会,自营或者为他人经营与所任职公司同类的业务"。两被告所签订的

《咨询管理合同》,实为自我交易,损害了被告锡海酒店的合法权益。

因两被告未能举证证明该交易已经过被告锡海酒店股东会同意,故被告锡海酒店的股东原告有权主张被告锡海酒店和被告紫勋公司签订的《咨询管理合同》无效。

法院判决:

确认两被告之间签订的《咨询管理合同》无效。

【案例574】以低价房产高价向公司偿债 股东承担损害赔偿责任[①]

原告: 房地产公司、国投公司

被告: 恒通公司

第三人: 新江南公司

诉讼请求: 判令被告返还给第三人2851.26万元及相应利息。

争议焦点: 被告将部分房产用于抵债并过户给第三人其对价是否公允,是否损害了第三人的利益。

基本案情:

第三人系以发起设立方式成立的股份有限公司,两原告以及被告均系第三人的股东。在第三人8000万元股本金中,被告持有股份4400万元,原告房地产公司及原告国投公司分别持有1450万元、400万元。

1997年5月4日,第三人董事会会议决议任命张少杰为董事长、法定代表人,并由董事长张少杰提名任命石桂祥为总经理。其后,被告向第三人借取了大量资金。

1998年8月20日,被告、第三人签订《债权债务处理协议书》,确认被告至1998年6月30日结欠第三人3971万元,第三人同意被告以深圳上水径工业区厂房、宿舍作价抵偿,抵偿房产包括上水径工业区第13号厂房2~5层7724.4平方米、作价1390.39万元;第10号宿舍楼4900平方米、作价1274万元;第9号宿舍楼2~8层4400平方米、作价1144万元;第12号宿舍32间872.64平方米、作价226.89万元,共4035万元。房产与债务冲抵后的余额64.28万元作为过户费用等。

签订协议后,第13号厂房于11月6日被海南高级人民法院查封,并于2000年4月27日强制执行给海南广州民航贸易公司。其余房产由被告于1998年12月24日过户给第三人。

---

① 参见江苏省高级人民法院(2000)苏高经字第206号民事判决书。

2000年3月7日，第三人监事会召开会议决定对抵债房产进行评估，其后第三人遂委托恒茂行评估，其价值为2516.88万元。

2000年4月17日，第三人非控股方代表陆锁宝向被告发函，认为被告利用派员担任第三人董事长、总经理的优势地位，与第三人进行大量关联交易，被告作价4035万元的抵债房产，评估价值仅为2516.88万元；再扣除被海南高级人民法院查封的房产，被告尚有2488.07万元债务未偿还给第三人。因被告为控股公司，第三人称无法起诉被告；经第三人非控股股东特别会议决定，委托两原告作为非关联方股东代表行使诉权。因被告对恒茂行评估报告有异议，法院在诉讼中委托具备房产评估资质的宏厦公司对被告已抵偿给第三人的房产（扣除被海南高级人民法院执行部分）以1998年8月20日为基准日进行评估，其评估价为1119.74万元。评估费用19,800元，已由原告垫付。

原告均诉称：

被告利用派员担任第三人董事长、总经理的优势地位，进行了大量危及公司生存和其他非控股股东利益的关联交易，至1998年6月以各种方式从第三人借出或抽走资金达3971万元。

1998年8月，被告未经第三人董事会、股东会议决议同意，再次利用优势地位与第三人签订《债权债务处理协议书》，以低值高估的房产抵偿所欠第三人债务。

被告辩称：

被告与第三人未进行过关联交易，双方债权债务已于1998年8月20日通过签订《债权债务处理协议书》得以解决。其已按约将大部分抵债房产过户给第三人，少量房产未能过户是因被海南高级人民法院查封。

第三人同意原告观点。

律师观点：

被告与第三人于1998年8月20日签订的《债权债务处理协议书》，除其中约定被告以房产作价抵偿给第三人，被告对第三人实施控股行为且损害被控股公司及非控股股东利益，违背公平、诚实信用原则而应认定无效外，其余条款不违反法律及行政法规的禁止性规定，应为有效。

被告虽将部分房产用于抵债并过户给第三人，但抵偿房产价值仅为1119.74万元，已给第三人造成损失，损失额为2851.26万元。被告明知自己居于控股地位，但为牟取本公司利益而对被控股公司实施以低值高估的房产进行抵债，其行为已构成对第三人及其他非控股股东权利的侵害。被告应赔偿由其侵权行为给第三人造成的损失2851.26万元。

法院判决：
1. 被告应于判决生效之日给付第三人2851.26万元及利息；
2. 被告应于判决生效之日给付两原告垫付的房产评估费19,800元。

1660. 如何判断关联交易的必要性？

由于交易形式的多样性，关联交易必要性的判断常需要个案平衡，一般实践中常见的判断方式如下：

（1）关联交易事项是否与公司日常的经营内容有关；
（2）关联交易事项是否是公司设立、变更、解散的过程中的必要支出；
（3）关联交易事项是否符合公司的经营方针与发展计划等；
（4）关联人是否垄断公司的采购及销售业务从而干预公司。

1661. 如何认定关联交易造成的经济损失？

这种损失分为直接损失与间接损失。对于实际损失的判断往往看公司的总资产、股东所持股权的价值是否发生显著下降；间接损失的判断则包括了公司或股东的预期利益，如是否导致公司或股东丧失有价值的商业机会等。实践中，法院对于损失的认定往往倾向于对实际损失的认定，而间接损失由于时常难以量化，往往得不到法院的支持。①

1662. 关联交易损害责任纠纷诉讼中，原被告应各自承担哪些举证责任？

在公司关联交易损害责任纠纷诉讼中，原告应就基本的事实承担举证责任，即存在关联关系、存在关联交易、关联交易的过程不符合规定以及公司受损害的事实；由被告主举证证明其关联行为的公平、公开及合法性。

1663. 可否主张关联交易损害责任人承担归入责任？

关联交易损害责任一般只包括损害赔偿责任，但是由于董事、高级管理人员与公司的自我交易行为也属于关联交易的一种，因此在公司董事、高级管理人员违反自我交易限制义务的情况下，公司也可以向其主张归入责任。②

四、债权人代位权与撤销权诉讼的裁判标准

1664. 当公司关联交易损害债权人利益时，债权人如何救济？

实践中，债权人可以通过行使撤销权、代位权或主张法人人格否认的方式进

---

① 关于关联交易造成的损害如何证明的问题详见本书第十三章损害公司利益责任纠纷。
② 关于自我交易及归入责任的相关内容，详见本书第十三章损害公司利益责任纠纷。

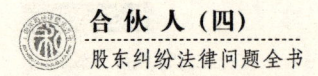

行救济。关于撤销权、代为权的定义、诉讼程序、适用情形暂容下述。

1665. 公司债权人提起代位权诉讼应具备哪些条件?

公司债权人提起代位权诉讼,应当符合下列条件:

(1)对公司的债权合法;

(2)公司对债权人负有的债务已到期;

(3)公司怠于行使其到期债权,对债权人造成损害。

【案例575】关联交易逃避债务 债权人代位行使债权获支持①

原告: 源天工程公司

被告: 荔湾广场公司

第三人: 房产发展公司

诉讼请求:

1. 被告代位向原告支付第三人所欠原告的款项人民币 16,404,801 元及利息(从 1997 年 12 月 19 日起按中国人民银行同期企业贷款利率计算至款项清偿之日,现暂算至 2004 年 6 月 8 日为 7,272,043.22 元)共计人民币 23,676,844.22 元。

2. 被告承担原告行使代位权的费用包括案件受理费、财产保全费、评估费。

争议焦点:

1. 被告与第三人之间是否存在关联交易;

2. 被告与第三人债权债务的数额应当如何确定,是以工商档案中的审计报告为准,还是由会计师事务所此后出具但未经备案的审计报告为准;

3. 第三人是否怠于主张被告对其负有的债务;

4. 因本案诉讼产生的财产保全评估费是否应由被告承担。

基本案情:

1993 年 9 月 1 日原告与第三人签订了《荔湾广场广场施工合同》,约定承包荔湾广场基础工程。

工程经施工竣工后,原告与第三人于 1997 年 12 月 19 日签订《荔湾广场基础工程总结算》,确认工程结算总造价为人民币 196,325,777.72 元,施工期间,第三人共支付工程款项为人民币 172,550,490 元和港币 700 万元,仍欠原告工程款 16,404,801 元。

第三人拖欠原告工程款,经广东省高级人民法院(2006)粤高法民一终字第

---

① 参见广州市中级人民法院(2004)穗中法民三初字第 193 号民事判决书。

250号终审判决，确认第三人应偿还拖欠原告的工程款人民币16,404,801元及利息（自1997年12月19日起按中国人民银行同期贷款利率计算）。

被告与第三人为关联公司，第三人是由穗华房产开发公司和被告成立的中外合作经营企业，被告为其控股股东，审计报告表明其是100%控股。两公司之前的法定代表人均为张嫔。

2003年3月8日，由羊城会计师事务所出具的第三人2002年度的审计报告表明，第三人对被告有应收账款，数额为124,354,551.67元，欠款时间为3年以上，欠款原因是往来款。

2006年4月30日，由羊城会计师事务所出具的2005年度第三人审计报告出现了两份不同的记录，由原告提供的在工商局存档处的第1份审计报告的会计报表附注之关联方交易部分记载表明第三人对被告有应收账款年末数为167,468,507.67元，有其他应收款年末数为6,346,643.59元；第三人对被告有其他应付款年末数为40,174,503.02元。但被告提供的出具时间相同的第2份审计报告的会计报表附注之关联方交易部分的第三人的应收账款栏只记载应收账款年末数为52,998,779.51元（未列明具体欠款单位），第三人对被告有其他应收款年末数为6,346,643.59元，第三人对被告有其他应付款年末数为40,174,503.02元。

被告提供的2005年度第三人审计报告与法院从羊城会计师事务所调取的审计报告亦有一处细微差别，即羊城会计师事务所存档的审计报告的52,998,779.51元应收账款栏记载了具体欠款单位为被告，其余记载均与被告提供的审计报告一致。

而被告提供的由广粤会计师事务所2007年6月28日出具的第三人2006年度审计报告的资产负债表项目注释部分只记载了第三人对被告有其他应付款46,832,209.40元，对于第三人对被告是否有应收账款、其他应收款则未作任何反映。

此外，被告经手在境外销售由第三人开发的荔湾广场房产，但被告拒绝提供销售的具体金额及费用发生情况等资料。

原告诉称：

第三人拖欠原告工程款，经广东省高级人民法院判决，确认第三人应偿还拖欠原告的工程款人民币16,404,801元及利息。现第三人没有财产供原告执行，但第三人与被告之间存在大量关联交易，其中被告欠第三人往来款金额人民币124,354,551.67元早已到期，但第三人一直怠于行使其到期债权。

根据《合同法》第 73 条的规定,"因债务人怠于行使其到期债权,对债权人造成损害的,债权人可以向人民法院请求以自己的名义代位行使债务人的债权"。

原告为证明其观点,提交证据如下:

1.《荔湾广场广场施工合同》,证明原告与债务人第三人之间的建筑工程承包合同关系;

2.《荔湾广场基础工程总结算》,证明原告与第三人之间的债权债务关系;

3.《审计报告》(工商局档案取得),证明债务人第三人与被告之间的债权债务关系;

4. 广东省高级人民法院(2006)粤高法民一终字第 250 号民事判决书,证明主债权的合法性。

审理期间,原告提出诉讼保全申请,并提供了相应担保,法院依法对被告价值人民币 2000 万元的财产进行了保全,但未在举证期限内及时提交证据证明评估费具体数额。

被告辩称:

不同意原告的诉讼请求。

被告和原告之间没有直接的债权债务关系。

被告和第三人之间也不存在债务关系,原告将被告列为被告要求还款是错误的。代位权要求的是次债务人对债务人有到期债务,但被告对第三人没有到期债务,即没有债务,所以原告以代位权要求被告还款是没有法律和事实根据的。请求法庭驳回原告的诉讼请求。

被告为证明其观点,提交证据如下:

羊城会计师事务所有限公司出具的 2005 年度第三人审计报告、广粤会计师事务所出具的 2006 年度第三人审计报告,证明被告不欠第三人款项,相反第三人欠被告款项。

针对被告的上述证据,原告认为:

被告提供的 2005 年度第三人审计报告与其在工商局存档的数额明显不同,法院不应予以采信。

针对原告的上述观点,被告提交证据如下:

证人广东羊城会计师事务所有限公司注册会计师柯素华表示,报告变更的原因是由于第 1 份审计报告的收入是根据第三人收到款项并缴纳税金时才确认收入的实现。在第 1 份报告出具后,发现原确认的收入有部分是来源于不属于第三人的资产,故重新核实,将不实部分剔除,出具了第 2 份审计报告并向第三人收回原第 1 份审计报告,由于时间紧迫,尚有一份未收回,第三人承诺尽快交回,应以第 2 份审计报告为准。

第三人未到庭答辩。

律师观点:

1. 被告与第三人之间存在关联交易。

第三人是由广州市穗华房产开发公司和被告成立的中外合作经营企业,被告为其控股股东,审计报告表明其是 100% 控股。两公司之前的法定代表人均为张嫔。两者显然构成关联公司或集团公司关系,被告为第三人的实际控制人。被告经手在境外销售由第三人开发的荔湾广场房产,两者构成关联交易,对此审计报告中也有体现。

2. 被告与第三人之间的债权债务数额应当以工商档案的审计报告予以确定。

因此,第三人向工商部门提供的具公示意义的有关审计报告被告作为其控制人不可能不知晓,第三人也不会在工商档案中随意记载被告拖欠其巨款情况。对此关联交易产生的债权债务被告无证据证明对此表示过异议,应视为被告对此的默认。工商档案作为书证其证明力大于其他书证。

加之被告经手在境外销售由第三人开发的荔湾广场房产,关联交易明显,现被告拒绝提供销售的具体金额及费用发生情况等资料,法院更应相信被告欠款的真实性。关联公司控股股东和从属企业之间内部关系复杂,利益输送和财产转移便利,法律因此更应注重保护外部合法债权人之利益,而不应让公司法人有限责任制度成为恶意逃废债务的保护。因此,法院应确认工商档案中之第三人 2002 年度审计报告结论:被告对第三人有债务,数额为 124,354,551.67 元,应收账款期在 3 年以上。

3. 被告称归还第三人欠款的事实不应予以认可。

根据会计原理,如果被告在 2003 年之后有归还第三人欠款,在之后的有关审计报告中应有明确记载方符合会计连续性要求,但被告并未提供证据证明有还款。即使有还款,在原告起诉后,次债务人明知债权人已提起代位权诉讼,而擅自向债务人履行债务,因此造成债权人损失的,次债务人也应承担赔偿责任。

4. 第三人存在怠于行使债权的情况,损害了债权人原告的利益。

从该审计报告得出结论,被告对第三人有巨额债务,第三人在 2002 年时已有 3 年以上时间未向其追收,其行为已构成怠于行使其到期债权,已对其债权人原告造成损害。因此,原告向被告主张债的保全,行使代位权诉讼合理合法,原告行使代位权的请求数额未超过被告对第三人所负债务数额,对其诉请法院应予以支持。

5. 关于本案费用的承担。

至于原告要求被告负担案件受理费、保全费、评估费等费用,案件受理费和财产保全费属于诉讼费范畴,在债权人胜诉的情况下依法应由次债务人即本案被告负担。

至于评估费不属于被告应负担范围,原告也未在举证期限内及时提交证据证明具体数额,对该部分诉请法院不应予以支持。

法院判决:

1. 被告于判决生效之日起10日内一次性向原告代位清偿第三人所欠原告的工程款人民币16,404,801元及利息(从1997年12月19日起按中国人民银行同期企业贷款利率计算至本判决生效时止)。

2. 案件受理费人民币128,394元和财产保全费人民币100,520元由被告负担。

3. 驳回原告的其他诉讼请求。

1666. 如何认定公司怠于行使其到期债权?

怠于行使到期债权,系指公司既不要求债务人偿还其到期债务,又不以诉讼方式或者仲裁方式向其债务人主张其享有的具有金钱给付内容的到期债权,致使债权人的到期债权未能实现。

1667. 公司债权人提起代位权诉讼时,其行使代位权的请求数额可否超过公司所负债务的数额,或者超过公司的债务人对公司所负的债务数额?

不可以,对超出部分人民法院不予支持。

代位权诉讼的基础即是通过公司的债权人向公司的债务人主张债权,从而实现公司对其债务人的债权,因此对于公司债权人的诉讼数额应当同时以其享有的债权和公司享有的债权为限。

1668. 公司对其债务人享有的债权,超出公司债权人对其享有债权数额的,超出部分能否在代位权诉讼中一并主张?

如果公司在代位权诉讼中,对超过债权人请求数额的债权部分起诉其债务人清偿,应当向有管辖权的人民法院另行起诉。债务人的起诉符合法定条件的,人民法院即应当受理。受理债务人起诉的人民法院在代位权诉讼裁决发生法律效力以前,应当依法中止审理。

1669. 公司的债权人请求法院撤销公司放弃债权或转让财产的行为,应当以公司放弃或转让的全部财产为限,还是以债权人主张的部分为限?

应当就债权人主张的部分进行审理,依法撤销的,该行为自始无效。

第三节 关联交易的税务问题

一、关联交易特别纳税调整的一般性规定

1670. 关联企业之间的业务往来应如何进行税务处理?

(1)企业与其关联方共同开发、受让无形资产,或者共同提供、接受劳务发生的成本,在计算应纳税所得额时应当按照独立交易原则进行分摊。

①企业可以按照独立交易原则与其关联方分摊共同发生的成本,达成成本分摊协议。

②企业与其关联方分摊成本时,应当按照成本与预期收益相配比的原则进行分摊,并在税务机关规定的期限内,按照税务机关的要求报送有关资料。

③企业与其关联方分摊成本时违反税法的,其自行分摊的成本不得在计算应纳税所得额时扣除。

(2)企业与其关联方之间的业务往来,不符合独立交易原则而减少企业或者其关联方应纳税收入或者所得额的,税务机关有权按照合理方法调整。

所谓独立交易原则,是指没有关联关系的交易各方,按照公平成交价格和营业常规进行业务往来遵循的原则。

所谓合理方法,包括:

①可比非受控价格法,是指按照没有关联关系的交易各方进行相同或者类似业务往来的价格进行定价的方法;

②再销售价格法,是指按照从关联方购进商品再销售给没有关联关系的交易方的价格,减除相同或者类似业务的销售毛利进行定价的方法;

③成本加成法,是指按照成本加合理的费用和利润进行定价的方法;

④交易净利润法,是指按照没有关联关系的交易各方进行相同或者类似业务往来取得的净利润水平确定利润的方法;

⑤利润分割法,是指将企业与其关联方的合并利润或者亏损在各方之间采用合理标准进行分配的方法;

⑥其他符合独立交易原则的方法。

（3）企业可以向税务机关提出与其关联方之间业务往来的定价原则和计算方法，税务机关与企业协商、确认后，达成预约定价安排，即预约定价安排。

1671. 企业存在关联方交易，在进行财务处理时应注意哪些事项？

根据关联方披露准则要求，企业财务报表中应披露所有关联关系及其交易的相关信息，具体如下：

（1）只要存在关联关系，企业应当在财务报表附注中披露与该企业之间存在控制关系的母公司和子公司有关的信息，包括母公司与子公司的业务性质、注册地、注册资本或实收资本及其变化，以及母公司对该企业或者该企业对子公司的持股比例和表决权比例。在披露母公司名称时，母公司不是该企业最终控制方的，还应当披露企业集团内对该企业享有最终控制权均不对外提供财务报表的，还应当披露母公司之上与其最相近的对外提供财务报表的母公司名称。

（2）企业与关联方发生关联方交易的，应当在财务报表附注中披露该关联方关系的性质、交易类型与交易要素。

（3）关联方披露准则规定对外提供合并财务报表的，对于已经包含在合并范围内各企业之间的交易不予披露。

根据《国家税务总局关于企业向境外关联方支付费用有关企业所得税问题的公告》（2015年第16号）的规定，企业向境外关联方支付费用，应当符合独立交易原则，未按照独立交易原则向境外关联方支付的费用，税务机关可以进行调整。主管税务机关可以要求企业提供其与关联方签订的合同或者协议，以及证明交易真实发生并符合独立交易原则的相关资料备案。主管税务机关可以要求企业提供其与关联方签订的合同或者协议，以及证明交易真实发生并符合独立交易原则的相关资料备案。企业因接受境外关联方提供劳务而支付费用，该劳务应当能够使企业获得直接或者间接经济利益。企业因接受下列劳务而向境外关联方支付的费用，在计算企业应纳税所得额时不得扣除。（1）与企业承担功能风险或者经营无关的劳务活动；（2）关联方为保障企业直接或者间接投资方的投资利益，对企业实施的控制、管理和监督等劳务活动；（3）关联方提供的，企业已经向第三方购买或者已经自行实施的劳务活动；（4）企业虽由于附属于某个集团而获得额外收益，但并未接受集团内关联方实施的针对该企业的具体劳务活动；（5）已经在其他关联交易中获得补偿的劳务活动；（6）其他不能为企业带来直接或者间接经济利益的劳务活动。企业使用境外关联方提供的无形资产需支付特许权使用费的，应当考虑关联各方对该无形资产价值创造的贡献程度,确定各自应当享有的经济利益。企业向仅拥有无形资产法律所有权而未对其价值创造作出贡献的关联方支付特许权使用费,不符合独立交易原则的,在计算企业应纳税所得额时不得扣除。企业以融资上市为主要目的,在境外成立控股公司或者融资公司,因融资上市活动所产生的附带利益向境外关联方支付的特许权使用费,在计算企业应纳税所得额时不得扣除。企业向境外关联方支付费用不符合独立交易原则的,税务机关可以在该业务发生的纳税年度起10年内,实施特别纳税调整。

1672. 企业进行关联方业务往来税务处理时,应向税务机关提交哪些材料? 如不提供,税务机关将如何处理?

(1)企业向税务机关报送年度企业所得税纳税申报表时,应当就其与关联方之间的业务往来,附送年度关联业务往来报告表。

(2)企业应当在税务机关规定的期限内提供与关联业务往来有关的价格、费用的制定标准、计算方法和说明等资料。关联方以及与关联业务调查有关的其他企业应当在税务机关与其约定的期限内提供相关资料。

所谓相关资料,包括:

①与关联业务往来有关的价格、费用的制定标准、计算方法和说明等同期资料;

②关联业务往来所涉及的财产、财产使用权、劳务等的再销售(转让)价格或者最终销售(转让)价格的相关资料;

③与关联业务调查有关的其他企业应当提供的与被调查企业可比的产品价格、定价方式以及利润水平等资料;

④其他与关联业务往来有关的资料。

所谓与关联业务调查有关的其他企业,是指与被调查企业在生产经营内容和方式上相类似的企业。

(3)企业不提供与其关联方之间业务往来资料,或者提供虚假、不完整资料,未能真实反映其关联业务往来情况的,税务机关有权依法核定其应纳税所得额。核定方法如下:

①参照同类或者类似企业的利润率水平核定;

②按照企业成本加合理的费用和利润的方法核定;

③按照关联企业集团整体利润的合理比例核定;

④按照其他合理方法核定。

企业对税务机关按照上述方法核定的应纳税所得额有异议的,应当提供相关证据,经税务机关认定后,调整核定的应纳税所得额。

1673. 企业应当在税务机关规定的期限内按纳税年度准备、保存,并按税务机关要求提供其关联交易的同期资料,这些同期资料包括哪些?

同期资料主要包括五部分内容。

(1)组织结构

①企业所属的企业集团相关组织结构及股权结构;

②企业关联关系的年度变化情况;

③与企业发生交易的关联方信息,包括关联企业的名称、法定代表人、董事和经理等高级管理人员构成情况、注册地址及实际经营地址,以及关联个人的名称、国籍、居住地、家庭成员构成等情况,并注明对企业关联交易定价具有直接影响的关联方;

④各关联方适用的具有所得税性质的税种、税率及相应可享受的税收优惠。

(2)生产经营情况

①企业的业务概况,包括企业发展变化概况、所处的行业及发展概况、经营策略、产业政策、行业限制等影响企业和行业的主要经济和法律问题,集团产业链以及企业所处地位;

②企业的主营业务构成,主营业务收入及其占收入总额的比重,主营业务利润及其占利润总额的比重;

③企业所处的行业地位及相关市场竞争环境的分析;

④企业内部组织结构,企业及其关联方在关联交易中执行的功能、承担的风险以及使用的资产等相关信息,并参照填写《企业功能风险分析表》;

⑤企业集团合并财务报表,可视企业集团会计年度情况延期准备,但最迟不得超过关联交易发生次年年度的12月31日。

(3)关联交易情况

①关联交易类型、参与方、时间、金额、结算货币、交易条件等;

②关联交易所采用的贸易方式、年度变化情况及其理由;

③关联交易的业务流程,包括各个环节的信息流、物流和资金流,与非关联交易业务流程的异同;

④关联交易所涉及的无形资产及其对定价的影响;

⑤与关联交易相关的合同或协议副本及其履行情况的说明;

⑥对影响关联交易定价的主要经济和法律因素的分析;

⑦关联交易和非关联交易的收入、成本、费用和利润的划分情况,不能直接划

分的,按照合理比例划分,说明确定该划分比例的理由,并参照填写《企业年度关联交易财务状况分析表》。

(4)可比性分析

①可比性分析所考虑的因素,包括交易资产或劳务特性、交易各方功能和风险、合同条款、经济环境、经营策略等;

②可比企业执行的功能、承担的风险以及使用的资产等相关信息;

③可比交易的说明,如:有形资产的物理特性、质量及其效用,融资业务的正常利率水平、金额、币种、期限、担保、融资人的资信、还款方式、计息方法等,劳务的性质与程度,无形资产的类型及交易形式,通过交易获得的使用无形资产的权利,使用无形资产获得的收益;

④可比信息来源、选择条件及理由;

⑤可比数据的差异调整及理由。

(5)转让定价方法的选择和使用

①转让定价方法的选用及理由。企业选择利润法时,需说明对企业集团整体利润或剩余利润水平所做的贡献;

②可比信息如何支持所选用的转让定价方法;

③确定可比非关联交易价格或利润的过程中所做的假设和判断;

④运用合理的转让定价方法和可比性分析结果,确定可比非关联交易价格或利润以及遵循独立交易原则的说明;

⑤其他支持所选转让定价方法的资料。

1674. 什么情况下可免于准备同期资料?

属于下列情形之一的企业,可免于准备同期资料:

(1)年度发生的关联购销金额(来料加工业务按年度进出口报关价格计算)在2亿元人民币以下且其他关联交易金额(关联融通资金按利息收付金额计算)在4000万元人民币以下,上述金额不包括企业在年度内执行成本分摊协议或预约定价安排所涉及的关联交易金额;

(2)关联交易属于执行预约定价安排所涉及的范围;

(3)外资股份低于50%且仅与境内关联方发生关联交易。

1675. 企业提供同期资料的时间、形式以及保存要求有哪些?

(1)企业应在关联交易发生年度的次年5月31日之前准备完毕该年度同期资料,并自税务机关要求之日起20日内提供。企业因不可抗力无法按期提供同期资料的,应在不可抗力消除后20日内提供同期资料。

（2）企业按照税务机关要求提供的同期资料，需加盖公章，并由法定代表人或法定代表人授权的代表签字或盖章。同期资料涉及引用的信息资料，应标明出处来源。

（3）企业因合并、分立等原因变更或注销税务登记的，应由合并、分立后的企业保存同期资料。

（4）同期资料应使用中文。如原始资料为外文的，应附送中文副本。

（5）同期资料应自企业关联交易发生年度的次年6月1日起保存10年。

1676. 纳税人与其关联企业之间的业务往来存在哪些情形，税务机关可以调整其应纳税额？

有下列情形之一的，税务机关可以调整其应纳税额：

（1）购销业务未按照独立企业之间的业务往来作价；

（2）融通资金所支付或者收取的利息超过或者低于没有关联关系的企业之间所能同意的数额，或者利率超过或者低于同类业务的正常利率；

（3）提供劳务，未按照独立企业之间业务往来收取或者支付劳务费用；

（4）转让财产、提供财产使用权等业务往来，未按照独立企业之间业务往来作价或者收取、支付费用；

（5）未按照独立企业之间业务往来作价的其他情形。

1677. 纳税人与其关联企业未按照独立企业之间的业务往来支付价款、费用的，税务机关在多长时间内可以进行调整？

税务机关自该业务往来发生的纳税年度起3年内进行调整；有特殊情况的，可以自该业务往来发生的纳税年度起10年内进行调整。

1678. 税务机关在进行关联业务调查时，企业及其关联方，以及与关联业务调查有关的其他企业，应当提交哪些资料？

相关资料包括以下内容：

（1）与关联业务往来有关的价格、费用的制定标准、计算方法和说明等同期资料；

（2）关联业务往来所涉及的财产、财产使用权、劳务等再销售（转让）价格或者最终销售（转让）价格的相关资料；

（3）与关联业务调查有关的其他企业应当提供的与被调查企业可比的产品价格、定价方式以及利润水平等资料；

（4）其他与关联业务往来有关的资料。

其中，与关联业务调查有关的其他企业，是指与被调查企业在生产经营内容和方式上相类似的企业。

1679. 实行查账征收的居民企业和在中国境内设立机构、场所并据实申报缴纳企业所得税的非居民企业向税务机关报送年度企业所得税纳税申报表时,应同时提交哪些报表?

应附送《企业年度关联业务往来报告表》,包括《关联关系表》《关联交易汇总表》《购销表》《劳务表》《无形资产表》《固定资产表》《融通资金表》《对外投资情况表》和《对外支付款项情况表》。

1680. 对于关联交易的各方应如何消除双重征税?

关联交易一方被实施转让定价调查调整的,应允许另一方做相应调整,以消除双重征税。相应调整涉及税收协定国家(地区)关联方的,经企业申请,国家税务总局与税收协定缔约对方税务主管当局根据税收协定有关相互协商程序的规定开展磋商谈判。

1681. 企业作出特别纳税调整的,税务机关对2008年1月1日以后发生交易补征的企业所得税税款如何处理?

应按日加收利息。具体如下:

(1)计息期间自税款所属纳税年度的次年6月1日起至补缴(预缴)税款入库之日止;

(2)利息率按照税款所属纳税年度12月31日实行的与补税期间同期的中国人民银行人民币贷款基准利率(本问中以下简称基准利率)加5个百分点计算,并按一年365天折算日利息率;

(3)企业按照规定提供同期资料和其他相关资料的,或者符合免于准备同期资料但根据税务机关要求提供其他相关资料的,可以只按基准利率计算加收利息,企业按照规定免于准备同期资料,但经税务机关调查,其实际关联交易额达到必须准备同期资料的标准的,税务机关对补征税款加收利息,适用第(2)项规定;

(4)按照上述规定加收的利息,不得在计算应纳税所得额时扣除。

1682. 企业在税务机关作出特别纳税调整决定前后,对应缴纳的税款及利息应如何处理?

处理方式如下:

(1)企业在税务机关作出特别纳税调整决定前预缴税款的,收到调整补税通知书后补缴税款时,按照应补缴税款所属年度的先后顺序确定已预缴税款的所属年度,以预缴入库日为截止日,分别计算应加收的利息额;

（2）企业对特别纳税调整应补征的税款及利息，应在税务机关调整通知书规定的期限内缴纳入库。企业有特殊困难，不能按期缴纳税款的，应依照征管法及其实施细则有关规定办理延期缴纳税款。逾期不申请延期又不缴纳税款的，税务机关除责令限期缴纳外，从滞纳税款之日起，按日加收滞纳税款万分之五的滞纳金。

二、转让定价管理

1683. 进行可比性分析选用合理的转让定价方法时应考虑哪些因素？

可比性分析因素主要包括以下五方面：

（1）交易资产或劳务特性，主要包括：有形资产的物理特性、质量、数量等，劳务的性质和范围，无形资产的类型、交易形式、期限、范围、预期收益等。

（2）交易各方功能和风险，功能主要包括：研发、设计、采购、加工、装配、制造、存货管理、分销、售后服务、广告、运输、仓储、融资、财务、会计、法律及人力资源管理等，在比较功能时，应关注企业为发挥功能所使用资产的相似程度；风险主要包括：研发风险、采购风险、生产风险、分销风险、市场推广风险、管理及财务风险等。

（3）合同条款，主要包括：交易标的、交易数量、价格、收付款方式和条件，交货条件、售后服务范围和条件，提供附加劳务的约定，变更、修改合同内容的权利，合同有效期，终止或续签合同的权利。

（4）经济环境，主要包括：行业概况、地理区域、市场规模、市场层级、市场占有率、市场竞争程度、消费者购买力、商品或劳务可替代性、生产要素价格、运输成本、政府管制等。

（5）经营策略，主要包括：创新和开发策略，多元化经营策略，风险规避策略，市场占有策略等。

【案例576】税务局转让定价企业补税243万元[①]

基本案情：

（1）纳税人概况。

K公司是外商独资企业，成立于1998年12月，其投资方：（英属维尔京群岛）A公司出资额100%，经营期限15年，注册资本：港币3000万元，主要经营范围：

---

① 参见广东省地方税务局网 http://123662.gov.cn，2012年9月6日访问。

灯具及其配件、灯具压塑件、镇流器、灯泡包装。主要销售市场是美国,产品100%外销。税收优惠:2000年开始获利,2000年至2004年是其"两免三减半"税收优惠执行时期。

(2)关联关系及关联交易情况。

①关联关系。如表24-1所示:

表24-1

关联企业	关联关系认定
(英属维尔京群岛) A公司	该公司直接持有K公司的股份100%。 K公司生产经营购进的原材料、零配件等(包括价格和交易条件等)是由A公司所控制的,A公司是K公司外购对象
(英属维尔京群岛) B公司	K公司生产的产品或商品的销售(包括价格和交易条件等)是由B公司所控制的,B公司是K公司外销对象。 K公司董事或经理等高级管理人员一半以上是由B公司委派的

注:B公司的负责人与A公司的负责人是兄弟关系,B公司和A公司之间亦构成关联关系。

②关联交易。

K公司主要生产灯泡、灯具及其配件,如枝形吊灯、电灯、卤钨灯、其他照明产品、塑胶制品,还包括部分非工业用钢铁制品。

K公司生产中主要使用的原材料有:非锻轧铝合金、非锻轧锌合金、纯铝制矩形的板、卤钨灯、聚酯油漆、变压器、插头、插座、塑料介质电容、片式纸质介质电容、电感器、放电灯管、电导体、玻璃制品、塑料制零件、打火器等。

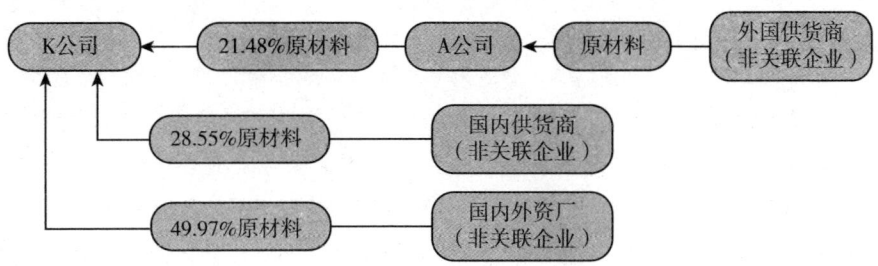

图24-1 原材料购进流程

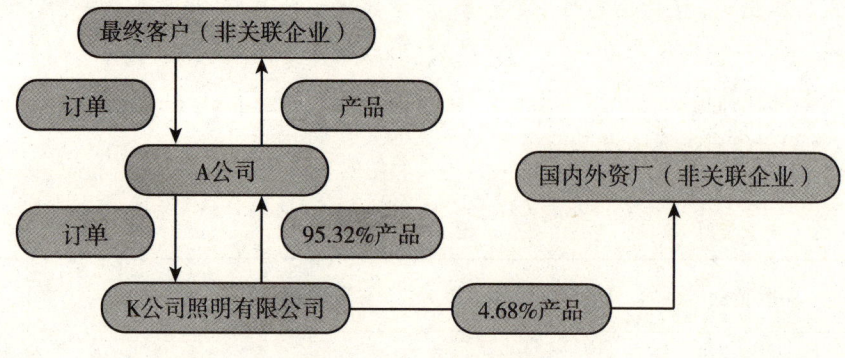

图 24-2 产品销售流程

上述三个公司均不拥有行业领先的技术专利。

(3) 审计发现疑点。

① 利润率明显偏低。

K 公司的税前利润率和息税前利润率均明显较低,1999 年亏损,2000 年后历年处于微利状态。而 K 公司投资方 A 公司在 K 公司利润率很低的情况下,仍不断追加投资,K 公司的利润率并没有跟随销售额的明显上升有匹配的增长。

② 毛利率低,产品销售成本占销售收入比重过高。

以 2004 年为例,中国灯具行业的产品销售成本比例为 84.8%,而 K 公司是 94.59%,高出近 10 个百分点。

③ 违背独立公平交易原则。

K 公司的产品由关联企业单方定价,该公司的产品入账价格为海关核定的价格,产品归类笼统,不能真实反映企业实际经营情况,具有关联企业控制的特征,这违背独立公平交易原则。

(4) 产品的功能、风险分析。

K 公司是一家功能相对单一的进料加工商,根据合同订单生产,其职能和承担的风险相对较少。A 公司主要职能:主要承担投资管理的责任,以及对外采购 K 公司生产所需的部分原材料。B 公司主要职能:主要负责 K 公司国际市场订单承接、销售、送货、专利及商标管理、产品研究开发、市场推广,并向 K 公司提供关键技术人员、对 K 公司进行生产指导。承担存货积压风险、货物运输风险、信用/坏账风险、研发风险、汇兑风险、商标侵权风险等。

上述职能风险分析可知,K 公司在关联交易中的主要角色是一个合同加工商,其所承担的职能和风险相对较低,应获得相对低但稳定的利润。

税务局观点：

1. 经调查取证，认为K公司所处行业处于发展壮大的状态，其利润水平不应太低。

2. 其企业产品的定价方法已经确认。

(1) 进口原材料定价流程：大部分原材料是A公司向国外非关联方购进，再按外经委备案登记的合营企业进出口合同价销售给K公司。

(2) 产品销售定价流程：K公司按外经委拟订价将产品销售给B公司，B公司再按接订单时客户确认价销售给购买方。

另外，K公司提供了2005年两种产品B公司再销售的价格资料说明。一种产品在海关报关单上的名称为草地灯，海关单价为10.31元/公斤；B公司将该产品卖出时以10.42元/公斤卖给客户。另一种产品在海关报关单上的名称为草地灯，海关单价为9.21元/公斤；B公司将该产品卖出时以8.59元/公斤卖给客户。

可知，K公司以海关核定价格入账，而且产品归类和计量单位笼统，与实际再销售时的归类、计量单位有异。K公司的产品入账价格不是按市场价格定价，违背独立公平交易原则。

税务局调整方案：

1. 选取转让定价方案。

由于K公司生产的主要产品是灯泡、灯具及其配件，如枝形吊灯、电灯、卤钨灯、其他照明产品、塑胶制品，还包括部分非工业用钢铁制品，产品的型号、规格、款式较多，有时会根据客户的需要生产，所以每年生产的产品上百种、每年的产品也随着客户的需求而有所不同。

另外，企业的进口原材料以"公斤"为核算单位，而根据海关的要求，产成品的出口也以"公斤"为核算单位，究竟每公斤产品里含多少个灯泡、灯具或配件，每批都不一样。

基于上述原因，很难在市场上寻找可比的产品和调查其产品的市场价格，故从寻找可比企业的角度去考虑，首先进行转让定价方法的选取。

(1) 转让定价调整的方法。

①可比非受控价格法，该法不适用于评估K公司产品出口销售的盈利能力，K公司的产品均是外销，每年的无关联转厂销售额不到全年销售比例的5%，而且销售的产品各异，种类、型号多样，不存在可比性交易。

②再销售价格法，该法不适用，因为K公司是一个不具有分销功能的生产性企业。因此，该法也不适合用来衡量它的盈利能力。

③成本加成法,该方法不适用,因为K公司在中国也没有从事第三方的合同制造业务,不存在内部可比交易。

④交易净利润率定价法,交易净利润率定价法是一个基于利润的定价法,此方法衡量一个受控制交易的价格和利润水平是否合理,而评估的参照方是指第三方纳税人在相似环境下从事类似的商业活动的利润水平。

与以交易为基础的可比非受控价格方法不同,交易净利润率定价法利用具有功能可比性的企业的经营利润率或总成本加成率来衡量受控制交易的利润水平,因此此类方法只需对可比的独立企业的利润或者经营利润进行分析,而无须对特定的第三方非受控交易进行可比性的分析和确认。

从以上分析得出,交易净利润率定价法是评估受控交易的最佳方法,采用交易净利润率定价法来制定指导性的利润标准,计算其在受控交易中的合理的转让定价。

(2) 同行业利润水平分析。

K公司是一家主要从事灯具、灯泡生产,具有产品外观、结构设计功能的加工制造型企业,根据交易净利润率法的要求,在国家税务总局提供的全球上市公司数据库(OSIRIS)中筛选出提供与K公司类似功能、承担类似风险的可比企业。

通过查找,在数据库中选定了16家亚太区可比企业。

上述可得,K公司可比企业的行业利润水平2000年至2005年的中值水平分别为4.535%、4.425%、4.880%、5.355%、6.675%、8.040%。

参照亚太地区同行业利润水平,结合K公司的职能、风险、实际的生产经营状况及行业的经济环境,税务机关认为K公司2000年至2005年合理的利润水平为行业利润中值水平。

2. 谈判过程。

企业提出公司生产是按订单生产,受母公司控制,利润不可能太高,提出利润率为4%左右。

税务机关提出该企业本身虽然是受控公司,但应按照独立公平交易原则定价,而且同行业水平也正反映了整个行业的向上发展趋势。

最后,经双方充分谈判磋商,最终双方达成一致意见,确定K公司2000年至2005年的完全成本加成率分别为4.535%、4.425%、4.880%、5.355%、6.675%、8.040%,6年共调增应纳税所得额23,617,604.43元。

案件处理结果:

K公司补缴了外商投资企业所得税243万元。

1684. 以可比性受控价格法确定关联交易的公平成交价格应考察哪些事项?

可比非受控价格法以非关联方之间进行的与关联交易相同或类似业务活动所收取的价格作为关联交易的公平成交价格。可比性分析应特别考察关联交易与非关联交易在交易资产或劳务的特性、合同条款及经济环境上的差异,按照不同交易类型具体包括如下内容:

(1)有形资产的购销或转让:

①购销或转让过程,包括交易的时间与地点、交货条件、交货手续、支付条件、交易数量、售后服务的时间和地点等;

②购销或转让环节,包括出厂环节、批发环节、零售环节、出口环节等;

③购销或转让货物,包括品名、品牌、规格、型号、性能、结构、外形、包装等;

④购销或转让环境,包括民族风俗、消费者偏好、政局稳定程度以及财政、税收、外汇政策等。

(2)有形资产的使用:

①资产的性能、规格、型号、结构、类型、折旧方法;

②提供使用权的时间、期限、地点;

③资产所有者对资产的投资支出、维修费用等。

(3)无形资产的转让和使用:

①无形资产的类别、用途、适用行业、预期收益;

②无形资产的开发投资、转让条件、独占程度、受有关国家法律保护的程度及期限、受让成本和费用、功能风险情况、可替代性等。

(4)融通资金:融资的金额、币种、期限、担保、融资人的资信、还款方式、计息方法等;

(5)提供劳务:业务性质、技术要求、专业水准、承担责任、付款条件和方式、直接和间接成本等。

关联交易与非关联交易之间在以上方面存在重大差异的,应就该差异对价格的影响进行合理调整;无法合理调整的,应选择其他合理的转让定价方法。

可比非受控价格法可以适用于所有类型的关联交易。

1685. 如何以再销售价格法计算关联交易的公平成交价格?该方法适合哪些交易行为?可比性分析应考察哪些事项?

(1)再销售价格法以关联方购进商品再销售给非关联方的价格减去可比非关联交易毛利后的金额作为关联方购进商品的公平成交价格。

计算公式如下:

公平成交价格 = 再销售给非关联方的价格 × (1 - 可比非关联交易毛利率)

可比非关联交易毛利率 = 可比非关联交易毛利 ÷ 可比非关联交易收入净额 × 100%

(2) 再销售价格法通常适合于再销售者未对商品进行改变外形、性能、结构或更换商标等实质性增值加工的简单加工或单纯购销业务。

(3) 可比性分析应特别考察关联交易与非关联交易在功能风险及合同条款上的差异以及影响毛利率的其他因素,具体包括销售、广告及服务功能,存货风险,机器、设备的价值及使用年限,无形资产的使用及价值,批发或零售环节,商业经验,会计处理及管理效率等。

关联交易与非关联交易之间在以上方面存在重大差异的,应就该差异对毛利率的影响进行合理调整,无法合理调整的,应选择其他合理的转让定价方法。

1686. 如何以成本加成法计算公平成交价格?该方法适合哪些交易行为?可比性分析应考察哪些事项?

(1) 成本加成法以关联交易发生的合理成本加上可比非关联交易毛利作为关联交易的公平成交价格。其计算公式如下:

公平成交价格 = 关联交易的合理成本 × (1 + 可比非关联交易成本加成率)

可比非关联交易成本加成率 = 可比非关联交易毛利 ÷ 可比非关联交易成本 × 100%

(2) 成本加成法通常适用于有形资产的购销、转让和使用,劳务提供或资金融通的关联交易。

(3) 可比性分析应特别考察关联交易与非关联交易在功能风险及合同条款上的差异以及影响成本加成率的其他因素,具体包括制造、加工、安装及测试功能,市场及汇兑风险,机器、设备的价值及使用年限,无形资产的使用及价值,商业经验,会计处理及管理效率等。

关联交易与非关联交易之间在以上方面存在重大差异的,应就该差异对成本加成率的影响进行合理调整,无法合理调整的,应选择其他合理的转让定价方法。

1687. 如何以交易净利润法确定关联交易的公平成交价格?该方法适合哪些交易行为?可比性分析应考察哪些事项?

(1) 交易净利润法以可比非关联交易的利润率指标确定关联交易的净利润。利润率指标包括资产收益率、销售利润率、完全成本加成率、贝里比率等。

(2) 交易净利润法通常适用于有形资产的购销、转让和使用,无形资产的转让和使用以及劳务提供等关联交易。

(3) 可比性分析应特别考察关联交易与非关联交易之间在功能风险及经济环境上的差异以及影响营业利润的其他因素,具体包括执行功能、承担风险和使用资产,行业和市场情况,经营规模,经济周期和产品生命周期,成本、费用、所得和资产在各交易间的分摊,会计处理及经营管理效率等。

关联交易与非关联交易之间在以上方面存在重大差异的,应就该差异对营业利润的影响进行合理调整;无法合理调整的,应选择其他合理的转让定价方法。

1688. 利润分割法有哪些类型？该方法适合哪些交易行为？可比性分析应考察哪些事项？

(1)利润分割法根据企业与其关联方对关联交易合并利润的贡献计算各自应该分配的利润额。利润分割法分为一般利润分割法和剩余利润分割法。

一般利润分割法根据关联交易各参与方所执行的功能、承担的风险以及使用的资产,确定各自应取得的利润。

剩余利润分割法将关联交易各参与方的合并利润减去分配给各方的常规利润的余额作为剩余利润,再根据各方对剩余利润的贡献程度进行分配。

(2)利润分割法通常适用于各参与方关联交易高度整合且难以单独评估各方交易结果的情况。

(3)可比性分析应特别考察交易各方执行的功能、承担的风险和使用的资产,成本、费用、所得和资产在各交易方之间的分摊,会计处理,确定交易各方对剩余利润贡献所使用信息和假设条件的可靠性等。

1689. 税务机关会重点对哪些企业进行转让定价调查？

税务机关有权依据税收征管法及其实施细则有关税务检查的规定,确定调查企业,进行转让定价调查、调整。被调查企业必须据实报告其关联交易情况,并提供相关资料,不得拒绝或隐瞒。

实际税负相同的境内关联方之间的交易,只要该交易没有直接或间接导致国家总体税收收入的减少,原则上不做转让定价调查、调整。

转让定价调查,应重点选择以下企业：

(1)关联交易数额较大或类型较多的企业；

(2)长期亏损、微利或跳跃性盈利的企业；

(3)低于同行业利润水平的企业；

(4)利润水平与其所承担的功能风险明显不相匹配的企业；

(5)与避税港关联方发生业务往来的企业；

(6)未按规定进行关联申报或准备同期资料的企业；

(7)其他明显违背独立交易原则的企业。

1690. 税务机关对已确定的调查对象实施现场调查,应注意哪些事项?

注意事项有以下方面:

(1)现场调查人员需2名以上;

(2)现场调查时调查人员应出示《税务检查证》,并送达《税务检查通知书》;

(3)现场调查可根据需要依照法定程序采取询问、调取账簿资料和实地核查等方式;

(4)询问当事人应有专人记录《询问(调查)笔录》,并告知当事人不如实提供情况应当承担的法律责任。《询问(调查)笔录》应交当事人核对确认;

(5)需调取账簿及有关资料的,应填制《调取账簿资料通知书》、《调取账簿资料清单》,办理有关法定手续,调取的账簿、记账凭证等资料,应妥善保管,并按法定时限如数退还;

(6)实地核查过程中发现的问题和情况,由调查人员填写《询问(调查)笔录》。《询问(调查)笔录》应由2名以上调查人员签字,并根据需要由被调查企业核对确认,若被调查企业拒绝,可由2名以上调查人员签认备案;

(7)可以以记录、录音、录像、照相和复制的方式索取与案件有关的资料,但必须注明原件的保存方及出处,由原件保存或提供方核对签注"与原件核对无误"字样,并盖章或押印;

(8)需要证人作证的,应事先告知证人不如实提供情况应当承担的法律责任。证人的证言材料应由本人签字或押印。

1691. 税务机关在实施转让定价调查,要求企业提交相关材料时,企业应注意哪些事项?

税务机关在实施转让定价调查时,有权要求企业及其关联方,以及与关联业务调查有关的其他企业(以下简称可比企业)提供相关资料,并送达《税务事项通知书》:

(1)企业应在《税务事项通知书》规定的期限内提供相关资料,因特殊情况不能按期提供的,应向税务机关提交书面延期申请,经批准,可以延期提供,但最长不得超过30日。税务机关应自收到企业延期申请之日起15日内函复,逾期未函复的,视同税务机关已同意企业的延期申请。

(2)企业的关联方以及可比企业应在与税务机关约定的期限内提供相关资料,约定期限一般不应超过60日。

企业、关联方及可比企业应按税务机关要求提供真实、完整的相关资料。

1692. 税务机关核实企业申报信息时,应注意哪些事项?

(1)税务机关应要求企业填制《企业可比性因素分析表》。

（2）税务机关在企业关联申报和提供资料的基础上，填制《企业关联关系认定表》《企业关联交易认定表》和《企业可比性因素分析认定表》，并由被调查企业核对确认。

（3）转让定价调查涉及向关联方和可比企业调查取证的，税务机关向企业送达《税务检查通知书》，进行调查取证。

（4）税务机关审核企业、关联方及可比企业提供的相关资料，可采用现场调查、发函协查和查阅公开信息等方式核实。需取得境外有关资料的，可按有关规定启动税收协定的情报交换程序，或通过我驻外机构调查收集有关信息。涉及境外关联方的相关资料，税务机关也可要求企业提供公证机构的证明。

（5）税务机关在选用转让定价方法分析、评估企业关联交易是否符合独立交易原则时，可以使用公开信息资料，也可以使用非公开信息资料。

1693. 税务机关在进行关联交易可比性分析时，应注意哪些事项？

税务机关应注意如下事项：

（1）税务机关分析、评估企业关联交易时，因企业与可比企业营运资本占用不同而对营业利润产生的差异原则上不做调整。确需调整的，需层报国家税务总局批准。

（2）按照关联方订单从事加工制造，不承担经营决策、产品研发、销售等功能的企业，不应承担由于决策失误、开工不足、产品滞销等原因带来的风险和损失，通常应保持一定的利润率水平。对出现亏损的企业，税务机关应在经济分析的基础上，选择适当的可比价格或可比企业，确定企业的利润水平。

（3）企业与关联方之间收取价款与支付价款的交易相互抵销的，税务机关在可比性分析和纳税调整时，原则上应还原抵消交易。

（4）税务机关采用四分位法分析、评估企业利润水平时，企业利润水平低于可比企业利润率区间中位值的，原则上应按照不低于中位值进行调整。

1694. 企业关联交易不符合独立交易原则，税务机关应如何实施转让定价纳税调整？

（1）经调查，企业关联交易符合独立交易原则的，税务机关应作出转让定价调查结论，并向企业送达《特别纳税调查结论通知书》。

（2）经调查，企业关联交易不符合独立交易原则而减少其应纳税收入或者所得额的，税务机关应按以下程序实施转让定价纳税调整：

①在测算、论证和可比性分析的基础上，拟定特别纳税调查初步调整方案；

②根据初步调整方案与企业协商谈判，税企双方均应指定主谈人，调查人员

应做好《协商内容记录》,并由双方主谈人签字确认,若企业拒签,可由2名以上调查人员签认备案;

③企业对初步调整方案有异议的,应在税务机关规定的期限内进一步提供相关资料,税务机关收到资料后,应认真审核,并及时作出审议决定;

④根据审议决定,向企业送达《特别纳税调查初步调整通知书》,企业对初步调整意见有异议的,应自收到通知书之日起7日内书面提出,税务机关收到企业意见后,应再次协商审议;企业逾期未提出异议的,视为同意初步调整意见;

⑤确定最终调整方案,向企业送达《特别纳税调查调整通知书》。

【案例577】低价转让股权　被重调股权价值①

基本案情:

A公司是一家在某市成立的外商投资企业,经营范围是生产和销售精冲模、精密性腔模、模具标准件、电子元件。2010年,新加坡公司将其持有的A公司25%的股权转让给其关联企业香港S公司,转让价格为1美元(见图24-3)。

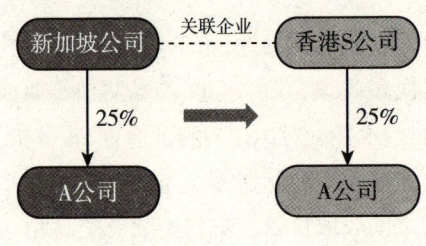

图24-3

争议焦点:

非居民关联企业间转让境内公司股权,也应遵循独立交易原则。对于作价明显偏低的股权转让,税务机关在进行调整时要综合考虑多种因素,确定调整方法。

案件处理:

1. 案头分析——股权转让信息的收集及分析

税务机关首先是收集信息,取得A公司历年的财务报表、验资报告、评估报告及《股权转让协议》等,尽可能地多收集一些对调整股权转让价格有利的资料及

---

① 参见国家税务总局国际税务司编著:《非居民企业税收管理案例集》,中国税务出版社2012年版,第145页。

数据,然后,通过分析企业近3年的销售收入、所有者权益、会计利润等数据同比增长情况,为确定股权转让价格的调整方法作参考。

企业近3年的财务报表反映:①2008~2010年的销售收入比上年同期分别增长68.56%、72.95%、67.32%;②2008~2010年的所有者权益比上年同期分别增长55.26%、42.35%、17.58%;③2008~2010年的会计利润比上年同期分别增长100%、159.48%、32.34%(如图24-4所示)。

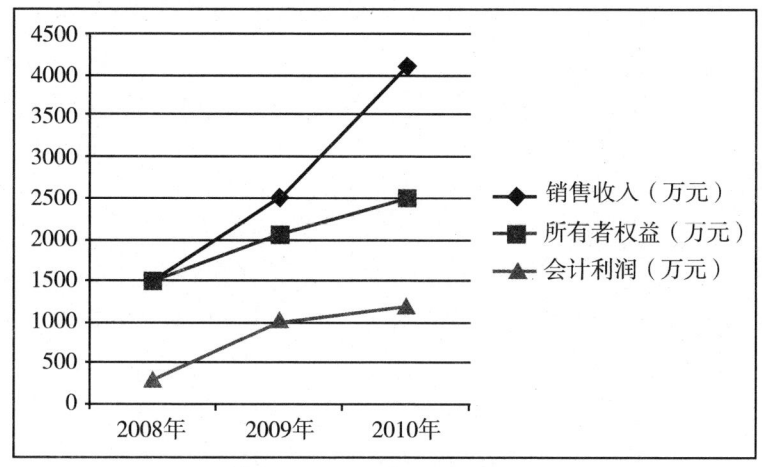

图24-4　公司近三年的财务数据

从图24-4中可以看出,该企业销售收入、所有者权益、会计利润都呈逐年增长态势,数据的分析为下一步价值评估方法的选取提供数据支持。

2. 实地调查取证

税务机关对被转让股权企业的规模、净资产及实际生产能力等相关情况进行实地调查,同时充分考虑被转让股权企业的预期收益能力、行业前景。A公司的产品与同行业比较,无论是质量还是技术含量都具有一定的市场竞争优势,同时也是几大国际品牌个别模具及配件的指定生产商,今后还将加大对模具研发机构的投入以及增购固定资产,预期收益很乐观。

3. 股权转让价格调整方法的选取

税务机关根据被转让股权企业的相关数据及经营规模、生产能力、盈利能力等有关情况,决定采取收益法作为评估调整的方法,初步确认了该企业股权转让公允价格。

4. 与外方谈判

税务机关多次约谈被转让股权企业,通过其向新加坡公司传递相关信息。新加坡公司一开始并不认同税务机关的调整方法,并以各种理由企图来压低公允价值。

处理结果:

新加坡公司最终认可了税务机关确定的调整方法,共调增应纳税所得额384.51万元,补征税款38.45万元。

1695. 税务机关对企业实施转让定价纳税调整后,应实施哪些后续监管措施?

应自企业被调整的最后年度的下一年度起5年内实施跟踪管理。在跟踪管理期内,企业应在跟踪年度的次年6月20日之前向税务机关提供跟踪年度的同期资料,税务机关根据同期资料和纳税申报资料重点分析、评估以下内容:

(1)企业投资、经营状况及其变化情况;

(2)企业纳税申报额变化情况;

(3)企业经营成果变化情况;

(4)关联交易变化情况等。

税务机关在跟踪管理期内发现企业转让定价异常等情况,应及时与企业沟通,要求企业自行调整,或按照规定开展转让定价调查调整。

1696. 企业或其关联方应自何时起进行转让定价调整?

企业应自企业或其关联方收到转让定价调整通知书之日起3年内提出相应调整的申请,超过3年的,税务机关不予受理。

1697. 税务机关对企业实施转让定价调整,涉及企业向境外关联方支付利息、租金、特许权使用费等已扣缴的税款的,应如何处理?

不再做相应调整。

1698. 涉及税收协定国家(地区)关联方的转让定价相应调整,企业应如何处理?

企业应同时向国家税务总局和主管税务机关提出书面申请,报送《启动相互协商程序申请书》,并提供企业或其关联方被转让定价调整的通知书复印件等有关资料。

三、预约定价安排管理

1699. 预约定价安排的程序如何?

(1)企业正式申请谈签预约定价安排前,应向税务机关书面提出谈签意向,税务机关可以根据企业的书面要求,与企业就预约定价安排的相关内容及达成预约定价安排的可行性开展预备会谈,并填制《预约定价安排会谈记录》。预备会谈可以采用匿名的方式。

(2)预备会谈达成一致意见的,税务机关应自达成一致意见之日起15日内书面通知企业,可以就预约定价安排相关事宜进行正式谈判,并向企业送达《预约定价安排正式会谈通知书》;预备会谈不能达成一致意见的,税务机关应自最后一次预备会谈结束之日起15日内书面通知企业,向企业送达《拒绝企业申请预约定价安排通知书》,拒绝企业申请预约定价安排,并说明理由。

(3)企业应在接到税务机关正式会谈通知之日起3个月内,向税务机关提出预约定价安排书面申请报告,并报送《预约定价安排正式申请书》。企业申请双边或多边预约定价安排的,应将《预约定价安排正式申请书》和《启动相互协商程序申请书》同时报送国家税务总局和主管税务机关。

(4)税务机关应自收到企业提交的预约定价安排正式书面申请及所需文件、资料之日起5个月内,进行审核和评估。根据审核和评估的具体情况可要求企业补充提供有关资料,形成审核评估结论。

(5)税务机关应自单边预约定价安排形成审核评估结论之日起30日内,与企业进行预约定价安排磋商,磋商达成一致的,应将预约定价安排草案和审核评估报告一并层报国家税务总局审定。

(6)国家税务总局与税收协定缔约对方税务主管当局开展双边或多边预约定价安排的磋商,磋商达成一致的,根据磋商备忘录拟定预约定价安排草案。

(7)税务机关与企业就单边预约定价安排草案内容达成一致后,双方的法定代表人或法定代表人授权的代表正式签订单边预约定价安排。国家税务总局与税收协定缔约对方税务主管当局就双边或多边预约定价安排草案内容达成一致后,双方或多方税务主管当局授权的代表正式签订双边或多边预约定价安排。主管税务机关根据双边或多边预约定价安排与企业签订《双边(多边)预约定价安排执行协议书》。

(8)在预约定价安排正式谈判后和预约定价安排签订前,税务机关和企业均可暂停、终止谈判。涉及双边或多边预约定价安排的,经缔约各方税务主管当局协商,可暂停、终止谈判。终止谈判的,双方应将谈判中相互提供的全部资料退还给对方。

(9)税务机关应建立监控管理制度,监控预约定价安排的执行情况。

(10)税务机关应在与企业正式签订单边预约定价安排或双边或多边预约定价安排执行协议书后10日内,以及预约定价安排执行中发生修订、终止等情况后

20日内,将单边预约定价安排正式文本、双边或多边预约定价安排执行协议书以及安排变动情况的说明层报国家税务总局备案。

1700. 预约定价安排申请应向何税务机关提交?

预约定价安排应由设区的市、自治州以上的税务机关受理。

1701. 预约定价安排适用于哪些企业?

预约定价安排一般适用于同时满足以下条件的企业:

(1)年度发生的关联交易金额在4000万元人民币以上;

(2)依法履行关联申报义务;

(3)按规定准备、保存和提供同期资料。

1702. 预约定价安排适用于哪些时期的关联交易?

(1)预约定价安排适用于自企业提交正式书面申请年度的次年起3~5个连续年度的关联交易。

(2)预约定价安排的谈签不影响税务机关对企业提交预约定价安排正式书面申请当年或以前年度关联交易的转让定价调查调整。

(3)如果企业申请当年或以前年度的关联交易与预约定价安排适用年度相同或类似,经企业申请,税务机关批准,可将预约定价安排确定的定价原则和计算方法适用于申请当年或以前年度关联交易的评估和调整。

1703. 企业申请预约定价安排的,应当提交哪些材料?

(1)企业申请单边预约定价安排的,应向税务机关书面提出谈签意向。在预备会谈期间,企业应当提供下列资料:

①安排的适用年度;

②安排涉及的关联方及关联交易;

③企业以前年度生产经营情况;

④安排涉及各关联方功能和风险的说明;

⑤是否应用安排确定的方法解决以前年度的转让定价问题;

⑥其他需要说明的情况。

(2)企业申请双边或多边预约定价安排的,应同时向国家税务总局和主管税务机关书面提出谈签意向,国家税务总局组织与企业开展预备会谈,预备会谈的内容除本问第(1)条外,还应特别包括:

①向税收协定缔约对方税务主管当局提出预备会谈申请的情况;

②安排涉及的关联方以前年度生产经营情况及关联交易情况;

③向税收协定缔约对方税务主管当局提出的预约定价安排拟采用的定价原

则和计算方法。

1704. 企业接到税务机关关于预约定价安排的正式会谈通知的,应履行哪些义务?

企业应自接到通知之日起3个月内,向税务机关提出预约定价安排书面申请报告,并报送《预约定价安排正式申请书》。企业申请双边或多边预约定价安排的,应将《预约定价安排正式申请书》和《启动相互协商程序申请书》同时报送国家税务总局和主管税务机关。需要注意以下事项:

(1)预约定价安排书面申请报告应包括如下内容:

①相关的集团组织架构、公司内部结构、关联关系、关联交易情况;

②企业近三年财务、会计报表资料,产品功能和资产(包括无形资产和有形资产)的资料;

③安排所涉及的关联交易类别和纳税年度;

④关联方之间功能和风险划分,包括划分所依据的机构、人员、费用、资产等;

⑤安排适用的转让定价原则和计算方法,以及支持这一原则和方法的功能风险分析、可比性分析和假设条件等;

⑥市场情况的说明,包括行业发展趋势和竞争环境;

⑦安排预约期间的年度经营规模、经营效益预测以及经营规划等;

⑧与安排有关的关联交易、经营安排及利润水平等财务方面的信息;

⑨是否涉及双重征税等问题;

⑩涉及境内外有关法律、税收协定等相关问题。

(2)企业因下列特殊原因无法按期提交书面申请报告的,可向税务机关提出书面延期申请,并报送《预约定价安排正式申请延期报送申请书》,主要包括以下内容:

①需要特别准备某些方面的资料;

②需要对资料做技术上的处理,如文字翻译等;

③其他非主观原因。

税务机关应自收到企业书面延期申请后15日内,对其延期事项作出书面答复,并向企业送达《预约定价安排正式申请延期报送答复书》。逾期未作出答复的,视同税务机关已同意企业的延期申请。

(3)上述申请内容所涉及的文件资料和情况说明,包括能够支持拟选用的定价原则、计算方法和能证实符合预约定价安排条件的所有文件资料,企业和税务机关均应妥善保存。

1705. 税务机关对企业提交的预约定价安排申请应如何进行审核和评估？

税务机关应主要审核和评估以下内容：

(1) 历史经营状况。分析、评估企业的经营规划、发展趋势、经营范围等文件资料，重点审核可行性研究报告、投资预(决)算、董事会决议等，综合分析反映经营业绩的有关信息和资料，如财务、会计报表、审计报告等。

(2) 功能和风险状况。分析、评估企业与其关联方之间在供货、生产、运输、销售等各环节以及在研究、开发无形资产等方面各自所拥有的份额，执行的功能以及在存货、信贷、外汇、市场等方面所承担的风险。

(3) 可比信息。分析评估企业提供的境内、外可比价格信息，说明可比企业和申请企业之间的实质性差异，并进行调整。若不能确认可比交易或经营活动的合理性，应明确企业需进一步提供的有关文件、资料，以证明其所选用的转让定价原则和计算方法公平地反映了被审核的关联交易和经营现状，并得到相关财务、经营等资料的证实。

(4) 假设条件。分析、评估对行业盈利能力和对企业生产经营的影响因素及其影响程度，合理确定预约定价安排适用的假设条件。

(5) 转让定价原则和计算方法。分析、评估企业在预约定价安排中选用的转让定价原则和计算方法是否以及如何真实地运用于以前、现在和未来年度的关联交易以及相关财务、经营资料之中，是否符合法律、法规的规定。

(6) 预期的公平交易价格或利润区间。通过对确定的可比价格、利润率、可比企业交易等情况的进一步审核和评估，测算出税务机关和企业均可接受的价格或利润区间。

1706. 预约定价安排草案应当包括哪些内容？

预约定价安排草案应包括如下内容：

(1) 关联方名称、地址等基本信息；

(2) 安排涉及的关联交易及适用年度；

(3) 安排选定的可比价格或交易、转让定价原则和计算方法、预期经营结果等；

(4) 与转让定价方法运用和计算基础相关的术语定义；

(5) 假设条件；

(6) 企业年度报告、记录保存、假设条件变动通知等义务；

(7) 安排的法律效力，文件资料等信息的保密性；

(8) 相互责任条款；

(9) 安排的修订；

(10) 解决争议的方法和途径；

(11) 生效日期；

(12) 附则。

1707. 如何监管预约定价安排的执行情况？

税务机关应建立监控管理制度，监控预约定价安排的执行情况，具体如下：

(1) 在预约定价安排执行期内，企业应完整保存与安排有关的文件和资料（包括账簿和有关记录等），不得丢失、销毁和转移；并在纳税年度终了后5个月内，向税务机关报送执行预约定价安排情况的年度报告。

年度报告应说明报告期内经营情况以及企业遵守预约定价安排的情况，包括预约定价安排要求的所有事项，以及是否有修订或实质上终止该预约定价安排的要求。如有未决问题或将要发生的问题，企业应在年度报告中予以说明，以便与税务机关协商是否修订或终止安排。

(2) 在预约定价安排执行期内，税务机关应定期（一般为半年）检查企业履行安排的情况。检查内容主要包括：企业是否遵守了安排条款及要求；为谈签安排而提供的资料和年度报告是否反映了企业的实际经营情况；转让定价方法所依据的资料和计算方法是否正确；安排所描述的假设条件是否仍然有效；企业对转让定价方法的运用是否与假设条件相一致等。

税务机关如发现企业有违反安排的一般情况，可视情况进行处理，直至终止安排；如发现企业存在隐瞒或拒不执行安排的情况，税务机关应认定预约定价安排自始无效。

(3) 在预约定价安排执行期内，如果企业发生实际经营结果不在安排所预期的价格或利润区间之内的情况，税务机关应在报经上一级税务机关核准后，将实际经营结果调整到安排所确定的价格或利润区间内。涉及双边或多边预约定价安排的，应当层报国家税务总局核准。

(4) 在预约定价安排执行期内，企业发生影响预约定价安排的实质性变化，应在发生变化后30日内向税务机关书面报告，详细说明该变化对预约定价安排执行的影响，并附相关资料。由于非主观原因而无法按期报告的，可以延期报告，但延长期不得超过30日。

税务机关应在收到企业书面报告之日起60日内，予以审核和处理，包括审查企业变化情况、与企业协商修订预约定价安排条款和相关条件，或根据实质性变化对预约定价安排的影响程度采取修订或终止安排等措施。原预约定价安排终止执行后,税务机关可以和企业按照本章规定的程序和要求,重新谈签新的预约定价安排。

(5)国家税务局和地方税务局与企业共同签订的预约定价安排,在执行期内,企业应分别向国家税务局和地方税务局报送执行预约定价安排情况的年度报告和实质性变化报告。国家税务局和地方税务局应对企业执行安排的情况,实行联合检查和审核。

1708. 预约定价安排期满后的效力如何?

预约定价安排期满后自动失效。如企业需要续签的,应在预约定价安排执行期满前90日内向税务机关提出续签申请,报送《预约定价安排续签申请书》,并提供可靠的证明材料,说明现行预约定价安排所述事实和相关环境没有发生实质性变化,并且一直遵守该预约定价安排中的各项条款和约定。

税务机关应自收到企业续签申请之日起15日内作出是否受理的书面答复,向企业送达《预约定价安排申请续签答复书》。税务机关应审核、评估企业的续签申请资料,与企业协商拟定预约定价安排草案,并按双方商定的续签时间、地点等相关事宜,与企业完成续签工作。

1709. 预约定价安排的谈签或执行涉及2个以上的省份或同时涉及国家和地方税务机关的,应如何进行?

预约定价安排的谈签或执行同时涉及2个以上省、自治区、直辖市和计划单列市税务机关,或者同时涉及国家税务局和地方税务局的,由国家税务总局统一组织协调。企业可以直接向国家税务总局书面提出谈签意向。

1710. 在预约定价安排执行期间,如果税务机关与企业发生分歧的,应如何处理?

双方应进行协商。协商不能解决的,可报上一级税务机关协调;涉及双边或多边预约定价安排的,需层报国家税务总局协调。对上一级税务机关或国家税务总局的协调结果或决定,下一级税务机关应当予以执行。但企业仍不能接受的,应当终止安排的执行。

四、成本分摊协议管理

1711. 企业与其关联方之间应遵循哪些原则分摊共同发生的成本?

(1)企业与其关联方之间应按照独立交易原则与其关联方分摊共同发生的成本,达成成本分摊协议。

(2)企业与其关联方分摊成本时,应当按照成本与预期收益相配比的原则进行分摊,并在税务机关规定的期限内,按照税务机关的要求报送有关资料。

(3)企业与其关联方分摊成本未按照上述规定的,其自行分摊的成本不得在计算应纳税所得额时扣除。

1712. 企业进行成本分摊有哪些具体方式?

(1)成本分摊协议的参与方对开发、受让的无形资产或参与的劳务活动享有受益权,并承担相应的活动成本。关联方承担的成本应与非关联方在可比条件下为获得上述受益权而支付的成本相一致。

(2)参与方使用成本分摊协议所开发或受让的无形资产不需另支付特许权使用费。

(3)企业对成本分摊协议所涉及无形资产或劳务的受益权应有合理的、可计量的预期收益,且以合理商业假设和营业常规为基础。

(4)涉及劳务的成本分摊协议一般适用于集团采购和集团营销策划。

1713. 成本分摊协议的参与方如何承担相应的活动成本?

关联方承担的成本应与非关联方在可比条件下为获得上述受益权而支付的成本相一致。参与方使用成本分摊协议所开发或受让的无形资产不需另支付特许权使用费。

1714. 企业达成成本分摊协议的,须履行哪些行政手续?

根据《国家税务总局关于规范成本分摊协议管理的公告》(国家税务总局公告2015年第45号)的规定,企业应自与关联方签订(变更)成本分摊协议之日起30日内,向主管税务机关报送成本分摊协议副本,并在年度企业所得税纳税申报时,附送《中华人民共和国企业年度关联业务往来报告表》。

1715. 已经执行并形成一定资产的成本分摊协议,参与方发生变更或协议终止执行,应如何处理?

应根据独立交易原则作如下处理:

(1)加入支付,即新参与方为获得已有协议成果的受益权应作出合理的支付;

(2)退出补偿,即原参与方退出协议安排,将已有协议成果的受益权转让给其他参与方应获得合理的补偿;

(3)参与方变更后,应对各方受益和成本分摊情况作出相应调整;

(4)协议终止时,各参与方应对已有协议成果作出合理分配。

企业不按独立交易原则对上述情况作出处理而减少其应纳税所得额的,税务机关有权作出调整。

1716. 成本分摊协议执行期间,参与方实际分享的收益与分摊的成本不相配比的,应如何处理?

应根据实际情况作出补偿调整。

1717. 对于符合独立交易原则的成本分摊协议,应如何进行税务处理?

(1)企业按照协议分摊的成本,应在协议规定的各年度税前扣除;

(2)涉及补偿调整的,应在补偿调整的年度计入应纳税所得额;

(3)涉及无形资产的成本分摊协议,加入支付、退出补偿或终止协议时对协议成果分配的,应按资产购置或处置的有关规定处理。

1718. 企业执行成本分摊协议期间,除需提交关联交易的一般同期资料外,还需提交哪些材料?何时提交?

(1)需提交如下材料:

①成本分摊协议副本;

②成本分摊协议各参与方之间达成的为实施该协议的其他协议;

③非参与方使用协议成果的情况、支付的金额及形式;

④本年度成本分摊协议的参与方加入或退出的情况,包括加入或退出的参与方名称、所在国家(地区)、关联关系、加入支付或退出补偿的金额及形式;

⑤成本分摊协议的变更或终止情况,包括变更或终止的原因、对已形成协议成果的处理或分配;

⑥本年度按照成本分摊协议发生的成本总额及构成情况;

⑦本年度各参与方成本分摊的情况,包括成本支付的金额、形式、对象,作出或接受补偿支付的金额、形式、对象;

⑧本年度协议预期收益与实际结果的比较及由此作出的调整。

(2)企业执行成本分摊协议期间,无论成本分摊协议是否采取预约定价安排的方式,均应在本年度的次年6月20日之前向税务机关提供成本分摊协议的同期资料。

1719. 在哪些情形下,企业与其关联方签署成本分摊协议中,其自行分摊的成本不得税前扣除?

有下列情形之一的,其自行分摊的成本不得税前扣除:

(1)不具有合理商业目的和经济实质;

(2)不符合独立交易原则;

(3)没有遵循成本与收益配比原则;

(4)未按有关规定备案或准备、保存和提供有关成本分摊协议的同期资料;

(5)自签署成本分摊协议之日起经营期限少于20年。

五、受控外国企业管理

1720. 满足哪些条件,中国居民企业可免于将外国企业不作分配或减少分配的利润视同股息分配额,计入中国居民企业股东的当期所得?

中国居民企业股东能够提供资料证明其控制的外国企业满足以下条件之一的:

(1)设立在国家税务总局指定的非低税率国家(地区);

(2)主要取得积极经营活动所得;

(3)年度利润总额低于500万元人民币。

【案例578】英国Cadbury受控外国公司案[①]

原告:Cadbury

被告:英国税务机关

诉讼请求:撤销英国税务机关征收税款的决定。

争议焦点:

1. Cadbury在爱尔兰设立CSTS和CSTI两个子公司的行为是否构成对机构自由、提供服务自由、资本流动自由等原则的滥用;

2.《欧共体条约》是否阻止英国CFC税制的适用。

基本案情:

Cadbury是一个经营酒类和糖果的英国居民公司。该公司主要包括两家在爱尔兰设立的子公司,即Cadbury Schweppes Treasury Services(CSTS)和Cadbury Schweppes Treasury International(CSTI)。它们于1996年设立在都柏林国际金融服务中心(IFSC),主要从事公司集团内资金存放业务。这两家子公司都被征收10%的公司所得税。

2000年,英国税务机关认为,这两家公司不适用英国,受控外国公司税制的免税条款,从而对CSTI在1996年的利润归属所得按照英国所得税税率30%予以征收8,638,633.54英镑的税款。

Cadbury反对英国税务机关的决定,提出了上诉。它认为英国CFC税制与《欧共体条约》并不一致。

---

① 龙英锋主编:《国际税法案例教程》,立信会计出版社2011年版,第131~135页。

由于英国法院对于英国 CFC 税制与《欧共体条约》兼容性问题难以确定,因此将该案件经由英国法院移送欧洲法院。英国要求欧洲法院判定《欧共体条约》是否阻止本国 CFC 税制的适用。

原告诉称:

Cadbury 设立 CSTS 和 CSTI 两个子公司是为了向 Cadbury 提供融资服务。该公司仅仅为了税收筹划的目的而享有爱尔兰的优惠税率,那么英国不应限制这种提供金融服务的自由。而且即使 Cadbury 是为了税收优惠而设立两个子公司这个事实本身并不能构成对税收优惠制度的滥用,也不能阻止欧共体的法律对其适用。

被告辩称:

Cadbury 在爱尔兰设立 CSTS 和 CSTI 两个子公司仅仅是为了获得都柏林国际金融服务中心的税收优惠,也因此而可以避免英国税收条款的适用。二者既然完全是为了避税的目的而设立,侵蚀了英国的税基,其利润应归属于 Cadbury。

律师观点:

1. 英国受控外国公司税制违反《欧共体条约》机构自由原则。

首先,《欧共体条约》第 43 条规定禁止制约一个成员国国民在另一个成员国进行自由经营。这样的禁止也应适用于任何成员国国民在其他成员国建立办事处、分支机构或子公司进行自由经营时的制约。一个成员国不能以税收主权为借口而阻止一个居民公司在另一个成员国自由设立子公司。但是,第 43 条规定可以给予公共利益、公共安全及公共健康等原因而限制机构设立的自由。从本案的情况来看,基本上可以判断不存在这种例外事由。因此,英国税务机关限制 Cadbury 在爱尔兰设立子公司违反机构自由的原则。

2. 英国受控外国公司税制违反《欧共体条约》机构自由原则。

《欧共体条约》第 49 条的规定要求必须废止欧共体内任何限制提供服务自由的规定,包括关于设立服务企业和个人接受服务等方面。同时,任何基于国籍的区别待遇也是被禁止的。

3. 英国受控外国公司税制违反《欧共体条约》资本自由流动原则。

《欧共体条约》第 56 条规定所有对成员国以及成员国与第三国之间资本流动的限制都应当被禁止;同样,不得对成员国以及成员国与第三国之间的支付进行规定。《欧共体条约》第 58 条作出例外规定,成员国有权适用相关的税法以区别来源国与东道国的纳税者;亦有权采取具体的措施阻止对国内法规的损害,尤其是在税法和金融机构审慎监管领域;或者基于公共政策或安全为由而采取合理的措施。如果 Cadbury 公司并非在"完全人为安排"情况下设立子公司,那么英国受控外国公司税制不应限制资本自由的流动。

法院判决:

英国税务机关必须给予 Cadbury 公司一个机会来证明其在爱尔兰设立 CSTS 和 CSTI 的目的在于从事实际金融服务活动。而且,反对"如果受控外国公司可以同样容易在国内从事其在国外的业务活动,那么,就意味着该子公司是完全人为安排"的观点。

1721. 如何计算计入中国居民企业股东当期的视同受控外国企业股息分配的所得?

应按以下公式计算:

中国居民企业股东当期所得 = 视同股息分配额 × 实际持股天数 ÷ 受控外国企业纳税年度天数 × 股东持股比例

中国居民股东多层间接持有股份的,股东持股比例按各层持股比例相乘计算。

1722. 对于居民企业股东申报的对外投资信息,税务机关应如何处理?

税务机关应汇总、审核中国居民企业股东申报的对外投资信息,向受控外国企业的中国居民企业股东送达《受控外国企业中国居民股东确认通知书》。中国居民企业股东符合所得税征税条件的,按照有关规定征税。

1723. 受控外国企业与中国居民企业股东纳税年度存在差异的,应如何确认股息分配所得的纳税年度?

应将视同股息分配所得计入受控外国企业纳税年度终止日所属的中国居民企业股东的纳税年度。

1724. 计入中国居民企业股东当期所得已在境外缴纳的企业所得税税款,应如何处理?

可按照所得税法或税收协定的有关规定抵免。

六、资本弱化管理

1725. 企业从其关联方接受的债权性投资与权益性投资的比例超过规定标准而发生的利息支出,应如何进行所得税处理?该笔支出的金额如何确定?

企业从其关联方接受的债权性投资与权益性投资的比例超过规定标准而发生的利息支出,不得在计算应纳税所得额时扣除,也不得结转到以后纳税年度;应按照实际支付给各关联方利息占关联方利息总额的比例,在各关联方之间进行分配,其中,分配给实际税负高于企业的境内关联方的利息准予扣除;直接或间接实际支付给境外关联方的利息应视同分配的股息,按照股息和利息分别适用的所得税税率差补征企业所得税,如已扣缴的所得税税款多于按股息计算应征所得税税款,多出的部分不予退税。

该笔利息支出具体计算方法如下:

不得扣除利息支出=年度实际支付的全部关联方利息×(1-标准比例÷关联债资比例)

关联债资比例=年度各月平均关联债权投资之和÷年度各月平均权益投资之和

其中:各月平均关联债权投资=(关联债权投资月初账面余额+月末账面余额)÷2

各月平均权益投资=(权益投资月初账面余额+月末账面余额)÷2

权益投资为企业资产负债表所列示的所有者权益金额。如果所有者权益小于实收资本(股本)与资本公积之和,则权益投资为实收资本(股本)与资本公积之和;如果实收资本(股本)与资本公积之和小于实收资本(股本)金额,则权益投资为实收资本(股本)金额。

1726. 企业关联方利息支出应按何标准进行税前扣除?

(1)在计算应纳税所得额时,企业实际支付给关联方的利息支出,不超过以下规定比例和税法及其实施条例有关规定计算的部分,准予扣除,超过的部分不得在发生当期和以后年度扣除。此处的"实际支付利息"是指企业按照权责发生制原则计入相关成本、费用的利息。

企业实际支付给关联方的利息支出,其接受关联方债权性投资与其权益性投资比例为:

①金融企业为5∶1;

②其他企业为2∶1。

(2)企业如果能够按照税法及其实施条例的有关规定提供相关资料,并证明相关交易活动符合独立交易原则的;或者该企业的实际税负不高于境内关联方的,其实际支付给境内关联方的利息支出,在计算应纳税所得额时准予扣除。

(3)企业同时从事金融业务和非金融业务,其实际支付给关联方的利息支出,应按照合理方法分开计算;没有按照合理方法分开计算的,一律按有关其他企业的比例计算准予税前扣除的利息支出。

(4)企业自关联方取得的不符合规定的利息收入应按照有关规定缴纳企业所得税。

1727. 企业关联债资比例超过标准比例的利息支出,如要在计算应纳税所得额时扣除,除遵照关联交易一般同期资料管理的规定外,还应提供哪些同期资料?企业如未提供这些材料,税务应如何处理?

(1)还应准备、保存并按税务机关要求提供以下同期资料,证明关联债权投资金额、利率、期限、融资条件以及债资比例等均符合独立交易原则:

①企业偿债能力和举债能力分析;

②企业集团举债能力及融资结构情况分析;

③企业注册资本等权益投资的变动情况说明;

④关联债权投资的性质、目的及取得时的市场状况;

⑤关联债权投资的货币种类、金额、利率、期限及融资条件;

⑥企业提供的抵押品情况及条件;

⑦担保人状况及担保条件;

⑧同类同期贷款的利率情况及融资条件;

⑨可转换公司债券的转换条件;

⑩其他能够证明符合独立交易原则的资料。

(2)企业未按规定准备、保存和提供同期资料证明关联债权投资金额、利率、期限、融资条件以及债资比例等符合独立交易原则的,其超过标准比例的关联方利息支出,不得在计算应纳税所得额时扣除。

七、一般反避税管理

1728. 企业存在哪些情形,税务机关可启动一般反避税调查?

存在以下避税安排的企业,税务机关可依法启动一般反避税调查:

(1)滥用税收优惠;

(2)滥用税收协定;

(3)滥用公司组织形式;

(4)利用避税港避税;

(5)其他不具有合理商业目的的安排。

1729. 税务机关在审核企业是否存在避税安排时应考虑哪些因素?

税务机关应按照实质重于形式的原则审核企业是否存在避税安排,并综合考虑安排以下内容：

(1) 安排的形式和实质；

(2) 安排订立的时间和执行期间；

(3) 安排实现的方式；

(4) 安排各个步骤或组成部分之间的联系；

(5) 安排涉及各方财务状况的变化；

(6) 安排的税收结果。

1730. 税务机关在对企业的避税安排进行审核后,有哪些处罚措施?

税务机关应按照经济实质对企业的避税安排重新定性,取消企业从避税安排获得的税收利益。对于没有经济实质的企业,特别是设在避税港并导致其关联方或非关联方避税的企业,可在税收上否定该企业的存在。

1731. 税务机关启动一般反避税调查,应遵循哪些程序?

(1) 税务机关启动一般反避税调查时,应按照征管法及其实施细则的有关规定向企业送达《税务检查通知书》。

(2) 企业应自收到通知书之日起60日内提供资料证明其安排具有合理的商业目的。

(3) 企业未在规定期限内提供资料,或提供资料不能证明安排具有合理商业目的的,税务机关可根据已掌握的信息实施纳税调整,并向企业送达《特别纳税调查调整通知书》。

1732. 一般反避税调查及调整的批准机关如何确定?

需层报国家税务总局批准。

【法律依据】

一、公司法类

❖《公司法》第14条、16条、21条、124条、148条、151条、216条

二、证券法类

(一) 法律

❖《证券法》第5条、63条、69条、70条、71条、130条、222条

(二) 部门规章

❖《上市公司治理准则》第13条

❖《上市公司股东大会规则》第31条

❖《上市公司章程指引》第20条、77条、107条

三、民法类

(一) 法律

❖《合同法》第 73 条、74 条

(二) 司法解释

❖《最高人民法院关于适用〈中华人民共和国担保法〉若干问题的解释》第 4 条、7 条

❖《最高人民法院关于适用〈中华人民共和国合同法〉若干问题的解释（一）》第 11～26 条

四、税法类

(一) 法律

❖《税收征收管理法》第 36 条

❖《中华人民共和国企业所得税法》第 41～48 条

(二) 行政法规

❖《税收征收管理法实施细则》第 51～56 条

❖《企业所得税法实施条例》第 109～123 条

(三) 部门规范性文件

❖《财政部、国家税务总局关于企业关联方利息支出税前扣除标准有关税收政策问题的通知》(财税〔2008〕121 号)

(四) 其他规范性文件

❖《国家税务总局关于特别纳税调整实施办法（试行）》(国税发〔2009〕2 号)

❖《国家税务总局关于规范成本分摊协议管理的公告》(国家税务总局公告 2015 年第 45 号)

❖《国家税务总局关于企业向境外关联方支付费用有关企业所得税问题的公告》(2015 年第 16 号)

第二十五章　股东损害公司债权人利益责任纠纷

【宋律师释义】

> 股东损害公司债权人利益责任纠纷，系指债权人与公司、股东之间，因股东滥用公司的独立民事主体资格、独立资产以及股东以出资额为限对公司债务承担责任的原则，从而逃避债务，严重损害债权人利益所引发的民事纠纷。
>
> 该案由的设定，是《公司法》上确立人格否认制度的体现。滥用行为的目的为利用法人人格逃避合同义务、法律义务，实施侵权行为。主要表现形式包括：
>
> (1) 公司资本显著不足；
>
> (2) 股东与公司、关联公司之间人格混同，恶意转移公司资产；
>
> (3) 恶意注销公司、怠于履行清算义务等①。
>
> 实践中，针对公司主体的不同，又存在一些特殊类型公司的法人人格否认制度的具体适用问题，如一人有限责任公司、夫妻有限责任公司、集团有限责任公司等的法人人格否认，本章将一一进行分析，并借此对一人有限责任公司的相关法律制度进行介绍。

【关键词】法人人格否认　法人人格混同

❖ **法人人格否认**：当公司的独立人格和股东有限责任被公司背后的股东滥用时，就具体法律关系中的特定事实，将公司与其背后的股东视为一体并追究其

---

① 关于股东恶意注销公司、怠于履行清算义务的责任，其适用法理即为法人人格否认制度，但由于《公司法》及其司法解释对此作出了明文的规定，故相关内容详见本书第十八章清算责任纠纷。

共同的连带法律责任,以保护公司债权人或其他相关利害关系群体的利益。

❖ **法人人格混同**:是指股东与公司之间资产不分、人事交叉、业务相同,与其交易的第三人无法分清是与股东还是与公司进行交易。

第一节 立 案

1733. 如何确定股东损害公司债权人利益责任纠纷的诉讼当事人?公司或者股东可否作为原告?

原告为因股东的滥用行为而导致利益被严重损害的公司债权人。实践中,债权人大多并不单独提起公司人格否认诉讼,而是基于其他债权债务法律关系提起诉讼,并在诉讼过程中主张否认公司法人人格,要求股东承担连带赔偿责任。所以诉讼中可以以公司、滥用公司法人人格的股东为共同被告。

如 A 与 B 公司间存在买卖合同关系,A 为债权人,B 公司有一笔货款迟迟未向 A 支付,甲、乙、丙为 B 公司股东。那么 A 可以作为原告起诉 B 公司,如果 A 发现甲、乙、丙三名股东存在滥用 B 公司独立法人地位的情况,则可以提出增加甲、乙、丙为共同被告,对 B 公司的债务承担连带责任。

需要注意的是,公司债权人指的不仅仅是合同之债的债权人,还包括劳动关系中的债权人、行政关系中的债权人(如国家税务主管机关)、侵权之债的债权人,等等。

公司或者股东不能作为股东损害公司债权人利益责任纠纷的原告,如果公司或公司股东认为公司董事、监事或其他高级管理人员损害了公司或股东利益的,可以提起损害公司、股东利益诉讼。

1734. 股东损害公司债权人利益责任纠纷由何地法院管辖?

如公司债权人单独提起该诉讼,根据《民事诉讼法》的一般规定,应当按照"原告就被告"的原则,以债务人股东所在地法院作为管辖法院。

但是,由于公司法人人格否认的诉讼一般都是在原告主张一般民商事诉讼中一并提起的,在这种情况下,管辖法院仍应当以基础法律关系的管辖法院为准。

1735. 股东损害公司债权人利益责任纠纷按照什么标准缴纳案件受理费?

由于股东损害公司债权人利益责任纠纷一般直接体现在债权债务纠纷中,因此其案件受理费应当依照债权标的进行计算,具体计算比例详见本书第一章第 3 问"公司设立纠纷应按照什么标准交纳案件受理费?"。

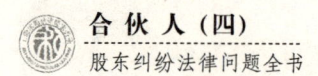

1736. 股东损害公司债权人利益责任纠纷是否适用诉讼时效？

对此，司法实践中不一。笔者认为，在确定公司债权人请求公司股东对公司债务承担连带责任的时效应综合考量两个因素，一是债权人对公司的债权应当在诉讼时效之内，二是以"知道或应当知道权利受侵害"为原则，自债权人知道或应当知道股东损害公司所对应的事实的时间作为诉讼时效的起算点。

【案例579】利用关联公司转移资产逃避债务 法院判决转让协议无效

原告：嘉吉国际公司

被告：福建金石制油有限公司

被告：中纺粮油（福建）有限公司

第三人：漳州开发区汇丰源贸易有限公司

诉讼请求：

1. 判令田源公司与第三人签订的国有土地使用权及资产《买卖合同》无效；
2. 判令第三人将其违法取得的合同项下财产返还给财产所有人。

争议焦点：

1. 福建金石公司与中纺福建公司及第三人是否具有关联关系；
2. 田源公司、第三人对本案所涉债务是否知情；
3. 合同转让价格是否合理以及是否实际支付对价问题；
4. 福建金石公司与中纺福建公司及第三人是否存在恶意串通损害原告合法权益的情形。

基本案情：

原告与福建金石公司以及大连金石制油有限公司、沈阳金石豆业有限公司、四川金石油粕有限公司、北京珂玛美嘉粮油有限公司、宜丰香港有限公司（该六公司以下统称金石集团）长期以来存在商业合作关系。2004年4月到6月间，金石集团因资金困难，未能及时向原告支付货款。2004年9月，原告将上述争议提交国际油类、种子和脂类联合会（以下简称 FOSFA）仲裁。仲裁过程中，原告与金石集团于2005年6月26日达成一份"一揽子"解决双方之间所有争议的《和解协议》及其附属文件，约定金石集团将在5年内分期偿还债务，并将福建金石公司的全部资产，作为偿还前述债务的担保。《和解协议》还约定，双方应彼此合作加速获得一份 FOSFA 仲裁裁决以确认《和解协议》中的还款安排。2005年10月10日，FOSFA 根据上述《和解协议》作出第3929号仲裁裁决，由于裁决内容与双方约定略有出入，FOSFA 又于同年11月作出补正裁决。2006年3月6日，原告要求福建金石公司及大连华良企业集团就福建金石公司资产抵押事宜,提供相关财产,以便双方开展下一步工作。因福建金石公司未配合,原告于2006年5月向福建省厦门市中级人民法院(以下简称厦门中院)申请承认和执行FOSFA第3929号仲裁裁决。厦门中院经审查,于2007年6月26日以(2006)厦民认字第29号民事裁定书,裁定对FOSFA第3929号仲裁裁决书的法律效力予以承认和执行,金石集团应向原告支付债务1337万美元。该裁定生效后,原告向厦门中院申请强制执行。

2006年5月8日,福建金石公司与福建田源生物蛋白科技有限公司(以下简称田源公司)签订一份《国有土地使用权及资产买卖合同》,约定福建金石公司将其国有土地使用权、厂房、办公楼和油脂生产设备等全部固定资产以2569万元人民币的价格转让给田源公司,应在合同生效后30日内支付全部价款,双方法定代表人在合同上签名。2006年4月30日,福建金石公司就其拟转让的油脂生产设备委托大连达信会计师事务所有限公司评估价值,该事务所于2006年5月5日出具《资产评估报告书》,认为福建金石公司所提供的机器设备资产在评估基准日2006年4月30日的评估值为1568.54万元。2006年5月8日,福建金石公司委托漳州天正资产评估有限公司对其拥有的国有土地使用权,厂房、办公楼等建筑物进行评估,漳州天正资产评估有限公司于2006年11月20日出具《评估报告书》认为,截至评估基准日2006年5月8日,委托资产评估值为10,004,607元。2006年6月15日,田源公司通过中国农业银行漳州支行的"37417"账号向福建金石公司在同一银行的"35734"账号转入2500万元。福建金石公司当日从该账户汇出1300万元和1200万元两笔款项至大连金石制油有限公司账户,用途为往来款。2001年12月31日,福建金石公司与招商局漳州开发区有限公司签订《土地使用权转让合同书》,约定土地转让价款为每亩10万元,共计482.1万元。福建金石公司付清款项后取得案涉32,138平方米国有土地使用权。田源公司与福建金石公司于2006年5月10日在《买卖标的物(交接)清单》盖章,对上述买卖标的物进行交接,田源公司于2006年6月19日取得上述32,138平方米国有土地使用权证。

大连华良企业集团于2001年12月16日设立,其母公司为大连华良企业集团有限公司,其成员包括福建金石公司、大连金石制油有限公司、大连益良贸易有限公司等5家子公司和6家其他成员公司。

福建金石公司于2001年10月18日成立,成立时注册资金为1000万元;股东及持股比例为:大连金石制油有限公司(法定代表人王政良)60%、王晓莉20%、王晓琪 20%；法定代表人为王晓莉董事长。2002 年 8 月 10 日,变更后的注册资金为 12,000 万元；股东及持股比例变更为：大连华良企业集团有限公司 37.5%（法定代表人王政峰）、王晓莉 9.1%、王晓琪 7.5%、大连金石制油有限公司 29.2%、王政良 16.7%；法定代表人为王晓莉董事长。2004 年 8 月 29 日,股东及持股比例变更为：王晓琪 45%、王政权 55%；法定代表人变更为王晓琪董事长。2007 年 7 月 2 日,股东及持股比例变更为：大连华良企业集团有限公司 55%、四川金石油粕有限公司（法定代表人为王政良）45%；法定代表人变更为王政良董事长兼总经理。

田源公司原名为福建金石生物蛋白科技有限公司,于 2003 年 9 月 29 日成立,系福建金石公司与宜丰香港有限公司共同设立的中外合资经营企业,其中福建金石公司持股 72%、宜丰香港有限公司持股 28%,法定代表人为王政良。2004 年 9 月 29 日,福建金石生物蛋白科技有限公司的股权结构发生了变动,中方股东由福建金石公司变更为大连金钢铁业有限公司、大连金石生物蛋白科技有限公司、大连金州石河轧钢有限公司、大连益良贸易有限公司,外方股东由宜丰香港有限公司变更为德盛香港有限公司,公司名称也变更为田源公司,董事会成员由王政良、张景和、柳锋三人组成,法定代表人为柳锋。宜丰香港有限公司与德盛香港有限公司的法定代表人均为柳锋。2010 年 1 月 15 日,田源公司的名称经工商登记变更为中纺福建公司,中纺粮油进出口有限责任公司于 2009 年 10 月 15 日实缴出资额 2400 万元,占中纺福建公司 80% 股权,其他股东及持股比例分别为：大连金汇铸钢有限公司 6%、王晓莉 4.6%、王晓琪 4.6%、王政良 4.8%。

王晓琪、王晓莉与王政良是父女关系,王晓琪、柳锋是夫妻关系。

在田源公司提交的《审计报告》中,厦门晟远会计师事务所有限公司审计了福建金石公司 2006 年 12 月 31 日的资产负债表、2006 年度的利润表（股东权益变动表）和现金流量表及财务报表附注。在会计报表附注中,福建金石公司 2006 年度资产负债表中的土地使用权（无形资产）年初为 4,687,940.40 元,期末为 4,587,663.60 元；在福建金石公司的现金流量表中,处置固定资产、无形资产和其他长期资产而收到的现金净额为 18,267,500.17 元；福建金石公司的资产负债表上固定资产一栏注明：固定资产原价 44,042,705.75 元,累计折旧 11,687,872.05 元,固定资产净值年初为 32,354,833.70 元,年末为 4,019,622.98 元,加上在建工程,固定资产合计年初为 33,254,653.78 元,年末为 4,919,443.06 元。

2010 年 3 月 3 日,原告向一审法院申请财产保全,一审法院依法作出裁定,查封中纺福建公司名下原编号为漳发国用〔2002〕字第0002号的国有土地使用权及其他资产。在查封国有土地使用权的过程中,经漳州市国土资源管理局漳州开发区分局证明,该宗地已于2008年3月转让给第三人并已办理了土地使用权变更登记。经查,田源公司与第三人于2008年2月21日签订《买卖合同》,约定由第三人购买上述面积为32,138平方米的土地使用权及地上建筑物、设备等,总价款为2669万元,其中土地价款603万元、房屋价款334万元、设备价款1732万元。第三人于2008年3月取得上述国有土地使用权证,证号为漳发国用〔2008〕字第0021号。第三人于2008年4月7日向田源公司付款569万元,此后未支付其余价款。

第三人于2008年2月19日注册成立,注册资金500万元,其中宋明权出资300万元、杨淑莉出资200万元。2009年9月16日,中纺粮油进出口有限责任公司和宋明权、杨淑莉签订《股权转让协议》,约定中纺粮油进出口有限责任公司出资400万元购买第三人80%的股权。同日,中纺粮油进出口有限责任公司(甲方)、第三人(乙方)、宋明权和杨淑莉(丙方)及沈阳金豆食品有限公司(丁方)签订《股权质押协议》,约定:宋明权、杨淑莉将所拥有第三人20%的股权质押给中纺粮油进出口有限责任公司,作为乙方、丙方、丁方履行"合同义务"之担保;"合同义务"系指乙方、丙方在《股权转让协议》及《股权质押协议》项下因"红豆事件"而产生的所有责任和义务;"红豆事件"是指原告与金石集团就进口大豆中掺杂红豆原因而引发的金石集团涉及的一系列诉讼及仲裁纠纷以及与此有关的涉及第三人的一系列诉讼及仲裁纠纷。《股权转让协议》还约定,下述情形同时出现之日,视为乙方和丙方的"合同义务"已完全履行:(1)因"红豆事件"而引发的任何诉讼、仲裁案件的全部审理及执行程序均已终结且乙方未遭受财产损失;(2)原告针对乙方所涉合同可能存在的撤销权因超过法律规定的最长期间(5年)而消灭。2009年11月1日,中纺粮油进出口有限责任公司出资400万元,于2009年11月18日取得第三人80%的股权,法定代表人变更为王朝晖,董事为王进、王政良,监事为张景和、刘雁华。

中纺粮油进出口有限责任公司收购金石集团旗下公司时将第三人一并打包收购。第三人成立后只买了一块地,向田源公司付款569万元,此后没有实际经营,帐户上也没有钱,每年财务报表都是中纺福建公司代做的。第三人并无自己的办公场所,只是借用了中纺福建公司的一间办公室。

原告诉称:

福建金石公司与田源公司以及田源公司与第三人之间的《国有土地使用权及资产买卖合同》是恶意串通的结果、损害了其合法权益、应确认无效并返还财产。

被告辩称：

田源公司与第三人是各自独立的法人，不属于关联关系。涉案合同合法有效，田源公司已将土地使用权过户给了第三人公司，并向第三人交付了房屋、设备，所有权已经转移。

一审认为：

田源公司与福建金石公司是关联企业，田源公司对福建金石公司欠原告的债务明知，双方约定的土地使用权、地上建筑物和设备转让价款明显偏低，且无充分证据证明田源公司已支付该对价，第三人与田源公司的关联关系可以证明他们之间达成《买卖合同》的目的就是为了转移田源公司从福建金石公司受让的资产，这些合同的履行导致福建金石公司实际上成为一个空壳公司，直接导致原告的债权无法实现，因此，福建金石公司与田源公司之间转让资产的行为以及田源公司与第三人之间转让资产的行为均应认定为恶意串通、损害原告利益的行为。

一审判决：

1. 确认福建金石公司、田源公司于2006年5月8日签订的《国有土地使用权及资产买卖合同》以及田源公司与第三人于2008年2月21日签订《买卖合同》为无效合同；

2. 第三人应于判决生效之日起30日内向福建金石公司返还因上述合同而取得的国有土地使用权，证号为漳发国用〔2008〕字第0021号；中纺福建公司应于判决生效之日起30日内向福建金石公司返还因上述合同而取得的房屋、设备。

被告上诉称：

原告对第三人提出的诉讼请求之一是要求第三人将财产返还给"财产所有人"，该请求没有明确向谁返还财产，不符合《民事诉讼法》关于起诉条件的规定。

第三人成立于2008年2月19日，是一个依法成立、有自己的财产、有自己的场所的独立法人单位，在2008年2月21日订立买卖合同时其董事一直都是宋明权，监事是杨淑莉，直到2009年11月18日才因中纺粮油进出口有限责任公司入股第三人和田源公司，董事和监事名单才发生变化。第三人出售资产的当时，无论是田源公司还是王政良、张景和等均与第三人没有任何关系。

在合同订立的一个月之后的2006年6月15日，田源公司即向福建金石公司支付了2500万元，尽管作为付款证据的银行对账单没有标明用途，但收付双方均已确认这就是买卖合同的对价款，足以证明该款的用途和性质；田源公司已经根据《买卖合同》的约定将土地使用权过户给了第三人，并向第三人交付了房屋、设备，在作为动产的设备已经交给第三人的情况下，所有权已经转移。

买卖合同相对人是第三人和田源公司,即便认定合同无效,也应当是第三人向田源公司返还财产,而不是向并非合同相对方的福建金石公司;原告可以要求中纺福建公司、第三人向自己承担责任或者义务,但无权以合同无效为由,要求其向福建金石公司承担责任。

请求改判驳回原告的诉讼请求或者将本案发回重审。

原告二审辩称:

一审判决认定事实清楚,证据确凿充分,适用法律正确,没有违反法律程序。本案应当判决驳回上诉,维持原判。

律师认为:

1. 关于福建金石公司与中纺福建公司及第三人是否具有关联关系。

《公司法》第216条规定:"关联关系,是指公司控股股东、实际控制人、董事、监事、高级管理人员与其直接或者间接控制的企业之间的关系,以及可能导致公司利益转移的其他关系。"在案证据显示,王晓琪、王晓莉与王政良是父女关系,王晓琪、柳锋是夫妻关系。福建金石公司自成立起至本案所涉《国有土地使用权及资产买卖合同》签订和履行期间,法定代表人均为王晓莉或王政良,股东亦是由王晓琪、王晓莉、王政良父女及大连金石制油有限公司等组成,大连金石制油有限公司的实际控制人亦为王政良父女。田源公司成立时法定代表人为王政良,股东为福建金石公司和宜丰香港有限公司(法定代表人为柳锋),2004年8月29日股东变更后,董事会成员由王政良、张景和、柳锋三人组成,法定代表人为柳锋。由此可见,在《国有土地使用权及资产买卖合同》签订和履行期间,福建金石公司和田源公司的控股股东均为王晓琪(柳锋)、王晓莉与王政良父女,福建金石公司与中纺福建公司属于"实际控制人直接或者间接控制的企业之间的关系",应认定是关联关系。

第三人的董事为王政良,监事为张景和。王政良和张景和既是第三人的董事、监事,同时也是田源公司的法定代表人或董事会成员。第三人与田源公司实际上是"一套人马,两块牌子",两公司之间的买卖合同有可能导致田源公司利益的转移。第三人成立后只买了案涉土地使用权,没有自己的办公场所,没有其他经营,由此可见第三人成立的目的只是为了购买田源公司名下的案涉土地和资产,符合关联关系的情形。

2. 田源公司、第三人对本案所涉债务是否知情。

金石集团与原告有长期的商业合作关系,2004年期间,金石集团因资金困难,未能及时向原告支付货款。在提交FOSFA仲裁过程中,原告与金石集团达成了《和解协议》，约定金石集团将在五年内分期偿还债务1337万美元，并将福建金石公司的全部资产抵押给原告，作为偿还前述债务的担保。王政良代表福建金石公司、大连金石制油有限公司、沈阳金石豆业有限公司、四川金石油粕有限公司、宜丰香港有限公司等五家公司签署该《和解协议》。柳锋既是《和解协议》中约定的债务人宜丰香港有限公司的法定代表人，同时也是田源公司的法定代表人，宜丰香港有限公司虽在2004年8月29日将其在田源公司28%的股权转让给了德盛香港有限公司，但德盛香港有限公司的法定代表人也为柳锋。鉴于王晓琪、柳锋、王政良之间的亲属关系，更由于福建金石公司与田源公司之间的关联关系，应认定田源公司应当知道金石集团欠原告债务1337万美元并在《和解协议》中约定将福建金石公司的全部资产抵押给原告的整个事件发展过程。根据中纺粮油进出口有限责任公司、第三人、宋明权、杨淑莉及沈阳金豆食品有限公司之间的《股权质押协议》，第三人、宋明权、杨淑莉同意以股权质押担保因"红豆事件"而产生的所有责任和义务，同时还提及了"原告针对第三人所涉合同的可能存在的撤销权"。显然，第三人对"红豆事件"而产生金石集团欠原告债务1337万美元并在《和解协议》中约定将福建金石公司的全部资产抵押给原告的事实亦是知情的。

3. 合同转让价格是否合理以及是否实际支付对价问题。

根据福建金石公司提供的2006年5月31日的资产负债表，固定资产原价44,042,705.75元，扣除折旧11,687,872.05元，固定资产净值为32,354,833.70元，无形资产（国有土地使用权）的价值为4,687,940.40元。而在福建金石公司与中纺福建公司于2006年5月8日签订的《国有土地使用权及资产买卖合同》中，房屋及设备仅作价2105万元，显然相差甚多；并且漳州天正资产评估有限公司于2006年11月20日才出具《评估报告书》，福建金石公司与中纺福建公司约定的价格显然不是依据之后出具的《评估报告书》，因此也缺乏合理的依据。福建金石公司虽提供了2006年6月15日的2500万元《银行进帐单》，但该款项并未注明用途，也并不是合同约定的2569万元转让价款；且根据福建金石公司和田源公司当年的财务报表，并未体现该笔2500万元的入账或支出，反而体现出田源公司尚欠福建金石公司"其他应付款"高达121224155.87元。在此情况下，不能证明该款项是用于支付合同项下的转让价款。第三人取得了案涉土地的使用权证，并支付了相应对价。但《买卖合同》中约定的房屋、设备价款并未支付，亦无登记过户或实际交付的事实和证据。因此，第三人并未取得案涉房屋、设备的所有权。

4. 关于福建金石公司与中纺福建公司及第三人是否存在恶意串通损害原告

合法权益的情形。

如上所述,金石集团在2004年尚欠原告巨额债务,福建金石公司作为债务人之一,同意以其所有的土地、厂房、设备等资产为上述债务作抵押担保,但其不仅未能积极配合原告到相关部门办理资产抵押登记,反而置双方的《和解协议》于不顾,与田源公司签订了《国有土地使用权及资产买卖合同》,将本应抵押给原告的土地、厂房、设备等资产转让给了田源公司。田源公司作为福建金石公司的关联企业,对上述债务背景是明知的,双方约定的合同转让价款明显偏低,且无充分证据证明田源公司已支付相应对价。综合以上分析,福建金石公司逃废债务的意图明显,其与田源公司之间转让资产的行为应认定为恶意串通、逃避债务的行为。第三人与田源公司的关联关系可以证明二者之间《买卖合同》的目的只是为了转移田源公司名下的案涉资产,同样属于恶意串通、逃避债务的行为。中纺粮油进出口有限责任公司与第三人之间关于"原告针对第三人所涉合同的可能存在的撤销权"的相关约定,进一步证明了第三人与田源公司存在恶意串通、逃避债务的主观故意。福建金石公司与中纺福建公司及第三人之间有关资产买卖合同的签订和履行,意味着福建金石公司实际上成为一个空壳公司,显然导致了原告对福建金石公司及至金石集团的债权无法实现,直接损害了原告的合法利益,原告有权向法院提起确认合同无效、返还财产之诉。综上,福建金石公司与田源公司及第三人之间恶意串通、逃废债务的行为侵害了债权人的合法权益,不应得到法律保护。应确认福建金石公司与田源公司之间的《国有土地使用权及资产买卖合同》、田源公司与第三人之间的《买卖合同》为无效合同,第三人、田源公司因此取得的财产应返还给福建金石公司。

二审判决:

驳回上诉,维持原判。

第二节　股东损害公司债权人利益责任纠纷的裁判标准

一、股东损害公司债权人利益责任纠纷的一般裁判标准

1737. 如何界定股东是否"滥用"公司法人独立地位？

《公司法》并未对"滥用"本身进行定义,在司法实践中,对于公司法人人格否认极为谨慎,因此何为滥用应在个案中进行分析。其表现形式一般有如下三种:

(1)股东与公司、公司与公司的财产(人格)混同;

（2）恶意转移公司资产；

（3）恶意注销公司或拒不履行清算义务①。

需要注意的是，法院在审理时，不会刻意强调滥用行为人是否具有主观恶意，因为主观恶意的概念和标准相对较为模糊，刻意强调主观恶意只会增加债权人不必要的举证责任。因此，只要公司债权人能够使法官对公司是否存在滥用法人人格的情况存在合理怀疑即可。

1738. 股东滥用公司法人独立地位应承担什么责任？

股东滥用公司法人独立地位或股东有限责任给公司债权人造成严重损失的，须对公司债务承担无限连带责任，该连带责任为一般连带责任，非补充连带责任。

1739. 股东滥用公司法人独立地位或有限责任，给债权人造成损失达到何种程度时须对公司债务承担无限连带责任？

给债权人造成严重损失，表现形式一般为公司资不抵债，且在短时间内无法清偿该债务，甚至无法恢复经营。即滥用权利人导致公司资不抵债，从而使债权人的债权无法完全实现，股东才对债务承担无限连带责任。

1740. 债权人可否以公司注册资本与公司经营规模、经营性质相比明显偏低、显著不符否认公司法人人格？

除非公司以非法方式恶意减少公司资本从而导致公司不足以抵偿债务的，否则不能构成公司法人人格否认。

债权人与公司进行商业合作并订立合同时，理应对合同相对方的经营规模与注册资本是否相符，以及其公司的偿债能力作出考量。基于自愿形成债权后，再以债务人注册资本显著偏低为由要求否认公司法人人格，不仅有损公司法人人格独立的基本原则，也不利于市场交易的公平。

如果公司通过其他手段在订立合同后刻意降低注册资本，如采用减资等方式，那么债权人完全可以通过法律赋予其提前主张未到期债权的方式实现对债权的保障，也无必要通过公司法人人格否认来实现利益。

如果公司通过非法手段，如恶意转移财产等方式减少公司资产从而逃避债务的，那么债权人自然可以在充分举证后主张否认公司法人人格，由滥用行为人对公司债务承担无限连带责任。

1741. 公司间法人人格混同的表现形式有哪些？

法人人格混同的表现形式包括：财务混同、资产混同、业务相同、决策机构相

---

① 具体内容详见本书第十八章清算责任纠纷。

同、营业地相同、工作人员相同,以及公司营业地的电话相同等。

值得注意的是,在上述所有要素中,最为重要的是公司财务混同。

实践中,公司间法人人格混同主要存在于关联企业之间,这些关联企业普遍存在交叉股权关系、均为同一民事主体出资设立、由同一自然人担任各个公司法定代表人的现象,如果该实际控制人利用其对于上述多个公司的控制权,无视各公司的独立人格,随意处置、混淆各个公司的财产及债权债务关系,造成各个公司的人员、财产等无法区分的,该多个公司法人表面上虽然彼此独立,但实质上构成人格混同。因此损害债权人合法权益的,该多个公司应承担连带清偿责任。

1742. 如何界定各公司之间存在财务混同?

如果各公司之间存在如下一项或几项情形的,一般可认定各公司间财务混同:

(1)使用同一财务报表和账户;

(2)由一家公司为另一家公司的项目或投资履行付款义务或实际投资;

(3)各家公司之间存在借贷行为,且无故豁免债务;

(4)对同一资产无法明确界定各公司的权属份额。

【案例580】人员、业务、账目混同 丧失独立法人人格三公司共同偿债[①]

原告: 徐工机械公司

被告: 川交工贸公司、川交机械公司、瑞路公司、王永礼、吴帆、张家蓉、凌欣、过胜利、汤维明、郭印、何万庆、卢鑫

诉讼请求:

1. 被告川交工贸公司支付所欠货款 10,916,405.71 元及利息;

2. 被告川交机械公司、被告瑞路公司及被告王永礼等人对上述债务承担连带清偿责任。

争议焦点:

1. 三法人被告之间管理人员交叉任职是否证明公司之间人员混同;

2. 三法人被告业务彼此部分或全部重合以及宣传时不加区分,是否证明公司之间业务混同;

3. 三法人被告债权债务、业绩、账务及返利均计算在一家公司名下,且共用

[①] 参见江苏省高级人民法院(2011)苏商终字第 0107 号民事判决书,本案为最高人民法院公布的第 15 号指导案例。

账户是否说明公司之间财务混同。

基本案情：

被告川交机械公司股东为被告王永礼、倪刚。

被告瑞路公司股东为被告王永礼、倪刚。

被告川交工贸公司股东为被告张家蓉（占90%股份）、被告吴帆（占10%股份），其中被告张家蓉系被告王永礼之妻。

在公司人员方面，三个公司经理均为被告王永礼，财务负责人均为被告凌欣，出纳会计均为被告卢鑫，工商手续经办人均为张梦；三个公司的管理人员存在交叉任职的情形，如被告过胜利兼任被告川交工贸公司副总经理和被告川交机械公司销售部经理的职务，且免去过胜利被告川交工贸公司副总经理职务的决定系由被告川交机械公司作出；被告吴帆既是被告川交工贸公司的法定代表人，又是被告川交机械公司的综合部行政经理。

在公司业务方面，三个公司在工商行政管理部门登记的经营范围均涉及工程机械且部分重合，其中被告川交工贸公司的经营范围被被告川交机械公司的经营范围完全覆盖；被告川交机械公司系原告在四川地区（攀枝花除外）的唯一经销商，但三个公司均从事相关业务，且相互之间存在共用统一格式的《销售部业务手册》《二级经销协议》、结算账户的情形。三个公司在对外宣传中区分不明，2008年12月4日重庆市公证处出具的《公证书》记载：通过因特网查询，被告川交工贸公司、被告瑞路公司在相关网站上共同招聘员工，所留电话号码、传真号码等联系方式相同；被告川交工贸公司、被告瑞路公司的招聘信息，包括大量关于被告川交机械公司的发展历程、主营业务、企业精神的宣传内容；部分被告川交工贸公司的招聘信息中，公司简介全部为对被告瑞路公司的介绍。

在公司财务方面，三个公司共用结算账户，被告凌欣、被告卢鑫、被告汤维明、被告过胜利的银行卡中曾发生高达亿元的往来，资金的来源包括三个公司的款项，对外支付的依据仅为被告王永礼的签字；在被告川交工贸公司向其客户开具的收据中，有的加盖其财务专用章，有的则加盖被告瑞路公司财务专用章；在与原告均签订合同、均有业务往来的情况下，三个公司于2005年8月共同向原告出具《说明》，称因被告川交机械公司业务扩张而注册了另两个公司，要求所有债权债务、销售量均计算在被告川交工贸公司名下，并表示今后尽量以被告川交工贸公司名义进行业务往来；2006年12月，被告川交工贸公司、被告瑞路公司共同向原告出具《申请》，以统一核算为由要求将2006年度的业绩、账务均计算至被告川交工贸公司名下。

本案原告实际未得到清偿的货款为 10,511,710.71 元。

原告诉称：

被告川交工贸公司拖欠原告货款未付，而被告川交机械公司、被告瑞路公司与被告川交工贸公司人格混同，三个公司实际控制人被告王永礼以及被告川交工贸公司股东等人的个人资产与公司资产混同，均应承担连带清偿责任。

被告川交工贸公司、川交机械公司、瑞路公司辩称：

三个公司虽有关联，但并不混同，被告川交机械公司、被告瑞路公司不应对被告川交工贸公司的债务承担清偿责任。

被告王永礼等人辩称：

被告王永礼等人的个人财产与被告川交工贸公司的财产并不混同，不应为被告川交工贸公司的债务承担清偿责任。

律师观点：

1. 被告川交工贸公司与被告川交机械公司、被告瑞路已构成公司人格混同。

（1）三个公司人员混同。三个公司的经理、财务负责人、出纳会计、工商手续经办人均相同，其他管理人员亦存在交叉任职的情形，被告川交工贸公司的人事任免存在由被告川交机械公司决定的情形。

（2）三个公司业务混同。三个公司实际经营中均涉及工程机械相关业务，经销过程中存在共用销售手册、经销协议的情形；对外进行宣传时信息混同。

（3）三个公司财务混同。三个公司使用共同账户，以被告王永礼的签字作为具体用款依据，对其中的资金及支配无法证明已作区分；三个公司与原告之间的债权债务、业绩、账务及返利均计算在被告川交工贸公司名下。因此，三个公司之间表征人格的因素（人员、业务、财务等）高度混同，导致各自财产无法区分，已丧失独立人格，构成人格混同。

2. 被告川交机械公司、被告瑞路公司应当对被告川交工贸公司的债务承担连带清偿责任。

公司人格独立是其作为法人独立承担责任的前提。《公司法》第 3 条第 1 款规定："公司是企业法人，有独立的法人财产，享有法人财产权。公司以其全部财产对公司的债务承担责任。"公司的独立财产是公司独立承担责任的物质保证，公司的独立人格也突出地表现为财产的独立。当关联公司的财产无法区分，丧失独立人格时，就丧失了独立承担责任的基础。《公司法》第 20 条第 3 款规定："公司股东滥用公司法人独立地位和股东有限责任，逃避债务，严重损害公司债权人利益的，应当对公司债务承担连带责任。"本案中，三个公司虽在工商登记部门登记为彼此独立的企业法人,但实际上相互之间界线模糊、人格混同,其中被告川交工贸公司承担所有关联公司的债务却无力清偿,又使其他关联公司逃避巨额债务,严重损害了债权人的利益。上述行为违背了法人制度设立的宗旨,违背了诚实信用原则,其行为本质和危害结果与《公司法》第20条第3款规定的情形相当,故参照《公司法》第20条第3款的规定,被告川交机械公司、被告瑞路公司对被告川交工贸公司的债务应当承担连带清偿责任。

此外,因原告未举证证明被告王永礼、吴帆、张家蓉、凌欣、过胜利、汤维明、郭印、何万庆、卢鑫的个人财产与被告川交工贸公司存在混同,因此对原告要求上述被告承担连带责任的诉讼请求不予支持。

法院判决:

1. 被告川交工贸公司于判决生效后10日内向原告支付货款10,511,710.71元及逾期付款利息;

2. 被告川交机械公司、被告瑞路公司对被告川交工贸公司的上述债务承担连带清偿责任;

3. 驳回原告对被告王永礼、吴帆、张家蓉、凌欣、过胜利、汤维明、郭印、何万庆、卢鑫的诉讼请求。

1743. 如何认定自然人股东财产与公司财产混同?如何分配公司与股东财产混同或公司间财产混同的举证责任?

公司财务管理混乱的现象并不鲜见,尤其是在中小企业当中,常常表现在财务制度不健全,员工代垫代收公司款项,支出收入不入账,票据不规范等。但是,基于对法人人格否认的严格界定,财务管理混乱并不等同于公司财产与股东财产混同。

实践中,仅凭股东以个人账户收支公司货款等行为,并不足以认定公司与股东财产混同。只要在公司资产负债表财务科目中将代收款项计入应收款或其他应收款,则应当认定股东财产与公司财产并未发生混同,两者之间仅为借贷关系,除非该借款行为违反公司章程,且金额极大,长期占用,从不归还。

故对于财产混同的界定,其关键仍在于通过财务账簿或财务报表能否将公司财产与股东财产区分开。

作为公司以外的债权人,一般难以掌握关于公司内部的财务信息,包括会计账簿、对账单等,被诉股东则是公司的内部关系人,不仅控制着公司的经营,而且掌握着公司的相关信息,所以公司债权人与公司的股东相比,在相应证据的掌握方面是处于弱势地位,如果要求公司债权人承担完全的举证责任,则对债权人是不利的,可能会导致公司法人人格否认制度成为虚设。

故在司法实践中,一方面,应当由公司的债权人就其与公司之间的基础民商事法律关系的设立、变更等承担举证责任;另一方面,公司债权人就存在否认公司法人人格的事由承担基本的举证责任,即可以让法官产生对公司适用法人人格否认的合理怀疑。在此基础上,将去除这种合理怀疑的举证责任转由公司及其控股股东来承担。这样处理举证责任的分配,符合公平原则,也符合民事诉讼中举证责任分配的基本规则。

【案例581】擅自挪借公司财产致财产混同　股东对公司债务承担连带责任

原告:某贸易公司。

被告:戚某、徐某、刘某。

诉讼请求:判令被告对原告的债务承担连带清偿责任。

争议焦点:股东不断支取公司款项是否属于滥用股东权利;是否损害了原告权益;被告是否需要对公司债务承担连带责任。

基本案情:

2003年2月,原告与某进出口公司签订《委托代理进出口协议书》,约定原告委托某进出口公司代理进口柴油发电机。

同年3月,原告、某进出口公司及案外人新加坡某公司分别签订了两份《柴油发电机买卖合同》,约定由原告为收货方,某进出口公司为买方,新加坡某公司为卖方。合同签订后,新加坡某公司履行了供货义务,原告收货后向某进出口公司支付相关税费和代理费,并支付了全部货物的购汇款。某进出口公司收款后,仅向新加坡某公司汇出部分货款,余款未汇付。

原告遂依照协议约定的仲裁条款提请上海仲裁委员会进行裁决。仲裁庭裁决某进出口公司将购汇款兑换成美元付给原告,并赔偿原告利息损失。因某进出口公司未履行仲裁裁决,原告向法院申请强制执行,由于某进出口公司财产不足以清偿,法院于2004年12月裁定中止执行。

某进出口公司账户自2004年2月进款后,相关对账单资料显示款项不断被支取,其中一笔款项18万元被用于股东被告戚某个人购房,且该公司并未依法建立财务账簿。

原告诉称:

三被告作为某进出口公司的股东存在控制股东滥用公司人格损害债权人利

益的行为,应当就某进出口公司对原告的债务承担连带清偿责任。

被告戚某、被告徐某辩称:

某进出口公司的实际经营决策者是案外人张某,被告戚某和被告徐某未滥用公司人格。

被告刘某辩称:

其不是某进出口公司的股东。

律师观点:

公司的财产与其成员的财产分立是有限责任存在的基础。在某进出口公司经营过程中,原告委托汇付的款项于2004年2月进入某进出口公司账户后,相关对账单资料显示该款项被不断支取,至2004年3月余额仅为1万余元。而某进出口公司作为自然人设立的有限责任公司,不仅未按相关规定制作财务账簿,其三名被告股东均未能说明款项的支取系用于公司正常经营所需,相反,经调查确认至少其中一笔款项18万元用于被告戚某个人购房。据此,可以认定某进出口公司收到原告系争款项后,公司资产未能保持独立而与股东财产发生混同,而根据工商登记信息,被告刘某确为该公司股东,其也未能就此提出反证。

现由于股东的行为已致使某进出口公司无力对外清偿债务,严重损害了公司债权人的利益。因此,三被告应当对公司的债务承担连带责任。

法院判决:

三被告对某进出口公司的债务承担连带责任。

【案例582】未举证证明财务混同 难以认定人格混同①

原告: 精业公司

被告: 电子公司、科技公司、邬飞国

诉讼请求:

1. 判令被告电子公司支付原告加工款465,380.80元及利息;
2. 被告科技公司、被告邬飞国对上述款项承担连带清偿责任。

争议焦点: 被告科技公司与电子公司都是由被告邬飞国、陈明珍夫妻出资设立,且一段时间内在同一住所地经营,经营范围也相同,能否以此证明两公司存在人格混同。

---

① 参见宁波市鄞州区人民法院(2008)甬鄞民二初字第2920号民事判决书。

基本案情：

从 2006 年开始，原告与被告电子公司签订工矿产品加工协议，由原告为其加工铝管，双方开始长期的业务合作。原告按合同约定向被告电子公司交付铝管，被告电子公司已陆续支付部分价款，至 2007 年 9 月 30 日尚欠原告加工款 465,380.80 元。

被告电子公司由被告邬飞国、陈明珍夫妻共同投资 300 万元于 2003 年 9 月 3 日设立，后经多次股权转让于 2008 年 1 月 7 日变更为应海滨、刘东标、陈明珍。

被告科技公司于 2007 年 6 月 19 日在宁海县西店镇大路村成立，其中被告邬飞国出资 411.6 万元，占 70% 股权；陈明珍出资 176.4 万元，占 30% 股权。后于 2008 年 1 月 7 日，被告邬飞国将其所持股份以原价 411.6 万元全部转让给舒海平，即股东由被告邬飞国、陈明珍变更为舒海平、陈明珍。

被告电子公司于 2007 年 9 月也搬迁至宁海县西店镇大路村，与被告科技公司在同一个地点经营。其间，被告科技公司在其网站上使用了被告电子公司的资质证书。

原告诉称：

至 2007 年 9 月 30 日，被告电子公司尚欠原告加工款 465,380.80 元，经原告多次催讨未付。被告电子公司为了逃避债务，其控股股东被告邬飞国采用注册被告科技公司，并将两个公司搬到一起混同经营，逐渐通过"脱壳"的方式将被告电子公司的人员、设备、资质等转移到被告科技公司，由被告电子公司空壳承担对外债务。二被告共用一个厂房和设备，使用同一个商标，生产同一产品，被告科技公司还借用被告电子公司的资质进行产品销售，二被告的采购、财务负责人由同一批人担当。虽然二被告的实际控股人被告邬飞国通过转让股权的方式已变更了股东及法定代表人，但实际控制人仍是被告邬飞国。二被告存在企业人格混同，应共同承担对外债务的清偿责任。被告邬飞国在获利的范围内承担连带责任。

被告科技公司辩称：

被告科技公司和被告电子公司都是各自独立的企业，根据《公司法》的规定，都是独立承担民事责任的。至于被告科技公司和原告发生的业务关系，所有账目均已结清，根据债的相对性，原告只能够向与其发生业务关系的单位主张权利。

被告邬飞国辩称：

原告追加其作为被告和刚开始的起诉不属于同一法律关系，追加的理由和原来的理由也不一致，其不应作为本案的当事人。

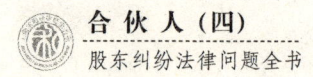

律师观点：

1. 承揽合同合法有效，被告电子公司未及时支付加工款，应向原告支付相应款项及利息。

本案原告与被告电子公司之间所签订的承揽合同，就加工标的物的名称、规格、数量、价款等合同主要条款经协商一致、约定明确，且不违反法律、行政法规的强制性规定，应为合法有效。双方应按约履行各自的义务。

原告已按约向被告交付了加工物，被告应按约支付加工款项。

2. 主张被告科技公司与被告电子公司存在人格混同的证据不足，原告不能要求被告科技公司对被告电子公司的债务承担连带责任。

虽然两被告都是由被告邬飞国、陈明珍夫妻出资设立，到2008年1月7日前都是由被告邬飞国担任法定代表人，且曾在同一住所地经营，也生产相同产品，被告科技公司曾借用被告电子公司的资质证书，二者应为关联企业，但要据此确认电子公司与科技公司之间构成人格混同尚依据不足。

被告邬飞国已将其所持有股份全部转让于他人，且未发现存在虚假转让的情形，原告称被告邬飞国为实际控制人也缺乏相关证据佐证。因此，原告以两被告存在人格混同现象，要求被告科技公司共同承担责任的诉请不合理。

原告称被告邬飞国同时作为两被告的法定代表人时，违反《公司法》第149条规定，已经构成对公司债权人的损害，应该对公司的债权损害在获利范围内承担赔偿责任，但原告既未提供被告邬飞国的行为存在违反《公司法》的规定损害债权人的依据，也未提供被告邬飞国从中获利的证据。因此，原告该诉请无法得到支持。

法院判决：

1. 被告电子公司于判决生效后7日内支付原告加工款465,380.80元，并赔偿自2007年9月30日起至本判决确定的履行之日止上述加工款按中国人民银行同期贷款基准利率计算的利息损失；

2. 驳回原告的其他诉讼请求。

【案例583】实际控制人利用多家公司混同财务 与公司共同承担连带责任[①]

原告： 熊猫公司

被告： 天创公司、邹建萍、马志平、国讯公司、长恒公司、汉信公司、腾创公司

---

① 参见南京市中级人民法院(2005)宁民初字第43号民事判决书。

诉讼请求： 判令众被告对拖欠原告的债务承担无限连带责任。

争议焦点： 被告天创公司将应付给原告的货款、借款资金转至各关联公司，且众被告公司之间相互调拨、占用资金频繁，实际控制人均为被告马志平，众被告公司是否存在人格混同；众被告公司是否应对被告天创公司的欠款承担连带偿还责任。

基本案情：

2003年11月7日，原告借给被告天创公司4810万元，定于2003年12月31日前全额归还。被告天创公司借款后一直未能偿还。

被告天创公司成立于1999年4月27日，注册资本为5000万元，其中被告马志平出资4500万元，被告邹建萍出资500万元，法定代表人为被告马志平。

2001年11月，被告天创公司增资至1.1亿元，其中被告马志平增资5400万元，被告邹建萍增资600万元，上述增资款均系被告国讯公司支付。

被告国讯公司是被告马志平与被告邹建萍于1999年1月共同设立，注册资本为100万元，其中被告马志平出资60万元，被告邹建萍出资40万元。

2001年被告国讯公司进行增资，实际支付增资款的是被告天创公司。

2002年5月，被告国讯公司再次增资，实际支付增资款的依然是被告天创公司。

被告长恒公司成立于1993年11月8日，注册资本为500万元，其中被告马志平出资225万元。

2001年11月，被告长恒公司注册资本增值1.6亿元，增资款6000万元均系被告国讯公司代为缴纳。

2004年8月，被告马志平将其持有的被告长恒公司出资转让给曹小竹。但曹小竹未实际支付出资转让价款。

被告汉信公司成立于2003年9月，注册资本为3000万元，其中被告马志平出资2850万元，被告邹建萍出资150万元。但是实际支付该3000万元出资款的却是被告长恒公司。

被告天创公司、被告长恒公司、被告腾创公司、被告汉信公司之间存在大量资金往来，相互调拨、占用资金频繁，数额巨大。

原告诉称：

原告与被告天创公司签订的借款协议合法有效，然而被告天创公司借款后，到2005年一直未能偿还，被告天创公司应立即向原告支付该笔欠款。此外，被告天创公司、被告长恒公司、被告腾创公司、被告汉信公司之间与被告天创公司为关联公司,存在人格混同,应承担连带责任。

被告未作答辩。

律师观点:

1. 被告长恒公司、被告腾创公司、被告汉信公司与被告天创公司存在公司人格混同。

被告马志平利用被告天创公司的法人人格与原告从事业务,却将被告天创公司应付给原告的货款、借款资金转至被告马志平所实际控制的被告腾创公司、被告长恒公司、被告汉信公司等,结果造成被告天创公司无资产可供清偿其所欠原告的债务。

被告天创公司、被告长恒公司、被告腾创公司、被告汉信公司表面上虽为分别设立的独立法人,但各公司均为被告马志平实际控制,在经营决策、资金使用、财产利益等方面均由被告马志平掌控,被告天创公司的大量资金进入了被告长恒公司、被告腾创公司等,导致在被告天创公司名下已无财产可供清偿其所欠原告的债务,损害了债权人的合法权益,依法应当认定被告天创公司与被告长恒公司、被告腾创公司、被告汉信公司人格混同。

2. 被告马志平滥用公司独立法人地位和股东有限责任,应承担连带责任。

若让被告天创公司依法人制度享有有限责任与公平原则相违背,且不利于维护交易相对方的合法权益。因此,被告马志平作为被告天创公司的股东,滥用被告天创公司独立法人地位和股东有限责任,逃避债务,严重损害了公司债权人原告的利益,依法应当对公司债务承担连带责任。

法院判决:

被告天创公司、被告长恒公司、被告腾创公司、被告汉信公司、被告马志平、被告邹建萍对被告天创公司欠原告的债务承担无限连带责任。

1744. 自然人股东作为公司法定代表人,以个人账户收取公司货款的行为,是否能够作为认定股东财产与公司财产混同的情形?

不一定。

判断公司自然人股东与公司是否存在财产混同,关键依据是公司的收支与自然人股东的收支是否能够明确界定。在实践中,由公司法定代表人收取货款属于正常商业交易习惯,即使货款进入其个人账户,但只要在合理期限内转入公司账户,或能够证明将该笔款项用作公司合理支出的,仍应视其收款行为为职务行为,不能因此否定公司法人人格。

尤其是,如果公司为此笔货款开具发票的,则一般认为法定代表人的收款行为是职务行为,不存在与公司财产混同的情形。

【案例584】法定代表人履行职务收取货款 并非与公司财产混同[①]

原告:黄天福

被告:新坐标公司、敬天平

诉讼请求:

1. 判令解除原告与被告新坐标公司签订的购销合同;
2. 判令两被告连带归还原告的定金468,331元。

争议焦点:被告敬天平作为被告新坐标公司的股东,在收取被告新坐标公司款项50万元后,不能明确说明该笔款项用途,该行为是否导致其与公司的财产混同,被告敬天平是否应对公司债务承担连带责任。

基本案情:

2009年3月26日,原告与被告新坐标公司签订了钢材购销协议,约定被告新坐标公司将其废旧边角钢材由原告代理销售,钢材市场销售价由新坐标公司让利给原告每吨200元(在保证金中扣除),10万元保底,若付现款应让利每吨300元,但原告必须向被告新坐标公司缴纳保证金50万元,此款不计息;合作终止时,由被告新坐标公司在十天内如数退还给原告;为保证原告利益,被告新坐标公司供给原告废旧钢材每月50吨销量,如不足50吨由被告新坐标公司补足50吨的利润,超出50吨的部分不让利,按当时市场价格算。

合同签订后,原告于2009年3月26日付给被告新坐标公司法定代表人被告敬天平现金21万元,汇入其个人账户29万元。同日,被告新坐标公司出具加盖有其财务专用章事由为保证金,金额为50万元的收据给原告。

2009年4月4日,被告新坐标公司提供给原告价值31,669元的钢材,并从2009年4月起至2009年9月每月以15,000元补足不足50吨钢材的利润给原告。此后被告新坐标公司既未向原告继续提供钢材,亦未退还原告保证金。

原告诉称:

被告新坐标公司于2009年4月4日供给原告价值3万元左右的废钢材。之后,被告新坐标公司一直未供给原告所需钢材,并且拒绝归还原告剩余的保证金47万元。

[①] 参见重庆市第五中级人民法院(2010)渝五中法民终字第3029号民事判决书。

被告敬天平采用欺骗的方法,在明知自己无相应废钢材边角料可供交付履行的情况下,骗得原告的保证金,这已不是单纯的合同违约行为,而是侵权行为,作为被告新坐标公司的法定代表人以及合同的签订人,理应承担赔偿责任。

被告新坐标公司辩称:

被告新坐标公司与原告签订购销合同属实,但原告未取得工商行政管理部门颁发的个体工商户营业执照,不具备收购废旧金属材料的资格,双方签订的购销合同无效。

被告敬天平辩称:

其与原告没有签订钢材购销合同,应由被告新坐标公司承担民事责任,请求驳回原告的诉讼请求。

律师观点:

由于被告新坐标公司至诉讼时始终未履行合同义务,判令继续履行合同已经不能实现合同目的,故原告主张合同解除应予支持。

《公司法》第20条第3款规定:"公司股东滥用公司法人独立地位和股东有限责任,逃避债务,严重损害公司债权人利益的,应当对公司债务承担连带责任。"该条规定又称"公司法人人格否认",在适用中主要包括公司法人人格形骸化,指公司与股东完全混同,导致债权人无法分清与之交易的对方到底是公司还是股东。

本案中,虽然被告敬天平个人收取了公司的款项,但其作为公司的法定代表人,有权对外代表公司进行业务活动,公司也通过出具收据的方式对其行为予以确认,不能仅凭被告敬天平的该行为就认定其与公司的财产混同,因此,原告的诉讼请求难以得到支持。

法院判决:

1. 解除原告与被告新坐标公司签订的钢材购销协议;
2. 被告新坐标公司于该判决生效后5日内返还原告定金468,331元;
3. 驳回原告的其他诉讼请求。

1745. 如何证明公司存在业务混同、决策机构混同、经营地址混同?

由于公司的业务、股东会人员、董事会人员往往属于公司内部信息,外界不易于获悉,故在对上述要素混同的证明上,往往需要借助法律专业工作者的帮助。

公司具体的工商登记信息中,都会明确注明公司在各个经营阶段的营业范围、法定代表人、董事、执行董事、监事、经理、股东以及经营场所。但这些内档信息只有企业本身与律师才能获取,因此可委托律师前往目标公司注册登记地工商行政管理部门调查取证。

另外,对上述内容的证明,还可以通过其他手段加以辅证。如公司对外签订的经济合同,常可用以证明公司的经营业务、营业地址、法定代表人等信息,而公司工作人员的名片,或与公司的往来传真、电子邮件、公司网站信息、对外活动等也可对公司的联系方式、经营地址、工作人员起到一定的证明作用,但由于该类证据的易删改性较强,故往往证明效力较弱,一般仅作为辅助证据使用。

【案例585】同一控制人随意转让收益和债务　关联企业人格混同连带担责[①]

原告: 南安公司

被告: 源洲公司、万达公司、万洲公司

诉讼请求: 判令被告共同连带支付尚欠原告的租金2,679,068元及利息。

争议焦点:

三被告之间存在代付租金、经营范围相同、管理人员相同以及办公地点相同的情况,是否可视为人格混同;是否需要对拖欠原告的租金承担连带责任。

基本案情:

2008年5月26日,原告与被告万洲公司签订租船合同,约定原告将其所有的"成功75"轮期租给被告万洲公司。

截至2009年7月3日,被告万达公司确认尚欠"成功75"轮的租金2,729,068元(不包括利息)。案涉租金中已支付的款项,系被告源洲公司支付。

2009年7月6日,被告源洲公司支付给原告150,000元,原告确认其中50,000元系归还"成功75"轮的租金。原告为收取案涉租金,向被告源洲公司开具了货物运输业统一发票。后被告拒不支付原告剩余租金,遂产生纠纷。

被告万达公司注册资本1000万元,董事长兼总经理为高銮。2006年12月13日后,高銮成为该公司股东,出资510万元。2007年10月26日,该公司股东变更为曾原华、翁祖和、高国太、高聚四人,高銮退出的同时董事长兼总经理也变更为曾原华。2009年2月18日,该公司注册的办公地址变更为鼓楼区东大路××号××大厦4层01室、02室,2009年5月20日再次迁址。经营范围为国内货物运输代理、国内水路运输船舶代理业务、国内水路运输货物代理业务,国际、国内集装箱租赁、船舶租赁。

[①] 参见福建省高级人民法院(2010)闽民终字第581号民事判决书。

被告万洲公司注册资本50万元,2006年12月26日后,高銮成为该公司股东,出资25.5万元。2007年10月29日,该公司股东变更为曾原华、翁祖和、高国太、高聚四人,高銮退出,同时董事长兼总经理也变更为曾原华。2009年5月19日,该公司注册的办公地址变更为与被告万达公司一致的鼓楼区东大路××号××大厦4层01、02室。经营范围也与万达公司一致。

被告源洲公司注册资本505万元,注册办公地址与上述两被告公司一致。2007年11月2日,高銮成为该公司股东,出资454.5万元。2009年5月14日,该公司的股东情况变更为目前的高銮出资151.5万元,高聚出资50.5万元。经营范围为船舶维修技术咨询、国内沿海及长江中下游普通货船运输。

此外,被告万达公司、万洲公司通讯录显示:两公司总机均为3811×××,地址福州市鼓楼区东大路××号××大厦4楼。总经理高銮,高聚为营口办、天津分公司、万骏贸易公司、连云港办的经理。被告源州公司的员工为经理陈琳等5人,没有财务职能的员工;传真为3870×××。

2008年12月15日出版的《海西物流》对万达企业总裁高銮进行了专访,并记载万达企业现有下属企业被告万洲公司、被告万达公司、被告源州公司等。该刊还刊发了被告万洲公司各地办事处的地址和联系电话,其多数情况与前述通讯录记载的情况吻合。

原告诉称:

原被告签订的租船合同合法有效,被告应当向原告履行支付租金的义务,对此法院应予支持。

另外,三被告为关联企业,经营地址、实际控制人、联系方式、业务范围均存在大量混同现象,而三被告却始终无法自证各公司间财务等各方面独立,故三家公司应当对债务承担连带责任。

被告均辩称:

被告源洲公司与被告万达公司、被告万洲公司的出资人完全不同、组织机构完全独立,三家公司的股东、管理人员及经营场所均不同,因此公司之间没有关联,是完全独立的民事主体。三家公司工商登记的经营范围相同或重合,并不能成为判定经营业务混同的理由和依据,原告所提供的证据也不足以证明三被告人格混同。被告源洲公司与被告万达公司、被告万洲公司的实际控制人及财务人员完全不同,被告源洲公司仅仅是接受被告万达公司的委托,代为垫付被告万达公司应支付的部分租金,被告万达公司至今还欠被告源洲公司高额垫付款,故三公司不应对此债务承担连带责任。

律师观点：

判断公司间法人人格是否混同的标准，应从组织机构是否混同，经营业务是否混同，企业财产是否混同等几方面进行综合判断。其中，公司组织机构、人员与经营业务范围的混同，可能直接导致各法人缺乏独立意志与法人人格而共同受到某一个人或法人的操控，这是法人人格混同出现的前提条件；而财务混同以致实际控制人通过操纵各公司人员从而控制资金流向，进而呈现部分法人逃避约定或法定义务的道德风险，则是法人人格混同后必然导致的结果，也是实际控制人所追求的最终目的。

从三被告的组织机构看，虽然名义上是独立的法人，但在案涉业务发生时，三个公司的总经理实际为高銮，结合曾原华、高聚实际只是公司的一个部门经理，曾原华代替高銮成为被告万达公司、被告万洲公司名义上的控股股东，加上高銮在公开的媒体《海西物流》杂志上表明其是三被告的"老板"的情况，可以认定三被告的实际控制人为高銮。三被告的高层管理人员以及财务人员相同。因此，可以认定三被告的组织机构混同。

从三被告的经营业务看，在工商登记的经营范围都属于国内货物运输的范畴；在实际经营中从事的是相同的业务，这在案涉租船合同的履行中得到体现，比如被告万达公司确认被告万洲公司所欠的租金数额，被告源洲公司也负责收取经营产生的业务收入，并支付租金给原告。因此三被告的经营业务混同。

从三被告的财产看，三被告的实际控制人以及财务人员相同，案涉租船合同产生的收益和债务可以在三被告之间随意转化，且三被告没有提供反证来证明三被告在财务上独立。因此可以认定三被告的财产混同。

通过上述的判断，足以认定三被告作为关联企业，其企业的法人人格混同，三被告应当共同对所欠原告的租金承担连带支付责任。

法院判决：

三被告连带支付尚欠原告的租金 2,679,068 元及利息。

1746. 债权人主张债权后，如何判断公司转让资产的行为属于股东滥用法人独立地位逃避债务的行为？

对该问题应考虑三个因素：

（1）公司资产转让的价格是否符合市场公允价格。如果转让价格明显低于市场公允价值的，则可认定股东存在滥用公司法人地位，恶意降低公司资产的情形。

(2) 资产转让的价款是否由公司收取，实践中常有公司股东将公司资产连同私有资产一并转让，并擅自将公司资产的转让款项收为己有，或暂不计作公司收入，以降低公司资产。如果股东存在此类行为，则可认定滥用股东权利，需要对公司债务承担连带责任。

(3) 视转让资产的行为是否基于公司决策机构的决定作出，如果转让财产的行为仅仅是基于公司部分股东的个人意志，亦未经过公司的决策程序，则此时应认定公司股东滥用法人独立地位，损害债权人利益，从而否定法人人格。

【案例586】股东私自转让公司资产　公司法人人格被否认[①]

原告：刘伯艳

被告：颜昌松、李铃、兰玲、轻松公司

诉讼请求：

1. 被告轻松公司向原告返还不当得利10万元及利息；
2. 被告颜昌松、被告李铃、被告兰玲对上述债务承担连带责任。

争议焦点：

1. 向分公司投资入股的行为是否合法有效；
2. 被告颜昌松、被告李铃、被告兰玲将轻松青羊公司店内全部资产及装修等自行处分转让的行为是否构成了滥用公司独立人格，是否对债务承担连带清偿责任。

基本案情：

2000年7月20日，被告颜昌松、被告李铃、被告兰玲出资设立被告轻松公司，被告颜昌松为法定代表人。之后，被告颜昌松以增资扩股为由，邀约原告出资10万元作为被告轻松公司分公司"青羊分公司"新股东之一，并于2001年8月28日草拟的《青羊分公司章程》上签名，并加盖了青羊公司公章。

2001年12月26日，被告轻松公司申请设立了青羊分公司，被告颜昌松为负责人。

2002年11月26日，原告向被告颜昌松交付现金10万元，被告颜昌松向原告出具了加盖有青羊分公司财务专用章的收据一张，注明"收到原告交来股金壹拾万元正"。此后，原告从未参与分公司的经营管理，但在青羊分公司先后累计"分红"共计15,000元。

[①] 参见四川省成都市中级人民法院(2008)成民终字第2401号民事判决书。

2007年2月26日，青羊分公司住所地店内的所有固定资产及装修等被股东被告颜昌松、被告李铃、被告兰玲等作价28万元出让给周玲。此后，青羊分公司歇业，但未办理注销登记。

青羊分公司或被告轻松公司之后未再向原告支付过任何款项。

原告诉称：

原告交付10万元资金的行为是基于预期的一个法律行为，即对被告轻松公司增资，在此前提下，原告应与被告轻松公司当时的股东被告颜昌松、被告李铃、被告兰玲签署增资协议，向被告轻松公司交付出资款、聘请验资机构验资出具验资报告，并办理相关工商变更登记手续。

事实上，原告与被告轻松公司三个股东并没有签署增资协议亦没有办理相关增资的法律手续，只是按照三个股东的要求，原告将10万元款项交与分公司。

由于交易双方没有协议约定增资，亦没有促使当时共同控制的被告轻松公司与原告签署任何增资法律文件，亦未办理相关工商变更登记手续。因此，被告轻松公司收到原告交付的10万元属于不当得利，被告轻松公司应予以返还。

此外，由于被告轻松公司的三名股东以个人名义将应当属于公司的资产以28万元转让给第三人，该行为属于恶意转让公司资产的做法，属于股东对公司独立法人人格的滥用，损害了债权人的利益。因此被告轻松公司的三名股东应当对公司债务承担连带赔偿责任。

被告颜昌松、被告李铃、被告兰玲辩称：

三被告系被告轻松公司股东，被告轻松公司收取原告的10万元应当由被告轻松公司返还，而不应当由自然人股东承担连带责任。

律师观点：

1. 关于原告出资行为的性质。

从本案查证事实看，原告签约的目的是组建青羊分公司并成为股东，但因青羊分公司系被告轻松公司的分支机构，不具备法人资格，从本质上讲，原告入股轻松青羊公司成为该公司股东的目的根本不能实现，故原告的入股行为不符合法律规定而无效，被告轻松公司以"股金"名义收取原告10万元（扣除原告已分得的"红利"15,000元）应返还原告。

2. 关于被告颜昌松、被告李铃、被告兰玲是否应当承担连带还款责任的问题。

被告颜昌松、被告李铃、被告兰玲均是被告轻松公司股东，2007年2月26日，被告颜昌松、被告李铃、被告兰玲等人与他人签订协议，将青羊分公司店内全部资产及装修等作价28万元转让给他人，因青羊分公司的股东是被告轻松公司，故应当由被告轻松公司进行处分,而不能由股东自行处分。三被告实际是利用对青羊分公司的控制将青羊分公司的经营活动与财产完全视为自己的经营活动与财产,使公司丧失应有的独立性,将转让的价款占为己有,严重损害了原告的利益,故被告颜昌松、被告李铃、被告兰玲应在其各自出资额范围内承担连带清偿责任。

法院判决:

1. 被告轻松公司返还原告 85,000 元,并按中国人民银行同期贷款利率从 2002 年 11 月 27 日起至法院判决确定返还之日止向原告计付该笔资金利息;

2. 被告颜昌松、被告李铃、被告兰玲对被告轻松公司应支付的上列款项承担连带清偿责任。

1747. 如果公司法人人格被否认,是否所有股东均须承担无限连带责任?

不是,只有实施了滥用行为的积极股东须承担无限连带责任。

所谓积极股东,指对公司握有实质控制能力,实际参与公司经营管理,并能对公司的主要决策活动施加影响的股东。

与之相对应的是消极股东,指不参与公司管理,对公司活动不产生影响或控制的股东。

1748. 公司的保证人能否对其所负有保证义务的公司主张公司法人人格否认?

公司保证人在对债权人承担保证责任后,即成了公司的债权人,自然有权主张否认公司法人人格。

实践中存在争议的是,在公司进入破产程序后,保证人尚未承担保证责任的情况下,作为公司的或有债权人,也可参加破产财产的分配。那么此时,保证人是否有权主张公司法人人格否认呢?笔者认为既然破产法制度及担保制度皆允许保证人在此时预先行使债权,那么保证人也一并享有主张公司法人人格否认的权利,与一般债权无异。

1749. 公司法人人格否认的判决生效后,公司的法人人格是否被彻底否认?其他债权人可否以此判决为由要求股东对公司其他债务承担连带清偿责任?

不可以。具体如下:

(1)公司的人格否认只是个案的否认,并不代表公司从此以后即不具备法人人格。

(2)公司法人人格否认判决只能适用在具体案件中,其他公司债权人不得以此判决直接主张公司股东对其他公司债务也承担连带清偿责任。如果其他债权人有这样的主张,应当向人民法院起诉,由人民法院另行判决。

1750. 名义出资人依照实际出资人的示意,利用公司法人独立地位,给债权人造成损失的,名义出资人和实际出资人应当如何承担责任?

对此,《公司法》并无明确规定。

根据《公司法》一般原理和实践中掌握的一般原则,名义出资人是受实际出资人委托行使股东权利,但基于有效保护债权人利益及商事交易安全的原则,在追究股东责任时,应当先由名义股东承担责任。至于实际股东与名义股东的内部过错追究,可另行以股东身份之争诉讼解决。

1751. 税务主管机关在查处公司偷逃税款行为时,如发现公司股东滥用公司法人人格,逃避税款,能否直接适用公司人格否认,要求有滥用行为的股东承担偷逃税款的责任?

不能。原因如下:

(1)税务部门是国家的税收管理机关,并不负责对公司的运作方式、性质进行监管和认定。

(2)为避免突破法人独立地位的原则,法人人格否认制度的适用应当尽可能谨慎,税务部门也不适宜直接对法人人格进行否认。

如果税务主管机关发现公司存在上述问题时,可以以民事主体身份,作为债权人向人民法院起诉该公司的实际控制人,并由法院来认定是否对公司法人人格进行否认,以及是否要求存在滥用行为的股东承担相应责任。

1752. 能否在执行程序中适用公司法人人格的否认?

目前的法律仅规定,开办单位存在注册资金不实或抽逃注册资本的行为,在执行过程中可以直接变更或追加开办单位作为被执行人。其他情形下,不能直接适用公司法人人格的否认。

公司拥有独立的法人人格是《公司法》所确立的基础原则,为了防止《公司法》立法体系及原则被突破,公司法人人格否认只能是个案的否认。关于股东是否存在滥用公司法人独立地位和股东有限责任,逃避债务,严重损害公司债权人利益的行为,通常需要诉讼程序予以认定,在执行中适用法人人格否认显然已经超过了执行机构的审查权限。除开办单位存在注册资金不实或抽逃注册资本的行为之外,法人人格否认不应直接适用于执行程序中。对于当事人要求直接在执行程序中适用法人人格否认追加股东为被执行人的主张,可以引导当事人向法院另行提起诉讼,如果认定股东滥用法人独立地位,自然可以要求股东对债务承担连带责任。

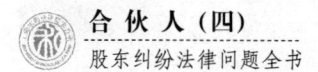

【案例587】股东抽逃出资损害债权人利益 执行程序追加股东连带赔偿获支持①

原告：刘锋

被告：腾兴公司5名出资人

诉讼请求：判令被告支付2005年法院判决锐天公司赔偿原告的5万余元。

争议焦点：

1. 腾兴公司股东出资验资后迅速将资金取出，且资金流向均为无关业务，该行为是否为抽逃出资？
2. 股东对于公司债务是否应当承担连带责任？
3. 法院可否在执行阶段追加股东为被执行人。

基本案情：

2005年1月，原告在骑摩托车回学校途中，撞到腾兴公司堆放在路边的黄沙、石子等建筑材料上，摔飞昏迷。经诊断，原告颌骨骨折、颅底骨折、鼻缺损畸形。经诉讼法院判决腾兴公司赔偿原告5万余元。

判决后，腾兴公司一直没有支付赔款，原告遂向法院申请强制执行。在执行过程中，因腾兴公司没有任何可执行财产而导致案件被迫终结。

2010年5月，原告调查发现腾兴公司注册资本50万元，但通过工商部门验资后，在一周内却又将50万元一次取出49.99万元，账户仅剩100元钱，资金流向均为无关业务。原告遂申请将被告腾兴公司5名出资人追加为被执行人，并依法冻结其中2人的银行存款。

原告诉称：

锐天公司逃避债务、隐瞒资产，抽逃了公司出资，损害了原告的合法利益。被告作为公司股东，应当对此承担连带责任。

被告辩称：

腾兴公司是一家有限责任公司，依法以全部财产对公司的债务承担责任，股东以其认缴的出资额为限对公司承担责任，不能执行股东个人的财产。

律师观点：

《公司法》第20条第3款规定："公司股东滥用公司法人独立地位和股东有限责任，逃避债务，严重损害公司债权人利益的，应当对公司债务承担连带责任。"本

---

① 参见正义网—检察日报 http://news.jcrb.com/jxsw/201012/t20101215_479118.html，2011年8月28日访问。

案中，腾兴公司的 5 名股东出资 50 万元注册资金，但通过工商部门验资后，又迅速将 50 万元资金取出，且资金流向均为无关业务，这是明显的抽逃资金避债的行为，是滥用股东权益的表现，股东应当对被告的债务承担连带责任。

法院判决：

原告应得的 5 万余元赔偿款由各被告承担连带责任。

【案例588】逃债新设公司需担连带责任　执行期间不可否定法人人格①

异议人： 鹏金安公司

申请执行人： 建邦公司

被执行人： 金安公司

申诉请求： 人民法院监督纠正广州铁路运输中院的错误执行行为。

争议焦点：

1. 被执行人是否按照民事调解书的规定全面履行了其应承担的义务；

2. 申请执行人与被执行人通过再审达成和解并签署调解书后，申请执行人能否申请对原生效判决的执行；

3. 法院能否直接在执行程序中否定异议人的子公司东来顺公司、金来顺公司和京来顺公司的企业法人资格；

4. 法院能否执行异议人的财产以及其子公司金来顺公司和京来顺公司的财产。

基本案情：

申请执行人与被执行人合作开发房地产合同纠纷及房屋买卖合同纠纷两案，均经人民法院作出终审判决。该两案判决生效后，申请执行人向深圳市中院申请强制执行。被执行人向广东省高院申请再审。在广东省高院的主持下，双方当事人一致同意将两个案件协商解决，并同意就判决书确定的内容达成和解协议，法院于 1999 年 9 月 28 日作出两份民事调解书，主要内容如下：

1. 被执行人将 8,725.7 平方米住宅用地及其在该地上建造的住宅楼抵还给申请执行人；

2. 被执行人同意将别墅用地约 21,000 平方米的全部权益及 9000 平方米商住用地抵偿给申请执行人；

---

① 参见最高人民法院深圳金安集团公司、深圳市鹏金安实业发展有限公司与广东建邦集团有限公司执行申诉案。

3. 被执行人同意将奔驰560型小轿车1台退还给申请执行人；

4. 被执行人负责协助申请执行人办理上述1、2项所指土地的转名手续及支付转名费用；

5. 被执行人在调解书发出后的3个月内履行完其在调解协议约定应承担的义务的，申请执行人不再对上述两案的其他经济责任提出请求。若被执行人超过上述时间未依约履行上述各项义务，则应继续履行原民事判决。

2000年5月18日，申请执行人依上述调解书第5项的规定向深圳市中院申请恢复执行，深圳市中院于2000年7月11日恢复对原民事判决的执行。但深圳市中院在1年多的时间内未能执结该两案，并以被执行人无可供执行财产为由拟中止执行。

2001年5月14日，广东省高院裁定将两案指定给广州铁路运输中级人民法院执行。广州铁路运输中级人民法院对异议人进行搜查，并查扣大量公私财物，包括公章及账本等。同时，查封了该异议人下属东来顺公司、金来顺公司和京来顺公司三家饮食公司的银行账号。

异议人鹏金安公司申诉称：

被执行人已全部履行了民事调解书规定的义务，而申请执行人不仅不按调解书规定履行自己的义务，反而向法院申请恢复原判决的执行。

金来顺公司和京来顺公司系异议人下属公司，广州铁路运输中级人民法院无权查封其账户。

被执行人认为：

法院没有事实和法律依据裁定恢复原审判决的执行。因为被执行人已全面履行了再审调解书，被执行人与申请执行人之间的纠纷已基本解决。如果再恢复对原审判决的执行无异于对同一案件进行重复的执行。《最高人民法院关于适用〈中华人民共和国民事诉讼法〉若干问题的意见》第201条明确规定，按审判监督程序再审的案件，达成调解协议的，调解书送达后，原判决、裁定即视为撤销。本案中两审的两份判决实际已经被撤销，申请执行人申请执行也只能申请对调解书进行执行。对已被撤销的判决书恢复执行，是严重违法的。

关于调解书的履行情况具体如下：

1. 调解书第1项义务已执行完毕，被执行人已按调解书将住宅用地及住宅楼移交给申请执行人，并协助该公司办理了转名手续，现该申请已获国土局批准，进入了公告程序，公告通知已送达给申请执行人，只是因该公司不交公告费，故尚未办完转名手续。

2. 被执行人于1999年11月9日将21,000平方米土地的所有文件资料报给国土部门交由申请执行人进行处置和收益。9000平方米的土地权益由于申请执行人不配合,该公司于2000年5月1日单方向国土局递交材料,同意转给申请执行人。

3. 调解书第3项奔驰车已履行完毕。

4. 调解书第4项关于转名手续及支付转名费用的义务也已经履行。

本案中,调解书第2项约定的地块的转名手续未办理完,是因为政府原因及申请执行人不配合造成的,没有被执行人的责任。被执行人的义务已履行完毕,因政府行为和申请执行人补地价或不配合等原因造成的延误时间不计算在调解书生效3个月的履行期内,故申请执行人无权申请恢复执行原审判决。

申请执行人认为:

被执行人未履行调解书相关义务,故申请执行人向法院申请恢复执行。

调解书约定义务除第3项履行完毕外,第1项:8725.7平方米的用地被执行人逾期提供资料办理;第2项:被执行人的21,000平方米用地需在规定期限内协助办理,但其未按调解书的规定履行义务,将拖欠的补偿费用给村民,造成国土部门无法审批,最终驳回申请。关于9000平方米的用地因选址与邻村的用地有冲突,国土部门已驳回被执行人的用地申请。

同时,被执行人在判决生效后,采取各种方式转移公司资产,将被执行人的资产都转移至他人处,导致无法执行。

一审认为:

1. 被执行人未全面履行生效法律文书所负义务。

被执行人在调解书约定的期限内除履行了调解书约定的义务之第3项,即将奔驰小汽车1台退还给申请执行人外,其他各项义务均未履行。其中第1项义务因被执行人拒绝补清尚欠村民400多万元的购地款,国土局拒绝办理转名手续而未履行。第2项义务在递交了转名申请后,国土局因被执行人对村民的资金没落实及不同意被执行人的选址,作退文处理,根本不予受理,第2项义务亦无法履行。被执行人称其已全部履行了调解书确定的义务,不符合事实。

2. 被执行人设立3家饮食公司系恶意转移公司资产,广州铁路中院否认其法人人格并无不妥。

自深圳市中院执行该案以来,被执行人一直想方设法转移财产,逃避债务,抗拒执行。经省院指定广州铁路中院执行该案后,该院于2001年5月16日对被执行人的办公室、财务室等进行了搜查,省院派员对该搜查行动进行了现场监督。

经搜查,搜获被执行人在判决后与其公司数名职工签订的3份《协议书》,约定由被执行人出资成立东来顺公司、金来顺公司、京来顺公司,由数名职工做名义上的股东及法定代表人,但不享有任何权利,承担任何义务,该三家公司均由被执行人出资,一切权利义务均属于被执行人。经调查,后异议人受让了金来顺公司和京来顺公司各自的90%的股权。

搜查中,还搜获被执行人与其法定代表人游子建的姐姐游瑞梅签订的《协议书》,约定被执行人办公楼的房产,由被执行人实际出资购买并实际所有,游瑞梅为名义业主。同时还搜获被执行人以其职工名义公款私存的两本存折,该职工也承认了公款私存并做了笔录。另搜获3饮食公司的营业收入现金7万多元。搜查结束后,对有关的内部协议、相关的会计账本、存折、现金、被执行人及3家饮食公司的财务专用章进行扣押。根据搜查取得的证据,广州铁路中院裁定对3家饮食公司名下的及被执行人恶意转移的其他财产采取执行措施。并对被执行人采取了罚款及对其法定代表人采取了拘留措施。在搜查的过程中,该两级法院严格按照法定程序进行,手续齐全,着装规范,文明搜查,甚至离开时没留下一片垃圾。

一审处理意见:

广州铁路运输中院的执行一直处于该院的严格监督之下,并无任何违规、违法之处。该案应继续监督广州铁路运输中院对该案加大执行力度。另外,被执行人法定代表人游子建在解除司法拘留后,不仅不履行生效法律文书确定的义务,反而继续转移被法院查封的财产,广州铁路运输中院拟交由公安机关及检察机关立案侦查,依法追究游子建的刑事责任。

异议人不服一审处理意见,向最高人民法院提起申诉。

异议人申诉称:

异议人与被执行人虽是同一法定代表人,但却是两个不同的独立法人单位,各自应以独立的财产对外承担债务。异议人下属的3家饮食公司的股东并非被执行人的财产。广州铁路运输中院违法对异议人进行搜查,并查扣大量公私财物,包括公章及账本等。同时,错误查封了该异议人下属3家饮食公司的银行账号。法院的裁定没有事实和法律依据,请求最高人民法院监督纠正。

律师观点:

1. 不能认定被执行人已全面履行了民事调解书所确定的义务。

被执行人提供的证据材料,虽能证明其曾向深圳市龙岗区国土局申报过要求转让相关土地给申请执行人,但国土局已以"资金不落实"、"与非农建设用地有冲突,不同意选址"为由,退回被执行人有关办文资料。因土地转让存有瑕疵,申请执行人的权利无法实现,所以不能认定被执行人已全面履行了民事调解书所确定的义务。

2. 应依民事调解书确定的被执行人应承担的债务。

根据《最高人民法院关于适用〈中华人民共和国民事诉讼法〉若干问题的意见》第201条的规定,民事调解书发生法律效力后,原生效判决已被撤销,省高级法院据两份判决作出民事裁定,指令广州铁路运输中级人民法院执行原判决错误,而应依法执行民事调解书所确定的被执行人应承担的债务。

3. 若异议人确系被执行人投资,则申请执行人有权执行被执行人在3家饮食公司享有的投资权益,但不应在执行程序中直接裁定否定3家饮食公司的法人资格。

公司拥有独立的法人人格是《公司法》所确立的基本原则,为了防止《公司法》立法体系及原则被突破,公司法人人格否认只能是个案的否认,在执行程序中不宜直接裁定否定3家饮食公司的法人主体资格。

若经调查,3家饮食公司确系被执行人全部或部分投资,法院可以冻结该部分投资权益和股权,并裁定转让,以转让所得清偿被执行人对申请执行人的债务。

最高人民法院处理意见:

需进一步核实此3家饮食公司的注册资本投入和异议人受让金来顺公司和京来顺公司各90%股权的情况,如3家饮食公司确系被执行人全部或部分投资,现有其他股东全部或部分为名义股东,可执行被执行人在3家饮食公司享有的投资权益,但不应在执行程序中直接裁定否定3家饮食公司的法人资格。

二、一人有限责任公司法人人格否认的裁判标准

1753. 一人有限责任公司适用公司法人人格否认有何特殊条件或要求?

一人有限责任公司由于股东仅有一人,故其更容易产生股东滥用公司法人独立地位的情况,对该类公司法人人格否认的认定上,要点在于公司的经营场所、资产、财务记录等是否与股东个人住所、财产、进出账记录混同。

1754. 在一人有限责任公司的股东损害公司债权人利益责任纠纷中,如何分配举证责任?如何证明公司财产独立于个人财产?

该类诉讼中,基础债权债务法律关系的存在、变更仍应当由债权人举证。

如股东无法证明公司财产独立于其个人财产的,则应当对公司债务承担无限连带责任。

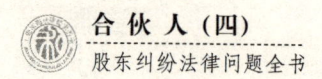

对于一人有限责任公司独立人格的标准,应当包括两个主要方面:独立的财产、独立的组织机构。

对于独立财产的证明,股东可以以公司会计账册、财务报表进行证明,如果公司的财务报表中公司财产与股东个人财产无任何权属不清的情况,则可认定公司具备独立财产。

对于独立组织机构,股东可举证证明公司的决策程序,虽股东仅有1人,但其决策仍然依照《公司法》规定的程序进行,并将部分关系公司经营的决策向公司工作人员告知。

1755. 一人有限公司自然人股东死亡后,诉讼主体如何确定?

一人有限责任公司自然人股东死亡后,该公司仍然存续,具有独立的民事主体资格,相关债权债务应由该公司享有或承担,不必然进入清算程序。如果一人有限公司的法定代表人为股东以外的人,则该股东死亡,公司法定代表人仍可代表公司进行诉讼。如果股东本人为公司的法定代表人,其死亡会使公司法定代表人缺位,在此情况下,应中止诉讼,待继承人继承股权后,由新的股东确定法定代表人,再行恢复审理。

【案例589】一人公司应自证独立人格　未予证明股东应对公司债务连带清偿①

原告: 销售公司

被告: 广州公司、佛山公司、深圳公司

诉讼请求:

1. 判令被告广州公司和被告佛山公司共同支付货款1,215,250.29元;
2. 被告深圳公司对上述债务承担连带责任。

争议焦点:

1. 合同当事人之外的第三人收取争议标的物应承担什么责任;
2. 一人有限公司股东不能证明公司财产独立于股东财产,是否应当对公司债务承担连带责任。

基本案情:

原告与被告广州公司签订《商品购销合同书(含代销)》,约定由被告广州公司代销原告的产品。

---

① 参见广东省广州市中级人民法院(2008)穗中法民二终字第2196号民事判决书。

合同签订后，原告向被告广州公司、被告佛山公司共提供 1,215,250.29 元的日用品。被告广州公司、被告佛山公司收货后没有向原告支付货款。

被告深圳公司是被告广州公司的股东，享有被告广州公司 100% 的股权。

原告诉称：

原告与被告广州公司签订的《商品购销合同书（含代销）》合法有效，被告广州公司未向原告支付货款，其应当承担相应责任。由于被告广州公司是一人有限责任公司，被告深圳公司是被告广州公司的股东，前者如不能证明其财产独立于后者的，则应当对后者的债务承担连带责任；被告佛山公司与被告广州公司共同收取了货物及支付了部分货款，也是合同的责任方，应共同承担还款责任。

被告均辩称：

原告的诉请于法无据，应予以驳回。

被告佛山公司仅是代被告广州公司收取部分货物，而被告深圳公司与被告广州公司两个法人主体，不应作为本案被告承担责任。

一审认为：

原告与被告广州公司签订的《商品购销合同书（含代销）》，没有违反国家法律和行政法规的强制性规定，系有效合同。付款期限届满原告要求支付货款，并无不当。

原告只与被告广州公司签订合同，但被告佛山公司并没有在上述合同盖章确认，原告又未能提供充分证据证明被告佛山公司存在接受该合同约束的事实存在，故该合同对被告佛山公司不产生法律效力，原告只与被告广州公司存在买卖合同关系，与被告佛山公司只存在事实买卖关系。原告主张被告广州公司与被告佛山公司应共同承担清偿责任证据不足。被告广州公司与被告佛山公司应在分别收取原告日用品的价值范围内向原告承担清偿责任。

被告深圳公司是被告广州公司的股东，对被告广州公司享有 100% 的股权，原告提出被告广州公司是一人有限责任公司的主张有理。虽然《公司法》（2005 年修订）第 64 条规定"一人有限责任公司的股东不能证明公司的财产独立于股东自己的财产的，应当对公司债务承担连带责任"，该法律条文的规定，实际上是对一人有限责任公司法人资格的否定，该法律条文运用应符合一定的条件。现被告广州公司未能按合同期限向原告清付货款，对原告的权益产生损害，但原告未能提供证据证明被告深圳公司有滥用被告广州公司有限责任行为及存在利用被告广州公司为其谋利益的动机或目的的过错，因此，原告以上述《公司法》（2005 年修订）第 64 条的规定要求被告深圳公司承担共同清偿责任依据不足。

一审判决：
1. 被告广州公司在判决生效之日起 10 日内清偿货款 192,618.03 元；
2. 被告佛山公司在判决生效之日起 10 日内清偿货款 1,022,632.26 元；
3. 驳回原告的其他诉讼请求。

原告及被告佛山公司不服一审判决，向上级人民法院提起上诉。

原告上诉称：
被告深圳公司应对被告广州公司所欠的货款承担连带责任。

依《公司法》(2005 年修订)第 64 条的规定，对一人有限责任公司是否具有独立法人资格采取的是过错推定原则，若一人有限责任公司的股东不能完成特定的举证责任，则推定一人有限责任公司的法人资格被滥用。被告深圳公司对被告广州公司作为一人有限责任公司的财产的独立性未能举证证实，因此被告深圳公司应对被告广州公司的债务负连带责任。

被告广州公司作为与原告的签约方，应当对合同义务全面履行。因此被告广州公司对被告佛山公司收取的货款也应当承担还款责任。

被告佛山公司上诉称：
原告是与被告广州公司签订合同，被告佛山公司并不是合同的当事人，不应承担本案的合同责任。既然原审法院认定被告佛山公司不是合同当事人，就不应判决被告佛山公司偿还货款。原审法院将原告与被告广州公司之间的买卖关系以及原告与被告佛山公司之间的买卖关系合并在一个案件中审理，也违反了一个案件只能处理一个法律关系的原则，故原告与被告佛山公司之间的买卖关系应另案处理。

被告广州公司、被告深圳公司同意被告佛山公司的上述理由。

律师观点：
1. 被告广州公司应当对被告佛山公司收取的货物款负偿还责任。

被告佛山公司的货款是通过被告广州公司支付的，可见原告与被告佛山公司之间的销售关系的建立是依据与被告广州公司订立的合同，其合同履行方也是被告广州公司。

因此，被告广州公司是合同交易的一方，对被告佛山公司所欠的货款，应由被告广州公司承担清偿责任。被告广州公司应当对被告佛山公司收取的货物款负偿还责任。

2. 被告深圳公司应当对被告广州公司的债务承担连带责任。

被告广州公司是一人有限责任公司,依据《公司法》第63条的规定,被告深圳公司作为被告广州公司的唯一股东,如果不能证实后者的财产独立股东自己财产的,应当对公司债务承担连带责任。对于一人有限责任公司独立人格的标准,应当包括三个主要方面:独立的财产、独立的组织机构、能独立承担财产责任。对该独立人格的举证责任,依法应由被告深圳公司承担。但被告深圳公司在诉讼中,对被告广州公司的独立人格并未举证予以证实;因此被告深圳公司应当对被告广州公司的债务承担连带责任。

二审判决:

1. 维持一审判决主文第3项;

2. 变更一审判决主文第1项为:广州公司在判决生效之日起10日内清偿货款1,215,250.29元给原告;

3. 撤销一审判决的第2项;

4. 被告深圳公司对被告广州公司的本案债务负连带清偿责任。

1756. 在一人有限责任公司的人格否认诉讼中,如果公司并未资不抵债,债权人能否主张公司股东承担连带责任?

能。

这也是一人有限责任公司人格否认与一般公司人格否认的重要区别,出于保护市场交易安全的考虑,《公司法》对一人有限责任公司股东设立了较高的义务,从《公司法》法条的理解来看,一旦股东无法将公司财产与个人财产加以区分,则直接对公司债务承担连带责任,无论公司是否资不抵债。

【案例590】一人公司虽未资不抵债　股东仍须承担连带责任[①]

原告: 宏智公司

被告: 海辰公司、傅小松

诉讼请求:

1. 判令被告海辰公司归还原告借款40万元;

2. 判令被告傅小松对上述债务承担连带责任。

争议焦点:

1. 如何判断诉争款项系《合作协议》的出资款,还是借条记载的借款;

---

① 参见昆明市中级人民法院(2008)昆民四终字第112号民事判决书。

2. 一人有限公司公司财产独立性的举证责任应当由谁承担。

基本案情：

被告海辰公司为被告傅小松设立的一人有限责任公司，该公司注册资本人民币 50 万元。

2007 年 11 月 12 日被告海辰公司向原告借款人民币 40 万元，该款始终未归还。

原告诉称：

被告海辰公司向原告的借款至今未归还，其应当立即向原告支付欠款及相应诉讼费用。

被告傅小松作为公司唯一的股东，在不能举证证明被告海辰公司财产独立的情况下应对公司债务承担连带责任。

被告海辰公司辩称：

原告与被告海辰公司曾签订《合伙协议》一份，事实上原告交给被告海辰公司 40 万元是用于办理《合伙协议》约定的取得矿产资源相关的各项手续，并非借款，因此被告海辰公司无须归还。

被告海辰公司使用该 40 万元取得了协议约定的矿产资源先期手续，但因原告拒绝继续出资，导致项目无法继续。因此违约方是原告而非被告海辰公司。

被告傅小松辩称：

原告向被告海辰公司主张债权，其作为公司股东不应当承担责任，原告的诉讼请求并无法律依据。

一审认为：

1. 原告与被告海辰公司之间的企业借贷合同无效。

根据《最高人民法院关于对企业借贷合同借款方逾期不归还借款的应如何处理的批复》，双方借款合同因违反金融法规，属无效合同。《合同法》第 58 条规定："合同无效或被撤销后，因该合同取得的财产，应当予以返还；不能返还或者没有必要返还的，应当折价补偿。有过错的一方应当赔偿对方因此受到的损失，双方都有过错的，应当各自承担相应的责任。"因此，被告海辰公司从原告所借 40 万元应当返还原告。

2. 关于原告认为被告傅小松应当对公司债务承担连带责任的主张。

（1）根据《公司法》的规定，一人有限责任公司的股东只有在其不能证明公司财产独立于股东自己的财产的情况下才对公司债务承担连带责任。本案被告傅小松在设立被告海辰公司时是以现金 50 万元出资的，本案审理中并不存在被告海辰公司的公司财产与被告傅小松的个人财产在财产权属上的争议。

（2）被告海辰公司注册资本 50 万元，超出原告起诉标的。

故原告要求被告傅小松承担连带责任的诉讼请求不予支持。

一审判决：

1. 由被告海辰公司于判决生效后 10 日内归还原告借款 40 万元；

2. 驳回原告其他诉讼请求。

被告海辰公司不服一审判决，向上级人民法院提起上诉。

被告海辰公司上诉称：

1. 一审判决书认定事实严重错漏。

在事实部分仅仅认定了两个事实：

（1）被告傅小松成立了一家公司；

（2）有一张借条存在。

除此之外，被告海辰公司与原告就《合伙协议》的存在没有任何分歧，如此重要的事实，原审法院对此却不予认定，而被告海辰公司与原告之间的资金往来正是由于这份双方都认可的《合伙协议》而产生的，原审法院割裂这一重要事实来判断案件，得到不正确的结果。

2. 原审判决适用法律不当。

本案双方名为借款但实际上是合作开发矿产资源。原审法院错误地引用《最高人民法院关于对企业借贷合同借款逾期不归还借款的应如何处理问题的批复》，从而错误地认定被告海辰公司与原告之间的借款合同无效。

原告二审辩称：

原审判决对本案的事实认定是正确的，但法院应当判令被告傅小松承担连带责任。

原审法院仅仅根据被告海辰公司的基本注册情况，以被告海辰公司财产与被告傅小松财产之间不存在权属争议、原告的还款请求数额小于被告海辰公司注册资本为由就认为被告傅小松不用对公司债务承担连带责任的判决是明显错误的。在工商部门进行基本事项的登记是每个公司合法存在的前提，一人有限责任公司的工商登记情况根本不能证明公司的财产独立于股东自己的财产，否则的话，《公司法》(2005 年修订) 第 64 条的规定就没有任何意义。并且原审判决以原告的还款请求数额小于被告海辰公司注册资本为由就认为被告傅小松不用对公司债务承担连带责任没有任何的依据。

律师观点：

1. 40 万元款项为原告支付给被告海辰公司的借款。

原告起诉的依据是由被告海辰公司出具的借条,该借条所记载的内容表明:2007年11月12日,原告出借40万元款项给被告海辰公司,原告与被告海辰公司之间建立了40万元的借款关系。虽然被告海辰公司认为该款项是为了履行《合伙协议》由原告支付的出资款,但这只能证明原告与被告海辰公司之间存在合伙关系,合伙关系的存在并不排斥借款关系的存在,另被告海辰公司未能提交其他证据证明40万元借款与《合伙协议》之间具有关联性,故不能证明40万元款项是原告为履行《合伙协议》而支付的出资款。原审判决认定40万元款项为借款并无不当。

2. 被告海辰公司应将40万元返还原告。

原告与被告海辰公司之间签订的企业借贷合同违反了《商业银行法》《最高人民法院关于企业借贷合同借款方逾期不归还借款的应如何处理问题的批复》《关于审理联营合同纠纷案件若干问题的解答》的相关规定,该合同应属无效。因此,被告海辰公司应将40万元返还原告。

3. 被告傅小松应当对被告海辰公司的债务承担连带责任。

根据《公司法》第63条的规定,"一人有限责任公司的股东不能证明公司财产独立于股东自己的财产的,应当对公司债务承担连带责任"。被告海辰公司系一人有限责任公司,被告傅小松系该公司的股东,被告傅小松应当对被告海辰公司的财产独立于股东自己的财产承担举证责任,但被告傅小松未能提交证据证明其财产独立于公司财产,故应当对被告海辰公司的债务承担连带责任。

法院判决:

1. 维持一审判决第1项;
2. 撤销一审判决第2项;
3. 确认2007年11月12日原告与被告海辰公司之间借款合同无效;
4. 由被告傅小松对被告海辰公司的债务承担连带责任;
5. 驳回原告的其他诉讼请求。

1757. 如果一人有限责任公司的股东在对外履行债务过程中将股权转让给他人,且公司存在公司财产与股东个人财产混同的情形,则债权人应当向新股东还是老股东主张连带责任?

此时债权人可以主张新股东及老股东共同对公司的债务承担连带责任。因为新、老股东之间的股权转让不应当影响对外债权人的利益,只要一人有限责任公司存在公司财产与个人财产混同的情形,且债务履行期限跨越新、老股东持股期间的,新、老股东皆应当对债权人承担责任。

【案例591】一人公司股东为逃避债务转让股权　财产混同新老股东对债务连带担责①

原告:盛禾公司

被告:永悦公司、赵某、徐某

诉讼请求:

1. 被告永悦公司向原告支付定作款110,814元;
2. 被告赵某、被告徐某对上述债务承担连带责任。

争议焦点:

1. 一人公司未能提供证据证明公司财产独立于其自己的财产,其对公司的债务是否应当承担连带责任;
2. 如何判断股权转让系为逃避债务,公司财产是否与股东个人财产混同。

基本案情:

2006年2月22日,被告永悦公司为一人有限公司,公司股东为被告赵某,注册资金50万元。

2009年7月2日,被告赵某、被告徐某签订《股权转让协议》,将其所有的被告永悦公司100%的股权作价50万元转让给被告徐某。同日,被告永悦公司办理了工商变更登记。现被告永悦公司无实际经营场所,处于停业状态。

2009年6月28日,原告与被告永悦公司签订《印刷合同》1份,双方约定:由原告为被告永悦公司印制《快乐宝宝》期刊(7月);数量5万本,单价每本2.2元,金额110,000元;付款方式为货款2个月结清;交货期为同月30日中午12点交货5000本,同年7月7日早8点交货45,000本;每晚1小时扣款2000元。

2009年7月1日,原告将制作完成的上述印刷品5370本交货至被告永悦公司指定地点,由被告徐某签收。

同月7日,原告将制作完成的上述印刷品45,000本交货至被告永悦公司指定地点,由被告徐某签收。

上述45,000本中有41,600本在当日上午8时前交货,余下3400本于当日上午9时零1分交货。

被告永悦公司未支付相应定作款。

---

① 参见上海市第二中级人民法院(2011)沪二中民四(商)终字第54号民事判决书。

原告诉称：

1. 原告依照合同向被告永悦公司提供了定作物，被告永悦公司应当履行合同约定的付款义务。

2. 由于被告永悦公司为一人有限责任公司，且公司财产与股东财产存在严重混同，因此目前工商登记显示的股东、法定代表人被告徐某应当对公司债务承担连带责任。

3. 此外，被告永悦公司的原股东、法定代表人被告赵某同样应当承担连带责任。理由如下：

（1）系争合同订立时，被告赵某还是被告永悦公司的股东，其是在合同履行过程中，在原告已经交付了部分的定作物之后才进行股权转让的；

（2）被告赵某在股权转让之后并没有告知原告，原告还是认为被告赵某是被告永悦公司的股东；

（3）系争合同是在2009年6月28日签订的，原告在2009年7月7日交货完毕，期间一共只有10天时间，但是被告赵某在合同签订之后4天就转让了股权，目的就是为了逃避债务，当时已经有很多供货商上门讨债；

（4）股权转让过程中，被告徐某没有支付过股权转让款，被告永悦公司也没有经营场所和资产，所以被告赵某应当对公司的债务承担连带责任。

被告赵某辩称：

在涉案合同履行期间，被告赵某已将被告永悦公司的全部股权转让给了被告徐某，且被告徐某在担任被告永悦公司法定代表人后，又以其自己的名义接受了涉案合同所涉及的定作物。被告赵某仅代表被告永悦公司与原告签订了合同，综观整个合同的履行一直是被告永悦公司及其法定代表人被告徐某与原告发生合同关系。被告赵某以公司的员工身份履行职务行为，不应该成为本案的连带责任人。

被告徐某辩称：

被告徐某原作为被告永悦公司的员工，在受到被告赵某欺诈的情况下才签订了《股权转让协议》，被告徐某没有支付股权转让款。因此，《股权转让协议》实际上是被告赵某为了逃避债务作出的一份无效协议；被告徐某并没有实际接收被告永悦公司，更没有掌握公章及其他相关的手续，被告永悦公司没有经营场所，故被告赵某应当对被告永悦公司债务承担连带责任，而被告徐某不应承担此责任。

此外，原告在履行合同中存在迟延履行，应当依据《印刷合同》支付违约金。

律师观点：

1. 在原告交付定作物后，被告永悦公司理应按约及时支付定作款，但其未能履行。故原告有权向被告永悦公司主张定作款。

2. 关于被告徐某的付款责任

被告永悦公司系一人有限责任公司，从工商登记备案的资料来看，其因受让股权而成为被告永悦公司的股东，其应当提供证据证明公司财产独立于其自己的财产，但其未能提供，故其理应对被告永悦公司的债务承担连带责任。

3. 关于被告赵某的付款责任

（1）从目前的情况来看，被告永悦公司无实际经营场所，处于停业状态，公司资产亦去向不明；

（2）从《股权转让协议》来看，被告赵某将其股权作价50万元转让给被告徐某，在被告徐某提出未支付过对价时，被告赵某则表示对方已支付对价，但其却未能提供相应证据予以证实，且双方均未能提供相应公司资产的交接手续或清单，上述情况均有悖于常理；

（3）正常情况下，一人有限责任公司的股东在公司对外存在较多债务情况下转让其股权，该项转让事宜对公司和债权人来说应当属于重大事项，理应告知债权人，并告知公司对履约能力可能造成的影响。而被告赵某在转让其股权时，却未告知债权人。

综上，被告赵某在未能提供证据证明公司财产独立于其自己的财产的前提下，为逃避债务，进行了转让公司股权的行为，严重损害了债权人的利益，应当对被告永悦公司的债务承担连带责任。

4. 原告应当承担部分违约金

关于被告徐某提出的违约金，根据原告的送货时间，其交付的定作物中确有部分存在迟延，构成违约，应当承担违约责任。对此，结合上述迟延可能造成的损失、原告的违约过错程度等综合因素，违约金金额在4000元左右为宜。

法院判决：

1. 被告永悦公司应当支付原告106,814元，于判决生效之日起10日内付清；

2. 被告赵某、被告徐某对被告永悦公司上述第1项的付款承担连带清偿责任。

1758. 什么是实质上的一人有限责任公司？实质上的一人有限责任公司能否按照一人有限责任公司的相关规定适用法人人格否认制度？

由于1993年的《公司法》未允许设立一人有限责任公司，故市场中出现了很多实质上的一人有限责任公司,即公司几乎全部出资或股权归某个股东享有,其他股东只持有象征性的极少数出资或股权的公司。

理论界有人主张应当对该类实质上的一人有限责任公司适用一人有限责任公司的法人人格否认制度,笔者认为这种说法有失偏颇。原因如下:

(1)《公司法》并未规定对一人有限责任公司以外的其他公司适用同样的法人人格否认制度;

(2)所谓"实质上的一人有限责任公司"在概念界定上较为模糊,没有固定的量化标准,也难以制定这样的标准,实践中也不能因为某一股东占据较大的股权比例即认为公司为一人有限责任公司。

三、特殊情形下法人人格否认的裁判标准

1759. 夫妻共同出资设立的公司,如何适用法人人格否认制度?

夫妻投资公司的特点是,如无财产分割的约定,则公司的全部股权是由夫妻二人共同共有的,基于共同共有中一方未得另一方同意不得擅自分割财产,故夫妻投资公司的股权在未经夫妻双方同意的情况下,是不能进行股权分割的,那么在出资意义上,就构成一人有限责任公司。

故对于夫妻投资公司而言,如果夫妻双方未约定以各自财产出资设立公司,则其法人人格否认制度应当适用一人有限责任公司的法人人格否认制度,即如果夫妻作为一个整体不能证明其家庭财产与公司财产有明确区分的,则需要以家庭财产对公司债务承担连带责任。

当然,如果夫妻设立公司是以其各自财产入股,则法人人格否认应当适用一般公司的法人人格否认规则。

【案例592】以共同财产设立的夫妻公司出资主体单一 未证财产不混同 夫妻连带清偿公司债务[①]

原告:广汉市万达社

被告:拓新公司、陈道循、刘晓琴

诉讼请求:判令三位被告共同归还原告本金400万元及相应利息。

争议焦点:

1. 夫妻两人共同设立的公司在彼此没有财产约定的情况下是否应当视为一

---

① 参见四川省广汉市人民法院(1999)广汉经初字第716号民事判决书。

人公司处理；

2. 若夫妻双方不能证明被告拓新公司与其家庭财产不存在财务混同，其是否需要对被告拓新公司债务承担无限连带责任。

基本案情：

1999年4月8日原告与被告拓新公司签订抵押借款合同一份，约定：原告向被告拓新公司提供流动资金400万元，借款期限从1999年4月16日至1999年5月30日止，利息按月利率6.12‰计算，被告拓新公司以其所有的广汉市丝厂内的土地使用权、房产等评估价值为600万元的财产设定抵押，但双方未办理抵押登记。双方还约定原告有权了解被告拓新公司的经营情况，如被告拓新公司不按约定用途使用贷款，原告有权停止发放贷款或提前收回贷款本息。

被告拓新公司系有限责任公司，注册资本550万元，股东为被告陈道循、被告刘晓琴。广汉市丝厂的股东亦为被告陈道循、被告刘晓琴。被告陈道循和被告刘晓琴系夫妻关系，双方在婚前和婚后均未对个人财产进行约定。

原告诉称：

借款合同签订后，原告按约将400万元划至被告拓新公司账户，此后原告在依约进行贷后检查时发现被告拓新公司未按约定用途使用贷款，原告即向被告拓新公司提前催收贷款本息，但被告拓新公司均以种种理由推脱。

被告刘晓琴辩称：

原告所述被告拓新公司向其借款的金额、利率、还款期限等属实，被告拓新公司应承担还款责任。其虽然是被告拓新公司的股东之一，但公司在进行工商注册登记时是被告陈道循在操作，其并没有出资，只是名义上的股东，因而其不应承担还款责任。

被告拓新公司、被告陈道循未答辩。

律师观点：

1. 被告拓新公司未按合同约定的用途使用贷款，已构成违约。

原告与被告拓新公司签订的借款合同主体适格，意思表示真实且内容合法，应属有效，双方虽就主债权设立了抵押，但因未对抵押物进行登记，故原告未取得抵押权。合同签订后，原告按约履行了付款义务，而被告拓新公司却未按合同约定的用途使用贷款，已构成违约，原告有权依约提前收回贷款，被告拓新公司应归还原告借款本金400万元并支付资金利息。

2. 被告陈道循、被告刘晓琴应对被告拓新公司的债务承担无限连带责任。

被告拓新公司的股东被告陈道循、被告刘晓琴系夫妻关系，依夫妻财产制，两位股东的财产构成不可分割的整体,以单一出资主体设立有限责任公司,应适用一人有限责任公司法人人格否认制度。由于两位股东未能证明被告拓新公司与其不存在财务混同,故被告陈道循、被告刘晓琴应对被告拓新公司的债务承担无限连带责任。

法院判决:

1. 原告与被告拓新公司签订的借款合同有效,但原告未取得抵押权;

2. 被告拓新公司归还原告借款本金 400 万元并支付资金利息,于判决书生效之日起 5 日内付清,被告陈道循、被告刘晓琴对以上款项承担连带清偿责任。

1760. 在集团公司中,可否直接认定由集团公司对集团下属公司的债务承担连带清偿责任?

由于我国对于企业集团的立法尚不完善,故对于企业集团中的公司法人人格否认制度尚无针对性的规定。但是,目前我国的企业集团以及集团下属的各公司在市场主体上一般都是各自独立的法人,故企业集团的法人人格否认制度仍应参照一般公司的规则,具体如下:

如果集团公司作为下属公司的母公司,与子公司发生法人人格混同,或者对子公司过度控制导致子公司丧失法人人格的,则应当由集团公司对下属公司的债务承担连带清偿责任。

当然,我国目前也存在少量的社团法人作为集团公司,即这些集团公司并不具备独立的财产,不是适格的法律主体,因此如果这些集团公司的下属公司资不抵债时,则集团公司不必也无法承担连带清偿责任。

1761. 什么是反向适用公司法人人格否认?

公司法人人格的反向适用,即是当股东的债权人向股东主张债权时,由公司为股东的债权承担连带责任。

如 A 设立公司 B,C 为 A 的债权人,C 先向 A 主张债权,A 的资产不足以清偿,而由其投资的 B 公司对 A 的债务承担连带清偿责任。

1762. 什么条件下可以反向适用公司法人人格否认?

正向的公司法人人格否认是绕开公司的独立法人人格,直接向投资股东主张债权。由于公司法人独立的原则是公司法律制度的基石,故其适用条件已经极为严格,而反向适用公司法人人格否认的条件则更为严格,现行立法规定只在如下两种情况下可以适用:

(1) 企业以其优质财产与他人组建新公司,而将债务留在原企业,债权人以新设公司和原企业作为共同被告提起诉讼主张债权的,新设公司应当在所接收的财产范围内与原企业共同承担连带责任。

(2)企业以其部分财产和相应债务与他人组建新公司,对所转移的债务未通知债权人或者虽通知债权人,而债权人不予认可的,由原企业承担民事责任。原企业无力偿还债务,债权人就此向新设公司主张债权的,新设公司在所接收的财产范围内与原企业承担连带民事责任。

【案例593】对外投资股权转让未减少公司资产 非借改制逃避债务不适用反向人格否认[①]

原告: 抚顺工行

被告: 新抚钢、抚顺铝厂、铝业公司

诉讼请求:

1. 判令被告抚顺铝厂偿还借款本金8510万元及相应利息,被告新抚钢承担相应连带保证责任;

2. 判令被告铝业公司对上述债务承担连带偿还责任。

争议焦点: 被告抚顺铝厂将所持有的被告铝业公司全部股权,转让给中铝股份公司,是否会使被告抚顺铝厂的责任资产减少,被告铝业公司是否因此对被告抚顺铝厂的债务承担连带清偿责任。

基本案情:

2004年1月8日,原告与被告抚顺铝厂共签订了5份借款合同,借款本金共计人民币8510万元。与保证人被告新抚钢签订相应保证合同,约定被告新抚钢为被告抚顺铝厂提供连带保证,上述合同签订后,原告按合同的约定履行了划款义务,而被告抚顺铝厂对本金、利息未予偿还,担保人被告新抚钢也未履行担保义务。

2005年12月30日,被告抚顺铝厂向国资委请示,请求批准其厂出资设立被告铝业公司。2005年12月31日国资委同意被告抚顺铝厂出资设立被告铝业公司,2006年1月13日被告抚顺铝厂就被告铝业公司设立问题向工商局申请登记注册,在登记注册中记载,企业性质为法人独资企业,注册资本为人民币1亿元。其中货币出资人民币3000万元,实物出资7000万元。至2006年2月4日止,被

[①] 参见最高人民法院中国工商银行股份有限公司抚顺分行诉抚顺铝业有限公司、抚顺铝厂、抚顺新抚钢有限责任公司借款合同纠纷上诉案。

告铝业公司新增注册资本金4亿元。据此,被告铝业公司的注册资本金为人民币5亿元。

2006年1月16日,国资委批复拟同意被告抚顺铝厂向中铝股份公司采取协议转让的方式转让被告铝业公司的全部产权。2006年1月17日,国资委以复函形式回复中铝股份公司:同意将被告抚顺铝厂持有的被告铝业公司全部国有产权以协议方式转让给你公司。该函回复后,2006年3月30日,被告抚顺铝厂与中铝股份公司签订了转让被告铝业公司的协议,将被告铝业公司转让给中铝股份公司,转让价款为人民币5亿元。2006年6月6日,被告铝业公司的工商档案记载,企业集团企业管理部门为中铝股份公司。

原告诉称:

被告抚顺铝厂设立被告铝业公司及将被告铝业公司的全部股权出售给中铝股份公司的行为,应认定为国有企业改制和借企业改制逃避原告等银行债务。

被告抚顺铝厂应收取的中铝股份公司的股权转让价款及应收取的被告铝业公司资产转让价款,分文未付给原告、交行等最大债权人。被告抚顺铝厂以其优质资产出资设立被告铝业公司,其目的并非是以营利为目的扩大及优化其生产和经营,进而妥善解决其对外负债问题,而是将被告铝业公司的全部股权转让给中铝股份公司,基本丧失了生产经营能力和对外偿债能力,造成原告等银行债权在根本上不能实现。

被告抚顺铝厂出资设立被告铝业公司系企业改制行为和借企业改制逃避原告等银行债务,被告铝业公司应按《企业改制规定》的相关规定承担相应连带清偿责任。

被告铝业公司辩称:

1. 需要明确的是,被告抚顺铝厂与被告铝业公司之间是投资与被投资的关系,被告抚顺铝厂是被告铝业公司的股东,被告铝业公司是被告抚顺铝厂的全资子公司。

2. 本案不适用《企业改制规定》中企业公司制改制的规定,原告主张于法无据。《企业改制规定》是针对在国有企业公司制改造过程中发生的民事纠纷而作出的规定,被告抚顺铝厂是成立于1936年的工厂,至今仍然是一个工厂制企业,而被告铝业公司是被告抚顺铝厂的全资子公司,不是国有企业公司制改造的主体。

3. 被告抚顺铝厂向被告铝业公司进行投资,虽然作为实物出资的价值5亿元的财产在所有权上发生变更,但对被告抚顺铝厂而言,仅是将其资产从原来的实物形态变为股权形态,并不会导致被告抚顺铝厂资产总额的减少,被告抚顺铝厂作为被告铝业公司的股东,有权按照法律、公司章程的规定行使股东权利,且被告抚顺铝厂亦可以持有的被告铝业公司股权对外承担责任,不存在损害债权人利益的情形。因此,被告铝业公司无须对其出资人被告抚顺铝厂的债务承担任何形式的连带清偿责任。

4. 被告铝业公司是国有独资公司,并非是"与他人组建新公司",被告抚顺铝厂拥有其100%股权。不具备适用《企业改制规定》第6条、7条的前提条件。

5. 中铝股份公司以合理对价收购被告铝业公司100%的股权,是合法的股权收购行为,股权收购完成后,被告铝业公司与被告抚顺铝厂没有任何的资产联系和法律关系,不应承担被告抚顺铝厂的债务。

被告抚顺铝厂辩称:

被告抚顺铝厂设立被告铝业公司是改制行为的主张不能成立。理由为:

1. 被告抚顺铝厂目前一直是工厂制企业,没有进行公司制改制。

2. 设立被告铝业公司不是改制设立,是出资设立。被告抚顺铝厂对被告铝业公司的投资只是资产形态发生变化,由实物资产转变为股权资产,价值没有发生任何变化。

律师观点:

1. 被告铝业公司不因被告抚顺铝厂的投资行为而对被告抚顺铝厂的债务承担连带责任。

(1)《企业改制规定》第7条规定:"企业以其优质财产与他人组建新公司,而将债务留在原企业,债权人以新设公司和原企业作为共同被告提起诉讼主张债权的,新设公司应当在所接收的财产范围内与原企业共同承担连带责任。"这一条规定的新设公司与原企业承担连带责任的法律基础是当事人恶意逃债。只有存在充分证据证明当事人是借企业公司制改造逃避债务时,才适用该项条款。但《企业改制规定》第7条并不限制企业正常投资。全民所有制企业有权对外投资。《全民所有制工业企业法》第34条第1款规定:"企业有权依照法律和国务院规定与其他企业、事业单位联营,向其他企业、事业单位投资,持有其他企业的股份。"《全民所有制工业企业转换经营机制条例》第12条第2款规定:"企业依照法律和国务院有关规定,有权以留用资金、实物、土地使用权、工业产权和非专利技术等向国内各地区、各行业的企业、事业单位投资,购买和持有其他企业的股份……"企业投资入股后,原企业的资产价值并不减少,资本金也不发生变化,只是企业部分财产改变了原有的形态,以企业在新设公司中的股权形式表现出来,股权同样可以用于偿债。因此,企业投资入股后,如出资人发生偿债问题时,诉讼中不能依据《企业改制规定》第7条,将新设公司与出资企业列为共同被告承担连带责任。

本案中,被告抚顺铝厂投资5亿元,经过法定评估机构评估,法定验资机构验资,经抚顺国资委批准,经工商登记,设立被告铝业公司。被告铝业公司性质为法人独资,被告抚顺铝厂享有被告铝业公司100%的股权。在这一过程中,被告抚顺铝厂的责任财产并未减少,只是资产形态发生了变化。被告抚顺铝厂设立被告铝业公司的行为是一投资行为,被告抚顺铝厂对作为投资的资产的权益并没有改变其作为原企业对外债务的担保的性质,不会因此种行为而实质降低其偿债能力。因此,这一投资行为不适用《企业改制规定》第7条,被告铝业公司不会因为被告抚顺铝厂的投资行为而对被告抚顺铝厂的债务承担连带责任。

(2)依据《全民所有制工业企业转换经营机制条例》第15条的规定,全民所有制企业出售资产,需依规定进行评估及取得政府主管部门批准。本案中被告抚顺铝厂与被告铝业公司之间就资产买卖事宜协商一致,签订了书面的《资产收购协议》,约定被告抚顺铝厂向被告铝业公司转让部分资产和商标使用权。双方当事人意思表示真实,内容不违反法律、法规的强制性规定,转让的资产经过了法定评估机构的评估,该资产买卖行为经抚顺国资委的批准,形式要件完备。转让价款已经实际支付。这一行为符合《最高人民法院关于企业资产出售合同效力民事责任承担问题的答复》的规定。企业出售资产的合同,如果买受人支付了合理的对价而且不具有《合同法》第52条规定的情形的,人民法院应当认定出售合同有效。企业出售资产行为不适用《最高人民法院关于审理与企业改制相关的民事纠纷案件若干问题的规定》,企业出售其资产后应自行承担其原对外债务。故被告铝业公司不应因这一资产买卖行为而对被告抚顺铝厂的债务承担连带责任。

2. 被告抚顺铝厂将其持有的被告铝业公司100%股权转让给中铝股份公司,不会使被告抚顺铝厂的责任资产减少。

被告抚顺铝厂将其持有的被告铝业公司100%股权,经评估作价5亿元人民币以协议形式转让给中铝股份公司,中铝股份公司将股权转让价款直接支付给被告抚顺铝厂的另案债权人抚顺铝厂工会委员会和抚顺市商业银行北站支行。该股权转让行为,双方意思表示真实,内容不违反法律、法规的强制性规定。经过法定评估机构评估,经过国有资产管理机构审批,形式要件完备,且价款已经实际支付。股权转让行为只是企业的资产形态发生了变化,不会使被告抚顺铝厂的责任资产减少。

综上,原告的诉讼请求不应予以支持。

法院判决:

1. 被告抚顺铝厂于判决生效后 10 日内偿还原告欠款本金 8510 万元及相应利息;

2. 被告新抚钢对被告抚顺铝厂判决主文第一项给付义务承担连带清偿责任,被告新抚钢承担连带清偿责任后,有权向被告抚顺铝厂追偿;

3. 驳回原告对被告铝业公司的诉讼请求。

1763. 如果公司或非公司法人对外投资设立子公司,债权人可否就开办企业的债务主张由其所设立的子公司承担连带清偿责任?

不能。

反向适用法人人格否认制度的条件是,企业借改制之机,行逃避债务之实。① 但并未限制公司对外投资设立子公司,公司以货币或实物等对外投资,并未导致公司的偿债能力下降,而仅仅是将企业的资产形式进行了转化,将货币或实物等转化为股权。因此,债权人完全可以通过对公司股权申请执行来实现债权,而不能要求子公司对母公司债务承担连带责任。

【法律依据】

一、公司法类

(一)法律

❖《公司法》第 20 条、63 条

(二)司法解释

❖《最高人民法院关于企业开办的其他企业被撤销或者歇业后民事责任承担问题的批复》第 1 条

❖《最高人民法院关于人民法院执行工作若干问题的规定(试行)》第 53 条、54 条、80 条

❖《最高人民法院关于审理与企业改制相关的民事纠纷案件若干问题的规定》第 6 条、7 条

❖《最高人民法院关于审理单位犯罪案件具体应用法律有关问题的解释》第 3 条

---

① 吴庆宝主编:《权威点评最高法院公司法指导案例》,中国法制出版社 2010 年版,第 197 页。

(三)地方司法文件

❖《上海市高级人民法院关于审理涉及公司诉讼案件若干问题的处理意见(二)》第5条

❖《浙江省高级人民法院民二庭关于公司法适用若干疑难问题的理解》第19条

二、民法类

❖《民法通则》第36条